ADAC Reiseführer

Italien

Die schönsten Städte und Regionen

von Renate Nöldeke

Intro

Unterwegs

Italien Kaleidoskop

Karten und Pläne

Service

Leserforum

Die Meinung unserer Leserinnen und Leser ist wichtig, daher freuen wir uns von Ihnen zu hören. Wenn Ihnen dieser Reiseführer gefällt, wenn Sie Hinweise zu den Inhalten haben – Ergänzungs- und Verbesserungsvorschläge, Tipps und Korrekturen – dann kontaktieren Sie uns bitte:

Redaktion ADAC Reiseführer
ADAC Verlag GmbH
Am Westpark 8, 81365 München
Tel. 089/76 76 41 59
verlag@adac.de
www.adac.de/reisefuehrer

Italien Impressionen

Bella Italia – Ziel der Sehnsucht und Kosmos der Kunstseligkeit

»Das Ziel meiner innigsten Sehnsucht, deren Qual mein ganzes Inneres erfüllte, war Italien, dessen Bild und Gleichnis mir viele Jahre vergebens vorschwebte, bis ich endlich durch kühnen Entschluss die wirkliche Gegenwart zu fassen mich erdreistete«, so Goethe im Jahr 1792.

Mit Hingabe besangen schon Jahrhunderte zuvor die großen italienischen Dichter *Dante Alighieri* (1265–1321) und *Francesco Petrarca* (1304–1374) ihre Heimat als **Bel Paese**, als schönes Land, durchfurcht vom Apennin, umarmt von Meer und Alpen. Seit Tausenden von Jahren ist die stiefelförmige Halbinsel (301 336 km²) im Mittelmeer Ziel von Reisenden aus dem Norden Europas. Seit der Frühzeit Zankapfel fremder Völker und Herrscher, im Mittelalter Ziel von Wallfahrern auf dem Weg nach Assisi oder Rom, wurde Italien im 17.–19. Jh. wichtigste Station für junge Bildungsreisende auf ihrer *Grand Tour* durch Europa. Zugleich war Bella Italia Inspirationsquelle für Dichter und Künstler, die unter der Sonne des Südens uraltes Kulturgut studierten und dem elegant-süßen Lebensstil huldigten. Goethes lang ersehnte ›Italienische Reise‹ (1786–88) etwa führte ihn nach Verona, Venedig, Rom, Neapel und Sizilien. Sein Hauptinteresse galt der Antike und Renaissance, doch brachte er auch neue Naturerkenntnisse mit nach Hause.

Bis heute ist die Faszination Italiens (59 Mio. Einw.) ungebrochen, etwa 40 Mio. Besucher aus aller Welt sind hier jährlich zu Gast, und mit 9 Mio. Urlaubern aus der Heimat Goethes ist Bella Italia noch immer deren liebstes Reiseland. Wer es unternimmt, die schönsten Städte und Regionen Italiens kennenzulernen, findet statt eines Landes einen ganzen Kosmos

atemberaubender Kulturdenkmäler und zauberhafter Orte, ein Kaleidoskop lieblicher Hügel, wildromantischer Steilküsten, traumhafter Strände und ehrfurchtgebietender Gipfel. Ob Städtetour, Wanderferien oder Badeurlaub, binnen Kurzem verfällt der Reisende dem einzigartigen Lebensgefühl des Bel Paese, erfreut sich an der Geselligkeit des italienischen Alltags beim morgendlichen Caffè in der Bar oder beim Spaziergang über Piazza und Corso am Abend. Er gibt sich dem *Dolce Vita* hin, dem Süßen Leben, einer typisch italienischen Erfindung. Er schwärmt von der Eleganz einer Kirchenfassade ebenso hingebungsvoll wie von den exquisiten Auslagen der Geschäfte und er schwelgt rückhaltlos in all jenen kulinarischen Genüssen, welche nur ein sonniges und sinnenfrohes Land wie Italien zu bieten vermag. Kurzum – er folgt im Lebensstil dem Beispiel der Italiener. Diese gelten übrigens als sprachgewandt und temperamentvoll, stolz und elegant, gesellig und familienorientiert. Und sie sind, wie das Ambiente verrät, Menschen mit viel Sinn für Kunst und Design, Musik und Mode.

Links Mitte: *In Rom geben sich Antike und modernes Leben ein heiteres Stelldichein*
Links unten: *An der Amalfiküste entfaltet sich der ganze Zauber Süditaliens*
Ganz oben: *Venezianische Serenaden erklingen an der Rialto-Brücke*
Oben: *Sinnliche Freuden der Antike zeigen Fresken in Paestums Museo Archeologico*

Naturfreuden und Badespaß

Italien, das sind 1300 km charaktervoller Landschaften (gegliedert in 20 Regionen) von der einsamen Hochgebirgswelt der Alpen im Norden über die dichtbesiedelte Poebene bis zu den flirrend heißen Gefilden Siziliens, der größten Insel des Mittelmeers. An der rund 7500 km langen Küstenlinie des Stiefels locken attraktive Felsbuchten und Sandstrände. Im Süden sind es vor allem **Cilento** und **Gargano,** die als Badeparadiese vor wildromantischer Kulisse begeistern. Bilddschön

und elegant gibt sich die **Costa Smeralda** auf Sardinien, Jugendliche schätzen den Trubel im Seebad **Rimini** an der Adria. Populäre Erholungs- und Wassersportdestinationen sind auch die von den Alpen gerahmten Oberitalienischen Seen, allen voran der majestätische **Gardasee**.

Apennin und **Alpen** bieten herrliche Möglichkeiten zum Skifahren, Trekking, Radfahren, Canyoning, Reiten usw. Grandios-pittoreske Naturräume sind vor allem die *Nationalparks*, darunter die bizarre Bergwelt der **Dolomiten** und der **Gran Paradiso** des Valle d'Aosta. Wer es lieber infernalisch mag, erklimmt die mondartigen Lavafelder der beiden berühmt-berüchtigten Vulkane: des gefährlich still vor sich hin brodelnde **Vesuv** bei Neapel und des dramatisch zischenden und feuerspeienden **Ätna** auf Sizilien.

Streifzüge durch Bella Italia

Eine Reise durch das ›Land wo die Zitronen blühn‹ (Goethe) führt vor allem zu den Ursprüngen der abendländischen Kultur. Italien, wie wir es kennen, geht auf die Einigung als *Königreich* im Jahr 1860 zurück, seit 1870 ist Rom die Hauptstadt. Nur einmal zuvor, in der Antike, wurde die Halbinsel als Gesamtheit regiert, nachdem die Römer die Etrusker, Griechen und Kelten unterworfen hatten (2. Jh. v. Chr.). Nach dem Zerfall des *Römischen Imperiums* (5. Jh. n. Chr.) kristallisierten sich erst im 11./12. Jh. wieder größere Machtstrukturen heraus. Es kam zur politischen Dreiteilung des Landes, die bis ins 19. Jh. Bestand hatte und noch heute als wirtschaftliches Nord-Süd-Gefälle spürbar ist.

Das einst von Stadtstaaten und Seerepubliken geprägte **Norditalien** umfasst heute die wirtschaftlich erfolgreichsten Regionen Italiens, darunter Südtirol, Piemont, Lombardei und Venetien. Die Designmetropole **Mailand** lockt mit kulturellen Highlights wie dem Dom, der Brera und *Leonardos* ›Abendmahl‹. Die elegante Barockstadt **Turin**, Motor der italienischen Einigungsbewegung *Risorgimento*,

Links oben: *Frech, fromm und frei ist das Motto römischen Lebensgefühls*
Links Mitte: *Saftig gelbe Zitronen sind Inbegriff für die sonnigen Gefilde Süditaliens*
Links unten: *Bolognas Piazza Maggiore ist im Sommer Wohnzimmer der Jugend*
Ganz oben: *Arkadische Landschaften bezaubern im Herzen der Toskana*
Oben: *Expressive Erzählkunst – Giottos Fresken in der Cappella degli Scrovegni in Padua*

überzeugt mit modernen Museen und schrillem Nachtleben. Glanzlichter der alten Universitätsstadt **Padua** sind Giottos herzergreifende Fresken in der Cappella degli Scrovegni, mit denen er die Malerei revolutionierte und seine neue natur- und lebensnahe Bildsprache zu einem ersten Höhepunkt führte. Ein romantischer Zauber ohnegleichen liegt über der Lagunenstadt und einstigen Seerepublik **Venedig**. Rund um Markusplatz und Canal Grande offenbart sie sich als unübertreffliches Gesamtkunstwerk voller byzantinisch-gotischem Prunk und Liebreiz.

Weite Teile **Mittelitaliens**, Bereiche der Emilia Romagna, Umbriens und der Marken, gehörten einst zum *Kirchenstaat*, doch wussten sich auch freie Stadtstaaten wie **Florenz** zu behaupten. Unter den *Medici* war es Zentrum der Renaissance (15./16. Jh.) und heute wird es als prallgefülltes Schatzhaus der Kunst gefeiert. Dom und Baptisterium, Michelangelos ›David‹ und die Uffizien mit Meisterwerken von Botticelli, Leonardo und Tizian halten Besucher in Atem. Weltruhm erlangte auch der *Schiefe Turm* des Doms im nahen **Pisa**, er avancierte gar zum Wahrzeichen ganz Italiens. Kunstfreunde und Gläubige von Nah und Fern pilgern seit Jahrhunderten nach **Assisi**, der Heimat des hl. Franziskus, dessen Leben und Wundertaten Giottos anrührende Wandmalereien schildern.

Latium, das Kernland der Etrusker und Römer, birgt mit der Kapitale **Rom** eine der stilvollsten Metropolen Europas. Die *Ewige Stadt* fasziniert mit Spitzenwerken aus Antike, Renaissance und Barock zwischen Colosseum, Forum Romanum, Piazza Navona und Pantheon. Die mystische Aura des *Vatikan* verbindet sich nicht nur mit Papstmessen und -audienzen, sondern auch mit Kunst und Architektur von berauschenden Dimensionen. Im Schatten der Peterskirche mit ihrer grandiosen Kuppel bieten die Vatikanischen Museen Glanzlichter von der Antike bis zu Raffaels Stanzen und Michelangelos Sixtinischer Kapelle.

Süditalien war von jeher ein Spielball der Mächte im Mittelmeerraum. Auf die Phönizier und Griechen, Byzantiner und Sarazenen folgten im 10./11. Jh. die Normannen, doch die tiefsten Spuren hinterließen die ab dem 15. Jh. regierenden

Ganz oben: *Meisterwerke der Renaissance schuf Raffael in den Stanzen des Vatikan*
Oben: *Majestätische Zeugnisse griechischer Baukunst sind die Tempel von Selinunt*
Rechts oben: *Als Wunder der Statik wurde der Schiefe Turm von Pisa weltberühmt*
Rechts Mitte: *Ferienträume erfüllen die Strände der Costa Smeralda von Sardinien*
Rechts unten: *Eine Kathedrale der Kauflust ist die Galleria Vittorio Emanuele in Mailand*

spanischen Aragonier, deren *Königreich Neapel* von Kampanien über die Abruzzen bis nach Sizilien und Sardinien reichte. Von den antiken Blütezeiten des Südens künden heute noch die altehrwürdigen griechischen **Tempel** im kampanischen *Paestum* und auf *Sizilien* in Segesta, Selinunt, Syrakus und Agrigent. Die römische Antike wiederum zeigt sich im sagenumwobenen **Pompeji** und im Archäologischen Museum von **Neapel** von ihrer schönsten Seite. Apulien birgt erstaunliche architektonische Juwelen wie das *Castel del Monte* des Stauferkaisers Friedrich II. sowie die *Trulli* genannten Rundhäuser im Val d'Itria. Nicht weniger beeindruckend sind die verschachtelten Höhlenkirchen und Höhlenwohnungen der *Sassi* von Matera in der Basilikata.

Von Gladiatoren und Tenören

Doch zurück in den Norden, die *Arena* von **Verona**, das drittgrößte Amphitheater der antiken Welt, ist schon lange nicht mehr Schauplatz von Gladiatorenkämpfen und Tierhatzen. Was allsommerlich Tausende hierher lockt, ist auch kein Fußball, es sind die berauschenden Klänge der **Opern** ›Aida‹, ›Nabucco‹ und ›Rigoletto‹ von *Giuseppe Verdi*, dem berühmtesten Opernkomponisten Italiens. Seine im 19. Jh. entstandenen Werke blickten bereits auf eine lange Tradition zurück, denn das szenischen Musiktheater wurde hier in Italien erfunden. *Claudio Monteverdi* gab der Gattung mit der 1607 in **Mantua** uraufgeführten Oper ›L'Orfeo‹ ihre bis heute gültige, pompöse Form. Ab der Mitte des 17. Jh. entstanden dann die ersten prunkvollen Opernhäuser wie *La Fenice* in Venedig, *La Scala* in Mailand, das *Teatro San Carlo* in Neapel und das *Teatro Massimo* in Palermo. Und so kann der Reisende, ob in Verona oder in Sizilien, seine Tour durch Bella Italia bei einer inbrünstigen Arie und einem betörend orchestrierten Finale ausklingen lassen.

Geschichte, Kunst, Kultur im Überblick

Von Etruskern und Römern, Kaisern und Päpsten, Künstlern und Entdeckern, Genies und Helden

um 8000–6000 v. Chr. Erste Jäger und Sammler besiedeln das Gebiet des heutigen Kalabrien und Sizilien.
ab 6000 v. Chr. Der keltisch-alpine Stamm der Camunen hinterlässt signifikante Spuren im Alpenraum.
2000–1000 v. Chr. Verschiedene Stämme lassen sich im heutigen Italien nieder. Im Norden und in der Mitte sind es Piciener und Messapier, Umbrer, Samniten, Latiner, Volsker und Veneter. Die Ligurer besiedeln den Westen, die Nuragher Sardinien, die Sikuler Latium und zusammen mit den Sikanern Sizilien.
ab 900 v. Chr. Die Etrusker legen Siedlungen in Ober- und Mittelitalien an und begründen die erste Hochkultur der Halbinsel. Sie schließen sich zu einer Föderation von zwölf Städten zusammen, über die Priesterkönige regieren.
um 800 v. Chr. Die nordafrikanischen Phönizier beginnen Sizilien und Sardinien zu kolonisieren.
753 v. Chr. Romulus und Remus gründen der Legende nach Rom. Das Gebiet um den Palatin war aber schon um 900 v. Chr. von Sabinern und Latinern besiedelt, die sich nun zusammenschließen.
ab 735 v. Chr. Die Griechen gründen an den Küsten Süditaliens und auf Sizilien unabhängige Siedlungen, z. B. Acragas (Agrigent) und Catane (Catania). Magna Graecia (Großgriechenland) entsteht, und die Griechen entwickeln sich zu den größten Rivalen der Etrusker.
616 v. Chr. Etrusker übernehmen die Herrschaft in Rom und stellen den ersten König.
509 v. Chr. Nach der Vertreibung des letzten etruskischen Königs Tarquinius Superbus aus Rom wird die Römische Republik gegründet, die von zwei jährlich gewählten Konsuln regiert wird.
499 v. Chr. Die Römer besiegen die Etrusker und die mit ihnen verbündeten Latiner am Regillus-See.
474 v. Chr. Die Griechen schlagen die etruskische Flotte bei Cumae.
415 v. Chr. Blütezeit der Magna Graecia: Viele der griechischen Kolonien sind erfolgreicher als die Städte im Mutterland. Die Athener greifen Syrakus auf Sizilien an, werden aber zurückgeschlagen.
um 400 v. Chr. Die Gallier stoßen von Norden in die Poebene vor.
386 v. Chr. Rom wird von Galliern überfallen, wehrt sich aber erfolgreich.
312 v. Chr. Die Via Appia und der Aquädukt Aqua Appia werden in Rom angelegt.
275 v. Chr. Die Römer besiegen den griechischen König Pyrrhos bei Beneventum. Rom festigt seine Herrschaft in Mittelitalien und weitet sie in den griechisch besiedelten Süden aus. Schärfste Rivalen sind die Phönizier aus Karthago.
264–241 v. Chr. Im Ersten Punischen Krieg um die Vormachtstellung in Sizilien gewinnt Rom gegen Karthago, und Sizilien wird römische Provinz.
237 v. Chr. Die Römer besetzen auch Korsika und Sardinien.
218–201 v. Chr. Während des Zweiten Punischen Kriegs marschiert Hannibal von Nordafrika über Spanien, Gallien und die Alpen in Italien ein. Trotz einiger Niederlagen, u.a. bei Cannae, siegen am Ende die Römer.
210–191 v. Chr. Das gallische Territorium südlich der Alpen fällt an Rom. Das Römische Imperium umfasst fast die gesamte Halbinsel.
149–146 v. Chr. Der Dritte Punische Krieg endet mit der Zerstörung Karthagos. Rom kontrolliert nun auch Teile Nordafrikas. Ebenso werden in Mazedonien und auf dem griechischen Festland römische Provinzen eingerichtet.

◁ *Etruskisches Ehepaar – Sarkophag aus Cerveteri (6. Jh. v. Chr.)*

Kaiser Konstantins Kolossalstatue in Stücken – Kapitolinische Museen, Rom

133–30 v. Chr. Die militärischen Erfolge führen in der Römischen Republik zu sozialen Spannungen zwischen adeligen Großgrundbesitzern und verarmten Kleinbauern. Es kommt zu Bürgerkriegen. Diktatoren beschneiden die Macht der Konsuln.

49 v. Chr. Gaius Julius Caesar, der Eroberer Galliens, kehrt nach Rom zurück und

Caesar als Feldherr – Kapitolinische Museen, Rom

vertreibt Pompeius, der zuvor mit ihm und Crassus ein Triumvirat gebildet hatte. Caesars Aufstieg zum Diktator auf Lebenszeit markiert das Ende der Republik.

45 v. Chr. Einführung des Julianischen Kalenders, benannt nach Gaius Julius Caesar, mit zwölf Monaten.

44 v. Chr. Caesar wird ermordet, um seine Nachfolge entbrennt ein Kampf.

31 v. Chr. Octavius besiegt seinen letzten Konkurrenten Marc Anton in der Schlacht bei Aktium.

27 v. Chr. Unter dem Namen Augustus wird Octavius erster römischer Kaiser.

79 n. Chr. Ein Ausbruch des Vesuvs zerstört die Städte Pompeji und Herculaneum am Golf von Neapel.

106–117 Das Römische Imperium erreicht unter Kaiser Trajan seine größte Ausdehung von Britannien bis zum Persischen Golf.

161–180 Unter Kaiser Marc Aurel genießen die Römer Wohlstand und Stabilität.

212 Das römische Bürgerrecht wird auf alle Teile des Reiches ausgedehnt.

284–305 Während Diokletians Regierungszeit schwächen Angriffe von außen und Aufstände im Inneren das Reich. Die Christen, die immer mehr Anhänger finden, werden systematisch verfolgt.

312 In der Schlacht an der Milvischen Brücke besiegt Kaiser Konstantin seinen Rivalen Maxentius.

313 Das zwischen Konstantin, dem Kaiser des Westens, und Licinius, dem Kaiser des Ostens, vereinbarte Mailänder Edikt gewährt den Christen – und allen anderen Religionen – Glaubensfreiheit.

330 Konstantin verlegt die Residenz von Rom nach Byzanz (Konstantinopel).

379–395 Theodosius, der das Christentum zur Staatsreligion erkärt, teilt das Reich unter seinen Söhnen: Arcadius spricht er Ostrom bzw. Byzanz zu, Honorius West-

Weingott Bacchus am Vesuv, Casa del Centenario, Pompeji (1. Jh. v. Chr.)

rom bzw. Italien. Dieser erhebt Ravenna zur Hauptstadt seines Reiches.
410/455 Plünderung Roms durch die Westgoten unter König Alarich und später durch die Vandalen (455).
476 Mit der Enttrohnung des letzten weströmischen Kaisers durch den Germanen Odoaker endet das Weströmische Reich.
493 Nach langer Belagerung der Hauptstadt Ravenna durch Ostgotenkönig Theoderich bewegt dieser Odoaker zum Frieden, nur um ihn anschließend zu ermorden. Theoderich regiert bis zu seinem Tod 526.
535–553 Der Byzantiner Justinian I. (reg. 527–565), der von einem neuen Imperium Romanum träumt, führt Krieg gegen die Ostgoten in Italien und macht das Land zur oströmischen Provinz.
568 Von Norden fallen die Langobarden in Italien ein und machen Pavia 572 zur Hauptstadt ihres Reiches.
590 Die Langobarden beherrschen zwei Drittel Italiens. Der byzantinisch kontrollierte Teil wird im Verwaltungsdistrikt Exarchat von Ravenna zusammengefasst.
751 Der Langobardenkönig Aistulf beendet mit der Eroberung von Ravenna die byzantinische Herrschaft in Mittelitalien.
754/776 Papst Stephan II. wendet sich von Byzanz ab und bittet die Franken als Gegenleistung für deren Legitimierung um Schutz gegen die Langobarden, die Rom besetzt hatten. In zwei Schlachten besiegt Frankenkönig Pippins Heer Aistulfs Truppen. Pippin übereignet, wie versprochen, die zurückeroberten Gebiete dem Papst zu (Pippinische Schenkung). So bildet sich zwischen Nord- und Süditalien der Kirchenstaat heraus, der weltliche Herrschaftsbereich des Papstes (Patrimonium Petri).
774 Pippins Sohn Karl der Große (reg. 768–814), König der Franken, unterwirft endgültig die ›Langbärte‹ und setzt sich selbst die langobardische Krone auf.
800 Zum Dank krönt Papst Leo III. Karl den Großen in der Peterskirche zum Kaiser des Heiligen Römischen Reiches.
827–902 Die Sarazenen erobern das byzantinische Sizilien, dringen in Kalabrien ein und besetzen Teile des süditalienischen Festlands.
1060–72 Die Normannen unter Robert Guiscard bringen Süditalien und Sizilien unter ihre Kontrolle.
1075–77 In Norditalien eskaliert der Investiturstreit: Kaiser Heinrich IV. wird gezwungen, sich Papst Gregor VII. zu unterwerfen. Der andauernde Konflikt zwischen Papst und Kaiser um die Vormachtstellung lässt im Norden unabhängige Stadtstaaten heranwachsen.
1130 Roger II. (1095–1154) vereinigt Kalabrien, Apulien und Sizilien. In Palermo lässt er sich zum König krönen.
1139 Neapel wird dem Königreich Sizilien eingegliedert.
1155 Der Staufer Friedrich I. Barbarossa wird zwar von Papst Hadrian IV. zum Kaiser gekrönt, aber der Kampf zwischen Papst und Kaiser bricht erneut aus. Die Guelfen (Anhänger der Welfen) ergreifen Partei für den Papst, die Ghibellinen (Anhänger der Staufer) für den Kaiser.
1167 Im Norden schließen sich die papsttreuen Städte zur Lombardischen Liga zusammen.
1176 Das kaiserliche Heer unterliegt in der Schlacht von Legnano, daraufhin versöhnt sich Friedrich Barbarossa mit Papst Alexander III.
1189 Der Normannenkönig Wilhelm II. stirbt ohne Nachfolger, das Normannenreich löst sich auf, die Stauferzeit im Süden Italiens beginnt.
1198 Der Staufer Friedrich II. (1194–1250) wird König von Sizilien und regiert zunächst unter Vormundschaft seiner Mutter Süditalien vornehmlich von Apulien aus.
1220 Friedrich II. wird Kaiser des Heiligen Römischen Reiches.
1227–50 Heftiger Konflikt zwischen Papst Gregor IX. und Kaiser Friedrich II., dem die Lombardische Liga 1248 vor Parma eine Niederlage bereitet.
ab 1250 Einige Adelsfamilien kämpfen um die Macht in den Städten des Nordens. Signorien entstehen, d. h. einzelne Familien übernehmen die Herrschaft, begründen mächtige Dynastien und Flächenstaaten, wie die Visconti und Sforza in Mailand, die Medici in Florenz, die Montefeltro in Urbino, die Gonzaga in Mantua und die Este in Ferrara. Die städtischen Kommunen erleben eine große wirtschaftliche und kulturelle Blütezeit.
1266 Karl von Anjou, ein Sohn König Ludwigs VIII. von Frankreich, besiegt Manfred von Sizilien, einen Sohn Friedrichs II., in der Schlacht von Benevent und wird König von Sizilien.
1282 In Palermo kommt es zum blutigen Aufstand gegen die französische Herrschaft (Sizilianische Vesper). Karl wird aus Sizilien vertrieben. Der sizilianische Adel macht Pedro III. von Aragon zum König, den Anjou bleibt das Königreich Neapel.
ab 1309 Clemens V. verlegt den Papstsitz von Rom nach Avignon.
1321 Kurz vor seinem Tod vollendet der exilierte Florentiner Dichter und Denker Dante Alighieri (1265–1321) ›Die Göttliche Komödie‹.
1347–49 In vielen Städten Italiens wütet die Pest, zwei Drittel der Bevölkerung fallen der Seuche zum Opfer.
1378 Kaum ist Papst Gregor XI. nach Rom zurückkehrt, wählt man in Avignon einen Gegenpapst. Die Kirche ist gespalten: ›Großes Abendländisches Schisma‹.

Die Heiligen Drei Könige und die drei Medici, Fresko (1459–61) von Benozzo Gozzoli in der Kapelle des Palazzo Medici-Riccardi, Florenz

1380 Nach über hundert Jahren der Kämpfe um die Vormachtstellung im Mittelmeerraum ergibt sich die Genueser Flotte bei Chioggia den Venezianern.

1406 Florenz vereinnahmt die Seemacht Pisa. Die Signore, die Stadtherren der blühenden Handelsmetropole fördern als Mäzene Kunst und Wissenschaften. Italien wird im 15. Jh. zum Zentrum von Humanismus und Renaissance.

1414–1418 Das Konstanzer Konzil beendet das Schisma 1417 mit der Wahl Papst Martins V. Rom wird endgültig Papstresidenz.

1442 Alfons V. von Aragon erobert Neapel und vereint es mit Sizilien.

1452 Leonardo da Vinci, Maler und Universalgenie, wird in Vinci bei Empoli geboren. Seine Lehrjahre verbringt er im nahen Florenz.

1453 Konstantinopel, die byzantinische Hauptstadt, gerät in türkische Hand, das bedeutet das Ende des Oströmischen Reiches.

1454 Der Frieden von Lodi beendet die Machtkämpfe zwischen den fünf größten italienischen Staaten: Mailand, Venedig, Florenz, dem Kirchenstaat und dem Königreich Neapel-Sizilien.

1492 Der Genuese Christoph Columbus sucht eine Westroute nach Indien und entdeckt dabei Amerika.

1494/95 Der französische König Karl VIII. besetzt Neapel. Die spanischen Habsburger stellen sich ihm im Kampf um die Vorherrschaft in Italien entgegen.

1503 Beginn der 200 Jahre dauernden Herrschaft der spanischen Vizekönige über Neapel (bis 1707).

1508–12 Im Auftrag Papst Julius' II. freskiert Michelangelo (1475–1564) die Decke der Sixtinischen Kapelle im Vatikan.

1515/25 Nach der Schlacht von Marignano 1515 erlangt Frankreichs König Franz I. das Herzogtum Mailand, unterliegt aber 1525 bei einer Konfrontation den Habsburgern in Pavia. Karl V. zwingt daraufhin den Franzosen, auf Italien zu verzichten.

1530 Papst Clemens VII. krönt Karl V. in Bologna zum Kaiser des Heiligen Römischen Reiches.

1540 Papst Paul III. anerkennt den vom Spanier Ignatius von Loyola gegründeten Jesuitenorden, der zum wichtigen Träger der Gegenreformation wird. Deren Geist inspiriert, insbesondere in Rom, die dramatisch-überschwänglichen Formen des Barock.

1542 Papst Paul III. setzt das Sanctum Officium in Rom ein, die letzte Instanz der Inquisition.

1545–63 Das Konzil von Trient bestimmt die Richtlinien der Gegenreformation und untermauert die Trennung in Katholiken und Protestanten.

1559 Der Frieden von Cateau-Cambrésis bestätigt die spanische Herrschaft über Mailand, Neapel, Sizilien und Sardinien.

1571 In der Seeschlacht bei Lepanto (vor dem Golf von Korinth) siegt die Heilige Liga (Kirchenstaat, Venedig und Spanien) gegen die Türken und gebietet so dem osmanischen Expansionsstreben im Mittelmeer erstmals Einhalt.

1582 Der Gregorianische Kalender, benannt nach

Papst Gregor XIII., ersetzt den Julianischen.
1607 Claudio Monteverdi (1567–1643) komponiert in Mantua mit ›Orfeo‹ die erste Oper der Musikgeschichte.
1633 Der große Mathematiker und Astronom Galileo Galilei (1564–1642) wird beim Inquisitionsprozess in Rom gezwungen, seine Lehre zu widerrufen, dass die Erde um die Sonne kreist.
1693 Der Südosten Siziliens wird von einem verheerenden Erdbeben erschüttert. Der Wiederaufbau von Noto und Ragusa gerät zur Blüte des sizilianischen Barock.
1701–13 Der spanische König Karl II. stirbt ohne männlichen Thronerben. Dies löst den Spanischen Erbfolgekrieg aus, der mit dem Frieden von Utrecht endet: Die Lombardei, Neapel und Sardinen fallen an Österreich, Sizilien geht an das verbündete Savoyen-Piemont.
1720 Es kommt zum Tausch: Sizilien gehört nun zu Österreich und Sardinien zu Savoyen-Piemont.
1735 Karl III. von Spanien sichert als König beider Sizilien die Herrschaft über Neapel und Sizilien.
1737 Nach dem Tod des letzten Großherzogs der Toskana aus dem Hause Medici kommt diese an Habsburg-Lothringen.
1773 Unter dem Druck der bourbonischen Mächte löst der Papst den Jesuitenorden auf.
1796/97 Napoleon dringt über Piemont in Italien ein. Er errichtet im Norden die Cisalpinische Republik, die Österreich schließlich im Frieden von Campo Formio anerkennt und dafür Venetien erhält.
1802/05 Die Cisalpinische Republik wandelt sich zur Italienischen Republik und – nachdem sich Napoleon in Mailand 1805 selbst die Langobardenkrone aufgesetzt hat – zum Königreich Italien erklärt.
1808/09 Napoleons Truppen erobern Rom und den Kirchenstaat. Papst Pius VII. wird bis 1814 in Frankreich gefangen gehalten. Joachim Murat, ein Schwager Napoleons, avanciert zum König von Neapel.
1813/14 Bis auf Sizilien und Sardinien beherrscht Napoleon ganz Italien.
1815 Nach der Abdankung Napoleons stellt der Wiener Kongress den Status quo in Italien wieder her: Lombardei, Venetien und Toskana gehen an Österreich, und auch der Kirchenstaat wird wiederhergestellt.
1831 In der Romagna und den Marken kommt es zu Revolten gegen die Regierung des Papstes. Der Genuese Giuseppe Mazzini (1805–1872) gründet die Bewegung La Giovine Italia (Das Junge Italien). Ihr Ziel ist die Befreiung von der Herrschaft Österreichs und die Einigung Italiens.
1839 Die erste Eisenbahnstrecke Italiens von Neapel nach Portici wird eröffnet.
1848 Aufstände der italienischen Patrioten gegen die Österreicher und Bourbonen bleiben lokal beschränkt.
1849 Vittorio Emanuele II (1820–1878) aus dem Haus Savoyen übernimmt die Regentschaft im Piemont. Camillo Benso di Cavour (1810–1861), seit 1852 Ministerpräsident im Königreich Piemont-Sardinien, wird zum diplomatischen Vorkämpfer des Risorgimento, der italienischen Einigungsbewegung, und sucht Verbündete für den Kampf gegen die fremden Herrscher.
1859 Mithilfe der Franzosen vertreibt Piemont die Österreicher aus Norditalien und gewinnt zunächst Mailand und die Lombardei, später die Emilia Romagna.
1860 Der Freiheitskämpfer Giuseppe Garibaldi (1807–1882) landet mit 1000 Frei-

Beitritt zum Königreich 1860 – Vittorio Emanuele II empfängt die Toskanische Deputation

Papst Benedikt XVI. bei einer Messe in der Peterskirche im Februar 2008 ▷

willigen (Zug der Tausend) auf Sizilien und erobert die Insel sowie Neapel. In Volksabstimmungen sprechen sich die italienischen Gebiete – bis auf Venetien (erst 1866) und Latium/Kirchenstaat (erst 1870) für den Anschluss an Piemont-Sardinien aus.

1861 Vom ersten frei gewählten Parlament wird Vittorio Emanuele II am 17. März zum ersten König des geeinten Königreichs Italien ausgerufen. Hauptstadt ist Turin (ab 1865 Florenz).

1866 Venetien tritt dem Königreich Italien bei.

1870 Italienische Truppen nehmen Rom ein, das am 2. Oktober zur Hauptstadt des Königreichs erklärt wird. Die Einigung Italiens ist abgeschlossen.

1882 Italien tritt dem Bund von Deutschland und Österreich bei, um sich Beistand bei einem Angriff der Franzosen zu sichern.

1890 Die italienische Kolonie Eritrea in Nordostafrika wird gegründet.

1911/12 Das Königreich erobert im Krieg mit den Türken Libyen.

1915 Auf Seiten der Entente (England, Frankreich) tritt Italien, das zunächst seine Neutralität erklärt hatte, in den Ersten Weltkrieg ein.

1919 Italien erhält Südtirol, Trentino, Julisch-Venetien, Triest, Friaul und Istrien ohne Fiume sowie einige dalmatinische Inseln.

1920 Wirtschaftliche und soziale Probleme führen zu einer Auswanderungswelle in die USA und begünstigen den Faschismus.

1922 Mit dem Marsch auf Rom und Benito Mussolinis Berufung zum Ministerpräsidenten gelangen die Faschisten an die Macht.

1929 In den Lateranverträgen erhält der Papst wieder ein eigenes Territorium, den Vatikanstaat.

1936 Italien erobert Abessinien (Äthiopien).

1940 Italien tritt auf Seiten Deutschlands in den Zweiten Weltkrieg ein.

1943–45 Die Allierten landen auf Sizilien und befreien dann das Festland. Nach verheerenden Niederlagen wird Mussolini von seinen Parteigenossen gestürzt. Italien unterzeichnet einen Waffenstillstand und erklärt Deutschland den Krieg. Der Duce flüchtet in den deutsch besetzten Norden des Landes und wird 1945 von Partisanen getötet.

1946 Die Monarchie wird zugunsten der Republik abgeschafft. Die Christdemokraten bilden die erste Koalitionsregierung.

1950–70 Über 2 Mio. Süditaliener ziehen auf Suche nach Arbeit in den industrialisierten Norden bzw. ins Ausland.

1957 Italien gehört zu den sechs Staaten, die mit der Unterzeichnung der Römischen Verträge die Europäische Wirtschaftsgemeinschaft (EWG, seit 1993 EG) gründen.

1978 Der christdemokratische Ministerpräsident Aldo Moro wird von den Brigate Rosse (Roten Brigaden) entführt und ermordet. Karol Wojtyla tritt als Johannes Paul II. sein Amt als Papst an.

1983 Bettino Craxi (1934–2000) wird der erste sozialistische Ministerpräsident Italiens (bis 1987).

1992 Die Initiative der Mani Pulite (Saubere Hände) befasst sich mit der Aufdeckung von Korruption in der Politik und mit den Verstrickungen oberster Repräsentanten der Politik und Wirtschaft mit dem organisierten Verbrechen. Die Richter Giovanni Falcone und Paolo Borsellino aus dem sizilianischen Palermo, die gegen die Mafia ermitteln, werden ermordet.

1994 Silvio Berlusconi, der Mailänder Medienmogul und Gründer der rechtsgerichteten Forza Italia, wird zum italienischen Ministerpräsidenten gewählt. Finanzielle Unregelmäßigkeiten zwingen ihn im selben Jahr zum Rücktritt.

2001 Berlusconi wird, gestützt auf ein Mitte-Rechts-Bündnis, zum zweiten Mal Ministerpräsident

2005 Kardinal Joseph Ratzinger besteigt als Benedikt XVI. den Papstthron.

2006 Romano Prodi, der schon 1996–98 das Amt des italienischen Ministerpräsidenten innehatte, löst nach dem knappen Wahlsieg seines Mitte-Links-Bündnisses Silvio Berlusconi an der Regierungsspitze ab.

2008 Eine Regierungskrise beutelt Italien. Ministerpräsident Prodi reicht Ende Januar seinen Rücktritt ein. Neuwahlen werden für Mitte April anberaumt.

Unterwegs

Pisa pompös – spitzenumkränzte Wunder der Baukunst auf der Spielwiese: Piazza dei Miracoli mit Duomo und Battistero

Südtirol und Trentino – von Gletschern, Wein und Obstgärten

Gleich südlich des Brennerpasses steigt die Urlaubsstimmung, denn jetzt ist Italien erreicht. Hohe Alpengipfel schützen **Südtirol** (ital. Alto Adige) mit dem hübschen **Bozen** und **Trentino** mit der Renaissancestadt **Trient** vor den kalten Nordwinden. An den sonnigen Südhängen gedeihen Wein und Obst, in den Gärten sprießt Oleander. Die unvergleichliche Hochgebirgswelt ist ein Paradies für Naturliebhaber und Sportfreunde, mitunter bewacht von trutzigen Burgen wie *Schloss Tirol*. Zu seinen Füßen ragen in **Meran** erste Palmen auf und der Frühling beschert dem Luftkurort ein farbenprächtiges Blütenmeer. Auch weiter westlich versprechen im Sommer das **Vinschgau**, im Osten z.B. das **Grödnertal** und **Fassatal** mit schönen Wanderwegen, saftigen Almwiesen, klaren Bergseen und romantischen Alpendörfer einen abwechslungsreichen und erholsamen Urlaub. Nicht zu vergessen Leckereien wie Spinatnocken, Speck und Schüttelbrot und dazu edle Tropfen – Gewürztraminer, Lagrein oder Vernatsch.

1 Meran

Heiterer blumenreicher Luftkurort, auf dessen Promenade schon Kaiserin ›Sisi‹ und Franz Kafka flanierten.

Meran (Merano) ist mit 35 000 Einwohnern nach Bozen die größte Stadt Südtirols. Ihr mildes Klima und die geringe Luftfeuchtigkeit machen sie zu einem beliebten **Luftkurort**. Das historische Ortszentrum liegt geschützt in einem Talkessel zu Füßen des Küchelberges. Durch die Altstadt fließt die *Passer*, die wenig südlich in die Etsch (Adige) mündet. Entlang der Passer lädt Merans bekannte Promenade zu einem Bummel ein, an der Palmen und Edelkastanien für südliches Flair sorgen. Der Frühling verwandelt die ganze Stadt in ein wahres Blütenmeer, das selbst die Hänge der umliegenden Berge mit leuchtenden Farben überzieht.

Das ganze Jahr über erschließt eine Großkabinenbahn von Meran aus das

Stolz thront Schloss Tirol über dem Tal, in dem sich der Luftkurort Meran ausbreitet ▷

nahe Wander- und Skigebiet der *Sarntaler Alpen*. Auch die blumenreiche Hochebene *Hafling*, die der bekannten gutmütigen und robusten Pferderasse ihren Namen gab, ist auf der Straße über den Ortsteil Obermais gut zu erreichen.

Geschichte Bereits in römischer Zeit sicherte hier ein *Castrum Maiense* die Wege durch Passeier- und Etschtal. Eine Siedlung namens **Mairania** wurde 857 erstmals urkundlich erwähnt. Sie ging 1288 an *Graf Meinhard II.* von Tirol über, der die Zenoburg auf steilem Felsen am Osthang des heutigen *Küchelberges* zur **Residenz** ausbauen ließ. Schon 1317 erhielt der Ort zu ihren Füßen Stadtrecht, Adlige und Kaufleute bauten in Meran prächtige Landsitze und stattliche Laubenhäuser. Doch 1420 wurde Innsbruck Hauptstadt Tirols und ebenfalls im 15. Jh. stieg Bozen zum führenden Handelszentrum der Region auf. Meran verlor damals beträchtlich an Bedeutung und erwachte erst wieder aus seinem Dornröschenschlaf, als 1836 der Wiener Arzt Dr. Joseph Huber einen lobenden Artikel über die Heilkräfte des Meraner Klimas und der ringsum angebauten Trauben veröffentlichte. Schon 1838 machte *Kaiser Ferdinand I.* die Probe aufs Exempel und Merans Aufstieg zum angesagten Luftkurort begann. 1870 kurten die österreichische *Kaiserin Elisabeth*, genannt *Sisi*, und ihre Töchter an der Passer, 50 Jahre später schrieb *Franz Kafka* hier seine ›Briefe an Milena‹. 1914 wurden bereits 1,2 Mio. Übernachtungen in Meran gezählt, heute sind es etwa 2,5 Mio. im Jahr.

Besichtigung Merans gut erhaltene mittelalterliche **Altstadt** liegt kompakt zwischen Passer und Küchelberg. An seinem Fuß weitet sich der baumbestandene *Pfarrplatz*. In seinem Norden erhebt sich das Wahrzeichen Merans: der 83 m hohe, von einem achteckigen Oberbau und einer Barockspitze (1617) bekrönte *Turm* von **St. Nikolaus** (Tel. 0473230174, www.stadtpfarre-meran.it). Die gotische Kirche selbst wurde im 14./15. Jh. erbaut. Durch zwei reich profilierte Portale betritt man ihren hohen, netzrippenüberwölbten dreischiffigen *Hallenraum*. Die hohen Fenster im Langhaus zeigen Glasmalereien (um 1500) mit Szenen aus dem Neuen Testament.

Neben St. Nikolaus steht die zweigeschossige **Barbarakapelle**, ein schöner achteckiger Zentralbau von 1422–40. Zwischen ihr und dem Chor von St. Nikolaus führt die schmale Steintreppe des *Tiroler*

Die gotische Kirche St. Nikolaus mit ihrem barockisierten Turm ist Wahrzeichen Merans

Steigs den Berghang hinauf zum 4 km langen *Tappeinerweg*, einem der beliebtesten Wanderpfade im Stadtgebiet.

Vom Pfarrplatz aus verläuft die geschäftige Laubengasse (Via Portici) leicht abfallend nach Westen. Hier prägen Arkadengänge, sog. *Lauben*, die Erdgeschosse der repräsentativen Bürgerhäuser, die Meraner Kaufleute ab 1258 errichten ließen. Der Passer zugewandt befinden sich die *Wasserlauben*, gegenüber die *Berglauben*. Hinter den z. T. mit Erkern geschmückten Fassaden und prächtigen Torbögen verbergen sich idyllische Innenhöfe und abenteuerlich steile Treppenaufgänge. In Haus Nr. 68 widmet sich das engagierte **Frauenmuseum Evelyn Ortner** (Tel. 0473231216, www.museia.org, Febr.–Okt. Mo–Fr 10–12 und 14–17, Sa 10–12.30, Nov./Dez. Fr–So 10–17 Uhr) den Frauenbildern der vergangenen 200 Jahre, die sich in Mode, Accessoires und Alltagsgegenständen widerspiegeln. Das Museum **kunstMeran** (Nr. 163, www.kunstmeranoarte.com, Di–So 10–18 Uhr) im *Haus der Sparkasse* wiederum fordert durch seine Wechselausstellungen zu einer Auseinandersetzung mit aktuellen Kunstströmungen auf.

Über die Galileistraße gelangt man nordwärts zur Talstation des Sessellifts. Gegenüber versteckt sich die **Landesfürstliche Burg** (*Castello Principesco*, Galileistraße, Tel. 0473250329, März–1. So im Jan. Di–Sa 10–17, So/Fei 10–13 Uhr) hinter Bäumen. Sie wurde um 1470/80 als Stadtresidenz für den Habsburger Erzherzog Sigismund errichtet, 1876 restauriert und mit Möbeln, Bildern und Waffen im Stil des 16. Jh. eingerichtet. Heute bilden die Gemächer, darunter Wache, Kaiserstube

Die Altstadtgassen Merans mit ihren reizvollen Laubengängen laden zum Flanieren ein

Schwelgen in üppiger Pflanzenpracht ist das Motto der Gärten von Schloss Trauttmansdorff

und Jungfrauenkammer, den passenden Rahmen für die *Historische Musikinstrumentensammlung der Stadt*.

Der Aufstieg zum Kurort seit Mitte des 19. Jh. bescherte Meran einige herausragende Baudenkmäler. Beispielsweise das **Stadttheater** (Tel. 0473 23 24 22, www.kurhaus.it/theater) am Theaterplatz, das 1899/1900 nach Plänen des Münchners *Martin Düfler* erbaut wurde, eines der wenigen erhaltenen Jugenstiltheater Europas. Auch das nahe **Neue Kurhaus** (www.kurhaus.it) an der Passerpromenade ist dem Jugendstil verpflichtet. Es wurde 1912–14 an das *Alte Kurhaus* (1874) angebaut, den heutigen Kleinen Kursaal.

Am südlichen Ufer der Passer befindet sich, eingebettet in großzügige Parkanlagen, das moderne Kur- und Wellnesszentrum **Therme Meran** (Tel. 0473 25 20 00, www.termemerano.it, tgl. 9–22 Uhr). Auf derselben Flussseite, jenseits der Postbrücke, steht auch die 1425–83 errichtete **Spitalkirche zum Heiligen Geist**. Die dreischiffige Hallenkirche mit Chorumgang und reich geschmücktem Westportal ist einer der harmonischsten gotischen Sakralräume Südtirols. Im Inneren kann man Teile eines Hochaltars von *Jörg Lederer* (1470–1550) bewundern.

Schloss Trauttmansdorff

3 km südöstlich der Stadt erstrecken sich auf 12 ha die wunderbar abwechslungsreichen **Botanischen Gärten von Schloss Trauttmansdorff** (Tel. 0473 23 57 30, www.trauttmansdorff.it, Ostern–Mitte Nov. tgl. 9–18, Juni–Aug. bis 21 Uhr). Weinberge, Terrassen-, Wasser-, Sonnen- oder Waldgärten setzen die Pflanzenwelt in all ihrer Vielfalt und Farbenpracht in Szene. Das weiße Schloss in ihrer Mitte hatte Graf Joseph von Trautmansdorff ab 1846 auf mittelalterlichen Grundmauern im Stil neogotischer Burgen neu erbauen lassen. Zweimal logierte Kaiserin Sisi in dem Prachtbau, heute erzählt hier das *Touriseum* multimedial die Geschichte des Fremdenverkehrs im Meranerland von ihren Besuchen bis heute.

Schloss Tirol

Oberhalb des Ortes *Dorf Tirol* etwa 4 km nordwestlich von Meran steht das stattliche **Schloss Tirol** (Tel. 0473 22 02 21, www.schlosstirol.it, Mitte März–Nov. Di–So 10–17, im Aug. bis 18 Uhr), das dem Land einst seinen Namen gab. Die Vinschger Grafen von Tirol hatten das Gemäuer um 1140 im romanischen Stil erbaut. Heute zeigt in den mächtigen Mauern das *Südtiroler Landesmuseum für Kultur- und Landesgeschichte* seine interessante historische und volkskundliche Sammlung.

Praktische Hinweise

Information

Tourismusverein Meran, Freiheitsstr. 45, Meran, Tel. 0473 27 20 00, www.meran.eu

Touristeninformation Meraner Land, Gampenstr. 95, Meran, Tel. 0473 20 04 43, www.meranerland.com

Hotels

****__Villa Tivoli__, Verdistr. 72, Meran, Tel. 0473 44 62 82, www.villativoli.it. Traditionshotel im Grünen mit einer Sonnenterrasse oberhalb der Stadt.

***__Hotel Westend__, Speckbacherstr. 9, Meran, Tel. 0473 44 76 54, www.westend.it. Die Jugendstilarchitektur und die traumhafte Lage an der Passerpromenade begeistern ebenso wie die Zimmer. Kostenloser Fahrradverleih.

Restaurants

Forsterbräu, Freiheitsstr. 90, Meran, Tel. 0473 23 65 35. Das Lokal mit dem schattigen Biergarten und einer gemütlichen Gaststube gehört zur traditionsreichen lokalen Brauerei Forst.

Saxifraga, Zenobergstr. 33, Meran, Tel. 0473 23 92 49. Am Trappeinerweg mit Blick über Meran schmecken Kuchen, Tiroler Spezialitäten und hauseigene Weine besonders gut (Di geschl.).

2 Vinschgau

Südtirol wie aus dem Bilderbuch – Alpengipfel, Kunstschätze und Obstgärten im Tal der oberen Etsch.

Von Meran aus folgt die S38 dem Oberlauf der Etsch in westlicher Richtung durch das Vinschgau, das **Val Venosta**, bis zum Ursprung des Flusses am *Reschenpass* (1507 m). Im Norden begrenzen die Ötztaler Alpen das Tal, im Süden die Gipfel der Ortler-Gruppe. Parallel zur Hauptstraße erschließt der 90 km lange, bestens ausgeschilderte **Vinschger Radweg** die wunderschöne Natur und die kunsthistorischen Schätze rechts und links der Strecke Reschenpass – Meran. Bei einem Höhenunterschied von rund 1200 m mag aber mancher Radfahrer und Wanderer froh sein um die **Vinschgerbahn** (www.vinschgerbahn.it), die zwischen Meran und Mals verkehrt. Wie gemacht für Wanderer sind die sog. **Waalwege**, die entlang alter Bewässerungsrinnen durch die grandiose Bergwelt führen. Der Vinschgau zählt zu den regenärmsten Gebieten Südtirols.

Wanderparadies Vinschgau: mit herrlichem Panorama zwischen Weinreben zum Gipfelglück

Hoch über **Naturns** (Naturno) thront an der Einmündung des Schnalstals (Val di Senales) auf felsiger Höhe *Schloss Juval* (Palmsonntag–Juni und Sept.–Anfang Nov. Do–Di 10–16 Uhr, erreichbar ab Parkplatz Naturns zu Fuß in etwa 1 Std. oder – außer Mi, Juli und Aug. – mit dem Shuttlebus, Tel. 0473 66 80 58), der Wohnsitz des Bergsteigers *Reinhold Messner*. Er ließ das Anwesen aus dem 15. Jh. im Stil der Renaissance restaurieren. In einem Teil richtete er sein *MMM Messner Mountain Museum* (www.messner-mountain-museum.it) ein, einer von vier zusammengehörigen Ausstellungsorten in den Alpen, die sich dem Mythos Berg und seinen religiösen Dimensionen widmen.

TOP TIPP Im Süden von Naturns schlummert inmitten von Obstgärten das kleine Kirchenjuwel **St. Prokulus** (San Procolo, Tel. 0473 66 73 12, www.prokulus.org, zwei Wochen vor Ostern–Anfang Nov. Di–So 9.30–12 und 14.30–17.30, ab 15. Okt. bis 17 Uhr, Führungen 10, 15 Uhr). Der ursprüngliche einfache Rechteckbau mit Altarnische wurde um 630 erbaut und ist mit einzigartigen frühmittelalterlichen und gotischen *Wandmalereien* verziert. Außen erzählen um 1400 entstandene Fresken in der oberen Reihe die Schöpfungsgeschichte, in der unteren das Leben Adams und Evas. Innen zeigen sie im Langhaus Auszug und Anbetung der Heiligen Drei Könige und Szenen aus dem Leben Mariä. Mitte des 14. Jh. datieren die ›Kreuzigung‹ und ›Christus als Weltenrichter‹ in der Apsis. Am kostbarsten sind die Fresken (um 800) an Süd- und Westwand, die zu den ältesten im deutschsprachigen Raum gehören. Bei der Darstellung eines Mannes, den drei andere über eine Mauer

Erst 1912 unter gotischen Malereien entdeckt: frühmittelalterliche Fresken in St. Prokulus

Ein lauschiges Plätzchen: Den Loggienhof der Churburg von Schluderns zieren florale Fresken

abseilen, handelt es sich um den hl. Prokulus, der im 4. Jh. als Bischof vor seiner Gemeinde aus Verona flüchten musste. Neben der Kirche führt das moderne *Prokulus-Museum* mit einem unterirdischen Schauparcour und begleitet von einer multimedialen Dokumentation in die Welt der Spätantike, des Frühmittelalters und der Gotik.

In **Latsch** (Laces) sollte man die *Spitalkirche zum Heiligen Geist* (Hauptstr. 73, März–Nov. Mo–Sa 9–11 und 14–17 Uhr) aus dem 15./16. Jh. besuchen. Sie bewahrt mit dem spätgotischen *Flügelaltar* (um 1517) von *Jörg Lederer* eines der bedeutenden Kunstwerke Südtirols. Der zentralen Gruppe des Gnadenstuhls stehen Johannes der Täufer und der hl. Wolfgang zur Seite. Die geschnitzten Figuren vor vergoldetem Hindergrund bestechen durch Plastizität und Detailfreude. Die Rückseite des Altars zieren schöne Malereien vermutlich von Hans-Leonhard Schäuffelin.

Auf der Weiterfahrt durch das obere Vinschgau gelangt man über das Verwaltungszentrum Schlanders (Silandro) nach **Schluderns** (Sluderno). Anhand von regionaltypischen Themen wie der Haflingerzucht und *Waalen* (Bewässerungsgräben) veranschaulicht das *Vintschger Museum* (Tel. 0473 61 55 90, Ende März–Okt. Di–So 10–12 und 15–18, Mitte Aug.–Mitte Sept. auch Mi 20.30–22 Uhr) Geschichte und Lebenswelt des Vinschgau.

Für die praktische Erkundung bietet sich der *Leitenwaalweg* an, ein schöner Rundweg, der am Parkplatz hinter dem Museum beginnt. Die reine Gehzeit beträgt etwa 2,5 Stunden, doch man kann die Wanderung bestens mit einem Besuch von Schluderns malerisch über dem Tal gelegener ›Hausburg‹ verbinden. Die Rede ist von der im 16. Jh. zum Renaissanceschloss umgebauten *Churburg* (Castel Coira, Tel. 0473 61 52 41, www.churburg.com, nur mit Führung Ende März–Okt. Di–So 10–12 und 14–16.30 Uhr). Ihre zinnengekrönten Mauern beherbergen u.a. die weltweit größte private Rüstkammer mit mehr als 50 Rüstungen in der ›eisernen Garderobe‹. Besonderes Augenmerk verdient zudem der um 1580 reich mit floralen Fresken und einem Stammbaum ausgemalte Arkadengang im 1. Stock des Loggienhofes.

In **Mals** (Malles) birgt die Kirche *St. Benedikt* (San Benedetto, April–Anfang Nov. Mo–Sa 10–11.30, Mitte Juli–Mitte Aug. auch Di–Do 15–16 Uhr) romanische Fresken aus dem frühen 9. Jh. Die beeindruckenden Malereien an der östlichen und nördlichen Innenwand der Kirche zeigen Heiligengeschichten und Stifterfiguren. Mit den Prokulusfresken in Naturns zählen sie zu den ältesten im deutschen Sprachraum.

Nahe Burgeis (Burgusio) im Grenzgebiet zu Österreich und der Schweiz erreicht man schließlich die im 12. Jh. gegründete **Abtei Marienberg** (Abbazia di Monte Maria, Tel. 0473 83 13 06, www.marienberg.it, Mitte Dez.–Mitte März Mo–Sa 13–16, Mitte März–Anfang Nov. Mo–Sa 10–17 Uhr). Das weiße Kloster befindet sich auf 1340 m und ist damit die höchstgelegene Benediktinerabtei Europas. Ihre

1156 geweihte Krypta (nur zum Gebet geöffnet) schmücken byzantinisch beeinflusste Fresken aus derselben Zeit. Im modern ausgebauten einstigen Wirtschaftstrakt sind die sakralen Schätze der Abtei und das Leben der hiesigen Mönche anschaulich dokumentiert.

Im Süden des Vinschgau erstreckt sich Südtirols ältester und mit 135 000 m^2 größter **Nationalpark Stilfser Joch** (Giogo dello Stelvio, www.stelviopark.it) – mit seinen Gletscherriesen ein Paradies für Wanderer und Wintersportler. Er reicht im Nordwesten bis zum Münstertal an der Grenze zur Schweiz, im Süden bis zum Val di Sole jenseits der *Ortler-Cevdale-Gruppe*. In *Prad*, 20 km westlich von Schlanders, informiert das *Nationalparkhaus Aquaprad* (Kreuzweg 4 c, Tel. 04 73 61 82 12, http://naturatrafoi.com/aquaprad, Di–Fr 9–12 und 14.30–18, Sa/So 14.30–18 Uhr) über die heimische Tier- und Pflanzenwelt. Der Schwerpunkt hier liegt auf ›Wasser‹, die Themen der beiden anderen Nationalparkhäuser in Trafoi und Martell sind ›Leben an der Grenze‹ und ›Kultur‹.

Von Prad führt die ›Königin der Alpenstraßen‹, die **Stilfser-Joch-Straße**, über 27 km und eine Höhendifferenz von 1880 m südwestlich durch das Trafoital zum Stilfser Joch (2757 m) und weiter nach Bormio in der Lombardei.

Praktische Hinweise

Information

Tourismusverband Vinschgau, Kapuzinerstr. 10, Schlanders, Tel. 04 73 73 70 00, Fax 04 73 73 70 11, www.vinschgau.is.it

Hotels

****__Post__, Hauptstr. 24, Sulden, Tel. 04 73 61 30 24, www.suldental.info. Stilvolles Hotel im beliebten Wintersportort. Einige Zimmer bieten einen atemberaubenden Blick auf den Ortler.

***__Greif__, Verdroßstr. 40a, Mals, Tel. 04 73 83 14 29, www.hotel-greif.com. Die modernen behaglichen Zimmer in dem seit 400 Jahren betriebenen Hotel sind mit Vollholzmöbeln eingerichtet. Im Haus schmackhafte Vollwertkost.

Restaurant

Pirchhof, Sonnenberg 77 a, Naturns, Tel. 04 73 66 78 12. Wunderschöner Ausblick über den Vinschgau und besonders viele Knödelvariationen (abends und Mitte Nov.–Mitte April geschl.).

Auf Augenhöhe mit Bergmajestäten: Im Nationalpark Stilfser Joch ist Trittfestigkeit gefragt

3 Brixen

Die älteste Stadt Südtirols bietet Wintersportfreuden und Kunstgenuss.

Im Osten Südtirols bildet das Tal des Eisack (Isarco) die Nord-Süd-Verbindung durch die Berge. Etwa in seiner Mitte liegt Brixen (Bressanone, 20 000 Einw.), ein beschauliches Städtchen mit schöner Altstadt, das neben exzellenten Weinstuben und Restaurants auch bedeutende Kunstschätze aufzuweisen hat.

Geschichte Erstmals urkundlich erwähnt wurde Brixen im Jahr 901, als *König Ludwig IV. das Kind* seinen Gutshof *Prichsna* dem Bischof Zacharias von Säben schenkte. 990 wurde der Bischofssitz dann von Säben nach Brixen verlegt, wo sich die Handelsrouten durch das Pustertal und über den Brenner kreuzten. Der Ort blühte rasch auf und war bereits 1039 mit Mauern und Toren befestigt. 1027 erhob *Kaiser Konrad II.* die Brixener Bischöfe zu **Reichsfürsten** und belehnte sie mit dem Eisack- und Inntal, 1091 kam noch das Pustertal hinzu. Einer der überregional bekanntesten Brixener Fürstbischöfe war übrigens Mitte des 15. Jh. *Nikolaus von Kues*, genannt *Cusanus* (1401–1464).

Mit dem erweiterten Stadtrecht 1603 erlebten Handel und Gewerbe in Brixen einen neuerlichen Aufschwung, wovon bis heute die zahlreichen Barockbauten der Stadt zeugen. Die Säkularisation brachte 1803 das Ende der fürstbischöflichen Zeit und der politischen Bedeutung Brixens, seit 1964 ist Bozen Bischofssitz. Heutzutage ist das reizende Brixen eines der beliebtesten Touristenziele der Region.

Besichtigung Hauptattraktion in dem übersichtlichen Städtchen mit den malerischen Straßenzügen aus dem 15.–18. Jh. ist der mächtige **Dom Mariä Himmelfahrt** (Domplatz, tgl. 10–12 und 15–18 Uhr). Ein um 1200 entstandener romanischer Vorgängerbau musste 1745 dem barocken Neubau fast vollständig weichen, lediglich der gotische *Chor* blieb erhalten. Die Doppelturmfassade versah *Jakob Pirchstaller* 1783–85 mit einer klasszistischen Vorhalle. Die Decke im lichten, marmorgeschmückten *Inneren* der Kirche ziert eine großartige ›Anbetung des Lammes‹ (1758) von Paul Troger.

Höhepunkt der Besichtigung sind jedoch die Fresken (14./15. Jh.) im **Kreuzgang** (14. Jh.), der einen einzigartigen Überblick über das Schaffen der *Brixener Schule* und ihrer wichtigsten Vertreter, *Hans von Bruneck* und *Leonhard von Brixen,* liefert. 15 von insgesamt 20 Arkaden sind mit Szenen im gotischen Stil aus dem Alten und Neuen Testament überzogen. Hans von Bruneck malte z. B. in der 5. Arkade des Südflügels den ›Kampf des hl. Georg mit dem Drachen‹ (um 1417), Leonhard von Brixen in der 14. Arkade ›Die sieben Freuden Mariens‹ (um 1463).

Andächtige Szene königlicher Anbetung: Fresko im Kreuzgang des Doms Mariä Himmelfahrt

Alter Brauch mit neuem Wein

Im Herbst kommt man in Südtirol zum **Törggelen** zusammen. Der Begriff leitet sich ab vom ›Torggl‹, dem Raum, in dem früher die hölzerne Traubenpresse stand (von lat. torquere – drehen, auspressen) und in dem man traditionellerweise den Abschluss der Weinlese feierte. Dazu lud jeder Weinbauer Freunde und Nachbarn ein, reichte ihnen **Susen** (süßen Most) und **Nuien** (jungen Wein). Mit Speck, Kaminwurzen, gerösteten **Keschtn** (Kastanien) und süßen Krapfen sorgte man für die nötige Grundlage. Anschließend zog die Gesellschaft weiter zum nächsten Bauern, um dessen Ernte zu beurteilen.

Heute hat sich das gesellige Beisammensein zu einer **Touristenattraktion** entwickelt, die zahlreiche Besucher nach Südtirol führt. Verkostet wird nun meist in Wirtschaften und es kommen auch deftige Speisen wie **Schlachtplatten**, Knödel oder Blutwurst mit Sauerkraut auf den Tisch. Bedauerlich ist es freilich, wenn der alte Brauch zur Massenabfertigung verkommt. Wer dem entgehen will, sollte Wirtschaften meiden, vor denen mehrere Busse parken.

Im Südwesten der Stadt residierten die einflussreichen Fürstbischöfe von Brixen in der **Hofburg** (Tel. 0472 83 05 05, Mitte März–Okt. Di–So 10–17 Uhr, www.hofburg.it). Der um 1250 errichtete Bau wurde ab 1595 zu einem prachtvollen Renaissancepalast umgebaut und ab 1702 barock verändert. Der *Innenhof* ist besonders stimmungsvoll: dreigeschossige Renaissanceloggien im Süden und Norden, geschlossene Barockfassaden im Osten und Westen sowie Burgtor, Marmorportal und das Türmchen der Hofkirche. In den über 70 Räumen der Hofburg zeigt heute das **Diözesanmusem** (www.dioezesanmuseum.bz.it) mittelalterliche Kruzifixe, gotische Madonnenbilder, Werke der Brixener Schule und Kirchenkunst der Renaissance. Im Erdgeschoss präsentiert die große *Krippensammlung* (Mitte März–Okt. Di–So 10–17, 1.–23. Dez tgl. 10–17, 26. Dez.–Jan. tgl. 14–17 Uhr) zum Teil sehr figurenreiche und detailverliebte Krippen, die vor allem im 18. Jh. entstanden.

i Praktische Hinweise

Information

Tourismusverein, Bahnhofstr. 9, Brixen, Tel. 0472 83 64 01, www.brixen.org

Hotels

******S Elephant**, Weißlahnstr. 4, Brixen, Tel. 0472 83 27 50, www.hotelelephant.com. Luxuriöses Traditionshotel – selbst der namengebende Elefant von Erzherzog Maximilian genoss seinen Aufenthalt zur Jahreswende 1550/51.

******Goldener Adler**, Adlerbrückengasse 9, Brixen, Tel. 0472 20 06 21, www.goldener-adler.com. Das historische Haus bietet gemütliche Zimmer und zeitgemäßen Service.

Restaurant

Finsterwirt, Domgasse 3, Brixen, Tel. 0472 83 53 43. Das Restaurant mit der feinen Küche blickt auf eine lange Tradition als Kapitel-Weinstube zurück.

Die Dolomitengipfel der Sella-Gruppe und Berghänge voll sattem Waldesgrün bilden die fulminante Kulisse Wolkensteins

4 Grödnertal

Ladinische Heimat exzellenter Holzschnitzkünstler.

Bei Waidbruck am Eisack wacht die stattliche **Trostburg** (Ostern-Okt. tgl. Führungen 11, 14, 15, 16 Uhr), das Stammschloss des Ritters, Abenteurers und Dichters *Oswald von Wolkenstein* (um 1377–1445), über den Eingang zum östlich abzweigenden Grödnertal (Val Gardena). Dessen Bewohner sprechen neben Deutsch und Italienisch auch Ladinisch und nennen ihr Tal ›Gherdëina‹. Die **Ladiner** sind ein altes, den Rätoromanen verwandtes Volk. Sie leben vor allem in den Südtiroler Tälern Grödner- und Gadertal (Val Badia) sowie im Trentiner Fassatal (Val di Fassa) [s. S. 34]. Bis Ende des 19. Jh. war das 1200–1600 m hoch in den **Dolomiten** gelegene Grödnertal völlig abgeschieden. Inzwischen gehört es jedoch auch wegen seiner großartigen *Skipisten* zu den gefragtesten Reisezielen in den Alpen.

In **St. Ulrich** (Ortisei), Hauptort und Wintersportzentrum des Tals, sollte man das *Grödner Heimatmuseum* (Museum de Gherdëina, Reziastr. 83, 0471797554, Mai–Okt. Mo–Fr 10–12 und 14–18, Juli/Aug. auch Sa/So 14–18 Uhr, Weihnachten–Ostern Mo–Fr 14–17 Uhr) in der *Cësa di Ladins* besuchen. Hier wird die Geschichte der Landschaft seit vorgeschichtlicher Zeit ebenso dokumentiert wie die 300 Jahre alte Tradition der *Holzschnitzkunst*, für die das Tal berühmt ist. Auch dem Leben und Werk des im Ort geborenen Architekten, Schauspielers und Filmemachers *Luis Trenker* (1892–1990) ist eine Ausstellung gewidmet.

Im Galopp geht es beim Oswald-von-Wolkenstein-Ritt von der Trostburg nach Seis

Von St. Ulrich erreicht man gen Südwesten über *Kastelruth* die saftig grüne **Seiser Alm** (www.seiseralm.com). Auf der mit 60 km² größten Hochalm Europas fühlen sich *Haflinger* besonders wohl. Die Pferde mit ihrem typisch rotbraunen Fell und der hellen Mähne kann man beim alljährlich im Juni stattfindenen *Oswald-von-Wolkenstein-Ritt* (www.ovw-ritt.com) samt Turnierspielen in Aktion bewundern.

Zurück im Grödnertal liegt **St. Christina** inmitten der imposanten Bergkulisse der im Norden aufragenden *Geislergrup-*

pe (Sass Rigais 3025 m) und *Langkofelgruppe* (Langkofel 3181 m) im Süden. Ganz in Ruhe kann man das Panorama von der sonnenbeschienenen Hochterrasse des Hausbergs *Monte Pana* genießen, der sowohl mit dem Sessellift als auch über eine Straße zu erreichen ist. Für Wintersportfreunde wurde hier jüngst ein modernes Langlaufzentrum eröffnet.

Auch **Wolkenstein** (Selva) liegt inmitten beeindruckender Dolomitenriesen. Zahlreiche Seilbahnen und Sessellifte machen den *Ciampinoi* (2255 m) und die *Tschierspitzen* (Cir, 2592 m) sowohl im Sommer als auch im Winter zu beliebten Ausflugszielen. Hoch über dem Ort kleben am Eingang zum Langental (Vallunga) die Mauerreste von *Burg Wolkenstein* (Di–So 10–17 Uhr) an einer Felswand der Stevia. Die im 13. Jh. erbaute und seit dem 16. Jh. verfallende Höhlenburg war einst Stammsitz derer von Wolkenstein-Trostburg.

i Praktische Hinweise

Information

Tourismusverband Grödnertal, Dursanstr. 80 c, St. Christina, Tel. 0471777777, www.valgardena.it.

Hotels

*******Adler**, Reziastr. 7, St. Ulrich, Tel. 0471775055, www.hotel-adler.com. Seit 1810 das ›erste Haus am Platze‹ inmitten eines herrlichen Parks.

******Luna-Mondschein**, Purgerstr. 81, St. Ulrich, Tel. 0471796214, www.hotel-luna.com. Traditionshotel mit Erlebnisbad (auch für Tagesbesucher zugänglich).

Restaurant

L'Medèl, Mëisulesstr. 22, Wolkenstein, Tel. 0471795235. Rustikale Weinbar-Pizzeria, in der auch Spezialitäten wie Speckknödelsuppe oder Schlutzkrapfen gekonnt zubereitet werden.

5 Bozen

›Ötzi‹ und Laubengänge machen die geschäftige Provinzhauptstadt zu einem beliebten Touristenziel.

In einem geschützten Talkessel an der Mündung des Eisack in die Etsch liegt Bozen (Bolzano, 100 000 Einw.), die Hauptstadt der autonomen Provinz Südtirol.

Geschichte Die Bischöfe von Trient gründeten Bozen im 12. Jh. als Marktflecken, den sie 1277 an *Graf Meinhard II.* von Görz-Tirol abtraten. Fortan entwickelte sich der Ort zu einem wichtigen Warenumschlagplatz zwischen Süddeutschland und Norditalien. Mehrmals jährlich wurden große Märkte abgehalten, die Kaufleute bauten beachtliche Waren- und repräsentative Wohnhäuser. 1363 übergab *Margarete von Tirol*, genannt *Maultasch*, ihr Land an die Habsburger, die in Bozen fast durchgängig bis 1918 regierten. Nach dem Ersten Weltkrieg fiel Südtirol an Italien. Die Faschisten trieben dann mit der Industrialisierung die Italienisierung voran. Heute geben fast 75 % der Bozener Italienisch als Muttersprache an. Die Wirtschaft floriert weiterhin und sorgt zusammen mit dem Tourismus für fortdauernden Wohlstand.

Besichtigung Die verkehrsberuhigte **Altstadt** von Bozen lädt zu einem stimmungsvollen Bummel ein. Viele ihrer schmucken historischen Häuser gehen im Kern auf das 12./13. Jh. zurück, wurden aber mehrmals umgebaut und präsentieren sich heute im Schick des 15.–17. Jh. Besonders schöne Architekturbeispiele finden sich in der stets belebten, 300 m langen **Laubengasse** und auch der abzweigende **Obstmarkt** ist einen Besuch wert. Im Herzen Bozens öffnet sich der **Waltherplatz**, auf dem eine Marmorstatue (1889) an den Minnesänger *Walther von der Vogelweide* erinnert. Er soll einer – unwahrscheinlichen – Theorie zufolge um 1130 hier das Licht der Welt erblickt haben. Der Platz wird von Barock- und Rokoko-Palästen des 18. Jh. gerahmt und vom 62 m hohen Maßwerk-Turm (1501–19) der **Dompfarrkirche Mariä Himmelfahrt** (Tel. 0471978676, Mo–Fr 10–12 und 14–17, Sa 10–12 und 14–16, So 13–17 Uhr)

◁ *Beliebter Treffpunkt im Herzen der Bozener Altstadt – der beschauliche Waltherplatz*

überragt. Die für den Alpenraum ungewöhnlich große, dreischiffige Hallenkirche wurde 1345 vollendet. Ihr gotisches Erscheinungsbild wird nur durch die 1743 im Osten an das Presbyterium angebaute barocke *Gnadenkapelle* gestört. Der Umgangschor (1380–1420) und das *Leitacher Törl* (um 1400) an dessen Nordseite zeigen Merkmale des Weichen Stils der Parlerschule. Wertvollstes Ausstattungsstück des Domes ist die *Sandsteinkanzel* (1514) von Hans Lutz mit fein ausgearbeiteten Reliefs der Kirchenväter. Der *Hochaltar* (1710–18) setzt mit mächtigen Marmorsäulen und überlebensgroßen Heiligenfiguren einen barocken Akzent.

Ein Stück weiter westlich erhebt sich die gotische **Dominikanerkirche** (Tel. 0471973133, Mo–Sa 9.30–17, So 13–17 Uhr). Besonders sehenswert sind in ihrem Inneren die um 1340 entstandenen lebhaften Fresken – vor allem in der *Johanneskapelle*, an deren Wänden die Viten von Johannes dem Täufer, Johannes dem Evangelisten, Maria und Nikolaus recht drastisch geschildert werden. Diese Malereien gelten als erste Werke der *Bozener Schule*, die zu den wichtigsten Südtiroler Malschulen gehört. Im *Kreuzgang* sind auch Arbeiten der *Brixener Schule* zu sehen: Die Fresken (um 1497) von Friedrich Pacher schildern biblische Szenen.

Im **Südtiroler Archäologiemuseum** (Museumsstr. 3, Tel. 0471320100, www.archaeologiemuseum.it, Di–So 10–18 Uhr) im Westen der Bozener Altstadt hat ›*Ötzi*‹ seine letzte, kühle Ruhestätte und zieht wahre Besuchermassen an. Der jungsteinzeitliche Mann war 1991, 5300 Jahre nach seinem gewaltsamen Tod, im Similaungletscher entdeckt worden. Der Blick auf die berühmte Mumie in der Kältekammer (- 60 C °, 100% Luftfeuchte) bleibt unvergesslich. Sehenswert sind aber auch die übrigen vier Etagen mit einer spannenden multimedialen Ausstellung zur Geschichte Südtirols von prähistorischen Zeiten bis ins frühe Mittelalter.

Im Norden der Altstadt birgt die im frühen 14. Jh. erbaute gotische **Franziskanerklosterkirche** (Franziskanergasse 1, Tel. 0471977293, Mo–Sa 8.15–12 und 14.30–19, So/Fei 15–18 Uhr) einen kunstvoll geschnitzten *Flügelaltar* (1500) von Hans Klocker. Der Vertreter der Brixener Schule führte hier die Geschehnisse um Christi Geburt und Episoden aus dem Leben Mariä plastisch vor Augen. Der *Kreuzgang* entstand um 1350 und präsentiert zarte Deckenmalereien.

Gries

Die Freiheitsstraße führt in nordwestlicher Richtung aus der Bozener Innenstadt in den Stadtteil Gries, direkt auf den zentralen *Grieser Platz* mit der Benediktinerabtei Muri aus dem 15. Jh. Das eigentliche Highlight des 1925 eingemeindeten einstigen Luftkurortes aber ist die **Alte Pfarrkirche** (Tel. 0471283089, April–Okt. Mo–Fr 10.30–12 und 14.30–16 Uhr). Das gotische Gotteshaus aus dem 15. Jh. steht auf romanischen Fundamenten. In der *Erasmuskapelle* rechts vom Hochaltar befindet sich der berühmte, nur teilweise erhaltene *Schnitzaltar* (1471–74) von *Michael Pacher*, ein farbig gefasstes Meisterwerk hochgotischer Schnitzkunst. Die in vergoldete Gewänder gehüllten Figuren erscheinen auf Golgrund in einem maßwerkgeschmückten Schrein. Der bombastisch-verhaltene ›Marienkrönung‹ im Zentrum sind weiter unten die Figuren des Erzengels Michael im Kampf mit dem Teufel und des hl. Erasmus mit seinem

In einem Reigen aus Haarnadelkurven schlängelt sich die Große Dolomitenstraße hinab ins Fassatal ▷

Marterwerkzeug, der Ankerwinde, zugesellt. Die 15 Szenen aus dem Leben Mariä (1488) auf der Rückwand stammen von einem unbekannten bayerischen Maler.

TOP TIPP Schloss Runkelstein

Der größte profane *Freskenzyklus* der Gotik findet sich in Schloss Runkelstein (Tel. 0471 32 98 44, Di–So 10–18 Uhr, Shuttlebus ab Waltherplatz, Tel. 0471 32 98 08, oder Bus 12) nördlich von Bozen. Zu Fuß benötigt man auf der Bozener Wassermauerpromenade entlang der *Talfer* bis zur Sarner Schlucht etwa 30 Min., dann folgt noch ein steiler Aufstieg. Die Bozener Bürger *Niklas und Franz Vintler* hatten die im 13. Jh. hoch oben auf einem Fels errichtete Burg ab 1386 zu einem Schloss samt Sommerhaus ausbauen lassen. Sie ließen auch die großartigen *Wandmalereien* anfertigen, die das höfische Leben im Mittelalter lebensnah schildern: Damen und Kavaliere beim vergnüglichen Reigentanz oder lustigen Ballspiel, ein spektakuläres Ritterturnier, dazu Darstellungen von deutschen Kaisern und antiken Helden, Illustrationen von Sagen und Wundern.

i Praktische Hinweise

Information

Verkehrsamt, Waltherplatz 8, Bozen, Tel. 0471 30 70 00, www.bolzano-bozen.it

Hotels

******Parkhotel Laurin**, Laurinstr. 4, Bozen, Tel. 0471 31 10 00, www.laurin.it. Exquisites Hotel mit großem Park und elegantem Restaurant im Zentrum.

*****Gasthof Kohlern**, Kohlern (Colle) 11, Bozen, Tel. 0471 32 99 78, www.kohlern.com. Das idyllisch oberhalb von Bozen gelegene Panoramahotel ist auch mit der Seilbahn zu erreichen.

Restaurants

Batzenhäusl (Ca' de Bezzi), Andreas-Hofer-Str. 30, Bozen, Tel. 0471 05 09 50. Gute kräftige Hausmannskost.

Hanny, St. Peter 4, Bozen, Tel. 0471 97 34 98, www.hotelhanny.it. Vorzügliches Hotelrestaurant am Eingang des Sarntals. Die große Sonnenterrasse bietet einen weitem Blick über Bozen.

6 Fassatal

Durch das Tal verläuft die fantastische Große Dolomitenstraße zwischen Sella- und Marmoladamassiv.

Die insgesamt 210 km lange **Große Dolomitenstraße**, eine der schönsten Panoramastraßen Italiens, führt von Bozen über den Karerpass ins Fassatal (Val di Fassa). Dort schlängelt sie sich vom Hauptort Canazei über das Pordoijoch (2241 m), den höchsten befahrbaren Dolomitenpass, vorbei an schroffen Felsformationen ostwärts bis nach Cortina d'Ampezzo [s. S. 65] in Venetien.

Die Dolomiten faszinieren durch ihre hellen, bizarr zerklüfteten Steilhänge. Zu verdanken ist dies der besonderen Zusammensetzung ihres Gesteins, wie der französische Mineraloge *Déodat de Dolomieu* (1750–1801) schlussfolgerte, nachdem er die ersten Proben genommen hatte. Das nach ihm benannte Gebirge entstand vor etwa 200 Mio. Jahren aus Muschelkalk und ragt bis heute mehr als 3000 m in den Himmel. Die höchste Dolomitenspitze ist die *Punta Penia* (3342 m) in der gletscherbedeckten Marmolada-Gruppe südlich von Canazei.

Canazei (1900 Einw.) ist der Hauptort des Fassatals, das zum Trentino gehört und wie das nördlicher gelegene Grödnertal (s. o.) mehrheitlich von Ladinern bewohnt wird. In dem beliebten Urlaubsort kreuzen sich die Routen ins Gebiet der Sella- und der Marmolada-Gruppe, das macht ihn zum idealen Ausgangspunkt für Wanderungen und Skitouren.

Die *Fedajapassstraße* (2047 m) z.B. führt südöstlich von Canazei zur Talstation der Seilbahn bei Malga Ciapela (1446 m, Juli–Anfang Sept. tgl. 9–17 Uhr), die über die Stationen Banc und Marmolada Serauta zur *Punta di Rocca* (3309 m) hinauffährt.

Von der Gemeinde **Vigo di Fassa** im Süden an der Abzweigung zum Karerpass kann man Touren in den bis zu 3004 m aufragenden *Rosengarten* (Catinaccio) unternehmen. Das in der Abendsonne rot glühende Bergmassiv gehört seit 2003 zum *Naturpark Schlern-Rosengarten*. Mit der modernen Seilbahn erreicht man in wenigen Minuten von der Dorfmitte die Naturterrasse des *Ciampedie* (1998 m). Dieser grandiose Panoramabalkon ist im Winter Mittelpunkt eines schönen Skigebiets.

i Praktische Hinweise

Information

Tourismusverband Fassatal, Strèda de Dolèda 10, Canazei, Tel. 04 62 60 95 00, www.fassa.com

Hotel

****__La Cacciatora__, Via de Contrin 26, Alba di Canazei, Tel. 04 62 60 14 11, www.lacacciatora.it. Herrlich gelegenes Berghotel mit allem Komfort und gutem Restaurant.

Restaurant

La Montanara, Via Dolomiti 147, Canazei, Tel. 04 62 60 13 52. Gemütliche Osteria mit Köstlichkeiten der Region.

7 Trient

Einst Tagungsort eines Kirchenkonzils, heute ist das Schmuckstück der Renaissance Hauptstadt des Trentino.

Trient (Trento, 110 000 Einw.) besitzt ein hübsch restauriertes historisches Zentrum mit stolzen Gebäuden, die von alpenländischen und italienischen Einflüssen zeugen. Viele der Palazzi waren anlässlich des Trienter Konzils im 16. Jh. im Stil der Renaissance neu erbaut worden, alte mit Fassadenmalereien versehen.

Geschichte Besonders wichtig für die Entwicklung der Stadt an der Etsch, die als *Tridentum* bereits im 2. Jh. bestand, war die Belehnung des Trienter Bischofs mit dem gesamten Trentino durch *Kaiser Konrad II.* im Jahr 1027. Als Fürstbistum vereinte Trient fortan geistliche und weltliche Macht. *Fürstbischof Friedrich von Wangen* (reg. 1207–18) prägte das Stadtbild wesentlich, indem er den Bau des Domes, des Palazzo Pretorio und des Castello del Buonconsiglio veranlasste. Unter *Bernhard von Cles* (1485–1539) versammelten sich die römischen Kirchenmänner in Trient, um Richtlinien der *Gegenreformation* festzulegen. Doch erst sein Nachfolger Cristoforo Madruzzo eröffnete das **Tridentinum** (1545–63), das *Trienter Konzil*, das in drei jeweils mehrjährigen Zusammenkünften die Grundpositionen des katholischen Glaubens formulierte. Danach spielte das Fürstbistum bis zu seiner Auflösung durch Napoleon 1796 keine entscheidende Rolle

Heiterer Schwung formt die Skulpturen des Neptunbrunnens an der Piazza Duomo

mehr im Weltgeschehen. Seit 1972 ist das Trentino eine autonome Provinz mit Trient als Hauptstadt.

Besichtigung Mittelpunkt der Innenstadt ist die **Piazza Duomo** mit dem barocken Neptunbrunnen (1768). Die Südseite des Platzes gehört ganz dem großartigen **Duomo San Vigilio** (tgl. 7.30–12 und 14–19.30 Uhr). Anfang des 13. Jh. ließen die Trienter Kirchenfürsten ihn anstelle einer älteren Basilika errichten. Obwohl der Dom erst zum Trienter Konzil im 16. Jh. fertiggestellt wurde, erscheint er weitgehend romanisch. Besonders prächtig ist die dem Platz zugewandte *Schaufassade* (1212–80) mit einer eleganten Zwerggalerie und der als Glücksrad gestalteten Fensterrose am Querschiff. Der dreischiffige *Innenraum* gibt sich mit später eingefügten hohen schlanken Pfeilern, Kreuzrippen und Arkaden schon sehr gotisch. Zur wertvollen Ausstattung gehören die *Fresken* (14. Jh.) im linken Querschiff, die Künstlern der *Bologneser Schule* zugeschrieben werden. Die Szenen aus dem Leben des hl. Julian bestechen auch durch ihre aus Landschaften und Stadtansichten bestehenden Bildkulissen. Das beeindruckende *Kruzifix,* vor dem 1563 die Beschlüsse des Konzils zur Gegenreformation verkündet wurden, befindet sich heute in der barock ausgestatteten *Kapelle Alberti* (1677–89) im südlichen Kirchenschiff.

Die Ostseite des Domplatzes dominiert der von der *Torre Civica* flankierte **Palazzo Pretorio** (Juni–Sept. Mi–Mo 9.30–12.30 und 14.30–18, Okt.–Mai 9.30–12.30 und 14–17.30 Uhr) von 1207–18. Das hier ansässige *Diözesanmuseum* (www.museodiocesanotridentino.it) präsentiert den Domschatz, darunter kostbare Altarbilder und Sakralgefäße sowie wunderschöne flämische Gobelins.

Die *Via Belenzani* führt vom Domplatz in nördlicher Richtung. Stattliche Adelspaläste aus dem 15./16. Jh., u.a. der *Palazzo Thun*, das heutige Rathaus, und der *Palazzo Geremia,* säumen sowohl diese Prachtstraße als auch die weiterführende Via Antonio Manci. Im Nordwesten überragt das imposante, auf felsiger Höhe angelegte **Castello del Buonconsiglio** (www.buonconsiglio.it, Tel 0461233770, Di–So 9.30–17, Juni–Anfang Nov. 10–18 Uhr) die Stadt. Der mit Mauern und Bastionen befestigten fürstbischöflichen Residenz sieht man deutlich die verschiedenen Bauphasen an. Um 1240 entstand das trutzig wirkende **Castelvecchio**. Der bereits bestehenden Bergfried und Reste der mittelalterlichen Stadtmauer wurden in die Anage integriert. Im 15. Jh. ließ Fürstbischof Johannes Hinderbach die elegante *venezianische Loggia* (1480–85) und den Arkadenhof im Stil der Frührenaissance gestalten. Bernhard von Cles gab dann den neuen, größeren **Palazzo Magno** (16. Jh.) in Auftrag, einen majestätischen Renaissancepalast. Seit dem 17. Jh. sind beide Bauteile durch die barocke **Giunta Albertiana** verbunden, die äußerlich der Fassade des Palazzo Magno angeglichen wurde.

Das **Innere** des Castelvecchio wurde im 15. Jh. völlig verändert. Stuck, Statuen und Fresken verzieren die prunkvollen Säle. Über die Loggia betritt man den *Bischofssaal*, den Porträts aller Trienter Fürstbischöfe von Ulrich II. (11. Jh.) bis Peter Vigilius Thun (18. Jh.) schmücken. Der Palazzo Magno ist besonders reich dekoriert mit *Fresken* von Dosso Dossi, Marcello Fogolino und Gerolamo da Romano, genannt Romanino. Ein wahres Schatzkästchen ist das Turmzimmer im **Adler-**

turm (Torre Aquila, Besichtigung auf Voranmeldung, s. o.) mit seinem *Freskenzyklus der Monate* (um 1400). Der März wurde leider beim späteren Einbau einer Treppe zerstört. Die elf übrigen Bilder, jedes etwa 3 m hoch und 2 m breit, zeigen detailfreudig Tätigkeiten und Vergnügungen von Adeligen und Bauern im Lauf der Jahreszeiten, z. B. eine Schneeballschlacht im Januar oder eine Falkenjagd im September.

Die moderne und zeitgenössische Kunst hat ihren Platz im Westen der Stadt – neben dem Fußballstadion an der Etsch. Hier dient der *Palazzo delle Albere* (16. Jh.) als ein Ausstellungsort des **Museo di Arte Moderna e Contemporanea di Trento e Rovereto** (Via R. da Sanseverino 45, www.mart.tn.it, Di–So 10–18 Uhr), kurz **MART** genannt. Gezeigt wird in erster Linie Kunst des 19. Jh. Hinzu kommen Werke des frühen 20. Jh., etwa die Trienter Landschaften von Umberto Moggioli oder das symbolistische Gemälde ›Die Nornen‹ des Südtirolers Alois Delug. Neben der interessanten ständigen Sammlung gibt es spannende *Wechselausstellungen* zu sehen.

Rovereto

Ein Ausflug nach Rovereto, 15 km südlich von Trient, ist für alle Freunde der modernen und zeitgenössischen Kunst ein Muss. In einem exzentrisch-puristischen Bau mit Netzkuppel (2002) von *Mario Botta* (*1943) präsentiert das TOP TIPP **Museo di Arte Moderna e Contemporanea di Trento e Rovereto** (MART, Corso Bettini 43, Tel. 04 64 43 88 87, www.mart.tn.it, Di–Do, Sa/So 10–18, Fr 10–21 Uhr) seine neueren Schätze. Werke von Pablo Picasso, Andy Warhol, Mario Merz, Bruce Nauman, Anselm Kiefer, Bill Viola u.a. liefern einen hervorragenden Überblick über die Klassische Moderne und die Kunstströmungen der Gegenwart.

Praktische Hinweise

Information

APT, Via Manci 2, Trient, Tel. 04 61 98 38 80, Fax 04 61 23 24 26, www.apt.trento.it

Das Tourismusbüro verkauft die **Trento Card**, die u.a. kostenlose Museumsbesuche und die freie Nutzung öffentlicher Verkehrsmittel ermöglicht.

Hotels

*******Buonconsiglio**, Via Romagnosi 18, Trient, Tel. 04 61 27 28 88, www.hotelbuonconsiglio.it. Modernes Haus mit angenehmen Zimmern unweit der Altstadt.

*****America**, Via Torre Verde 50, Trient, Tel. 04 61 77 50 55, www.hotelamerica.it. Familiäres Haus mit angenehmer Atmosphäre.

Restaurants

Ai Vicoli, Piazza S. Teresa Verzeri 1, Trient, Tel. 04 61 26 06 73. Moderne Trentiner Küche, kombiniert mit einer vorzüglichen Weinauswahl (Di geschl.).

Osteria Cappello, Piazetta B. Lunelli 5, Trient, Tel. 04 61 23 58 50. Gemütliches Restaurant mit heimischen Spezialitäten, z. B. köstliche Pasta und exzellentes Kaninchenragout (So abend, Mo geschl.).

Sinnliche Freude an der Gegenwartskunst bietet das Kunstmuseum MART in Rovereto, hier mit der bunten Lichtinstallation ›Born to be confused‹ von Chiara Dynys (2004)

Venetien und Friaul – Lagunen, Villen und Arien zwischen Adria und Dolomiten

Die Region **Venetien** spielt mit ihren Reizen. Zauber verbreiten die Dolomiten um den Wintersportort **Cortina d'Ampezzo**, Urlaubsfreuden versprechen die Badeorte Jesolo und Bibione. Doch Ruhm gebührt vor allem den altehrwürdigen Städten wie **Padua** mit Giottos berühmten Fresken in der Arenakapelle, **Verona**, das in der römischen Arena bombastische Opern inszeniert und das bildschöne **Venedig** mit Markuskirche, Dogenpalast und Canal Grande. Rund um die Palladio-Stadt **Vicenza** und entlang der **Brenta** prangen herrliche Villen im Grünen, die die Handschrift des großen Renaissancebaumeisters Palladio tragen. Eher spröden Charme entfaltet die Region **Friaul-Julisch Venetien**. Zwischen den zerklüfteten Dolomiten und den Adria-Badeorten Lignano und Grado liegen malerische Orte wie das hübsche Renaissance- und Barockstädtchen **Udine**. Die Haupt- und Hafenstadt **Triest** beeindruckt mit klassizistischen Bauten des 18./19. Jh. voll Wiener Charme. Im nahen **Aquileia** erinnern antike Reste an seine Glanzzeiten als Hafenmetropole des römischen Imperiums.

8 Verona

UNESCO Weltkulturerbe dank harmonischer Architekturmischung aus Antike, Mittelalter und Renaissance.

Wo die Etsch von den Bergen kommend die Poebene erreicht, liegt beidseits des Flusses das geschäftig-schöne Verona (265 000 Einw.). Touristen aus aller Welt lieben die *Hauptstadt* der Provinz Venetien, nicht zuletzt, weil ihre mittelalterlichen Gemäuer einst Schauplatz der großen Liebe von Romeo und Julia waren. Aber auch die Opernfestspiele in der berühmten antiken Arena bringen jeden Sommer unzählige Musikfreunde von weither in die Stadt. Im Übrigen ist die malerische Altstadt von Verona mit ihren herrlichen Kirchen und Palästen das ganze Jahr über eine Reise wert.

Geschichte Im Jahr 89 v. Chr. gründeten die **Römer** Verona in einer weiten Schleife der Etsch als Warenumschlagplatz am Kreuzungspunkt der wichtigen

Fernhandelsrouten Via Claudia Augusta, Via Postumia und Via Gallia. Nach dem Niedergang des Weströmischen Reiches regierte hier u.a. der Ostgoten-König **Theoderich**, bevor Verona 1163 selbstständig wurde. Dann allerdings stritten innerhalb der Stadtmauern mehrere mit den Guelfen bzw. den Ghibellinen sympathisierende Patrizierfamilien um die Macht. Erst den **Scaligern** gelang es Mitte des 13. Jh., den Frieden in die Stadt zu bringen. Dazu war ihnen übrigens jedes Mittel Recht. Das wehrhafte Stadtschloss Castelvecchio am linken Ufer der Etsch erinnnert noch heute an die mächtige Familie, die sich gerne mit Kunst und Künstlern umgab. *Cangrande I. della Sacla* (1291–1329) etwa hieß 1301 *Dante Alighieri* in Verona willkommen, der ihm den letzten Teil seiner ›Göttlichen Komödie‹ widmete. Und *Antonio Pisano*, genannt *Pisanello* (ca. 1395–1450), erhielt den Auftrag, die Kirche Sant'Anastasia zu freskieren. 1387 fiel Verona an die Mailänder Familie **Visconti**. Es folgten die Venezianer, Franzosen und Habsburger, bevor das Veneto 1866 zum Königreich Italien kam. Geschadet hat das Verona nicht, immerhin ist es *Bischofssitz* und der Tourismus sorgt für reichlich Trubel rund um die Arena.

Besichtigung Am südwestlichen Rand der **Altstadt** erhebt sich unmittelbar an der Etsch das mächtige **Castelvecchio** (Corso Castelvecchio 2, Tel. 0458062611, Mo 13.30–18.30, Di–So 8.30–18.30 Uhr). *Cangrande II della Scala* hatte hier 1355–75 erstmals eine Festung errichten lassen. Sie wurde später mehrfach aus- und umgebaut und diente Veronas Herrschern als Residenz. Heute ist in der Burg das *Museo di Castelvecchio* (www.comune.verona.it/castelvecchio) mit Kunst des 12.–16. Jh. ansässig, darunter Gemälde von Veronese, Pisanello, den Bellinis und Mantegna. Im Hof steht die berühmte Reiterstatue des gutmütig lächelnden *Cangrande I della Scala* († 1329). Das amüsante Meisterwerk stammt von Cangrandes Grabmal in der Kirche *Santa Maria Antica* (dort heute als Kopie, s. S. 41).

TOP TIPP

In östlicher Richtung gelangt man zur *Piazza Brà* mit der imposanten römischen **Arena** (Tel. 0458062611, www.arena.it, Mo 13.30–18.30, Di–So 8.30–18.30 Uhr, eingeschränkt an Vorstellungstagen). Das im Jahr 30 n. Chr. fertiggestellte *Amphitheater* war mit einer Länge von 138 m und einer Breite von 109 m nach dem Colosseum in Rom und dem Theater in Capua das drittgrößte der römischen Welt. Die 44 Sitzreihen bieten Platz für 25 000 Zuschauer. Statt blutiger Gladiatorenkämpfe und Tierhatzen fin-

Charmante Flaniermeile mit grandiosem Ambiente: Piazza Brà mit Arena in Verona

Ein opulenter Ohrenschmaus erwartet Opernliebhaber bei den Festspielen in Veronas Arena

den in dem Oval heute von Juni bis August die weltberühmten *Opernfestspiele* (www.arena-verona.de) statt. Von den oberen Rängen hat man nicht nur einen guten Blick auf die Bühne, sondern über die ganze Stadt bis zu den Alpen.

Etwas abseits, im Osten der Altstadt an dem Ponte Navi, erhebt sich die Kirche **San Fermo Maggiore** (Stradone San Fermo, Tel. 045 59 28 13, www.chieseverona.it, März–Okt. Mo–Sa 10–18, So 13–18, sonst Di–Sa 10–13 und 13.30–16, So 13.30–17 Uhr). An dieser Stelle sollen die Heiligen *Fermo* und *Rustico* im Jahr 304 den Märtyrertod erlitten haben. Ihnen zu Ehren wurde hier 1065–1143 eine Doppelkirche errichtet. Auch nach einem umfassenden Umbau im 13./14. Jh. blieb die Aufgabenteilung erhalten: unten Aufbewahrung der Reliquienschreine, oben Gottesdienstfeiern. Im Inneren der einschiffigen, saalartigen *Oberkirche* beeindrucken die schöne Holzdecke sowie die vielen Altäre und Fresken. *Pisanello* schmückte das *Brenzoni Mausoleum* (1426) links vom Eingang mit eindrucksvollen Darstellungen wie ›Mariä Verkündigung‹, ›Engel Gabriel‹ und ›Erzengel Raffael und Michael‹. Vom rechten Querschiff aus gelangt man in die dreischiffige *Unterkirche*, die Fresken des 13./14. Jh. birgt.

Von der Piazza Brà führt die belebte Einkaufsstraße *Via Manzini* nach Norden direkt ins Herz der Altstadt. Hier ist die **Casa di Giulietta** (Via Capello 23, Tel. 04 58 03 43 03, Mo 13.30–18.30, Di–So 8.30–18.30 Uhr) das Ziel romantischer Gemüter und zahlreicher Jugendlicher auf Klassenfahrt. Der gotische Palazzo (14. Jh.) mit dem legendären *Balkon* soll Schauplatz der unglücklichen Liebe zwischen *Romeo Montecchi* und *Giulietta Capuleti* gewesen sein. Obwohl die Ereignisse historisch nicht verbürgt sind, inspirierten sie immer wieder Dichter und Musiker, allen voran William Shakespeare (1595) und Leonard Bernstein (1957). Stets von Menschentrauben umringt ist auch die zierliche *Bronzestatue* der Julia im kleinen efeubewachsenen Innenhof des Hauses, die zu berühren Glück bringen soll.

Nur wenige Meter nordwestlich weitet sich die Via Capello zur **Piazza delle Erbe**, dem mittelalterlichen Marktplatz. Über einem antiken Brunnenbecken ragt die ›*Madonna Verona*‹ mit Strahlenkranz auf, das Wahrzeichen der Stadt. Hübsche Fassaden rahmen den Platz dicht an dicht. Linkerhand befindet sich an der Ecke zur Via Pelliciai die *Casa dei Mercanti* mit ihren offenen Arkaden, ein auf das 14. Jh. zurückgehendes, 1878 rekonstruiertes Versammlungsgebäude der Kaufleute. Den prächtigen barocken *Palazzo Maffei* (1668) an der Kopfseite krönt eine statuenverzierte Balustrade. Und die Fassade der *Case dei Mazzanti* (14. Jh.) an der Ecke zum Corso Sant'Anastasia wurde

1530 mit mythologischen Szenen freskiert. Neben dem Nachbargebäude, dem *Palazzo dei Giudici* aus dem 17. Jh., Sitz der venezianischen Richter, führt der Bogengang des *Arco della Costa* auf die **Piazza Signori**. Diesen Platz, auf dem *Dante Alighieri* 1865 ein Denkmal gesetzt wurde, umgeben verschiedene Regierungsgebäude. Rechts vom Durchgang erhebt sich der *Palazzo del Comune* (14. Jh.). Der vergleichsweise klotzige Bau erhielt im 19. Jh. zur Piazza delle Erbe hin eine klassizistische Schaufassade. Die Ostfassade an der Piazza Signori zeigt dagegen das für Verona typische Mauerwerk aus wechselnden Lagen von Hau- und Ziegelsteinen. Ein Torbogen verbindet diesen Kommunalpalast rechts mit dem düsteren *Palazzo dei Tribunali*, dem Justizpalast. Leichtigkeit und Eleganz verströmt auf der gegenüberliegenden Platzseite die freskengeschmückte Renaissancefassade der *Loggia del Consiglio* (1476–93) mit ihren von schlanken Säulen getragenen Rundbogenarkaden. Die nordöstliche Ecke des Platzes riegelt der zinnenbekrönte *Palazzo del Governo* (14. Jh.) ab, in dem einst die Scaliger residierten und heute die Provinzregierung untergebracht ist.

Der *Arco della Tortura* verbindet ihn mit der romanischen Hauskirche der Scaliger **Santa Maria Antica** aus dem 8. Jh. Über dem Nordportal des kleinen dreischiffigen Baus erhebt sich das Grabdenkmal für den 1329 verstorbenen *Cangrande I della Scala*, der als Reiter über seinem Sarkophag dargestellt ist [s. S. 39]. Später entstand um die Kirche der Familienfriedhof mit den **Arche Scaligere**, den prunkvollen Grabmonumenten der Famile della Scala. Höhepunkte des Totenkults sind die mit zahlreichen Figuren, Fialen und Maßwerk verzierten Denkmäler für *Mastino II della Scala* (1351) und *Cansignorio della Scala* (1375).

Nicht weit davon taucht aus dem Gassengewirr im Nordosten der Altstadt Veronas größte Kirche **Sant'Anastasia** (Piazza Sant'Anastasia, Tel. 045 59 28 13, www.chieseverona.it, März–Okt. Mo–Sa 9–18, So 13–18, sonst Di–Sa 10–13 und 13.30–16, So 13–17 Uhr) auf. Die gotische Dominikanerkirche wurde 1290–1500 erbaut und nach der Vorgängerkirche benannt, geweiht ist sie allerdings dem hl. Petrus. Der prächtige dreischiffige *Innenraum* hat einen schönen schwarz-weißroten Marmorboden. Originell sind die beiden Weihwasserbecken am ersten Pfeilerpaar, die von ›Buckligen‹ (15./16. Jh.) getragen werden. Zu den Höhepunkten der Ausstattung gehören die Kunstwerke der fünf Chorkapellen. Den Eingangsbogen der *Cappella Pellegrini* z. B. ziert *Pisanellos* Fresko *›Aufbruch des hl. Georg zum Kampf mit dem Drachen‹* (1433–38). Georg verabschiedet sich hier von der Prinzessin, jenseits eines Flusses wartet schon der Drache, im Hintergrund sind Szenen aus dem Ritterleben, fantastische Landschaften und Architekturen zu erkennen. Das Werk gilt als Höhepunkt der gotischen Malerei in Oberitalien. Ein wei-

Romantische Gefühle weckt die Casa di Giuletta in Verona nicht nur bei zarten Gemütern

Meisterwerk romanischer Kirchenbaukunst: San Zeno Maggiore in Verona mit erhöhtem Chor

teres wunderbares Fresko befindet sich in der *Cappella Cavalli* (um 1390), für die *Altichiero da Zevio* die Ritter der Familie Cavalli mit den Heiligen Georg, Martin und Jakob vor der Muttergottes malte.

Über die von schönen Palästen (15./16. Jh.) gesäumte Via Duomo gelangt man zu dem 1138–87 im Scheitel der etschumflossenen Landzunge errichteten **Duomo Santa Maria Matricolare** (Piazza Duomo, www.chieseverona.it, Tel. 045 59 28 13, März–Okt. Mo–Sa 10–17.30, So 13.30–17.30, sonst Di–Sa 10–13 und 13.30–16, So 13–17 Uhr). Das figurenreiche romanische *Portal* unter doppelgeschossigem Baldachin ist ein Spätwerk des *Meisters Nicolò*, seine Gewändeskulpturen zeigen Tiere, Ritter und Propheten. Im farbig gefassten Tympanon thront die Muttergottes. Das dreischiffige *Innere* der Basilika wurde 1444–1520 mit Chorumgang und Seitenkapellen im Stil der Gotik gestaltet. Gleich in der ersten Kapelle links begeistert Tizians Meisterwerk *›Himmelfahrt Mariens‹* (1530–35). Es zeigt eine entschwebende Maria, die den verblüfften Aposteln unten am leeren Sarkophag einen letzten Blick zuwirft. Neben den Chorschranken führt eine Tür ins dreischiffige, mit romanischen und gotischen Fresken überzogene Baptisterium *San Giovanni in Fonte* (1123–35). Auffällig ist hier das aus einem roten Marmorblock skulptierte *Taufbecken* (um 1200), dessen Reliefs Episoden aus dem Leben Christi schildern.

Nicht weit vom Dom führt der *Ponte Pietra* zum linken Etschufer. Um die Zeitenwende nutzten die Römer die Hänge des hiesigen *Colle San Pietro* für den Bau des **Teatro Romano**. Doch Erdbeben und Hochwasser zerstörten die Anlage, die Ruine wurde im Mittelalter als Steinbruch genutzt. Gleichwohl blieb die *Cavea* mit den teils marmorverkleideten Zuschauerrängen erhalten. Im ehem. *Kloster San Girolamo* oberhalb des Theaters zeigt heute das **Museo Archeologico del Teatro Romano** (Regaste Redentore 2, Tel. 045 800 03 60, Mo 13.45–19.30, Di–So 8.30–19.30 Uhr) interessante antike Fundstücke, darunter Statuen aus dem Theater, Bronzefiguren, Mosaike, Gläser, griechische Vasen und etruskische Urnen.

Die kunsthistorisch wohl bedeutendste Sehenswürdigkeit Veronas befindet sich im Westen der Stadt. Dort wurde 1120–38 die **Basilica di San Zeno Maggiore** (www.chieseverona.it, März–Okt. Mo–Sa 8.30–18, So 13–18, sonst Di–Sa 10–13 und 13.30–16, So 13–17 Uhr) für die Reliqiuen des hl. Zeno, des aus Afrika stammenden Schutzpatrons Veronas, errichtet. Vom dazugehörigen Kloster künden heute nur noch der Kreuzgang und der mächtige Abteiturm links. San Zeno selbst blieb beinah unverändert erhalten und stellt ein Paradebeispiel romanischer Sakralarchitektur dar. Die *Fassade* dominieren die zwölfstrahlige Fensterrose und der von Löwen getragene *Portikus* (1138) von *Meister Nicolò*, flankiert von Marmorreliefs mit Episoden aus der Genesis und dem Leben Jesu. Im *Tympanon* über dem Portal übergibt der hl. Zeno dem Volk die Standarte Veronas. Großartig in ihrer klaren, prägnant-lieblichen Bildsprache sind die 48 *Bronzereliefs* (1100–1200) der Kirchentür. Sie schildern biblische Szenen und Begebenheiten aus dem Leben des hl. Zeno. Der zweifarbig gebänderte *Innenraum* kulminiert in einer hölzernen Kieldecke (1386). Die 1386–98 gotisierte *Chorkapelle* birgt eine atemberaubende ›Maestà‹ (1457–59) von *Andrea Mantegna*. Das Triptychon, ein Meisterwerk an Tiefenräumlichkeit und Plastizität der Darstellung, präsentiert die thronende Maria mit Kind umringt von ausgelassen musizierenden Engelchen und acht Heiligen in einer üppigen antiken Tempelarchitektur. Links vor dem Chor lohnt ein Blick auf die *Sitzstatue* ›Der lachende hl. Zeno‹, die ein unbekannter Meister im 13. Jh. aus farbigem Marmor schuf.

Virtuosität in Vollendung: Mantegnas ›Maestà‹ in Veronas San Zeno Maggiore

i Praktische Hinweise

Information

APT, Via degli Alpini 9, Verona, Tel. 04 58 06 86 80, www.tourism.verona.it

Hotels

******Accademia**, Via Scala 12, Verona, Tel. 045 59 62 22, www.accademiavr.it. Modernes Haus im Zentrum mit viel Komfort und gutem Restaurant.

****Torcolo**, Vicolo Listone 3, Verona, Tel. 04 58 00 75 12 www.hoteltorcolo.it. Kleines Hotel mit freundlich-familiärer Atmosphäre nahe der Arena.

Restaurants

Al Bersagliere, Via Dietro Pallone 1, Verona, Tel. 045 23 65 35, www.trattoria albersagliere.it. Traditionelle Trattoria mit feiner ursprünglicher Veroneser Küche, z. B. Baccalà mit Polenta (So. geschl.)

Greppia, Vicolo Samaritana 3, Verona, Tel. 045 80 04 49, www.ristorantegreppia.com. Beliebtes Restaurant, exzellent sind Pasta und Fleisch (Mo geschl.).

9 Vicenza

TOP TIPP *In der charmanten Stadt ist der Renaissancebaumeister Andrea Palladio allgegenwärtig.*

Vicenza (113 000) ist berühmt für die elegante und harmonische Architektur, die der große Renaissancebaumeister *Andrea Palladio* (1508–1580) hier und in den Hügeln des Umlandes geschaffen hat. Sein *Palladianismus* genannter Stil beeinflusste nachhaltig die Architektur des 17./18. Jh., was die UNESCO mit der Aufnahme seiner Bauten in die *Weltkulturerbe-Liste* honorierte. Vicenzas elegante Hauptgeschäftsstraße zwischen Piazza Matteotti und Piazza Castello heißt ihm zu Ehren Corso Andrea Palladio.

Geschichte Vicenza an dem Flüsschen *Bacchiglione* wurde von den Römern gegründet, erlebte aber erst unter venezianischer Herrschaft im 15. Jh. einen wirtschaftlichen und kulturellen Aufschwung. Doch dann wurde die Stadt 1509–17 im Krieg Venedigs gegen die *Liga von Cambrai* (Papst, Frankreich, Deutschland und Spanien) verwüstet. Glück im Unglück war, dass der Wiederaufbau nicht nur neuerlichen wirtschaftlichen Erfolg begründete, sondern ab Mitte des

16. Jh. auch einem der größten italienischen Baumeister der Renaissance ein weites Betätigungsfeld bot. Der einheimische Dichter *Giangiorgio Trissino* wollte sich damals als erster eine Villa im Stil der Renaissance nach antikem Vorbild bauen lassen. Als Architekt wählte er den Steinmetz *Andrea di Pietro* aus Padua, dem er den Künstlernamen *Palladio* gab und der sich fortan nicht mehr über Auftragsmangel beklagen konnte.

Neben dem *touristischen Interesse*, das die Bauten Palladios heute hervorrufen, ist Vicenza nach wie vor eine besonders bei Venezianern beliebte *Sommerfrische*. Ein weiteres wirtschaftliches Standbein bildet die florierende *Schmuck- und Bekleidungsindustrie* der Stadt.

Besichtigung Der Gang durch Vicenza beginnt an der *Piazza Matteotti* im Nordosten der Altstadt mit dem **Teatro Olimpico** (Tel. 04 44 22 28 00, www.olimpico.vicenza.it, Juli/Aug. Di–So 9–19, sonst 9–17 Uhr), dem ältesten gedeckten Theater in Europa. *Palladio* entwarf hier eine bemerkenswerte Konstruktion aus Holz und Stuck. Ein Jahr nach Baubeginn 1579 starb er, doch sein Schüler *Vincenzo Scamozzi* (1552–1616) vollendete das Werk. Den Zuschauerrraum gestaltete Palladio mit halbkreisförmigen aufsteigenden Sitzreihen nach dem Vorbild antiker Theater. Die *Statuen* in den Nischen über der Bühne stellen Mitglieder der Olympischen Akademie dar, die den Theaterbau ermöglicht hatte. Auf der erhöhten *Bühne* zeigen Scamozzis gewaltige illusionistische Kulissen die griechische Stadt Theben. Am 3. März 1585 öffnete das Theater mit der Premiere von Sophokles' ›Ödipus Rex‹. Im *Anteodeon* sind Fresken mit Szenen der ersten Vorstellung sowie Öllampen der damaligen Bühnenbeleuchtung ausgestellt.

Nur ein paar Schritte jenseits des Platzes erreicht man den von Palladio 1550 geschaffenen *Palazzo Chiericati* mit dem **Museo Civico** (Tel. 04 44 32 13 48, Di–Sa 9–17 Uhr). Seine Kunstsammlung besticht mit hochkarätigen Werken von Memling, Mantegna, Lotto, Veronese, Tiepolo, Tintoretto, Brueghel, van Dyck. Kostbarkeiten birgt auch die nahe Dominikanerkirche **San Corona** (1260–70) rechts vom Corso Palladio. Die dreischiffige Basilika, die 1480 einen neuen Chor im Stil der Renaissance bekam, birgt im 5. Seitenaltar links *Giovanni Bellinis* ›Taufe Christi‹ (um 1504) und im 3. Seitenaltar rechts *Paolo Veroneses* ›Anbetung der Heiligen Drei Könige‹ (1573).

Vom Corso Palladio zweigt bald links die elegante Straße *Contrà Porti* zur zentralen **Piazza dei Signori** ab. Hier erhebt sich neben dem schlanken, 82 m hohen *Torre di Bissara* (14./15. Jh.), dem Geschlechtertum der Familie Bissara, Palladios grandiose **Basilica** (1549–1617). Der Name bezieht sich auf die römische Forumsbasilika, die sich einst an dieser Stelle befand. Auftragsgemäß sollte Palla-

Eine klassische Torfassade ist prachtvolle Kulisse in Palladios Teatro Olimpico in Vicenza

dio in seinen Neubau die Reste eines Vorgängerbaus aus dem 15. Jh. einbeziehen – mit möglichst ansprechender Fassade zur Piazza hin. Also verkleidete er den gotischen Kern mit zweigeschossigen Arkaden, die unten von dorischen und oben von ionischen Säulen getragen werden. Um diese dem vorgegebenen unregelmäßigen Baukörper anzupassen, variierte Palladio die breiten mittleren Bögen geschickt mit schmalen Seitenöffnungen. Dieser architektonische Kniff, der an antike Triumphbögen erinnert, ging als *Palladiomotiv* in die Kunstgeschichte ein.

Beeindruckend ist auch die mit kolossalen Säulen und zahlreichen Reliefs geschmückte **Loggia del Capitano** gegenüber, die Palladio 1570 für den venezianischen Stadtkommandanten errichtete.

Über die Contrà Garibaldi gelangt man nun westwärts zur Piazza Duomo mit dem **Duomo Santa Maria Maggiore** (14.–16. Jh.). Sein einschiffiger Innenraum hinter der zweifarbigen gotischen Fassade ist recht schlicht, doch lohnt ein Blick auf das lyrische *Polyptychon* (1356) von Lorenzo Veneziano in der 5. Seitenkapelle rechts. Das **Museo Diocesano** (Tel. 04 44 22 64 00, Do/Fr 10–12.30, Sa/So 15.30–18.30 Uhr) im benachbarten Bischofspalast *Palazzo Vescovado* präsentiert antike und frühchristliche Reliefs, mittelaterliche Buchmalerei, Gemälde und eine Mineralogische Sammlung.

Am nordwärts verlaufenden Corso Fogazzaro trumpfte Palladio ein weiteres Mal auf. Sein **Palazzo Valmarana Braga** (1566) mit den kolossalen Pilastern wirkt sehr feierlich, im Barock avancierte dieses Architekturmotiv zum Schlager.

Ausflug

Am *Monte Berico* etwa 2 km südlich der Stadt errichteten Bürger aus Vicenza ihre Sommerresidenzen. Zu den schönsten gehört die 1669 erbaute **Villa Valmarana ai Nani** (Via dei Nani 12, Tel. 04 44 32 18 03, www.villavalmarana.com, Mitte März–Anf. Nov. Di–So 10–12 und 15–18, sonst Sa/So 10–12 und 14–16.30 Uhr). Sie wirkt von außen zurückhaltend, prunkt aber im Inneren mit Fresken (1757) von *Giambattista Tiepolo* und seinem Sohn *Giandomenico*. Letzterer schuf die lebhaften Bilder vom Karneval in Venedig, vom Alltag in der Villa und auf dem Lande, während sein Vater die fantastischen mythologischen Szenen komponierte, u.a. die Geschichte der Iphigenie.

Bühnenbild für lauschige Abendstunden: Piazza dei Signori mit Palladios Basilica

Von einer Anhöhe in der Nähe grüßt Palladios berühmte *Villa Almerico Capra*, genannt **La Rotonda** (Villa Mitte März–Okt. Mi 10–12 und 15–18, Park ganzjährig Di–So 10–12 und 15–18 bzw. 14.30–17.30 Uhr). Der quadratische Zentralkuppelbau von 1566–70 gilt als die Vollendung venetischer Villenarchitektur. Dem Baukubus sind vier identische Vorhallen angefügt, die aus ionischen Tempelfronten mit Freitreppen bestehen.

An Palladios Baustil orientiert sich auch die barocke Wallfahrtskirche **Madonna di Monte Berico** (1668) auf Vicenzas Hausberg. Im Refektorium hängt *Paolo Veroneses* berühmtes Monumentalgemälde ›Cena di San Gregorio‹ (1572), das Papst Gregor den Großen als Gastgeber Christi zeigt.

i Praktische Hinweise

Information

IAT, Piazza Matteotti 12, rechts vom Teatro Olimpico, Vicenza, Tel. 04 44 32 08 54, www.vicenza.org

Hotels

******Campo Marzio**, Viale Roma 21, Vicenza, Tel. 04 44 54 57 00, hotelcampo marzio.com. Stilvolles und ruhiges Hotel am Rande der Altstadt.

*****Castello**, Contrà Piazza Castello 24, Vicenza, Tel. 04 44 32 35 85, www.hotel-castello.net. Einfaches, gemütliches Haus in zentraler Lage.

Restaurants

Antico Ristorante agli Schioppi, Contrà Piazza Castello 26, Vicenza, Tel. 04 44 54 37 01, www.ristoranteagli schioppi.co. Klassiker des Veneto mit entspannter Atmosphäre (So geschl.).

Il Cursore, Stradella Pozetto 10, Vicenza, Tel. 04 44 32 35 04. In dieser traditionellen Osteria sollte man die lokale Spezialität *Baccalà* (Stockfisch) essen (Di geschl.).

10 Padua

Mittelalterliches Kunstzentrum und traditionsreiche Universitätsstadt.

Im Nordosten der Poebene liegt in einer ausgedehnten Schleife des Flusses Bacchiglione das berühmte Padua (211 000 Einw.). Sein im Wesentlichen mittelalterlicher und teilweise noch von Mauern umgebener Stadtkern bietet die anregende Kulisse für etwa 70 000 Studierende der ehrwürdigen hiesigen Universität, die ihrerseits ständig für neue Impulse sorgen. So ist das der Legende nach von Aeneas gegründete Padua gleichzeitig eine der ältesten und eine der jüngsten Städte des Veneto.

Geschichte Padua entwickelte sich aus der römischen Siedlung *Patavium* und kam im 12. Jh. als freie, handelsorientierte Stadtkomune zu einigem Wohlstand, der sich in reger Bautätigkeit äußerte. 1222 wurde die hiesige *Universität* als eine der ersten in Europa gegründet, und nachdem *Giotto di Bondone* 1304/05 in der Stadt die *Cappella degli Scrovegni* ausgemalt hatte, festigte sich der Ruf Paduas als Kunststadt. 1337 übernahmen die **Carrara** die Herrschaft, konnten sich aber auf Dauer nicht gegen das aufstrebende nahe **Venedig** halten, dem sich Padua 1405 unterwarf. 1797 wurden die Venezianer durch die Habsbuger abgelöst, bis Padua sich 1866 dem neu geschaffenen Königreich Italien anschloss.

Das moderne Padua ist jenseits seiner Altstadt eine geschäftiges Industriezentrum, in dem vor allem Maschinen, Fahrzeuge, chemische Produkte, Nahrungsmittel und Schuhe hergestellt werden.

Besichtigung Im Herzen der **Altstadt** liegen die beiden Plätze *Piazza delle Erbe* und *Piazza Frutta*, die Märkte für Kräuter, Gemüse und Obst. Zwischen ihnen markiert das repräsentative Rathaus, der **Palazzo della Regione** (Tel. 04 98 20 50 06, Febr.–Okt. Di–So 9–19, sonst Di–So 9–18 Uhr), den architektonischen Mittelpunkt

Paradebeispiel venetischer Villenarchitektur: Palladios berühmte Schöpfung La Rotonda

Der elegante Palazzo della Ragione bietet der Piazza della Frutta eine imposante Schaufront

der Stadt. Das 1218/19 errichtete Gebäude wurde im 14. Jh. auf 80 m Länge, 27 m Breite und 27 m Höhe erweitert. Die Fassade begeistert mit eleganten Arkadengängen und Loggiengeschossen, darüber türmt sich ein gewaltiges Dach. Im Obergeschoss liegt der 80 x 17 m große *Rats- und Gerichtssaal*. Er brannte 1420 aus, wobei auch *Giottos Fresken* ein Raub der Flammen wurden. Doch Giusto de'Menabuoi und Nicolò Miretto orientierten sich bei der anschließenden Restaurierung am den Originalen, sodass heute wieder auf 333 Feldern in drei umlaufenden Bändern ein komplexes Bildprogramm aus biblischen und astrologischen Motiven zu bewundern ist.

An der Ostseite der Piazza delle Erbe erhebt sich das Hauptgebäude der 1222 gegründeten **Università**, deren Fakultäten im 15. Jh. hier unter einem Dach zusammengefasst wurden. Die ehrwürdigen Gebäude, in denen z.B. *Galileo Galilei* 1592–1620 lehrte, sind um einen mit Wappen verzierten Innenhof angeordnet. Im **Teatro Anatomico** (Führungen März–Okt. Mo, Mi, Fr 15.15, 16.15, 17.15, Di, Do, Sa 9.15, 10.15, 11.15 Uhr, sonst Mo, Mi, Fr 15.15, 16.15, Di, Do, Sa 10.15, 11.15 Uhr), dem berühmten medizinischen Lehrsaal aus dem Jahr 1594, bleibt Besuchern glatt die Luft weg, so steil steigen die konzentrischen Stehreihen über dem zentralen Seziertisch auf.

Die Arkaden rings um die westlich gelegene Piazza dei Signori locken mit Cafés, Bars und Geschäften. Dominiert wird der Platz vom wuchtigen **Palazzo del Capitano** an der südwestlichen Ecke, den der Paduaner Baumeister *Giovanni Falco-*

Konzentriertes Wissen bot Paduas ehrwürdige Università in ihrem Teatro Anatomico

Ergreifende Empathie zeigt Giottos ›Grablegung Christi‹ in der Cappella degli Scrovegni

netto 1599–1605 errichtete. Der *Arco dell'Orologio* (1437), benannt nach der astronomischen Uhr darüber, führt zum idyllischen Innenhof *Corte Capitaniato*, der sich für eine kleine Pause anbietet.

Über die Via Monte di Pietà gelangt man zum **Duomo Santa Maria Assunta** (Tel. 049 66 28 14, Mo–Sa 7.45–12 und 15.45–19.30, So/Fei 7.45–13 und 15.45–20.30 Uhr). Der Bau geht auf das 9. Jh. zurück, doch wurde er Mitte des 16. Jh., wohl unter Mitwirkung Michelangelos, völlig umgebaut. Die Fassade blieb bis heute unvollendet und auch das *Innere* kann trotz moderner Statuen von *Giuliano Vangi* um den Hochaltar nicht recht überzeugen. Sehr harmonisch wirkt dagegen das kuppelbekrönte **Battistero** (Tel. 049 65 69 14, tgl. 10–18 Uhr) von 1260. Das Innere schmückte *Giusto de'Menabuoi* um 1380 mit Szenen aus dem Alten und Neuen Testament. Im Zentrum thront Christus als Weltenherrscher, umgeben von Engeln, Heiligen und den vier Evangelisten.

In den schönen Räumen des benachbarten *Palazzo Vescovile* (15. Jh.) zeigt das **Museo Diocesano** (Tel. 04 98 76 19 24, www.museodiocesanopadova.it, Do–Sa 14–18, So/Fei 10–18 Uhr) Exponate des 9.–19. Jh., darunter qualitävolle Gemälde, Skulpturen, sakrale Goldschmiedekunst, alte Handschriften und Inkunabeln.

Im Norden der Altstadt erhebt sich auf dem Gelände des römischen Amphitheaters, der Arena, die berühmte

TOP TIPP

Cappella degli Scrovegni (Piazza Eremitani, Tel. 04 92 01 00 20, www.cappelladegliscrovegni.it, tgl. 9–19 Uhr, nur mit Buchung im Voraus). Der Bankier *Enrico Scrovegni* stiftete das auch *Arena-*

Ein Juwel der Kunst ist die von Giotto mit einem Bilderreigen freskierte Arenakapelle

Hochverehrtes Pilgerziel: Paduas Basilica di Sant'Antonio huldigt einem Diener der Armen

kapelle genannte Gebäude 1303 nach dem Tod seines durch Wucher reich gewordenen Vaters Rinaldo, um diesen vor der Ewigen Verdammnis zu bewahren. *Giotto di Bondone* (um 1267–1337) schmückte den einschiffigen, tonnengewölbten Raum mit einem *Freskenzyklus* (1304/05), der zu den bedeutendsten Kunstwerken der Welt gehört. Giottos dramatisch durchkomponierten Bilderzählungen sind von solch liebevoller Lebensnähe und würdevoller Emotionalität, dass sich kein Betrachter ihrer Wirkung entziehen kann. Zu den Glanzpunkten des Bilderreigens vom Leben Christi gehört die ›Grablegung‹, eine von anrührend-zärtlichen Trauergesten erfüllte Komposition. In den oberen Registern werden die Viten Mariens bzw. Joachims und Annas illustriert. An der Westwand tagt das ›Jüngste Gericht‹, in der Sockelzone posieren die Personifikationen von Tugenden und Lastern als *Grisaillefiguren*. Dies sind die ersten Grau-Weiß-Malereien der Kunstgeschichte. Bemerkenswert ist auch die Marmorskulptur ›Maria mit Kind‹ im Chor, ein Werk *Giovanni Pisanos*.

Die Arenakapelle ist Teil der benachbarten **Musei Civici degli Eremitani** (Tel. 04 98 20 45 51, Di–So 9–19 Uhr) im früheren Eremitenkloster der Augustiner aus dem 13./14. Jh. Die hervorragende Gemäldegalerie besitzt Werke von Giorgione, Veronese, Tintoretto, Tiepolo usw. Ferner sind eine seltene Münzsammlung, archäologische Fundstücke aus römischen Gräbern, Mosaike und Statuen zu bewundern. Die nach der Zerstörung im Zweiten Weltkrieg wiederaufgebaute **Chiesa degli Eremitani** bewahrt in der *Cappella Ovetari* Reste des bedeutenden Freskenzyklus (1454–57) von *Andrea Mantegna* mit Szenen zum Martyrium des Christophorus und Jakobus.

Im Südosten der Altstadt an der Piazza del Santo erhebt sich die **Basilica di Sant'Antonio** (Tel. 04 98 78 97 22, www.basilicadelsanto.org, April–Sept. 6.30–19.45, sonst Mo–Fr 6.30–19, Sa/So 6.30–19.45 Uhr), eine der wichtigsten Wallfahrtskirchen der Stadt und ganz Italiens. ›Il Santo‹ wurde 1232–1300 erbaut, zu Ehren des gleich nach seinem Tod 1231 heiliggesprochenen Franziskanermönchs *Antonius* (nach seinem letzten Wirkungsort ›von Padua‹ genannt). Die bewegte Dachlandschaft der dreischiffigen Emporenbasilika besitzt vier Türme, sechs byzantinische Kuppeln und ein markantes Spitzkegeldach über der zentralen Vierung. Die *Fassade* weist romanische und gotische Stilelemente auf, das *Innere*

Ein Spiegelbild von Paduas ehrenwerter Geschichte liefern die Standbilder des Prato della Valle

samt Chorumgang und rechteckigem Kapellenkranz ist äußerst kostbar ausgestattet. So schuf *Donatello* 1446–50 für den *Hochaltar* sieben bronzene Heligenfiguren und vier Reliefs mit den Wundertaten des hl. Antonius. Im nördlichen Querschiff befindet sich die mit Votivbildern dekorierte Renaissancegrabkapelle des hl. Antonius, die *Cappella dell'Arco del Santo* (16. Jh.). Ein Silbersarkophag bewahrt den Leichnam des predigtgewaltigen Heiligen – nur seine Zunge wird mit anderen Reliquien in der barocken *Cappella del Tresoro* hinter dem Chor aufbewahrt. Dort schildern Marmorreliefs (16. Jh.) von *Antonio und Tullio Lombardo* noch einmal die Vita des Heiligen. Das südliche Querhaus wurde 1372–77 zur gotischen *Cappella San Felice* umgestaltet und von *Altichiero da Zevio* mit Fresken ausgemalt, sie zeigen die ›Kreuzigung‹ und Szenen aus dem Leben des hl. Jakobus.

Den Süden der Piazza del Santo dominieren die **Scuola di Sant'Antonio** (Tel. 04 98 75 52 35, April–Sept. tgl. 9–12.30 und 14.30–19, sonst bis 17 Uhr) aus dem 15. Jh. mit freskengeschmücktem Kapitelsaal und nebenan das 1377–84 errichtete, ebenfalls reich mit Fresken ausgemalte **Oratorio di San Giorgio** (Tel. 04 98 75 52 35, April–Sept. tgl. 9–12.30 und 14.30–19, sonst bis 17 Uhr). Vor dieser Grablege der Familie Lupi di Soragna wirft sich das **Reiterstandbild des Gattamelata** (1447–53) in Positur. Es ehrt den Oberbefehlshaber der venezianischen Landstreitkräfte *Erasmo da Narni*, der wegen seines kämpferischen Geschicks *Gattamelata* (gefleckte Katze) genannt wurde. Als er 1443 in Padua starb, erteilte seine Witwe *Donatello* den Auftrag für das Denkmal. Es wurde ein Meisterwerk voll heroisch-komtemplativem Pathos und als erstes frei stehendes Bronzemonument seit der Antike sollte es Maßstäbe für die ganze weitere Entwicklung dieses Denkmaltyps setzen.

Apropos Komtemplation – zu einem beschaulichen Spaziergang lädt der nahe **Prato della Valle** ein, eine ovale Grünlage umringt von einem Wassergraben und geschmückt mit Standbildern ehrenwerter Bürger Paduas. Weitere Naturfreuden verspricht der **Orto Botanico di Padova** (Via Orto Botanico 15, Tel. 04 98 27 21 19, www.ortobotanico.unipd.it,

April–Okt. tgl. 9–13 und 15–18, Nov.–März Mo–Sa 9–13 Uhr) weiter östlich, den Benediktinermönche 1545 im Auftrag des venezianischen Senats zur Aufzucht und Erforschung von Arzneipflanzen anlegten. Er ist der älteste Botanische Universitätsgarten der Welt und gehört seit 1997 zum *Welterbe der UNESCO*. Heute gedeihen hier rund 6000 Pflanzenarten, mediterrane Macchia ebenso wie Alpenflora, historischer Baumbestand von Palme bis Zeder und Orchideen in allen Farben.

Ausflug

Etwa 10 km südwestlich von Padua liegen die **Colli Euganei** (Euganäischen Hügel), die sich bis nach Monselice im Süden erstrecken. Sie sind vulkanischen Ursprungs und für ihre warmen Quellen bekannt. Zentrum des Kurbetriebs ist das Heilbad **Abano Terme** (www.abanoterme.net), in dem schon seit der Römerzeit salz-, jod- und bromhaltiges Heilwasser sprudelt. Heute verwöhnen eine Vielzahl von Kurhotels vornehmlich entlang der *Viale delle Terme* die Besucher mit Bädern, Massagen und Fangopackungen.

i Praktische Hinweise

Information

APT, Riviera dei Mugnai 8, Padua, Tel. 049 76 79 11, www.turismopadova.it

APT bietet die zwei Tage gültige **Padova Card**. Sie umfasst u.a. freien Eintritt zu einigen Sehenswürdigkeiten und die Nutzung öffentlicher Verkehrsmittel.

Hotels

********Plaza**, Corso Milano 40, Padua, Tel. 049 65 68 22, www.plazapadova.it. Komfortables und zentral gelegenes Hotel.

Casa del Pellegrino, Via M. Cesarotti 21, Padua, Tel. 049 82 97 11, www.casadel pellegrino.com. Günstige, freundliche Pilgerunterkunft bei Sant'Antonio.

Restaurants

Antico Brolo, Corso Milano 22, Padua, Tel. 049 66 45 55, www.anticobrolo.it. Köstliche regionaltypische Speisen.

L'Anfora, Via dei Soncin 13, Padua, Tel. 049 65 66 29, www.osterianfora.it. Osteria mit abwechslungsreicher Küche.

Venedig in seiner ganzen Pracht: Piazzetta mit Campanile und Dogenpalast

11 Venedig

Zauberhafte Lagunenstadt und Weltkulturerbe dank großartiger Museen, Paläste und Kirchen.

Venedig (270 000 Einw.) gehört ohne Zweifel zu den schönsten, faszinierendsten Orten und den beliebtesten Reisezielen. Menschen aus aller Welt kennen den Markusplatz und die venezianischen Gondeln, nicht zu vergessen den **geflügelten Löwen** als Symbol der großartigen Lagunenstadt an der Adriaküste.

Venedig wurde auf 118 Inseln erbaut, daher durchzieht ein weit verzweigtes Netz von **Kanälen** die Stadt. Bevölkert werden sie von Motorbooten und Gondeln, abgesehen davon gehört das Zentrum von Venedig mit seinen Gassen, kleinen Plätzen, Treppen und Brücken den **Fußgängern**. Prächtige Paläste, grandiose Kirchen und herausragende Kunstsammlungen machen aus der ›Serenissima‹ ein wahres **Freilichtmuseum** und eine **Kunstmetropole** ersten Ranges.

Doch die Schönheit ist gefährdet. Zum einen durch Bodensenkung und Hochwasser, *Acqua Alta*, das vor allem in den Wintermonaten die Altstadt zunehmend häufiger und höher überflutet. Aber auch durch Umweltverschmutzung und stetig steigende Besucherzahlen, denn sie belasten die unzähligen *Ulmen-, Lärchen- und Eichenstämme*, auf denen viele der historischen Gebäude ruhen. Manche Pessimisten sehen Venedig schon im Meer versinken, doch noch trotzt die jahrhundertealte Stadt allen Unbillen.

Geschichte Das legendäre Gründungsdatum **25. März 421** ist historisch nicht belegt, wird aber jedes Jahr gefeiert. Sicher ist, dass im 5./6. Jh. *Veneter* vor einfallenden Hunnen und Langobarden auf die sicheren Laguneninseln Rialto, Burano, Torcello und Malamocco flohen. Die gehörten ab dem 6. Jh. zu **Byzanz**, das im Jahr 697 erstmals einen Statthalter vor Ort einsetzte: *Paoluccio Anafesto*, den ersten **Dogen von Venedig**. Der Lagunenstadt gelang es, sich als Mittler zwischen Byzanz und den Franken bzw. dem Heiligen Römischen Reich zu behaupten und zu einem der wichtigsten Warenumschlagsplätze zwischen Orient und Okzident aufzusteigen. Bald reichte der Wohn- und Lagerplatz auf den kleinen Inseln in der Lagune nicht mehr aus, sodass Pfahlbauten entstanden, durch welche die Stadt rasch zusammenwuchs. Schon im 8. Jh. agierte Venedig zunehmend unabhängig von Byzanz, die Adelsfamilien wählten ihre Dogen nun selbst. Und seit im Jahr 828 die aus Alexandria geraubten *Reliquien des Evangelisten Markus* nach Venedig kamen und hier eine bedeutende Wallfahrt begründeten, nannte sich die Stadt **Serenissima Repubblica di San Marco**, die Erlauchteste Republik des Heiligen Markus.

Im 11. Jh. dehnte Venedig seinen Herrschaftsbereich zunächst über die östliche Adriaküste aus. Handel und der Transport von Kreuzfahrern brachten den venezianischen Kaufleuten Wohlstand und Ansehen. Im 12. Jh. erlangten die Adelsfamilien im **Maggior Consiglio** Regierungsbeteiligung. Dieser Große Rat wählte nun einen Dogen auf Lebenszeit, der bei Bedarf aber auch wieder abgesetzt werden konnte. 1297 einigten sich die Honoratioren der Stadt auf 287 im *Goldenen Buch* verzeichnete Adelsfamilien, die zum Großen Rat gehören durften. Die Regie-

rungsgewalt lag de facto bei der **Signoria**, die sich aus dem Dogen, dem Kleinen Rat und den Vorsitzenden des Gerichtshofes *Quarantia* zusammensetzte. 1310 kam nach einem Adelsaufstand noch der *Consiglio dei Dieci* (Rat der Zehn) als Kontrollinstanz dazu. Parallel zu dieser politischen Entwicklung expandierte Venedig weiter. Der 4. Kreuzzug 1204 endete unter venezianischer Führung mit der *Eroberung Konstantinopels*. Weite Teile des byzantinischen Reichs fielen Venedig zu, vor allem die wirtschaftlich interessanten Kykladen und Kreta. Im 14. Jh. begann die **Seemacht** Venedig dann auch auf dem Festland, der **Terra ferma**, zu expandieren und verleibte sich bis zum frühen 15. Jh. Padua, Vicenza, Verona, Bergamo und Brescia ein.

Damals war die Serenissima auf dem Höhepunkt ihrer Macht, in Venedig selbst verwandelten Adel und Kaufleute den wirtschaftlichen in kulturellen Reichtum. Es begann ein über 200 Jahre andauerndes Goldenes Zeitalter der Kunst, zu dem Maler wie Tizian, Tintoretto, Lotto, Veronese und Baumeister wie Palladio und Longhena Großartiges beitrugen.

Ende des 15. Jh. verlor Venedig seine östlichen Besitzungen an die **Türken**, die 1453 Konstantinopel eingenommen hatten. Mit der Entdeckung Amerikas durch Christoph Kolumbus 1492 und des Seeweges nach Indien durch Vasco da Gama 1498 begann der Überseehandel, und im 16. Jh. verlagerten sich die Handelsrouten vom Mittelmeer an den Atlantik. Nach weiteren Gebietsverlusten und einigen verheerenden Pestepidemien im 17./18. Jh., beendete **Napoleon** 1797 die Selbstständigkeit der geschwächten Republik Venedig, die 1815 an die Habsburger fiel und 1866 zum Königreich Italien kam.

Die meisten Bewohner Venedigs leben inzwischen auf dem 4 km entfernten Festland, wo sich im 20. Jh. in den Orten *Mestre* und *Marghera* Stahl-, Erdöl- und chemische Industrie ansiedelte. Venedig selbst wurde 1987 von der *UNESCO* zum *Weltkulturerbe* erklärt. Vor allem von Frühling bis Herbst scheint es fest in der Hand von Touristen zu sein. Deren Vergnügen ist allerdings getrübt, wenn wieder einmal *Hochwasser* die Altstadt bedroht. Immerhin ist der Markusplatz an etwa 100 Tagen im Jahr überschwemmt.

Doch diese Gefahr wird künftig das umstrittene Schleusensystem **Mose** an den Laguneneinfahrten bannen, das 2014 fertig gestellt sein soll.

Besichtigung Die einzige Straße nach Venedig ist die S11 von Mestre über einen Damm zur *Piazzale Roma* im Nordwesten, die als Parkplatz und Busbahnhof dient. Per Zug gelangt man zur *Stazione Santa Lucia*, die direkt am Canal Grand liegt. Diese wichtigste Verkehrsader der Stadt fließt in einer spiegelverkehrten S-Schleife mitten durch das *Centro Storico* bis zur Piazzetta im Südosten. Die Altstadt ist in sechs Bezirke (*Sestieri*) unterteilt: im Norden das beliebte Wohnviertel Cannaregio, südlich davon innerhalb der ersten großen Schleife des Canal Grande Santa Croce und San Polo. Ihnen gegenüber liegen auf der anderen Kanalseite Castello und San Marco, das wiederum über den Kanal auf Dorsoduro im Süden blickt. Einige eigenständige Inseln leisten Venedig in der Lagune Gesellschaft, nämlich La Giudecca und San Giorgio Maggiore im Süden sowie San Michele, die Friedhofsinsel, und Murano im Norden. Im Osten schirmt die Badeinsel *Lido di Venezia* die Lagune zur Adria hin ab und lockt mit herrlichen Sandstränden, gediegenen Hotels und einem Casino.

Am günstigsten nutzt man innerhalb Venedigs Wassertaxis oder öffentliche Personenfähren, *Vaporetti* genannt, die alle Laguneninseln miteinander verbinden. Da es nur vier Brücken über den Canal Grande gibt, pendeln an einigen Stellen *Traghetti*, einfache Gondeln, über den zentralen Wasserweg.

TOP TIPP Canal Grande

Am stimmungsvollsten ›erfährt‹ man die Stadt von der Piazzale Roma oder dem Bahnhof aus mit *Vaporetti* der Linie 1 auf dem Canal Grande. Im Laufe der 3,8 km langen, gemächlichen Tour bis zum Markusplatz mit Stopps an zahlreichen Haltestellen passiert man etwa 200 Palazzi aus dem 12.–18. Jh., die hier meist Ca' (von Casa) heißen. Gleich an der Einmündung des Canale di Cannaregio steht linkerhand der prachtvolle **Palazzo Labia** (Mi–Fr 15–16 Uhr, auf Voranmeldung unter Tel. 04178127703) einer spanischen Kaufmannsfamilie aus dem 18. Jh. Den zweigeschossigen *Ballsaal* bemalte *Tiepolo* mit theatralischen Szenen aus Kleopatras Leben. Nahebei erhebt sich am gleichen Ufer der elegante **Palazzo Vendramin-Calergi**. *Mauro Codussi* errichtete den Renaissancepalast 1502–04 für die Patrizierfamilie Loredan und bezog sich dabei auf byzantinische und gotische Bautraditionen der Stadt. Die *Sala Richard* im Mezzanin erinnert an den am 13. Februar 1883 hier verstorbenen deutschen Komponisten *Richard Wagner*. Die übrigen prunkvollen Räumlichkeiten nutzt das *Casino di Venezia* (Tel. 0415297111, www.venicecasino.it, So–Do 14.45–2.30, Fr/Sa 14.45–3 Uhr).

Hinter der Anlegestelle bei der kleinen Barockkirche *San Stae* (17./18. Jh.) taucht rechts die **Ca'Pesaro** auf, die das liebenswerte *Museo di Arte Orientale* (Tel. 0415241173, www.arteorientale.org, April –Okt. Di–So 10–18, sonst Di–So 10–17 Uhr) und die *Galleria Internazionale di Arte Moderna* (Tel. 0415240695, www.museicivicivenezianі.it, April–Okt. Di–So 10–17, sonst Di–So 10–16 Uhr) beherbergt. Zu den barocken Stilelementen des von *Baldassarre Longhena* begonnenen und von Antonio Gaspari 1682 vollendeten Palastes gehören die Diamantquader und Löwenköpfe im Erdgeschoss sowie in den beiden Obergeschossen die von Säulen gerahmten Rundbogenfenster und Balkone. Alsbald rückt links die wunderschöne **Ca'd'Oro** (Tel. 0415238790, www.cadoro.org, Mo 8.15–14, Di–So 8.15–19.15 Uhr) ins Blickfeld. Die *Fassade* des im frühen 15. Jh. errichteten dreigeschossigen Gebäudes war einst mit Blattgold verziert, daher der Name Goldenes Haus. Das Erdgeschoss mit offener Arkadenreihe weist es als eine *Ca'Fondaco* aus, in der einst Waren gelagert wurden. Die oberen Geschosse zieren Loggien mit ineinander verschränkten Zackenbögen und Vierpassfenstern. Elegant wirken auch die tauartig gewundenen Pilaster an den Ecken. Im Inneren zeigt die *Galleria Franchetti* bedeutende venezianische Skulpturen und Gemälde, darunter *Andrea Mantegnas* von Pfeilen durchbohrten, blutenden ›San Sebastian‹ (1490).

Schräg gegenüber unter den Arkaden der neogotischen **Pescheria** (1907) breiten jeden Morgen die Fischer ihren Fang aus. Bevor der Canal Grande nun einen Bogen nach rechts macht, sieht man geradeaus den **Fondaco dei Tedeschi**, heute Hauptpost von Venedig. Der langgestreckte Bau diente ab dem 13. Jh. als Fakturei deutscher Kaufleute. Nach einem Brand 1505 wurde das Handelshaus anschließend von Spaventi und Scarpino wiederaufgebaut. *Giorgione* und sein

Einen farbenfrohen Auftritt genießt der Canal Grande im September bei der Regata Storica

Schüler *Tizian* bemalten damals die heute schmucklose Fassade mit üppigen Fresken (Reste in der Galleria Franchetti). Gleich hinter der Kanalbiegung fährt man unter dem **Ponte di Rialto** (1588–91) hindurch, der berühmtesten der 400 Brücken Venedigs. *Antonio da Ponte* zeichnete verantwortlich für die elegante Marmorkonstruktion, deren mittige Arkaden Platz für kleine Läden bieten.

Hinter der nächsten Kurve erkennt man auf der linken Seite den klassizistisch-strengen **Palazzo Grassi** (www.palazzograssi.it, Café tgl. 10–19 Uhr), der im 18. Jh. von *Giorgio Massari* errichtet wurde. Dieser letzte große Palast aus der Epoche der Republik Venedig wird heute für viel beachtete Wechselausstellungen genutzt. Massari vollendete im Jahr 1745 auch die gegenüberliegende **Ca'Rezzonico** (Tel. 04 12 41 01 00, www.museicivici-veneziani.it, April–Okt. Mi–Mo 10–18, sonst Mi–Mo 10–17 Uhr), die *Baldassare Longhena* 1667 im Stil des Barock entworfen hatte. Der Palast präsentiert heute als *Museo del Settecento Veneziano* seine prunkvoll ausgestatteten Sälen voll venezianischer Kunst des 18. Jh., darunter auch hinreißende Fresken von *Giambattista* und *Giandomenico Tiepolo*. Auf derselben Seite erhebt sich beim *Ponte dell'Accademia* der Gebäudekomplex der **Gallerie dell'Accademia** (Tel. 04 15 20 03 45, www.gallerieaccademia.org, Mo 8.15–14, Di–So 8.15–19.15 Uhr). Das Museum präsentiert eine hochkarätige Kollektion venezianischer Kunst von den Anfängen im byzantinischen Stil bis zu Canalettos Veduten des 18. Jh. Vor allem Bellini, Mantegna, Giorgione, Tizian, Veronese, Tintoretto und Tiepolo sind mit atemberaubenden Meisterwerken vertreten.

TOP TIPP

Hochrangige Kunstwerke präsentiert auch die nahe **Collezione Peggy Guggenheim** (Tel. 04 12 40 54 11, www.guggenheim-venice.it, Mi–Mo 10–18 Uhr) im unvollendeten, daher eingeschossigen *Palazzo Venier dei Leoni* (1749). In schönem Ambiente präsentiert die Sammlung Highlights der Klassischen Moderne –

Mit grandioser Pracht in Szene gesetzt: Piazza San Marco mit Markuskirche und Dogenpalast

Gemälde, Skulpturen und Objekte von Kandinsky, Klee, Ernst, Giacometti, Picasso, Pollock, Moore etc. Die exzentrische amerikanische Millionärin und Galeristin *Peggy Guggenheim* lebte 1949–79 in dem Palazzo und vermachte ihn samt wertvollem Inventar und idyllischem Garten dem italienischen Staat.

Den imposanten Schlusspunkt am Canal Grande setzt die strahlendweiße voluminöse **Santa Maria della Salute** (Tel. 0417311020, tgl. 9–12 und 15–17 Uhr). *Baldassare Longhena* errichtete die barocke Votivkirche 1631–87 im Auftrag des Dogen Nicoletto Contarini zum Dank an die Muttergottes für das Ende der verheerenden Pest von 1630. Das achteckige Gebäude wird von einer gewaltigen *Kuppel* mit Fenstern im Tambour überragt und das dem Kanal zugewandte *Portal* ist als monumentaler Triumphbogen ausgebildet. Das *Innere* wurde vergleichsweise zurückhaltend gestaltet. Die wertvollsten Ausstattungsstücke sind die in der *Sakristei* aufbewahrten Gemälde, darunter *Tintorettos* ›Hochzeit von Canaa‹ und sechs Werke von *Tizian*. Der dreieckig zulaufende Landzipfel neben der Kirche kennzeichnet die Stelle, an welcher der Canal Grande im Lagunenbecken *Bacino di San Marco* mündet. Hier erhebt sich in exponierter Position die altehrwürdige Zollstation **Dogana da Mar** (Ende des 17. Jh.). Auf dem Dach stützen zwei knieende Atlanten eine vergoldete Weltkugel, obenauf tänzelt eine grazile *Fortuna* als Wetterfahne.

Piazzetta und Piazza San Marco

Schräg gegenüber öffnet sich die **Piazzetta** mit dem prächtigen **Palazzo Ducale** (Tel. 04 12 71 59 11, www.museicivicivene ziani.it, April–Okt. tgl. 9–19, sonst tgl. 9–17 Uhr). Als Residenz der Dogen und Sitz der Regierung repräsentiert das 1340–1550 errichtete Bauwerk Glanz und Ruhm Venedigs. Die *Fassaden* zum Canal Grande und zur Piazzetta zeigen zwei mit Maßwerk verbrämte Arkadengeschosse, die Wände darüber sind mit rosa-weißen Rombenmustern wahrhaft fürstlich dekoriert. An der Nahtstelle zwischen Palazzo und Markuskirche erhebt sich die prunkvolle *Porta della Carta* (1438–42), der opulente Figurenschmuck von *Giovanni* und *Bartolomeo Bon* gilt der Verherrlichung Venedigs.

Durch die *Porta del Frumento* am Bacino gelangen Besucher ins *Innere* des Palazzo Ducale. Hier dokumentiert das *Museo dell'Opera* die Baugeschichte der Residenz. Im festlich gestalteten *Cortile del Palazzo* (1483) genießt man den Blick auf die *Scala dei Giganti* (1491, Jacopo Sansovino) mit den Kolossalstatuen von Mars und Neptun und den *Arco Foscari*, ein gotisches Prunktor, dessen symbolträchtiges Personal von Adam über den Dogen bis zum hl. Markus reicht. Durch das in vergoldetem Stuck schwelgende Treppenhaus *Scala d'Oro* (1577) von Sansovino geht es nun ins 1. Obergeschoss mit den Wohnräumen des Dogen. Diese wie auch die Amts- und Repräsentationsräume im 2. Obergeschoss wurden von Künstlern wie Bellini, Carpaccio, Tizian, Tintoretto und Veronese reich ausgemalt. Im 2. Geschoss links liegen die von Palladio entworfene *Sala delle Quattro Porte*, die kleine *Sala dell'Anticollegio*, die überaus prächtige *Sala del Collegio* und die würdevolle *Sala del Senato*. Auf der anderen Seite der Scala d'Oro, in der *Sala di Inquisitori*, wurden Angeklagte unter Tintorettos Deckenbild ›Der verlorene Sohn‹ befragt, in der anschließenden *Sala della Bussola* warteten sie auf ihr Urteil, das dann in der goldüberladenden *Sala del Consiglio dei Dieci* unter Veroneses Deckengemälde ›Zeus schleudert seine Blitze gegen die Laster‹ verkündet wurde. Im Südflügel (über die Scala dei Censori zum 1. Geschoss) des Palastes tagte der Große Rat in der 1300 m² großen *Sala del Maggior Consiglio*. Die Stirnseite füllt *Tintorettos* opulentes ›Paradies‹ Das mit 22 x 7 m größte Ölgemälde der Welt wird von 500 Figuren bevölkert. Vom Loggiengeschoss erreicht man die berühmt-berüchtigte **Ponte dei Sospiri** (1603). Die Seufzerbrücke bildet den Verbindungsgang über den Rio di Palazzo zu den düster-feuchten Verliesen der *Prigioni Nuovi* (16. Jh.).

Die Piazzetta geht in die sich nach Westen rechteckig weitende **Piazza San Marco** über, die ab dem 12. Jh. repräsentativ gestaltet wurde. Links erheben sich statt iche Verwaltungsbauten mit vornehmen Arkaden, die *Procuratie Vecchie* (1512) und *Procuratie Nuove* (1583–1640). Dazwischen spannt sich die *Ala Napoleonica* (1810), der für Napoleon errichtete Flügelbau. Hier ist heute das **Museo Correr** (Tel. 04 12 40 52 11, www.museicivicivenezianі.it, April–Okt. 9–19, sonst 9–17 Uhr) ansässig. Neben antiker Kunst und Exponaten zur Stadtgeschichte begeistert die Gemäldegalerie mit Meisterwerken von *Giovanni* und *Gentile Bellini*, *Carpaccio* usw. Durch den Antikensaal 5 gelangt man in die prachtvolle *Sala Dorata* (ab 1555) der benachbarten *Biblioteca Marciana* mit Malereien von Veronese und Tintoretto.

Der gigantische, 98 m hohe **Campanile di San Marco** (Juli–Sept. tgl. 9.45–20, April–Juni 9.30–17, sonst tgl. 9.45–16 Uhr) zwischen Piazza und Piazzetta geht auf das 9. Jh. zurück, aufgestockt wurde er im 12. und 16. Jh. Nachdem ihn 1902 Gewitterstürme zu Fall gebracht hatten, wurde er rekonstruiert und bietet heute vom Glockengeschoss herrliche Ausblicke auf Venedig und die Lagune. An seinem Fuße verbreitet die reliefverzierte **Loggetta** (1537–40) *Sansovinos* den Charme der Renaissance. Gegenüber erhebt sich gleich einer orientalischen Schatztruhe die ungewöhnlichste und liebreizendsten Kirche Italiens, die **Basilica di San Marco** (Tel. 04 15 22 25 20, www.basilicasanmarco.it, tgl. 9.45–17 Uhr). Unvergesslich ist der Anblick der *Fassade* mit ihren tiefen, feinziselierten Portalen, spitzenumkränzten Rundgiebeln und den beschwingt-bauchigen Kuppeln. Das Ganze ist übergossen mit einem Zuckerwerk an Mosaiken, Fialen, Türmchen, und Skulpturen. Die Markuskirche wurde 1043–70 (1094 geweiht) zu Ehren des *Stadtheiligen Markus* nach dem Vorbild der Apostelkirche in Konstantinopel er-

In himmlischer Erhabenheit erstrahlen die kostbaren Goldmosaike der Basilica di San Marco

baut. Der Grundriss ist der eines griechischen Kreuzes, die Dachlandschaft besitzt eine zentrale Kuppel und vier kleinere Kuppeln über den Seitenarmen. Sowohl die fünf imposanten Portale, als auch die *Vorhalle* und der festliche *Innenraum* sind mit unbegreiflich kostbaren goldgrundigen *Mosaiken* dekoriert, die Geschichten aus dem Alten und Neuen Testament sowie die Vita des Markus und anderer Heiliger thematisieren. Blickfang hinter dem *Hochaltar* mit den Markusreliquien ist die uralt-mystisch schimmernde *Pala d'Oro* (April–Okt. Mo–Sa 9.45–17, So 14–17, sonst Mo–Sa 9.45–16, So 14–16 Uhr). An dem Altaraufsatz (um 1345) aus Gold und Silber funkeln hunderte von Edelsteinen, dazwischen erzählen geheimnisvolle Emailbilder (10.–14. Jh.) die Geschichte Christi, der Muttergottes und des hl. Markus.

Weitere Kostbarkeiten wie liturgische Gefäße und Reliquien werden im *Tesoro* (April–Okt. Mo–Sa 9.45–17, So 14–17, sonst Mo–Sa 9.45–16, So 14–16 Uhr), der Schatzkammer, aufbewahrt. Das *Museo di San Marco* (Tel. 04 15 22 52 05, www.museosanmarco.it, April–Okt. tgl. 9.45–17, sonst tgl. 9.45–16 Uhr) wiederum präsentiert wertvolle Skulpturen, Gemälde und Gobelins, aber vor allem die vier vergoldeten *Bronzepferde*. Es handelt sich um antike griechische Meisterwerke, die erst nach Rom, dann nach Konstantinopel gelangten, wo sie 1204 von den Venezianern erbeutet wurden. Die rassig-eleganten Originale posierten über dem Hauptportal, bis sie dort durch Kopien ersetzt wurden.

San Marco

Links von der Markuskirche steht die **Torre dell'Orologio** (Aufstieg mit Führung auf Voranmeldung, Tel. 04 15 20 90 70, www.museicivicivenezia ni.it), ein Renaissanceturm (1496–99) mit astronomischer Uhr. Auf dem Dach wachen zwei bronzene Mohren, die zu jeder Stunde die mächtige Glocke in ihrer Mitte schlagen.

Am malerischen *Campo di San Fantin* westlich vom Markusplatz lockt das **Gran Teatro La Fenice** (Tel. 04 12 42 4, www.teatrolafenice.it, tgl. 10–18 Uhr Besichtigung mit Audioguide, www.hellovenezia.com). In dem 1790–92 von *Gianantonio Selva* errichteten Opernhaus feierten Komponisten wie Rossini, Verdi und Puccini und Gesangsstars wie Maria Callas große Erfolge. Nach einem verheerenden Brand 1996 halfen Opernfreunde aus aller Welt mit Spenden beim Wiederaufbau des Theaters, das seit 2004 wieder in alter Pracht erstrahlt.

San Polo

Inmitten des Sestriere San Polo befindet sich die ab 1515 im Stil der Renaissance erbaute **Scuola Grande di San Rocco** (Tel. 0415234864, www.scuolagrandesanrocco.it, April–Okt. tgl. 9–17.30, sonst tgl. 10–17 Uhr), eine der sechs ›Großen Schulen‹ Venedigs, die von den wohlhabendsten Bruderschaften als Amtssitze und Hospize eingerichtet wurden. Die Bruderschaft des hl. Rochus ließ ihre Scuola ab 1564 von *Tintoretto* mit gigantischen Bildgeschichten ausmalen. Die *Erdgeschosshalle* birgt seinen furiosen Marienzyklus (1581–88), in der *Sala Superiore* breitete er die Vita Moses und Christi aus und in der *Sala dell'Albergo* illustrierte er die Tugenden der Bruderschaft.

In der Nähe erhebt sich die gotische Franziskanerkirche **Santa Maria Gloriosa dei Frari** (Tel. 0415222637, Mo–Sa 9–18, So/Fei 13–18 Uhr). Die 1443 vollendete Basilika fungierte als Grablege der Dogen, wovon eindrucksvolle Grabmonumente zeugen. Auch berühmte Kreative fanden hier ihre letzte Ruhestätte, z.B. der Maler *Tizian* (1477–1576), der Komponist *Claudio Monteverdi* (1567–1643) und der Bildhauer *Antonio Canova* (1757–1822). Höhepunkt der qualitätvollen Ausstattung ist *Tizians* ›Assunta‹ (1516–18) am Hochaltar, eine farbgewaltige ›Himmelfahrt Mariens‹ voll großartig orchestriertem Pathos. Viel Beachtung verdient auch Tizians 1526 vollendete ›Pesaro-Madonna‹ im linken Seitenschiff, eine anmutige Komposition, in der Petrus als Vermittler zwischen der Muttergottes und dem Auftraggeber des Bildes, Jacopo Pesaro, erscheint.

Castello

Hauptattraktion im östlichen Sestiere Castello ist die *Zanipolo* genannte Dominkanerkirche **Santi Giovanni e Paolo** (Tel. 0415237510, tgl. 9–12 und 14.30–18 Uhr). Das Gotteshaus wurde im 13.–15. Jh. in mehreren Bauphasen errichtet und ist Venedigs größter gotischer Sakralbau. Der weitläufige *Innenraum* birgt 27 Dogengrabmäler, an denen man die Entwicklung dieses Denkmalstyps ablesen kann. Als Meisterwerke gelten vor allem *Pietro Lombardos* Grabmal für *Pietro Mocenigo* (1481) und *Tullio Lombardos* Monument für *Andrea Vendramin* (1492) im Presbyterium. Ein weiterer Blickfang ist der barocke *Hochaltar* (1619) von *Baldassare Longhena*. Auf dem Platz vor der Kirche steht das Reiterdenkmal **Monumento Colleoni** (1481–88) von *Andrea Verrocchio*. Es zeigt den reichen Condottiere Bartolomeo Colleoni in energiegeladen-stolzer Pose. Die von Skulpturen und Scheinarchitekturen belebte *Fassade* dahinter gehört zur **Scuola Grande di San Marco** (15. Jh., Pietro Lombardo).

Bühnenzauber vom Feinsten bietet das traditionsreiche Opernhaus Gran Teatro La Fenice

Weiter östlich trifft man auf das **Arsenale** (www.arsenaledivenezia.it), die 1104 gegründet Schiffswerft der Seemacht Venedig, einst die größte der Welt. Hohe Mauern schützten die Hafenbecken und Hallen, Zugang gewährten lediglich das triumphale *Renaissanceportal* (1460) von *Antonio Gambello* zu Lande und die von zwei Wachtürmen flankierte Zufahrt zu Wasser gleich daneben.

Am Canale di San Marco im Süden liegen die **Giardini**, ein Park mit Pavillons, in denen seit 1895 alle zwei Jahre die *Biennale* (www.labiennale.org, 2009, 2011...) stattfindet. Zum Programm gehören neben Avantgardekunst und Architekturausstellung, Musik, Kino, Theater und Tanz. Im Aug./Sept. finden zudem die *Internationalen Filmfestspiele* statt. Bei der Verleihung der Filmpreise (u.a. Goldener Löwe) geben sich dann Stars und Filmkritiker aus aller Welt ein Stelldichein.

Isola San Giorgio Maggiore

Jenseits des Bacino di San Marco erhebt sich die strahlendweiße Kirche **San Giorgio Maggiore** (Tel. 04 15 22 78 27, April–Okt. tgl. 9.30–12.30 und 14.30–17.30, sonst bis 16.30 Uhr) auf der gleichnamigen *Insel*. Die Pläne für die Basilika (1610 geweiht) mit kolossaler Tempelfront und lichtem weißen Innenraum zeichnete *Palladio* 1566. Glanzpunkte sind *Tintorettos* visionäre Spätwerke ›Abendmahl‹ und ›Mannawunder‹ (beide 1594) im Presbyterium. Vom *Campanile* genießt man einen schönen Panoramablick über die Lagune.

Praktische Hinweise

Information

APT, Stazione Santa Lucia, Venedig, Tel. 04 15 29 87 27, www.turismovenezia.it

Die online und vor Ort erhältliche **Venice Card** (www.venicecard.it, Tel. 04 12 42 4) bietet für 1, 3 oder 7 Tage freien bzw. ermäßigten Eintritt für viele Museen und Kirchen sowie kostenlose Nutzung der öffentlichen Verkehrsmittel.

Flughafen

Aeroporto Marco Polo di Venezia, ca. 10 km nördlich von Mestre, Tel. 04 12 60 92 60, www.veniceairport.it. Anbindung per Flughafenfähre *Alilaguna* (www.alilaguna.com)

Bahnhof

Stazione Santa Lucia, Fondamenta Santa Lucia, Tel. 041 78 56 70

Öffentliche Verkehrsmittel

ACTV, Tel. 041 24 24, www.actv.it. Öffentliche Verkehrsmittel sind die *Vaporetti*. Günstige 12–72 Std. gültige Tickets.

Hotels

*******Cipriani**, Giudecca 10, Fondamente San Giovanni, Venedig, Tel. 04 15 20 77 44, www.hotelcipriani.it. Nobelherberge mit eigenem Jachthafen.

******Danieli**, Castello 4196, Riva degli Schiavoni, Venedig, Tel. 04 15 22 64 80, www.luxurycollection.com. Edler Palast mit Blick auf San Giorgio Maggiore.

Kunstbegriffe auf den Kopf gestellt: Installation von Zoran Naskovski (2007) auf der Biennale

Zauberhafte Inszenierung: Ausblick von der Piazzetta auf die Isola San Giorgio Maggiore

***Abbazia**, Cannaregio 68, Calle Priuli dei Cavaletti, Venedig, Tel. 0417173 33, www.abbaziahotel.com. Charmantes Hotel in einem alten Kloster mit Garten.

***Accademia Villa Maravege**, Dorsoduro 1058, Fondamenta Bollani, Venedig, Tel. 04 15 21 01 88, www.pensioneaccademia.it. Palazzo des 17. Jh. an einem Kanal.

Restaurants

A la Campana, San Marco 4720, Calle dei Fabbri, Venedig, Tel. 04 73 61 30 24. Rustikales Lokal nahe Rialto (So. geschl.).

Antica Locanda Montin, Dorsoduro 1147, Fondamenta di Borgo, Venedig, Tel. 04 15 22 71 51 www.locandamontin.com. Beliebte Trattoria mit Garten (Mi geschl.).

Vini da Gigio, Cannaregio 3628 a, Fondamenta San Felice, Venedig, Tel. 04 15 28 51 40, www.vinidagigio.com. Nettes Lokal, gute Speisen und Weine.

Bars und Cafés

Al Volto, San Marco 4081, Calle Cavalli, Venedig, Tel. 04 15 22 89 45, www.alvoltoenoteca.it. Über 100 Weinsorten und köstliche *Cicheti* (So. geschl.).

Harry's Bar, San Marco 1323, Calle Vallaressa, Venedig, Tel. 04 15 28 57 77, www.cipriani.com. Süffige ›Bellinis‹ und andere Cocktails, dazu ausgezeichnete Küche.

Rosa Salva, San Marco, Ponte Ferai 951, Venedig, Tel. 04 15 21 05 44, www.rosasalva.it. Exzellente Pasticceria (seit 1879).

Muranoglas oder Zuckerguss

Ein empfehlenswerter Bootsausflug führt von Venedig nach **Murano**, der für ihr Glas weltberühmten Laguneninsel. Etwa 100 Glasmanufakturen reihen sich vor allem entlang der *Fondamenta dei Vetrai* oder der *Calle Bressaggio* aneinander. Heute macht man kein Staatsgeheimnis mehr aus der Produktion, jeder kann den Glasbläsern in den **Fornace** genannten Werkstätten bei der Arbeit zugucken – und in den dazugehörigen Geschäften die herrlichen vielfarbigen Lüster und Leuchter erstehen. Weniger kostspielig sind Kleinigkeiten wie die *Murrini*, zauberhafte Glasperlen. Die besondere Qualität ihrer Produkte verdanken die Glasmacher von Murano dem einzigartigen Sand der Lagune. Silikatreicher **Quarzsand** ist wichtigster Grundbestandteil von Glas. Dieser wird im **Ofen** mit Zusätzen wie Kalk, Pottasche und Metalloxiden bei 1400 C° verschmolzen und bei einer Hitze von 500–1000 C° verarbeitet, d.h. geblasen, geformt, geschnitten.

Mehr über Geschichte, Technik und Kunstformen der Glasherstellung erfährt man im **Museo del Vetro** (Fondamenta Giustinian 8, Apri –Okt. Do–Di 10–18, sonst bis 17 Uhr) in der ehem. Bischofsresidenz der Insel.

Malerisch ans Ufer der Brenta schmiegt sich Bassano del Grappa mit dem Ponte degli Alpini

12 Bassano del Grappa

Schnapsbrennereien und alpenländisches Flair am Ufer der Brenta.

Das hübsche Städtchen Bassano del Grappa (42 000 Einw.) liegt an der Brenta, überragt von den teils bewaldeten, teils kahlen Kuppen des 1775 m hohen *Monte Grappa*. Bassanos Beiname ›del Grappa‹ bezieht sich auf diesen Berg. Es ist Zufall, dass im Ort auch der bekannte Schnaps gleichen Namens gebrannt wird. Dieser klare, hochprozentige Grappa leitet seine Bezeichnung von dem italienischen Wort *Grappolo* für Traube ab. Er wird aus den Traubenresten destilliert, die vom Weinkeltern übrigbleiben.

Eng drängen sich die hohen, meist mittelalterlichen Häuser, die Palazzi aus dem 15. Jh. und der hoch aufragende Wehrturm *Torre di Ser Ivano* aus dem 13. Jh. am linken Ufer der Brenta. Seit dem Jahr 1559 führt im Zentrum eine überdachte Holzbrücke über den Fluss, die *Andrea Palladio* entwarf. Nach Zerstörungen sowohl im Ersten als auch im Zweiten Weltkrieg wurde dieser *Ponte Vecchio* zweimal originalgetreu wiederaufgebaut. Der heutige **Ponte degli Alpini** stammt von 1948 und ist nach den italienischen Gebirgsjägern benannt.

Am innerstädtischen Brückenkopf befindet sich die älteste Grappa-Destillerie Bassanos, die seit 1779 existierende **Distilleria a Vapore Nardini** (Ponte Vecchio 2, Tel. 04 24 22 77 41, www.nardini.it). Hier kann man in urigem Ambiente verschiedene Schnaps- und Likörsorten probieren und während der Zeit der Destillation (ca. Nov.–April) an einer Werksführung teilnehmen. Ein Stück weiter informiert das sorgfältig gestaltete **Poli Museo della Grappa** (Via Gamba 6, Tel. 04 24 52 44 26, www.poligrappa.com, tgl. 9–19.30 Uhr) der *Distilleria Poli* ganzjährig über Geschichte und Technik der hiesigen Grappaherstellung.

Bassano ist auch für seine Keramikproduktion bekannt. Ausgewählte edle Stücke zeigt das **Museo della Ceramica** (Via Schiavonetti, Tel. 04 24 52 49 33, www.museobassano.it, Di–Sa 9–18.30, So 15.30 –18.30 Uhr) im *Palazzo Sturm* am Brenta-Ufer südlich des Ponte degli Alpini. Neben der historischen und zeitgenössischen Majolika ist auch der kleine, stuck- und freskengeschmückte Stadtpalast (18./19. Jh.) selbst hübsch anzuschauen.

Zwei benachbarte rechteckige Plätze bilden das Zentrum der Altstadt. An der **Piazza Libertà** erhebt sich die Kirche *San Giovanni Battista* aus dem 18. Jh., die von Palladios Renaissancearchitektur beeinflusst ist. Die Ecke zur Via Matteotti nimmt die imposante *Loggia dei Podestà* (15. Jh.) ein. Ihre Fassade ziert das Wappen des venezianischen Statthalters, dem Bassano ab 1404 unterstand. Die in östlicher Richtung anschließende **Piazza Garibaldi** wird von der schlichten Kirche *San Francesco* (1287) und ihren einstigen Klostergebäuden dominiert. Seit dem 19. Jh. präsentiert hier das **Museo Civico** (Tel. 04 24 51 94 50, www.museobassano.it, Di–Sa 9–18.30, So 15.30–18.30 Uhr) archäologische Fundstücke, Skulpturen und 17 Gemälde der Künstlerfamilie Da Ponte aus Bassano. Ihr erfolgreichster Spross war *Jacopo Bassano* (1517/18–92), der mit seinen Jahreszeitenbildern großen Erfolg beim europäischen Adel hatte.

i Praktische Hinweise

Information

IAT, Largo Corona d'Italia 35, Bassano del Grappa, Tel. 04 24 52 43 51, www.comune.bassano.vi.it

Hotel

*****Al Castello**, Via Bonamigo 19, Bassano del Grappa, Tel. 04 24 22 86 55, www.hotelalcastello.it. Das unterhalb des Castello gelegene nette Haus bietet behagliche Zimmer.

Restaurant

Alla Riviera, Via S. Giorgio 17, Bassano del Grappa, Tel. 04 24 50 37 00. Regionale Küche mit wunderschönem Blick auf die Brenta (Di geschl.).

13 Belluno

Das Renaissancestädtchen ist ein idealer Ausgangspunkt für Bergtouren in die Dolomiten.

Belluno (36 000 Einw.) liegt exponiert auf einem Bergvorsprung am Zusammenfluss von Piave und Ardo. Im Nordwesten bilden die schneebedeckten Gipfel der Dolomiten eine besonders stimmungsvolle Kulisse für den verschachtelten historischen Stadtkern. Der Ort geht auf ein römisches Kastell aus dem 2. Jh. v. Chr. zurück, von einer einstigen Befestigungsmauer sind jedoch nur noch die beiden im 16. Jh. umgebauten Stadttore *Porta Doiona* und *Porta Ruga* erhalten. Damals ließen die Bürger Bellunos nach dem Vorbild der Hegemonialmacht Venedig Paläste, Kirchen und Brunnen im Stil der Renaissance errichten. Diese Architektur prägt das attraktive historische Stadtzentrum bis heute.

Hohe, oft schmale Renaissancepaläste umgeben denn auch das Geviert der malerischen, wenngleich engen **Piazza Mercato**. Den alten Marktplatz ziert ein kleiner *Brunnen* (1409), die Statue von San Lucano auf seiner Säule stammt freilich erst aus dem Jahr 1983.

In südwestlicher Richtung erreicht man die *Piazza Duomo* mit der **Cattedrale San Martino** (www.diocesi.it, Tel. 04 37 94 34 64). Die Basilika entstand ab 1517. Bei einem Umbau im 18. Jh. wurden den Fenstern der Seitenschiffe hohe Barockaltäre vorgesetzt, sodass der dreischiffige Innenraum heute etwas düster wirkt. Die Altarblätter stammen u. a. von Jacopo Bassano, Palma d. J. und Pietro della Vecchia. Von dem 67 m hohen *Campanile* (1743) mit barocker Zwiebelhaube hat man einen wunderschönen Blick über die Stadt und auf die nahen Dolomiten.

Nördlich vom Dom zieht der elegante **Palazzo dei Rettori**, die 1491 errichtete Residenz der venezianischen Statthalter, die Blicke auf sich. Der dreigeschossige Bau verfügt über eine Loggia, die dem Dogenpalast in Venedig nachempfun-

Ein Hauch von Venedig weht über Bellunos Piazza Duomo mit Palazzo dei Rettori

Die Bergwelt des Parco Nazionale Dolomiti Bellunesi lockt auch Kletterfreaks aus der Reserve

den ist. Auch der *Uhrturm* von 1549 orientiert sich an der Torre de l'Orologio auf der Piazza San Marco der Lagunenstadt.

Im Osten der Piazza Duomo, im hübschen *Palazzo dei Giuristi*, präsentiert das **Museo Civico** (Tel. 04 37 94 48 36, http://museo.comune.belluno.it, Mai–Sept. Di–So 10–13 und 16–19, sonst Mo–Sa 9–13 und Do/Fr auch 15–18 Uhr) römische Ausgrabungsfunde und eine kostbare Münzsammlung. Die dazugehörige Gemälde- und Skulpturengalerie zeigt Werke von Künstlern des 15.–20. Jh., die in Belluno gelebt und gearbeitet haben.

Wanderer haben in der Bergwelt um Belluno die Wahl zwischen sechs TOP TIPP **Dolomiten-Höhenwanderwegen** (Alte Vie delle Dolomiti). Höhenweg Nr. 1 führt 150 km nordwärts bis zum *Pragser Wildsee* im Pustertal. Diese Tour mit nur einem Klettersteig ist auch für weniger Geübte in etwa 13 Tagen zu bewältigen. Entlang des Weges bieten Berghütten (*Rifugi*) Übernachtungsmöglichkeiten.

Eine Freude für Naturliebhaber ist der südwestlich von Belluno gelegene Nationalpark **Parco Nazionale Dolomiti Bellunesi** (Besucherzentrum Belluno, Piazza Piloni 3, Tel. 04 37 94 47 55, www.dolomitipark.it), der die Lebensräume von Gämsen, Mufflons, Alpensalamandern, Goldadlern und Auerhühnern schützt. Im Park stellen eine Reihe von Themenpfaden Flora und Fauna der Dolomiten näher vor.

i Praktische Hinweise

Information

IAT, Piazza dei Martiri 7, Belluno, Tel. 04 37 94 00 83, www.infodolomiti.it

Hotels

******Europa Executive**, Via Vittorio Veneto 158, Belluno, Tel. 04 37 93 01 96, www.europaexecutive.it. Modernes Businesshotel mit 40 angenehm ausgestatteten Zimmern unweit der Altstadt.

******Olivier**, Via Col de Gou 341, Belluno-Nevegal, Tel. 04 37 90 81 65, www.dolomiti.it/olivier. Komfortables Berghotel wenige Minuten vom Zentrum entfernt. Ideal für Gäste mit sportlichen Ambitionen. Zum Aktivprogramm gehören Wandern, Mountainbiken, Reiten und Ski laufen.

*****Cappello e Cadore**, Via Ricci 8, Belluno, Tel. 04 37 94 02 46, www.albergocappello.com. Traditionsreiches Haus mit zeitgemäßem Komfort in der Altstadt bei der Piazza dei Martiri.

Restaurants

Al Borgo, Via Anconetta 8, Belluno, Tel. 04 37 92 67 55, www.alborgo.to. Gemütliches Restaurant in einer Landvilla des 18. Jh. mit vorzüglicher traditioneller Küche (Mo abend und Di geschl.).

La Taverna, Via Cipro 7, Belluno, Tel. 04 37 25 15 92. Die Osteria unweit des Theaters lockt mit wohlschmeckender Küche nach alten Rezepten (So geschl.).

14 Cortina d'Ampezzo

Die ›Königin der Dolomiten‹ ist Italiens berühmtester Wintersportort.

Imposante Dolomitengipfel rahmen das weite, sonnenverwöhnte *Valle d'Ampezzo*. Zwischen Tofana di Mezzo (3244 m), Tofana di Dentro (3238 m), Tofana dei Rozes (3224 m) und Tondi di Faloria (2327 m) liegt der Ort Cortina d'Ampezzo (7000 Einw.) auf 1224 m Höhe. Unmittelbar nördlich ragen die markanten **Tre Cime di Lavaredo** (Drei Zinnen, 2998 m) empor, auf deren Gipfeln die Grenze zwischen Venetien und Südtirol verläuft.

Cortina teilt mit Tirol eine lange gemeinsame Geschichte. Zwar herrschte seit 1420 Venedig über das Ampezzo-Tal und hatte dessen Hauptort 1447 gar zur ›Magnifica Comunità‹ (herrliche Gemeinde) erhoben. Doch nach dem Sieg Kaiser Maximilians I. und der *Liga von Cambrai* im Krieg gegen die mächtige Serenissima fiel Cortina ab 1511 an das damals österreich-ungarische **Tirol**. Erst nach dem Ersten Weltkrieg kam es 1919 zu Italien. Daran will auch niemand rütteln, wohl aber an der Zugehörigkeit zur Provinz Belluno. Im Oktober 2007 befürworteten Cortinas Einwohner in einem Bürgerentscheid mehrheitlich einen Wechsel der Gemeinde nach Südtirol.

Die *Alpine Skiweltmeisterschaft* 1932 und die *Olympischen Winterspiele* 1956 trugen maßgeblich dazu bei dass Cortina d'Ampezzo zu einem der beliebtesten und mondänsten Skiorte in Italien wurde. Wintersportler schätzen das durch Seilbahnen und Sessellifte hervorragend erschlossene Skigebiet, das zum Großskiraum **Dolomiti-Superski** (www.dolomitisuperski.com) gehört. Mit fast 500 Aufstiegshilfen, einer Liftkapazität von rund 500 000 Personen pro Stunde und mehr als 1200 Pistenkilometern gilt es als das *größte Skikarussell* der Welt. Im Sommer eignen sich die Berge um Cortina bestens für Wanderungen, Mountainbike- und Klettertouren. Weniger schweißtreibend ist eine Fahrt mit der Seilbahn **Freccia nel Cielo** (Himmelspfeil, Via dello Stadio 12, Tel. 04 36 50 52, www.freccianelcielo.com) bis zur Bergstation unterhalb des Gipfels der **Tofana di Mezzo** (s. o.), der dann in knapp 10 Min. bequem zu Fuß gestürmt werden kann.

Deutlich weiter unten wachen die malerischen Reste des *Castello Zanna* (16. Jh.) über Cortina d'Ampezzo. Zu ihren Füßen liegt das 1956 errichtete **Olympische Eisstadion** (Via dello Stadio 1, Tel. 04 36 88 18 11, Mitte Dez.–März tgl. 10.30–12.30 und 15.30–17.30 Uhr) mit seiner imposanten Glasfront. Innen kann man auf 4320 m^2 Eisfläche Schlittschuh laufen,

Furiose Steinformation: die Gipfel der Tre Cime di Lavaredo bei Cortina d'Ampezzo

Schneesicher und sonnenverwöhnt: Cortina d'Ampezzo ist Favorit vieler Wintersportler

Curlen und Eisklettern. Davor erinnert ein Denkmal an den französischen Mineralogen *Déodat de Dolomieu* (1750–1801), dem die Dolomiten ihren Namen verdanken.

Doch auch unabhängig von seinem Sportangebot kann sich das hübsche Cortina sehen lassen. Beliebte Flaniermeile ist die Fußgängerzone *Corso Italia*, die von einem mehr als 70 m hoch aufragenden *Campanile* (1851–58) überragt wird. Er ist das Wahrzeichen der Stadt und gehört zur bereits 1775/76 erbauten Kirche **Santi Filippo e Giacomo** (Mo–Sa 8–12 und 14.30–18 Uhr). Deren spätbarocker Innenraum ist mit Deckengemälden von *Franz Anton Zeiler* aus Reutte/Tirol geschmückt. Derselbe Maler schuf auch die Wandgemälde in der barocken Wallfahrtskirche **Santuario delle Beata Vergine della Difesa** (1743) am Friedhof. Nur wenige Schritte weiter trifft man auf die **Ciasa de ra Regole** (Corso Italia 69, Tel. 04 36 22 06, www.musei.regole.it, Juni–Sept. Di–So 10–12.30 und 16–19.30, Juli/Aug. tgl. 10–12.30 und 16–20, Jan.–Ostern tgl. 16–19.30 Uhr) mit drei kleinen Sammlungen. Das *Museo Paleontologico Rinaldo Zardini* verfügt über eine bedeutende geologisch-mineralogische Sammlung zur Entstehung der Dolomiten, u.a. mit 230–220 Mio. Jahre alten Fossilien. Das *Museo Etnografico d'Ampezzo* erklärt mittels Trachten, Werkzeugen und Kunsthandwerk die jahrhundertealte ampezzaner Bauern-Förster-Hirtenkultur. Das übersichtliche *Museo d'Arte Moderna Mario Rimoldi* zeigt Werke der klassischen Moderne, z. B. von De Chirico, Guttuso oder Morandi. An der Fassade des Gebäudes (1825–27) sind die Wappen der verschiedenen ›Regole d'Ampezzo‹ angebracht. Diese Familienverbände verwalten seit dem Mittelalter genossenschaftlich die Wald- und Weiderechte im Ampezzo-Tal.

i Praktische Hinweise

Information

APT, Piazzetta San Francesco 8, Cortina d'Ampezzo, Tel. 04 36 32 31, www.dolomiti.org

Cortina Turismo, Via Marconi 15 b, Cortina d'Ampezzo, Tel. 04 36 86 62 52, www.cortina.dolomiti.org

Hotel

*****Menardi**, Via Majon 110, Cortina d'Ampezzo, Tel. 04 36 24 00, www.hotelmenardi.it. Erholsame Tage im Haupthaus im Tiroler Stil wie auch im Neubau im Park.

Restaurant

Baita Fraina, Via Fraina 1, Cortina d'Ampezzo, Tel. 04 36 36 34, www.baitafraina.it. Das urige Bergrestaurant mit Panoramaterrasse bietet schmackhafte Pasta- und Wildgerichte (Mo, Mai/Juni sowie Okt./Nov. geschl.).

15 Udine

Die ›Stadt Tiepolos‹ lockt mit herrlicher Malerei und venezianischer Architektur im Herzen des Friaul.

Rundkuppige Hügel umgeben die sympathische traditionsreiche Provinzhauptstadt Udine (96 000 Einw.), die mit venezianischem Flair und eleganten Geschäften überrascht.

Geschichte Am Anfang war ein Kastell auf einer Anhöhe, das *Kaiser Otto II.* im Jahr 983 den Patriarchen von Aquileia unterstellte. Die verliehen dem um die Befestigung wachsenden Ort das Marktrecht und verlegten 1238 sogar den Bischofssitz von Cividale hierher. 1420 fiel das gesamte Friaul an die Republik *Venedig*, die es bis 1797 beherrschte. Die Handelsstadt Udine eiferte Venedig auch architektonisch nach, sodass sie sich in dieser Zeit zur bedeutendsten venezianischen Stadt der Region entwickelte. Davon zeugen bis heute viele repräsentative Bauten, hauptsächlich aus dem 17./18. Jh., die zur beschwingten Atmosphäre beitragen. Die konnte selbst ein schweres *Erdbeben* nicht dauerhaft untergraben, das 1976 Stadt und Umland erschütterte. Die Schäden sind längst behoben und heute nutzen Einwohner wie Besucher wieder gern die zahlreichen Einkaufsmöglichkeiten in der schmucken Altstadt.

Besichtigung Ein Spaziergang durch Udine beginnt am besten an der **Piazza della Libertà**, dem beeindruckenden Zentrum der Altstadt unterhalb des Castello. Der rechteckige Platz ist dem Markusplatz in Venedig nachempfunden, ein Brunnen, Säulen mit Markuslöwe und Justitia sowie Statuen von Herkules und Kakus unterstreichen den festlichen Gesamteindruck. Blickpunkt ist die grazile **Loggia del Lionello** (1448–57), das einstige Rathaus, ein Meisterwerk der venezianischen Spätgotik aus weißem und rosafarbenem Stein auf luftigen Arkaden. Auch die ab 1533 erbaute **Loggia di San Giovanni** gegenüber präsentiert sich als langgestreckter offener Säulengang im Stil der Renaissance. Überragt wird sie von der **Torre dell'Orologio** (16. Jh.), unter deren blau hinterlegtem Uhrblatt mit aufgesetzter Sonne der geflügelte Löwe Venedigs in Stein gehauen ist.

Links daneben beginnt mit dem **Arco Bollani**, ein von *Palladio* 1556 entworfener Triumphbogen, ein gotischer Laubengang, der zum **Castello** (Tel. 04 32 27 15 91, Di–Sa 9.30–12.30 und 15–18, So 9.30–12.30

Venezianischer Salon: Udines Piazza della Libertà mit Loggia del Lionello und Herkulesstatue

Meisterwerke Tiepolos wie die ›Opferung Isaaks‹ birgt Udines Museo Diocesano

Uhr) hinaufführt. Die erste Burg auf dieser Hügelkuppe war 1511 bei einem Erdbeben zerstört worden, woraufhin die venezianischen Statthalter im 16. Jh. eine neue Residenz errichten ließen. Der schlichte Kubus entfaltet seine Pracht im Inneren. In der *Sala Grande*, dem Parlamentssaal, künden allegorische Fresken vom Ruhm der Serenissima. Außerdem sind in den Räumlichkeiten die *Musei Civici* untergebracht. Zu den Städtischen Sammlungen gehört eine sehenswerte Gemäldegalerie mit Werken friaulischer und venezianischer Meister von Carpaccio bis Tiepolo. Zum Castello gehört auch Udines älteste Kirche **Santa Maria del Castello** (13. Jh.). Ihre doppelstöckige Fassade und der *Campanile* sind Ergänzungen aus dem 16. Jh. Die Apsiden verschönern Fresken aus dem 13. Jh., die noch ganz dem strengen Gestus der byzantinischen Kunst verpflichtet sind.

Der ›Abstieg‹ vom Burghügel führt über das weite Oval der Piazza 10 Maggio zur südöstlich gelegenen Piazza Patriarcato. Der hier dominierende *Palazzo Patriarchale* fungiert heute als **Museo Diocesano e Gallerie del Tiepolo** (Tel. 04 32 25 00 03, www.musdioc-tiepolo.it, Mi–So 10–12 und 15.30–18.30 Uhr). Der Bau stammt weitgehend aus dem 18. Jh. und war einst Sitz des Erzbischofs. Das Innere malte *Giambattista Tiepolo* (1696–1770) mit märchenhaft inszenierten Fresken aus: ein ›Engelssturz‹ und andere alttestamentliche Szenen im *Treppenhaus* und auf der *Galleria* (1726–29) und im kirchlichen Gerichtssaal, der *Sala Rossa*, die hochdramatische Darstellung von ›Salomons Urteil‹ (um 1730). Neben diesen malerischen Spitzenleistungen zeigt die Sammlung auch interessante friaulische Schnitzkunst des 13.–18. Jh.

Wer weitere Meisterwerke des großen Tiepolo bewundern möchte, sollte der Via Manin südwärts folgen. Der dreischiffige **Duomo Santa Maria Annunziata** wurde um 1400 im Stil der Gotik vollendet. Im 16. Jh. erfolgte der Anbau von Seitenkapellen und im 18. Jh. die Barockisierung des Innenraums. Dazu gehören Tiepolos Fresken (1726) in der *Cappella del Santissimo Sacramento* mit Szenen aus dem Leben Abrahams sowie in Grisailletechnik ausgeführte Engel und Putten, die erstaunlich plastisch wirken. Auch die Altarbilder der ›Santi Ermacora e Fortunato‹ (1737) und der ›Heiligen Dreifaltigkeit‹ (1738) stammen von Tiepolo.

Die beiden besonders reich ausgestatteten Kapellen links vom Chorquadrat sind zum *Museo del Duomo e Chiesa della Purità* (Tel. 04 32 50 68 30, www.spaziocultura.it/duomoud, Di–Sa 9–12 und 16–18, So 16–18 Uhr) zusammengefasst. In der *Cappella di San Nicolò* hat sich der bedeutendste friaulische Bilderzyklus des

In bezaubernder Lage erstreckt sich Cividale del Friuli am Ufer des Natisone ▷

14. Jh. erhalten. *Vitale da Bologna* malte hier 1349 Episoden aus dem Leben des hl. Nikolaus. Auch die ›Madonna mit Kind‹ in der *Cappella Corporis Christi* wird diesem Meister zugeschrieben. Die dritte im Bunde der Museumskapellen ist die **Chiesa della Purità** (nur auf Voranmeldung, Tel. 04 32 50 68 30) südöstlich gegenüber dem Dom. Sie wurde im 18. Jh. als Oratorium zur religiösen Erziehung junger Mädchen errichet. Wieder übernahm *Tiepolo* die Ausgestaltung und schuf im Jahr 1759 das dynamische Deckenbild ›Himmelfahrt Mariens‹.

Über die Piazza della Libertà und die von herrlichen Bürgerhäusern (16./17. Jh.) und eleganten Geschäften gesäumte Via Mercatovecchio erreicht man den alten Marktplatz Udines, die **Piazza Matteotti**. Schmale Häuser und Schatten spendende Arkadengänge umschließen den quadratischen Platz. Blickfang ist die prächtige Barockkirche **San Giacomo**, die im 17. Jh. nach einem Entwurf von *Bernardino da Morcote* erbaut wurde.

i Praktische Hinweise

Information

APT, Piazza 10 Maggio 7, Udine, Tel. 04 32 29 59 72, www.udine-turismo.it

Hotel

******Astoria Italia**, Piazza XX Settembre 24, Udine, Tel. 04 32 50 50 91, www.hotelastoria.udine.it. Komfortables, zentral gelegenes Stadthotel an einem stimmungsvollen Platz.

Restaurant

Al Vecchio Stallo, Via Viola 7, Udine, Tel. 04 32 21 29 6. Die ›Alte Poststation‹ serviert köstliche Spezialitäten des Friaul.

16 Cividale del Friuli

Die alte Langobardenstadt hütet die Schätze ihrer großen Vergangenheit.

Nur 17 km östlich von Udine liegt Cividale (11 000 Einw.) beidseits des Flusses Natisone. Kein Geringerer als *Julius Caesar* hatte hier um 50 v. Chr. eine Militärsiedlung mit Namen *Forum Iulii* gegründet. Im 6. Jh. machten sie die eindringenden *Langobarden* gar zur Hauptstadt ihres neuen oberitalienischen Herzogtums. Die nunmehrigen Herren übertrugen den römischen Ortsnamen auf das gesamte Gebiet, woraus im Italienischen schließlich ›Friuli‹ wurde.

Mit den Langobarden begann eine über 200 Jahre währende Blütezeit für Cividale. Eine zusätzliche Aufwertung erfuhr der Ort im Jahr 737, als der Patriarch von Aquileia seinen Sitz hierher verlegte. Doch der neuerliche Umzug der Patriarchen im Jahr 1238, diesmal nach Udine, ließ Cividales Bedeutung schwinden. Erst unter den Venezianern, an die die Stadt 1420 fiel, kam ein erneuter Aufschwung. Heute ist Cividale eine erfolgreiche kleine Messestadt, die sich zahlreiche architektonische Zeugnisse ihrer reichen Vergangenheit bewahrt hat und insbesondere stolz ist auf ihr langobardisches Erbe.

Am besten nähert man sich der malerischen Altstadt von Süden her auf dem **Ponte del Diavolo** (1422–52), der ›Teufelsbrücke‹ über den Natisone. Der Name rührt daher, dass der Legende nach die Mutter des Teufels jenen Felsen in den Fluss geworfen hat, der das sichere Fundament des mittleren Pfeilers und der zwei riesigen steinernen Brückenbögen bildet.

Nördlich der Brücke öffnet sich Cividales Altstadt zur zentralen Piazza del Duomo mit dem **Duomo Santa Maria Assunta** (April–Okt. Mo–Sa 9.30–12 und 15–19, So 15–19, sonst jeweils bis 18 Uhr). Die Kirche entstand im 15./16. Jh. anstelle eines Vorgängerbaus aus dem 8. Jh. Deutlich sind an der *Fassade* zwei Bauphasen auszumachen. Das Erdgeschoss mit Spitzbogenportal im venezianisch-gotischen Stil nahm *Bartolomeo delle Cisterne* Mitte des 15. Jh. in Angriff. Im frühen 16. Jh. vollendete *Pietro Lombardo* dann das Werk im Stil der Renaissance mit schön geschwungenen Voluten und Dreiecksgiebel im oberen Teil Fassade. Im Geist der Renaissance präsentiert sich auch der helle dreischiffige *Innenraum*, in dem heute das *Museo Cristiano* seine Schätze zeigt. Dazu gehört der berühmte *Rachtis-Altar*, den der gleichnamige Langobardenherzog im 8. Jh. der Kirche San Giovanni gestiftet hatte. Die figürlichen Reliefs zeugen von der hohen Meisterschaft langobardischer Künstler. Eindrucksvoll ist auch das reich ornamentierte *Taufbecken des Calixtus* (Patriarch von Aquileia, 737–756) mit seinen acht schlanken Säulen aus griechischem Marmor.

Feinste Steinmetzkunst und grazile Fresken zieren Cividales Tempietto Longobardo

Mehr über die Langobarden erfährt man im **Museo Archeologico Nazionale** (Tel. 04 32 70 07 00, Mo 9–14, Di–So 8.30–19.30 Uhr) im *Palazzo dei Proveditori Veneti* (1581–96) an der Ostseite der Piazza del Duomo. Zu den Exponaten gehören 34 langobardische Goldmünzen, aber auch römische und mittelalterliche Funde.

Hübsche Gassen führen in östlicher Richtung über die Piazzetta San Biagio zur Hauptattraktion der Stadt, zum

TOP TIPP

Tempietto Longobardo (Borgo Brossana, Tel. 04 32 70 08 67, April–Sept. Mo–Sa 9.30–12.30 und 15–18.30, So 9.30–13 und 15–19.30, sonst Mo–Sa 9.30–12.30 und 15–17, So 9.30–12.30 und 14.30–18 Uhr). Das frühmittelalterliche Bauwerk am Steilufer des Natisone wurde wahrscheinlich um das Jahr 760 als Hofkapelle der Langobarden errichtet. Ab 830 war es Oratorium und diente ab dem 18. Jh. als Kapitelsaal des Benedektinierklosters *Santa Maria della Valle*. Von der ursprünglichen Ausstattung des Sakralraums mit dem tonnenüberwölbten dreischiffigen Chor blieb lediglich die *Westwand* vollständig erhalten. Hier rahmt eine Archivolte mit filigran ausgearbeitetem Flechtwerk aus Weinlaub und Trauben ein Fresko mit Christus zwischen den Erzengeln Michael und Gabriel. Darüber erhebt sich ein gleichfalls üppig dekoriertes Rundbogenfenster, eindrucksvoll eingerahmt von sechs in lange Gewänder gekleideten Frauenfiguren. Die einzigartigen Kalkstuckreliefs waren ursprünglich mit Glaspaste verziert. An der Nordwand des Tempiettos sind noch Freskenfragmente aus dem 8. Jh. zu erkennen, die byzantinischen Meistern zugeordnet werden.

In nächtlichem Lichterglanz: Triests Piazza dell'Unità d'Italia mit Palazzo del Municipio

Praktische Hinweise

Information

APT, Piazza Paolo Diacono 9, Cividale del Friuli, Tel. 04 32 71 04 60, www.cividale.net

Hotel

*****Roma**, Piazza Alberto Picco 17, Cividale del Friuli, Tel. 04 32 73 18 71, www.hotelroma-cividale.it. Modernes, angenehmes Hotel in der Altstadt.

Restaurant

Taverna Longobarda, Via Monastero Maggiore 5, Cividale del Friuli, Tel. 04 32 73 16 55. Feinste friauische Küche: Besonders zu empfehlen sind die Kürbis- und Kartoffelgnocchi (Mi geschl.).

17 Triest

Ein Hauch von k.u.k.-Atmosphäre durchweht die Stadt an der Adria.

Triest (Trieste, 210 000 Einw.) liegt am nordöstlichen Zipfel der Adria nahe der Grenze zu Slowenien. Das einheitliche, weitgehend klassizistisch geprägte Stadtbild erinnert an die Glanzzeiten als wichtigster Mittelmeerhafen der Donaumonarchie im 18./19. Jh. Heute besinnt man sich gerne auf die von Österreichern und Italienern gleichermaßen geprägten kulturellen Traditionen und setzt bei allem k.u.k.-Charme auf eine europäische Zukunft als moderne Hafenmetropole.

Geschichte Ab 178 v. Chr. bauten die **Römer** ihre Siedlung *Tergeste* auf dem küstennahen Colle di San Giusto als Festung gegen die *Illyrer* aus. Es folgten wechselnde Herrscher: Ostgoten, Byzantiner, Langobarden, Franken und ab 1202 Venezianer. 1342 suchte die Hafenstadt Schutz bei Herzog Leopold von Österreich, ab 1382 gehörte Triest auch offiziell zum Reich der **Habsburger**. Für erheblichen wirtschaftlichen Aufschwung sorgte Kaiser Karl VI., der Triest 1719 zum *Freihafen* erklärte und Werften sowie Kaianlagen ausbauen ließ. Wohlstand und Bevölkerung wuchsen weiter unter Kaiserin Maria Theresia (1740–80), die *Zollfreiheit* gewährte und damit Kaufleute aus ganz Europa anlockte. Um die Wende des 19./20. Jh. inspirierte die weltoffene Atmosphäre in der Stadt Intellektuelle und Schriftsteller wie Sigmund Freud, Italo Svevo und James Joyce.

Die Herrschaft der Habsburger endete nach dem Ersten Weltkrieg, 1919 fiel Triest zusammen mit *Istrien* an Italien. Nach dem Zweiten Weltkrieg kam Istrien jedoch größtenteils zu Jugoslawien (heute Slowenien und Kroatien) und die nun-

Klassizistische Prachtfassaden säumen den idyllischen Canal Grande von Triest

mehrige Grenzstadt Triest geriet geografisch ins Abseits. Doch spätestens seit der Öffnung der Europäischen Union nach Osten blüht Triest wieder auf, immerhin verfügt die Hauptstadt der Region **Friaul-Julisch Venetien** über einen stark frequentierten Freihafen mit Erdölraffinerie, ist Bischofssitz und Universitätsstadt – und liegt an einem teils felsigen, teils grünen, jedenfalls aber romantisch-schönen Abschnitt der Adriaküste.

Besichtigung Zum Meer hin öffnet sich inmitten von Triest die weite **Piazza dell' Unità d'Italia**. Zur Innenstadt hin schließt sie die lebhaft gegliederte Neorenaissancefassade des *Palazzo del Municipio* ab, des 1872–75 nach dem Vorbild des Pariser Louvre erbauten Rathauses. Die Westecke des gewaltigen Platzes nimmt der *Palazzo del Lloyd Triestino* ein, den der Wiener Ringstraßen-Architekt *Heinrich Ferstel* 1880–83 für die 1830 gegründete größte Schifffahrtsgesellschaft an der Adria erbaute. Gegenüber fällt der nicht minder imposante, mosaikverzierte Jugendstilbau des *Palazzo del Governo* von 1904 ins Auge, die heutige Prefettura.

An seiner Rückseite steht mit Blick auf die benachbarte *Piazza Verdi* das **Teatro Verdi** (www.teatroverdi-trieste.com). Die Fassade des 1798 fertiggestellten Opernhauses erinnert an die der Mailänder Scala. Etwas weiter östlich, an der *Piazza della Borsa,* ragt die **Borsa Vecchia** (1806) auf, die Alte Börse und heutige Triestiner Handelskammer. Ihre Vorderfront ist in Anlehnung an dorische Tempel mit einem Portikus versehen. Von hier geht es in südlicher Richtung durch die klassizistische Einkaufspassage **Tergesto** (1840–42) zum **Teatro Romano** am Fuße des Colle di San Giusto inmitten der *Città Vecchia*. Als Teile der Altstadt in den 1930er-Jahren abgerissen wurden, fand man hier die Überreste des römischen Amphitheaters aus dem 1. Jh. n. Chr., das 6000 Zuschauer fasste. Anlässlich des alljährlich von Juni bis September stattfindenden *Teatro Romano Festival* (www.teatriateatrots.it) wird auf der Bühne sogar wieder Theater gespielt.

Hoch über den antiken Zuschauerrängen gewahrt man das massive **Castello di San Giusto** (Piazza delle Cattedrale 3, Tel. 040309362, zzt. wg. Restaurierung geschl.). Es wurde ab 1470 für die Österreicher errichtet und im 16./17. Jh. mehrfach ausgebaut. Noch heute genießt man von hier oben einen fantastischen Blick auf die Stadt und den *Golf von Triest*.

Nebenan lehnt sich der gedrungene Campanile (1337) der gleichfalls behäbigen **Cattedrale di San Giusto** entgegen. Die Basilika war im 14. Jh. durch die Zusammenlegung zweier Kirchen aus dem 5. Jh. entstanden. Hinter der gotischen Fassade mit schöner Fensterrose birgt der fünfschiffige *Innenraum* die Reste eines Fußodenmosaiks aus dem 5. Jh. sowie einige venezianische Mosaike und Wandfresken des 12./13. Jh.

Die monumentale Freitreppe *Scala dei Giganti* führt im Norden des Burghügels hinunter in den lebhaften **Borgo Teresiano**. Das Theresienviertel war Mitte des 18. Jh. im Zuge der Stadterweiterung nördlich der Altstadt mit rechtwinklig verlaufenden Straßen angelegt worden. Herzstück ist der von klassizistischen Prachtbauten flankierte **Canal Grande** (1756). Der vom Hafen kommende Stichkanal endet an der Grünfläche vor der klassizistischen Kirche *Sant'Antonio Nuovo*, die *Pietro Nobile* 1842 erbaute. Die Kanalufer säumen breite Fußwege und stattliche Kaufmannspaläste, im Wasser schaukeln zahlreiche Boote. Südlich des Kanals liegt die **Piazza del Ponte Rosso** mit dem spätbarocken Giovanni-Brunnen. Auf dem malerischen Marktplatz erinnert ein Denkmal an den irischen Schriftsteller *James Joyce*, der 1904–20 in Triest lebte.

Lebensader der Stadt ist der Hafen, dessen Becken und Molen sich auch im Stadtgebiet ohne Unterbrechung aneinanderreihen. Hier steht die 1936 erbaute *Stazione Marittima*, nebenan bieten Fischer ihren Fang auf dem *Molo Pescheria* feil. Am *Molo Venezia* lockt das **Civico Acquario Marino** (Riva Nazario Sauro 1, Tel. 040 30 62 01, April–Okt. Di–So 9–19, Nov.–März 9–13 Uhr) in einem Jugendstilbau mit Freigelände. Die 25 Becken sind Heimat von Reptilien, Amphibien, Pinguinen und allerelei Fischen. Wer mehr über die Geschichte der Schifffahrt und des Fischfangs im Mittelmeer und insbesondere in der Adria wissen möchte, sollte das **Museo del Mare** (Via Campo Marzio 5, Zugang: Riva Nazario Sauro, Tel. 040 30 49 87, Di–So 8.30–13.30 Uhr) weiter südwestlich auf dem Marsfeld besuchen.

Näher, nur etwas stadteinwärts, beherbergt die Stadtresidenz des Barons *Pasquale Revoltella* (1795–1869) heute das spannende **Museo Revoltella** (Via Diaz 27, Tel. 040 675 43 50, www.museorevoltella.it, Mitte Juli–Aug. Mi–Sa 9–14 und 16–24, So 10–19, sonst Mo, Mi–Sa 9–13.30 und 16–19, So 10–19 Uhr). Revoltella war Bankier, Unternehmer und Kunstmäzen. Seine Sammlung sowie später erworbene Gemälde und Skulpturen des 19./20. Jh., darunter Franz von Stucks ›Neckerei‹ (1909) oder Emilio Vedovas ›Ciclo della Protesta‹ (1956), werden in den original erhaltenen Räumlichkeiten präsentiert, die längst um zwei benachbarte Palazzi erweitert und durch Architekturzutaten nach Plänen von *Carlo Scarpa* (1906–1978) erweitert wurden. Von Scarpas Terrasse mit Café (bis Mitternacht geöffnet) genießt man ein unvergessliches Triest-Panorama.

Ausflug

5 km nordwestlich von Triest kontrastiert auf einem Felsvorsprung bei Grignano das weiß leuchtende **Castello di Miramare** (Tel. 040 22 41 43, www.castello-miramare.it, tgl. 9–19 Uhr) effektvoll mit der blauen Adria. *Carl Junker* erbaute das

Neonormannische Burg eines mexikanischen Kaisers: Castello di Miramare bei Triest

Schloss 1856–60 für den österreichischen *Erzherzog Maximilian* (1832–1867), ab 1864 Kaiser von Mexiko. Die Gemächer Maximilians und seiner Frau Charlotte, Gästezimmer, Musik- und Thronsaal geben einen guten Eindruck von der fürstlichen Wohnkultur des 19. Jh., bereichert durch einige Gemälde der Staatlichen Kunstsammlung. Sehr schön ist auch der 22 ha große *Schlosspark* (April–Sept. tgl. 8–19, Nov.–Febr. 8–17, März, Okt. 8–18 Uhr). Lorbeer und Zypressen gedeihen hier ebenso wie exotische Pflanzen.

i Praktische Hinweise

Information

AIAT, Piazza dell'Unità d'Italia 4 b, Triest, Tel. 04 03 47 83 12, www.triestetourism.it

Bei APT erhältlich ist die 24 bzw. 48 Std. gültige **T for You Karte** (www.promo trieste.it), die z.B. freien Eintritt in die Städtischen Museen und kostenlose Nutzung der öffentlichen Verkehrsmittel beinhaltet.

Flughafen

Aeroporto Friuli-Venezia Giulia, Via Aquileia 46, Ronchi dei Legionari, Tel. 04 81 77 32 24, www.aeroporto.fvg.it. Etwa 30 km nordwestlich von Triest, Anbindung durch Shuttle-Service.

Bahnhof

Stazione, Piazza Libertà 8, Triest, Tel. 89 20 21 (gebührenfrei)

Hotels

******Grand Hotel Duchi d'Aosta**, Piazza dell'Unità d'Italia 2, Triest, Tel. 04 07 60 00 11, www.grandhotelduchi daosta.com. Stilvolles Hotel mit viel Komfort. Die Zimmer blicken aufs Meer oder auf die Piazza.

*****Abbazia**, Via della Geppa 20, Triest, Tel. 04 06 94 64, www.albergoabbazia.com. Gemütliche Unterkunft nahe der Piazza Oberdan.

****James Joyce**, Via Cavazzeni 7, Triest, Tel. 040 30 20 65, www.hoteljamesjoyce.com. Zentrales, familiäres Haus.

Restaurants

Ai Fiori, Piazza Hortis 7, Triest, Tel. 040 30 06 33. Die Spezialität der fantasievollen Küche ist Fisch (So geschl.).

Buffet da Mario, Via Torrebianca 41, Triest, Tel. 040 63 93 24. Die Trattoria im Zentrum bietet deftige Triestiner Kost.

Cafés

San Marco, Via Cesare Battisti 18, Triest, Tel. 040 36 35 38. Stimmungsvolles und gemütliches Jugendstil-Kaffeehaus.

Tommaseo, Piazza Tommaseo 4 c, Triest, Tel. 040 36 26 66. Das 1825 gegründete Café serviert Sachertorte wie in Wien – aber mit herrlichem Meerblick.

18 Aquileia

TOP TIPP *Ruinen und Kirchen einer einstigen römischen Weltstadt.*

In der Antike war Aquileia groß und bedeutend – als Hauptstadt der römischen Region *Venetia und Histria*. Heute ist es ein Ort mit knapp 3500 Einwohnern am südöstlichen Rand der venetischen Tiefebene und wegen der steinernen Zeugen seiner glanzvollen Vergangenheit seit 1998 *UNESCO Weltkulturerbe.*

Die Römer gründeten Aquileia 181 v. Chr. an der damaligen Mündung des Natisone ins Meer. Es diente als Umschlagplatz für den Adriahandel, an dem etwa die Bernsteinstraßen aus Norden und Osten endeten. Um die Zeitenwende war Aquileia eine römische Großstadt mit 100 000 Einwohnern, mit herrlichen Villen,

Ein einzigartiges Fußbodenmosaik schmückt die Basilica Santa Maria von Aquileia

Die malerischen Fragmente eines Forums zeugen von der römischen Vergangenheit Aquileias

Gärten, Thermen und Theatern. Bereits um das Jahr 314 ließ Theodorus, der erste *Bischof* von Aquileia, hier eine Kirche errichten. Doch dann zerstörten Hunnen (452) und ein Jahrhundert später Langobarden (568) die Stadt, der Hafen am Fluss versandete und Aquileia versank in Bedeutungslosigkeit.

Die Reste des antiken Aquileia sind in zwei Museen und auf dem Grabungsgelände präsent. Doch bislang konnte konnte nur ein kleiner Teil der großen Römerstadt ausgegraben werden. Gleichwohl bieten die **Zone Archeologiche** (tgl. 8.15 Uhr bis 1 Std. vor Sonnenuntergang) mit Fundamenten von Thermen, Forum, Hafen, Villen und einer Nekropole einen guten Rückblick in die damalige Zeit. Das **Museo Archeologico Nazionale di Aquileia** (Via Roma 1, www.museoarcheo-aquileia.it, Mo 8.30–14, Di–So 8.30–19.30 Uhr) im Süden des Areals stellt die unzähligen antiken Funde vor. Auf drei Etagen sind Statuen, Mosaike, Münzen, Glas und Urnen versammelt. Augenweiden sind vor allem die exquisit gearbeiteten Gemmen und Schmuckstücke aus Bernstein.

Mitten durch das antike Forum führt die Hauptstraße Via Giulia Augusta. Westlich von ihr erreicht man die frühchristlichen **Basilica Santa Maria** (Piazza Capitolo, April–Okt. tgl. 9–19, sonst tgl. 9–13 und 14–17 Uhr). Hier hatte Bischof Theodorus im frühen 4. Jh. eine der ersten Kirchen des Römischen Imperiums errichten lassen. Bis ins 14. Jh. wurde sie mehrmals umgebaut bzw. erneuert. Das *Innere* des dreischiffigen Baus birgt eine schöne bemalte Holzdecke und ein großartiges *Fußbodenmosaik* (4. Jh.) mit heidnischen und frühchristlichen Figuren, Symbolen und Ornamenten. Von großer Bedeutung sind auch die inzwischen verblassten romanischen *Fresken* aus dem 11. Jh. in der Apsis und die Martyrien-Darstellungen (12. Jh.) in der *Cripta degli Affreschi* unter dem Chor, die selbst schon aus dem 9. Jh. stammt. Unter dem linken Seitenschiff liegt die *Cripta dei Scavi* mit wunderschönen Mosaiken aus der Zeit des ersten Kirchenbaus.

Interessante Informationen über die Anfänge des Christentums und die frühchristliche Kunst des 4.–6. Jh. liefert das **Museo Paleocristiano** (Via Monastero, Di–So 8.30–13.30 Uhr) jenseits vom antiken Flusshafen im Norden Aquileias.

Praktische Hinweise

Information

Pro Loco, Piazza Capitolo 4,
Tel. 043 19 10 87, www.aquileia.net

Lombardei – Seen, Blütenpracht, Kunst und Mode rund um Mailand

Zwischen den Alpen und der Poebene liegt die Lombardei mit ihren schönen Gewässern **Gardasee, Comer See** und **Lago Maggiore**, die Ufer gesäumt von Palmen, Olivenbäumen und üppigen Gärten. Mit Lieblichkeit locken auch die **Borromäischen Inseln**, hier liegen Barockschlösser umkränzt von Oleander, Bougainvillea und Hibiskus. So viel Naturschönheit wird perfekt ergänzt durch die eleganten Geschäfte, berühmten Kirchen und großartigen Kunstwerke in **Mailand**. Hauptattraktionen sind der Dom, die herrlichen Gemälde in der Pinacoteca Brera und *Leonardo da Vincis* ›Abendmahl‹. Aber auch die kleineren lombardischen Städte sind reizvoll: **Brescia** etwa ist stolz auf seine antiken Ruinen und glänzt mit dem Stadtmuseum *Museo Giulia*, während **Bergamo** durch den Kontrast von mittelalterlicher Città Alta und neuzeitlicher Città Bassa fasziniert.

19 Mailand

Italiens Messe- und Modemetropole ist auch reich an Kunstschätzen.

Mailand (Milano) liegt in der nördlichen Poebene zwischen den Flüssen Olona im Westen und Lambro im Osten. Die Hauptstadt der italienischen Region Lombardei ist mit fast 1,3 Mio. Einwohnern nach Rom die zweitgrößte italienische Stadt. Dank Maschinenbau, Metall verarbeitender und Textilindustrie ist sie auch wirtschaftlicher Dreh- und Angelpunkt im Norden des Landes. Häufig treten dabei die großartigen Kunstattraktionen und die innovative Kulturszene der modernen Universitätsstadt in den Hintergrund. Zu Unrecht, wie jeder Besucher Mailands spätestens angesichts Leonardos berückendem ›Abendmahl‹ in Santa Maria delle Grazie erkennt.

Geschichte 222 v. Chr. gründeten die Römer in der weiten Ebene zwischen den Flüssen Po, Ticino und Adda die Siedlung *Mediolanum*. 15 v. Chr. erhob Kaiser Au-

Mailands Zuckerbäcker-Huldigung an Maria: Duomo Santa Maria Nascente ▷

gustus das florierende Handelszentrum zur Hauptstadt der Provinz *Gallia Cisalpina,* im Jahr 293 wurde Mailand unter Kaiser Diokletian eine der Residenzstädte des Reiches. Hier gewährten 313 der weströmische Kaiser Konstantin I. und der oströmische Kaiser Licinius im sog. **Mailänder Edikt** all ihren Untertanen Religionsfreiheit, insbesondere auch den Christen.

Auf die Römer folgten ab dem 5. Jh. Goten, Hunnen und **Franken**, zu deren Reich die norditalienische Stadt ab 774 gehörte. Politische Querelen mit Kaiser Friedrich I. Barbarossa führten 1167 zur Gründung der **Lombardischen Liga**, eines Städtebundes, dem Mailand vorstand. Der Streit endete 1183 mit dem *Konstanzer Frieden*, aus dem Mailand als **Herzogtum** hervorging. 1395 erwarb *Gian Galeazzo Visconti* (1351–1402) diesen Titel und dehnte seinen Machtbereich in der Folge über die gesamte Lombardei und Ligurien bis in die Emilia aus. Die Blüte Mailands setzte sich auch nach dem Tod des letzten männlichen Visconti, Filippo Maria, fort, denn dessen Schwiegersohn *Francesco Sforza* (1401–66) begründete 1450 eine neue Herrscherdynastie unter seinem Namen. Sein Sohn, der kunstsinnige *Ludovico il Moro Sforza* (1452–1508), beschäftigte während seiner Regierungszeit Künstler wie *Leonardo da Vinci* oder *Donato Bramante* und verwandelte Mailand in ein Zentrum der Renaissancekultur. 1500 aber wurde die Stadt durch Ludwig XII. von Frankreich und 1525 durch die Habsburger besetzt, die 1796–1815 Napoleons Truppen weichen mussten. 1859 gelang es dann im Zeichen des sich abzeichnenden italienischen Königreiches unter Vittorio Emanuele II von Piemont-Sardinien auch in Norditalien, die Fremdherrschaft abzuschütteln.

1919 gründeten die Faschisten in Mailand den *Fascio di Combattimento,* und 1922 begann Benito Mussolini von hier aus seinen ›Marsch auf Rom‹. Als Hochburg des faschistischen Diktators wurde Mailand 1944 bei wiederholten Bombenangriffen stark zerstört. Doch nach dem Zweiten Weltkrieg konnte sich die Stadt als europäisches **Wirtschaftszentrum** etablieren und genießt heute einen international hervorragenden Ruf, insbesondere in den Bereichen Mode und Automobilindustrie.

Besichtigung Mailand lässt sich bestens zu Fuß und mit öffentlichen Verkehrsmitteln erkunden. Das Auto kann man z. B. in der Tiefgarage unter der Piazza Diaz unweit vom Dom parken.

Mailands Salon: Piazza del Duomo

Idealer Ausgangspunkt für die Stadtbesichtigung ist die weite, für den Autoverkehr gesperrte Piazza del Duomo in der Altstadt. Den rechteckigen Domplatz beherrscht der gotische **Duomo Santa Maria Nascente** (Tel. 02 86 46 34 56, www.duomomilano.it, tgl. 7–19 Uhr), auf dessen Vierungsturm in 108 m Höhe die vergoldete Marienstatue *La Madonnina* als Symbolfigur Mailands über das Wohl der Stadt wacht. Die monumentale fünfschiffige Basilika besitzt ein dreischiffiges, bis auf 93 m ausgreifendes Querhaus und ist mit ihrem 158 m langen und 66 m breiten Langhaus bis heute eine der größten Kirchen weltweit. Bis zu 40 000 Menschen finden in ihrem Inneren Platz. Baubeginn war 1386, Domweihe war 1572, doch die Bauarbeiten zogen sich beinahe 500 Jahre hin. Erst 1858 war die strahlende, himmelwärts strebende *Marmorfassade* vollendet, die 3400 Statuen und 145 Fialen sowie unzählige Giebel und Wimperge schmücken. Ihre Gestaltung weist auch einige barocke, klassizistische und neogotische Stilelemente auf, anders als das architektonisch durchweg gotische *Innere*. Das 45 m hohe Kreuzrippengewölbe wird von 52 imposanten Bündelpfeilern getragen. Zu der feierlichen Stimmung trägt maßgeblich das gedämpfte Licht bei, das durch die großen Glasfenster – z.T. mit originalen Malereien aus dem 14.–16 Jh. – einfällt. Zu der sehenswerten Ausstattung gehört der 5 m hohe bronzene *Trivulzio-Kandelaber* (13. Jh.) im nördlichen Querschiff. Der Manierist *Pellegrino Tibaldi* war im 16. Jh. für die Gestaltung des Vierungsturmes, des Hochaltars und der unter dem Chor liegenden Krypta verantwortlich. Dort wird heute der kostbare *Tesoro* (Domschatz, Mo–Fr 9.30–13 und 14–18, Sa 9.30–13.30 und 14–17, So 13.30–16 Uhr) mit feinen Gold- und Silberarbeiten

sowie Elfenbeinschnitzereien aus dem 4.–17. Jh. aufbewahrt.

Ein Ausflug auf die marmorgepflasterten *Terrazzi* (Lift oder 158 Stufen, Febr.–Okt. tgl. 9–17.45, sonst 9–16.45 Uhr), die Terrassen auf dem Dach des Domes, bietet Besuchern die Chance, die Altstadt zu überblicken und die Fülle der Architekturelemente und Statuen der Domfassade genauer zu betrachten.

Das weltliche Gegengewicht zum Dom bildet im Süden der **Palazzo Reale** (Tel. 02 86 03 58, bis auf Weiteres wegen Restaurierung geschl.). Der ehem. *Broletto Vecchio* (1138) war jahrhundertelang die Machtzentrale der Mailänder Herrscher und Habsburger Statthalter. 1772 wurde das Gebäude klassizistisch umgestaltet, nach Abschluss der Restaurierungsarbeiten dokumentiert hier wieder das *Museo del Duomo* die interessante Baugeschichte des Domes. Zum Komplex des Palazzo Reale gehört auch die kleine Kirche *San Gottardo*. Ihr eleganter achteckiger Campanile und die Apsis stammen noch von der ursprünglichen Palastkapelle, die Azzone Visconti 1330–36 errichten ließ.

Ikonen der Kunst birgt Mailands Pinacoteca di Brera: Raffaels ›Vermählung Mariens‹

Im Westen der Piazza del Duomo führen insgesamt sechs Tore auf die **Piazza dei Mercanti**, den mittelalterlichen Marktplatz der Stadt. Der langgestreckte Arkadenbau in seiner Mitte ist der *Palazzo della Ragione*, der 1228–33 als *Broletto Nuovo* (Neues Rathaus) entstand.

Hohe Kunst: La Scala und La Brera

Von der Piazza del Duomo führt die prächtige überdachte **Galleria Vittorio Emanuele II** (1865–67) nach Norden zur Piazza delle Scala. Giuseppe Mengoni entwarf die Glas-Stahl-Konstruktion der kreuzförmigen Passage, deren 47 m hohe Kuppel ein Wahrzeichen der Stadt ist. Ähnlich bekannt ist das Jugendstillokal ›Zucca‹, in dem schon Giuseppe Verdi (1813–1901) und Giacomo Puccini (1858–1924) Kaffee tranken. Ihre größten Erfolge feierten die beiden Komponisten nicht weit von hier im weltberühmten Opernhaus **Teatro alla Scala** (Tel. 02 86 07 75, www.teatroallascala.org). Das von *Giuseppe Piermarini* 1775–78 erbaute klassizistische Theater besitzt die mit 780 m^2 größte Bühne Europas. 2004 erhielt ›La Scala‹ ein neues Bühnenhaus und einen postmodernen Nebentrakt vom Tessiner

◁ *Kühn und lichtdurchflutet: die Einkaufspassage der Galleria Vittorio Emanuele II*

Architekten Mario Botta. Opernfreunde erfreut auch das benachbarte **Museo Teatrale alla Scala** (Largo Ghiringhelli 1, Tel. 02 88 79 24 73, www.teatroallascala.org, tgl. 9–12.30 und 13.30–17.30 Uhr) mit seinen Kostümen, Bühnendekorationen und Originalpartituren.

Über die Via Manzoni gelangt man zum **Museo Poldi Pezzoli** (Via A. Manzoni 12, Tel. 02 79 48 89, www.museopoldipezzoli.it, Di–So 10–18 Uhr) im Palais des Kunstmäzen Gian Giacomo Poldi Pezzoli (1822–1879). Die prächtig ausgestatteten Räume bilden den würdigen Rahmen für Waffen, Teppiche und Gemälde des 15.–18. Jh., z. B. ›Madonna mit dem Kind‹ (um 1480) von Sandro Botticelli oder das Diptychon ›Martin Luther und Katharina von Bora‹ (1529) von Lucas Cranach d. Ä.

TOP TIPP Ein Museum von Weltruhm und Weltrang ist die **Pinacoteca di Brera** (Via Brera 28, Tel. 02 72 26 31, www.brera.beniculturali.it, Di–So 8.30–19.15 Uhr) im extravaganten Brera-Viertel. Hinter der strengen Fassade des Jesuitenkollegs (17. Jh.) warten Spitzenwerke des 13.–20. Jh. Die *italienische Malerei* ist mit Meilensteinen wie Andrea Mantegnas ›Der tote Christus‹ (um 1466) und Raffaels ›Mariä Vermählung‹ (1504) vertreten, die *Niederländer und Flamen* des 16./17. Jh. mit malerischen Großtaten von Rembrandt, Rubens und van Dyck. Die *Klassische Moderne* ist mit Futurismus und Pittura Metafisica, mit Umberto Boccioni und Giorgio de Chirico, gegenwärtig.

Macht und Genie: Il Castello und Santa Maria delle Grazie

Im Nordwesten liegt der **Parco Sempione**, einst Jagdgebiet der Sforza. 1450 ließ Francesco Sforza im Südteil des Parks eine herzogliche Residenz errichten. Dieser rote Backsteinbau mit dem 70 m hohen Uhrturm *Torre del Filarete* bildet den Kern des **Castello Sforzesco** (Piazza Castello, Tel. 02 88 46 37 00, www.milanocastello.it, Sommer tgl. 7–19, Winter bis 18 Uhr), das im 16. Jh. mit sechs Bastionen zu einer der mächtigsten Burgen Europas erweitert wurde. Mit der prunkvollen Ausstattung betraute Ludovico il Moro ab 1494 Bramante und Leonardo. Heute sind im Castello die **Civiche Collezioni d'Arte** (Tel. 02 88 46 37 03, Di–So 9–17.30 Uhr) ansässig. Im Erdgeschoss des *Corte Ducale* (Herzoghofs) zeigt das *Museo d'Arte Antica* Werke der Romanik, Gotik und Renaissance. Andacht gebührt *Michelangelos* ›Pietà Rondanini‹ (1594), einer gebrochenen Skulpturengruppe voll eigener Todesahnung. *Leonardos* Erfindungsreichtum brilliert in der *Sala delle Asse* (1497/98), die er mit Blätterranken, Astwerk und Himmelsblau überzog, sodass der Eindruck einer Pergola im Freien entsteht. Den ersten Stock teilen sich das *Museo delle Arti Decorative* mit Möbeln des 15.–21. Jh. und die hochkarätige *Pinacoteca* mit Meisterwerken von Bellini, Mantegna, Tiepolo, Guardi und Lotto, dazu Reliefs und Skulpturen. Im Untergeschoss der

Ein Tempel des italienischen Belcanto ist das weltberühmte Opernhaus Teatro alla Scala

Dramatische Tafelrunde – Leonardo da Vincis ›Abendmahl‹ in Santa Maria delle Grazie

Rocchetta zeigt das *Museo degli Strumenti Musicali* seine bedeutende Sammlung von Tasten-, Saiten- und Blasinstrumenten, das *Museo Civico di Archeologia* präsentiert Funde aus der Frühgeschichte.

Westlich der Altstadt birgt das einstige Dominikanerkloster **Santa Maria delle Grazie** (Piazza Santa Maria delle Grazie, Tel. 02 48 01 42 48, Mo–Sa 7.30–12 und 15–19, So 15.30–19 Uhr) eine der Starattraktionen Mailands. Die gotische Klosterkirche (1466–82) ließ Ludovico il Moro ab 1490 von *Bramante* zur Familiengrablege umgestalten. Dieser fügte den Kreuzgang und den mächtigen überkuppelten Vierungsturm hinzu, welcher mit seinem reichen Baudekor stilbildend wirkte.

Für das *Refektorium* bestellte Ludovico il Moro 1494 bei *Leonardo* ein Wandbild des **›Abendmahls‹** (Cenacolo Vinciano, Tel. 02 89 42 11 46, www.cenacolovinciano.it, nur auf Voranmeldung Di–So 8.15–18.45 Uhr), das schon bald nach seiner Vollendung 1498 Weltruhm erlangte und seit 1979 zum *UNESCO Weltkulturerbe* gehört.

TOP TIPP

Leonardos wandfüllende Komposition (4,22 x 9,04 m) öffnet den Blick aus der Betrachterwirklichkeit des Refektoriums in einen unheimlichen ortlosen Tunnelraum. Nur ganz weit hinten schimmert durch drei Fenster überirdisch-glasiges Licht, während sich vorne die weiß gedeckte Tafel dem Tiefensog entgegen stemmt. An sie geklammert erscheinen die Akteure, ganz so, als liefen sie Gefahr, in die Tiefe gerissen zu werden. Seltsam isoliert sitzt Christus in der Mitte, sein Antlitz verklärt von Ergebenheit an sein irdisches Schicksal, Körper und Gesten durchdrungen von trauriger Gewissheit. Gerade hat er seinen Jüngern verkündet: »Einer von Euch wird mich verraten«, schon fährt eine Welle des Entsetzens durch die Reihen der Gefährten, reißt sie fort von ihm in heftigem Protest, treibt sie hin zu ihm mit Aufbegehren und Beteuerungen, spült sie zusammen in fassungsloser Angst und ungläubigem Staunen. Nur Judas (5. v. li.), der Verräter, wendet sich mit der stummen Entschlossenheit des zukünftigen Täters vom Tumult ab, die Hände geballt, schweift sein Blick über Christus Haupt hinweg ins Leere.

Mehr über Leonardo, das Universalgenie der Renaissance, erfährt man nahebei im **Museo della Scienza e della Tecnologia Leonardo da Vinci** (Via San Vittore 21, Tel. 02 48 55 51, www.museoscienza.org, Di–Fr 9.30–17, Sa/So 9.30–18.30 Uhr). Hier beleuchten Zeichnungen, Entwürfe und 30 historische Modelle seine Erfindungen und Forschungen.

Ganz in der Nähe erhebt sich in warmem Ziegelrot die **Basilica Sant'Ambrogio** (Piazza Sant'Ambrogio 15, Tel. 02 86 45 08 95, www.santambrogio-basilica.it, Fr–Sa 10–12 und 14.30–18, So 15–17 Uhr) aus dem 10.–12. Jh., eines der schönsten Beispiele romanischer Architektur in der Lombardei. Durch ein von Pfeilerarkaden gebildetes Atrium tritt man auf das Gotteshaus zu, das zwei ungleich hohe, viereckige Glockentürme flankieren. Hin-

Römische Säulen rahmen den Blick auf die klassizistische Fassade von San Lorenzo Maggiore

ter der von Rundbögen gegliederten Schirmfassade mit flacher Vorhalle öffnet sich eine Emporenbasilika mit Stützenwechsel und Tambourkuppel über dem Mittelschiff. Blickfang im Inneren ist der Baldachin (um 900) über dem edelsteinbesetzten *Altare d'Oro* (835). Dieser ist ein karolingisches Meisterwerk des Volvinius, die in Silberblech getriebenen und vergoldeten Reliefs zeigen u.a. Szenen aus dem Leben des hl. Ambrosius, der 374 Bischof von Mailand wurde.

Sehenswertes südlich der Piazza del Duomo

Unter den weiteren Palästen, Kirchen und Museen Mailands seien hier abschließend noch drei südlich des Doms empfohlen. Zunächst führt die Via Torino vom Domplatz zur nahen Basilika **San Satiro** (Via Speronari 3, Tel. 0287 4668, Mo–Sa 7.30–11.30 und 15.30–19, So 15.30–18 Uhr), einem Prachtbau der Frührenaissance. *Donato Bramante* ergänzte hier Ende des 15. Jh. eine bereits bestehende Kirche um zwei Querarme mit römischem Tonnengewölbe und eine Vierungskuppel. Aus Platzmangen aufgrund der dichten Bebauung konnte er aber keinen reinen Zentralbau verwirklichen. Stattdessen malte Bramante eine perspektivisch-illusionistische Scheinarchitektur, welche die gewünschte Raumkonzeption perfekt vortäuschte.

Nur wenige Meter weiter westlich verspricht der Besuch des **Palazzo del Ambrosiana** (Piazza Pio XI 2, Tel. 02 80 69 21, www.ambrosiana.it) einen kulturellen Hochgenuss. Kardinal Federico Boromeo hatte das Gebäude 1603 für seine Bücher- und Handschriftensammlung errichten lassen, 1618 stiftete er hier das erste Museum Mailands. Heute bewahrt die *Biblioteca Ambrosiana* (Mo–Fr 9.30–17 Uhr) etwa 35 000 Manuskripte und 740 000 Bücher. Zu den Schätzen gehört der ›Codex Atlanticus‹, eine Zusammenstellung von Zeichnungen und Schriften aus dem Nachlass Leonardo da Vincis. Unter demselben Dach zeigt die *Pinacoteca Ambrosiana* (Di–So 10–17.30 Uhr) einige wertvolle Gemälde aus dem 15./16. Jh., z. B. von Botticelli, Tizian, Brueghel und Caravaggio.

Schließlich lohnt auch die Kirche **San Lorenzo Maggiore** (Corso di Porta Ticinese 39, Tel. 02 89 40 82 41 29, www.sanlorenzomaggiore.com, Mo–Sa 8.30–12.30 und 14.30–18.30, So 10.30–11.30 und 12.30–18 Uhr) am südlichen Innenstadtrand einen Besuch. Das achteckige Gotteshaus vom Ende des 4. Jh. war der erste christliche Zentralbau und wurde zum Vorbild für die gesamte italo-byzantinische Kirchenarchitektur. Nach einem Brand entschloss man sich ab 1104 für einen romanischen Neubau auf dem ursprünglichen Grundriss. Noch heute macht der durch Umgang und Emporen gegliederte Innenraum einen überwältigenden Eindruck. Ein Atrium an der Südseite der Kirche führt in die frühchristliche *Cappella di Sant'Aquilino* mit wunderbaren Mosaiken aus dem 4. Jh.

Romantik am Wasser

Seit dem 12. Jh. durchzieht Mailand ein Netz von schiffbaren Kanälen, die **Navigli** (www.naviglilombardi.it), die einst weit ins Umland reichten und die Stadt sogar mit den oberitalienischen Seen und der Adria verbanden. Für den Handel spielen diese Wasserwege heute keine Rolle mehr, doch werden sie seit einiger Zeit als Naherholungsgebiet und Bootsrevier wiederentdeckt. Der **Naviglio Pavese** etwa führt von Mailand 40 km Richtung Süden nach Pavia, wo er in den Ticino mündet. Parallel dazu verlaufen die Straße SS35 und ein Fahrradweg.

i Praktische Hinweise

Information

IAT, Piazza Duomo 19 a, Mailand, Tel. 02 77 40 43 43, Fax 02 77 40 43 33, www.milanoinfo.eu

Flughäfen

Aeroporto di Milano-Linate Enrico Forlanini, 10 km östlich von Mailand, bzw. **Malpensa**, 46 km nordwestlich der Stadt, Tel. 02 74 85 22 00, www.sea-aeroportimilano.it. Anbindung an die Innenstadt ab Linate per Bus, ab Malpensa per Shuttlebus und Zug *Malpensa Express*.

Bahnhof

Stazione Centrale, Piazza Duca d'Aosta, Mailand, Tel. 02 63 71 11. Hauptbahnhof im Norden der Stadt vor allem für internationale Verbindungen. Nationale und regionale Züge auch an/ab *Stazione Cadorna* oder *Stazione Garibaldi*.

Öffentliche Verkehrsmittel

ATM, Infopoint an der Metrostation Duomo, Mailand, Tel. 800 01 68 57 (gebührenfrei), www.atm-mi.it. Es gibt Straßenbahnen, Busse und drei Metrolinien. Tickets, u.a. 24 oder 48 Stunden gültige Touristentickets, erhält man an Metrostationen und Automaten.

Hotels

******Diana Majestic**, Viale Piave 42, Mailand, Tel. 02 20 58 1, www.starwoodhotels.com. Elegantes Haus mit hübschen Zimmern und idyllischem Garten.

*****Gran Duca di York**, Via Moneta 1 a, Mailand, Tel. 02 87 48 63, www.ducadiyork.it. Freundliches Ambiente in modernisiertem Altbau (16. Jh.) in Domnähe.

****Antica Locanda Solferino**, Via Castelfidario 2, Mailand, Tel. 02 65 70 129, www.anticalocandasolferino.it. Stilvolles kleines Hotel im schicken Brera-Viertel mit guter Verkehrsanbindung.

Restaurants

Il Luogo di Aimo e Nadia, Via Montecuccoli 6, Mailand, Tel. 02 41 68 86, www.aimoenadia.com. Ausgezeichnetes Gourmetrestaurant (So geschl.).

La Madonnina, Via Gentilino 6, Mailand, Tel. 02 89 40 90 89. Traditionelle Trattoria mit toller Pergola. Immer auf der Speisekarte: *Cotoletta alla Milanese* (So geschl.).

Trattoria Milanese, Via Santa Marta 11, Mailand, Tel. 02 86 45 19 91. Vollendete klassische Mailänder Küche z. B. *Ossobuco* und *Risotto alla Milanese* (Di geschl.).

Café

Chocolat, Via Boccaccio 9, Mailand. Fantastisch cremige Eissorten, nicht nur Schokolade, in unzähligen Variationen.

Mailänder Verlockungen – In Designerläden lauern berauschende Modekreationen

Eine reiche Ernte bescheren die fruchtbaren Weingärten und Felder rund um Pavia ▷

20 Pavia

Universitätsstadt mit mittelalterlichem Flair und einer berühmten Renaissance-Kartause vor den Toren.

Pavia (72 000 Einw.) ist eine hübsche Stadt, die sich ihren mittelalterlichen Ortskern mit romanischen Kirchen, Geschlechtertürmen und dem Castello der Visconti bewahrt hat. 25 000 Studenten aus aller Welt sind an der renommierten Universität eingeschrieben und sorgen für eine offene lebhafte Atmosphäre.

Geschichte Pavia geht auf die römische Garnison *Ticinum* zurück, die sich aufgrund ihrer verkehrsgünstigen Lage am Ticino zu einem wichtigen Handelsplatz entwickelte. Die Stadt diente im 5./6. Jh. dem Ostgotenkönig Theoderich als Residenz und erlebte im 6.–8. Jh. als Hauptstadt der Langobarden eine weitere Blüte. Nachdem Karl der Große 774 Pavia erobert hatte, krönte er sich zum König der Langobarden, und Pavia wurde die Kapitale seines *Regnum Italicum*. Die seit 1084 freie *Stadtrepublik* verbündete sich im 12. Jh. mit Kaiser Friedrich I. Barbarossa gegen die papsttreue Lombardische Liga, musste sich aber 1359 Mailand unterwerfen. Doch Pavia hatte Glück, denn die auf ihr Prestige bedachten Mailänder Visconti gründeten 1361 die *Università degli Studi di Pavia*, heute eine der ältesten Universitäten Europas, und bauten sie zu einem kulturellen Zentrum aus. Mit dem Sieg des Habsburgers Karl V. in der *Schlacht von Pavia* 1525 geriet die Stadt unter Österreichs Kontrolle, 1796 abgelöst von den Franzosen. In der Neuzeit entwickelte sich Pavia zu einem Mittelpunkt des Reis- und Weinhandels. Bis heute prägen Nassreisfelder und Weingärten die Umgebung der Stadt.

Unter den Visconti Bühne für rauschende Feste: Piazza della Vittoria in Pavia

Besichtigung Im Norden von Pavias Zentrum erhebt sich das wehrhafte **Castello Visconteo** (Via XI Febbraio, Tel. 03 82 33 38 53, www.museicivici.pavia.it, Febr.–Juni, Sept.–Nov. Di–So 10–18, Dez./ Jan., Juli/Aug. Di–So 9–13.30 Uhr), das 1360–65 unter *Gian Galeazzo Visconti* errichtet wurde. Die mächtigen Backsteinmauern und Ecktürme der Festung umgeben einen schönen Innenhof mit Arkadengängen und Biforienfenstern. In den historischen Sälen zeigen die Städtischen Sammlungen ihre Schätze, etwa in der **Pinacoteca Malaspina** Gemälde aus dem 13.–16. Jh., darunter eine ›Madonna mit Kind‹ (1450–55) von *Giovanni Bellini*.

Jenseits der Via XI Febbraio steht **San Pietro in Ciel d'Oro** (Tel. 03 82 30 30 36, www.santagostinopavia.it, tgl. 7–12 und 15–19 Uhr), eine der ältesten Kirchen Pavias. Die Basilika ist der Nachbau (19. Jh.) einer romanischen Backsteinkirche von 1117–32. Das *Innere* ist eher schlicht gehalten, doch über dem Hochaltar fällt die imposante *Arca di Sant'Agostino* (14. Jh.) ins Auge. Das dreigeschossige Marmorgrabmal des hl. Augustinus (354–430) schmücken Statuen und Reliefs mit Episoden aus dem Leben des Kirchenvaters. In der Krypta darunter befindet sich das Grab des aus Rom stammenden, christlichen Philosophen und Rechtsgelehrten *Severinus Boethius* (480–526).

Von der Piazza Castello führt die beliebte Fußgängerzone **Strada Nuova** mitten durch die Altstadt. Hier belegt die **Università** (Strada Nuova 65, Tel. 03 82 29 81, www.unipv.it) einen riesigen Gebäudekomplex mit zahlreichen Innenhöfen, Brunnen, Arkadengängen und Loggien. Die meisten Bauten stammen wie die klassizistische *Fassade* des Hauptgebäudes im Wesentlichen aus dem 18. Jh. An der ehrwürdigen Alma Mater ehrten und studierten u. a. Alessandro Volta, Petrarca, Leonardo da Vinci und Carlo Goldoni. Heute genießen vor allem die medizinische und die ingenieurwissenschaftliche Fakultät weltweit Anerkennung.

Weiter südlich gelangt man über die *Piazza della Vittoria* mit dem backsteinroten *Broletto* (1164), dem alten Rathaus, zum **Duomo di Pavia** (Mo–Sa 9–12 und 15–17.30 Uhr). Der kompakte, gleichwohl imposante Zentralbau wurde 1488 nach Plänen Donato Bramantes und Leonardo da Vincis begonnen, das Querhaus aber erst 1936 vollendet. Die gewaltige achteckige Kuppel gilt mit einem Durchmesser von 30 m und einer Höhe von 92 m als drittgrößte Italiens.

Südöstlich des Domes befindet sich die Basilika **San Michele Maggiore** (www.sanmichele-pavia.it, Mo–Fr 7.30–12 und 14.30–19, Sa/So 8–12 und 15–20 Uhr), die bedeutendste Kirche der Stadt. Der romanische Bau entstand 1117–50 an Stelle einer Vorgängerkirche aus dem 7. Jh., in der sich Karl der Große zum Langobardenkönig gekrönt hatte. Die Mauern

Die Dekorationsfreude der lombardischen Renaissance prägt die Certosa di Pavia, doch ...

leuchten hell, denn sie bestehen aus gelblichem Sandstein, während sonst in Pavia bevorzugt Backstein verwendet

... hinter der Fassade zeigt die Kirche Madonna delle Grazie ihr gotisches Innenleben

wurde. Die von senkrechten Diensten und waagrechten Reliefbändern mit Flechtornamenten elegant gegliederte *Fassade* wird oben von einer Zwerggalerie abgeschlossen. Die drei Kirchenportale sind vielfältig mit Figuren geschmückt, die stellenweise jedoch schon stark verwittert sind. Über dem Haupteingang ist der *hl. Michael* mit der Weltkugel in der einen und der Lotusblüte in der anderen Hand zu erkennen. Die wunderbare plastische Gestaltung setzt sich im dreischiffigen *Inneren* mit Hochaltar und Vierungskuppel fort. Die abwechslungsreichen Verzierungen der romanischen Kapitelle sind besonders gut in der fünfschiffigen Hallenkrypta zu bewundern.

TOP TIPP Certosa di Pavia

Etwa 9 km nördlich von Pavia liegt in der weiten, ansonsten nur von Landwirtschaft geprägten Ebene die berühmte Kartause Certosa di Pavia (Viale Monumente, Tel. 03 82 92 56 13, April–Sept. Di–So 9–11.30 und 14.30–17.30, sonst 9–11.30 und 14.30–16.30 Uhr). Die Klosteranlage der Kartäuser, in der heute Zisterzienser leben, gehört zu den schönsten italienischen Kulturdenkmälern, die zwischen Spätgotik und Renaissance geschaffen wurden. Der Mailänder Herzog *Gian Galeazzo Visconti* hatte sie als Grablege für seine Familie gestiftet, doch zog sich der Bau dann von 1396 bis 1560 hin. Vom Haupteingang des Klostergevierts geht man direkt auf die 1497 geweihte Kirche **Madonna delle Grazie** zu. Ihre prachtvolle *Renaissancefassade* mit mehrfarbigen Marmorinkrustationen schufen 1473–99 Giovanni Antonio Amadeo, die Brüder Cristoforo und Antonio Mantegazza sowie ab dem Jahr 1500 Cristoforo Lombardo. Während Figuren und Reliefs in der Sockelzone römische und byzantinische Kaiser zeigen, betonen biblische Szenen, Apostel, Propheten weiter oben den Triumph des Christentums. Der lichte spätgotische *Innenraum* der dreischiffigen Kirche mit Querhaus wird von Kreuzrippengewölben überspannt und von 14 Kapellen gerahmt. Zu den Schmuckstücken der Ausstattung gehören die Renaissancefresken (um 1488–93) von Ambrogio da Fossano, genannt *Bergognone*, z. B. das Stifterbild ›Gian Galeazzo mit Söhnen überreicht der Jungfrau das Kirchenmodell‹ im südlichen Querschiff. In der *Cappella San Michele Arcangelo* (2. links vorne) befindet sich außerdem ein bemerkenswertes Polyptychon mit dem segnenden ›Gottvater‹ (1499) von *Perugino* in der Mitte und auf den Seitenflügeln die Heiligen Gregor und Ambrosius, Augustinus und Hieronymus (1492) von Bergognone. Weitere Anziehungspunkte in der Kirche sind das anrührende Doppelgrabmal (1497) für Ludovico il Moro und seine Frau Beatrice d'Este im nördlichen und das prunkvolle Grabmal für Gian Galeazzo Visconti (1492) im südlichen Querschiff, das aufwendig mit Intarsien verzierte Chorgestühl (1498) und die im 17. Jh. aus verschiedenen farbigen Halbedelsteinen gestalteten Pietra-Dura-Altäre.

Durch den *Kleinen Kreuzgang* mit feinen Terrakottareliefs an der Kirchensüdseite gelangt man in den *Großen Kreuzgang*. Ihn säumen die früheren Mönchszellen, 23 kleine Häuser, die jeweils über einen eigenen Eingang, Schlaf- und Arbeitsraum sowie einen Nutzgarten verfü-

gen. Hier konnten sich die Kartäusermönche ihrem Gelübde entsprechend völlig auf die Gebete konzentieren.

i Praktische Hinweise

Information

IAT, Piazza Petrarca 4, Pavia, Tel. 03 82 59 70 01, Fax 03 82 59 70 10, www.turismo.provincia.pv.it

Hotel

*****Excelsior**, Piazzale Stazione 25, Pavia, Tel. 038 22 85 96, www.excelsior pavia.com. Gediegenes Hotel nahe dem Bahnhof und der Altstadt.

Restaurants

Locanda Vecchia Pavia al Mulino, Via del Monumento 5, Pavia, Tel. 03 82 92 58 94. Gemütliche Einkehr neben der Kartause (Mo–Mi Mittag geschl.).

Osteria del Naviglio, Via Alzaia 39 b, Pavia, Tel. 03 82 46 03 92. Beliebte Enoteca am Naviglio di Pavia. Guter Wein und leckere Kleinigkeiten (Mo geschl.).

21 Mantua

Mantua verdankt seine Schönheit vor allem den kunstsinnigen Gonzaga.

Mantua (Mantova, 48 000 Einw.) liegt traumhaft schön am Südufer des Mincio, der sich hier zu den drei Seen *Lago Superiore, Lago di Mezzo* und *Lago Inferiore* weitet und die Altstadt an drei Seiten mit Wasser umgibt.

Geschichte Das Gebiet war schon zu Zeiten der Etrusker im 6./5. Jh. v. Chr. besiedelt, aber erst mit der Regulierung des Mincio im 12. Jh. wurde ein Großteil der umliegenden Sümpfe trockengelegt und für die Landwirtschaft nutzbar gemacht. Seitdem gedieh auch Mantua, das freie Stadtrepublik und Mitglied der Lombardischen Liga war, bis 1273 die Familie Bonacolsi die Herrschaft an sich riss. 1328 übernahm die Adelsfamilie *Gonzaga* die Macht, die sich mit geschickter Heirats- und Bündnispolitik zwischen den größeren rivalisierenden Städten Venedig und Mailand behaupten konnte. Sie stiegen

◁ *Wie ein Wasserschloss schmiegt sich das mittelalterliche Mantua an die Ufer des Mincio*

1362 zu Grafen, 1433 zu Markgrafen und 1530 zu Herzögen von Mantua auf. Für ›ihre Stadt‹ begann eine Blütezeit, denn die Gonzaga taten sich als Mäzene hervor, beschäftigten bedeutende Architekten wie Leon Battista Alberti und Giulio Romano, berühmte Maler wie Antonio Pisanello, Andrea Mantegna und Peter Paul Rubens sowie den namhaften Musiker Claudio Monteverdi. 1708 kamen die österreichischen *Habsburger* an die Macht und hielten sich abgesehen von der napoleonischen Besatzungszeit (1805–14) bis 1866. 1810 wurde in der Festung am Nordufer des Mincio Andreas Hofer hingerichtet, der den Tiroler Aufstand gegen die Franzosen angeführt hatte.

Heute ist Mantua *Hauptstadt* der gleichnamigen Provinz, Bischofssitz und dank Maschinenbau und Möbelindustrie ein veritables wirtschaftliches Zentrum der Region.

Besichtigung Die kopfsteingepflasterte, langgezogene *Piazza Sordello* im Nordosten der Altstadt war einst das weltliche und religiöse Zentrum Mantuas, wovon mehrere Bauten zeugen. An der Ostseite des Platzes präsentiert sich der **Palazzo Ducale** (Tel. 0376352100, www.mantovaducale.it, Di–So 8.45–19.15 Uhr), die imposante Residenz der kunstliebenden Gonzaga, mit gotischen Arkaden, Zweipassfenstern und Schwalbenschwanzzinnen. Erst hinter der strengen *Fassade* erschließt sich die ganze Pracht und Größe der herzöglichen Palastanlage, die mit 34000 m², über 500 Sälen und Gemä-

Ein zauberhaftes Ambiente für ein abendliches Stelldichein bietet Mantuas Piazza delle Erbe

chern, zahlreichen Innenhöfen und Gärten zu einer der größten Italiens gehört. Der Komplex entstand im 13.–18. Jh. Die ältesten Bauteile, das *Magna Domus* und der *Palazzo del Capitano* (13. Jh.), gehen noch auf die Bonacolsi zurück. Die dem Wasser zugewandte spätgotische Festung *Castello di San Giorgio* wurde ab 1395 errichtet, im 16. Jh. folgten u.a. die Palastkirche *Santa Barbara*, der *Corte Nuove* und der *Cortile della Cavallerizza* sowie die *Rustica*.

Zu den Attraktionen im *Inneren* gehören die großartigen Fresken (1465–74) von *Andrea Mantegna* in der **Camera degli Sposi** (nach Voranmeldung, Tel. 04 12 41 18 97). Der Renaissancekünstler schmückte Wände und Decke im ›Saal der Eheleute‹ detailfreudig mit Szenen aus dem höfischen Alltag der Familie Gonzaga. Die geniale Trompe-l'œil-Malerei des Deckenbildes, die ein kreisrundes Oberlicht mit freiem Blick in den Himmel vortäuscht, war eine Spitzenleistung der Renaissance und beeinflusste auch die illusionistische Malerei des Barock. In einem weiteren herzoglichen Raum, der **Sala Pisanello**, haben sich kostbare Reste eines Freskenzyklus (1440) zur Artussage von *Andrea Pisanello* erhalten. Rötelvorzeichnungen dazu sind in der *Sala delle Sinopie* zu sehen.

Gegenüber dem Herzogspalast erhebt sich an der Nordwestseite der Piazza Sordello der **Duomo San Pietro** (Tel. 03 76 32 02 20, tgl. 7–12 und 15–19 Uhr). Vom ursprünglich romanischen Bau aus dem 12. Jh. blieb nur der *Campanile* erhalten. Die rechte Seitenfront der heutigen Kathedrale mit Giebeln und Fialen ist gotisch (Ende 14. Jh.), die monumentale Barockfassade datiert aus der Mitte des 18. Jh. Das Innere baute der Raffaelschüler Giulio Romano im 16. Jh. zur fünfschiffigen Säulenbasilika um.

Verlässt man die Piazza Sordello in südlicher Richtung, kommt man jenseits der verkehrsreichen Via dell'Accademia zur *Piazza del Broletto*. Hier erhebt sich gleich linkerhand der **Palazzo del Broletto** (13. Jh.), das frühere Rathaus. An dessen Nordseite erinnert ein Relief an den Dichter Vergil, der 70 v. Chr. im nahen Pietole geboren wurde. Weitere historische Gebäude säumen die anschließende schöne **Piazza delle Erbe**, darunter der *Palazzo della Ragione* (1250), der ebenfalls einst als Rathaus diente, der mächtige Renaissance-Uhrturm *Torre dell'Orologio* (1473) sowie die *Rotonda di San Lorenzo* (Tel. 037 63 22 29, Mo–Fr 10–13 und 14–18, Sa/So 10–18 Uhr). Letztere wurde im Jahr 1082 als zweigeschossige romanische Kuppelkirche mit halbkreisförmiger Apsis und umlaufenden Arkaden im Inneren errichtet.

Die benachbarte Piazza Mantegna wird überragt von der großartigen **Basilica di Sant'Andrea** (Tel. 03 76 32 85 04, tgl. 7.30–12 und 15–19 Uhr). Der Florentiner Architekt *Leon Battista Alberti* begann den für die Hochrenaissance beispielhaften Bau 1470 im Auftrag von Ludovico II Gonzaga. Der monumentale Triumphbogen an der Fassade findet seine Fortsetzung in der tonnenüberwölbten Saalkirche, in der anstelle von Seitenschiffen riesige Seitenkapellen eingefügt sind. In der ersten Kapelle links befindet sich das Grabmal für *Andrea Mantegna* (1432–1506), der 46 Jahre als Hofmaler der Gonzaga in Mantua gelebt hatte. Die hohe Tambourkuppel über der Vierung, die das Stadtbild Mantuas prägt, entstand 1732–65 nach Entwürfen des Turiner Barockbaumeisters Filippo Juvarra. Das durch die Kuppel einfallende Licht beleuchtet die Stelle der Vierung, wo in der darunter liegenden Krypta die *Reliquie des ›Blutes Christi‹* verehrt wird. Der blinde Kriegsknecht Longinus soll einst dieses Blut aus der Lanzenwunde des Gekreuzigten aufgefangen haben und durch einen Blutstropfen wieder sehend geworden sein.

Die Gonzaga verstanden sich nicht nur auf den Bau von beeindruckenden Gotteshäusern. So ließ sich Federico II Gonzaga 1525 am südlichen Stadtrand ein

TOP TIPP

großzügiges Lustschloss errichten, den **Palazzo del Tè** (Viale Tè 13, Tel. 03 76 32 32 66, Mo 13–18, Di–So 9–18 Uhr). Diese Gegend hieß damals ›Tejeto‹, so bekam der von Pferdeställen, Gärten und Fischteichen umgebene Palast seinen Namen. *Giulio Romano* (1492–1546) brach bei seinem Entwurf für das eingeschossige Gebäude mit den strengen Regeln der Renaissance und schuf ein Meisterwerk des *Manierismus*. An der Fassade kombinierte er beispielsweise die antike dorische Säulenordnung mit Rustikamauerwerk, dessen Quadern zusätzlich künstliche Risse aufweisen. Die *Innenausstattung* widmet sich ebenso originell den beiden Leidenschaften des Fürsten: In der *Sala dei Cavalli* sind seine Lieblingspferde unglaublich realistisch porträtiert und in der *Sala di Psiche* beschwören überschwengliche Fresken den Mythos von Armor und Psyche. Die be-

Hollywoodreife Himmelsvisionen in der Sala dei Giganti des Palazzo del Tè

rühmten Wand- und Deckenmalereien in der *Sala dei Giganti* sollten dagegen wohl an die Moral des Fürsten appellieren, denn dort straft Zeus die Titanen, die sich gegen die Götter erhoben haben, mit dem markerschütternden ›Gigantensturz‹.

Praktische Hinweise

Information

IAT, Palazzo della Cervetta, Piazza Mantegna 6, Mantua, Tel. 03 76 43 24 32, www.turismo.mantova.it, http://turismo.comune.mantova.it

Hotels

******Rechigi**, Via P. F. Calvi 30, Mantua, Tel. 03 76 32 07 81, www.rechigi.com. Modernes Hotel in zentraler Lage mit freundlicher Atmosphäre.

*****Broletto**, Via Accademia 1, Mantua, Tel. 03 76 32 67 84, www.hotelbroletto.com. Gemütliches kleines Haus mitten in der Altstadt.

Bilderbuchpanorama: Nordufer des Gardasees mit Alpenkulisse und Monte Brione ▷

Restaurants

Aquila Nigra, Vicolo Bonacolsi 4, Mantua, Tel. 03 76 32 71 80. Vorzügliches Restaurant in einem Palazzo aus dem 15. Jh. Ein Genuss ist der Hecht an gerösteter Polenta.

Il Portichetto, Via Portichetto 14, Mantua, Tel. 03 76 36 07 47. Der Koch zeigt sein Können bei Fisch und Mantovaner Gerichten wie Tortelli mit Kürbis.

22 Gardasee

Lieblicher Vorbote des Mittelmeers und beliebtes Reiseziel von Seglern, Surfern und Sonnenanbetern.

Der Gardasee (Lago di Garda) ist mit 370 km^2 Wasserfläche Italiens größtes Binnengewässer. An seinen Ufern haben drei Regionen Anteil: Trentino im Norden, Venetien im Westen und die Lombardei im Osten. Während sich der Nordteil des Sees zwischen Monte Baldo und Brescianer Alpen drängt und bei Torbole und Riva die steil aufragenden Berge nah ans Ufer rücken, weichen sie gen Süden immer mehr zurück und verwandeln sich zusehends in sanfte Hügel. Im Osten gedeihen nun Olivenbäume und Wein, am Westufer zeigt sich eine üppig mediterrane Vegetation mit Oleander, Hibiskus und Bougainvillea. Römische Siedler kultivierten im 2. Jh. v. Chr. erstmals die Seeufer. Später machten vor allem Brescia und Verona ihren Einfluss geltend, bevor im 15. Jh. Venedig die Hegemonialmacht am Lago di Garda wurde.

Seit 1929 verbindet die *Gardesana Orientale* die Orte am Ostufer zwischen Torbole und Peschiera, die 1931 eröffnete *Gardesana Occidentale* führt im Westen des Sees von Riva nach Desenzano. Am Wochenende und im Sommer sind beide Uferstraßen stark befahren. Eine Alternative ist die Fahrt über das Wasser mit einem der mehrmals täglich verkehrenden Motorschiffe, Tragflügelboote oder Autofähren (Navigazione Lago di Garda, Tel. 03 09 14 95 11, www.navigazionelaghi.it).

Sirmione

Noch heute gelten die Worte des römischen Dichters Catull, der Sirmione (7500 Einw.) am Südufer des Gardasees als ›Perle aller Inseln und Halbinseln‹ besang. Das Städtchen nimmt die Spitze einer schmalen Landzunge ein, die 4 km weit in den See ragt. Eine Steinbrücke führt über den Kanal des Hafenbeckens, hinter dem das historische Zentrum liegt. Dessen herausgeputzte Gassen gehören den Fußgängern und bilden das ideale Pflaster für einen entspannten Schaufensterbummel.

Den Eingang der Altstadt bewacht das **Castello Scaligero** (Tel. 030 91 64 68, Di–So 8.30–19.30 Uhr), eine Wasserburg der Scaliger aus dem 13. Jh. Über eine Zugbrücke betritt man die zinnenbewehrte Anlage. Im einzigen Wohnraum der Burg sind Fundstücke aus der Römerzeit und dem Mittelalter ausgestellt. Ein Gang über die mächtigen Befestigungsmauern mit Wehrgängen und Ecktürmen lohnt wegen der herrlichen Aussicht auf das malerische geschützte Hafenbecken, die Stadt und den See.

Am äußersten Zipfel der Halbinsel liegen die **Grotte di Catullo** (Tel. 030 91 61 57, März–Okt. Di–So 8.30–19 Uhr, sonst bis Sonnenuntergang), bei denen es sich um die Überreste einer weitläufigen römischen Villa aus dem 1./2. Jh. n. Chr. handelt. Die Funde, die im *Antiquarium* am

Eingang des archäologischen Grabungsfeldes ausgestellt sind, belegen die einst prachtvolle Ausstattung mit Mosaiken. Zur Anlage gehörten auch Thermen, die von der 69 °C heißen *Boiola-Quelle* im Gardasee gespeist wurden. Heute versorgen die in 18 m Tiefe sprudelnden Nachbarquellen Fonte Catullo und Fonte Virgilio einen modernen *Thermalkomplex* (www.termedisirmione.com) mit schwefel-, salz-, brom- und jodhaltigem Wasser.

Familienspaß am See

Am Südostzipfel des Gardasees liegt die alte Festungsstadt *Peschiera*, wo der Mincio den Gardasee verlässt und die Grenze zwischen der Lombardei und Venetien bildet. Fährt man von hier aus am See entlang Richtung Lazise, bieten unterwegs zwei große Vergnügungsparks Abwechslung für die ganze Familie. **Gardaland** (Tel. 04 56 44 97 77, www.gardaland.it, Mitte Juni–Mitte Sept. tgl. 10–24, Mitte März–Mitte Juni, Mitte–Ende Sept. tgl. 10–18 Uhr) wartet mit über 40 Attraktionen wie Achterbahnen und Wildwasserrutschen auf. Nicht weit davon befindet sich das **Canevaworld Resort** (Tel. 045 69 69 90, www.canevaworld.it), bestehend aus der riesigen Badelandschaft *Aquaparadise* (Juli/Aug. tgl. 10–19, Mai/Juni, Mitte–Ende Sept. tgl. 10–18 Uhr) sowie den *Movieland Filmstudios* (Juli/Aug. tgl. 10–19, Mitte März–Juni, Anfang–Mitte Sept. tgl. 10–18 Uhr), die u. a. spektakuläre Stuntshows aufführen. Abends hat man dann die Wahl: Entweder man begibt sich auf ein mittelalterliches Bankett mit *Medieval-Times-Show* (Juli/Aug. tgl. 19 und 21, Mai–Juni/Sept. tgl. 19 Uhr) samt Ritterturnier oder man bewegt sich im *Rock Star Restaurant* (April–Mitte Sept. tgl. 18–24 Uhr) zu entsprechenden DJ-Klängen am ›American Style Buffet‹ entlang.

Garda

Über *Bardolino*, das für seinen leichten Rotwein bekannt ist, geht es weiter Richtung Norden nach Garda (4000 Einw.), das beste Bademöglichkeiten bietet. Die Ortschaft zieht sich um eine weite Bucht unterhalb des Felsplateaus *Rocca* (309 m). Auf seiner Höhe stand bis ins 16. Jh. eine Burg, die das Zentrum der fränkischen Grafschaft Garda war und dem bis dahin ›Benacus‹ genannten See seinen Namen gab. Architektonisch wurde die Stadt von den Venezianern geprägt. Schöne

Beispiele sind der *Palazzo dei Capitani* (15. Jh.) am Hafen mit gotischen Kleeblattbogenfenstern und der nahe *Palazzo Carlotti* (16. Jh.), der sich zur Seeseite mit fünf Arkaden im Untergeschoss und fünf Loggien im Obergeschoss öffnet.

Malcesine

Richtung Norden geht es durch reizvolle, idyllische Orte wie *Torri del Benaco* und *Brenzone* bis nach Malcesine (3500 Einw.) am Fuße des Monte Baldo (2218 m). Von einem Felsen oberhalb des bunten Hafens grüßt das **Castello Scaligero** (Tel. 0456570333, April–Okt. tgl. 9.30–18, sonst Sa/So 10–17 Uhr). Die trutzige Burg (13./14. Jh.) der Scaliger erreicht man über drei durch Treppen und Rampen miteinander verbundene Höfe. Neben der herrlichen Aussicht vom Bergfried lohnen drei kleine Museen innerhalb der mächtigen Mauern einen Besuch: Das *Museo del Baldo* und das *Museo del Garda* informieren über Geologie, Flora und Fauna der Umgebung. Außerdem beschäftigt sich ein kleines *Goethe-Museum* mit den Vorkommnissen im Jahre 1786, als der Dichterfürst während seiner Italienreise beim Zeichnen der Burg beinahe wegen Spionage verhaftet worden wäre.

Um den Burgfelsen gruppieren sich pittoresk die Häuser des Städtchens, das zu den bevorzugten touristischen Ausflugszielen am See gehört. Eine *Seilbahn* (Tel. 0457400206, www.funiviedelbaldo.it, tgl. 8–17 Uhr) führt auf den *Monte Baldo*, der ein fantastisches Panorama bietet – bei schönem Wetter sieht man von seiner Höhe bis nach Venedig.

Riva del Garda

Surfer zieht es nach **Torbole**, denn nirgendwo sonst wehen die Winde am Gardasee günstiger. Weniger Wassersportbegeisterte steuern meist das ebenfalls zum Trentino gehörende **Riva del Garda** (13000 Einw.) an, den von Bergen umgebenen Hauptort am Nordende des Sees. Das von den Römern gegründete Städtchen rühmt sich, den längsten Badestrand am Gardasee zu haben. Auf jeden Fall besitzt es eine hübsche verwinkelte Altstadt mit bunten pastellfarbenen Hausfassaden. Über die von Restaurants, Cafés und Hotels gesäumte Uferpromenade kann man vom Fähranleger aus

Rittterburg par excellence: Das Castello Scaligero wacht über den Hafen von Sirmione

Über allen Gipfeln ist Ruh: des Wanderers stille Einkehr am Monte Baldo hoch über dem Gardasee

gemütlich zum Hafen spazieren. Hier erhebt sich die ehrwürdige **Torre Apponale**, ein 34 m hoher viereckiger Uhrturm aus dem Jahre 1220. Nur wenige Meter weiter westlich befindet sich ein weiteres Wahrzeichen von Riva, die **Rocca** (Tel. 04 64 57 38 69, Juli/Aug. tgl. 10.30–18, sonst Di–So 10.30–18). Die Scaliger erbauten die Wasserburg im 12. Jh. über den Ruinen einer römischen Festung. Heute präsentiert hier das **Museo Civico** die archäologischen und historischen Sammlungen der Region, u.a. Funde aus einer Pfahlbausiedlung am nahen Ledrosee (1500 v. Chr.).

Gardone Riviera

An der nun bald lombardischen Westküste entlang führt die Gardesana Occidentale immer wieder durch Tunnel über den reizenden Ort *Limone sul Garda* bis *Gargnano*. Danach wird die Landschaft lieblicher, und bald ist die **Brescianer Riviera** erreicht. Hier entwickelte sich Gardone Riviera (2700 Einw.) Ende des 19. Jh. zum mondänen Kur- und Ferienort. Damals entstand die noch heute elegante Uferpromenade mit Cafés und Geschäften, blühenden Oleanderbäumchen und Magnolien.

Vom Ortsteil *Gardone Sotto* am See führt die Viale del Vittoriale den Hang hinauf nach *Gardone Sopra* und zum **Vittoriale degli Italiani** (Tel. 03 65 29 65 11, www.vittoriale.it, April–Sept. tgl. 9.30–19, sonst tgl. 9–13 und 14–17 Uhr). Das weitläufige Anwesen gehörte dem berühmten Dichter und Vordenker des italienischen Faschismus *Gabriele d'Annunzio* (1863–1938), der es 1923 dem Staat Italien schenkte. Das 1921 bezogene Haupthaus *Prioria* (Mo. geschl.) ist sowohl mit sentimentalem Kitsch und patriotischen Symbolen als auch mit erlesenen Antiquitäten und Kunstwerken eingerichtet. Im benachbarten Haus *Schifamondo* (Ekelhafte Welt) eröffnete im Jahr 2000 das **Museo della Guerra** (Mi geschl.). Dieses Kriegsmuseum zeigt Waffen, Uniformen und Dokumente aus dem Ersten Weltkrieg sowie den FIAT, mit dem d'Annunzio im September 1919 in der Stadt Fiume (kroat. Rijeka) einfuhr. Mit seinen Freischärlern hielt er sie bis Dezember 1920 besetzt. In dem ausgedehnten **Park** (April–Sept. tgl. 8.30–20, sonst tgl. 9–17 Uhr)

Immer gern hart am Wind: Surfer lieben die steifen Brisen vor der Küste von Torbole

Entspanntes Sonnenbaden mit herrlichem Ausblick: Ostufer des Gardasees bei Malcesine

des Vittoriale findet der Besucher den Kreuzer ›Puglia‹, ein Geschenk der italienischen Marine, und ein großes Amphitheater. Die narzisstische Selbstdarstellung d'Annunzios findet ihren Höhepunkt im **Mausoleum**, einem riesigen Rund auf einer Anhöhe mit wunderbarem Blick über den See. Umgeben von Tumben nach etruskisch-römischem Vorbild birgt hier ein marmorner Sarkophag auf vier hochragenden Quadern die sterblichen Überreste des Dichters.

Gewissermaßen ein angenehmes Kontrastprogramm ist der **Heller Garden** (Via Roma, Tel. 0336410877, www.hellergarden.com, März–Okt. tgl. 9–19 Uhr) unterhalb des Vittoriale, in dem über 2000 verschiedende Pflanzen unterschiedlicher Klimazonen und Kontinente gedeihen. Der Arzt und Naturwissenschaftler *Arthur Hruska* legte das Areal 1910–71 mit plätschernden Bächen, Wasserfällen und Seen voller Seerosen, Callas, Azaleen sowie mannshohen Farnen und riesigen Bambuswäldern an. 1988 erwarb der österreichische Künstler *André Heller* Land und Villa. Den Garten zieren Skulpturen berühmter zeitgenössischer Künstler wie Keith Haring, Roy Lichtenstein oder Mimmo Paladino.

Salò

Richtung Süden führt die Uferstraße nach Salò (10 000 Einw.), ein bereits zu Römerzeiten bedeutendes Verwaltungszentrum. Die Gemeinde konnte ihre Vorrangstellung im Mittelalter wahren, indem sie sich zunächst an Brescia band und im 15 Jh. freiwillig Venedig unterstellte. In der neueren Geschichte wurde Salò als ›Gespensterrepublik‹ bekannt. Im September 1943 errichtete der als Staatschef abgesetzte *Benito Mussolini* mithilfe deutscher Truppen am Westufer des Gardasees seine faschistische ›Italienische Sozialrepublik‹. 20 Monate später machte die von den Alliierten unterstützte italienische Partisanenbewegung dem Spuk ein Ende: Am 28. April 1945 erschossen Widerstandskämpfer den ›Duce‹.

Salò macht einen sympathischen Eindruck, obwohl ein schweres Erdbeben 1901 einen Großteil der Stadt zerstörte. Aber an der Via Garibaldi bzw. an der Piazza Garibaldi sind mit der **Porta dell' Orologio** und der **Porta Carmine** zwei Stadttore erhalten, die in den historischen Ortskern führen. Fortan schlendert man durch gepflegte Gassen mit vielen kleinen Geschäften oder flaniert über die Uferpromenade **Lungolago Zanardelli** am Gardasee entlang.

Hier finden sich zahlreiche Cafés und Bars sowie der *Palazzo della Magnifica Patria* (1524). Er diente einst als Sitz des venezianischen Statthalters, heute ist er Ausstellungsgebäude für die archäologischen, meist römischen Schaustücke des **Museo Civico Archeologico** (Tel. 0365206 61, Ende März–Juni Mo–Sa 9–12.30 und Mo–Mi, Fr/Sa 15–18, Juli–Sept. Mo–Sa 9–12.30 und 15.30–18.30, So 9.30–12.30, Ende Okt.–Ende März Mo–Fr 9–12.30 und 15-18, Sa 9–12.30 Uhr). Ein freskenverzierter Arkadengang verbindet den Palast mit dem benachbarten Rathaus, dem *Palazzo del Podestà*, der 1905 im Stil des 14. Jh. rekonstruiert wurde.

Im Norden der Promenade erhebt sich die bedeutendste Kirche am Gardasee, der **Duomo Santa Maria Annunziata** (Vicolo Campanile 2, tgl. 9–12 und 15–18 Uhr). 1453 wurde der Grundstein zu dem mächtigen dreischiffigen Dom gelegt, dessen Ziegelfassade unvollendet und recht schmucklos blieb. Ganz anders zeigt sich die Kirche im spätgotischen *Inneren*, dessen *Kreuzrippengewölbe* Tommaso Sandrino 1591 mit floralen Dekorationen in manieristischem Stil bemalte. Zwischen der ersten und zweiten Kapelle links verdient ein kleines *Holzretabel* Beachtung. Die Madonna thront, von Heiligen umgeben, zwischen auf Halbsäulen ruhenden gotischen Spitzbögen, ein sehr schönes Werk venezianischer Frühgotik von *Paolo Veneziano* (1300–1362). Bemerkenswert sind auch das plastisch wirkende Fußbodenmosaik sowie im Chor der vergoldete spätgotische *Altaraufsatz* (1477/90) mit Christus und Maria im Zentrum.

Etwas außerhalb südlich von Salò lockt der schöne lange Kieselstrand Einheimische wie Touristen.

Desenzano

Am äußersten Südwestufer liegt **Desenzano** zu Füßen einer malerischen Burgruine aus dem 10. Jh. Mit 26 000 Einwohnern ist dies zwar die größte Stadt am Gardasee, als Ferienort aber eher unentdeckt. Dabei ist der Stadtkern um die *Piazza Malvezzi* und den **Porto Vecchio** schön restauriert. Die noblen Palazzi ringsum erinnern daran, dass Desenzano unter venezianischer Herrschaft ein bedeutendes Handelszentrum war. Vom heutigen Wohlstand zeugen schicke Boutiquen und der moderne Jachthafen.

Dass bereits die Römer die Lage zwischen Hügel und See schätzten, beweist ein Ausgrabungsgelände nördlich des historischen Zentrums. Hier wurde die spätantike **Villa Romana** (Via Crocefisso 22, Tel. 0309143547, März–Okt. Di–Sa 8.30–19, So 9–17.30, sonst Di–So 9–16.30 Uhr) rekonstruiert. Die repräsentativen Räume zieren prächtige Fußbodenmosaike, z. B. in der *Aula Trichora* dem Speisesaal. Man sieht meisterhaft komponierte Jagdszenen, Bilder von Weinlese und Obsternte, das alles eingebettet in geometrische Schmuckbänder Ein Museum stellt vor Ort gefundene römische Skulpturen, Fresken und Vasen aus.

i Praktische Hinweise

Information

IAT, Via Don Gnocchi 23, Garda, Tel. 0456270384

Salòs Uferpromenade Lungolago Zanardelli säumen stimmungsvolle Restaurants

Spaziergang durch Architekturgeschichte: Brescias Piazza Paolo VI mit Rotonda, Duomo Nuovo und Palazzo del Broletto ▷

IAT, Corso Repubblica 8, Gardone Riviera, Tel. 036 52 03 47

IAT, Giardini di Porta Orientale 8, Riva del Garda, Tel. 04 64 55 44 44

IAT, Viale Marconi 2, Sirmione, Tel. 030 91 61 14, www.gardasee.eu

Hotels

*******Laurin**, Viale Landi 9, Salò, Tel. 036 52 20 22, www.laurinsalo.it. Hotel in einer schön restaurierten Jugendstilvilla mit Seeblick und Pool im Garten. Mit gutem Restaurant.

*******Lido Blu**, Via Foci del Sarca 1, Torbole, Tel. 04 64 50 51 80, www.lidoblu.it. Freundliche Unterkunft am See, ideal für Surfer.

*******Regina Adelaide**, Via San Francesco d'Assisi 23, Garda, Tel. 04 57 25 59 77, www.regina-adelaide.it. Schön an der Promenade gelegenes Hotel mit großem Schwimmbad und Wellness-Angeboten.

*******Sirmione**, Piazza Castello 19, Sirmione, Tel. 030 91 63 31, www.termedisirmione.com. Stilvolles Haus in der Altstadt am See mit eigenem Thermalzentrum.

Restaurants

Ristorante La Rocca di Riva, Piazza C. Battisti, Riva del Garda, Tel. 04 64 55 22 17. Abwechslungsreiche Küche in der Rocca mit Blick auf den See und die Berge.

Trattoria da Marietta Belvedere, Via Montecucco 62, Gardone Riviera, Tel. 036 52 09 60. Auf der Terrasse über Gardone genießt man kulinarische Köstlichkeiten und die grandiose Aussicht.

Trattoria Vecchia Malcesine, Via Pisort 6, Malcesine, Tel. 04 57 40 04 69, www.vecchiamalcesine.com. Die Trattoria in der Altstadt stellt mit *Tortino di Formaggi del Monte Baldo* oder *Tonno Fagioli e Cotiche* auch Feinschmecker zufrieden.

23 Brescia

Historisches Zentrum als Stein gewordenes Bilderbuch der Geschichte.

Etwa 30 km westlich vom Gardasee ist die Provinzhauptstadt Brescia (192 000 Einw.) stolz auf ihre gepflegte, hübsch restaurierte Altstadt.

Geschichte Im 1. Jh. v. Chr. erlebte das einst keltische **Brixia** unter den Römern eine erste Blütezeit. Von den Plünderungen der Barbaren im 5. Jh. erholte es sich im 6. Jh. unter der Herrschaft der Langobarden und wurde Herzogssitz. Im 8. Jh. entstand das Kloster San Salvatore. Wechselnde Machtverhältnisse prägten die Folgezeit. Unter der Herrschaft **Venedigs** 1428–1797 stieg Brescia zu einem wirtschaftlichen und kulturellen Zentrum auf. So formierte sich im 15./16. Jh. unter dem Einfluss venezianischer Maler die **Schule von Brescia** und während der Renaissance entstanden herrliche Plätze und Bauten, die noch immer das Stadtbild prägen. Heute ist Brescia nach Mailand die bedeutendste Industrie- und Handelsstadt der Lombardei.

Besichtigung Aus dem römischen Forum ging die **Piazza del Foro** hervor, an der die **Area Archeologica del Capitolium** (Via Musei 55, Tel. 03 02 97 78 34, www.bresciamusei.com, Di–So 10–13 und 14–17 Uhr) bauliche Zeugen aus der Frühzeit

der Stadt bewahrt. Dazu zählen vor allem die Überreste des *Tempietto Capitolino*, den Kaiser Vespasian 73 n. Chr. zu Ehren Jupiters, Junos und Minervas errichten ließ. Gleich nebenan sieht man die Bühne des ebenfalls aus dem 1. Jh. n. Chr. datierenden *Teatro Romano*, das bis zu 15 000 Zuschauer aufnehmen konnte.

In der Nähe befindet sich der Gebäudekomplex des ehem. Benediktinerinnenklosters **San Salvatore**. Drei Kirchen und drei Kreuzgänge bilden den Kern der ausgedehnten Klosteranlage. Die älteste Basilika ist *San Salvatore* (9. Jh.). Ihr wurden die drei Kreuzgänge und die romanische Kirche *Santa Maria in Solario* angefügt. Im 15. Jh. gestaltete man den Westteil von San Salvatore zu einem Nonnenchor um und baute an ihn um 1500 die Kirche *Santa Giulia* an. Heute bietet hier das **Santa Giulia Museo della Città** (Via dei Musei 81, Tel. 03 02 97 78 33, www.bresciamusei.com, Juni–Sept. Di–So 10–18, sonst Di–So 9.30–17.30 Uhr) einen spannenden, didaktisch gut aufbereiteten Rundgang durch die Lokalgeschichte von der Bronze- bis zur Neuzeit. Zu den Kostbarkeiten der Sammlung gehören eine Figur der ›Geflügelten Siegesgöttin‹ (3. Jh. v. Chr.), das ›Desideriuskreuz‹ (7. Jh.), antike Glaskunst aus Murano, Reste zweier vornehmer römischer Anwesen (1. Jh.) und kostbare Renaissancefresken im Nonnenchor der ehem. Klosterkirche.

Das Herz der mittelalterlichen Stadt schlug etwas weiter westlich an der langgezogenen **Piazza Paolo VI**, um die sich repräsentative Gebäude der geistlichen und weltlichen Macht konzentrierten. An ihrem Südostende wurde Ende des 11. Jh. die **Rotonda** (April–Okt. Di–So 9–12 und 15–19, sonst Di–So 10–12 und 15–18 Uhr), auch *Duomo Vecchio* genannt, auf den Grundmauern einer langobardischen Vorgängerkirche errichtet. Der romanische Rundbau besitzt unverputzte, nur von Bogenfenstern gegliederte Mauern. Die erhabene Strenge löst sich innen in Chor und Querhaus auf, die im 15./16. Jh. angebaut wurden. Die *Sakramentskapelle* schmücken u.a. die Gemälde ›Mannalese‹ von *Romanino* (1484–1559) sowie

›Schlafender Elias‹ und ›Ostermahl‹ von *Moretto* (1498–1554). Beide sind Meister der Schule von Brescia.

Gleich nebenan erhebt sich der äußerlich weitaus üppiger gestaltete **Duomo Nuovo** (Mo–Sa 7.30–12 und 17–19, So 8–13 und 17–19 Uhr), der 1604–1825 entstand. Seine spätbarocke weiße Marmorfassade und die 78 m hohe Zentralkuppel dominieren den Platz. Im kühlen Inneren sind die Bilder zu Mariä Heimsuchung, Vermählung und Geburt von *Romanino* im linken Seitenschiff sehenswert.

Links vom Neuen Dom befindet sich im romanisch-gotischen **Palazzo del Broletto** (13./14. Jh.) eine Art Bürgerhaus. Zu dem Geviert gehört der viereckige *Torre del Pégol* (11. Jh.), von dem früher zu den Ratssitzungen geläutet wurde. Der Skulpturenschmuck (13. Jh.) im hübschen Innenhof stammt aus der Werkstatt von Benedetto Antelami.

Gegenüber führt ein Durchgang zur **Piazza della Loggia**, die im 15./16. Jh. angelegt wurde. Glanzstück ist der Sitz der Stadtverwaltung, die prächtige *Loggia* mit offener Säulenhalle (1492–1508) und monumentalem Obergeschoss (1554–62) im Stil der Renaissance. Das hohe Kuppeldach wurde 1914 aufgesetzt. Der *Torre dell'Orologio* (1540–50) schräg gegenüber erinnert an den gleichnamigen Uhrturm auf dem Markusplatz in Venedig.

Abschließend lohnt noch ein Abstecher in den Südosten der Altstadt, wo die **Pinacoteca Tosio-Martinengo** (Piazza Moretto 4, Tel. 03 03 77 49 99, www.bresciamusei.com, Juni–Sept. Di–So 10–13 und 14–18, sonst Di–So 9.30–13 und 14.30–17 Uhr) Gemälde aus dem 13.–18. Jh. präsentiert. Ein Schwerpunkt der Sammlung sind Renaissancegemälde der Schule von Brescia. Werke von Romanino und Moretto, die ihr Leben lang miteinander konkurrierten, kann man hier vergleichen.

Den waldgrünen *Cidneo-Hügel* im Norden der Stadt krönt das ansehnliche **Castello** (Tel. 030 29 32 92, www.bresciamusei.com, tgl. 7–22.30 Uhr), das die Visconti 1343 über den Resten eines römischen Tempels errichteten. Die Venezianer verstärkten die Burg im 16. Jh. durch mächtige Bastionen. Heute sind hier das *Museo delle Armi* und das *Museo del Risorgimento* (beide Juni–Sept. Di–So 10–13 und 14–18, sonst Di–So 9.30–13 und 14.30–17 Uhr) untergebracht. Das eine dokumentiert die Kunst der Waffenschmiede des 14.–18. Jh., das andere die Kämpfe um Italiens Einheit im 19. Jh.

Praktische Hinweise

Information

IAT, Piazza della Loggia 6, Brescia, Tel. 03 02 40 03 57, www.comune.brescia.it

Bresciatourism, Piazza del Vescovato 3, Brescia, Tel. 03 02 40 08 35, www.bresciatourism.it

Hotel

*******Vittoria**, Via X Giornate 20, Brescia, Tel. 030 28 00 61, www.hotelvittoria.com. Luxushotel an Brescias Flaniermeile.

Auf einer Vorgängerkirche des 6. Jh. basiert der romanische Rundbau der Rotonda

Mittelalterliches Flair bewahrt die auf einem Hügel thronende Città Alta von Bergamo

Restaurant

Locanda dei Guasconi, Via Beccaria 11, Brescia, Tel. 03 03 77 16 05. Traditionelle Hausmannskost nahe der Piazza Loggia.

24 Bergamo

Zwillingsstadt aus mittelalterlicher Città Alta auf der Höhe und moderner Città Bassa zu ihren Füßen.

Bergamos (117 000 Einw.) Reiz besteht nicht zuletzt in dem Kontrast zwischen der Unterstadt **Città Bassa** mit ihren belebten breiten Boulevards und der von einer 5 km langen venezianischen Stadtmauer (16. Jh.) eingefassten **Città Alta**, die sich darüber malerisch auf einem 350 m hohen Hügel drängt.

Geschichte Bergamo geht auf eine keltische Siedlung namens *Berghem* zurück, die nach der Eroberung durch die Römer ab 196 v. Chr. unter dem Namen *Bergomum* zu einem Municipium mit 10 000 Einwohnern anwuchs. In der Folgezeit war der Ort langobardischer Herzogsitz, fränkische Grafschaft und schließlich Bischofsstadt unter kaiserlichem Schutz. Ab 1167 folgten die erbitterten Kämpfe der Lombardischen Liga gegen Kaiser Friedrich Barbarossa und der papsttreuen Guelfen gegen die kaisertreuen Ghibellinen. Unter der Herrschaft *Venedigs* (1428–1797) erblühte die Stadt wirtschaftlich und kulturell, wovon noch zahlreiche Repräsentationsbauten zeugen. Im 19. Jh. erwarb sich Bergamo Ruhm, weil Garibaldis ›Zug der Tausend‹ – mit dem die Einigung Italiens ihren Anfang nahm – zum großen Teil aus Bergamasker bestand.

Città Bassa

Am Fuße von Bergamos Altstadthügel schlägt das urbane Herz der Stadt. Zu den Sehenswürdigkeiten der Unterstadt gehört die hochkarätige Gemäldesammlung der **Accademia Carrara** (Piazza Giacomo Carrara 82, Tel. 035 39 96 77, www.accademiacarrara.bergamo.it, Di–So 10–13 und 14.30–17.30 Uhr), die über 1700 Werke italienischer und europäischer Maler aus dem 15.–18. Jh. besitzt, u.a. von Mantegna, Tintoretto, Dürer und Brueghel. Berühmt sind die Porträts ›Giuliano de'Medici‹ von Botticelli und ›Lionello d'Este‹ von Pisanello.

Die hübschen Renaissancepaläste entlang der *Via Pignolo* stimmen ein auf die Werke des Renaissancemalers *Lorenzo*

Lotto in der Kirche **San Bernardino in Pignolo** (›Thronende Madonna mit Heiligen‹, 1521) und in der Kirche **San Bartolomeo** (›Thronende Madonna mit Heiligen und Engeln‹, 1516) an der Via Torquato Tasso. Der anschließende **Sentierone** weitet sich zu einer Flaniermeile mit vielen Geschäften und Cafés.

Città Alta

Am besten fährt man mit der Standseilbahn Funicolare von der Viale Vittorio Emanuele II in der Unterstadt hinauf zur Piazza Mercato delle Scarpe in der verwinkelten Oberstadt, die am Wochenende für den Autoverkehr gesperrt ist.

Über die Via Gombito gelangt man dann schnell zur zentralen *Piazza Vecchia*. Überragt wird sie vom wehrhaften, 53 m hohen Viereckturm **Torre Civica** (April–Okt. Di–Fr 9.30–19, Sa/So 9.30–21.30 Uhr), einem Geschlechterturm der ghibellinischen Suardi aus dem 14. Jh. Der nette Brunnen (1780) mit den acht Löwen in der Platzmitte ist ein Geschenk des venezianischen Dogen Alvise Contarini. Auch die Fassade des benachbarten **Palazzo della Regione** zeigt einen geflügelten Markuslöwen sowie im 16. Jh. eingebaute venezianische Maßwerkfenster und einen zierlichen Balkon. Der Palast wurde bereits 1199 errichtet und ist damit eines der ältesten Rathäuser Italiens.

Die Arkaden des Palazzo della Regione leiten über ins geistliche Zentrum der Stadt, zur *Piazza Duomo*. Besonders auffällig ist hier die elegante Renaissancefassade der **Cappella Colleoni** (März–Okt. Di–So 9–12.30 und 14–18.30, sonst Di–So 9–12.30 und 14–16.30 Uhr). Bartolomeo Colleoni (1400–1475), ein aus Bergamo stammender Condottiere im Dienste Venedigs, gab die Kirche 1472 als Grablege für seine Familie in Auftrag. *Giovanni Antonio Amadeo* (1447–1522) schuf den hohen überkuppelten Bau mit einer aufwendig in weißem, rotem und schwarzem Marmor dekorierten Fassade. Er entwarf auch das überaus prachtvolle *Grabmal* für das Ehepaar Colleoni im Inneren, das ein vergoldetes Reiterstandbild des Condottiere (1501) krönt. Von *Giambattista Tiepolo* (1696–1770) stammen die barocken Fresken (1733) zum Leben Johannes des Täufers in der Kuppel. Das achteckige **Battistero** nebenan ist ein Nachbau des 19. Jh. unter Verwendung von Originalteilen aus dem 14. Jh.

Hinter der Cappella Colleoni erhebt sich die beinah vollständig eingebaute Basilika **Santa Maria Maggiore** (tgl. 9–12.30 und 14.30–17 Uhr), deren Anfänge ins Jahr 1137 zurückreichen. Allerdings fügte *Giovanni da Campione* 1350 im Norden und Süden gotische Vorhallen an, und im 17. Jh. wurde das gesamte Gotteshaus umgestaltet. Den weitgehend barockisierten Innenraum der dreischiffigen Emporenbasilika schmücken u. a. neun von *Alessandro Allori* entworfene Florentiner

Im historischen Herzen der Città Alta von Bergamo: Piazza Vecchia mit Palazzo Nuovo

Wandteppiche (1580–86) mit Episoden aus dem Leben Mariens, eine flämische Tapisserie (1696–98) mit einer Kreuzigungsszene und das intarsienverzierte Chorgestühl (1522–55) mit Szenen aus dem Alten Testament. Musikliebhaber können dem Meister des Belcanto, *Gaetano Donizetti* (1797–1848), die Ehre erweisen, der hier seine letzte Ruhestätte fand.

Keineswegs scheuen sollte man den Aufstieg zur **Rocca** (Di–So 9.30–13 und 14–17.30 Uhr) im Nordosten der Altstadt. Die von den Visconti im 14. Jh. errichtete und von den Venezianern im 16. Jh. ausgebaute Burg belohnt ihre Besucher mit einem grandiosen Ausblick auf die geschäftige Unterstadt und über die fruchtbare Poebene.

i Praktische Hinweise

Information

APT, Via Gombito 13, Bergamo, Tel. 035 24 22 26, www.apt.bergamo.it

Hotel

******San Lorenzo**, Piazza Mascheroni 9 a, Bergamo, Tel. 035 23 73 83, www.hotelsanlorenzobg.it. Charmantes Hotel mit Parkplatz mitten in der Città Alta.

Restaurant

La Colombina, Via Borgo Canale 12, Bergamo, Tel. 035 26 14 02. Schickes Restaurant mit Polenta- und Ricotta-Spezialitäten (Mo/Di geschl.).

25 Comer See

TOP TIPP *Luxushotels, Villen und Gärten locken Reiche, Schöne und Naturliebhaber aus aller Welt an den Comer See.*

Auf der Landkarte sieht der mit 146 km^2 Wasserfläche drittgrößte oberitalienische See aus wie ein auf dem Kopf stehendes Y. Im etwas raueren bergigen Norden wird er von der zufließenden Adda gespeist. Die Ufer im Süden des Comer Sees (Lago di Como) prägt dagegen verschwenderisch mediterrane Vegetation. Historische Villen inmitten prächtiger Gärten zeugen davon, dass die Gegend schon früh als Sommerfrische beliebt war.

Como

Seinen Namen verdankt der Comer See der geschäftigen Provinzhauptstadt Como (83 000 Einw.) an seinem südwestlichen Ende. Die Römer siedelten seit dem 2. Jh. v. Chr. in *Conum* und noch heute zeigt die *Città Murata*, die ummauerte Altstadt, den schachbrettartigen Grundriss des römischen Castrum. Zum See hin präsentiert sich die Stadt mit der *Piazza Cavour*, Cafés und Bars von ihrer freundlichsten Seite. Dahinter kann man unbelästigt vom Autoverkehr den historischen Ortskern erkunden. Die von Arkaden gesäumte Via Caio Plinio führt geradewegs zum **Duomo Santa Maria Maggiore** (Piazza Duomo, tgl. 7–12 und 15–19 Uhr). Der fantasievolle Skulpturenschmuck seiner Fassade ist charakteristisch für die *Maestri Comacini*, Meister der hiesigen langobardischen Architektur- und Steinmetzschule, die seit dem 7. Jh. als Wanderarbeiter überall in Italien und Europa gefragt waren. Nach ihren Entwürfen begann man 1396 mit dem Bau des dreischiffigen Domes, der aber erst 1744 mit der Vierungskuppel von *Filippo Juvarra* vollendet wurde. Für die Gestaltung der Marmorfassade, die den Übergang von der Spätgotik zur Renaissance sichtbar macht, waren im 15. Jh. vor allem *Tommaso* und *Jacopo Rodari* verantwortlich. Das Hauptportal unter der prächtigen Fensterrose flankieren Skulpturen des römischen Naturforschers und Schriftstel-

Verspielte Gartenlust und noble Palastarchitektur: Villa Carlotta am Comer See

lers Plinius d. Ä. (23/24–79) und seines Neffen Plinius d. J. (61/62–um 113), die beide aus Como stammen. Den hohen, weiten *Innenraum* schmücken Gobelins (16./17. Jh.) aus Flandern und der Toskana, zu den kostbaren Altarbildern im rechten Seitenschiff gehören ›Anbetung der Könige‹ und ›Madonna mit Heiligen‹ von Bernardino Luini sowie ›Flucht nach Ägypten‹ von Gaudenzio Ferrari.

Der schwarz-weiß gestreifte, mittelalterliche *Broletto* mit dem hohen Arkadengang und der *Torre Comunale* aus dem 13. Jh. schließen die großzügige Piazza Duomo nach Osten hin ab.

Westufer

Fast mit Como zusammengewachsen ist **Cernobbio** unterhalb vom *Monte Bisbino* (1325 m). Der vornehme Ort ist berühmt für die von Pellegrino Tibaldi entworfene **Villa d'Este** (1565–70), die von prächtigen Gärten umgeben ist. Hier fand 1814 Prinzessin Caroline von Braunschweig ein angemessenes Domizil, nachdem sie sich von ihrem Ehemann George IV., König von England, getrennt hatte. Seit 1873 beherbergt die Villa ein Luxushotel.

Grandiose Schöpfung der Maestri Comacini: Duomo Santa Maria Maggiore in Como

Märchenhaft schön ist die Strecke entlang der *Riviera Tremezzina* zwischen Lenno und Cadenabbia, die an einigen der prachvollsten Sommerresidenzen des Comer Sees vorbeiführt. Fantastisch ist z. B. die nördlich von *Tremezzo* gelegene **Villa Carlotta** (Via Regina 2, Tel. 0344 40405, www.villacarlotta.it, April–Sept. tgl. 9–18, März, Okt. tgl. 9.00–11.30 und 14.–16.30 Uhr), die sich der Mailänder Bankier Giorgio Clerici 1690 direkt am See errichten ließ. 1801 baute der Geschäftsmann und Politiker Gian Battista Sommariva das Anwesen klassizistisch um und schmückte es mit Kunstwerken, u.a. von Antonio Canova und Berthel Thorvaldsen. Ihren Namen verdankt die Villa der preußischen Prinzessin Charlotte (1831–55), die sie 1850 von ihrer Mutter Marianne von Oranien-Nassau zur Hochzeit geschenkt bekam. Die reich ausgestatteten Raumfluchten erstrecken sich über zwei Stockwerke. Sie sind mit bewunderswürdigen Decken- und Wandmalereien dekoriert und mit Möbeln aus dem 19. Jh. eingerichtet. Sehr schön ist auch der weitläufige Park zum See hin.

Bellagio

Vom der gegenüberliegenden, in den See hineinragende Landspitze grüßt Bellagio (3000 Einw.), das sich malerisch auf der hügeligen Halbinsel zwischen westlichem und östlichem Seearm ausbreitet. Im 18. Jh. entdeckten wohlhabende Touristen das am Hang gelegene Fischerdorf, seitdem hat es sich zum mondänen Ferienort mit eleganten Hotels und Geschäften gewandelt. Der Charme aber ist geblieben, wovon man sich bei einem Spaziergang durch die steilen Treppengassen und steingepflasterten Sträßlein überzeugen kann. Inmitten einer Parklandschaft liegt die neoklassizistische, weiße **Villa Melzi d'Eril** (Lungolario Marconi, Tel. 339 4573838, März–Okt. tgl. 9–18 Uhr), die Giocondo Albertolli 1808–10 für Francesco Melzi d'Eril errichtete, den Vizepräsidenten der Napoleonischen Republik Italien. In der Orangerie sind Erinnerungsstücke, Renaissancefresken und archäologische Funde ausgestellt.

Bellagio ist der ideale Ausgangspunkt, um per *Schiff* (Tel. 031579211, www.navigazionelaghi.it) andere Orte am Comer See anzusteuern. Täglich verkehren mehrere Ausflugsboote, außerdem verbindet eine Autofähre Bellagio mit Cadenabbia und Menaggio am Westufer sowie Varenna am Ostufer.

Herrschaftlicher Ansitz direkt am Ufer des Comer Sees: Villa Melzi d'Eril in Bellagio

Ostufer

Über dem Hafen von **Varenna** thront weithin sichtbar eine Burgruine (11. Jh.). Hauptattraktion aber ist hier der terrassierte Garten der **Villa Monastero** (Tel. 03 41 29 54 50, www.villamonastero.org, April–Okt. tgl. 9–19 Uhr) aus dem 16. Jh. In ihm wetteifern vielfältig gestaltete Skulpturen, Brunnen und Tempel mit üppigem Pflanzengrün und einem vielfarbigen Blütenmeer.

Einen Abstecher wert ist das lebhafte **Lecco** (46 000 Einw.) am südöstlichen Ende des Sees, die Heimatstadt von *Alessandro Manzoni* (1785–1873). In seinem Elternhaus **Casa Natale di Manzoni** (Via Guanella 1, Tel. 03 41 48 12 47, Di–So 9–17.30 Uhr) dokumentiert eine übersichtliche Ausstellung Leben und Werk des in Italien hochverehrten Autors, dem Giuseppe Verdi sein ›*Requiem*‹ (1874) widmete. Manzonis romantische Liebesgeschichte ›I Promessi Sposi‹ (Die Verlobten, 1827) gilt als erster moderner italienischer Roman.

i Praktische Hinweise

Information

IAT, Piazza Mazzini, Bellagio, Tel. 031 95 02 04, www.bellagiolakecomo.com

IAT, Piazza Cavour 17, Como, Tel. 031 26 97 12, www.lakecomo.org

Alle Touristeninformationen um den See verkaufen die für ein Jahr gültige **Comolake Card** (www.comolakecard.com), die Vergünstigungen bietet.

Hotels

*******Villa Serbelloni**, Via Roma 1, Bellagio, Tel. 031 95 02 16, www.villaserbelloni.com. Eleganz und Komfort direkt am See. Auch das Restaurant Mistral im Haus gehört zur Spitzenklasse.

******Villa Flori**, Via Cernobbio 12, Como, Tel. 03 13 38 20, www.hotelvillaflori.com. Stilvoll eingerichtetes Hotel an der Uferstraße von Como nach Cernobbio.

Albergo Silvio, Via Carcano 12, Bellagio, Tel. 031 95 03 22, www.bellagiosilvio.com. Familiäre Unterkunft 2 km vom Ortszentrum mit Seeblick, sehr guter Küche und köstlichem Hauswein. Gäste können zum Fischfang mitfahren.

Restaurants

Il Gatto Nero, Via Monte Santo 69, Loc. Rovenna, Cernobbio, Tel. 031 51 0 41. Das Restaurant in den Bergen über der Stadt bietet feines Essen und einen sensationellen Ausblick (Mo geschl.).

Osteria l'Angelo del Silenzio, Viale Lecco 25, Como, Tel. 031 3 37 21 57. Herzhafte Gerichte, die man am besten im idyllischen Innenhof genießt (Mo geschl.).

Mediterrane Vegetation und alpine Bergkulisse geben sich am Lago Maggiore ein Rendezvous

26 Lago Maggiore

Wie Juwelen funkeln die Borromäischen Inseln im blauen Wasser des italienisch-schweizerischen Sees.

Mit 212 km² Wasserfläche ist der Lago Maggiore nach dem Gardasee der zweitgrößte der oberitalienischen Seen. Allerdings gehört der nördliche Teil des Sees zur Schweiz. Die 80 %, die zu Italien gehören, teilen sich die Lombardei im Osten und das Piemont im Westen. Kurvenreiche Uferstraßen verbinden die malerischen Orte am Lago Maggiore. Ebensogut erreicht man sie mit den regelmäßig und grenzüberschreitend verkehrenden Fähren (Navigazione Lago Maggiore, Viale Francesco Baracca 1, Arona, Tel. 03 22 23 32 00, www.navigazionelaghi.it).

Ostufer

Das steile lombardische Ostufer des Lago Maggiore lässt den Ortschaften zwischen bewaldeten Hängen und dem Wasser nur wenig Platz zur Entfaltung. Hauptanziehungspunkt ist hier **Angera** auf einer Halbinsel am Südende des Sees, das von der imposanten *Rocca Borromeo* (www.borromeoturismo.it, Mitte März–Mitte Okt. tgl. 9–17.30 Uhr) überragt wird. Den Kern bildete eine langobardische Festung des 8. Jh., an deren Stelle die Visconti im 14. Jh. die heutige zinnenbekrönte Burg errichteten. 1449 gelangte sie in den Besitz der Familie Borromeo. Besonders schön sind die meisterhaften Fresken (1314) in der *Sala di Giustizia* im 1. Stock, die den Aufstieg der Visconti zu einem der mächtigsten Geschlechter des Landes schildern. Außerdem präsentiert in der Burg das amüsante *Museo della Bambola* eine umfangreiche Sammlung historischer Puppen und Spielsachen.

Westufer

Das piemontesische Westufer prägen liebliche Hügelketten. Am Südende des Sees liegt das geschäftige Handelsstädtchen **Arona**, dessen Wahrzeichen das 36 m hohe Denkmal *San Carleone* (April–Sept. tgl. 8.30–12.30 und 14–18.30, sonst Sa/So 9–12.30 und 14–17 Uhr) 2,5 km nördlich der Stadt ist. *Giovanni Battista Crespi* errichtete die gigantische begehbare Statue 1614–97 zur Erinnerung an den nach seinem Tod heiliggesprochenen Mailänder Kardinal und Erzbischof Carlo Borromeo, der 1538 in Arona geboren wurde. Besucher können die Welt einmal im wahrsten Sinne des Wortes durch die Augen eines Heiligen betrachten.

Die Uferstraße führt weiter Richtung Norden nach **Stresa**. Der beliebte Ferienort unterhalb des *Mottarone* (1491 m) zog im 19. Jh. den europäischen Hochadel und berühmte Künstler an. Luxushotels sowie Prunkvillen verbreiten entlang der Uferpromenade *Lunolago Umberto* noch immer den Charme der Belle Époque.

Borromäische Inseln

Hauptattraktion des Lago Maggiore sind zweifelsohne die Stresa vorgelagerten drei **Isole Borromee** (www.borromeoturismo.it). Im 17. Jh. verwandelte Vitaliano Borromeo VI die an sich felsige **Isola Bella** (April–Okt. tgl. 9–17.30 Uhr) in ein barockes Gesamtkunstwerk. Auf zehn pyramidenartig ansteigenden Gartenterrassen entfaltet sich zwischen Muschelgrotten, Brunnen und Fontänen beinahe das ganze Jahr über eine bunte Blütenpracht. Die oberste Plattform schmückt die Skulptur eines Einhorns – das Wappentier der Besitzerfamilie. Der *Palazzo* auf derselben Höhe glänzt außen mit großzügigen Freitreppen, innen begeistert er mit seinen kostbar ausgestatteten Sälen und Spiegelgalerien.

Weniger spektakulär aber ebenso sehenswert ist die größte der Borromäischen Inseln, die **Isola Madre** (April–Okt. tgl. 9–17.30 Uhr). Den hiesigen Park beleben Papageien, Fasane und Pfauen, berühmt ist er aber für seine Azaleen, Rhododendren und Kamelien. Der *Barockpalazzo* (16. Jh.) beherbergt eine interessante Marionettensammlung.

Auf der dritten Insel, der kleinen **Isola dei Pescatori**, liegt ein malerisches Fischerdorf und beliebtes Ausflugsziel.

Praktische Hinweise

Information

IAT, Piazzale Duca d'Aosta, Arona, Tel. 03 22 24 36 01

IAT, Piazza Marconi 16, Stresa, Tel. 032 33 01 50, www.distrettolaghi.it

Hotels

******Regina Palace**, Corso Umberto I 33, Stresa, Tel. 03 23 93 69 36, www.regina-palace.it. Großes Hotel im eleganten Stil des Art Déco mit Blick auf die Borromäischen Inseln.

*****Verbano**, Via Ugo Ara 2, Isola dei Pescatori, Stresa, Tel. 032 33 04 08, www.hotelverbano.it. Romantisches Refugium auf der Fischerinsel, das schon der Dirigent Arturo Toscanini schätzte.

Restaurants

Il Sole di Ranco, Piazza Venezia 5, Ranco, Tel. 03 31 97 65 07, www.ilsolediranco.it. Gourmets schätzen die Adresse am Ostufer nördlich von Angera wegen der kreativen Kochkunst von Carlo Brovelli (Di geschl.).

Osteria dell'Angelo, Piazza Garibaldi 35, Verbania, Tel. 03 23 55 63 62. Die hübsche Osteria im Ortsteil Pallanza konzentriert sich auf wenige, doch köstliche Gerichte (Mo geschl.).

Krönung der Gartenbaukunst: die terrassenförmig angelegte Isola Bella im Lago Maggiore

Piemont und Valle d'Aosta – Mont Blanc, Turin und die Weinberge der Langhe

Das **Valle d'Aosta**, die kleinste Region Italiens vor der majestätischen Kulisse des **Mont Blanc** (4809 m) und **Gran Paradiso** (4061 m), ist ein attraktives Reiseziel, das das ganz Jahr über Aktivurlauber und Naturfreunde gleichermaßen begeistert. In der lebhaften Regionalhauptstadt **Aosta** weisen Triumphbogen und Römisches Theater auf die frühen Anfänge der Stadt, die heute vor allem als Ausgangspunkt für Touren in die Bergwelt fungiert.

Am *Fuß der Berge*, den ›Piede dei Monti‹, erstrecken sich die weite Poebene und die lieblichen Hügel des **Piemont**. Gourmets schätzen die zahlreichen kulinarischen Genüsse von Risotto bis Trüffel – besonders aber die Weinberge des **Monferrato** und der **Langhe** um **Asti** bzw. **Alba** mit edlen Tropfen wie Barbera und Barolo. Kunstfreunde und Nachtschwärmer zieht es dagegen meist in die Hauptstadt der Region. Denn **Turin**, das sein Image als industriedominierte FIAT-Stadt abgestreift hat, präsentiert sich heute als weltoffene Metropole und elegante Barockstadt mit prächtigen Palästen, malerischen Arkaden, gemütlichen Cafés und einem aufregenden Nachtleben. Und nicht zu vergessen – Turin bietet auch intersessante Sammlungen wie das *Museo Egizio* und das *Museo Cinema*. Ein Blick zurück in die Geschichte offenbart Turin als Wiege des *Risorgimento*, der italienischen Einigungsbewegung, und als erste **Hauptstadt** Italiens. Es war der Piemonteser König Vittorio Emanuele II aus dem Haus **Savoyen**, der das Land 1861 einte. Die Savoyer hinterließen nicht nur in Turin herrliche Residenzen, sondern beglückten auch die Umgebung mit prunkvollen *Schlössern* wie **La Venaria Reale**, **Rivoli** und **Stupinigi**.

27 Aosta

Hauptstadt der kleinen Bergregion Valle d'Aosta mit römischer Geschichte und französischen Traditionen.

Im Zentrum der autonomen Region Valle d'Aosta liegt die Hauptstadt Aosta (34 000 Einw.), umgeben von zahlreichen Gletscherseen und überragt vom 3559 m hohen Hausberg *Monte Emilius*. Ihm schließen sich in weitem Rund im Grenzgebiet zur Schweiz und zu Frankreich imposante Viertausender der Walliser und Savoyer Alpen an – das *Matterhorn* (Cervino, 4478 m) etwa, der *Monte Rosa* (4618 m) und der *Mont Blanc* (Monte Bianco, 4810 m). In Aosta leben knapp ein Drittel aller Valdostaner, die bis heute ihre französischen Traditionen und Französisch als zweite Amtssprache pflegen.

Geschichte Das Valle d'Aosta verbindet Nordwesteuropa mit der Poebene. Wo sich die Wege über den Kleinen St. Bernhard ins heutige Frankreich und über den Großen St. Bernhard in die Schweiz treffen, gründeten die **Römer** 25 v. Chr. den Militärstützpunkt *Augusta Praetoria*. Im Mittelalter entwickelte sich daraus das wirtschaftliche und religiöse Zentrum Aosta. Anfang des 11. Jh. fiel die Stadt zusammen mit dem nach ihr benannten Tal an das Haus **Savoyen**. Als 1563 Turin Hauptstadt des Herzogtums Savoyen wurde, verlor Aosta schnell an Bedeu-

In anmutiger Schönheit entfaltet sich hochalpine Flora in der Berglandschaft des Valle d'Aosta

tung. Anfang des 19. Jh. gehörte es kurzzeitig zu Frankreich, bevor es 1861 zu Piemont und schließlich zu Italien kam. Seit 1948 ist das Valle d'Aosta autonome Region mit Sonderstatut.

Besichtigung Kaum ist das Gletscherflüsschen des *Torrente Buthier* überschritten, gewahrt man schon den Triumphbogen **Arco d'Augusto** (1. Jh. v. Chr.), mit dem die Römer an ihren Sieg über die einst hier ansässigen Kelten erinnerten. Dahinter führt die Via Sant'Anselmo geradewegs zur **Porta Pretoria**, dem östlichen Stadttor des römischen Municipiums. Einer der beiden flankierenden Türme wurde im Mittelalter zur Wohnburg umgebaut. Ähnlich verfuhren Aostas Bürger mit anderen Türmen der in Teilen noch gut erhaltenen römischen Stadtmauer. Rechts hinter der Porta Pretoria liegen hinter der 22 m hohen Stützmauer die beeindruckenden Reste des **Teatro Romano** (Tel. 0165 33 33 52, tgl. 9 Uhr bis Sonnenuntergang). Von den Rängen konnten einst 3500 Zuschauer Tragödien und Komödien verfolgen. Durch einen Portikus war der Bau mit dem größeren, heute jedoch weitgehend überbauten **Anfiteatro Romano** verbunden, in dem spektakuläre Gladiatorenkämpfe und Tierhatzen stattfanden.

Das römische Forum lag wahrscheinlich nahe der heutigen *Piazza Giovanni XXIII* im Nordwesten der Stadt. Hier wurde um das Jahr 450 über dem römischen *Kryptoportikus*, einem weitläufigen unterirdischen Gewölbegang, die erste Bischofskirche der Stadt errichtet. Die heutige **Cattedrale Santa Maria Assunta** (April–Aug. tgl. 7–20, sonst tgl. 7–12 und 15–19 Uhr) stammt aus dem 11. Jh., wurde aber später mehrfach umgebaut. 1848 verschwand z.B. die Renaissancefront hinter einer klassizistischen *Fassade*. Im *Inneren* jedoch wurde die Originalausstattung teilweise wieder sichtbar gemacht, u.a. farbige Fußbodenmosaike (12./14. Jh.) sowie die Deckenfresken (1030–40) mit Szenen aus dem Leben des hl. Eustachius, mit wilden Tieren und den Sieben Biblischen Plagen.

Kongeniale Fresken findet man im Kloster **San Orso** (Via dell'Orso, Juli/Aug. tgl. 9–20, sonst tgl. 9–19 Uhr) am südöstlichen Rand der Altstadt, auch bekannt als *Collegiata* (Priesterkolleg). Die Bauarbeiten an dem Klosterkomplex zogen sich vom 11. Jh. bis zur Fertigstellung der *Stiftskirche* im 15. Jh. hin. Aus dieser Zeit stammen die spätgotische *Fassade* sowie im dreischiffigen *Inneren* das Kreuzrippengewölbe und das Chorgestühl. Romanisch sind die fünfschiffige Krypta unter dem Chor und die ottonischen Fresken (um 1000) in der Dachzone des Langhauses. Über das rechte Seitenschiff gelangt man in den stillen *Kreuzgang* (1133–55). Wahrscheinlich schufen Steinmetze aus Como die lebhaften biblischen und profanen Szenen auf den Säulenkapitellen.

TOP TIPP Gran Paradiso

Zwischen Valle d'Aosta und dem Piemont erstreckt sich rings um den Gran

Paradiso (4061 m) auf rund 70 000 ha der **Parco Nazionale Gran Paradiso** (Via Umberto I, Noasca, Tel. 0124 90 10 70, www.pngp.it, tgl. 9–12 und 14–18). Er wurde 1921 gegründet und ist damit der älteste Nationalpark Italiens. Von Aosta führen die drei Täler Val di Rhêmes, Val Savarenche ud Val di Cogne süd- bzw. westwärts in den Park, den ein dichtes Netz von markierten Wanderwegen und Klettersteigen durchzieht. Im einstigen Jagdrevier von König Vittorio Emanuele II leben heute ungestört Steinböcke, Hermeline und Luchse. Die faszinierende Vielfalt der hochalpinen Flora zeigt der 1700 m hoch gelegene Alpengarten **Giardino Alpino Paradisia** (Tel. 0165 74 147, Juni–Sept. tgl. 10–18.30 Uhr) in *Valnontey*.

Stolzer Hornträger: Alpensteinbock im Parco Nazionale Gran Paradiso

Praktische Hinweise

Information

AIAT, Piazza Chanoux 45, Aosta, Tel. 016 53 33 52, www.aiataosta.com

Hotels

*****Roma**, Via Torino 7, Aosta, Tel. 016 54 10 00, Einfaches Hotel direkt an der Stadtmauer mit freundlicher, familiärer Atmosphäre.

****La Barme**, Valnontey 8, Cogne, Tel. 0165 74 91 77, www.hotellabarme.com. Charmante Unterkunft in den Bergen mit Ski- und Mountainbikeverleih.

Restaurant

Osteria dell'Oca, Via Aubert 15, Aosta, Tel. 0165 23 14 19. Das beliebte Lokal serviert typisch valdostanische Speisen, u.a. Polenta-Varianten (Mo geschl.).

Den Römern diente die Porta Pretoria als Stadttor, im Mittelalter wurde sie zur Wohnburg

28 Turin

TOP TIPP

Prächtige Barockbauten und malerische Arkaden prägen die elegante piemontesische Hauptstadt am Po.

Es ist wahr, Turin (Torino, 870 000 Einw.) an der Mündung der *Dora Riparia* in den *Po* ist eine Industriestadt, international bekannt vor allem als Firmensitz des Automobilherstellers FIAT. Doch gleichzeitig lockt die geschäftige Regional- und Provinzhauptstadt mit lässiger Weltoffenheit und besitzt eine charmante, in weiten Teilen barocke Altstadt. Hier pulsiert das Leben in den traditionsreichen Arkaden-Cafés der Via Po ebenso wie in den angesagten Clubs am Flussufer.

Geschichte Das geometrische Straßenraster im Herzen Turins geht auf das 28 v. Chr. gegründete römische Castrum *Julia Augusta Taurinorum* zurück. Ansonsten prägten das heutige Stadtbild im Wesentlichen die **Savoyer**, die seit dem 11. Jh. über Turin herrschten, zunächst als Grafen und Herzöge, nach dem Frieden von Utrecht 1713 dann als Könige. Im Jahr 1404 gründeten sie die *Universität* von Turin, 1563 verlegten sie sogar ihre Residenz vom französischen Chambéry hierher an den Po. Anfang des 17. Jh. bis Mitte des 18. Jh. entstand um die Piazza Castello eines der schönsten Barockensembles Europas, maßgeblich gestaltet durch die genialen Hofarchitekten Guarino Guarini und Filippo Juvarra.

Nach dem Spanischen Erbfolgekrieg (1701–13) wurde Turin **Hauptstadt** des neu formierten *Königreichs Piemont-Sardinien*. Als es wegen reaktionärer Staatsführung zu schweren Unruhen kam, erließ *König Carlo Alberto* (1798–1849) im Jahr 1848 eine Verfassung, die zur Grundlage der *Konstitution* für das geeinte Italien werden sollte. Sein Sohn *Vittorio Emanuele II* (1820–1878), Integrationsfigur der italienischen Einigungsbewegung *Risorgimento* im Befreiungskampf gegen die Österreicher, wurde am 17. März 1861 zum ersten Monarchen Italiens gewählt. Turin war Hauptstadt des neuen Königsreiches, bis es 1865 von Florenz abgelöst wurde, 1870 übernahm dann Rom.

◁ *Von weiß gepuderten Alpengipfeln gerahmt: Turin mit Wahrzeichen Mole Antonelliana*

Für die Entwicklung Turins zur *Industriemetropole* war die Gründung der Automobilwerke FIAT (1899) und Lancia (1906) von größter Bedeutung, heute ergänzt durch Maschinenbau-, Textil- und chemische Industrie. Viele der historischen Gebäude der Innenstadt erstrahlen in neuem Glanz, seit 2006 in der Region Turin die XX. Olympischen Winterspiele stattfanden.

Besichtigung Idealer Ausgangspunkt für einen Altstadtbummel ist die zentrale Piazza Castello nahe dem Fluss Dora Riparia. Etwas weitere Strecken bewältigt man bequem mit der Straßenbahn.

Zwischen Piazza Castello und Piazza della Repubblica

Mitten auf der *Piazza Castello* erhebt sich der imposante **Palazzo Madama** (www.palazzomadamatorino.it, Juni/Aug. Di–So 10–20, sonst Di–Fr, So 10–18, Sa 10–20 Uhr). Seinen Namen verdankt der Palast den beiden Königswitwen, ›Madame Reali‹, Maria Christina von Frankreich und Giovanna von Savoyen-Nemours, die im 17./18. Jh. in dem Gemäuer logierten. Die Ursprünge als Kastell des 13. Jh. sieht man der reich gegliederten barocken Säulenfassade mit den übergroßen Fenstern nicht mehr an. Der Turiner Architekt *Filippo Juvarra* (1678–1736) hatte sie 1718–21 zusammen mit dem großartigen Treppenhaus gestaltet. Durch den monumentalen Eingang betritt man das *Museo Civico d'Arte Antica*, das eine umfangreiche Sammlung romanischer und gotischer Skulpturen sowie eine erlesene Porzellankollektion präsentiert. Der Palazzo Madama gehört wie weitere einstige Re-

Residenz von Herzögen und Königen Savoyens: Palazzo Reale an der Piazza Castello

Kampfbereit präsentiert sich der Reiter Emanuele Filiberto I auf der Piazza San Carlo

sidenzen der Savoyer in und um Turin seit 1997 zum *UNESCO Weltkulturerbe*.

Ebenfalls zum Erbe der Menschheit zählt der **Palazzo Reale** (Di–So 8.30–19.30 Uhr) an der Nordseite der Piazza Castello, in dem die Herzöge und Könige aus dem Haus Savoyen bis 1865 residierten. Er entstand Ende des 17. Jh. nach Entwürfen von *Amadeo di Castellamonte*. Die Innenräume der großen Vierflügelanlage sind im Stil des Barock gestaltet. Das Treppenhaus von Juvarra erschließt die pompös mit Gold, Stuck und Malereien ausgestatteten Repräsentationsräume. Die pathetischen Deckenmalereien im *Speisesaal* lassen keinen Zweifel am Machtanspruch der Savoyer. Entspannung versprechen die herrlichen Grünanlagen des *Giardino Reale* (zzt. wegen Restaurierung geschl.) hinter der Residenz.

Schlicht wie mancher Profanbau präsentiert sich schräg gegenüber vom Palazzo Madama die Fassade der ab 1668 erbauten Theatinerkirche **San Lorenzo** (tgl. 9–12 und 15–19 Uhr). Doch dahinter verbergen sich Meisterschaft und Prachtgebahren des Baumeisters *Guarino Guarini* (1624–83). Über dem mit Säulen, Stuck und Fresken spätbarock ausgestatteten oktogonalen Innenraum des Gotteshauses ragt eine hohe lichte Kuppel auf, der Hauptaltar kommt im querelliptischen Chor besonders gut zur Geltung. In der Sakristei befindet sich eine Reproduktion des berühmten Turiner Grabtuchs Christi, der *Sacra Sindone*.

Es handelt sich dabei um ein 4,36 m langes und 1,10 m breites Leinentuch unbestimmten Alters, das den Körperabdruck Christi nach der Kreuzabnahme zeigen soll. 1453 gelangte es auf ungeklärten Wegen in den Besitz des Herrscherhauses. Seitdem gehört es zu den meist verehrten und zugleich umstrittensten ›Ikonen des Glaubens‹ in der katholischen Kirche. Das Original des geheimnisvollen Tuchs (www.sindone.org) wird nur wenige Schritte von San Lorenzo entfernt im **Duomo San Giovanni Battista** (Via XX Settembre 87, Tel. 01 14 36 15 40, www.diocesi.torino.it, tgl. 9–12 und 15–19 Uhr) aufbewahrt. Der einzige bedeutende Renaissancebau der Stadt wurde 1491–98 errichtet. Blickfang im *Inneren* der Basilika ist die 1668–94 von Guarini geschaffene barocke *Cappella della Sacra Sindone* (zzt. wegen Restaurierung geschl.). Die mit schwarzem Marmor ausgekleidete Kapelle wurde eigens für das Grabtuch an die Vierung angebaut. Geschwungene schwarze Marmortreppen rechts und links vom Hochaltar bilden den Zugang. Die Wiederherstellung der Kapelle nach dem Brand von 1997 dauert an. Derweil gibt es nur die *Kuppel* zu bewundern, die den Dom weit überragt und dank der sich überschneidenden Gurtbögen fantastisch leich wirkt.

Handfeste Beweise der römischen Vergangenheit Turins finden sich nördlich vom Dom. Neben Resten eines *Teatro Romano* (2. Jh.) erhebt sich die ansehnliche backsteinerne **Porta Palatina** (1. Jh.), der vollständig erhaltene Zugang zum antiken *Castrum*. Auf der nahen **Piazza della Repubblica** kann man sich wochentags ins bunte Treiben des Kleider- und Lebensmittelmarktes (Mo–Fr 8–13, Sa 8–19 Uhr) stürzen oder an jedem zweiten Sonntag im Monat den Trödel- und Antiquitätenmarkt *Gran Balôn* (www.balon.it) besuchen, der seit 1856 hier stattfindet.

Südliche Altstadt

Im Süden der Piazza Castello zieht der **Palazzo Carignano** (Via Accademia delle Scienze 5, Tel. 01156211 47, www.artito.arti.beniculturali.it, Di–So 9–19 Uhr) alle Aufmerksamkeit auf sich. Die beeindruckende Backsteinfassade, deren Schwung sich im elliptisch angelegten Treppenhaus fortsetzt, ist ein Werk *Guarino Guarinis* von 1679–84. In dem imposanten Barockbau kam am 14. März 1820 Vittorio Emanuele II von Savoyen, der spätere italienische König, zur Welt und im Festsaal tagte 1861 das erste italienische Parlament. Heute zeigt in den Sälen das *Museo Nazionale del Risorgimento Italiano* seine interessante Ausstellung zur Einigung Italiens im 19. Jh.

Nach wenigen Schritten erreicht man den **Palazzo dell'Accademia** (Via Accademia delle Scienze 6), einen weiteren Bau *Guarinis* aus dem 17. Jh., in dem das Ägyptische Museum und die Gemäldegalerie Sabauda untergebracht sind. Das **Museo Egizio** (Tel. 011561776, www.museoegizio.org, Di–So 8.30–19.30 Uhr) gehört zu den bedeutendsten seiner Art in der Welt. Pharaonenstatuen, Mumien, Sarkophage, wiederaufgebaute Tempel und rekonstruierte Grabkammern, aber auch Alltagsgegenstände und kostbare Papyri ziehen Besucher in ihren Bann. In den oberen Stockwerken zeigt die **Galleria Sabauda** (Tel. 0115474 40, www.artito.arti.beniculturali.it, Di/Fr–So 8.30–14, Mi 14–19.30, Do 10–19.30 Uhr) Malerei des 14.–18. Jh., neben italienischen Meistern vor allem Werke von flämischen und holländischen Künstlern wie van Eyck, van der Weyden, Memling, Brueghel, Rembrandt und van Dyck.

Parallel zur Via Accademia delle Scienze führt die arkadengesäumte Einkaufsstraße Via Roma von der Piazza Castello südwärts. Sie kreuzt dabei die rechteckige **Piazza San Carlo** mit vielen Cafés, ein angenehmer Ort zum Ausruhen. In der Platzmitte steht das jüngst restaurierte Reiterstandbild *Caval d'Brons* (1838) von Carlo Marochetti, das Herzog Emanuele Filiberto I ehrt, der 1557 die Franzosen besiegte. Die Via Roma verlässt den Platz zwischen den Zwillingskirchen *San Carlo* rechts und *San Cristina* links. Vor dem Bahnhof *Stazione Porta Nuova* lohnt ein Abstecher westwärts zu dem bedeutenden Museum für Moderne und Zeitgenössische Kunst, **Galleria Civica di Arte Moderna e Contemporanea** (GAM,

Charmanter Treffpunkt oder beschaulicher Spaziergang: die Arkaden der Via Po

Via Magenta 31, Tel. 0115629911, www.gamtorino.it, Di–So 10–19 Uhr). Es bietet einen hervorragenden Querschnitt der Kunstströmungen des 19.–21. Jh. vom Futurismus (z.B. Umberto Boccioni) über die Pittura Metafisica (Giorgio de Chirico) bis zur abstrakten Malerei (Lucio Fontana) und Arte Povera (Mario Merz).

Östliche Altstadt am Po

Die von eleganten Bogengängen flankierte **Via Po** (17. Jh.) ist eine beliebte Flaniermeile, die von der Piazza Castello zum Fluss führt. Etwa auf halbem Weg ragt unweit nördlich des Boulevards die gewaltige **Mole Antonelliana** (1863–88) in den Himmel. Turin verdankt sein Wahrzeichen – und Europa das Motiv seiner italienischen 2-Cent-Münze – dem Architekten *Alessandro Antonelli*. Das pavillonartige Gebäude mit der voluminösen Helmkuppel und der überlangen minartettartigen Spitze war als *Synagoge* gedacht. Weil es aber immer höher und damit teurer wurde, überließ es die Gemeinde 1877 der Stadt. Mit 167,5 m ist die Mole das höchste gemauerte Bauwerk Europas. Ein Lift bringt Besucher in die Spitze, von der man den grandiosen Rundblick über die Stadt genießt. Im *Inneren* der Mole ermöglicht das

TOP TIPP

Museo Nazionale del Cinema (Tel. 0118138560, www.museocinema.it, Di–Fr/So 9–20, Sa 9–23 Uhr) einen aufregenden Einblick in die Filmgeschichte. Im zentralen Museumssaal unter der hohen Kuppel kann man das Kinoprogramm bequem von Liegesesseln aus verfolgen.

Endpunkt der Via Po am Fluss ist die große **Piazza Vittorio Veneto**, der ›feine Salon‹ der Stadt. Interessant sind die hier beginnenden **Murazzi**, die im 19. Jh. entstandenen Kaianlagen, wo heute in zahlreichen Clubs und Bars das Nachtleben tobt. Tagsüber legen an den Murazzi *Ausflugsboote* ab. Südwärts am rechten Ufer erstrecken sich die sanft gewellten Grünflächen des **Parco del Valentino**, eines beliebten Freizeitareals mit Lustschlösschen und *Borgo Medievale*.

Basilica di Superga

Das Ostufer des Po nehmen die **Collina Torinese** ein. Über der Hügellandschaft thront die stolze **Basilica di Superga** (Tel. 0118997456, www.basilicadisuperga.com, April–Okt. Mo–Fr 9–12 und 15–18, Sa/So 9–12.45 und 15–18.45, Nov.–März Mo–Fr 9–12 und 15–17, Sa/So 9–12.45 und 15–17.45 Uhr). Schön ist die Fahrt vom rund 400 m tiefer gelegenen Stadtteil Sassi hinauf zur Kirche mit der historischen Zahnradbahn *Tranvia a Dentiera Sassi-Superga* (Tel. 0115764733). Der 75 m hohe, überkuppelte Zentralbau ist ein spätbarockes Meisterwerk *Filippo Juvarras* von 1717–31. Zutaten sind ein offener Säulenportikus und die zurückgesetzten Flügelbauten mit Turmaufsätzen. Das *Innere* ist mit barocken Fresken und Mosaiken geschmückt, die *Krypta* diente ab 1732 als Grablege des Hauses Savoyen.

Savoyer Königsresidenzen

Die Savoyer veranlassten nicht nur die Umgestaltung Turins zu einer eleganten

Highlights der Filmkunst hautnah erleben heißt das Credo des Museo Nazionale del Cinema

Alte Autos und kühne Bauten

Turin ist ohne FIAT undenkbar und ein Ausflug in den Süden der Stadt ist nicht nur für Automobil-Fans ein Muss. Hier ließ FIAT-Gründer *Giovanni Agnelli* 1914–22 eine Autofertigungshalle, genannt **Lingotto**, errichten. Fünf Stockwerke sind durch spiralförmige Rampen miteinander verbunden, die schließlich auf das Flachdach mit der legendären Teststrecke und der Glaskuppel *La Bolla* führen.

Mitte der 1980er-Jahre verwandelte *Renzo Piano* die stillgelegte Produktionsstätte in einen Komplex mit Messezentrum *Lingotto Fiere* (Via Nizza 294, Tel. 0116644111), Nobelhotel und Einkaufspassagen. Als i-Tüpfelchen setzte er die **Pinacoteca del Lingotto Giovanni e Marella Agnelli** (Via Nizza 230, www.pinacoteca-agnelli.it, Di–So 10–19 Uhr) noch oben drauf, eine atemberaubende schwebeleichte Hightech-Konstruktion mit Raumschiff-Charakter. Die kleine hochkarätige Sammlung zeigt Meisterwerke des 18.–20. Jh. von Canaletto über Renoir bis zu Matisse. Auch der Blick von hier oben über die bunt gewürfelte Architektur des benachbarten *Olympischen Dorfes* (2005) bis in die Alpen ist spektakulär. Die alpinen und nordischen Wettbewerbe der Olympiade fanden übrigens ca. 60 km westlich von Turin im *Valle de Susa* statt.

Doch zurück nach Lingotto: Das **Museo dell'Automobile Carlo Biscaretti di Ruffia** (Corso Unità d'Italia 40, Tel. 011677666, www.museoauto.it, zzt. wegen Restaurierung geschl.) präsentiert 150 Karossen und illustriert die Geschichte des fahrbaren Untersatzes von der Kutsche bis zum Automobil, vom 18. bis ins 21. Jh.

Barockstadt, sie ließen außerdem in der Umgebung einige hinreißende Lust- und Jagdschlösser errichten, die seit 1997 zum UNESCO Weltkulturerbe gehören.

TOP TIPP Nordwestlich von Turin lockt **La Venaria Reale** (Tel. 0115221035, www.lavenariareale.it, Di–Do, Sa/So 9–20, Fr 9–17 Uhr, Gärten Di–So 9 Uhr bis Sonnenuntergang. Von Turin, Porta Nuova oder Porta Susa, per Express-Bus, Tel. 0114993381). Der riesige Palast- und Landschaftskomplex besteht aus dem in Gärten gebetteten Schloss Reggia, dem Parco La Mandria mit den Appartamenti Reali und dem Borgo Antico, der heute die Altstadt des Ortes Venaria Reale bildet. *Amedeo di Castellamonte* konzipierte diesen **Borgo Antico** (1667–90) um die ovale arkadengesäumte *Piazza dell'Annunziata*. Von ihr aus führt die Via Mensa nordwärts zum Königsschloss **Reggia**. 1659 hatte *Carlo Emanuele II* den Palastneubau im Nordwesten Turins in Auftrag gegeben. Herzstück der ausgedehnten, 1675 vollendeten Anlage ist die majestätische *Sala di Diana*, ein mit Stuck, Fresken und Gemälden reich dekorierter Festsaal. *Filippo Juvarra* war für den späteren Umbau der *Grande Galleria* (1716–18) sowie den Neubau der Kirche *Sant'Umberto* (1716–28), der Pferdeställe (1722) und der Orangerie (1727) verantwortlich. 2007 wurde im frisch restaurierten Schloss eine Ausstellung zur Geschichte der Savoyer eröffnet. Ihren Aufstieg zum italienischen Königshaus begleiten die unterhaltsamen

Erlesenes Raumdesign zeigt die Grande Galleria im restaurierten Schloss von La Venaria Reale

Multimedia-Installationen des britischen Regisseurs *Peter Greenaway* (*1942), der gekonnt mit Architektur und Besuchern spielt, sodass es eine Lust ist, auf historischer Spurensuche durch die hehren Räumlichkeiten zu wandeln.

Neben den ausgedehnten königlichen Gärten erstreckt sich auf weiteren rund 3000 ha der **Parco La Mandria** (Zugang Ponte Verdi, tgl. 8 Uhr bis Sonnenuntergang). Seine noch heute wildreichen Wälder und Weiden dienten einst als Jagdgründe der Savoyer. Zu den historischen Gebäudekomplexen im Park gehört das *Borgo Castello* (18. Jh.) mit den **Appartamenti Reali** (Führungen März, Okt. Mo/Di 10.30–15.30 alle 60 Min., Do 18.30, 21, Fr–So 10.30–16.30 alle 60 Min., April–Sept. Mo/Di 10.30–17.30, Do 18.30, 21, Fr–So 10.30–15.30 Uhr). In den gediegenen Gemächern verbrachte *Vittorio Emanuele II* so manches Schäferstündchen mit seiner Geliebten ›Bella Rosina‹.

Das **Castello di Rivoli** (Tel. 01 19 56 52 22, www.castellodirivoli.org, Di–Do 10–17, Fr–So 10–21 Uhr. Von Turin mit der U-Bahn bis *Fermi* und weiter per Shuttlebus, Tel. 01 19 56 52 80, hin: 9, 10.30, 11.30, 14.25, 16, zurück: 11, 12, 13.30, 16.30, 17.35 Uhr) liegt 16 km westlich von Turin bei Rivoli. Die Residenz geht auf eine im 13. Jh. errichtete Burg zurück, die Anfang des 17. Jh. zum viertürmigen Schloss für die Savoyer erweitert wurde. Ab 1715 nahm *Filippo Juvarra* das Projekt in Angriff, die Anlage in ein ›piemontesisches Versailles‹. zu verwandeln, doch 1734 mussten die Bauarbeiten mangels Geldes eingestellt werden und der barocke Bau blieb unvollendet. Das faszinierend-kontrastreiche Ensemble aus unfertigen, rohen Feldsteinmauern und stuckverzierten, bemalten Sälen bildet heute den anregenden Rahmen für das **Museo d'Arte Contemporanea**. Das Museum für Gegenwartskunst zeichnet die Entwicklung von den 1950er-Jahren bis heute nach – mit hochkarätigen Werken von Claes Oldenburg, Mimmo Paladino, Rebecca Horn, Dara Birnbaum, Andreas Gursky u.a.

Das Jagdschlösschen **Palazzina di Caccia di Stupinigi** (Tel. 01 13 58 12 20, bis 2011 wegen Restaurierung geschl. Von Turin, Porta Nuova, verläuft der Corso Unione Sovietica direkt zum 10 km südlich gelegenen Palast) ließ König Vittorio Amadeo II 1729–33 von *Filippo Juvara* errichten. Der begnadete Barockbaumeister schuf einen imposanten ovalen Zentralbau mit überkuppeltem Festsaal in der Mitte. Ehrenhof, Seitenflügel und Nebengebäude ergänzen die fürstliche Kulisse. Das Innere ist nicht weniger beeindruckend im Stil des Rokoko gestaltet.

Praktische Hinweise

Information

Turismo Torino, Stazione di Porta Nuova, Corso Vittorio Emanuele II 53, Turin, Tel. 011535181, www.turismotorino.org

Alle Touristeninformationen der Region Piemont verkaufen die **Torino + Piemonte Card**. Sie öffnet für 2, 3, 5 oder 7 Tage die Türen zu über 150 Museen, Monumenten, Schlössern, Ausstellungen usw. in Turin und Region. Auch die Nutzung öffentlicher Verkehrsmittel, mit Ausnahme der U-Bahn, ist enthalten.

Flughafen

Aeroporto Caselle Torino, Tel. 0115676361, www.turin-airport.com. 16 km nördl. der Stadt, Anschluss per Bus und Bahn.

Bahnhöfe

Turin verfügt über vier Bahnhöfe, am wichtigsten sind die **Stazione Porta Susa** (Westen), Piazza XXVII Dicembre 8, Tel. 011538513 und **Porta Nuova** (Zentrum), Corso Vittorio Emanuele II 53, Tel. 011532427. Internationale Züge verkehren auch an/ab **Stazione Dora** (Norden), Piazza Baldissera, und **Stazione Lingotto** (Süden), Via Pannunzio 1.

Öffentliche Verkehrsmittel

GTT, Corso Turati 19/6, Turin, Tel. 800019152 (gebührenfrei). Die Städtischen Verkehrsbetriebe unterhalten ein weit verzweigtes Straßenbahn- und Busnetz. Die U-Bahn verbindet Stazione Porta Susa mit den westlichen Vororten und ist für Touristen kaum relevant.

Einkaufen

Eataly, Via Nizza 224, Turin, www.eataly.it, tgl. 10–22 Uhr. In der einstigen Produktionsstätte der 1786 gegründeten Wermutfirma *Carpano* kann man sich mit italienischen Spezialitäten aus ökologischem Anbau und mit Wermut eindecken. Außerdem gibt es eine Schlemmermeile mit Schokoladenbrunnen.

Guido Gobino, Via Cagliari 15 b, Turin, Tel. 0112476245, www.guidogobino.it. Die innovativen Kreationen von Guido Gobino verführen durch puren Geschmack und beweisen, dass Turin eine Schokoladenhochburg Europas ist.

Nachtleben

Hafa Café, Via Sant'Agostino 23 c, Turin, Tel. 0114367091. Orientalische Farben, Düfte und Genüsse von Essen bis Musik ziehen die Nachtschwärmer im *Quadrilatero Romano* an.

Jam Club Due, Murazzi del Po 19, Turin, Tel. 0471795235. Einer von vielen trendigen Clubs am Po mit vielfältigem Angebot vom Aperitif unter freiem Himmel bis zu Tanz und Livemusik in alten Gemäuern.

Hotels

******Le Méridien Lingotto**, Via Nizza 262, Turin, Tel. 0116642000, www lemeridien-lingotto.it. Von Renzo Piano entworfenes Luxushotel in den einstigen FIAT-Produktionshallen mit tollem Design.

******Santo Stefano**, Via Porta Palatina 19, Turin, Tel. 0115223311, www.rh-hotels.com. Neubau in historischer Nachbarschaft mit exzellentem Service und erquickendem Wellnessbereich.

*****Dogana Vecchia**, Via Corte d'Appello 5, Turin, Tel. 0114366752, www.hoteldoganavecchia.com. Charmantes Hotel in der Fußgängerzone. Das Ambiente ist heute nicht mehr ganz so glanzvoll wie zu Zeiten Mozarts, der einst in Zimmer 204 nächtigte.

Open 011, Corso Venezia 11, Turin, Tel. 011250535, www.open011.it. Auf junges Publikum zugeschnittenes einfaches Hostel mit Fahrradverleih.

Avantgardistisches Ambiente: Foyer des Luxushotels Le Méridien Lingotto

Restaurants

Del Cambio, Piazza Carignano 2, Turin, Tel. 011 543760. 550 Jahre Erfahrung garantieren Qualität. Hier gönnten sich schon Graf Cavour und andere Politiker eine genüssliche Rast (So geschl.).

Guido, Via Nizza 224, Turin, Tel. 011 19 50 68 11. In dem ausgezeichneten Restaurant servieren Piero Aciati und die Familie Vicino regionale Eataly-Produkte.

Tre Galli, Via Sant'Agostino 25, Turin, Tel. 011 5216027, www.3galli.com. Beliebtes Vineria-Restaurant im angesagten Ausgehviertel nahe der Piazza della Repubblica (So geschl.).

Cafés

Fiorio, Via Po 8, Turin, Tel. 011 8173225, www.fioriocaffegelateria.com. Eines der 13 historischen Cafés in Turin, die mindestens 100 Jahre alt sind. Mittags und abends gibt es außer köstlichem Eis und Kuchen ein leckeres Büffet.

Grom, Piazza Paleocapa 1 d, Turin, Tel. 011 5119067, www.grom.it. Hier wird das wohl beste Eis der Stadt kredenzt, auf jeden Fall das cremigste Joghurteis. Da lohnt es sich, Schlange zu stehen.

29 Asti

Die Stadt des prickelnden Spumante liegt inmitten der lieblichen Weinhügel des Monferrato.

Kleine Burgen, Türme und Ortschaften besetzen die sanften Hügel des **Monferrato**. An den Hängen gedeihen hervorragende Weine wie der dunkelrote *Barbera* oder der spritzig süße *Asti Spumante*. **Asti** (78 000 Einw.) ist das Zentrum der Weinproduktion in dem traditionsreichen Anbaugebiet zwischen Po und Tànaro. Die Provinzhauptstadt, die sich in der weiten Flusssenke des Tànaro ausbreitet, wurde 89 v. Chr. von den *Römern* gegründet und stieg im 12. Jh. zu einer einflussreichen freien Stadtrepublik auf. Durch die andauernden Kämpfe zwischen *Ghibellinen* und *Guelfen* geschwächt, fiel die Stadt aber im 14. Jh. an die Visconti und schließlich im 16. Jh. an die Savoyer.

Berühmt ist Asti für die alljährliche Weinmesse **Douja d'Or** (www.doujador.it), deren Höhepunkt jeweils am dritten Sonntag im September der traditionelle **Palio** ist. Bei diesem wilden Pferderennen messen sich seit 1275 die besten Reiter aus 14 Stadtteilen Astis. Schauplatz des kos-

Das sanft gewellte Hügelland des Monferrato ist Heimat von Barbera und Asti Spumante

tümfreudig bunten Wettkampfs ist der *Campo del Palio* in Bahnhofsnähe, auf dem sonst die Marktleute ihre Waren anbieten.

Über die anschließende *Piazza Alfieri*, die nach dem in Asti geborenen Dichter und Dramatiker *Vittorio Alfieri* (1749–1803) benannt ist, gelangt man zur Piazza San Secondo mit der Kirche **San Secondo** (tgl. 8–12 und 15.30–17 Uhr). Ihr *Campanile* stammt noch aus dem 11. Jh., doch die romanische Kirche selbst wurde im 13.–15. Jh. in eine gotische Stufenhalle mit schöner *Backsteinfassade* umgewandelt. Im später barockisierten Inneren werden die farbenprächtigen *Stadtteilfahnen* für den Palio aufbewahrt.

Weiter nördlich ragt die im 13. Jh. errichtete **Torre Troyana** (Tel. 0141399489, April–Sept. tgl. 10–13 und 14–19 Uhr) empor. Von den ursprünglich etwa 120 Geschlechtertürmen Astis, Prestigebauten konkurrierender Familien, sind nur noch zwölf erhalten. Gewaltigen Eindruck macht auch die **Torre dei Comenti** (13. Jh.) an der Piazza Roma, zu der man über den *Corso Vittorio Alfieri* gelangt. Diese von herrlichen Adelspalästen gesäumte Straße ist Bühne des städtischen Lebens. Sehenswert ist hier das **Museo Civico di Sant'Anastasio** (Corso Vittorio Alfieri 365, Tel. 0141437454, April–Okt. Di–So 10–13 und 16–19, sonst 10–13 und 15–18 Uhr). Es stellt römische und mittelalterliche Grabungsfunde aus und macht auch die stimmungsvolle romanische *Krypta di Sant'Anastasio* (11. Jh.) mit ihren fantasievoll reliefierten Kapitellen zugänglich. Der elegante **Palazzo Alfieri** (Corso Vittorio Alfieri 357, www.fondazionealfieri.it, zzt. geschl.) aus dem 18. Jh., das Geburtshaus Vittorio Alfieris besitzt einen schönen Innenhof und dient heute als Museum und Studienzentrum, welche Leben und Werk des Literaten gewidmet sind.

Über die hübsche Via Varrone gelangt man rechts zur **Cattedrale Santi Maria Assunta e Gottardo** (tgl. 8–12 und 15–17.30 Uhr). Der 1309–54 errichtete Backsteinbau ist ein wunderbares Beispiel für die Gotik im Piemont. Die Westfassade wird durch drei Stufenportale und eine Fensterrose gegliedert. Die der Piazza Cattedrale zugewandte Südseite erhielt einen besonders prächtigen Portikus, der

Lebensader der Stadt: Den Corso Vittorio Alfieri in Asti flankieren elegante Patrizierpaläste

mit Statuen und Reliefs verziert ist. Im *Inneren* tragen hohe Bündelpfeiler die Gewölbe der drei Kirchenschiffe. Der eher strenge gotische Innenraum ist überzuckert mit Rokokofresken (1764–69) von illusionistischer Bravour und beschwingtgeschwätziger Bildsprache.

Am östlichen Ende des Corso Vittorio Alfieri steht die ziegelrote **Rotonda di San Pietro** (April–Okt. Di–So 10–13 und 16–19, sonst Di–So 10–13 und 15–18 Uhr). Das achteckige Baptisterium des 12. Jh. ist ein urtümlich-wehrhafter Bau, bei dem einzelene Wandpartien und die mächtigen Rundpfeiler mit hellem Tuff- und rotem Ziegelstein gemustert sind.

Praktische Hinweise

Information

IAT, Piazza Alfieri 29, Asti, Tel. 01 41 53 03 57, www.astiturismo.it

Ein buntes Spektakel in historischem Kostüm bietet Asti zum Palio im September

Hotels

******Locanda del Sant'Uffizio**, Strada del Sant'Uffizio 1, Cioccaro di Penango, Tel. 01 41 91 62 92, www.thi.it.ca. Wunderschönes einstiges Kloster in den Weinbergen 20 km nördlich von Asti.

*****Reale**, Piazza Alfieri 6, Asti, Tel. 01 41 53 02 40, www.hotelristorantereale.it. Das charmante Stadthotel bietet große Zimmer in erstklassiger Lage.

Restaurants

Barolo & Co, Via Cesare Battisti 14, Asti, Tel. 01 41 59 20 59. Restaurant und Enoteca sind gemütlich, Essen und Wein ausgezeichnet (Mo geschl.).

Gener Neuv, Lungotanaro Pescatori 4, Asti, Tel. 01 41 55 72 70, www.generneuv.it. Das vornehme Restaurant am Fluss gehört zu Piemonts besten. Hervorragend ist hier z.B. Risotto mit Aal.

30 Alba

Schlemmerhochburg für Trüffelnasen und Weinkenner in der Langhe.

Die waldreiche Hügelkette der **Langhe** erstreckt sich zwischen den Flüssen Tànaro und Bormida sowie dem nördlichen Apennin. Wildromantisch gelegene Ortschaften grüßen von den Anhöhen. Die Straßen schlängeln sich an Weinbergen vorbei, in denen heimische *Nebbiolo-Trauben* für vollmundig roten *Barolo* reifen. Neben dem Wein waren auch die Haselnüsse der Langhe schon bei den Savoyer Königen sehr geschätzt; nicht umsonst hat Ferrero seinen Firmensitz vor den Toren Albas. Eine rare Spezialität sind die heiß begehrten weißen **Trüffel** (*Tuber magnatum Pico*). Die delikaten Wildpilze, die von Hunden oder Schweinen erschnüffelt werden, sind seltener als die zuchtfähigen schwarzen Trüffel. Sie kosten etwa 650 € pro 100 g.

Alba (30 000 Einw.), die größte Stadt der Langhe, liegt wie Asti am Tànaro und wurde 89 v. Chr als römisches *Municipium* erstmals urkundlich erwähnt. Im 12. Jh. erlebte die Stadt als freie Kommune und Mitglied der Lombardischen Liga eine Blütezeit, an die zahlreiche backsteinerne *Geschlechtertürme* im historischen Zentrum erinnern. Im 15. Jh. geriet Alba unter die Herrschaft der Gonzaga, denen im 17. Jh. die Savoyer folgten. Heute lebt das mittelalterliche Städtchen von den

Feinschmecker mit dem richtigen Riecher für die besten Trüffel treffen sich in Alba

Schätzen der Natur – Wein, Trüffel, Haselnüsse. Jedes Jahr im September und Oktober pilgern Feinschmecker aus aller Welt nach Alba zur **Fiera Internazionale del Tartufo** (www.fieradeltartufo.org), der wichtigsten italienischen Trüffelmesse. Und wenn all die kostbaren Knollen gewogen, geschätzt und versteigert sind, lässt man beim **Palio degli Asini** die Esel los. Mit dem vergnüglichen Rennen, bei dem sich die Reiter kaum auf den störrischen Tieren halten können, macht man sich hier schon seit 1932 über den Palio in Asti lustig.

Lebendiger Mittelpunkt Albas ist die langgestreckte, von vielen netten Cafés und Geschäften gesäumte *Piazza Risorgimento*. Auch der Palazzo Comunale hat hier seinen Platz, ebenso wie der dreischiffige romanisch-gotische **Duomo San Lorenzo** (Sa–Do 8–12 und 15–18.30, Fr. 15–18.30 Uhr). Er datiert ursprünglich ins 14./15. Jh., wurde aber mehrfach umgebaut. An der *Fassade* sind die Symbole der vier Evangelisten bemerkenswert, deren Anfangsbuchstaben den Namen der Stadt bilden: Angelo (Engel), Leone (Löwe), Bue (Stier) und Aquila (Adler). Im *Inneren* sollte man einen Blick auf das Chorgestühl (1512) werfen. Die reichen Intarsien zeigen Stadtansichten und ländlich-bäuerliche Szenen.

Berühmt für vollmundigen Rebensaft: Castello Grinzane Cavour südlich von Alba

Ausflug

Albas Umgebung bietet einige kulinarische und önologische Höhepunkte. Liebhaber der Speise- und Weinkultur sollten etwa das schwergewichtige **Castello Grinzane Cavour** (Tel. 0173262159, www.castellogrinzane.com, April–Okt. Mi–Mo 9.30–19, Febr./März/Nov./Dez. bis 18 Uhr) 5 km südlich der Stadt mitten im Weinland des Barolo besuchen. Der mittelalterliche Bau (13.–15. Jh.) beherbergt neben einem kleinen ethnografischen Museum zur hiesigen Bauernkultur die *Enoteca Regionale Piemontese*, in der man edle piemontesische DOC- und DOCG-Weine verkosten kann.

Noch einige Kilometer weiter im Süden liegt das Dorf **Barolo** mit dem *Castello Comunale Falletti* (www.baroloworld.it, März–Okt. Fr–Mi 10–12.30 und 15–18.30 Uhr) aus dem 11. Jh. Hier wurde im Weinkeller der Familie Falletti um 1830 der erste Barolo gekeltert – der samtige, rubinrote ›Wein der Könige‹. Heute kann man in der *Enoteca Regionale del Barolo* probieren, was ein paar Jahre in Fass und Flasche aus der Nebbiolo-Traube machen können. Das angeschlossene *Museo del Vino* sorgt für die nicht weniger berauschenden theoretischen Grundlagen.

Rund 15 km nordwestlich von Barolo liegt die ›Schneckenhauptstadt‹ **Cherasco**. Die Köche der Region zaubern aus den Kriechtieren reinste Gourmethappen, etwa in Rotweinsoße mit Nüssen (*Lumache al barbera*). Mit der Schneckenzucht beschäftigt sich auch das *Istituto Internazionale di Elicicoltura* (Via Vittorio Emanuele 55, www.lumache-elici.com).

Das hübsche Städtchen **Bra**, 8 km nördlich von Cherasco bzw. 15 km westlich von Alba, lädt zu einem Bummel ein. Die *Via Vittorio Emanuele* und *Piazza Caduti* säumen elegante, barocke Palazzi (17./18. Jh.). Die Barockkirche **Sant'Andrea** an der Piazza wurde von Bernini entworfen und von Guarini realisiert. Bekannt wurde Bra aber als Heimat der *Slow Food Bewegung* (Via della Mendicità Istruita 14, www.slowfood.com). Die Initiative entstand 1989 als Kampfansage gegen Burger und Pommes, um weltweit die Vielfalt der regionalen Küchen und Produkte zu erhalten. Inzwischen wurde sogar die erste Universität für Gastronomische Wissenschaften eröffnet, deren Hauptsitz sich im 4 km entfernten **Pollenzo** etabliert hat. Unter dem Dach dieser *Università di Scienze Gastronomiche* (Piazza Vittorio Emanuele 9, www.unisg.it) befinden sich auch ein Hotel (Albergo dell'Agenzia, Tel. 0172 45 86 00) mit riesigem Weinkeller und ein exquisites Restaurant (s.u.).

Ein süffiger Roter wartet in der Enoteca des Castello Grinzane Cavour auf Kennergaumen

Praktische Hinweise

Information

Ente Turismo, Piazza Risorgimento 2, Alba, Tel 0173 35 58 33, www.langheroero.it

Hotels

Albergo San Lorenzo, Piazza Rossetti 6, Alba, Tel. 0173 36 24 06, www.albergosanlorenzo.it. Klassisch-elegante Zimmer in einem historischen Gebäude mitten im Zentrum.

Villa La Meridiana, Località Altavilla 9, Alba, Tel. 0173 44 01 12. Angenehmer Agriturismo. Die Jugendstilvilla in Hügellage unweit der Stadt bietet einen Pool und schöne Ausblicke über Obstgärten und Trüffelwälder. Kochkurse auf Anfrage.

Restaurants

Guido, Via Fossano 19, Pollenzo, Tel. 0172 45 84 22, www.albergoagenzia.it. Das edle Restaurant auf dem Campus der *Università di Scienze Gastronomiche* ist den unverfälschten Köstlichkeiten der Region verpflichtet (So/Mo geschl.).

Osteria dell'Arco, Piazza Savona 5, Alba, Tel. 0173 36 39 74, www.osteriadellarco.it. In dem freundlichen Lokal im historischen Stadtkern werden typische Gerichte der Langhe fantasievoll verfeinert dargeboten (So/Mo geschl.)

Hier hatten Künstler wie Bernini und Guarini ihre Hand im Spiel: Piazza Caduti in Bra

Ligurien – Genua und die Blumenriviera

Malerisch rahmt der ligurische Apennin den *Golf von Genua*. Steil fallen die Berghänge zum schmalen Küstenstreifen mit seinen charmanten Orten ab. Hauptstadt von Ligurien ist das attraktive **Genua**, früher eine mächtige Seerepublik. Heute bietet der restaurierte *Porto Antico* Attraktionen wie das Acquario. Auch das kulturelle Angebot in der Altstadt mit ihren von prächtigen Adelspalästen gesäumten Straßen entspricht dem Image einer lebhaften Metropole. Beschaulicher aber nicht weniger bunt präsentieren sich die autofreien einstigen Fischerdörfer der **Cinque Terre** östlich von Genua, die wie Adlerhorste kühn auf steile Felsen gebaut wurden. Westlich von Genua führt die malerische kurvenreiche Küstenstraße an der sonnigen **Riviera di Ponente** entlang. Hier locken zwischen Savona und San Remo hübsche mittelalterliche Städtchen wie Albenga und mondäne Badeorte wie Alassio.

31 Genua

›La Superba‹, die stolze alte Seemacht, hat sich zu einer modernen Hafenmetropole entwickelt.

Genua (Genova, 610 000 Einw.) breitet sich als imposantes Häusermeer zu Füßen des ligurischen Apennin aus. Die modernen Hafenanlagen erstrecken sich insgesamt über etwa 30 km an der Küste entlang und machen die Stadt zum größten Hafen Italiens und des gesamten Mittelmeers. Gern flanieren die Genueser unter Palmen über die neu angelegte *Uferpromenade* oder bummeln durch die schmalen Gassen der Altstadt, in der viele kleine Spezialitätenläden das bunte Bevölkerungsgemisch von ›La Superba‹, ›der Unübertrefflichen‹, widerspiegeln.

Geschichte Erstmals urkundlich erwähnt wurde Genua 216 v. Chr., als die Römer die Hauptstadt der **Ligurer** eroberten. Seit dem 4. Jh. bestimmten die vier wichtigen Familien der **Doria**, **Fieschi**, **Spinola** und **Grimaldi** die Geschicke

Innovative Akzente setzte Genua mit der Neugestaltung des Porto Antico ▷

der geschäftstüchtigen Hafenstadt. Seinen Aufschwung zur **Großmacht** verdankte Genua aber seiner regen *Handels-* und bedeutenden *Kriegsflotte*. Während der Kreuzzüge eroberte die seit dem 10. Jh. freie **Stadtrepublik** mehrere spanische Häfen von den Sarazenen und gründete Niederlassungen und Kolonien von Monaco bis zur Schwarzmeerküste, u.a. auf Sardinien, Korsika und der Ägäisinsel Chios. 1284 setzte sich Genua in der Schlacht von Melora gegen die Rivalin Pisa durch, musste sich aber seinerseits 1380 bei Chioggia Venedig geschlagen geben.

Danach geriet Genua unter wechselnde Fremdherrschaft, vor allem von Frankreich. 1528 gelang es schließlich **Andrea Doria** (1466–1560) mithilfe Kaiser Karls V., die Franzosen zu vertreiben und die Republik Genua wiederherzustellen. Die Stadt erlebte im 16. Jh. eine neue Blütezeit und avancierte zum ersten **Finanzzentrum** Europas. Als damals die Altstadt für die neuen Stadtpaläste der Patrizierfamilien zu eng wurde, entstanden die **Strade Nuove**, die Via Garibaldi (16. Jh.) und Via Balbi (17. Jh.), die 2006 von der UNESCO zum *Weltkulturerbe* erklärt wurden – zusammen mit den *Palazzi Rolli*, jenen Palästen, die der Senat Genuas 1576 als würdige Unterkünfte für Staatsgäste aufgelistet hatte.

Genua blieb bis zum Einmarsch Napoleons 1805 selbstständig und kam nach dem Wiener Kongress 1815 zum *Königreich Piemont-Sardinien*, für das der Hafen eine wichtige Rolle spielte. 1854 wurde die erste Bahnlinie nach Turin eröffnet und die **Stazione Principe** gebaut. Am Portal des Bahnhofgebäudes prangen noch heute die Wappen Genuas (rotes St.-Georgs-Kreuz) und Turins (Stier). Zu dieser Zeit kämpften auch Genueser für die Einheit Italiens, allen voran **Giuseppe Mazzini** (1805–1872) als einer der führenden Köpfe des Risorgimento.

Die beiden Weltkriege und wirtschaftliche Turbulenzen verursachten im 20. Jh. einen rapiden Niedergang, Hafen und Altstadt von Genua waren stark heruntergekommen. Doch das *Kolumbusjahr* 1992 zur Erinnerung an den nach eigenem Bekunden aus Genua stammenden Seefahrer Christoph Kolumbus (ca. 1451–1506), der *Weltwirtschaftsgipfel* 2001 und das-

Hier schrieb Marco Polo berühmte Reiseberichte: Palazzo San Giorgio am Hafen von Genua

Jahr als *Europäische Kulturhauptstadt* 2004 sorgten dafür, dass das historische Zentrum und der *Porto Antico* restauriert wurden und heute mit vielen Attraktionen aufwarten.

Besichtigung Das weitläufige Stadtzentrum Genuas befindet sich zwischen den Bahnhöfen *Stazione Principe* im Westen und *Stazione Brignole* im Osten. Beide sind durch Metro und Busse an den Porto Antico und die Altstadt angebunden, die man am besten zu Fuß erkundet. Wer mit dem Auto unterwegs ist, sollte es in einem der Parkhäuser am Porto Antico stehen lassen und die Besichtigung an der Piazza Caricamento beginnen.

Alter Hafen

Die **Piazza Caricamento** präsentiert sich als großzügiger Fußgängerbereich, den freigelegte Reste antiker Kaimauern zieren. Dominiert wird der Platz vom **Palazzo San Giorgio** (Mo–Sa 13–18 Uhr), der 1260 als Rathaus erbaut wurde. Dazu gehörte ein Gefängnis, dessen berühmtester Insasse *Marco Polo* (1254–1324) war. 1298/99 verfasste er hier sein Werk ›Il Milione‹ (Die Wunder der Welt). 1407 bezog die mächtige *Banco di San Giorgio* (1797 aufgelöst) den Prachtbau, 1570 ließ sie ihn erweitern. Seitdem schmücken die *Fassade* farbenprächtige, teilweise illusionistische Malereien von *Lazzaro Tavarone*. Die Ostfassade zieren Löwenköpfe, die 1262 in Istanbul erbeutet wurden. Heute residiert in dem ehrwürdigen Gemäuer die Hafenbehörde, doch die große Halle mit 21 Marmorstatuen (16. Jh.) berühmter Genuesen kann besichtigt werden.

Nicht zu Unrecht gilt die Piazza Caricamento als Tor zum **Porto Antico**. Noch verläuft zwischen beiden eine schnöde Hochstraße, doch sie soll abgerissen werden, um den Zugang zur *Piazza delle Feste* und der schönen Uferpromenade zu erleichtern. Hier am Porto Antico mit seinen zahlreichen Museen, Cafès, Restaurants und Kinos schlägt das touristische Herz der Stadt. An seiner Umgestaltung im Jahr 1992 hatte der 1937 in Genua geborene Stararchitekt *Renzo Piano* wesentlichen Anteil. Linkerhand ragen die schlanken Arme des Panoramaaufzugs **Bigo** (Juli/Aug. Mo 14–20, Di/Mi, So 10–20, Do–Sa 10–23 Uhr, sonst Mo 14–18, Di–So 10–18 Uhr) wie Igelstacheln in die Luft. Lifte bringen Besucher in fast 50 m Höhe, von wo sich das schönste Hafenpanorama bietet. Dahinter wurden die alten Baumwolllager (19. Jh.) zur **Città dei Bambini e dei Ragazzi** (Magazini del Cotone, www.cittadeibambini.net, Tel. 01 02 47 57 02, Juli–Sept. Di–So 11.30–19.30, sonst Di–So 10–18 Uhr) umgebaut, einem Spiel- und Experimentierareal für Kinder von 3 bis 14 Jahren. Der ins Hafenbecken eingelassene Swimmingpool **Piscina Teatro** (Juni–Sept. tgl. 10–18 Uhr) verspricht Abkühlung an heißen Sommertagen.

TOP TIPP Das phänomenale **Acquario di Genova** (Tel. 01 02 34 56 78, www.acqua

riodigenova.it, Mo–Fr 9–19.30, Sa/So 8.45–20.30 Uhr) ist die Hauptattraktion des Hafens. Für den Bau dieses größten Wasserzoos Europas ließ sich *Renzo Piano* von Kreuzfahrtschiffen und Containerfrachtern inspirieren. Sobald man den ›Schiffsrumpf‹ betritt, taucht man ein in die faszinierende Welt der Papageienfische, Delfine, Seehunde, Haie und Pinguine. In 71 modernen Aquarien und Bassins sind Tiere aus 8000 verschiedenen Spezies zu Hause, die Tour führt vom Great Barrier Reef in Australien über die Korallenriffe der Karibik bis zu den Mangrovensümpfen des Amazonas.

Wer nun wissen möchte, wie Genua zur Seemacht aufstieg, wie Kapitäne und Entdecker die Weltmeere durchflügten und neue Länder erkundeten, dem sei etwas weiter nördlich das interessante **Galata Museo di Mare** (Darsena, Tel. 01 02 34 56 55, www.galatamuseodelmare.it, Di–So 10–19.30 Uhr) empfohlen. Es informiert über den Alltag auf einer Galeere ebenso anschaulich wie über Christoph Kolumbus' Flaggschiff ›Santa Maria‹ oder die Zustände an Bord eines Auswandererschiffes des 18. Jh. Am südwestlichen Ende des Hafenrunds an einer Mole im Stadtteil Sampierdarena wacht seit 1543 der Leuchtturm **La Lanterna** (Tel. 010 91 00 01, www.liguri.org/lanterna, Sa/So 10–19 Uhr). Der 77 m hohe schlanke Viereckturm ist das Wahrzeichen Genuas und birgt heute auch eine Museum.

Altstadt

Eng an den Porto Antico schmiegt sich die Altstadt Genuas. Sie beginnt im Norden etwa im Scheitelpunkt des Hafenrunds bei der *Porta dei Vacca*, einem von zwei Rundtürmen flankierten Stadttor aus dem 12. Jh. Parallel zum Ufer etwas stadteinwärts wurden im 12./13. Jh. die Arkaden der **Sottoripa** angelegt. Dahinter befanden sich einst die Warenlager der Kaufleute und die Kneipen der Seeleute, heute trifft man hier auf eine bunte Mischung an Bars, Cafès, Fischgeschäften und Imbissbuden. Unweit der Einmündung der Via Sottoripa in die Piazza Caricamento öffnet sich die **Piazza Banchi**, an der einst die Geldwechsler ihren Sitz hatten und im 13. Jh. die erste Warenbörse der Welt eröffnet wurde. Seit 1598 steht an dieser Stelle die elegante **Loggia dei Mercanti** (Tel. 010 55 71 11). Das nach Plänen von *Galeazzo Alessi* erbaute Handelszentrum fällt duch seine fast bis unters Dach reichenden Rundbogenfenster auf. Die Loggia erfüllte ihren Zweck bis 1855 und bietet heute den stilvollen Rahmen für Kunstausstellungen.

Charakteristisch für die Genueser Altstadt sind sehr schmale Gassen, *Caruggi* genannt, die für den Verkehr gesperrt sind. Durch sie spaziert man nun südwärts zur eigenwilligen **Cattedrale San Lorenzo** (tgl. 7–12 und 15–19 Uhr) mit ihrer hübschen schwarz-weiß gebänderten

In der Unterwasserwelt des Acquario di Genova schlagen nicht nur Kinderherzen höher

Schwarz-weiß gebänderte Arkaden erhöhen die feierliche Wirkung der Cattedrale San Lorenzo

Fassade und den pompösen Gewändeportalen. Die gotische Kathedrale wurde im 13./14. Jh. anstelle eines 1296 abgebrannten Vorgängerbaus errichtet. Der *Glockenturm* gelangte 1522 zur Vollendung, während der zweite Turm ein Stumpf blieb. Vorplatz und Freitreppe des Doms entstanden um 1840 durch den Abriss alter Häuser. Das dreischiffige

Durch Farbigkeit und üppige Reliefs akzentuiert: Portal der Cattedrale San Lorenzo

tonnenüberwölbte *Innere* begeistert mit kräftiger schwarz-weißer Bänderung und eleganten doppelgeschossigen Arkadenstellungen, die das Mittelschiff komplett zu den Seitenschiffen hin öffnen. Berauschend ist der Blick in die hoch aufragenden *Chorapsis*, ein Ensemble aus üppiger Bauplastik, farbenfrohen Glasmalereien, bewegten Fresken von *Lazzaro Tavarone* und reich verziertem Chorgestühl. Die *Cappella Lercari* (16. Jh.) am Ende des linken Seitensschiffs mit Deckenfresken von *Il Bergamasco* (Giovanni Battista Castello, 1547–1637) und Wandmalereien seines Kollegen *Luca Cambiaso* (1527–1585) gilt als Hauptwerk des Genueser Manierismus. *Domenico Gagini* schuf für die *Cappella San Giovanni Battista* (1450) in der Mitte des linken Seitenschiffs zart akzentuierte Reliefs zur Vita Johannes des Täufers. Auf derselben Seite liegt der Eingang zum **Museo del Tesoro** (Mo–Sa 9–12 und 15–18 Uhr). Eines der kostbarsten Exponate ist der ›Heilige Gral‹, ein legendenumwobener Glaskelch aus dem 9. Jh., den Condottiere Guglielmo Embrìaco vom ersten Kreuzzug im 11. Jh. aus Caesarea mitbrachte.

Einige Ecken weiter liegt die intime **Piazza San Matteo** mit mittelalterlichen Palästen (13.–15. Jh.) und der schwarzweiß gebänderten Kirche *San Matteo* (tgl. 9–12 und 16–19 Uhr). Der romanische Bau birgt sehenswerte Fresken (16. Jh.) von *Luca Cambiaso* und in der Krypta das Grabmal Andrea Dorias.

Die Piazza Matteotti nur wenige Meter weiter steht ganz im Zeichen des majestätischen **Palazzo Ducale** (Tel. 0105574000, www.palazzoducale.genova.it, Di–So 9–19 Uhr). Die Ende des 13. Jh. erbaute Residenz des Dogen von Genua wurde im 14. Jh. weiterausgebaut und im 16. Jh. komplett verändert. Nach einem Brand 1777 konnte der Komplex im 19./20. Jh. wiederhergestellt werden, heute dient er der Stadt als noble Adresse für Ausstellungen, Empfänge und Kongresse.

Ostwärts schließt sich die belebte **Piazza de Ferrari** an. In der Mitte setzt ein großer Springbrunnen (1935) spielerische Akzente, ernste Töne dagegen schlägt das **Teatro Carlo Felice** (www.carlofelice.it) an – mit dem neoklassizistischen Portikus (1828) des Vorgängerbaus und *Aldo Rossis* kontrastreich-klotzigem Turmbau von 1990.

Im Süden des Platzes erhebt sich die Jesuitenkirche **Santi Ambrogio e Andrea** (auch Chiesa del Gesù, tgl. 7–12 und 16–19 Uhr) aus dem späten 16. Jh., die wohl schönste und reichste Barockkirche Genuas. Das *Innere* ist fast komplett mit Marmor verkleidet. Zu den Ausstattungsschätzen gehören Gemälde von *Peter Paul Rubens*, die ›Beschneidung Christi‹ (1605) über dem Hauptaltar und das ›Wunder des hl. Ignatius‹ (vor 1620) in der dritten Seitenkapelle links. Rubens war seit 1600 in Italien tätig und erhielt auch in Genua Aufträge für Adelsporträts und Altarbilder.

Die Piazza de Ferrari leitet über zum Prachtboulevard **Via XX Settembre**, der 1892 angelegt wurde und heutzutage vielfältige Shoppingfreuden verheißt. Ein Stück weiter südlich flankieren zwei 31 m hohe Rundtürme aus hellen Quadern die schlanke lanzettförmige **Porta Soprana** (1155). Im Schatten des alten Stadttores duckt sich die unscheinbare, efeuüberwachsene **Casa di Colombo**, in der Christoph Kolumbus seine Kindheit verbracht haben soll. Tatsächlich stammt das Haus aber wohl aus dem 18. Jh. Daneben sieht man die Reste des Klosters *Sant'Andrea* (12. Jh.).

Neue Straßen

Ein Ausflug in Genuas *Goldenes Zeitalter* (16./17. Jh.) führt nördlich der Altstadt zur **Via Garibaldi** (Infokiosk, Tel. 0105574004, www.stradanuova.it). Sie war ab 1550 als *Strada Nuova* vor der Stadtmauer angelegt worden, da die Altstadt aus den Nähten zu Platzen drohte. Die teuersten Grundstücke an der ›Neuen Straße‹ lagen dem *Centro Storico* gegenüber am Hang und ermöglichten die Anlage von aussichtsreichen Terrassen und üppigen hängenden Gärten. 13 prunkvolle Palazzi der Spinola, Grimaldi, Doria, Pallavicino,

Urbanes Herz Genuas: Piazza de Ferrari mit Tempelfront und Turmbau des Teatro Carlo Felice

Lomellino und anderer reicher Genueser Familien bildeten die Kulisse. Die Paläste sind heute als *Musei di Strada Nuova* zu besichtigen, wobei drei besondere Aufmerksamkeit verdienen. Außerordentlich beeindruckend ist die breite Säulenfront des **Palazzo Doria-Tursi** (Via Garibaldi 9, Tel. 01 05 57 21 93, Di–Fr 9–19, Sa/So 10–19 Uhr). Der Komplex wurde ab 1565 samt zwei großen wunderbaren Gärten von *Domenico* und *Giovanni Ponzello* für ›il Monarca‹ Niccolò Grimaldi errichtet. Im *Inneren* wird des begnadeten Geigers *Niccolò Paganini* (1782–1840) gedacht, der in Genua geboren wurde. Ansonsten sind in den bombastischen Sälen ligurische Keramik, Möbel, antike Münzen sowie einige Gemälde ausgestellt, die zur Sammlung des benachbarten **Palazzo Bianco** (Via Garibaldi 11, Tel. 01 05 57 21 93, www.museopalazzobianco.it, Di–Fr 9–19, Sa/So 10–19 Uhr) gehören. Dieser wurde um 1540 im Auftrag der Grimaldi begonnen und 1712 für die Familie Brignole-Sale in heutiger Pracht fertiggestellt. Zu den hochkarätigen Beständen der hiesigen *Galleria di Palazzo Bianco* gehören Arbeiten europäischer Künstler des 15.–18. Jh., darunter Spitzenwerke von Veronese, Caravaggio und Rubens.

Auf der gegenüber liegenden Straßenseite erhebt sich der nach seiner roten Fassade benannte **Palazzo Rosso** (Via Garibaldi 18, Tel. 01 02 47 63 51, www.museopalazzorosso.it, Di–Fr 9–19, Sa/So 10–19 Uhr). *Piero Antonio Carradi* schuf das Bauwerk 1671 im Auftrag der Brignole-Sale. Die Prunkräume begeistern mit überaus wertvollen Gemälde von Dürer, Veronese, van Dyck, Guido Reni und *Bernardo Strozzi* (1581–1644), das bedeutendste Talent der genuesichen Barockmalerei.

Die Via Garibaldi mündet in die **Via Balbi**, eine breite Prachtstraße, die im Zuge der Stadterweiterung des 17. Jh. angelegt und mit beeindruckenden Palästen bebaut wurde. Einer von ihnen ist der **Palazzo Reale** (Via Balbi 10, Tel. 01 02 71 02 36, www.palazzorealegenova.it, Di/Mi 9–13.30, Do–So 9–19 Uhr, Anfahrt auch mit der *Fregata Argo* vom Acquario di Genova), den sich die Familie Balbi ab 1650 errichten ließ, aber 1824 an das Königshaus Piemont-Sardinien verkaufte. Das Hauptportal führt in den zweigeschossigen, reich mit Marmor ausgestatteten *Innenhof*. Daran schließt sich ein paradiesisch schöner *Garten* an, der demonstrierte, dass die Eigentümer es sich leisten konnten, mit dem in Genua stets knappen Platz verschwenderisch umzugehen. Im *Inneren* des Palastes verblüfft besonders der grandiose Spiegelsaal. Die kostbaren Kristallüster, Möbel, Vasen, die üppigen Stuckarbeiten und Deckenmalerien (17./18. Jh.) sind ebenso sehenswert wie die Gemälde großer Meister des 17.–19. Jh., darunter Tintoretto, van Dyck und Strozzi.

Der prunkvollste Palast aber steht etwas erhöht im Westen der Stadt. Der **Palazzo del Principe** (Piazza del Principe 4, Tel. 01 0 25 55 09, www.palazzodelprincipe.it, Di–So 10–17 Uhr) wurde 1521–29 für *Andrea Doria* errichtet und ist daher auch unter der Bezeichnung *Palazzo Doria Pamphili* bekannt. Zu dem weitläufigen Komplex, der eines Königs würdig gewesen wäre, gehörte ein eigener Hafen für die Schiffe des mächtigen Admirals. Den

Jugendstilträume werden wahr in der Privatsammlung des Wolfsoniana in Nervi

Die charmante Aura der Renaissance entfaltet sich im Garten des Palazzo del Principe

großen *Brunnen* (1599–1601) im Renaissancegarten krönt eine Statue des Meeresgottes Neptun. Die Säle, in denen illustre Gäste wie Kaiser Karl V. und der spanische König Philipp II. empfangen wurden, malten der Raffael-Schüler *Perino del Vaga* und seine Mitarbeiter 1529–33 mit Szenen aus der römischen Geschichte und Mythologie aus. Der ›Sturz der Giganten‹ im zentralen *Salone Principale* etwa preist die Siege Karls V. Die privaten Gemächer von Andrea und Peretta Doria wiederum sind mit amourösen Szenen nach Ovids ›Metamorphosen‹ dekoriert. Zusätzlich sind die Decken und Wände reich mit Stuck sowie Tapisserien und wertvollen Gemälden geschmückt.

Nervi

Der vornehme Villenvorort Nervi etwa 10 km östlich von Genua zog seit dem 18. Jh. reiche Städter und internationales Publikum an. Von der herrlichen, etwa 2 km langen Uferpromenade **Passegiata Anita Garibaldi** kann man den Blick auf das Meer und die frische Brise genießen, und landeinwärts die Villen in ihren wunderbaren Parks bewundern, von denen einige öffentlich zugänglich sind. Berückend ist die heitere, sommerliche Atmosphäre, die diese Anwesen ausstrahlen. An der Via Serro Gropallo 4 lädt die **Wolfsoniana** (Tel. 01 03 23 13 29, www.wolfsoniana.it, Di–So 10–19 Uhr) zum Besuch ein. Die umfangreiche Privatsammlung des Geschäftsmanns und Kunstsammlers Mitchell Wolfson Jr. (*1939) birgt Möbel, Glas, Keramik, Gemälde und Skulpturen aus den Jahren 1880–1945. Gleich um die Ecke stellt die **Galleria d'Arte Moderna** (GAM, Via Capolungo 3, Tel. 01 03 72 60 25, www.gamgenova.it, Di–So 10–19 Uhr) in der *Villa Saluzzo Serra* (18 Jh.) bedeutende italienische Kunstwerke des 19.–21. Jh. aus, u. a. von Nicolò Barabino, Filippo de Pisis und Renato Guttuso. Auch die nahe Sammlung **Raccolte Frugone** (Via Capolungo 9, Tel. 010 32 23 96, www.raccoltefrugone.it, Di–Fr 9–19, Sa/So 10–19 Uhr) in der *Villa Grimaldi Fassio* (18. Jh.) zeigt Gemälde, Skulpturen und Zeichnungen vornehmlich italienischer Künstler aus dem Zeitraum 1860–1930. In traumhafter Lage über dem Capo Sant'Ilario thront am Ostende der Passegiata eine Villa von 1903 mit dem **Museo Giannettino Luxoro** (Via Mafalda di Savoia 3, Tel. 010 32 26 73, www.museoluxoro.it, Di–Fr 9–13, Sa 10–13 Uhr), das Möbel, Silber, Keramik, Grafik und Gemälde des 17./18. Jh. präsentiert.

i Praktische Hinweise

Information

Genovainforma, Stazione Principe, Piazza Aquaverde, Genua, Tel. 01 02 46 26 33, www.comune.genova.it

Card Musei di Genova: Bei der Touristeninformation, in Museen und online (www.happyticket.it) erhält man die *Card Musei*, die für 48 Std. freien Eintritt zu 22 Museen in Genua und Nervi sowie Ermäßigungen beim Besuch des Acquario beinhaltet. Die *Card Musei + Bus* ermöglicht außerdem die Nutzung der öffentlichen Verkehrsmittel.

Flughafen

Aeroporto Genova-Sestri Cristoforo Colombo, Tel. 01 06 01 51, 8 km westlich der Innenstadt. Shuttlebus (AMT-*Volabus)* zur Stazione Principe.

Hafen

Stazioni Marittime, Ponte dei Mille, Genua, Tel. 01 02 41 23 93, www.stazionimarittimegenova.com. Fährterminals: *Calata Chiappella*, *Ponte Caracciolo* und *Ponte Colombo* (nach Sardinien, Sizilien, Korsika, Tunesien und Barcelona). Kreuzfahrtterminals: *Ponte dei Mille* und *Ponte Andrea Doria*.

Bahnhöfe

Stazione Principe, Piazza Acquaverde 4, Genua (Züge nach Westen, Norden), **Stazione Brignole**, Piazza Verdi 1, Genua (Osten), Tel. 01 02 51 87 76

Öffentliche Verkehrsmittel

AMT, Via Bobbio 250 r, Genua, Tel. 01 05 58 24 14, www.amt.genova.it. Busse, Aufzüge, Zahnradbahnen und Metro (zwischen Piazza de Ferrari und Certosa). Tickets an Kiosken, in Tabacchi u.ä.

Hotels

******Bristol Palace**, Via XX Settembre 35, Genua, Tel. 010 59 25 41 www.hotelbristolpalace.com. Elegantes, geschmackvolles Hotel in einem Gebäude aus dem 19. Jh. an Genuas beliebter Einkaufsmeile.

Noli aus der Vogelperspektive – eine der reizvollen Buchten an der Riviera di Ponente

******Soglia**, Via Balbi 38, Genua, Tel. 01 02 69 91, www.sogliahotels.com. Kinderfreundliches, komfortables Hotel nahe der Stazione Principe. Ideal gelegen für die Erkundung der Stadt.

*****Boccascena**, Via Carlo Barabino 62 r, Genua, Tel. 01 05 74 00 06, www.hotelboccascena.it. Freundliches kleines Hotel östlich vom Stadtzentrum nahe der Stazione Brignole und eines Strandbads.

Restaurants

Cantine Squarciafico, Piazza Invrea 3 r, Genua, Tel. 01 02 47 08 23, www.squarciafico.it. Auf dem Menü des Restaurants in Domnähe stehen ligurische Spezialitäten wie Taglioline mit Hummer.

Le Colonne di San Bernardo, Via San Bernardo 59 r, Genua, Tel. 01 02 46 12 52, www.lecolonnedisanbernardo.it. Hier schmeckt einfach alles. Das beliebte Lokal versteckt sich in einer winzigen Gasse der Altstadt (Mo geschl.).

32 Riviera di Ponente

›Küste der untergehenden Sonne‹ zwischen Genua und den französischen Seealpen.

Westlich von Genua reihen sich an der sonnenverwöhnten, steilen Küste der Riviera di Ponente beliebte **Badeorte** und einige **Sandstrände** aneinander. Die spektakuläre Küstenstraße folgt dem verlauf der antiken *Via Aurelia*. Entlang des Uferstreifens wechseln Olivenhaine und Weinberge einander ab, dazu gesellen sich weiter im Westen Gemüsefelder, Obstgärten und Blumenplantagen. Nicht umsonst heißt der schöne Abschnitt von Imperia bis zur französischen Grenze auch **Riviera dei Fiori**, Blumenriviera.

Savona

Die Provinzhauptstadt Savona (60 000), 40 km von Genua entfernt, wirkt auf den ersten Blick wegen ihrer ausgedehnten Industrie- und Hafenanlagen wenig attraktiv. Bei einem Bummel durch die von Arkaden gesäumte **Via Paleocapa** und die geschäftige **Via Pia** entdecken Besucher aber eine Altstadt mit herrlichen

Renaissancepalästen. Darunter ist auch der elegante, 1570–80 erbaute *Palazzo Gavotti* mit der bedeutenden **Pinacoteca Civica** (Piazza Chabrol 1, Tel. 019 81 15 20, Aug. Mo, Mi, Fr 8.30–13, Di, Do 14–19, Sa 8.30–13 und 20.30–23.30, So 10–13, sonst Mo, Mi, Fr 8.30–13, Di, Do 14–19, Sa 8.30–13 und 15.30–18.30, So 10–13 Uhr), in der z. B. gotische Altarbilder von Taddeo di Bartolo und Ludovico Brea zu bewundern sind. Neben dem eher schlichten **Palazzo del Rovere**, den sich Kardinal Giuliano della Rovere, der spätere Papst Julius II., 1495 von *Giuliano da Sangallo* errichten ließ, ragt die strenge massige **Torre del Brandale** (12. Jh., 1932 erneuert) empor, in der die Stadtglocke ›a Campanassa‹ hängt. Ein paar Schritte weiter erhebt sich die **Cattedrale Santa Maria Assunta** (1589–1605), ein Werk *Battista Sormanos* aus Como. Die breit gelagerte neobarocke *Fassade* wurde 1886 vorgeblendet. Im dreischiffigen *Inneren* sieht man ein bereits 1521 vollendetes Chorgestühl mit fantasievollen Intarsien, das Julius II. stiftete. An der rechten Seite gelangt man zur *Cappella Sistina*, die Papst Sixtus IV. 1481–83 als Mausoleum für seine Eltern Leonardo della Rovere und Lucchina Monleone erbauen ließ und die 1762/63 im beschwingten Rokoko umgestaltet wurde.

Südlich der Altstadt thront über dem Meer die 1542 errichtete **Fortezza del Priamar** (tgl. 9–19, Sommer tgl. 9–24 Uhr), eine der stärksten Festungen Genuas an der ligurischen Küste. Heute beherbergen die alten Bauten mehrere Kunstsammlungen sowie das *Museo Storico Archeologico* (Tel. 019 82 27 08, Juni–Sept. Di–Sa 10–12 und 15–17, So 15–17, sonst Di–So 10–12 und 15–17 Uhr) im *Palazzo della Loggia* mit Exponaten aus der frühen Siedlungsgeschichte der Region.

Noli

Nach weiteren 17 km erreicht man Noli (3000 Einw.), das seine Unabhängigkeit als Seerepublik bis 1797 wahren konnte. Auffällig viele Backsteintürme charakterisieren die hübsche Altstadt, an deren südlichem Rand die urtümliche romanische **Cattedrale San Paragorio** (Juni–Mitte Sept. Do–So 10–12 und 15–17 Uhr) aus dem 11. Jh. einen Stopp wert ist. Das Äußere ist komplett mit schlanken, in Doppelbögen auslaufenden Lisenen verziert. Blickfang im dreischiffigen Inneren ist das bemalte *Kruzifix* (12. Jh.) im rechten Seitenschiff.

Albenga

Albenga (24 000 Einw.), 25 km westlich von Noli im fruchtbaren Schwemmland des Flusses *Centa* gelegen, war schon zu Römerzeiten ein wichtiger Hafen und seit dem 5. Jh. ein Zentrum des frühen Christentums. Die mauerumgebene mittelalterliche Stadt gehört zu den besterhaltenen Liguriens. Die wichtigsten Sehenswürdigkeiten befinden sich um die fotogene *Piazza Michele*, die von bis zu 33 m hohen Backsteintürmen geprägt wird: der *Torre Comunale* über der Loggia Comunale, der *Torre del Municipio* über dem Rathaus und dem eleganten *Campanile* der frühgotischen **Cattedrale San Michele** (1391–95). Die strengen Proportionen dieser Kirche sind noch der Romanik verhaftet, werden aber durch Spitzbögen aufgebrochen. Kostbarstes Ausstattungsstück ist eine ›Kreuzigung‹ (1528) von Cristoforo Pancalino im rechten Seitenschiff.

Die zinnenbekrönte *Loggia Comunale* (14. Jh.) beherbergt das **Civico Museo Ingauno e Battisterio** (Tel. 0182 51 215, Sommer Di–So 9.30–12.30 und 15.30–19.30, Winter 10–12.30 und 14.30–18 Uhr). Hier beginnen die Führungen ins angrenzende **Battistero** (um 420), das zu den größten kunsthistorischen Schätzen Liguriens gehört. Der achteckige Innenraum, in dessen Zentrum sich das Taufbad befindet, wird durch Fensternischen, Säulen und Bögen gegliedert. Eine der Nischen füllt ein blau-goldenes Mosaik mit frühchristlichen Symbolen im Stil Ravennas.

Alassio

Für einen Badeaufenthalt empfiehlt sich das legendäre Alassio (11 000 Einw.). Der 3 km lange, feine Sandstrand lockte einst prominente Gäste wie Zarah Leander, Ernest Hemingway oder Anita Ekberg an, die sich auf dem Mäuerchen *Muretto* an der *Piazza della Libertà* mit Keramikplaketten verewigten.

Cervo

Die Häuser von Cervo (1100 Einw.) klammern sich malerisch an einen Felsen, das Dorf lädt zu einem Rundgang durch seine steilen kopfsteingepflasterten Gassen ein. Die Piazza dei Corralini wird von der schmalen Barockfassade und dem schlanken Kirchturm von **San Giovanni Battista** (1686–1722) dominiert, die allsommerlich die herrliche Kulisse für ein Kammermusikfestival bilden. Daneben finden in dem

Prominenter Roulette-Tempel: das Casino von San Remo ist Ziel passionierter Spieler

›Kleinen Salzburg am Meer‹ auch Klassik- und Jazz-Konzerte (Juli/Aug.) sowie Meisterkurse (Sept.) mit Aufführungen statt.

Imperia

Die Provinzhauptstadt Imperia (40 000 Einw.) besteht aus den Stadtteilen *Porto Maurizio* auf dem Parasio-Hügel und *Oneglia* in der Ebene. Dort befindet sich auch das interessante und unterhaltsame **Museo dell'Olivo** (Via Garressio 11, Tel. 0183 29 57 62, www.museodellolivo.com, Mo–Sa 9–12.30 und 15–18.30 Uhr) der Brüder Carli zu Geschichte und Techniken des Olivenanbaus, einem der wichtigsten Wirtschaftszweige Liguriens.

Taggia

Etwa 3 km abseits der Küste führt schon seit dem 15. Jh. eine Steinbrücke mit 16 Bögen über das Flüsschen Argentina nach Taggia (12 000 Einw.), das eingebettet in Olivenhaine, Weinberge und Obstgärten am Eingang des *Valle d'Argentina* liegt. Am südlichen Ortsrand wurde 1469–90 der idyllisch gelegene **Convento di San Domenico** (Fr–Mi 9–12 und 15.30–17 Uhr) erbaut. Im 15./16. Jh. entwickelte sich das Dominikanerkloster zu einem bedeutenden Kunstzentrum und bewahrt noch heute wertvolle Stücke der damaligen Ausstattung, darunter Fresken von Giovanni Canavesio und eine umfassende Sammlung von Werken des Renaissancemalers Ludovico Brea.

San Remo

Die Hauptstadt der Blumenriviera ist bekannt als bedeutendes Zentrum des Rosen- und Nelkenanbaus. Ansonsten sonnt sich das mondäne San Remo (57 000 Einw.) im Glanz vergangener Tage. Im 19./20. Jh. überwinterte hier gern der europäische Hoch- und Geldadel. Vor allem Briten und Russen flanierten vom **Grand Hotel Londra** (1860), dem ältesten Hotel an der Riviera, unter Palmen entlang zu dem berühmten **Casino** (Corso degli Inglesi 18, Tel. 01 84 59 51, www.casinosanremo.it, Spieltische tgl. 14.30–2, Automaten tgl. 10–2 Uhr) in einem 1904–06 errichteten langgestreckten Jugendstilbau. Seit 1951 findet hier stets im Februar/März das populäre Schlagerfestival *Il Festival della Canzone Italiana* (www.sanremo.rai.it) statt.

Steile Gassen führen hinauf in die verwinkelte Altstadt, die wegen ihrer Form auf einem länglichen Hügel auch **La Pigna** (Pinienzapfen) genannt wird. Die zentrale *Piazza Castello* wird dominiert von der anmutigen Barockfassade der Wallfahrtskirche *Madonna della Costa* (17./18. Jh.) und ermöglicht einen fantastischen Blick über die Stadt.

Ventimiglia

Nahe der französischen Grenze liegt Ventimiglia (17 000 Einw.), dessen romantische Altstadt sich auf einer Kuppe über dem Roia-Tal erhebt. Bei einem Spaziergang durch mittelalterliche Gassen und über steile Treppen sollte man unbedingt einige Kirchen aufsuchen, etwa den romanischen **Duomo Santa Maria Assunta** (11./12. Jh.) mit den rundbogengeschmückten Apsiden und dem achteckigen *Battistero* (11. Jh.), die über einer Krypta aus dem 9. Jh. errichtete Hauskirche der Grafen von Ventimiglia **San Michele** (11. Jh.) oder das reizende **Oratorio dei Neri** (17. Jh.).

Eine der Hauptattraktionen an der Blumenriviera sind die 6 km von Ventimiglia entfernten **Giardini Botanici Hanbury** (Corso Montecarlo 43, Mortola Inferiore, Tel. 01 84 22 95 07, www.amicihanbury.com, April–Mitte Juni tgl. 10–17, Mitte Juni–Sept. tgl. 9–18, Okt. 10–18, Nov.–März Do–Di 10–16 Uhr). Auf den steilen, terrassierten Hängen über dem Meer gedeihen 4000 Arten exotischer und einheimischer Pflanzen, z. B. Wüstensukkulenten, Zitrusbäume, Palmfarne und Rosen. Die Brüder Sir Thomas und Daniel Hanbury begannen 1867, die Gärten anzulegen, um die sich seit 1987 die Universität Genua kümmert. Ein 3 km langes Wegenetz durchzieht das traumhaft schöne Gelände. Im Grün liegen Anwesen wie das ehem. Gästehaus *Villa Nirvana* und die *Villa Hanbury* mit kleinem Turm und einer dem Meer zugewandten großzügigen Loggia. Im einstigen Waschhaus lockt ein nettes *Café*.

TOP TIPP

Praktische Hinweise

Information

Liguria Informa, Piazza de Ferrari 1, Genua, Tel. 01 05 48 51, www.turismoinliguria.it

Hotel

*******Royal**, Corso Imperatrice 80, San Remo, Tel. 01 84 53 91, www.royalhotelsanremo.com. Luxuriöses Traditionshotel am Meer mit wunderschönem Park.

*****Bel Soggiorno**, Corso Matuzia 41, San Remo, Tel. 018 46 67 63, www.belsoggiorno.net. Günstig gelegenes Hotel mit komfortablen Zimmern in

Entfesselte Pflanzenpracht: Die Giardini Botanici Hanbury verzaubern mit üppiger Flora

Auf einstigen Maultierpfaden erkunden Wanderfreunde die Cinque Terre

einem hervorragenden Preis-Leistungs-Verhältnis.

*****Suisse**, Via Mazzini 119, Alassio, Tel. 01 82 64 01 92, www.suisse.it. Entspannendes Ambiente und sonnige Zimmer 200 m vom Strand.

Restaurants

Maggiorno, Via Roma 183, San Remo, Tel. 01 84 50 43 38. Alles ist köstlich, aber die *Farinata* (belegte Kichererbsenfladen) ist unschlagbar (Sa/So geschl.).

Puppo, Via Trolaro 20, Albenga, Tel. 018 25 18 53. Beliebte Trattoria mit leckeren regionalen Gerichten (Mo geschl.).

Serafino, Via Matteotti 3, Cervo, Tel. 01 83 40 81 85, www.daserafino.com. Hoch über dem Meer und mitten in der Altstadt genießt man auf einer herrlichen Panoramaterrasse feine Pasta und Fischspezialitäten.

Café

Scalvini, Via Colombo 3, Noli, Tel. 019 74 82 01. Zu den besonderen Spezialitäten des 1820 gegründeten Betriebs zählen Mandeltorte und Amaretti.

33 Cinque Terre

TOP TIPP *Bunte alte Fischerdörfer an der Riviera di Levante, der ›Küste der aufgehenden Sonne‹.*

Zu den schönsten Flecken an der ligurischen Küste zählen rund 100 km östlich von Genua bei La Spezia die fünf malerischen Fischerdörfer der Cinque Terre: das ausgedehnte Monterosso al Mare, das schicke Vernazza, das abgeschiedene Corniglia, das romantische Manarola und das geschäftige Riomaggiore. Ursprünglich lebten die Menschen hier vom Fischfang, bis in die 1970er-Jahre hinein waren die schwer zugänglichen Orte an der steilen Felsenküste quasi isoliert. Inzwischen ist der Tourismus zur Haupteinnahmequelle in Cinque Terre geworden, und manchmal ist das Gedränge in den Gassen groß. Die Ortskerne sind autofrei, und obwohl vor Monterosso und Riomagggiore Parkplätze bzw. Parkhäuser (im Sommer und am Wochenende häufig überfüllt) eingerichtet wurden, erreicht man die Dörfer am besten mit dem Zug (jedes hat einen Bahnhof) – oder während der Saison mit dem Schiff ab La Spezia, Portovenere, Lerici, Portofino oder Genua.

Die alten Maultierpfade (*Mulattiere*), welche die fünf Orte miteinander verbinden, gehören zu den beliebtesten Wanderrouten (*Sentiero Azurro*, 12 km, und *Alta Via delle 5 Terre*, 40 km) an der ligurischen Küste. Damit man auch zukünftig nachvollziehen kann, warum die zerklüftete wildromantische Steilküste der Cinque Terre zusammen mit Portovenere sowie den Inseln Palmaria, Tino und Tinetto 1997 zum *UNESCO Weltkulturerbe* erklärt wurde, schützt der **Parco Nazionale delle Cinque Terre** (www.parconazionale5terre.it) das hier besonders empfindliche Gleichgewicht zwischen Mensch und Natur.

Die westlichste der fünf Gemeinden, **Monterosso** (1500 Einw.), verfügt als einzige über einen größeren Sandstrand mit vielen Hotels, ist aber auch am wenigsten pittoresk. Auf dem San-Cristoforo-Hügel überrascht die Kirche des Kapuzinerklosters **San Francesco** (17. Jh.) im barocken Inneren mit zwei kostbaren Gemälden, Luca Cambiasos ›Hl. Hieronymus als Büßer‹ und einer Anthonis van Dyck zugeschriebenen ›Kreuzigung‹.

Im stimmungsvollen **Vernazza** (1000 Einw.) mit seinen bunten Häusern verbindet die lebhafte, von zahlreichen Läden gesäumte *Via Roma* die Eisenbahntrasse im oberen Ortsteil mit dem winzigen Strand und Hafen. Dieser *Porticciolo* wird von einer typischen ligurischen Seekirche, **Santa Margherita d'Antiochia** (13. Jh.), mit ihrem mächtigen Turm beherrscht. Aus den engen örtlichen Gegebenheiten resultierte ein ungewöhnlicher Grundriss, die Kirche stellt sich mit der Apsis, nicht mit einer Fassade zur Schau. Ansonsten prägen die gestreiften Markisen zahlreicher Fischrestaurants das Bild.

Auf einem 190 m hohen Bergsporn erhebt sich das kleine, zu Vernazza gehörige **Corniglia**, das wie ein Piratennest aus dem Bilderbuch erscheint. Nur eine lange steile Treppe aus Ziegelsteinen, die *Lardarina*, führt zum Meer hinunter.

Im hoch auf den Klippen liegenden **Manarola** (700 Einw.) stapeln sich die Häuser zu beiden Seiten der zentralen engen Straße übereinander und sind nur über schmale Treppen zugänglich. Nicht einmal für eine winzige Piazza war Platz. Da es keine natürliche Hafenbucht gibt, ziehen die Dorfbewohner ihre Boote über eine wasserbespülte Rampe an Land.

Von Manarola führt ein fantastischer, aber anstrengender Panoramaweg in rund 1 Std. hinauf ins Weinbauerndorf **Volastra** und zur romanischen Wallfahrtskirche **Nostra Signora della Salute** (12. Jh.). Der kleine Vorplatz erlaubt eine wunderschöne Sicht über das türkisblaue Meer, das verschachtelte Manarola

Der Inbegriff des Malerischen: Vernazza mit seiner Seekirche Santa Margherita d'Antiochia

Strandfreuden und Wanderglück lassen sich in Monterosso trefflich verbinden

und die steilen Hangterrassen, auf denen die Trauben für trockenen Weißwein (*Cinque Terre*) und schweren Dessertwein (*Sciacchetrà*) reifen.

Bequem und stark frequentiert ist die berühmte **Via dell'Amore**, die von Manarola aus an der felsigen Steilküste entlang mit herrlichen Ausblicken in etwa 30 Min. nach **Riomaggiore** (1700 Einw.) führt. Dessen hohe Häuser drängen sich in der Schlucht eines überbauten Bergbachs aneinander und klammern sich an die abschüssigen Berghänge, sogar die Gräber auf dem Friedhof liegen übereinander. Unten am Meer trennt die Bahnlinie den mittelalterlichen Ortskern von dem pittoresken Fischerhafen.

i Praktische Hinweise

Information

Cinque Terre, Via T. Signorini 118, Riomaggiore, Tel. 0187 76 0 31, www.parconazionale5terre.it

Die **Cinque Terre Card** ist in den Bahnhofsinformationen der Cinque-Terre-Dörfer erhältlich und gewährt für 1, 2, 3 oder 7 Tage freie Fahrt mit Bussen und Aufzügen im Nationalpark, Fahrradverleih sowie freien Eintritt zu Regionalmuseen. **Cinque Terre Treno** beinha tet zusätzlich die Nutzung der Regionalzüge zwischen La Spezia und Levanto.

Hotels

******Porto Rocco**, Via Corone 1, Monterosso, Tel. 01 87 81 75 02, www.portorocca.it. Ruhiges Haus mit Restaurant am oberen Ortsrand in üppigem Garten.

*****Ca' d'Andrean**, Via Discovolo 101, Manarola, Tel. 01 87 92 00 40, www.cadandrean.it. Familiengeführtes Hotel im oberen Ortsteil. Bei schönem Wetter frühstückt man unter Zitronenbäumen.

*****Due Gemelli**, Via Litoranea 1, Riomaggiore, Tel. 01 87 92 01 11, www.duegemelli.it. Schlichtes Hotel, aber die Zimmer bieten weiten Meerblick.

Restaurants

A Cantina de Mananan, Via Fieschi 117, Corniglia, Tel. 01 87 82 11 66. Beliebte Osteria (So geschl.).

Il Baretto, Via Roma 31, Vernazza, Tel. 01 87 81 23 81. Fisch vom Feinsten, die hausgemachten schwarzen Tintenfisch-Tagliolini mit Krebssauce sind besonders lecker (Mo geschl.).

Emilia Romagna – Mosaike und Kulinaria zwischen Po und Adria

Die **Emilia Romagna** zwischen Poebene und Adria ist dank Landwirtschaft und uraltem Kulturerbe eine der bedeutendsten Regionen Italiens. Entlang der antiken *Via Emilia* (heute A1) von Piacenza nach Rimini liegen ihre wichtigsten Städte. In **Piacenza** erinnern imposante Baudenkmäler an die Blütezeit unter den Farnese, die auch in **Parma** mit dem *Palazzo Pilotta* ein imponierendes Zeugnis ihrer Macht hinterlassen haben. Zudem ist Parma für seinen köstlichen Schinken und Käse berühmt, **Modena** wiederum für seinen Balsamessig und die *Piazza Grande* mit dem grandiosen romanischen Dom. Wie diese zum UNESCO Weltkulturerbe gehört auch das historische Zentrum der Hauptstadt **Bologna** mit prächtigen Palazzi und bombastischen Kirchen um die *Piazza Nettuno* und *Piazza Maggiore*. Nördlich von Bologna liegt der als *Romagna* bezeichnete Teil der Region mit **Ferrara**, das die Herzöge der Este zu einer bemerkenswerten Renaissancestadt ausbauten. **Ravenna,** die einstige Kapitale des Weströmischen Reiches, Residenz der Gotenkönige und byzantinischen Exarchen, brilliert mit acht Bauten aus dem 5./6. Jh. und deren faszinierende frühchristliche Mosaikzyklen. Ein Kontrastprogramm voller Trubel bietet die Adria mit dem berühmten Badeort **Rimini**. Dessen Strände sind seit den 1950er-Jahren ein beliebter Tummelplatz für Urlauber aus Nordeuropa. Zugleich verfügt Rimini aber auch über eine charmante Altstadt. Staunenswert und pittoresk ist die nahe **Repubblica di San Marino**, die kleinste und älteste Republik der Welt auf dem Monte Titano. Bezaubernd ist ein Spaziergang durch die Altstadt mit ihren Festungen aus dem 11.–14. Jh. und unvergesslichen Ausblicken.

34 Piacenza

Das Tor zur Emilia – würdige Paläste und reich ausgemalte Kirchen.

Im Westen der Emilia Romagna liegt Piacenza (99 000 Einw.) in der lombardischen Ebene an der Mündung des *Trebbia* in den *Po*. Die Provinzhauptstadt hat eine hübsche sehenswerte Altstadt, eine renommierte Universität und wirkt dennoch etwas verschlafen. Entspannt kann man über Plätze zu Palästen und Kirchen bummeln und die gelassen-freundliche Atmosphäre genießen.

Geschichte Piacenza wurde 218 v. Chr. von den Römern als *Placentia* gegründet und entwickelte sich schnell zu einem wichtigen Handelszentrum. Doch nach dem Zerfall des Römischen Imperiums wurde der Ort mehrfach verwüstet und erlangte erst um das Jahr 1000 unter fränkischer Herrschaft neue wirtschaftliche Blüte. Im 11. Jh. strömten Kaufleute, Handwerker und Pilger in die papstfreundliche Stadt. Im 12./13. Jh. brachten Tuchhandel und Landwirtschaft Wohlstand, der sich im Bau des Domes ab 1122 widerspiegelte. 1126 wurde Piacenza unabhängig und schloss sich dann der *Lombardischen Liga* gegen Kaiser Friedrich Barbarossa an, der 1183 in Piacenza die Vorverträge für den *Frieden von Konstanz* unterzeichnete. Papst Paul III. erhob 1545 Piacenza mit der Nachbarstadt Parma zum *Herzogtum*,

Stattliches Entrée Piacenzas: Piazza Cavalli mit Reiterdenkmälern und Palazzo Comunale

das er seinem Sohn *Pier Luigi Farnese* übertrug. Dieser war der erste von acht Herzögen der Familie, die bis 1731 regierte. Es folgten Bourbonen und Österreicher, bis Piacenza 1848 per Volksabstimmung dem Königreich Piemont-Sardinien beitrat. In jüngerer Zeit wurde Piacenza als Geburtsort des Modeschöpfers *Giorgio Armani* (*1934) und als *Militärstützpunkt* internationaler UNO-Truppen bekannt.

Besichtigung Das historische Zentrum von Piacenza ist verkehrsberuhigt, daher sollte man die Parkplätze ringsum nutzen, z. B. im Norden an der Piazza Cittadella. Hier bietet sich der mächtige **Palazzo Farnese** (Tel. 05 23 32 69 81, www.musei.piacenza.it, Di–Do 9–13, Fr/Sa 9–13 und 15–18, So 9.30–13 und 15–18 Uhr) als Ausgangspunkt für den Stadtrundgang an. Unter Verwendung von Festungsteilen des 14. Jh. wurde der rote Backsteinbau um die Mitte des 16. Jh. im Auftrag von *Ottavio Farnese* errichtet. Heute erläutern in seinen Mauern die Sammlungen der *Musei Civici* die Geschichte Piacenzas vom Altertum bis zum Risorgimento.

Die Via Cittadella führt geradewegs ins Herz der Stadt, zur **Piazza dei Cavalli** mit den beiden markanten *Reiterstandbildern* (1612–28). Der toskanische Bildhauer *Francesco Mochi* (1580–1664) schuf die dynamischen Bronzedenkmäler der Herzöge *Alessandro Farnese* und seines Sohnes *Ranuccio I* anlässlich dessen Vermählung mit Margherita Aldobrandini.

Beherrscht wird der Platz vom einstigen Rathaus im Westen, dem **Palazzo Comunale**, genannt *Il Gotico* (1281). Auf einem hohen Marmorgeschoss, das sich in mächtigen Spitzbogenarkaden öffnet, erhebt sich das Obergeschoss im romanischen Stil mit schlanken Triforienfenstern unter Rundbögen. Schwalbenschwanzzinnen krönen den Bau, der von zwei Seitentürmchen und einem höheren Glockenturm in der Mitte überragt wird. Im alten Versammlungssaal finden jetzt festliche Empfänge statt. Das heutige Rathaus befindet sich links vom Palazzo Gotico im *Palazzo Mercantile* (1676). Beeindruckend ist auch der elegante **Palazzo del Governatore** auf der Ostseite des Platzes, der 1787–90 nach Plänen von *Lotario Tomba* entstand und die Handelskammer beherbergt.

Die benachbarte Piazzale Plebiscito wird geprägt von der Backsteinfassade der dreischiffigen **Basilica di San Francesco** (tgl. 6.30–12 und 14.30–18.30 Uhr), die 1278–1363 in gotisch-lombardischem Stil errichtet wurde. Hier wurde 1848 der Anschluss Piacenzas ans Königreich Piemont-Sardinien proklamiert.

Romanische Sinfonie – Parmas Piazza del Duomo mit dem eleganten Battistero

Über die lebhafte Einkaufsstraße *Via XX Settembre* spaziert man von der Piazza dei Cavalli direkt zur Piazza Duomo. Hier ragt ein backsteinerner Glockenturm 67 m hoch auf. Er gehört zum faszinierenden **Duomo Santa Maria Assunta** (tgl. 7.30–12.30 und 16–19.30 Uhr), der 1122 begonnen und 1233 vollendet wurde. Seine romanische *Fassade* wird durch Pilaster, Blendarkaden und Zwerggalerie gegliedert, den originellen Touch steuern die drei Portale mit ihren zweigeschossigen Baldachinen bei. Der untere Teil des Bauwerks besteht aus rötlichem Veroneser Marmor, der obere aus hiesigem Sandstein. Über dem Hauptportal befindet sich ein fein strukturiertes Rosettenfenster. Der gewaltige dreischiffige *Innenraum* ist bis unter die Vierungskuppel reich mit Fresken aus dem 14.–17. Jh. dekoriert, u.a. von Camillo Procaccini und Ludovico Carracci. Die fünfschiffige *Hallenkrypta* unter dem Presbyterium stützt sich auf 108 Säulen, deren Kapitelle alle unterschiedlich gestaltet sind.

Etwas weiter ostwärts, zum Po hin, erhebt sich die **Basilica di Sant'Antonio** (Mo–Sa 8–12 und 16–18.30, So 8–12 und 20–21.30 Uhr). Sie geht auf Piacenzas erste Kathedrale *San Vittore* von 370–375 zurück. Die heutige dreischiffige Kirche entstand im Wesentlichen im 11./12. Jh. Ungewöhnlich ist, dass das Querschiff gleich hinter der Fassade liegt.

Unbedingt sehenswert ist die Kirche **Santa Maria di Campagna** (Piazzale delle Crociate, Mo-Sa 9–12 und 15–18, So 9.15–10 und 15–18 Uhr), die am westlichen Rand der Altstadt steht. Der piacentinische Renaissance-Architekt *Alessio Tramelo* gestaltete sie 1522–28 als außergewöhnlich harmonischen Zentralbau. Das *Innere* offenbart sich als ein schöner Bilderbogen der Renaisssance mit begeisterungswürdigen Fresken (1529–31) von *Giovanni Antonio da Pordenone* in der Kuppel und den beiden linken Seitenkapellen, darunter die ›Disputation der hl. Katharina‹ und die ›Anbetung der Könige‹.

i Praktische Hinweise

Information

APT, Via San Siro 27, Piacenza, Tel. 05 23 30 52 54, www.piacenzaturismi.net

Hotels

******Grande Albergo Roma**, Via Cittadella 14, Piacenza, Tel. 05 23 32 32 01, www.grandealbergoroma.it. Das angenehme Ambiente im Zentrum hat seinen Preis.

*****Euro Hotel**, Via C. Colombo 29 f, Piacenza, Tel. 05 23 60 60 11, www.eurohotelpiacenza.com. Gediegenes und günstiges Hotel außerhalb der Innenstadt.

Restaurants

Ranuccio, Piazza Cavalli 1, Piacenza, Tel. 05 23 07 13 52. Feines Restaurant mit Spezialitäten der Region, dazu gehört auch Pferdefleisch.

Trattoria dell Orologio, Piazza Duomo 38, Piacenza, Tel. 05 23 32 46 69. Pizza, Pasta und ein schöner Blick auf den Dom.

35 Parma

Mehr als Nudeln, Schinken und Käse – eine Stadt zwischen Oper, großer Kunst und exzentrischer Architektur.

Parma (174 000 Einw.), das heute wegen seiner kulinarischen Spezialitäten in aller Munde ist, war bis 1731 fast 200 Jahre lang

Residenz der feinsinnigen *Farnese*. Aus dieser Epoche stammen viele Kunstschätze der Stadt, die rund um die zentrale Piazza del Duomo versammelt sind.

Geschichte Schon Etrusker siedelten hier am Flüsschen *Parma*, urkundlich belegt ist freilich erst eine römische Kolonie aus dem 2. Jh. v. Chr. Unter dem Gotenkönig Theoderich blühte das Städtchen allmählich auf, wurde im 12. Jh. unabhängig und fiel 1513 an den Papst. Schon 1545 regierte *Pier Luigi Farnese* über das von seinem Vater Papst Paul III. neu geschaffene Herzogtum Parma und Piacenza. Auf die Farnese folgten 1731–1801 die Bourbonen. 1815 übernahm Marie-Louise, Tochter des österreichischen Kaisers und Ehefrau Napoleons, die Macht in Parma. Bis 1847 bescherte sie der Stadt soziale Reformen und zahlreiche öffentliche Gebäude. Heutzutage spielt Parma eine führende Rolle in der Lebensmittelindustrie. Neben dem Nudelfabrikanten *Barilla* sind es hauptsächlich kleinere Betriebe, die sich der Produktion des weltberühmten Parmaschinkens, *Prosciutto di Parma*, oder der Herstellung des Parmesan-Hartkäses, *Parmigiano Reggiano*, verschrieben haben.

Besichtigung Am Westufer der Parma erstreckt sich der weitläufigen **Parco Ducale** (April–Okt. tgl. 6–24, Okt.–März tgl. 7–20 Uhr), ein mit Teich, Statuen und Pavillons ausgestattetes, wahrhaft fürstliches Parkareal aus dem 16. Jh. An der Nordflanke erhebt sich der **Palazzo Ducale**, ein nach Plänen von *Vignola* 1561–64 errichteter Bau mit sonnengelber Fassade, der im 18. Jh. durch Flügelbauten ergänzt wurde. Heute ist er Sitz der Europäischen Behörde für Lebensmittelsicherheit (EFSA).

Über den *Ponte Verdi* gelangt man auf die andere Flussseite, wo sich der 1583–1622 erbaute wuchtige **Palazzo della Pilotta** (Tel. 05 21 23 36 17, www.artipr.arti.beniculturali.it, Di–So 9–14, letzter Einlass 13.15 Uhr) befindet. Er ist nach dem baskischen Ballspiel ›Pelota‹ benannt, das die Adligen hier in den Innenhöfen gern ausübten. Juwel der Palastanlage ist das aus Holz konstruierte *Teatro Farnese* (1619), bei dem sich *Giovanni Battista Aleotti* an Palladios Teatro Olimpico in Vicenza [s. S. 44] orientierte. Die U-förmig angeordneten Ränge und die beweglichen Kulissen waren vorbildhaft für den Theaterbau der Epoche. Außerdem beherbergt der Palazzo die *Galleria Nazionale*

Fürstliches Idyll in Parma: Giardino Ducale mit Palazzo Ducale am westlichen Flussufer

mit Spitzenwerken von Beato Angelico, Canaletto, Correggio, Sebastiano del Piombo, Guercino, Leonardo da Vinci, Parmigianino und Tintoretto. Von besonderem Liebreiz ist Leonardos ›Mädchenkopf‹ (1508), eindrucksvoll Hans Holbeins d.J. ›Erasmus von Rotterdam‹. Das ebenfalls hier untergebrachte *Museo Archeologico Nazionale* (Tel. 05 21 23 37 18 www.archeobo.arti.beniculturali.it, Di–Sa 9–13, So 15–17 Uhr) zeigt römische Skulpturen, Funde aus Velleia, zwölf Poträtstatuen aus der Kaiserzeit, griechische Vasen und ägyptische Reliefs.

Weiter geht es vom Palazzo über die riesige *Piazza della Pace* zum **Museo Glauco Lombardi** (Via Garibaldi 15, Tel. 05 21 23 37 27, www.museolombardi.it, Di–Sa 9.30–15.30, So 9–18.30, Juli/Aug. bis 13.30 Uhr). Die hier gezeigten Möbel, Gemälde, Briefe usw. stammen aus dem Besitz der ›Buona Duchessa‹, der in Parma hochverehrten Herzogin *Marie-Louise von Österreich* (1791–1847).

Nordöstlich der Piazza della Pace lockt die **Camera di San Paolo** (Tel. 05 21 23 33 09, Di–So 8.30–13.45 Uhr), der einstige Speise- und Empfangssaal des Benediktinerinnenklosters. *Antonio Correggio* dekorierte Kaminaufsatz, Lünetten und Decke mit *Fresken* (1519–24) von bukolischem Charme, das Personal erscheint mal als antikisierende Grisaille-Figuren mal als verspielte Kindergesellschaft.

Correggios Meisterwerk aber birgt die **Cattedrale Santa Maria Assunta** (www.cattedrale.parma.it, tgl. 9–12.30 und 15–18.30 Uhr) an der Piazza del Duomo weiter östlich. Schwer lehnt sich der gotische *Campanile* (13. Jh.) an die Fassade der romanische Pfeilerbasilika aus dem 11./12. Jh. Die Front mit den säulenreichen Zwerggalerien und dem doppelstöckigen Portalaufbau öffnet sich zum dreischiffigen, üppig freskierten *Innenraum*. Sein Glanzpunkt ist die Vierungskuppel mit der ›Himmelfahrt Mariens‹ (1526–34). Correggio inszenierte das illustionistische Bravourstück in einer Art zentrifugalem Himmelstrichter mit Trauben von Engeln und Heiligen. Bewundernswert sind auch die figurengeschmückten *Pfeilerkapitelle* im Langhaus und *Benedetto Antelamis* rührendes Relief der ›Kreuzabnahme‹ von 1178 im rechten Querschiff.

Antelami realisierte auch 1196–1220 das hoch aufgeschossene achteckige **Battistero** (Tel. 05 21 23 58 86, tgl. 9–12.30 und 15–18.30 Uhr), welches die schon am Dom erprobte Auflösung des Baukörpers durch Säulengalerien und Blendarkaden zur Vollendung führt. Sehr schön ist der Skulpturenschmuck des Nordportals mit einer ›Anbetung der Könige‹. Der *Innenraum* der Taufkapelle fasziniert durch seine schieren Dimensionen und dieselbe diaphane Wandbehandlung wie am Außenbau. Eindrucksvoll ist auch die Ausstattung: In den Säulengalerien des Tambours stellen Antelamis kraftvolle Skulpturen Jahreszeiten und Monate dar. Darüber wölbt sich die durch Steinrippen in 16 Felder geteilte Kuppel mit byzantinisch geprägten *Fresken* (1260–69) unbekannter Meister, welche Szenen aus dem Alten Testament vergegenwärtigen.

Direkt hinter dem Dom lohnt die Kirche der Benediktinerabtei **San Giovanni Evangelista** (Tel. 05 21 23 53 11, tgl. 9–12 und 15–18 Uhr) einen Besuch. Hinter ihrer kühlen Barockfassade verbirgt sich eine aufwendig ausgestattete Renaissancebasilika. Neben *Fresken* (1520–24) von *Correggio*, wie der dynamisch beschleunigten ›Vision des Evangelisten Johannes‹ in der Kuppel, sind *Parmigianinos* (1503–1540) elegante Malereien von 1522 in der 1., 2. und 4. Seitenkapelle links sehenswert.

Westlich vom Domplatz erhebt sich das neoklassizistische **Teatro Regio** (www.teatroregioparma.org) von 1821–29. Hier feierte einst Verdi Triumphe und noch heute ist das Opernhaus ein Publikumsmagnet. Nur wenige Meter weiter südlich steht die Kirche **Madonna della Steccata** (1521–39), ein Zentralbau mit hoher Kuppel von *Bernardino* und *Giovanni Francesco Zaccagni*, der von Michelangelos Plänen für die Peterskirche in Rom inspiriert ist. Das *Innere* schmücken *Fresken* (1530–39) von *Parmigianino*, u.a. eine feinsinnige Allegorie der törichten und klugen Jungfrauen am Chorbogen. Beachtenswert sind aber auch die Grabmäler der Farnese und Bourbonen sowie das des Grafen Adam Neipperg, des zweiten Gemahls von Herzogin Marie-Louise.

Praktische Hinweise

Information

IAT, Via Melloni 1 a, Parma, Tel. 05 21 21 88 89, http://turismo.comune.parma.it

Hotel

******Park Hotel Stendhal**, Via Bodoni 3, Parma, Tel. 05 21 28 56 55, www.hotelstendhal.it. Gediegenes Haus mit stilvoll dekorierten Zimmern und Restaurant.

Restaurants

Antica Cereria, Via Rodolfo Tanzi 5, Parma, Tel. 05 21 20 73 87. Stimmungsvolles Ambiente in einer ehem. Kerzenzieherei mit vorzüglicher, für Parma typischer Hausmannskost (Mo geschl.).

Trattoria del Tribunale, Vicolo Politi 5, Parma, Tel. 05 21 28 55 27. Traditionelle Rezepte mit neuem kulinarischen Schwung (So abends/Mo geschl.).

Luftgetrocknete Qualität braucht gute Pflege: der echte Parmaschinken reift neun Monate

Urbanes und religiöses Zentrum Modenas: Piazza Grande mit Dom und Palazzo Comunale

36 Modena

Romanische Bilderwelt am Dom, das Kunsterbe der Este und rote Flitzer.

Modenas (180 000 Einw.) städtebaulicher Schatz ist das seit 1997 zum *UNESCO Weltkulturerbe* zählende Architekturensemble an der Piazza Grande mit dem romanischen Dom. Außerdem ist die Hauptstadt der gleichnamigen Provinz für edlen Essig, den *Aceto Balsamico*, und teure Sportwagen von *Ferrari* berühmt.

Geschichte Modena, das auf die 183 v. Chr gegründete römische Kolonie *Mutina* zurückgeht, fiel nach heftigen Kämpfen mit der aufstrebenden Nachbarstadt Bologna und nicht minder erbitterten innerstädtischen Unruhen zwischen Guelfen und Ghibellinen im Jahr 1289 an die *Este* aus Ferrara. 1540 erkärten diese Modena zum *Herzogtum*. Als Papst Clemens VIII. die Este 1598 aus Ferrara vertrieb, flüchtete die Familie nach Modena, das nun als *Residenzstadt* unter Francesco I (1610–58) und seinem Enkel Francesco II (1660–94) eine wirtschaftliche und kulturelle Blütezeit erlebte.

1796 besetzten die Franzosen das Herzogtum Modena und formten es zur *Cispadanischen Republik*, die 1797 in der *Cisalpinischen Republik* aufging. 1815 übernahmen die Habsburger die Macht, bis sich Modena 1860 dem Königreich Italien anschloss.

Besichtigung Viel umschwärmte Bühne der Stadt ist die **Piazza Grande** inmitten der Altstadt. Sie wird feierlich gerahmt von den stolzen Bauten der weltlichen und geistlichen Macht. Da ist zum einen der **Palazzo Comunale**, das Rathaus im Osten des Platzes. Es wurde im 12. Jh. errichtet, doch bei einem Umbau im 16. Jh. stark verändert. Die Steintribüne vor dem Stadtpalast diente im Mittelalter als Rednerpult und zugleich als Pranger.

Inbegriff kirchlicher Macht ist im Westen der Piazza Grande der **Duomo San Geminiano** (www.duomodimodena.it, tgl. 7–12.30 und 15–19 Uhr). Sein Campanile, die 88 m hohe *Torre Ghirlandina* (12.–14. Jh.), ist Wahrzeichen Modenas. Während der Restaurierung (bis 2010) ist der Turm in ein abstraktes Kunstwerk von *Domenico Paladino* gewickelt. Der Dom selbst, ein Meisterwerk der Romanik, wurde 1099 unter Baumeister *Lanfranco* begonnen und 1322 von norditalienischen Wanderarbeitern fertiggestellt. Die Friese und Reliefs an und um die Portale stammen überwiegend von *Wiligelmus*: Die zentrale *Porta Papale* unter der prächtigen gotischen Fensterrose wird von Szenen des Alten Testaments flankiert. Die *Porta della Pescheria* an der Nordseite präsentiert Monatsbilder und Episoden der Artussage. Die *Porta dei Principi* im Süden ist der Vita des Kirchenpatrons gewidmet. Die *Porta Regia*, das Königstor aus dem 13. Jh., besticht mit farbigem Marmor. Schmuckstück im lichten dreischiffigen *Innenraum* ist der *Pontile* (1170–1220) ein Art Lettner mit Kanzel. Während diese die vier Evangelistensymbole trägt, ist der übrige Lettner mit farbig gefassten Szenen aus der Passion Christi verziert, die Meister aus Campione ausführten. Die unter dem Chor liegende *Hallenkrypta* birgt die Reliquien des *Bischofs Geminianus*, der als Kirchen- und Stadtpatron verehrt wird. Auffällig ist hier die lebensgroße, volkstümliche Terrakottagruppe der *Heiligen Familie* (1480) von Guido Mazzoni, zu der auch die ›Madonna mit dem Brei‹ gehört.

Die benachbarten **Musei del Duomo** (Tel. 05 94 39 69 69, Di–So 9.30–12.30 und 15.30–18.30 Uhr) präsentieren den Kirchenschatz und andere kostbare Ausstattungsstücke, darunter Skulpturen.

Aceto Balsamico – ein Essig so mild wie Balsam

Dunkelbraun, dickflüssig und aromatisch muss ein guter Balsamessig sein. Die Herstellung des edlen **Aceto Balsamico di Modena** dauert mindestens zwölf Jahre. Zunächst wird bester Most aus weißen **Trebbiano-Trauben** bis auf die Hälfte der Flüssigkeit eingekocht und mit einer speziellen *Essigmutter* vergoren. Darauf folgt die lange Reifezeit in immer kleineren **Holzfässern** aus Eiche, Kastanie, Kirsche und schließlich aus Maulbeerholz. Der Essig nimmt von den verschiedenen Holzarten nicht nur den Geschmack, sondern auch die Färbung an. In den Holzfässern reduziert sich das Volumen durch Gärung und Verdunstung. Nach einjähriger Lagerung füllt man mit diesem jungen Essig den zweijährigen auf und mit dem zweijährigen den dreijährigen usw. Ein Großteil bleibt dabei jedoch im Fass zurück, für das nächste Jahr. Die feinsten Sorten kommen am Ende in 1 l fassende Wacholderholzfässchen. Die teuersten Endprodukte sind 50 oder sogar über 100 Jahre alt. Fazit: Aceto Balsamico di Modena hat mit einfachem Salatessig wenig gemein.

Flott und schnittig: Ikonen der Automobilgeschichte in der Galleria Ferrari in Maranello

Vom Dom flaniert man über die *Via Emilia* zum **Palazzo dei Musei** an der Piazza Sant'Agostino, in dem die Kunstsammlungen der Familie Este vereint sind. Die *Galleria Estense* (Tel. 05 94 39 57 11, www.galleriaestense.beniculturali.it, Di–So 9.30–19.30 Uhr) zeigt Malerei, Skulptur, Grafik und Kunsthandwerk des 15.–18. Jh. Unter den Gemälden sind Werke von Dosso Dossi, Annibale Caracci, Tintoretto, Veronese und Giuido Reni. *Correggio* ist mit der einfühlsamen ›Madonna Campori‹ (1518–20) vertreten. Die *Biblioteca Estense* (Tel. 05 943 95 27 23, Mo–Sa 9–13 Uhr) umfasst mehr als 600 000 wertvolle Bücher und Manuskripte, darunter die Bibel von Borso d'Este (15. Jh.) aus Ferrara mit seltenen Miniaturen.

Die Piazza Roma im Norden beherrscht der majestätische **Palazzo Ducale**, der 1634 von Ferdinand d'Este in Auftrag gegeben wurde und heute vom italienischen Militär genutzt wird.

Ausflug

Motorsportfans wissen, dass Modena die Heimat des Autorennfahrers und späteren Automobilherstellers *Enzo Ferrari* (1898–1988) ist. Im Industrieort **Maranello**, 18 km südlich von Modena, werden seit 1943 die teuren Sportwagen mit seinem Namen gefertigt. Unweit des Werksgeländes erläutert die **Galleria Ferrari** (Via Dino Ferrari 43, Tel. 05 36 94 32 04, www.galleria.ferrari.com, tgl. 9.30–18 Uhr) historische Hintergründe und stellt einige der edlen roten Flitzer aus.

Praktische Hinweise

Information

IAT, Via Scudari 10, Modena, Tel. 05 92 03 26 60, http://turismo.comune.modena.it

Hotels

******Canalgrande**, Corso Canalgrande 6, Modena, Tel. 059 21 71 60, www.canalgrandehotel.it. In diesem Adelspalazzo kann man fürstlich nächtigen.

Locanda dell'Acetaia Malpighi, Via Vignolese 1487, Modena, Tel. 059 46 50 63, www.acetaiamalpighi.it. Gemütliche Unterkunft im Ortsteil San Domenico mit sechs stilvollen Zimmern samt Restaurant. Besitzer ist einer der traditionsreichen Essigproduzenten der Region.

Restaurant

Al Boschetto – Da Loris, Via due Canali Nord 202, Modena, Tel. 059 25 17 59. Regionale Produkte – Essig aus eigener Herstellung inklusive – in einem Palazzetto des 18. Jh. im Parco del Duca (Sa geschl.).

Einen großen Auftritt genießt die Basilica di San Petronio an Bolognas Piazza Maggiore ▷

37 Bologna

Flanieren unter Arkaden in der traditionsreichen Stadt der Wissenschaften, Kunst und Kulinarik.

Bologna (375 000 Einw.), die heutige *Regional-* und *Provinzhauptstadt*, fasziniert mit einer der größten und am besten erhaltensten Altstädte Europas. Allein etwa 37 km Arkadengänge prägen die Kulisse um Piazza Nettuno und Piazza Maggiore. Zugleich ist Bologna eine der gelehrtesten Orte der Welt, bereits 1088 wurde hier eine *Universität* gegründet. Sie ist die älteste Europas und zweitgrößte Italiens nach der Universität Rom. Dem akademischen Nachwuchs verdankt die Stadt auch heute noch ihre vitale weltoffene Atmosphäre. Wie günstig paart sich so viel Gelehrigkeit mit leiblichen Genüssen: Bolognas Osterien sind als Orte lukullischer Spitzenleistungen in aller Munde.

Geschichte Die Ursprünge Bolognas reichen bis zur im 6. Jh. v. Chr. gegründeten Etruskersiedlung *Felsina* zurück. Ab dem 2. Jh. v. Chr. war sie unter dem Namen *Bononia* römische Kolonie. Zur ersten Blüte gelangte die Stadt aber erst, als sie 1116 ihre Unabhängigkeit erlangte und 1164 der papsttreuen *Lombardischen Liga* gegen Kaiser Friedrich I. Barbarossa beitrat. Bald fühlten sich die Bologneser so stark, dass sie z. B. nach der *Schlacht bei Fossalta* 1249 den in Gefangenschaft geratenen sardischen *König Enzo* (um 1218–1272), Sohn Kaiser Friedrichs II., für den Rest seines Lebens inhaftierten.

Die für Jurisprudenz berühmte Universität entwickelte sich im 13. Jh. zu einem der geistigen Zentren und Bologna zu einer der zehn größten Städte Europas. In dieser Zeit entstanden Stadtmauern, Wohn- und Geschlechtertürme, Paläste und Kirchen. Regiert wurde die Komune von mächtigen Familien wie den *Pepoli* oder den *Bentivoglio*, bis sie 1506 unter die Herrschaft der Päpste geriet. Gleichzeitig erblühte im 16. Jh. die bedeutende *Malschule von Bologna*, zu der u. a. Annibale, Agostino und Ludovico Carracci so-

wie Francesco Albani und Guido Reni gehörten. Mit kurzer Unterbrechung durch die napoleonische Besetzung bis 1859 blieb die Stadt Teil des Kirchenstaats. Heute ist die renommierte Universitätsstadt Bologna zugleich ein wichtiges *Handelszentrum* und ein bedeutender internationaler Messestandort.

Besichtigung Ausgangspunkt für den Rundgang durch die Altstadt ist die **Piazza Nettuno**. Ihren Namen verdankt sie dem athletischen Bronze-Neptun, welcher auf der *Fontana del Nettuno* (1529–1608) posiert. An der Westseite des Platzes ragt die burgartige Fassade des *Palazzo Comunale* (13. Jh.) auf, der nach den ersten Bauherren auch **Palazzo d'Accursio** (Tel. 051219 3629, Di–Fr 9–15, Sa/So 10–18.30 Uhr) genannt wird. Der südliche Gebäudeteil an der **Piazza Maggiore** mit den maßwerkgefüllten Biforienfenstern kam im 15. Jh. hinzu. In einer Ädikula über dem hiesigen *Hauptportal* (16. Jh.) thront die Bronzestatue (1580) des aus Bologna stammenden *Papstes Gregor XIII.* (reg. 1572–85). Das Tor gewährt Zugang ins Innere. Durch die *Sala Farnese*, einen der Prunksäle der 2. Etage, gelangt man zu den *Collezioni Comunali d'Arte*, einer umfangreiche Sammlung mit Werken der Bologneser Malschule. Ebenfalls im Palazzo ansässig ist das *Museo Morandi* (Tel. 051203332, www.museomorandi.it). Es macht das Œuvre des großen Stilllebenmalers der Moderne, *Giorgio Morandi* (1890–1965), zugänglich und gewährt Einblicke in sein Atelier, welches von der Via Fondazza hierher versetzt wurde.

TOP TIPP

An der Nordostseite der Piazza Nettuno erhebt sich der **Palazzo di Re Enzo** (1244–46), dessen Obergeschoss von Loggien durchbrochen wird. Hier verbrachte der blonde Enzo 23 Jahre als ›Staatsgeisel‹, schrieb romantische Gedichte und zeugte einige Nachkommen. Nebenan, doch mit dem Antlitz zur Piazza Maggiore gewandt, steht der 1485 im Renaissancestil erneuerte **Palazzo del Podestà** (Tel. 051203040, Besichtigung auf Anfrage) mit seinen vornehmen Arkadengängen und dem mittig aufragenden viereckigen *Torre Arengo* (1212), der noch vom Vorgängerbau stammt. Im Süden fällt der gotische **Palazzo dei Notari** (1381–1437) mit seinen schönen Maßwerkfenstern ins Auge. Er war einst Zunfthaus und Amtssitz der Notare. Alle Proportionsverhältnisse missachtend drängt sich hier die gewaltige **Basilica di San Petronio** (Tel. 051225442, Mo–Sa 9.30–12.30 und 14.30–17.30, So 14.30–17.30 Uhr) in den Platz. Der Sakralbau, 1390 begonnen, sollte die Dome von Florenz und Siena noch an Größe übertreffen, doch wurden die ehrgeizigen Pläne aus Geldmangel nur unvollständig ausgeführt. Der Wirkung tut das freilich keinen Abbruch. Zwar ist die 60 m breite abgetreppte *Fassade* nur im unteren Teil mit rotem und weißem Marmor verkleidet, doch den Glanzpunkt setzt das Hauptportal *Porta Magna*. Seine hinreißenden Reliefs (1425–38) von *Jacopo della Quercia* mit Episoden aus dem Alten und Neuen Testament gelten als

Verführerisch: delikate Köstlichkeiten unter den Palastarkaden der Piazza Maggiore

In Schieflage: Bolognas Torre Asinelli und Torre Garisenda machen Pisa Konkurrenz

Spitzenwerke der Frührenaissance. Das gewaltige dreischiffige *Innere* ist 132 m lang, 58 m breit und 44 m hoch und mit allerlei Kunstschätzen ausgestattet. Äußerst fantasievoll sind *Giovanni da Modenas* Fresken aus dem frühen 15. Jh. in der *Cappella Bolognini* (4. Kapelle links). Sie zeigen neben Darstellungen der Hölle und des Paradieses auch Szenen aus dem Leben des Stadtpatrons Petronius, dessen Reliquien im Jahr 2000 aus Santo Stefano in die Basilica überführt wurden.

An der Südostseite der Piazza Maggiore, im Palazzo Galvani, zeigt das **Museo Civico Archaeologico** (Via dell'Archiginnasio 2, Tel. 05 12 75 72 11, Di–Fr 9–15, Sa/So 10–18.30 Uhr) eine erstklassige Sammlung mit etruskischen, griechischen, römischen und ägyptischen Meisterwerken, darunter herrliche Vasen, Schmuckstücke und Bronzen sowie der Marmorkopf der *Athena Lemnia*, römische Kopie eines Bronzebildwerkes des Phidias (5. Jh. v. Chr.).

Im Hintergrund steht der *Palazzo dell'Archiginnasio* (16. Jh.), bis 1803 Sitz der Universität und seit 1838 Heimstatt der **Biblioteca Comunale dell'Archiginnasio** (Tel. 051 27 68 11, www.archiginnasio.it, Besichtigung Mo–Sa 9–13 Uhr, Führungen auf Voranmeldung) mit allein 12 000 wertvollen Handschriften. In der 1. Etage lockt das holzgetäfelte *Teatro Anatomico*, der Vorlesungssaal für Anatomie. Hier wurde den Medizinstudenten einst unter den wachsamen Augen eines Geistlichen das menschliche Innenleben erläutert. Dem eigenen Wohlbefinden förderlich ist hernach ein Bummel durch die mittelalterlichen Gassen, die sich hinter den eleganten Bögen des *Palazzo dei Banchi* (1565, Vignola) an der Ostseite der Piazza Maggiore auftun. Neben Handwerksläden findet man hier vor allem exquisite **Delikatessengeschäfte**.

Von der Piazza Nettuno führt die belebte Via Rittoli ostwärts zur *Piazza Porta Ravegnana* mit den beiden himmelstürmenden ›Schiefen Türmen‹, den Wahrzeichen Bolognas. Die 97 m hohe **Torre Asinelli** (Sommer tgl. 9–18, Winter bis 17 Uhr) und die 47 m kurze **Torre Garisenda** wurden im 12. Jh. errichtet und weisen inzwischen eine Neigung von 2 bzw. 3 m auf.

Weiter geht es über die Via Zamboni gen Nordosten, vorbei an Arkadengängen, Adelspalästen (16./17. Jh) und Instituten der Universität, zur Kirche **San Giacomo Maggiore** (Tel. 051 22 59 70, tgl. 7–12 und 15.30–18 Uhr). Die romanisch-gotische *Fassade* stammt aus der ersten Bauphase 1267–1343, der einschiffige Innenraum wurde im 15. Jh. im Stil der Renaissance erneuert. Blickfang ist hier die von *Lorenzo Costa* aus Ferrara 1489/90 ausgemalte *Cappella Bentivoglio* (1445–86), die Grablege der einflussreichen Familie gleichen Namens. Die bedeutendsten Renaissancefresken Bolognas befinden sich jedoch im benachbarten **Oratorio Santa Cecilia** (Tel. 051225970, tgl. 10–13

Begnadete Bildhauer schufen den Schrein für den Kirchenpatron in San Domenico

und 14–18 Uhr). Hier erzählen anmutige Wandmalereien (1504–06) von *Lorenzo Costa*, *Francesco Francia* und ihren Schülern aus dem Leben der hl. Cäcilie und ihres Gatten Valerian.

Durch die Via Zamboni geht es weiter nach Norden zur **Pinacoteca Nazionale** (Via Belle Arti 56, Tel. 0514209411, www.pinacotecabologna.it, Di–So 9–19 Uhr). Die begeisterungswürdige Kollektion präsentiert Malerei des 14.–18. Jh. aus Bologna und der Emilia. Unter den zahllosen Schätzen befinden sich *Giottos* Polyptychon ›Madonna mit Kind und Heiligen‹ (um 1330), *Raffaels* ›Verzückung der hl. Cäcilie‹ (1513) und *Guido Renis* ›Kindermord von Bethlehem‹ (1611).

Von der Piazza Porta Ravegnana führt die Via Santo Stefano nach Südosten zur **Basilica di Santo Stefano** (Tel. 051223256, www.abbaziasantostefano.it, tgl. 9–12 und 15.30–18.30 Uhr), einem Sakralensemble, welches auf eine Gründung des *hl. Petronius* zurückgehen soll. Bis 2000 wurden hier auch seine Reliquien verwahrt [s. S. 153]. Man betritt den Komplex durch die *Chiesa del Crocifisso*, einen einschiffigen Bau, der im 11. Jh. über langobardischen Resten errichtet und später barockisiert wurde. Nach links geht es in die polygonale *Chiesa del San Sepolcro* (12. Jh.) mit Umgang und einer freien Nachbildung des Grabes Christi in Jerusalem. Wiederum links davon kommt man in die schlichte dreischiffige *Chiesa Santi Vitale e Agricola* (8.–11. Jh.). Nach rechts gelangt man hingegen über den Cortile di Pilato (11./12. Jh.) in die *Chiesa della Trinità* (13. Jh.) mit der ›Anbetung der Könige‹ (1370), einer Gruppe bemalter Holzfiguren von *Simone de'Crocefissi*. Der romanische Kreuzgang (11./12. Jh.) gewährt Zugang zum *Museo di Santo Stefa-*

Auf einem Hügel vor den Toren Bolognas thront die Wallfahrtskirche Madonna di San Luca

no, welches anhand von Modellen die Baugeschichte dokumentiert.

Südlich der Piazza Maggiore steht die Kirche **San Domenico** (Tel. 05 16 40 04 11, Mo–Fr 9.30–12.30 und 15.30–18.30, So 15.30–17.30 Uhr). Sie wurde zu Ehren des 1221 in Bologna verstorbenen *hl. Dominikus* als schlichte Bettelordenskirche mit nüchterner Backsteinfassade errichtet. Das dreischiffige *Innere* wurde dann im 18. Jh. in üppigem Barock erneuert. Ein wahres Juwel birgt die *Cappella di San Domenico* im rechten Seitenschiff. Die *Arca* (1267), der Marmorschrein für den Ordensgründer, trägt eindrucksvolle Reliefs zur Vita des Dominikus, geschaffen von großen Meistern wie *Nicola Pisano* und *Arnolfo di Cambio*. Für Skulpturen und Baldachin (15. Jh.) zeichnete *Niccolò da Bari* verantwortlich. Nach dessen Tod vollendete der junge *Michelangelo* das Werk 1494, indem er die Figuren des Leuchterengels und der hll. Proculus und Petronius hinzufügte.

Ein Fußmarsch von 3,5 km durch Bolognas mit 666 Bögen längsten Arkadengang geht von der *Porta Saragozza* südwestlich vom Zentrum bis zur Wallfahrtskirche **Madonna di San Luca** (Piazza di Porta Saragozza 2a, Tel. 05 16 44 74 21, Sept.–Juli Di–Sa 9–13, Do 9–18, So 10–18 Uhr) auf dem *Colle delle Guardia*. Der imposante Zentralbau (18. Jh.) verwahrt eine hochverehrte *Marienikone* aus Byzanz. Sie soll ein Originalporträt der Muttergottes von der Hand des hl. Lukas sein. Diese Aura und der geradezu himmlische Ausblick von der Hügelkuppe über die Stadt und den Apennin entschädigen für die Mühen des Aufstiegs.

i Praktische Hinweise

Information

IAT, Piazza Maggiore 6, Bologna, Tel. 051 23 96 60, http://iat.comune.bologna.it

Flughafen

Aeroporto Guglielmo Marconi di Bologna, Via Triumvirato 84, Bologna, Tel. 05 16 47 96 15, www.bologna-airport.it. Der *Aerobus* verbindet den Flughafen (6 km nordwestlich der City) mit dem Hauptbahnhof bzw. Messegelände.

Bahnhof

Bologna Centrale, Piazza Medaglie d'Oro, Bologna, Tel. 051 14 78

Öffentliche Verkehrsmittel

ATC, Via IV Novembre 16 a, Bologna, Tel. 051 29 02 90, www.atc.bo.it

Hotels

******Commercianti**, Via de'Pignattari 11, Bologna, Tel. 05 17 45 75 11, www.bolognarthotels.it. Stilvolles, komfortables Hotel mit unvergleichlichem Blick auf die Kirche San Petronio gleich vor der Tür.

*****Albergo delle Drapperie**, Via delle Drapperie 5, Bologna, Tel. 051 22 39 55, www.albergodrapperie.com. Charmante, und gemütliche Unterkunft nahe der Piazza Maggiore.

Romanisch-gotische Formenvielfalt feiert die Fassade der Cattedrale di San Giorgio in Ferrara

Restaurants

Bottega del Vino Olindo Faccioli, Via Altabella 15 b, Bologna, Tel. 05 51 22 31 71. Gemütliches Abendlokal in einem alten Geschlechterturm.

Cantina Bentivoglio, Via Mascarella 4 b, Bologna, Tel. 051 26 54 16. Weinlokal im Univiertel mit großer Auswahl, guter Küche und abends Live-Jazz (So geschl.).

Tamburini, Via Caprarie 1, Bologna, Tel. 051 23 47 26. Bis spät abends hausgemachte Pasta, Schinken, Käse (So geschl.).

38 Ferrara

Renaissancestadt der Este.

Ferrara (132 000 Einw.) gehört wohl zu den grünsten Städten Italiens und seine Einwohner sind begeisterte Fahhradfahrer. Kein Wunder, denn hier an der Mündung des Nebenflusses *Po di Volano* in den Po ist alles schön flach und Herzog *Ercole I d'Este* sorgte schon im 15. Jh. für große, übersichtliche Straßenzüge. Überhaupt ließ die Familie Este ihre Residenz Ferrara so prächtig ausbauen, dass die Altstadt, ein wahres Juwel der Renaissancearchitektur, seit 1995 auf der Liste des *UNESCO Weltkulturerbes* steht.

Geschichte Ferrara ist eine der wenigen italienischen Städte ohne römische Wurzeln. Die Stadt entstand im 7. Jh., ihre Blütezeit fiel mit der Herrschaft der **Este** (1264–1598) zusammen, die Wissenschaften und Künste förderten und unter denen sich Ferrara zu einer wohlhabenden, geschäftigen Residenzstadt entwickelte. 1391 wurde die *Universität* gegründet, an der Berühmtheiten wie Kopernikus und Paracelsus studierten. Im 15. Jh. formierte sich die für ihren exzentrischen Stil bekannte *Malschule von Ferrara* um *Cosmè Tura* und *Dosso Dossi*. Ercole I d'Este (1431–1505) betrieb zudem ab 1492 eine ehrgeizige Stadtplanung. Durch die schachbrettartige Erweiterung nördlich des mittelalterlichen Zentrums sollte das Stadtgebiet verdreifacht werden und im Schutz der 9 km langen Mauer Platz für 130 000 Einwohner bieten. Ferrara sollte diese Ausdehnung aber erst im Jahr 1988 erreichen. Als die Familie Este 1598 ausstarb, fiel ihr Besitz an den Kirchenstaat. Unter den päpstlichen Statthaltern verfielen Wirtschaft und Kultur jedoch in Stagnation. Erst nach der Einigung Italiens 1860 und der Trockenlegung großer Teile des Umlandes im 20. Jh. erlebte Ferrara einen neuerlichen Aufschwung als Provinzhauptstadt und Zentrum von Obst- und Gemüseanbau.

Besichtigung Die Attraktionen Ferraras liegen innerhalb der mit Bastionen befestigten Stadtmauer. Die *Viale Cavour Giovecca* teilt das Zentrum in die südliche *Città Vecchia* (Altstadt) und die nördliche, unter Ercole I d'Este angelegte *Città Rinascimentale*, die Renaissancestadt.

Città Vecchia

Das Zentrum der mittelalterlichen Stadt ist die *Piazza della Repubblica*. Das massige Geviert des **Castello Estense** (Tel. 05 32 29 92 33, www.castelloestense.it, Di–So 9.30–17.30, letzter Einlass 16.45 Uhr) mit seinen vier markanten Ecktürmen dominiert nicht nur den Platz, sondern auch die Silhouette der Stadt. Das zusätzlich durch einen breiten Wassergraben geschützte Kastell aus dem 14. Jh. wurde Mitte des 16. Jh. zur Residenz der Este ausgebaut. Die höfische Pracht entfaltet sich im *Inneren*, vor allem im Piano Nobile (1. Etage). Hier liegen die *Sale Estensi*, eine Raumflucht, die Mitte des 16. Jh. üppig mit manieristischen (Decken-)Fresken dekoriert wurde. Die Bilderzählungen ranken sich um Mythologie und Allegorien. Das herzögliche Schlafgemach, die *Sala dell' Aurora*, zeigt lyrische, mythologisch verbrämte Szenen zu den Tageszeiten und Menschenaltern.

Früher war das Kastell durch eine Galerie mit dem unweit südlich gelegenen **Palazzo Comunale** (12. Jh.) verbunden, in dem die Herzöge ab 1264 bis ins 16. Jh. residierten. Heute steht der zinnenbekrönte Eckbau für sich, bewahrt jedoch in seinem hübschen Innenhof noch eine viel fotografierte, überdachte Freitreppe aus dem Jahr 1481.

Nahebei steht die 1135 geweihte **Cattedrale di San Giorgio** (Tel. 05 32 20 74 49, Mo–Sa 7.30–12 und 15–18.30, So 7.30–12.30 und 15.30–19.30 Uhr). Ihre spektakuläre dreiteilige *Marmorfassade* ist im unteren Abschnitt noch romanisch geprägt. Und so stammen die Reliefs am *Hauptportal*, lebensnah inszenierte Szenen des Neuen Testaments und der hl. Georg als Drachentöter, noch aus dem 12. Jh., geschaffen von Niccolò, einem Schüler der Wiligelmus aus Modena. Der obere Fassadenteil wurde im 14. Jh. gotisch vollendet. Die Front ist komplett aufgebrochen durch vielbogige Fenster, Zwerggalerien, maßwerkverbrämte Trichterarkaden und wird von drei gleich hohen Giebeln bekrönt. Über dem Hauptportal öffnet sich eine elegante Loggia mit einer Marienstatue (15. Jh.) von *Michele da Firenze*. Architrav und Giebel sind mit Bildern des ›Jüngsten Gerichts‹ reliefiert. Das *Innere* der dreischiffigen Basilika wurde im 18. Jh. barock erneuert. Die erhaltenen Fresken (16. Jh.) stammen von Meistern der Schule von Ferrara.

Das benachbarte **Museo della Cattedrale** (Via San Romano, Tel. 05 32 24 49 49, Di–So 9–13 und 15–18 Uhr) zeigt Schätze wie die von *Cosmè Tura* bemalten Orgel-

Das stolze Castello Estense in Ferrara war einst Eckpfeiler der herzoglichen Macht

türen (hl. Georg mit dem Drachen, 1469) und die Statue ›Madonna mit dem Granatapfel‹ (1408) von *Jacopo della Quercia*.

Die Via Voltapaletto führt gen Osten zur **Casa Romei** (Tel. 05 33 24 32 73, Di–So 8.30–19.30 Uhr). Der Bankier Giovanni Romei ließ das reizende Wohnhaus mit elegantem Innenhof im 15. Jh. bauen und Räume wie die *Sala delle Sibille* und *Sala dei Profeti* mit prächtigen Fresken auskleiden. Noch ein Stück weiter erhebt sich der eindrucksvolle **Palazzo Schifanoia** (Tel. 05 32 26 20 38, Di–So 9–18 Uhr), den Antonio d'Este ab 1385 als Lustschloss errichten ließ. Im 15. Jh. unter Borso d'Este erfolgte der Ausbau des Palais mit dem Familienwappen über dem Portal (1470). Glanzpunkt im Inneren ist die üppig ausgemalte *Sala dei Mesi*. Der Freskenzyklus (1467–70) nach Entwürfen von *Cosmè Tura* präsentiert fantastisch-surreale Monatsbilder, die Szenen zu März bis Mai werden *Francesco Cossa* zugeschrieben, der September ist ein Werk *Ercole dei Robertis*. Jeder Monat wird in drei Bildzonen illustriert: Oben erscheinen olympische Götter, darunter die Tierkreiszeichen und auf Augenhöhe Szenen aus dem Leben Borsos und seiner Entourage.

TOP TIPP

Nun geht es nach Süden zum auf 1495 datierten *Palazzo di Ludovico il Moro* (auch Palazzo Costabili). Das hier ansässige **Museo Archeologico Nazionale** (Via XX Settembre 122, Tel. 05 32 66 29 99, Di–So 9–14, Fr–So auch 15.30–18.30 Uhr) begeistert mit Funden (6./5. Jh. v. Chr.) aus dem Etruskerhafen Spina beim heutigen Comacchio, darunter herrliche griechische Vasen und etruskische Bronzen.

Città Rinascimentale

Von der *Piazza della Repubblica* aus führt der Corso Ercole I Este schnurgerade gen Norden. An der Ecke zum Corso Rossetti sieht man links eine herausragende Bauleistung der Renaissance, den **Palazzo del Diamanti** (Corso Ercole I 21). *Biagio Rossetti* entwarf ihn 1493 für Ercoles Bruder Sigismondo d'Este. Der Architekt verstärkte die plastische Wirkung der Fassade aus diamantförmig behauenen Marmorquadern dergestalt, dass die Diamantspitzen am Fuß des Gebäudes nach unten, im mittleren Teil geradeaus und in der Zone darüber nach oben weisen. Im Piano Nobile (1. Etage) des Palastes widmet sich heute die **Pinacoteca Nazionale** (Tel. 05 32 20 58 44, Di/Mi/Fr/Sa 9–14, Do 9–19, So 9–13 Uhr) der ferraresischen Malerei des 13.–18. Jh. von Meistern wie Garofalo, Dosso Dossi und Bassianino. Unter den Glanzstücken sind zwei Tondi von *Cosmè Tura* (1481–1559) mit ›Gefangennahme‹ und ›Martyrium des hl. Maurelius‹. Im Erdgeschoss zeigt die **Galleria d'Arte Moderna e Contemporanea** (Tel. 05 32 24 49 49) hochrangige Wechselausstellungen zur Kunst des 20./21. Jh.

Im nur wenige Schritte entfernten **Museo Michelangelo Antonioni** (Corso Ercole I 17, Tel. 05 32 21 08 30, tgl. 9–13 und 15–18 Uhr) dreht sich alles um die Filme des in Ferrara geborenen Regisseurs Michelangelo Antonioni (1912–2007).

Kalender im Palazzo Schifanoia: Der Einzug Apolls mit Sonnenball symbolisiert den Monat Mai

Die Säulen der Stadtheiligen und Palastarkaden zieren Ravennas Piazza del Popolo

Praktische Hinweise

Information

IAT, Castello Estense, Ferrara, Tel. 05 32 20 93 70, www.artecultura.fe.it

Hotels

*****__Duchessa Isabella__, Via Palestro 70, Ferrara, Tel. 05 32 20 21 21, www.duchessa isabella.it. Der Palazzo bietet schieren Luxus in atemberaubendem Ambiente.

Dolcemela, Via della Sacca 35, Ferrara, Tel. 05 32 76 96 24, www.dolcemela.it. Bed & Breakfast in einem Altbau mit freundlicher Atmosphäre.

39 Ravenna

Das ›Konstantinopel des Westens‹ zieren herrliche Mosaiken.

Italien verdankt der Provinzhauptstadt Ravenna (147 000 Einw.) – bzw. ihrer blühenden Vergangenheit als Kapitale des Weströmischen Reiches, Residenz der Gotenkönige und Sitz der Byzantinischen Exarchen – einige seiner eindrucksvollsten Kunstschätze. Ravennas zahlreiche frühchristliche **Mosaikzyklen** mit ihren betörenden Bilderzählungen und ihrem funkelnden Farbenrausch spiegeln die genialen Kunstleistungen und die innige Spiritualität jener Zeit. 1996 setzte die UNESCO acht von Ravennas Kirchen und Mausoleen mit ihrem atemberaubenden Mosaikschmuck aus dem 5./6. Jh. auf die *Weltkulturerbeliste*.

Geschichte Das Podelta war bereits um 500 v. Chr. von Umbrern und Etruskern besiedelt. Mit dem Bau der Via Emilia im 2. Jh. v. Chr. kamen die *Römer* in die Gegend. Im 1. Jh. n. Chr. legten sie in unmittelbarer Nähe zu Ravenna den Adriahafen *Portus Classis* an. Als Kaiser *Honorius* 402 das von Sümpfen geschützte Ravenna zur **Hauptstadt** des Weströmischen Reiches wählte, begann dessen Aufstieg zu einer der mächtigsten und reichsten Städte der damals bekannten Welt. 476 besiegelte der Germane *Odoaker* zwar das Ende des Weströmischen Reiches, behielt Ravenna aber als Hauptstadt seines Königreiches bei. Ebenso hielten es auch der 493 siegreiche Ostgotenkönig *Theoderich* und der oströmische Kaiser *Justinian I.*, der 535–553 Italien eroberte und es seinem Reich als Provinz einverleibte. Als kaiserliche Statthalter regierten in Ravenna nun Exarchen, die mit dem Bau prächtiger Paläste und Kirchen dem Glanz Konstantinopels nacheiferten. Die 751 von Norden her einfallenden *Langobarden* besetzten Ravenna nur kurz. Schon 756 hatte der fränkische König Pippin der Jüngere die Stadt zurückerobert und übergab das einstige Exarchat

756 Papst Stephan II. Aus dieser **Pippinischen Schenkung** bildete sich der *Kirchenstaat* um Rom und Ravenna, der bis zur Einigung Italiens im 19. Jh. bestand. In den 1950er-Jahren wurden im Podelta riesige *Erdgasfelder* entdeckt und um das bis dato landwirtschaftlich geprägte Ravenna siedelte sich Industrie an. Die Altstadt blieb davon freilich unberührt.

Besichtigung Den Mittelpunkt Ravennas bildet die **Piazza del Popolo** mit zwei hohen Säulen (1483), von denen die Statuen der Stadtheiligen *Vitalis* und *Apollinaris* über die Stadt blicken. Architektonisch bestimmen den Platz die schönen Arkaden des *Palazzo Comunale* (17. Jh.) und des *Palazzetto Veneziano* (15. Jh.). Von der Piazza führt die Via Diaz Richtung Nordosten zur Taufkapelle der Arianer, dem **Battistero degli Ariani** (Tel. 05 44 54 37 11, März–Sept. tgl. 8.30–19.30, sonst bis 16.30 Uhr, letzter Einlass 30 Min. vor Schließung). Ostgotenkönig Theoderich ließ das oktogonale Bauwerk mit vier Apsiden 493–526 errichten. Das goldgrundige, wie ein kostbarer Brokatbaldachin gestaltete *Kuppelmosaik* zeigt die ›Taufe Christi‹ umringt von den zwölf Aposteln. Die theologische Lehre der Arianer (benannt nach ihrem frühen Vertreter Arius) stand im Gegensatz zur Trinitätslehre. Sie sahen den Vater als alleinigen Gott und Christus als seine erste Kreatur. Der Arianismus war unter Theoderich Staatsreligion der Ostgoten, wurde aber nach dem Sieg der Byzantiner verboten.

Meisterwerk frühmittelalterlicher Sakralarchitektur: Basilica di San Vitale in Ravenna

Weitere Meisterwerke frühchristlicher Mosaikkunst finden sich im Nordwesten der Stadt in der **Basilica di San Vitale** (Tel. 05 44 54 16 88, April–Sept. tgl. 9–19, sonst 9–17.30 Uhr). Der achteckige Zentralbau mit dem vortretenden Chor entstand 526–547. Das *Innere* gliedern acht Pfeiler in einen Mittelraum mit Umgang. Goldglänzende Mosaike schmücken Bögen, Wandpartien und Chor. In der Apsis thront ›Christus als Weltenherrscher‹ umgeben von zwei Engeln, dem Kirchenpatron und dem Kirchengründer Bischof Ecclesius. Auch das Kaiserpaar Justinian und Theodora ist an prominenter Stelle rechts und links vom Altar, präsent. Sie selbst und ihre Höflinge begeistern vor allem durch ihre ausdrucksstarken Gesichter und ihren dem Betrachter zugewandten Blick. Im dazugehörigen Benediktinerkloster zeigt heute das **Museo Nazionale** (Tel. 05 44 68 28 75, www.soprintendenzaravenna.beniculturali.it, Di–Sa 8.30–19.30, So 8.30–13.30 Uhr, letzter Einlasss 30 Min. vor Schließung) Funde aus Classe, z.B. römische Skulpturen und Reliefs wie die ›Apotheose des Augustus‹ (1. Jh. n. Chr.), aber auch einen giottoesken Freskenzyklus des 14. Jh. aus der Kirche Santa Chiara mit Szenen zum Neuen Testament von *Pietro da Rimini*.

Die ältesten Mosaike Ravennas birgt das nahe **Mausoleo di Galla Placidia** (Tel. 05 44 54 16 88, April–Sept. tgl. 9–19, sonst 9–17.30 Uhr), das sich die fromme Halbschwester des Kaisers Honorius und zeitweilige Regentin des Weströmischen Reiches 425–450 über kreuzförmigem Grundriss errichten ließ. Mildes Licht dringt durch Alabasterfenster ins *Innere* und bringt die kostbaren Mosaike zum Leuchten, die Gewölbe und Wände überziehen. Auf tiefblauem Grund blitzen Hunderte von Sternen über schillernden Ornamentbändern und üppigen Weinranken. Über dem Eingang wandelt Christus als Guter Hirte inmitten einer Schafherde, an der Wand gegenüber schreitet der hl. Laurentius zum Martyrium auf dem Rost. Darüber sind Apostel und in der Kuppel christliche Symbole wie die der vier Evangelisten und das Kreuz zu erkennen. Die drei *Marmorsarkophage*, in denen die Gebeine der in Rom verstorbenen Galla Placidia, ihres zweiten Gatten und ihres Sohnes ruhen sollen, kamen frühestens im 9. Jh. hierher.

Feierliches Gesamtkunstwerk – die mosaikgeschmückte Basilica di Sant'Apollinare in Classe

Mitten auf der *Piazza Arcivescovile* weiter südwestlich steht das **Battistero Neoniano** (Tel. 05 44 54 16 88, April–Sept. tgl. 9–19, März, Okt. 9.30–17.30, sonst 10–17 Uhr), auch *Baptisterium der Orthodoxen* genannt. Erzbischof Neon ließ die achteckige, um 400 begonnene Taufkapelle 450–458 vollenden. Blickfang im Inneren ist das prachtvolle Kuppelmosaik, das die Taufe Christi und die zwölf Apostel mit Kronen in den Händen zeigt.

Vis-à-vis des Baptisteriums erhebt sich der barocke **Duomo Sant'Orso**, der im 18. Jh. über den Resten der frühchristlichen Basilka (4. Jh.) aufgeführt wurde. Campanile und Krypta gehören der Bauphase des 10. Jh. an. Das kleine **Museo Arcivescovile** (Tel. 05 44 54 16 88, April–Sept. tgl. 9–19, März, Okt. tgl. 9.30–17.30, Nov.–Febr. 10–17 Uhr) im Erzbischöflichen Palast birgt den mit zahllosen Reliefs verzierten *Elfenbeinthron* des Bischofs Maximinian (6. Jh.). Das angegliederte *Oratorio Sant'Andrea* (auch Cappella Arcivescovile, 494–519) bewahrt ein *Mosaik*, auf dem Christus im römischen Legionärsgewand auf Löwe und Drache tritt.

Wendet man sich von der Piazza Arcivescovile nach Osten, kommt man an der Kirche *San Francesco* vorbei. In ihr fand 1321 die Trauerfeier für *Dante Alighieri* [s.S. 171] statt, der während seines Exils hier in Ravenna verstarb. 1780 wurde nahebei das klassizistische **Sepolcro di Dante** (tgl. 9–12 und 14–17 Uhr) errichtet, das auch *Tomba di Dante* genannt wird, seit hier 1865 seine Urne beigesetzt wurde.

Einer der größten Glanzlichter Ravennas ist die **Basilica di Sant'Apollinare Nuovo** (Tel. 05 44 54 16 88, April–Sept. tgl. 9–19, März, Okt. 9.30–17.30, Nov.–Febr. 10–17 Uhr) weiter östlich. *Theoderich* gab die dreischiffige Palastkirche 519 in Auftrag, im 9. Jh. wurde ihr ein eleganter *Campanile* zur Seite gestellt. Ein Portikus (16. Jh.) im Stil der Renaissance führt ins dreischiffige *Innere*, das von Marmorsäulen mit korinthischen Kapitellen gegliedert wird und im Glanz goldgrundiger *Mosaikbänder* erstrahlt. Sie entstanden nur teilweise zu Zeiten Theoderichs, vollendet wurden sie unter dem byzantinischen Kaiser Justinian I. Die linke Wand des Langhauses zeigt ein Defilée von 22 Jungfrauen im Gefolge der Heiligen Drei Könige aus dem Morgenland mit phrygischen Mützen, die der thronenden Muttergottes huldigen, während gegenüber 26 weiß gewandete Märtyrer zum Thron Christi ziehen. Über den feierlichen Prozessionen sind Szenen aus dem Leben Christi, Heilige und Propheten dargestellt.

Im Norden Ravennas erhebt sich das **Mausoleo di Teodorico** (Tel. 05 44 68 40 20, März–Sept. tgl. 8.30–18.30, sonst bis 16.30 Uhr), das der Ostgotenkönig Theoderich

526 am Rande einer Nekropole errichten ließ. Der zweigeschossige urnenförmige Rundbau aus schweren Kalksteinblöcken kulminiert in einer Flachkuppel von 11 m Durchmesser, die aus einem einzigen Stein gehauen wurde. Das Innere ist zehneckig geformt, in der oberen Etage steht der gewaltige Porphyrsarkophag Theoderichs.

Ausflug

Etwa 5 km südlich von Ravenna erhebt sich im Grünen an der Via Romea Sud die **Basilica di Sant'Apollinare in Classe** (Tel. 05 44 47 35 69, Mo–Sa 8.30–19.30, So/Fei 13–19.30 Uhr). Die größte Kirche Ravennas, eine äußerlich eher schlichte Backsteinbasilika mit Vorhalle, wurde ab 534 über der Grablege des Apollinaris, des ersten Bischofs von Ravenna, errichtet und 549 geweiht. Der runde *Campanile* stammt aus dem 11. Jh. Im majestätischen *Innenraum* setzen die schön gemaserten Marmorsäulen und hohen Arkadenbögen des Langhauses würdevolle Akzente. Die ganze Pracht der *Mosaikbilder* (6./7. Jh.) entfaltet sich am Triumphbogen und im Chor. Oben am Bogen erscheint das Antlitz Jesu umgeben von den Symbolen der vier Evangelisten, unterhalb verkörpern zwölf Lämmer die zwölf Apostel, die ihnen zur Seite gestellten ›Hirten‹ sind die Erzengel Michael und Gabriel. In der Apsiskalotte wird die ›Verklärung Christi‹ illustriert: Der Gottessohn ist in himmlischen Gefilden als großes edelsteinbesetztes Kreuz gegenwärtig, flankiert von Moses und Elias. Über das irdische Gefilde, eine paradiesisch grüne und baumreiche Landschaft, erhebt der hl. Apollinaris segnend die Hände, auch er umringt von Apostel-Lämmern auf grüner Weide.

TOP TIPP

Praktische Hinweise

Information

IAT, Via Salara 8, Ravenna, Tel. 054 43 57 55, www.turismo.ravenna.it

Hotels

*****Cappello**, Via IV Novembre 41, Ravenna, Tel. 05 44 21 98 13, www.albergo cappello.it. Ein Palast mit edlem Ambiete im historischen Zentrum.

*****Diana**, Via Girolamo Rossi 47, Ravenna, Tel. 054 43 91 64, www.hoteldiana.ra.it. Individuell eingerichtete Zimmer in stilvollem Hotel nahe der Piazza Popolo.

Restaurant

Ca'de Vén, Via Ricci 24, Ravenna, Tel. 054 43 01 63. Das schnörkellose Lokal bietet hervorragende Weine der Region und das typische Fladenbrot *Piadina Romagnola*.

40 Rimini

Ein bisschen mehr als Strandvergnügen an der Adria.

Rimini (136 000 Einw.) an der Adriaküste im Südosten der Romagna ist der bekannteste *Badeort* Italiens, doch neben Jubel, Trubel, Heiterkeit am etwa 15 km langen Sandstrand ist auch im histori-

Hirte in einer blühenden Paradieslandschaft: Mosaik in der Basilica di Sant'Apollinare in Classe

Geordneter Trubel: sommerliche Sandstrandfreuden an der Adriaküste von Rimini

schen Stadtkern einiges geboten. Immerhin reicht die Geschichte der *Provinzhauptstadt* bis in die Römerzeit zurück. Damals hieß der Ort *Ariminum* und war ein wichtiger Hafen und günstiger Standort auf den Handelswegen Richtung Poebene. Im Jahr 359 wurde hier das **Konzil von Rimini** einberufen. Ihre Blütezeit erlebte die Stadt jedoch unter der Herrschaft der Familie *Malatesta* im 14.–16. Jh. Nach deren Sturz fiel Rimini an den Kirchenstaat. Der Aufschwung als Badeort kam dann im 19. Jh. mit dem Bau der Eisenbahn.

Den feinen, flachen Sandstrand zwischen *Torre Pedrera* und *Miramare* säumen heute viele, nicht immer schöne Hotelbauten. Ein umfangreiches Sport- und Freizeitprogramm hält Urlauber in Atem und Nachtschwärmer werden mit dem *Treno Azzurro* sowie der poppig bunten Buslinie *Blu Line* zu den Clubs und Diskos in der Viale Vespucci und entlang der Küste chauffiert.

Als Einstieg für die Besichtigung der **Altstadt** bietet sich der **Arco d'Augusto** im Süden an. Der imposante Steinbogen (27 v. Chr.) mit seinen kannelierten Säulen und korinthischen Kapitellen ist Kaiser Augustus gewidmet und markierte den Scheitelpunkt der von Rom kommenden *Via Flaminia* und der nach Piacenza führenden *Via Emilia*. Über die belebte Einkaufsstraße *Corso d'Augusto* gelangt man stadteinwärts zur *Piazza Tre Martiri* und dem nahe gelegenen **Tempio Malatestiano** (Tel. 0541511130, www.diocesi.rimini.it, Mo–Sa 8–12.30 und 15.30–19, So 9–13 und 15.30–19 Uhr). Hier stand einst eine Franziskanerkirche, die *Sigismondo Pandolfo Malatesta* (1417–1468) zur Familiengrablege ausbauen ließ. 1447 begann Leon Battista Alberti, die *Fassade* im Stil antiker Triumphbögen zu modernisieren. Doch nach dem Sturz der Malatesta 1461 blieb die Fassade unvollendet, die geplante Kuppel wurde gar nicht ausgeführt. Für die Ausstattung des einschiffigen *Innenraums* mit prachtvollen Seitenkapellen und anmutigen Skulpturen waren *Matteo dei Pasti* respektive *Agostino di Duccio* zuständig. Hauptthema des Bildprogramms ist die Verherrlichung des Bauherrn, obgleich er als ruchlos galt. Sigismondo soll seine erste Frau verlassen, die zweite vergiftet und die dritte erwürgt haben, bevor er seine Mätresse Isotta ehelichte. Andererseits förderte er Künstler wie Filippo Brunelleschi und *Piero della Francesca*. Letzterer schuf z.B. in der 2. Kapelle rechts das Fresko (1451) des Stifters, der vor seinem Namenspatron, dem hl. Sigismund, kniet. Die 3. Kapelle, die *Cappella di Isotta*, birgt das Grabmal von Sigismondos vierter Gattin.

Der Corso d'Augusto führt weiter zur **Piazza Cavour** mit der runden *Fontana della Pigna*, dem ›Pinienzapfenbrunnen‹ von 1543, und zum mächtigen **Castello Sismondo** (Piazza Malatesta 28, Tel. 0541787673), das sich Sigismondo Malatesta 1437–52 als Residenz bauen ließ. In seinen Mauern werden heute Wechselausstellungen und Kulturevents inszeniert. Im Norden mündet der Corso d'Augusto auf den bogenreichen römischen **Ponte di Tiberio** (14–21 n. Chr.), der über den Fluss *Marecchia* und in den Stadtteil Borgo San Giuliano führt.

Praktische Hinweise

Information

IAT, Piazzale Frederico Fellini 3, Rimini-Marina, Tel. 05 41 56 69 02, www.riminiturismo.it

Hotels

***__Jana__, Viale Giusti 13, Rimini, Tel. 05 41 55 51 55, www.hoteljana.com. Modernes Haus mit funktionalen Zimmern etwa 100 m vom Strand.

***__Villa Lalla__, Viale Vittorio Vento 22, Rimini, Tel. 05 41 55 51 55, www.villalalla.com. Freundliches Haus mit modernem Schick in ruhigem Wohnviertel.

Duomo, Via Giordano Bruno 28, Rimini, Tel. 008 00 37 46 83 57 (gebührenfrei), www.designhotels.com. Durchgestyltes Hotel in der Altstadt – mit dem angesagten Club ›noMi‹ und Bar.

Restaurants

Acero Rosso, Viale Tiberio 11, Rimini, Tel. 05 41 53 35 77. Feine Adresse mit exquisiten Speisen wie *Risotto all'Astice* oder *Carpaccio di Scampi* (So/Mo geschl.).

Nach lebhaftem Badetag gilt es, das alte Rimini mit der Piazza Cavour zu genießen

Lo Squero, Lungomare Tintori 7, Rimini, Tel. 05 41 27 67 6. Gute Fischspezialitäten mit Blick aufs Wasser (Di geschl.).

Osteria De Borg, Via Forzieri 12, Borgo San Giuliano, Rimini, Tel. 05 41 56 07 1. Küche der Romagna, u.a. freitags Fischsuppe *Brodetto di Pesce* (Mo geschl.).

41 San Marino

Stolzer Zwergstaat zwischen der Emilia Romagna und den Marken.

Die vermutlich im Jahr 300 etablierte **Repubblica di San Marino** (30 000 Einw.) ist die kleinste (60,57 km²) und älteste Republik der Welt. Sie besteht aus neun *Castelli* (Gemeinden), Staatsoberhäupter sind zwei kollegial regierende *Capitani Reggenti*, die vom Parlament für ein halbes Jahr gewählt werden. Jeweils am 1. April und 1. Oktober feiern Regenten und Staatsbürger in farbenfrohen Uniformen und Kostümen die Amtseinführung. In der Stadtrepublik ist niemand arbeitslos, die Menschen genießen Privilegien wie niedrige Steuern oder kostenloses Bildungs- und Gesundheitswesen. Neben dem **Tourismus** ist der Verkauf von *Wein*, *Oliven* und *Münzen* Haupteinnahmequelle. Währung ist der Euro.

Bei der 25 km langen Anfahrt von Rimini durch das bergige Hinterland nach San Marino eröffnen sich immer wieder schöne Blicke über die Adria und den Apennin. Auf dem 749 m hohen **Monte Titano** erwartet die Besucher dann ein gastfreundliches mittelalterliches Städtchen, in dem es während des Sommers schon mal eng werden kann.

Geschichte Der Legende nach gründete ein Steinmetz namens *Marinus* um 300 das später nach ihm benannte San Marino als Einsiedelei. Die erste urkundliche Erwähnung stammt aus dem Jahr 885. Anders als viele andere Kommunen der Region konnte San Marino seine **Freiheit** mit einem gut ausgebildeten Heer, starken Festungen und viel Diplomatie gegen alle Anfeindungen behaupten. Im 15. Jh. führte San Marino zusammen mit Urbino erfolgreich Krieg gegen die Malatesta in Rimini und blieb auch in den folgenden Jahrhunderten autonom. Stolz gewährte man im 19. Jh. dem italienischen Freiheitskämpfer Giuseppe Garibaldi **Asyl**, ebenso 100 000 Flüchtlingen während des Zweiten Weltkriegs.

Bombastische Aussichten eröffnen die Rocche auf dem Monte Titano in San Marino

Besichtigung Die **Città di San Marino** auf dem Monte Titano wird von einem dreifachen *Mauerring* umschlossen, der zusätzlich durch Türme und Bastionen gesichert ist. Von den Parkplätzen unterhalb der Stadtmauer gelangt man zu Fuß durch eines der Tore in die malerische Stadt oder man schwebt mit der Seilbahn von dem nördlich gelegenen Ort *Borgo Maggiore* ein. Im Zentrum steht der neogotische **Palazzo Pubblico** (Piazza della Libertà, Tel. 0549885370, www.museidistato.sm, Sommer tgl. 8–20, sonst tgl. 9–17 Uhr) von 1894, vor dem sich stündlich der *Wachwechsel* der Soldaten vollzieht. Im Inneren beeindruckt der prächtige Sitzungssaal für das 60-köpfige Parlament auch mit einem Fresko des hl. Marinus (17. Jh.) von Guercino. Mehr über die Geschichte und Kultur von San Marino erfährt man im *Palazzo Pergami Belluzzi*, der das **Museo di Stato** (Piazzetta del Titano 1, Tel. 0549883835, www.museidistato.sm, Juni–Mitte Sept. tgl. 8–20, sonst tgl. 9–17 Uhr) beherbergt.

Bestens informiert kann man sodann den Weg zu den **Rocche** (11.–14. Jh.) antreten. Die drei Festungen auf den drei Gipfeln des Monte Titano waren früher durch unterirdische Gänge miteinander verbunden. Die älteste ist die im 11. Jh. am steilen Felshang errichtete **Guaita** (Tel. 0549991369, Juni–Mitte Sept. tgl. 8–20, sonst tgl. 9–17 Uhr), die später mehrfach umgebaut wurde. Neben einem Verlies ist hier eine der hl. Barbara geweihte Kapelle zu besichtigen. Am meisten beeindruckt aber das grandiose Panorama. Von hier führt der schmale ›Hexenpass‹ zur nächsten Burg, der **Cesta** aus dem 13. Jh., die waghalsig über dem Abgrund balanciert. In ihrem Inneren zeigt das *Museo delle Armi Antiche* (Tel. 0549991295 Juni–Mitte Sept. tgl. 8–20, sonst tgl. 9–17 Uhr) Waffen des 13.–19. Jh. San Marino war im Mittelalter wegen seiner zielsicheren Armbrustschützen gefürchtet. Nicht öffentlich zugänglich ist **Montale** (14. Jh.), die dritte Festung, doch schon allein der schönen Aussicht wegen lohnt der Aufstieg.

i Praktische Hinweise

Information

Ufficio del Turismo, Contrada del Collegio, San Marino, Tel. 0549882914, www.visitsanmarino.com

Restaurant

Righi, Piazza della Libertà 10, San Marino, Tel. 0549991196. Unten eine einfache Taverne, oben das feinere Restaurant – auf jeden Fall kreative Regionalküche.

Toskana – Kunst, Zypressen und Chianti

Die Toskana mit ihren zypressenbestandenen sanften Hügeln und alten Landgütern ist für viele der Inbegriff eines Italienurlaubs. Eine schier überwältigende Fülle an Kunstschätzen bietet **Florenz**, die Stadt der Medici. Zu ihren Juwelen gehören Dom, Baptisterium und Uffizien als bombastisches Museum. Unter dem Einfluss der Medici entwickelten sich auch andere schöne Städte wie **Prato**, **Pistoia** und **Lucca**. Die Seerepublik **Pisa**, Konkurrentin von Florenz, leistete sich im 11. Jh. einen prächtigen Dom, dessen Campanile, der *Schiefe Turm*, zum Wahrzeichen ganz Italiens avancierte. Der pisanisch-romanische Stil tauchte auch am Dom von **Siena** wieder auf, das mit der schönen Altstadt rund um den *Campo* zu den schönsten Toskana-Eindrücken zählt. In der von Weinbergen geprägten Idylle liegen Kleinodien wie **San Gimignano** mit einer Skyline aus Geschlechtertürmen und **Montepulciano**, das durch den roten *Vino Nobile* berühmt wurde. Viele der toskanischen Städte gehen auf blühende *Etruskersiedlungen* zurück, darunter auch **Cortona** und **Arezzo**, welches zudem als kunsthistorischen Schatz einen Freskenzyklus von *Piero della Francesca* hütet. Im Süden setzt **Massa Marittima** charmante Akzente mit dem fantasievoll verzierten Dom und einem entzückenden Gemälde von *Ambrogio Lorenzetti*.

42 Florenz

Die schöne Stadt am Arno überwältigt mit Höchstleistungen der Kunst.

Florenz (Firenze, 400 000 Einw.), die malerisch am *Arno* gelegene Hauptstadt der Toskana, gilt als eine der bedeutendsten Kulturmetropolen der Welt. Die Stadt der Medici birgt eine berauschende Fülle an Meisterwerken der Kunst und Architektur – vor allem aus der Renaissance – und bezaubert zugleich mit eleganter toskanischer Lebensart. Die Verlockungen reichen von allerlei Gaumengenüssen über atemberaubende Alta Moda bis zu edlem Wohndesign.

Geschichte Florenz wurde 59 v. Chr. als *Municipium Florentia* von den Römern gegründet. Der Aufstieg der Stadt begann im 11./12. Jh., als sich in der freien Kommune die Handwerker in reichen und mächtigen **Zünften** zusammenschlossen. Der Tuchhandel florierte und die Banken machten gute Geschäfte. Im 13. Jh. stürzten die Kämpfe zwischen kaisertreuen **Ghibellinen** und papsttreuen **Guelfen** auch Florenz in eine Krise. Doch nachdem sich die Guelfen durchgesetzt hatten, konnte die Stadt im 14. Jh. ihre Vormachtstellung in der Toskana ausbauen. 1434 übernahmen die **Medici**, eine reiche Bankiersfamilie, mit *Cosimo d. Ä.* (reg. 1434–64) die Herrschaft über Florenz. Gefördert durch ihn und seinen Enkel *Lorenzo il Magnifico* (reg. 1469–92) begründeten Künstler und Gelehrte aus Florenz im 15. Jh. die **Renaissance**, die ›kulturelle Wiedergeburt der Antike‹. Im 16. Jh. dehnten die Medici ihren Machtbereich weiter aus. Nach der Eroberung *Sienas* 1570 wurde *Cosimo I* (reg. 1537–74) von Papst Pius V. zum Großherzog der Toskana ernannt. 1737 starb der letzte Medici und fortan regierte das Haus Habsburg-Lothringen in der Toskana. 1865 kam die Region zum neu geschaffenen Königreich Italien, dessen Hauptstadt Florenz bis 1870 war. 1982 wurde die Alt-

Überragend – Brunelleschis Kuppel des Duomo Santa Maria del Fiore schwebt über Florenz

stadt mit ihren einzigartigen Baudenkmälern aus Gotik und Renaissance zum *UNESCO Weltkulturerbe* erklärt.

Vom Dom zum Palazzo Pitti

Idealer Ausgangspunkt für die Besichtigung von Florenz ist die *Piazza del Duomo*. Die unglaubliche Vielzahl an Sehenswürdigkeiten, die sich zwischen Domplatz, Piazza della Signoria, Arno und Palazzo Pitti aneinanderreihen, wird jeden kunstinteressierten Besucher mindestens zwei Tage lang in Atem halten.

TOP TIPP Das älteste erhaltene Bauwerk am Domplatz, das achteckige **Battistero San Giovanni** (www.operaduomo.firenze.it, Mo–Sa 12–18.30, So 8.30–13.30 Uhr), wurde etwa zwischen 1059 und 1150 errichtet. Die Taufkirche im Stil der Protorenaissance ist mit weißem und grünem Marmor in geometrischen Mustern verkleidet. Glanzpunkte sind die drei *vergoldeten Bronzeportale* aus dem 14./15. Jh. Das heute als Eingang fungierende **Südportal** (1330) schuf *Andrea Pisano*. Die 20 oberen Relieffelder in Vierpassrahmen zeigen Szenen aus dem Leben *Johannes des Täufers*, die acht unteren Allegorien der göttlichen Tugenden. Die zum Teil vollplastisch ausgearbeiteten Figuren mit ihren fließenden Gewändern sind noch deutlich der gotischen Formensprache verpflichtet. Pisanos viel bewunderter Portalschmuck setzte Maßstäbe für den 1402 ausgeschriebenen *Wettbewerb*, der sich um die Gestaltung des Nordportals drehte. Die besten Bildhauer der Zeit, darunter Jacopo della Quercia, Donatello, Filippo Brunelleschi und Lorenzo Ghiberti, reichten Arbeitsproben ein. Gewinner war *Ghiberti*, sein **Nordportal** (1403–24) zeigt 20 Tafeln mit Szenen aus dem *Leben Jesu*. In den acht unteren Feldern erscheinen Evangelisten und Kirchenväter. Obgleich Ghiberti sich in der Rahmenform an Pisanos Vorbild zu orientieren hatte, offenbaren seine Reliefs mit ihren perspektivisch angelegten Bildräumen und den bewegten, vielschichtig herausgearbeiteten Figuren bereits die Stilelemente der Renaissance. Zu größter Meisterschaft führte Ghiberti die neue Bildsprache dann in den Reliefs der *Paradiestür* im Osten, der **Porta del Paradiso** (1425–52, Originale im Museo dell'Opera del Duomo). Die zehn goldglänzenden Bronzetafeln zeigen inmitten realistisch geschilderter Landschaften und Stadtkulissen dynamisch choreographierte Szenen aus dem *Alten Testament*, Hauptakteure sind Adam und Eva, Kain und Abel, Noah, Abraham, Isaak, Esau und Jakob, Joseph, Moses, Joshua, David sowie Salomon und die Königin von Saba. Die jeweilige Kulisse, ob Hügelland oder Stadtplatz, öffnet sich als perspektivisch konzipierter Tiefenraum, in dem auf verschiedenen Ebenen Figuren und Figurengruppen agieren, vorne groß und vollplastisch ausgebildet, in der Tiefe kleiner und auf Flachreliefs reduziert.

Goldglänzend ist auch der **Innenraum** des Baptisteriums: Über den mit geometrischen Mustern aus schwarzem und weißem Marmor verkleideten Wänden öffnet sich die riesige *Kuppel* (13./14. Jh.) mit prachtvollen goldgrundigen *Mosaiken* im Stil der venezianisch-byzantinischen Schule. Hoch über der Chorkapelle thront Christus als Weltenrichter, zu seinen Seiten entfaltet sich das ›Jüngste Gericht‹. Die anderen umlaufenden Bildstreifen präsentieren Szenen aus dem Alten und Neuen Testament – von der Schöpfung bis zur Vita Johannes des Täufers.

Magischer Anziehungspunkt des Battistero San Giovanni ist Ghibertis Porta del Paradiso

TOP TIPP Der imposante **Duomo Santa Maria del Fiore** (Tel. 0552302885, www.operaduomo.firenze.it, Mo–Mi, Fr 10–17, Do 10–16.30, Sa 10–16.45, So 13.30–16.45 Uhr, Krypta: tgl. 10–17 Uhr, Kuppel: Mo–Fr 8.30–18.45, Sa 8.30–17 Uhr) wurde im Auftrag der mächtigen Tuchmachergilde 1296 von *Arnolfo di Cambio* begonnen und 1434 mit der gewaltigen **Kuppel** von *Filippo Brunelleschi* (1377–1446) vollendet, einer Glanzleistung der Renaissancearchitektur. Die 107 m Höhe und 45 m Durchmesser erreichte der Architekt mittels einer neuen leichten Konstruktion aus zwei Schalen, die durch Streben miteinander verbunden wurden und sich so gegenseitig stützen.

Hinter der opulenten, mit farbigen Marmorinkrustationen geschmückten *Domfassade* (19. Jh.) öffnet sich der weite dreischiffige **Innenraum**. Mit 153 m Länge und 38 m Breite ist er die viertgrößte Kirche Europas. Im Lichte der mit Glasmalereien der Frührenaissance verzierten Fenster (die Entwürfe stammen von Antonio Gaddi, Ghiberti, Donatello etc.) offenbart sich die reiche Ausstattung des Baus. Die Kuppel präsentiert in schwindelerregender Höhe *Fresken* mit Darstellungen des ›Jüngsten Gerichts‹ von Vasari und Zuccari. Darunter ragt im achteckigen Chor ein großes *Kruzifix* (1497) von *Benedetto da Maiano* auf. Zu den kunsthistorisch bedeutsamsten Werken gehören die beiden gemalten *Reiterstandbilder* im Langhaus links: *Paolo Uccello* präsentiert das Monument für den englischen Heerführer *John Hawkwood* (1436) in extremer perspektivischer Verkürzung. *Andrea del Castagno* gibt den Reiter *Niccolò da Tolentino* (1456) in verspielt-lebhafter Bewegtheit wieder.

Die Entwürfe für den 85 m hohen, mit weiss-grün-roten Marmorinkrustationen geschmückten **Campanile** (1359 vollendet, tgl. 8.30–19 Uhr) des Doms gehen auf keinen Geringeren als *Giotto* zurück, der die Bauleitung 1334–37 innehatte. Von der Spitze des Glockenturms bietet sich eine herrliches Stadtpanorama.

Östlich vom Dom befindet sich das **Museo dell'Opera del Duomo** (Piazza del Duomo 9, www.operaduomo.firenze.it, Mo–Sa 9–19, So 9–13.30 Uhr), das anhand von Modellen und Zeichnungen die Baugeschichte des Domes dokumentiert sowie die einst für Kirche und Campanile geschaffenen Skulpturen zeigt. Stars der Sammlung sind die zehn originalen Bronzetafeln der *Porta del Paradiso*

Geballte Muster – das Battistero San Giovanni (li.) und der Dom Santa Maria del Fiore

von *Ghiberti*. Hinzu gesellen sich die Wettbewerbsentwürfe Ghibertis und *Brunelleschis* für das Nordportal des Battistero mit der ›Opferung Isaaks‹. Herzergreifend aber ist die unvollendete ›*Pietà*‹ (1550–55), die *Michelangelo* für sein eigenes Grab schuf, doch aus Zorn über einen Fehler zerschlug. Die beiden Marien stützen den toten Christus, Joseph von Arimathea trägt die Züge Michelangelos.

Von der Piazza del Duomo flaniert man durch die von alten Stadtpalästen mit schicken Geschäften gesäumte *Via dei Calzaiuoli*. Rechterhand erhebt sich **Orsanmichele** (Tel. 05 52 38 85, www.polomuseale.firenze.it, Di–So 10–17 Uhr). In dem 1240 hier eingerichteten Getreidemarkt wurden die Bildnisse des hl. Michael und der Muttergottes aus dem Vorgängerbau, der Kirche *San Michele in Orto*, integriert. Im Verlaufe des 14. Jh. vollzog sich die Rückverwandlung der Markthalle zur Kirche, da sich das Marienbildnis als wundertätig erwiesen hatte. Das zweigeschossige Loggiengebäude (1336–57, Umbau 1367–80) vereint Züge von Gotik und Renaissance. Markant sind vor allem die hohen, maßwerkverzierten, später geschlossenen Arkaden und die ebenfalls reich geschmückten Tabernakelnischen, in denen die Zünfte *Statuen* ihrer Schutzpatrone aufstellen durften. Die 14 Figuren (1406–1562) bilden ein einzigartiges Ensemble der Renaissanceskulptur, die Werke stammen von Meistern wie Donatello, Ghiberti, Nanni di Banco, Verrocchio und Giambologna. Die freskengeschmückte *Marienkirche* im Inneren fasziniert durch das prächtige *Marmortabernakel* (1339–59) von *Andrea Orcagna* mit dem von *Bernardo Daddi* 1347 erneuerten Gnadenbild. Das *Museo di Orsanmichele* in den beiden einst als Getreidespeicher genutzten Obergeschossen präsentiert hauptsächlich Bauplastik, darunter einige der Originalskulpturen von der Fassade.

Prachtkulisse der Piazza della Signoria – Palazzo Vecchio (Mitte) und Loggia dei Lanzi (re.)

Ein paar Schritte weiter öffnet sich die grandiose **Piazza della Signoria**, die jahrhundertelang der politische Mittelpunkt der Stadt war. Dominiert wird der Platz vom burgartigen **Palazzo Vecchio** (Eingang Via della Ninna, Tel. 05 52 76 84 65, Do 9–14, Fr–Mi 9–19 Uhr) mit seinem 94 m hohen Turm. Vor dem Kommunalpalast, den *Arnolfo di Cambio* 1299–1314 im gotischen Stil errichtete (Umbauten bis 1588), stehen Kopien von *Michelangelos* berühmtem ›David‹ und *Baccio Bandinellis* ›Herkules‹, Symbole der freien Republik und der Herzogswürde. Das *Innere* des Gebäudes, in dem die Medici bis zu ihrem Umzug in den Palazzo Pitti residierten, zeigt sich äußerst elegant. Herausragend ist der riesige *Salone dei Cinquecento* (Saal der Fünfhundert, 1495) im 1. Geschoss. Wände und Decken sind mit Stadtansichten und Schlachtenbildern (1550–70) von *Giorgio Vasari* dekoriert, unter den Skulpturen fällt Michelangelos ›Genius des Sieges‹ (1532–34) ins Auge. Weitere Fresken Vasaris beleben das benachbarte *Studiolo* (1570–72), das Arbeitszimmer von Francesco I Medici. In der 2. Etage verdient die *Sala dei Gigli* (Saal der Lilien) besondere Beachtung. *Giuliano* und *Benedetto da Maiano* schufen die opulente Kassettendecke (1470–76), die illusionistischen Fresken (1482–84) mit christlichen und antiken Motiven stammen von *Domenico Ghirlandaio*. Einen zusätzlichen dramatischen Akzent setzt *Donatellos* Bronzegruppe ›Judith und Holofernes‹ (1455–60).

Im feinen Kontrast zum trutzigen Palazzo Vecchio erscheint die sich in hohen Arkaden auf die Piazza öffnende **Loggia dei Lanzi**. Die Halle wurde 1376–82 für Zusammenkünfte und Festlichkeiten der Signoria erbaut und ist mit symbolträchtigen Skulpturen ausgestattet, darunter *Benvenuto Cellinis* Bronze ›Perseus mit dem Haupt der Medusa‹ (1545–54).

Zwischen Palazzo und Loggia zweigt die Piazzale degli Uffizi ab. Sie wird gerahmt von den drei Gebäudeflügeln der **Galleria degli Uffizi** (www.polomuseale.firenze.it, Di–So 8.15–18.50 Uhr, Kartenvorbestellung dringend empfohlen: Firenze Musei, Tel. 05 52 94 88 83), die sich bis zum Arno erstrecken. Italiens größtes und bedeutendstes Kunstmuseum ist in den von *Giorgio Vasari* 1560–80

TOP TIPP

im Auftrag von Cosimo I Medici errichteten Uffizien ansässig, den Büros (uffici) der Staatlichen Verwaltung. Aus der hier ebenfalls ab 1581 untergebrachten Kunstsammlung der Medici entwickelte sich im Laufe der Jahrhunderte das heutige Museum von Weltrang, welches neben berühmten Gemälden des 13.–18. Jh. wertvolle Grafiken, Gobelins und antike Skulpturen präsentiert. Zu den umschwärmten italienischen Meisterwerken gehören Giottos ›Madonna di Ognissanti‹ (Maestà, um 1310), Botticellis ›Geburt der Venus‹ (um 1485), Leonardos ›Anbetung der Könige‹ (1481), Michelangelos ›Heilige Familie‹ (1504), Tizians ›Venus von Urbino‹ (1538) und Caravaggios ›Jugendlicher Bacchus‹ (1593/94). Aber auch Glanzstücke aus dem nördlichen Europa gibt es zu bewundern, z. B. Gemälde von Cranach und Dürer, Rubens und Rembrandt.

Westlich der Uffizien führt der **Ponte Vecchio** über den Arno. Die Brücke entstand im 14. Jh. und entwickelte sich im 16. Jh. zur Ladenpassage für Metzger und Goldschmiede. Giorgio Vasari überbaute die Brücke auf Wunsch Cosimos I 1565 mit dem *Corridoio Vasariano* (zzt. geschl.). Durch den Korridor, heute von den Uffizien aus zugänglich, konnten die Medici sicher und unbehelligt von ihrem Amtssitz. dem Palazzo Vecchio, nach Hause in den **Palazzo Pitti** gelangen Den wuchtigen, mit gewaltigem Bossenwerk geschmückten Palast ließ der Bankier *Luca Pitti* ab 1457 errichten. Nach Übernahme durch die Medici wurde das Bauwerk 1558–70 großzügig erweitert. Heute sind in den Prachtsälen des Palazzo mehrere Sammlungen untergebracht. In der 1. Etage zeigt die *Galleria Palatina* (Tel. 055 29 48 83, www.polomuseale.firenze.it, Di–So 8.15–18.50 Uhr) eine qualitätvolle Kollektion mit zahlreichen Spitzenwerken von Raffael, Tizian und Rubens. Die benachbarten *Appartamenti Reali* lassen

Der göttliche Dante

Dante Aligheri (1265–1321), Spross einer angesehenen Florentiner Adelsfamilie, gilt bis heute als **Nationaldichter** Italiens. Er war es auch, der mit seinem Hauptwerk, **›La Divina Commedia‹** (Die Göttliche Komödie, 1307–21), die Volkssprache Italienisch als Literatursprache etablierte. Dante war als Poet und Philosoph nicht nur mit allen Fragen des zeitgenössischen Geisteslebens befasst, er war zudem auch **politisch** engagiert. Im Jahr 1300 geriet er als Prior, d.h. Regierungsmitglied seiner Heimatstadt, zwischen die Fronten der ›Weißen‹ (gemäßigten) und ›Schwarzen‹ (radikalen) Guelfen. 1302 enthob man ihn in seiner Abwesenheit aller politischen Ämter und verurteilte ihn zum Tode. Die Rückkehr nach Florenz war ausgeschlossen, und Dante fand Zuflucht in Städten wie Verona und Ravenna, wo er 1321 verstarb.

In der Divina Commedia schildert der Dichter seine Reise durch Hölle, Fegefeuer und Paradies. Auf dem Weg, begleitet vom antiken Epiker **Vergil** und seiner Jugendliebe **Beatrice**, begegnet er vielen berühmten Persönlichkeiten der Weltgeschichte und antiken Mytholgie. In ihren Berichten offenbaren sich alle Facetten menschlichen Schicksals zwischen Sündenfall und Läuterung. Daran knüpfen Dante und seine Begleiter Erörterungen über Philosophie, Religion, Politik usw.

Kommentierung und **Rezeption** der Göttlichen Komödie begannen schon bald nach Dantes Tod. Seine packenden Beschreibungen von Hölle und Paradies fanden sogar Eingang in die **Bildende Kunst**. So entstanden Freskenzyklen wie die der Kirche Santa Maria Novella von Florenz [s. S. 175], welche bei der Darstellung von Hölle und Paradies unmittelbar auf die fantasievollen und fantastischen Schilderungen Dantes zurückgriffen.

Sandro Botticellis ›Geburt der Venus‹ ist Publikumsmagnet der Uffizien in Florenz

Renaissance – Wiedergeburt der Kunst und Beginn der Neuzeit

Die Bezeichnung Renaissance für den im 15./16. Jh. vorherrschenden Kunststil mit starker Rückbesinnung auf die Antike geht auf **Giorgio Vasari** zurück, der 1550 in seinen Künstlerviten [s. S. 197] von einer *Rinascità*, einer Wiedergeburt der guten Kunst bei **Giotto** (1267–1337) sprach. Dieser hatte sich in seinen wirklichkeitsnahen Bilderzählungen (Arenakapelle, Padua) über die streng stilisierende byzantinische Tradition hinweggesetzt und wurde so zum Wegbereiter der *Frührenaissance* (15. Jh.). Im Streben nach realistischen Kompositionen erforschten Künstler fortan die Naturgesetze – Mathematik, Perspektive, Optik, Anatomie, Astronomie –, widmeten sich dem Antikenstudium, der Proportionslehre und der Aktzeichnung. Der idealisierte, schöne Mensch galt nun als Maßstab aller Dinge (**Leonardos** Proportionsstudie nach Vitruv, 1492) und das bislang theologisch geprägte Weltbild stand nun unter dem Zeichen des Humanismus. In **Florenz** taten sich die *Medici* als Kunstmäzene hervor, eine jener mächtigen Adelsfamilien, die wie die Gonzaga in Mantua oder die Visconti und Sforza in Mailand ihren Ruhm mehrten, indem sie Wissenschaften und Künste förderten. Aber auch der Klerus liebäugelte mit dem Humanismus und trug durch ambitionierte Aufträge zur Entwicklung der Renaissance bei. Einen ersten Höhepunkt erreichte die Stilentwicklung mit den Werken von **Donatello** (›David‹, 1409), **Brunelleschi** (Domkuppel, 1434) und **Ghiberti** (Paradiespforte, 1442). Wie die Skulptur (Michelangelos ›David‹, 1504) folgte auch die Baukunst dem antiken Leitbild von Vollkommenheit und Harmonie. Es entstanden klare, harmonisch proportionierte Bauten, verziert mit naturverliebten Ornamenten. Als höchste Vollendung galt der kuppelbekrönte *Zentralbau*, seit der Antike stets heilige Stätte (Pantheon, Rom). Doch **Palladio** sah das anders, mit seiner Villa *La Rotonda* (1566–70) transponierte er den Zentralbau ins Profane und gab ihm damit universelle Weihen. Ins gigantische gesteigert wurde der Bautyp mit **Bramantes** Entwürfen für die *Peterskirche* (1506) in **Rom**. Und hier, unter dem Einfluss der Päpste, trieb die *Hochrenaissance* (16. Jh.) ihre schönsten Blüten. Die *Stanzen* des Vatikan schmückte **Raffael** 1508–20 mit Fresken wie der *›Schule von Athen‹*, edlen Lehrstücken des Humanismus. Die *Kuppel* (ab 1547) der Peterskirche, ein technisches wie ästhetisches Bravourstück, verdankt die Nachwelt dem Baumeister **Michelangelo**. Dem Maler Michelangelo aber den Paukenschlag der Renaissance, die heroisch-betörende Bilderwelt der *Sixtinischen Kapelle* (1508–12 und 1534–41).

die vornehme Wohnkultur des 16.–19. Jh. wieder lebendig werden, manches stammt noch aus der Zeit der Medici, anderes ließ der König von Italien gestalten, der 1865–70 hier residierte. Im 2. Obergeschoss ermöglicht die *Galleria d'Arte Moderna* (Di–So 8.15–18.50 Uhr) einen guten Überblick über die toskanische Malerei des 19. und frühen 20. Jh. Das *Museo degli Argenti* (Juni–Aug. Di–So 8.15–19.30, April/Mai, Sept./Okt Di–So 8.15–18.30, Nov–März Di–So 8.15–16.30 Uhr) im Erdgeschoss öffnet die Schatztruhen der Medici mit Preziosen aus Gold und Silber, Kameen, Gemmen und Skulpturen.

Hinter dem Palast erstreckt sich der herrliche **Giardino di Boboli** (Juni–Aug. Di–So 8.15–19.30, April/Mai, Sept./Okt Di–So 8.15–17.30, Nov–März Di–So 8.15–16.30 Uhr). Zum Schmuck der Parkanlage gehören Statuen, Brunnen und ein Teich mit künstlicher Insel. Zwischen *Buontalentis* Grotta Grande (1587–97), dem Amphitheater (1618) und einem netten ›Wiener Kaffeehaus‹ (1776) findet jeder ein ruhiges Plätzchen, um neue Kräfte zu tanken.

Renaissance im Museum

Die reiche Museumslandschaft von Florenz bietet zwei weitere Höhepunkte, welche die bedeutende Rolle der Stadt während der Renaissance eindrucksvoll bezeugen. Das **Museo Nazionale Bargello** (Via del Proconsolo 4, Tel. 05 52 38 86 06, www.polomuseale.firenze.it, Di–Sa 8.15–13.50 Uhr), ansässig im ältesten Kommunalpalast (1250–1346) der Stadt, ist vor allem dem Werk zweier großer Bildhauer gewidmet. Im Erdgeschoss werden *Michelangelos* (1475–1564) lebensnahe, an die Antike anknüpfende Skulpturen gezeigt, der schwankend-elegante ›Trunkene Bacchus‹ (1497), der ›Kleine David‹ (1531) und die Büste des ›Brutus‹ (1540). Als Wegbereiter solch genialer Renaissance-Skulptur erweist sich *Donatello* (um 1386–1466), dessen Meisterwerke in der 1. Etage warten: ein marmorner ›David‹ (um 1408/09), der ›Hl. Georg‹ von Orsanmichele und vor allem der bahnbrechende bronzene ›David‹ (1433–43), die erste frei stehende Aktfigur seit der Antike. Weitere Glanzstücke der Sammlung sind z. B. *Giambolognas* herrlich beschwingter ›Merkur‹ (1564) und Verrocchios ›David‹ (1465), der ebenfalls dem Vorbild Donatellos folgt.

Doch der berühmteste ›David‹ (1501–04) steht nicht im Bargello, sondern in der **Galleria dell'Accademia** (Via Ricasoli 58, Tel. 055 29 48 83, Di–So 8.15–18.50 Uhr). *Michelangelo* schuf das 4,34 m große Standbild des athletisch-schönen Heroen aus *einem* Marmorblock, eine wahrhaft herkulische Arbeit. Als Symbol der freien Stadtrepublik stand der siegesgewisse David jahrhundertelang auf der Piazza della Signoria. Schon 1873 wurde das Original aus konservatorischen Gründen durch eine Kopie ersetzt. Die Accademia bewahrt ferner die unvollendeten ›Skla-

Michelangelos unvollendete ›Sklaven‹ rahmen seinen ›David‹ in der Galleria dell'Accademia

ven‹ Michelangelos, die für ein Papstgrabmal in Rom gedacht waren. Ihre Körper scheinen sich qualvoll aus den Marmorblöcken hervorzuwinden, wahre Urbilder menschlichen Lebenskampfes, die zugleich das Ringen des Künstlers mit seinem Werk spürbar machen.

Kapellen, Kirchen und Klöster

Nur ein paar Schritte von der Accademia entfernt liegt das einstige Dominikanerkloster und heutige **Museo di San Marco** (Piazza San Marco 3, Tel. 055238 86 08, www.polomuseale.firenze.it, Di–Fr 8.15–13.30, Sa 8.15–19 Uhr). Der Mitte des 15. Jh. ausgebaute Komplex birgt bedeutende Tafelbilder und Fresken des Dominikanermönchs *Beato Angelico* (um 1387–1455). Charakteristisch für sein Werk sind das leuchtende Himmelblau, die feine Linienführung und die sanfte Demut der Figuren. Von Beato Angelico stammen z.B. die Lünetten des Kreuzgangs, eine große ›Kreuzigung‹ im Kapitelsaal, am Treppenaufgang die berühmte ›Verkündigung‹ und in den Mönchszellen des Dormitoriums Szenen aus dem Leben Christi. In einer der Kammern nächtigte übrigens *Fra Girolamo Savonarola* (1452–1498). Der fanatische Sittenprediger und Abt des Klosters (ab 1491) übte heftige Kritik am ausschweifenden Lebenswandel von Klerus und Adel. 1494 zettelte er die Vertreibung der Medici an und bekehrte Florenz zur theokratischen Demokratie. Der Klerus exkommunizierte den Aufrührer 1497 und ein Jahr später wurde er vor dem Palazzo Vecchio verbrannt.

Doch zurück zu Meisterwerken der Renaissance: Als stilbildend für die Kirchenarchitektur jener Epoche sollte sich **San Lorenzo** (Piazza San Lorenzo) weiter südlich erweisen. *Brunelleschi* entwarf den Bau um 1420 im Auftrag der Medici, die Arbeiten zogen sich jedoch bis ins 16. Jh. hin und die *Fassade* blieb sogar unverkleidet. Umso mehr beeindruckt das klar gegliederte *Innere* nach dem Vorbild einer flach gedeckten frühchristlichen Säulenbasilika. Zu den wertvollen Ausstattungsstücken gehören zwei *Bronzekanzeln* Donatellos (1460–70). Dieser übernahm auch die plastische Ausgestaltung der *Alten Sakristei* (1420–28) am linken Querhaus, ein Werk *Brunelleschis* und der erste Zentralbau der Renaissance.

An das linke Seitenschiff schließt sich ein schöner doppelgeschossiger Kreuzgang (1457) an, von dem eine geschwungene Treppe in die **Biblioteca Medicea-Laurenziana** (Tel. 055210760, tgl. 8–14 Uhr) hinaufführt. Das Gebäude wurde 1524–71 nach Entwürfen *Michelangelos* ausgeführt und bewahrt über 10000 kostbare Handschriften u.a. von Dante.

Durch einen separaten Eingang gelangt man zu den **Cappelle Medicee** (Piazza Madonna degli Aldobrandini 6, Tel.

In der Spanischen Kapelle von Santa Maria Novella malte Andrea Bonaiuti Ordensgeschichte

Dreiecksgiebel und Voluten – Leon Battista Alberti plante jedes Detail von Santa Maria Novella

055 29 48 83, www.polomuseale.firenze.it, Di–Sa 8.15–16.50 Uhr), den Grabkapellen der Familie Medici. Zunächst betritt man die große *Cappella dei Principe* (1605), deren kostbare Pietra-Dura-Ausstattung den prunkvollen Rahmen für die Grabmäler der sechs mächtigsten Medici-Herzöge bildet. *Michelangelos* benachbarte *Neue Sakristei* (1520–34) ist einer der bedeutendsten Räume der Hochrenaissance. Kapelle und Grabmäler beeindrucken durch ›edle Einfalt und stille Größe‹ (Winckelmanns Diktum zur Antike): Michelangelo porträtiert die verstorbenen Herzöge *Giuliano* (re.) und *Lorenzo de' Medici* (li.) als antike Feldherren in lässiger Denkerpose thronend, ihnen zu Füßen lagern auf den Sarkophagdeckeln je eine männliche und eine weibliche Aktfigur, Allegorien von Tag und Nacht bzw. Morgen und Abend.

Ein wahres Bilderbuch der Renaissancemalerei ist die Dominikanerkirche **Santa Maria Novella** (Mo–Do, Sa 9.30–17, Fr, So 13–17 Uhr) weiter westlich. Sie wurde 1246–1300 im gotischen Stil erbaut und erhielt 1456–70 die schmucke weiss-grün dekorierte Marmorfassade von *Leon Battista Alberti*. Der weite dreischiffige *Innenraum* mit Kreuzgratgewölbe und hohen Arkaden öffnet sich zum lichten *Chor* mit interessanten Fresken (1486–90) von *Domenico Ghirlandaio*. Die Szenen aus dem Leben Mariä und Johannes des Täufers werden durch Florentiner Stadtansichten und Porträts berühmter Bürger belebt. Die *Cappella Strozzi* (1340–50) im linken Querhaus ist mit eindringlichen Fresken (1375) von *Nardo di Cione* ausgemalt. Er stellt hier erstmals das ›*Jüngste Gericht*‹ getrennt von Hölle und Paradies dar und folgt damit einer literarischen Vorlage, Dantes ›Göttlicher Komödie‹ (›La Divina Commedia‹, s. S. 171). Auch Bildmotive wie die neun Kreise der Hölle gehen auf Dante zurück. Als Meilenstein der Frührenaissance gilt Masaccios ›*Trinitätsfresko*‹ (1426) im Langhaus links. Das erste zentralperspektivisch angelegte Bild der Kunstgeschichte ist mittels Kompositionslinien und Blickkontakten deutlich auf den Betrachter bezogen. Die Dreieinigkeit erscheint in einem gemalten Renaissance-Triumphbogen à la Brunelleschi, die Stifter des Freskos knien in der Bildebene vor dem Bogen.

Weitere berühmte Wandmalereien bergen die benachbarten Kreuzgänge des Klosters, die **Chiostri Monumentali**. Faszinierend ist z. B. die *Spanische Kapelle* mit einem Freskenzyklus von *Andrea Bonaiuti*. Er schildert Erlösung und Heilsweg des Menschen sowie Entstehungsgeschichte und wissenschaftliches Programm des Dominikanerordens.

Die dreischiffige Basilika **Santa Croce** (Piazza Santa Croce, Tel. 055 24 66 105, www.operadisantacroce.it, Mo–Sa 9.30–17, So 13–17 Uhr) östlich der Uffizien wurde 1294 begonnen, aber erst 1442 fertiggestellt. Im weiträumigen *Inneren* der Franziskanerkirche befinden sich etwa 250

Grab- und Denkmäler berühmter Italiener wie Michelangelo, Machiavelli, Ghiberti, Galilei und Rossini. Der Chor und die flankierenden Kapellen wurden im frühen 14. Jh. von *Giotto* und seiner Werkstatt ausgemalt. Zu den bis heute erhaltenen Glanzstücken zählen Giottos Wandmalereien (um 1320) in den *Cappelle Bardi e Peruzzi* rechts vom Chor mit Szenen aus dem Leben des hl. Franziskus und Johannes des Täufers. Das Kloster, heute **Museo dell'Opera di Santa Croce**, birgt weitere Highlights: Am ersten Kreuzgang errichtete Brunelleschi 1430–78 die *Cappella Pazzi*, ein Meisterwerk der Frührenaissance. Portikus, Haupt- und Altarraum sind jeweils überkuppelt, die Wandgliederung variiert das Motiv des Triumphbogens. Farbige Akzente setzen die entzückenden *Majolika-Tondi* von Luca della Robbia. Auf den eleganten, ebenfalls Brunelleschi zugeschriebenen zweiten Kreuzgang folgt das als Museum fungierende **Refektorium** mit interessanten Freskenfragmenten und dem berühmten gemalten *Kruxifix* von Cimabue (um 1272), das vermutlich schon den Lettner der Vorgängerkirche schmückte.

i Praktische Hinweise

Information

APT, Via Cavour 1 r, Florenz, Tel. 055 29 08 32, Fax 05 52 76 03 83, www.firenzeturismo.it

Flughafen

Aeroporto Amerigo Vespucci, Via del Termine 11, Florenz, Tel. 05 53 06 17 00, www.aeroporto.firenze.it. 4 km nordwestlich, Shuttlebus zum Stadtzentrum und Bahnhof Santa Maria Novella

Bahnhof

Stazione Centrale Santa Maria Novella, Piazza della Stazione, Florenz, Tel. 89 20 21 (innerhalb Italiens)

Öffentliche Verkehrsmittel

ATAF, Viale dei Mille 115, Florenz, Tel. 800 42 45 00, 05 55 65 01, Mobil-Tel. 199 10 42 45, www.ataf.net

Parkplätze

Die Innenstadt von Florenz ist weitgehend für den Autoverkehr gesperrt, nur Hotelanfahrten sind gestattet. Parkhäuser gibt es z. B. an der Stazione Centrale Santa Maria Novella oder an der Piazza della Libertà.

Kartenreservierung für Museen

Firenze Musei, Tel. 055 29 48 83, Infostellen in den Uffizien und im Palazzo Pitti, www.firenzemusei.it

Hotels

******Brunelleschi**, Piazza Santa Elisabetta 3, Florenz, Tel. 05 52 73 70, www.hotelbrunelleschi.it. Ruhig und zentral gelegenes Hotel mit prachtvollen Zimmern.

******J & J**, Via di Mezzo 20, Florenz, Tel. 05 52 63 12, www.cavalierehotels.com. Das Hotel in einem umgebauten Kloster (16. Jh.) bietet Romantik, Stil und Komfort nicht weit von Santa Croce.

*****Fiorino**, Via Osteria del Guanto 6, Florenz, Tel. 055 21 05 79, www.hotelfiorino.it. Einfaches, gemütliches Haus nahe den Uffizien.

****La Scaletta**, Via Guicciardini 13, Florenz, Tel. 055 28 30 28, www.lascaletta.com. Schmuckstück zwischen Ponte Vecchio und Palazzo Pitti mit geräumigen Zimmern und Sonnenterrassen.

Restaurants

Cibrèo, Via del Verrocchio 8 r, Florenz, Tel. 05 52 34 11 00. Schlicht-elegantes Lokal mit toskanischer Küche (So/Mo geschl.).

Cibrèo-Cibreino, Via dei Macci 122 r, Florenz, Tel. 05 52 34 11 00. Die klassischen Spezialitäten des Cibrèo gibt es auch in der einfachen Trattoria vor dem Eingang zur Markthalle Sant'Ambrogio (So/Mo geschl.).

Enoteca Pinchiorri, Via Ghibellina 87, Florenz, Tel. 055 24 27 57. Das hoch gelobte Restaurant kredenzt exzellente Speisen und edle Tropfen (So/Mo geschl.).

La Baraonda, Via Ghibellina 67 r, Florenz, Tel. 05 52 34 11 71. Futtern wie bei Muttern in einer ehem. Weinschänke. Besonders die hausgemachte Pasta ist zu empfehlen (Di geschl.).

La Casalinga, Via dei Michelozzi 9 r, Florenz, Tel. 055 21 86 24. Familiäre Trattoria mit *Trippa* (Kutteln) u.a. typischen Gerichten der Toskana (So geschl.).

Cafés

Dolci e Dolcezze, Piazza Beccaria 8 r, Florenz, Tel. 05 52 34 54 58. Zitronenschnitten, Schokoladentorten usw. der feinen Konditorei sind heiß begehrt.

Perchè No?, Via dei Tavolini 19 r, Florenz. Eine lange Theke voll cremiger und fruchtiger Eisvarianten.

Der Bildhauer Donatello schuf die Reliefs an der Außenkanzel des Doms von Prato

43 Prato

Meisterwerke von Donatello und Filippo Lippi in der Stadt feiner Stoffe.

Der erste Eindruck von Prato (180 000 Einw.), einem Zentrum der **Textilindustrie** knapp 20 km nordwestlich von Florenz gelegen, ist eher ernüchternd. Seinen ganzen Charme entfaltet Prato jedoch in der **Altstadt**, die von einer gut erhaltenen Stadtmauer umgürtet wird. Die hiesige Geschichte der Stoffproduktion begann im 11. Jh., als die Familie Alberti die erste Tuchmanufaktur etablierte. Politisch spielte Prato, das seit dem 14. Jh. unter der Herrschaft von Florenz stand, niemals eine bedeutende Rolle.

Ausgangspunkt für die Besichtigung ist die zentrale *Piazza del Duomo* mit dem romanisch-gotischen **Duomo Santo Stefano** (ab 1211). An der grün-weiß gebänderten *Fassade* (1385–1457) sticht die von einem eleganten Schalldeckel bekrönte **Kanzel** ins Auge. Für ihr Gewände schuf *Donatello* goldgrundige Reliefs (1434–38, Originale im Dommuseum) mit ausgelassen tanzenden Putten. Im lichten dreischiffigen *Innenraum* glänzt der Chor mit einem der bedeutendsten Freskenzyklen der Renaissance, *Filippo Lippis* Bilderzählungen zur *›Vita Johannes des Täufers‹* (1452–66). Der Florentiner Künstler inszenierte das Heiligenleben mit leichter Hand als spannende Intrige. Die zentralen Sequenzen des Martyriums spielen im Speisesaal einer Renaissancevilla: Salome erscheint im selben Bild drei Mal: links als Begleiterin von Johannes, daneben als Tänzerin beim Gastmahl des Herodes und rechts, wie sie das abgeschlagene Haupt des Täufers ihrer Mutter darbietet. Die gegenüber liegende Wand bedeckte Lippi mit Szenen aus dem Leben des hl. Stephanus. Die gleiche Thematik behandeln auch die Fresken (um 1433) *Paolo Uccellos* in der *Cappella dell'Assunta*, ergänzt durch Szenen aus dem Marienleben. Links vom Haupteingang liegt die *Cappella del Sacro Cingolo* (14. Jh.), die für eine Reliquie, den Gürtel der Muttergottes, erbaut wurde. Der Legende nach übergab Maria diesen Beweis ihrer Jungfräulichkeit vor ihrer Himmelfahrt dem hl. Thomas. Auch die detailfreudigen Fresken (1392–95) von *Agnolo Gaddi* illustrieren diese Geschichte.

Das benachbarte **Museo dell'Opera del Duomo** (Tel. 0574293339, Mi–Sa, Mo 9.30–12.30 und 15–18.30, So 9.30–12.30 Uhr) zeigt außer *Donatellos* Puttenreliefs von der Außenkanzel weitere Schätze der Kirchenausstattung, z. B. *Filippo Lippis* Altarbild ›Tod des hl. Hieronymus‹ (um 1450/60).

Die südlich gelegene Piazza del Comune wird vom *Palazzo Pretorio* (13./14. Jh.), dem einstigen Regierungssitz, dominiert. Das hier ansässige **Museo Civico e Galleria Comunale** präsentiert Meisterwerke toskanischer Maler des 14.–16. Jh., darunter weitere Arbeiten von *Filippo Lippi*. Während der derzeit laufenden Restaurierung des Palazzo Pretorio sind Teile der Sammlung im ehem. Kloster *San Domenico* ausgestellt. Es ist zugleich Standort des **Museo di Pittura Murale** (Piazza San Domenico, Mi–Mo 10–18 Uhr), welches

Schöner Arkadenblick: Piazza del Duomo mit Battistero San Giovanni in Corte in Pistoia

abgelöste Fresken und Sinopie (Vorzeichnungen) aus hiesigen Kirchen bewahrt.

Über die Via Cairoli gelangt man zur Renaissance-Kirche **Santa Maria delle Carceri** (1484–85) an der gleichnamigen Piazza. Der von *Giuliano da Sangallo* konzipierte Zentralbau steht unter dem Einfluss Brunelleschis. Schräg gegenüber erhebt sich das puristisch-voluminöse **Castello dell'Imperatore** (1237–48), die einzige Festung, die Stauferkaiser Friedrich II. im Norden Italiens errichten ließ.

Weiter südwestlich lockt ein Fabrikgebäude des 19. Jh. mit interessanten Inhalten: Wo einst Stoffe gewebt, gefärbt und bedruckt wurden entfaltet das **Museo del Tessuto** (Via Santa Chiara 24, Tel. 0574 61 15 03, www.museodeltessuto.it, Mo, Mi–Fr 10–18, Sa 10–14, So 16–19 Uhr) anhand vieler wohlgestalteter Exponate 800 Jahre Textilgeschichte.

i Praktische Hinweise

Information

APT, Piazza Santa Maria delle Carceri 15, Prato, Tel./Fax 057 42 41 12, www.prato.turismo.toscana.it

44 Pistoia

Hübsche Stadt im Schatten von Florenz und Apennin.

Pistoia (85 000 Einw.) verzaubert mit einer prächtigen Altstadt im Schutz mittelalterlicher Mauern und Bastionen. Der Ort wurde im 2. Jh. v. Chr. von den Römern gegründet und etablierte sich später als Handelszentrum. Im Jahr 1115 erlangte Pistoia den Status einer freien Stadt, fiel jedoch schon 1306 an Florenz, dessen politisches Schicksal es fortan teilte.

Die bedeutendste Sehenswürdigkeit Pistoias ist die **Cattedrale di San Zeno** (Piazza del Duomo, Tel. 0573 25 0 95, www.diocesi.pistoia.it, tgl. 8.30–12.30 und 15.30 –19 Uhr) aus dem 12./13. Jh. Augenfällig ist der mächtige, oben herrlich ornamentierten *Campanile*. Die breite pisanisch-romanische *Kirchenfassade* weist einen schön dekorierten Arkadengang und einen dreistöckigen mit Blendarkaden geschmückten Giebel auf. Im opulent ausgestattete *Hauptportal* prangt ein Terrakottarelief (1505) der Maria mit Kind aus der Robbia-Werkstatt. Glanzpunkt im Inneren ist die *Cappella del Crocifisso* mit dem einzigartigen *Altare d'Argento di San Jacopo* (1287–1456). Der hoch aufragende Silberaltar ist flächendeckend mit Szenen

Reizende Aussichten über die kirchenreiche Altstadt von Lucca bietet die Torre Guinigi

aus dem Alten und Neuen Testament, mit Engeln, Propheten, Aposteln und Heiligen geschmückt. Im Mittelpunkt erscheint Christus in der Mandorla, darunter thront der hl. Jakobus. Die insgesamt 628 filigran in Silberblech getriebenen und teilweise vergoldeten Figuren stammen von Meistern aus den großen Kunstzentren der Toskana und dokumentieren die Stilentwicklung von der Gotik bis zur Renaissance.

Gegenüber der Cattedrale erhebt sich das achteckige **Battistero San Giovanni in Corte** (Tel. 0573 2116 22, Di–So 10–13 und 15–18 Uhr). Es wurde 1359 von *Cellino di Nese* nach Plänen Andrea Pisanos errichtet. Der schwarz-weiß gestreifte Baukörper wird geadelt durch grazile gotische Blendarkaden und das prächtige *Hauptportal*, in dessen Tympanon Skulpturen posieren. Es ist die Madonna mit dem Christuskind, flankiert von Petrus und Johannes dem Täufer.

Der nahe **Palazzo del Comune** (1294–1385) fällt durch einen strengen Arkadengang und schlanke Bi- und Triforienfenster ins Auge. Das hier ansässige **Museo Civico** (Tel. 0573 37 12 96, Di–Sa 10–18, So 9.30–12.30 Uhr) zeigt Gemälde und Skulpturen des 13.–20. Jh.

Nördlich der Piazza del Duomo entstand 1277 das **Ospedale del Ceppo**, es fungiert noch heute als Krankenhaus. Der 1514 vorgebaute Arkadengang ist mit dem bunt glasierten Terrakottafries ›Die sieben Werke der Barmherzigkeit‹ und meisterhaften Terrakotta-Tondi der ›Tugenden‹ von 1525 aus der Robbia-Werkstatt geschmückt.

In westlicher Richtung erreicht man die Kirche **Sant'Andrea** (11. Jh.) mit ihrer unvollendeten, zweifarbig dekorierten Fassade (13. Jh.). Hauptsehenswürdigkeit im *Inneren* ist die berühmte sechseckige *Kanzel* (1298–1301) von *Giovanni Pisano*, die von sieben roten Porphyrsäulen getragen wird. Die ausdrucksstarken Marmorreliefs am Kanzelbecken stellen Verkündigung und Geburt Christi, Anbetung der Könige, Kindermord von Bethlehem, Kreuzigung und Jüngstes Gericht dar. Die dramatisch bewegten, vielfigurigen Szenen offenbaren Pisanos ganze Meisterschaft, welche – nach dem Vorbild seines Vaters Nicola – die Errungenschaften antiker Reliefkunst nutzend zu neuer Ausdruckskraft findet.

i Praktische Hinweise

Information

APT, Piazza del Duomo 4, Pistoia, Tel. 0573 2116 22, Fax 0573 34 43 27, www.turismo.pistoia.it

Hotel

***Patria, Via F. Crispi 8, Pistoia, Tel. 0573 2518 7, www.patriahotel.com. Angenehmes, freundliches Hotel mitten in der Stadt.

Restaurant

Corradossi, Via Frosini 112, Pistoia, Tel. 0573 25683. Wer die feinen Spezialitäten der Küche von Pistoia probieren möchte, ist hier richtig (So geschl.).

45 Lucca

Gemütliche toskanische Altstadt mit begehbarer Stadtmauer und atemberaubendem Dom.

Wunderschöne Blicke auf Lucca (82 000 Einw.) erhascht man bei einem Spaziergang auf der begehbaren, heute begrünten **Stadtmauer**, die sich auf etwa 4 km Länge um die idyllische Altstadt zieht. Befestigt war Lucca schon als römische Kolonie (gegründet 177 v. Chr.), doch im 16. Jh. wurde die Stadtmauer wehrhaft verstärkt. An die römischen Ursprünge erinnert übrigens auch die **Piazza dell'Anfiteatro** im Nordosten der Altstadt, deren großes Oval den Grundriss des antiken *Amphitheaters* (2. Jh. n. Chr.) bewahrt. Nach einer unruhigen Epoche im frühen Mittelalter wurde die Stadt 1119 selbstständig. 1316–28 galt sie dank der schlagkräftigen Truppen des *Condottiere Castruccio Castracani* als unbesiegbar, später aber fiel Lucca zeitweilig an Parma und dann an Pisa. Erst 1369 erlangten die Lucchesi ihre Freiheit zurück und verteidigten sie bis zum Einfall Österreichs 1799. Nach der Okkupation durch Napoleon 1805 wurde die Stadt ab 1817 vom Haus Bourbon-Parma regiert. Die Vereinigung mit dem Großherzogtum Toskana erfolgte 1847.

Hinter der Stadtmauer öffnet sich die gelassen-heitere Altstadt von Lucca. Von der *Piazza Napoleone*, dem Dreh- und Angelpunkt im Süden geht es gen Osten zur Piazza San Martino mit der **Cattedrale di San Martino** (12./13. Jh., www.museocattedralelucca.it, Sommer tgl. 8–18 Uhr, Winter tgl. 9–12 und 15–17 Uhr). Der mächtige *Campanile* (Anfang 13. Jh.) lehnt sich schwer an die feingliedrige, reich ornamentierte *Marmorfassade* (1204), die *Guidetto da Como* zugeschrieben wird. Über den kräftigen Arkaden der *Vorhalle* schwingen sich drei Loggiengeschosse auf, deren Säulchen, Bögen, Zwickel und Gesimse die überbordende Dekorationslust der Epoche darbieten, mit Blatt- und Blütenwerk sowie geometrischen Mustern, zwischen denen sich Tiere und Fabelwesen tummeln. Die *Reitergruppe* (13. Jh., Original im Dom) auf einem Postament etwas weiter unten zeigt den hl. Martin mit dem Bettler bei der Mantelteilung, eines der ersten Reiterstandbilder seit der Antike. An der Ausschmückung der gewaltigen *Vorhalle* (1233–57) mit ihren drei Portalen war *Nicola Pisano* beteiligt. Das linke Portal schmückte er mit vielfigurigen *Reliefs* (1260–70): Am Architrav sieht man Verkündigung, Christi Geburt, Anbetung der Könige, in der Lünette die Kreuzabnahme.

Die Loggien von San Martino in Lucca beeindrucken mit filigranen Säulen und Marmorschmuck

Piazza dei Miracoli in Pisa mit Battistero (li.), Dom und Schiefem Turm (re.) ▷

Das dreischiffige *Innere* mit Rundbogenarkaden auf Pfeilern birgt Kostbarkeiten wie den *Tempietto del Volto Santo* (1484) von *Matteo Civitali* im linken Seitenschiff, in dem das als Reliquie verehrte Holzkruzifix ›Volto Santo‹ (11./12. Jh.) aufbewahrt wird. Als Meisterwerk der Frührenaissance gilt das anrührende ›*Grabmal der Ilaria del Carretto*‹ (1408) im linken Querschiff. *Jacopo della Quercia* entlockte dem milchweißen Marmor das ungewöhnlich realistische Abbild einer sanft entschlafenen jungen Adligen. Beachtung verdient ferner das ›Letzte Abendmahl‹ (1590/91) von *Tintoretto* am dritten Altar im Langhaus rechts, das durch die Leuchtkraft seiner Farben überzeugt.

Von der Piazza Napoleone führt die Via Vittorio Veneto zur Kirche **San Michele in Foro** (12.–14. Jh.; tgl. 9–12 und 15–18 Uhr, Winter bis 17 Uhr), die zu den besterhaltenen und schönsten Beispielen romanischer Baukunst in der Toskana gehört. Die prachtvolle *Fassade* mit ihren vier Loggiengeschossen im lucchesisch-pisanischen Stil krönt eine Statue des Erzengels Michael. Die Dekoration aus opulenten Marmorinkrustationen und vielfarbigen, teilweise skulptierten Säulen ist noch üppiger und verspielter als an der Cattedrale. Die zierliche *Strahlenkranzmadonna* (15. Jh.) an der rechten Fassadenkante stammt von *Matteo Civitali*. Durch das ebenfalls opulent verzierte Portal gelangt man in den heute eher schlichten *Innenraum* der dreischiffigen Basilika. Sehenswert ist hier z. B. das Altarbild mit den hll. Rochus, Sebastian, Hieronymus und Helena (um 1480) von *Filippino Lippi* im rechten Querhaus.

Zu den Wahrzeichen Luccas gehört auch die originelle **Torre Guinigi** (Tel. 05 83 31 68 46, Kernzeiten tgl. 10–18 Uhr), ein von Steineichen bekrönter Turm. Er wurde im 15. Jh. als Teil des gleichnamigen Palazzos an der Via Sant'Andrea im Osten der Altstadt errichtet. Nach Erklimmen der 230 Stufen bietet sich von der Aussichtsplattform der Torre ein herrliches Stadtpanorama.

i Praktische Hinweise

Information

APT, Piazza Santa Maria 35, Lucca, Tel. 05 83 91 99 31, Fax 05 83 46 99 64, www.luccaturismo.it

Hotels

******Alla Corte degli Angeli**, Via degli Angeli 23, Lucca, Tel. 05 83 56 92 04, www.allacortedegliangeli.com. Wenn Engel reisen, sind sie in dem charmanten Haus bestens aufgehoben.

*****Puccini**, Via di Poggio 9, Lucca, Tel. 058 35 54 21, www.hotelpuccini.com. Das Hotel im Herzen der Altstadt bezaubert mit freundlicher Atmosphäre.

Restaurant

Buca di Sant'Antonio, Via della Cervia 3, Lucca, Tel. 058 35 58 81. Gute bodenständige Küche mit Spezialitäten wie *Capretto Garfagnano* (gegrilltes Zicklein). Dazu genießt man hervorragende Weine, z. B. den weißen *Greco delle Colline Lucchese* (So/Mo geschl.)

Café

Sergio Santini, Piazza Cittadella, Lucca, Tel. 058 35 52 95. Eiscreme in höchster Vollendung.

46 Pisa

Der Schiefe Turm und andere Wunderwerke der Kunst und Architektur.

Pisa (88 000 Einw.) birgt eines der berühmtesten Bauwerke der Welt, den *Schiefen Turm*. Weit weniger bekannt ist, dass dieser Campanile Teil eines atemberaubenden Bauensembles auf der Piazza dei Miracoli ist, zu dem Dom, Baptisterium und Camposanto (Friedhof) gehören. Pisas reizvolle Altstadt am Arno birgt diese und weitere herrliche Monumente, die an seine große Vergangenheit als Seerepublik erinnern. Heute ist Pisa eine bedeutende Universitätsstadt mit drei (Elite-)Hochschulen, fast die Hälfte der Einwohner sind Studenten.

Geschichte Schon im 5. Jh. v. Chr. befand sich an dieser Stelle eine blühende **Etruskersiedlung**, die sich in Folge als wichtiger Flusshafen unweit des Meeres etablierte. Der Aufstieg Pisas zur **Seerepublik** erfolgte im 11. Jh. Konkurrenten im Mittelmeerraum waren damals vor allem Genua und Venedig. Pisa besiegte zunächst zusammen mit Genua die Sarazenen, entriss dann aber den Genuesen Sardinien und bemächtigte sich Korsikas. Die Teilnahme am *Ersten Kreuzzug* 1099 bescherte zudem Kolonien im Orient. Im 12./13. Jh. befand sich die Republik auf dem Höhepunkt ihrer politischen und wirtschaftlichen Macht, der Reichtum zeitigte opulente Bauvorhaben, die Schönen Künste gediehen und 1343 wurde die Universität gegründet. Doch damals war der Niedergang längst besiegelt: In der *Schlacht bei Meloria* 1294 hatte Pisa fast seine gesamte Flotte verloren und musste alle Kolonien an das siegreiche Genua abtreten. 1406 kam Pisa unter die Herrschaft von **Florenz**. Eine neuerliche Blütezeit brach mit *Lorenzo de'Medici* (reg. 1469–92) an, er und seine Nachfolger sorgten für den Ausbau der Stadt, die Erneuerung der Universität und die Modernisierung der Werft.

Statik oder himmlischer Beistand? Seit 1173 trotzt der Schiefe Turm von Pisa der Schwerkraft

TOP TIPP

Piazza dei Miracoli

Die Piazza del Duomo wird heutzutage Piazza dei Miracoli (Platz der Wunder) genannt und tatsächlich präsentiert sie wahre Wunderwerke pisanisch-romanischer Architektur mitten auf einer weitläufigen grünen Wiese. Das Ensemble monumentaler Sakralbauten aus weißem Carrara-Marmor entstand zwischen 1063 (Dom) und 1278 (Camposanto) und gehört seit 1987 zum *Weltkulturerbe der UNESCO*. Magischer Anziehungspunkt am Ort der Wunder ist der **Schiefe Turm von Pisa** (Torre Pendente, www.opapisa.it, April–Mitte Juni, Sept. tgl. 8.30–20.30, März, Mitte Juni–Aug. tgl. 8.30–23, Okt. tgl. 9–18, Nov.–Febr. tgl. 10–17 Uhr). Der als *Campanile* für den Dom fungierende, 56 m hohe Turm wurde 1173 von *Bonanno Pisano* begonnen. Kaum war er bis zum dritten Loggiengeschoss aufgeführt, geriet der elegante Rundbau auf dem weichen Schwemmland in Schieflage. Trotz allerlei Bemühungen der nachfolgenden Baumeister konnte die Neigung des Turms bis zur Fertigstellung 1350 nicht korrigiert werden. Und der Turm senkte sich weiter, sein Zusammenbruch schien schon bald unausweichlich, doch er hielt stand und erlangte Weltruhm. Als die Abweichung vom Lot bereits über 5 m betrug, wurden diffizile *Stabilisierungsmaßnahmen* (1991–2001) ergriffen, dank derer der Turm heute sogar wieder bestiegen werden kann.

Ein Wunderwek ist auch der gewaltige, 1063–1118 erbaute **Duomo Santa Maria Assunta** (Tel. 050 56 09 21, www.opapisa.it, April–Sept. tgl. 10–20, März, Okt. tgl. 10–18, Nov.–Febr. tgl. 10–13 und 14–17 Uhr). Er war einst der größte Kirchenbau der Welt und setzte Maßstäbe für die im 13. Jh. begonnenen Dome von Florenz und Siena. Die Pisaner finanzierten ihren Kolossalbau durch die Plünderung Palermos, bei der sie von den auf Sizilien ansässigen Sarazenen »... sechs große mit Schätzen reich beladene Schiffe« erbeuteten, wie eine Inschrift am Dom verkündet.

Die Ende des 12. Jh. von *Rainaldo* geschaffene *Fassade* gilt als Paradebeispiel toskanischer Romanik. Über der hohen, mit Blendarkaden und farbigen Marmorinkrustationen verzierten Portalzone erheben sich vier Loggiengeschosse, denen der Dom seine leichte Eleganz verdankt. Drei mächtige, säulenflankierte *Bronzeportale* (1602) markieren die Front. An der Südseite zum Schiefen Turm hin verdient die bronzene *Porta San Ranieri* Beachtung, ein Werk des *Bonanno* von 1186, ihre 24 Relieffelder illustrieren die Vita Christi und Mariens. Sie blieb als einzige erhalten, während die erwähnten Hauptportale und das *Innere* des Doms nach dem verheerenden Brand von 1596 erneuert werden mussten. Bei der Wiederherstellung des *Inneren* orientierte man sich an der ursprünglichen Raumgestaltung, die von byzantinischen, langobardischen und arabischen Stileinflüssen zeugt. Dem fünfschiffigen Langhaus schließt sich ein dreischiffiges Querhaus an, dessen Arme in Apsiden enden. Über der Vierung ragt ein oktogonaler Tambour auf, die Kuppel wurde 1380 aufgesetzt. Die vergoldete Kassettendecke stammt aus dem 17. Jh. Zu den Sehenswürdigkeiten gehören Meisterwerke wie die üppig mit Skulpturen und Reliefs ausgestattete

TOP TIPP **Kanzel** (1302–11) von *Giovanni Pisano* im Hauptschiff. Sie ruht auf acht äußeren Säulen, von denen vier mit Figuren geschmückt sind: Erzengel Michael, Christus, Herkules und die Personifikation der Ecclesia. Die Mittelsäule zeigt Allegorien der Christlichen Tugenden Glaube, Liebe, Hoffnung, ihnen zu Füßen Figurationen der Weltlichen Künste. Die acht Reliefs am runden Kanzelbecken versah Pisano mit vielfigurigen, dynamisch bewegten Szenen aus dem Neuen Testament, vornehmlich zu Leben und Passion Christi. Unweit im Mittelschiff hängt die bronzene ›Lampe des Galilei‹, mit deren Hilfe der in Pisa geborene Gelehrte *Galileo Galilei* (1564–1642) seine Pendelgesetze abgeleitet haben soll. Blickfang im Chor ist das gigantische, goldglänzende *Apsismosaik* mit Christus als Weltenherrscher nach byzantinischem Vorbild, flankiert von Maria und dem Evangelisten Johannes, den Giottos Lehrmeister *Cimabue* 1302 fertigte.

Das **Battistero** (www.opapisa.it, April–Sept. tgl. 8–20, März, Okt. tgl. 9–19, Nov.–Febr. tgl. 10–17 Uhr), die größte Taufkirche der Christenheit, wurde 1152 von *Diotisalvi* begonnen, aber erst unter *Nicola* (ab 1260) und *Giovanni Pisano* (1277–84) vollendet. Während der untere romanische Teil mit den Blendarkaden die Wandgestaltung des Doms aufnimmt, ist das obere Geschoss mit Wimpergen und Fialen gotisch geprägt. Die eigenartig zugespitzte Segmentkuppel stammt von 1360.

Maßarbeit – figurenreiche Steinkanzel von Giovanni Pisano im Duomo Santa Maria Assunta

Das *Hauptportal* (13. Jh.) wird von zwei skulptierten Säulen eingefasst und von Reliefs gerahmt. Im Architrav ist die Vita Johannes des Täufers das Thema, seitlich sind die Apostel und Monatsarbeiten dargestellt. Der runde hohe *Innenraum*, in dessen Zentrum sich das achteckige *Taufbecken* befindet, wird durch vier Pfeiler und acht Säulen gestützt. Glanzpunkt der Ausstattung ist die *Kanzel* (1255–60) von *Nicola Pisano*, sie entstand etwa 40 Jahre vor der seines Sohnes im Dom. Hier tragen sechs äußere und eine mittlere Säule einen sechseckigen Kanzelkorb, dessen Reliefs Szenen aus dem Leben Christi zeigen. Nicolas figurenreiche Kompositionen sind noch deutlich der antiken Formensprache verpflichtet, wie sie an Exponaten im benachbarten Friedhofsgebäude studiert werden kann.

Der monumentale, marmoverkleidete **Camposanto** (www.opapisa.it, April–Sept. tgl. 8–20, März, Okt. tgl. 9–19, Nov.–Febr. tgl. 10–17 Uhr) wurde ab 1278 errichtet und diente als Grablege der vornehmen Bürgerschaft Pisas, die sich bevorzugt in antiken Sarkophagen bestatten ließ. Die Wände wurden im 14./15. Jh. mit großformatigen *Freskenzyklen* dekoriert, die neben Szenen aus dem Alten und Neuen Testament auch das einer Begräbnisstätte angemessene Thema der Vergänglichkeit illustrierten. Ein Teil der Wandmalereien fiel dem verheerenden Bombenangriff von 1944 zum Opfer. Die erhaltenen Fresken wurden bis Anfang 2008 umfasssend restauriert und erstrahlen nun in neuem Glanz, darunter eines der bedeutendsten Monumentalwerke des 14. Jh., das Fresko ›Trionfo della Morte‹ (Zuschreibung umstritten): Gesellschaftsszenen mit modisch gekleideten Adligen bei der Jagd oder beim Gartenfest werden aufs drastischste mit der Vernichtungskraft des Todes konfrontiert, der als geflügelte blonde Furie mit riesiger Sense auf die Menschen herniedersaust. Das *Vanitas-Thema* gipfelt folgerichtig im ›Jüngsten Gericht‹ mit Paradies und Hölle. Das gesamte Bildprogramm liest sich als eindringliche Mahnung zu einem gottesfürchtigen Leben.

Als man die Fresken nach dem Zweiten Weltkrieg von den Wänden abnahm, entdeckte man darunter die *Sinopie*, die Rötelvorzeichnungen. Sie wurden ebenfalls abgelöst und können heute im **Museo delle Sinopie** (www.opapisa.it, April–Sept. tgl. 8–20, März, Okt. tgl. 9–19, Nov.–Febr. tgl. 10–17 Uhr) gegenüber vom Dom betrachtet werden.

Das **Museo dell'Opera del Duomo** (www.opapisa.it, April–Sept. tgl. 8–20, März, Okt. 9–19, Nov.–Febr. 10–17 Uhr) an der Piazza Arcivescovado südöstlich von der Piazza dei Miracoli bewahrt originale Bauplastik von Dom und Baptisterium, Stücke aus dem Camposanto und den Domschatz mit liturgischem Gerät und kostbaren Messgewändern.

Feine Sgraffiti überziehen die Fassade des Palazzo dei Cavalieri am gleichnamigen Platz

Piazza dei Cavalieri

Den lebhaften Mittelpunkt der Altstadt bildet die Piazza dei Cavalieri, die im 16. Jh. unter den Medici von *Giorgio Vasari* umgestaltet wurde. Ihm verdankt der **Palazzo dei Cavalieri** seine mit Sgraffito dekorierte Fassade. Als Palazzo degli Anziani hatte der Bau ab dem 13. Jh. als Sitz der Stadtregierung fungiert. Nach dem Umbau durch *Vasari* residierte hier der damals neugegründete Ritterorden des hl. Stephan, für den Vasari auch die benachbarte Kirche **Santo Stefano dei Cavalieri** (1565–69) entwarf. Hinter deren weiß-grün-roten Marmorfassade (1594–1606) werden Beutestücke verwahrt, welche die Ritter von Seegefechten heimbrachten. Der **Palazzo dell'Orologio** am nordwestlichen Platzende entstand 1607 ebenfalls nach Plänen Vasaris aus zwei älteren Gebäuden. Im *Torre della Fame* (Hungerturm), dessen Umrisse noch im linken Teil der Fassade auszumachen sind, hatte Erzbischof Ruggieri 1288 sei-

Santa Maria della Spina am südlichen Ufer des Arno barg ein Stück der Dornenkrone Christi

nen politischen Konkurrenten *Ugolino della Gherardesca* zusammen mit zwei Söhnen und zwei Enkeln einkerkern lassen, wo sie im März 1289 Hungers starben. In Dantes ›Göttlicher Komödie‹ begegnet der Dichter Ugolino im Inferno und lässt sich von dessen Qualen berichten.

Am Arno

Von der Piazza dei Miracoli führt die prächtige *Via Roma* zur Brücke Ponte Solferino. Auf der anderen Seite des Arno erhebt sich das Kirchlein **Santa Maria della Spina** (1323). Mit seinen gotischen Ziergiebeln, Tabernakeln und üppigem Skulpturenschmuck erinnert es an einen Reliquienschrein. Tatsächlich barg die Kirche einst einen Dorn (*Spina*) aus der Dornenkrone Christi (heute in der Krankenhauskapelle Santa Chiara, Via Roma).

Über den Lungarno Gambacorti und Lungarno Galilei erreicht man den Ponte alla Fortezza und gelangt so wieder ans Nordufer, wo das interessante **Museo Nazionale di San Matteo** (Tel. 050 54 18 65, Di–Sa 8.30–19, So 8.30–13 Uhr) liegt. Um den hübschen Kreuzgang des einstigen Benediktinerklosters gruppieren sich die Ausstellungsräume, in denen Meisterwerke toskanischer Malerei und Bildhauerei des 12.–18. Jh. präsentiert werden. Zu den Highlights gehören das goldgrundige Polyptychon der Muttergottes mit Heiligen (1319–21) von *Simone Martini* und die Skulptur ›Madonna mit Kind‹ (1330) von *Andrea Pisano* aus der Spina. Umfangreich ist auch der Bestand an bemalten Tafelkreuzen des 12./13. Jh.

i Praktische Hinweise

Information

APT, Via Silvio Pellico 6, Pisa, Tel. 050 92 97 77, Fax 050 92 97 64, www.pisa.turismo.toscana.it

Flughafen

Aeroporto Galileo Galilei, Tel. 050 84 93 00, www.pisa-airport.com. Mit dem Bus Nr. 1 der CPT (www.cpt.pisa.it) gelangt man ins Zentrum.

Hotel

*****Royal Victoria**, Lungarno Pacinotti 12, Pisa, Tel. 050 94 01 11, www.royalvictoriahotel.it. Charmant-stilvoll eingerichtetes Hotel direkt am Arno.

Restaurant

Osteria dei Cavalieri, Via San Frediano 16, Pisa, Tel. 050 58 08 58, www.osteriacavalieri.pisa.it. Lokal mit exzellenter toskanischer Küche unweit der gleichnamigen Piazza (Sa/So mittag geschl.).

Um Volterra präsentieren sich die Hügel der Toskana als Weinland par excellence ▷

47 Volterra

Paradies für Weinliebhaber und Toskanafans.

Volterra (11 000 Einw.), seit 2500 Jahren ein berühmtes Zentrum der Alabasterverarbeitung, thront auf einer 555 m hohen Bergkuppe mit herrlichen Ausblicken auf die malerische toskanische Hügellandschaft. Die **Balze** (Steilhänge), spektakuläre Felsabbrüche im Nordwesten der Stadt, sind das Ergebnis jahrhundertelanger Verwitterung. Volterra wurde von den **Etruskern** besiedelt und befestigt. Teile dieser ersten Stadtmauer wurden in die mittelalterliche Festungsanlagen einbezogen und haben sich bis heute erhalten, so z. B. die **Porta dell'Arco** (4. Jh. v. Chr.), der südöstliche Zugang zur Altstadt. Volterra nannte sich zwar freie Kommune, stand aber im 12./13. Jh. unter der Herrschaft der Familie *Pannocchiesi*. Im Verlaufe der Kämpfe zwischen *Ghibellinen* und *Guelfen* geriet die Stadt 1361 unter den Einfluss von Florenz und wurde 1530 endgültig dem Großherzogtum Toskana einverleibt. Die über der Altstadt aufragende **Fortezza** hatte der kunstsinnige *Lorenzo de'Medici* um 1472 errichten lassen. Sie gilt als eine der schönsten Burgen der Toskana, wird aber seit langem als Gefängnis genutzt.

Hauptattraktion Volterras ist das am Rande der Altstadt gelegene **Museo Etrusco Guarnacci** (Via Don Mizoni 15, Tel. 058 88 63 47, April–Okt. tgl. 9–19, sonst tgl. 9–14 Uhr), eine der großartigsten Sammlungen etruskischer Kunst in Italien. Zu

Aus dem feinen Alabaster von Volterra fertigen kundige Meister zart schimmernde Kunstwerke

den hochkarätigen Exponaten zählen allein 600 *Graburnen* aus Alabaster, Terrakotta oder Tuffstein. Die auf den Deckeln lehnenden Figuren der Verstorbenen und die figürlichen Reliefs illustrieren die etruskische Lebenswelt. Überraschend vertraut und gegenwärtig hingegen wirken einige überschlanke *Votivfiguren* aus Bronze, darunter die berühmte ›Ombra della Sera‹ (2. Jh. v. Chr.). Diese Figur eines jungen Mannes könnte von Alberto Giacometti stammen.

Das muntere Zentrum bildet die *Piazza dei Priori*, der mittelalterliche Marktplatz und Versammlungsort der Bürger. Der zinnenbewehrte **Palazzo dei Priori** (1208–54) an der Westseite gilt als ältestes Rathaus der Toskana. Die Fassade schmücken Wappen der Florentiner Statthalter in Terrakotta, Marmor oder Stein.

Links davon zweigt die Via Turazza ab, die an der pittoresken Piazza San Giovanni endet. Hier erhebt sich der **Duomo Santa Maria Assunta**, der im 12./13. Jh. im pisanisch-romanischen Stil errichtet und im 19. Jh. umgebaut wurde. Im dreischiffigen *Inneren* fällt die wunderschöne Kassettendecke (16. Jh.) von *Francesco Capriano* auf. Die 2. Kapelle im rechten Querschiff hütet ein Stück der mittelalterlichen Ausstattung, die farbig gefasste Holzgruppe der ›Kreuzabnahme‹ (13. Jh.).

Das achteckige **Battistero** gegenüber vom Dom wurde 1283 erbaut, die Kuppel wurde im 16. Jh. aufgesetzt. Über dem romanischen Portal an der mit Marmorinkrustationen dekorierten Eingangseite sind die Köpfe Christi, Mariens und der Apostel zu erkennen. Blickfang im Inneren ist *Andrea Sansovinos* reliefverziertes Taufbecken von 1502.

Man verlässt den Platz über die Via Roma und biegt in die von prächtigen Palazzi flankierte **Via dei Sarti** ab. Hier beherbergt der aus der Renaissance stammende *Palazzo Minucci Solaini* die **Pinacoteca e Museo Civico** (Via dei Sarti 1, Tel. 058887580, April–Okt. tgl. 9–19, sonst 9–14 Uhr) mit toskanischer Malerei des 14.–17. Jh. Glanzpunkte sind die dramatisch bewegte ›Kreuzabnahme‹ (1521) des Manieristen *Rosso Fiorentino* sowie eine schöne ›Verkündigung‹ (1501) von *Luca Signorelli.*

Im gleichen Haus dokumentiert das **Ecomuseo dell'Alabastro** (April–Okt. tgl. 11–17, sonst Sa/So 11–17 Uhr) die Arbeit der vielen Alabasterwerkstätten in Volterra.

Zahlreiche Geschlechtertürme machten San Gimignano zum ›Manhattan des Mittelalters‹

Die Traditionen dieses opulenten Kunsthandwerks reichen bis in die Zeit der Etrusker zurück.

Der Alabasterhändler Giuseppe Viti ließ sich Mitte des 19. Jh. den edlen **Palazzo Viti** (Via dei Sarti 41, Tel. 058 88 40 47, www.palazzoviti.it, April–Okt. tgl. 10–13 und 14.30–18 Uhr, sonst nach Vereinbarung) erbauen. Die Säle bezaubern durch ihre üppige Ausstattung mit Gemälden, Lüstern, Alabasterpreziosen und Mobiliar des 17.–19. Jh.

Nördlich der Via dei Sarti und unweit der Porta Fiorentina liegen die Ruinen des **Teatro Romano** (1. Jh. n. Chr.). Teile der Bühne und Zuschauerränge wurden freigelegt. Daneben fand man Reste der antiken Thermen.

i Praktische Hinweise

Information

Ufficio Turistico, Via Giusto Turazza 2, Volterra, Tel. 058 88 61 50, Fax 058 89 03 50, www.provolterra.it

Restaurant

Il Sacco Fiorentino, Piazza XX Settembre 18, Volterra, Tel. 058 83 85 37. Angenehmes, traditionelles Lokal mit köstlichen Spezialitäten der Region.

48 San Gimignano

TOP TIPP *Mittelalterliche Wolkenkratzer prägen die Silhouette.*

Das malerisch auf einem Hügel gelegene San Gimignano (7400 Einw.) ist wegen seiner **Skyline** weltberühmt und gehört seit 1990 zum *UNESCO Weltkulturerbe*. An manchen Tagen schieben sich Besuchermassen durch die engen Straßen, sodass das Städtchen aus seinen Mauern zu platzen droht. Doch ab und zu entdeckt man eine verschwiegene Gasse mit hübschen gotischen Häusern und fühlt sich sofort ins Mittelalter zurückversetzt.

Die hoch aufragenden **Geschlechtertürme** entstanden im 12./13. Jh. als wehrhafte Zufluchtsorte reicher Familien. Mit der Höhe konnte man zugleich Macht und Wohlstand demonstrieren. Die freie Stadt San Gimignano war als Station für Pilgerreisende auf ihrem Weg nach Rom zu Reichtum gelangt. Das Schutzbedürfnis der Bewohner resultierte aus häufigen Angriffen anderer Städte, aber auch aus den heftigen Kämpfen zwischen *Guelfen* und *Ghibellinen* in den eigenen Mauern. Nachdem die Pest von 1348 die Hälfte der hiesigen Bevölkerung dahingerafft hatte, übernahm Florenz die

Herrschaft in San Gimignano. Die Stadt verarmte und konnte es sich schlichtweg nicht leisten, alle Wohntürme abzureißen, wie das in Siena und Lucca geschah. Hier blieben folglich 15 der einst 72 Türme erhalten.

Wer die Stadt durch die südliche *Porta San Giovanni* (13. Jh.) betritt, schlendert anschließend die von allerlei Geschäften und Restaurants gesäumte Via San Giovanni entlang zur *Piazza della Cisterna*, die nach der Zisterne (13. Jh.) in der Platzmitte benannt ist. Anschließend gelangt man auf die von Wohntürmen umringte *Piazza del Duomo*.

Der romanische **Duomo Santa Maria Assunta** (Tel. 0577940008, April–Okt. Mo–Fr 9.30–19, Sa 9.30–17, So 12.30–17, sonst Mo–Sa 9.30–16.30, So 12.30–16.30 Uhr), auch *La Collegiata* genannt, geht zurück auf das 12. Jh. und blieb nach einer Erweiterung um 1460 bis heute im wesentlichen unverändert. Das *Innnere* der Kirche ist reich mit *Fresken* geschmückt. Im Westen sieht man ein ›Jüngstes Gericht‹ mit Paradies und Hölle (1393) von *Taddeo di Bartolo*. Das linke Seitenschiff zieren 26 Szenen aus dem Alten Testament (um 1367) von *Bartolo di Fredi*. Als Glanzpunkt gilt der Bilderzyklus (1338–40) im rechten Seitenschiff mit Szenen aus Leben und Passion Christi. Die Bildsprache erinnert an Simone Martini, als Urheber gelten heute *Lippo* und *Federico Memmi*.

Einen weiteren Höhepunkt stellt die anmutige *Cappella di Santa Fina* (1468–72) hinten rechts dar, die *Giuliano da Maiano* entwarf. Sein Neffe *Benedetto da Maiano* schuf 1475 den feinen Altar aus Alabaster und Marmor. Berühmt sind aber vor allem die beiden Fresken zum Tod der hl. Fina (1475) von *Domenico Ghirlandaio (1449–1494)*. Der Lehrer Michelangelos erlangte besonders aufrgund seiner ausdrucksstarken, manchmal schonungslosen Porträts Berühmtheit.

Im benachbarten **Palazzo Nuovo del Podestà** (auch Palazzo Communale, 1288, Ausbau 1323) ist das **Museo Civico** (Tel. 0577990348, April–Okt. tgl 9.30–19.30, sonst 10–17 Uhr) mit einer erlesenen Sammlung zur Kunst des Mittelalters und der Renaissance beheimatet. Über eine Außentreppe gelangt man in die *Sala di Dante*, die mit der prunkvollen ›Maestà‹ (1317/18) von Lippo Memmi aufwartet. Das toskanische Alltagsleben kann man anhand der Fresken (14. Jh.) von Memmo di Filippucci in der *Camera del Podestà* studieren. Durch den malerischen Innenhof gelangt man zur 54 m hohen **Torre Grossa** (1311), dem höchsten Turm der Stadt, von dem sich herrliche Ausblicke bieten.

Gegenüber vom Dom erhebt sich der schon lange als Theater fungierende **Palazzo Vecchio del Podestà** (1239, erweitert 1337) mit der 51 m hohen *Torre Rognosa*. In der Nachbarschaft ragen vier wei-

Das Leben des Augustinus verewigte Benozzo Gozzoli in den Chorfresken von Sant'Agostino

In Siena ist das weite Halbrund der Piazza del Campo auf den Palazzo Pubblico ausgerichtet

tere Türme auf, zunächst die kleinere *Torre Chigi* (1280), dann die beiden mächtigen *Torri dei Salvucci* und dahinter die *Torre Pettini.*

Die pittoreske Via San Matteo führt in den Norden der Stadt, wo man einen Blick in die Kirche **Sant'Agostino** (1280–98) werfen sollte. *Benedetto da Maiano* schuf den hübschen Marmoraltar (1494) in der *Cappella San Bartolo* rechts vom Eingang. Der kleine Chor präsentiert meisterhafte Fresken (1464) von *Benozzo Gozzoli* mit Episoden aus dem Leben des hl. Augustinus.

i Praktische Hinweise

Information

Pro Loco, Piazza del Duomo 1, San Gimignano, Tel. 04 61/98 38 80, Fax 04 61/23 24 26, www.sangimignano.com

Restaurant

Arnolfo, Via XX Settembre 50, Colle Val d'Elsa, 10 km südöstlich, Tel. 05 77 92 05 49, www.arnolforistorante.com. Preisgekröntes Gourmetrestaurant mit toskanichen Spezialitäten (Di/Mi geschl.).

49 Siena

Hitzige Pferderennen auf dem malerischen Campo, berühmte Wandmalereien in Rathaus und Dom.

Siena (54 500 Einw.) empfängt seine Besucher an der *Porta Camollia* mit dem Motto »Cor magis tibi pandit« (Zu Siena geht dir das Herz auf). So lädt die von Mauern umgebene Stadt zu einem Bummel ein durch die von gotischen Palazzi und ockerfarbenen Häusern gesäumten Straßen, über denen der gewaltige Dom emporragt. Jeder mag sich selbst ein Bild davon machen, ob Siena die schönste Stadt der Toskana ist, auf jeden Fall gehört die Altstadt zum *UNESCO Weltkulturerbe.*

Geschichte Die drei Hügel zwischen den Flüssen Elsa und Arbia, auf denen sich Siena erstreckt, wurden zunächst von den *Etruskern* besiedelt und später von den *Römern* unter den Namen *Sena Iulia* kolonisiert. 1147 erlangte die zuvor von Bischöfen regierte Stadt ihre **Unabhängigkeit**, indem sie sich dem Schutz des Kaisers unterstellte und auf Seiten der *Ghibellinen* u. a. gegen die Guelfenstadt Florenz kämpfte. Im 13.–15. Jh. erlebte Siena eine Blütezeit, mehrte durch Handel und Bankgeschäfte seinen Reichtum. Gleichzeitig fochten Kaufleute und Adel, Ghibellinen und Guelfen um ihren Anteil an der Macht in Siena. Dazu kamen die andauernden blutigen Auseinandersetzungen mit Florenz. Trotz allem konnte sich Siena als freie Stadtrepublik behaupten, bis 1487 *Pandolfo Petrucci* die Herrschaft an sich riss. 1530 stellte Kaiser Karl V. zwar die alte Ordnung wieder her, doch die Sieneser Bürger verjagten die Kaisertreuen 1552. Daraufhin umzingelte ein kaiserlich-florentinisches Heer Siena, die Belagerung dauerte bis 1555, dann musste sich die Stadt ergeben und wurde Teil des Großherzogtums Toskana.

Besichtigung TOP TIPP Im Herzen der Sieneser Altstadt liegt die muschelförmige **Piazza del Campo**. Der bildschöne Platz wurde 1327–39 vom städtischen ›Rat der Neun‹ als Versammlungsort für die Bürger angelegt. Seit 1147 wird hier am 2. Juli und am 16. August der weltberühmte **Palio** ausgetragen, ein halsbrecherisches Pferderennen zwischen 10 der 17 Contraden (Stadtviertel) Sienas.

Die Südwestseite des Campo dominiert der 1297–1310 errichtete **Palazzo Pubblico** (Tel. 05 77 22 62 30, April–Okt. tgl. 10–19 Uhr), ein elegantes Meisterwerk gotischer Rathausarchitektur. Über dem Erdgeschoss aus hellen Travertinblöcken leuchten die Obergeschosse in rotem Backstein. Dreibogige säulengeschmückte Fenster rhythmisieren die Fassade. Links schießt die schlanke, 102 m hohe *Torre del Mangia* (1325–44; April–Okt. tgl. 9.30–19.30, sonst 10–16 Uhr) mit nobler Travertinbekrönung in den Himmel. 505 Stufen führen hinauf zum Aussichtsgeschoss, das einen herrlichen Rundblick auf Stadt und Land ermöglicht.

TOP TIPP Der Palazzo Pubblico präsentiert heute als **Museo Civico** seine vorbildlich restaurierten mittelalterlichen Säle, die mit wertvollen Kunstwerken der Sieneser Schule geschmückt sind. In der *Sala dei Priori* schildern die Fresken (1407) von *Spinello Aretino* den Kampf zwischen Papst Alexander III. und Friedrich Barbarossa. Die entzückende *Ratskapelle* malte *Taddeo di Bartolo* mit Fresken (1407–14) zum Leben der Muttergottes aus. In der anschließenden *Sala del Mappamondo* stellte *Simone Martini* (1284–1344) im ehrwürdigen Fresko ›Maestà‹ (1315) die thronende Madonna, deren Schutz Siena erbittet, in fein nuancierten Farben und mit lebhaftem Strich dar. 1328 schuf der Sienese das Fresko, das den Heerführer *Guidoriccio da Fogliano* bei der Belagerung von Montemassi zeigt. Es begeistert durch frische Farben und detailfreudige Schilderung. Der Reiter erscheint in einer Hügellandschaft mit sienesischen Feldlagern. Die *Sala della Pace* birgt einen der bedeutendsten *Freskenzyklen* (1335–40) der Epoche, *Ambrogio Lorenzettis* (1290–1348) politisch-lebensvollen Allegorien zu Tugend, Gerechtigkeit und Frieden. An der Stirnwand werden das ›*Gute Regiment*‹ und seine Auswirkungen auf das Leben in Siena

Zur Ehre ihres Stadtviertels riskieren die waghalsigen Reiter des Palio alljährlich Leib und Leben

Für Sienas Duomo Santa Maria Assunta schuf Giovanni Pisano eine überreiche Schauwand

geschildert – man sieht Szenen aus dem Alltag der Stadt und einen Blick auf blühendes Hügelland. An der gegenüberliegenden Wand erscheint das ›*Schlechte Regiment*‹, nämlich das des Satans. Es bringt Mord und Totschlag in die Stadt und lässt die einstmals fruchtbare Natur veröden. Doch ein Blick nach draußen, auf dem Campo, beruhigt. Hier ist die Welt ganz in Ordnung, hier plätschert das Wasser der **Fonte Gaia**, deren Brunnengewände mit Reliefs (1409–19, Kopien) von *Jacopo della Quercia* geschmückt ist. Nordöstlich der Piazza steht die ehrwürdige **Loggia dei Mercanzia** (1428–45, Oberbau 1765/66), unter deren Arkaden einst Kaufleute und Geldverleiher ihren Geschäften nachgingen.

Südliche Altstadt

Weiter südwestlich, am höchsten Punkt der Stadt erhebt sich der majestätische, grün-weiß gebänderte **Duomo Santa Maria Assunta** (Tel. 05 77 28 30 48, www.operaduomo.siena.it, Juni–Aug. Mo–Sa 10.30–20, So 13.30–18, März–Mai, Sept.–Nov. Mo–Sa 10.30–19.30, So 13.30–17.30, Dez.–Febr. Mo–Sa 10.30–18.30, So 13.30–17.30 Uhr). Er wurde um 1210 begonnen, aber erst 1382 fertiggestellt. Die opulente gotische *Hauptfassade* (1284–99) im Stil französischer Kathedralen schuf *Giovanni Pisano*. Allenthalben in den maßwerkverzierten Tabernakeln, auf den Giebeln und Fialen sind Skulpturen (Kopien) platziert. Weiter hinten neben der säulenmumrankten Vierungskuppel erhebt sich der gewaltige, doch üppig durchfensterte *Kirchturm* (1313).

TOP TIPP

Der dreischiffige, gleichfalls grün-weiß gebänderte *Innenraum* überwältigt allein durch seine riesigen Proportionen. Oberhalb den hohen Rundbogenarkaden öffnet sich eine Galerie mit 171 Papstbüsten (15./16. Jh.), darüber erstrahlt das nachtblaue Gewölbe, in dem goldene Sternlein funkeln. Erstaunen ruft auch der reich dekorierte *Marmorfußboden* (1396–1562) hervor, Vergleichbares gibt es nirgendwo auf der Welt: 56 Bildfelder – in vielfarbigem Marmor gearbeitet und mit Ritzzeichnung versehen – präsentieren biblische Szenen, Allegorien, Sibyllen, Propheten und Wappen italienischer Städte. Fulminant ist aber auch *Nicola Pisanos* achteckige *Kanzel* (1266–68) im linken Querschiff, die er unter Mitarbeit seines Sohnes Giovanni und *Arnolfo di Cambios* schuf. Neun Säulen stützen den Kanzelkasten, die Basis der Mittelsäule bilden Personifikationen der Sieben Freien Künste. Die Relieffelder der Brüstung zeigen Szenen aus dem Leben Jesu. Im Vergleich zu seiner älteren Kanzel im Baptisterium von Pisa haben Nicolas figurenreiche Kompositionen hier mittels Körpersprache, Bewegungsdynamik und räumlicher Staffelung neue erzählerische Überzeugungskraft gewonnen. Die *Cappella di San Giovanni* (1492) zwischen Querhaus und nördlichem Seitenschiff birgt ein Alterswerk *Donatellos*, die Bronzestatue Johannes des Täufers (1457). Gleich nebenan liegt der Eingang zur atemberaubenden *Libreria Piccolomini* (1495), einem Höhepunkt italienischer Raumkunst. Zwischen kostbarem Majolika-Boden und bunt ornamentierter Decke öffnen sich die Wände in fantastischbunte Bildräume, bieten Einblicke in festliche Säle und idyllische toskanische Landschaften: *Pinturicchios* Fresken (1502–09) schildern zehn Episoden aus dem Leben des Piccolomini-Papstes *Pius II.* Für dessen Bibliothek hatte sein Neffe Francesco Todeschini, Sieneser Kardinal und späterer Papst Pius III., dieses kostbare Gehäuse gestalten lassen.

Links vom Dom führt eine Treppe hinab zum **Battistero San Giovanni** (Juni–Aug. tgl. 9.30–20, März–Mai, Sept/Okt. tgl. 9.30–19, Nov.–Febr. tgl. 10–17 Uhr), einer dreischiffigen Taufkirche aus dem 14. Jh. Das *Innere* ist mit Wandmalereien (15. Jh.) ausgestaltet und birgt ein sechseckiges *Taufbecken* (1417–30), für das *Jacopo della Quercia* verantwortlich zeichnete. An den Szenen aus dem Leben Johannes des Täufers auf den sechs Relieffeldern wirkten auch seine prominenten Kollegen *Ghiberti* (Taufe Christi, Johannes vor Herodes) und *Donatello* (Festmahl des Herodes) mit.

Weitere berühmte Kunstwerke, die einst den Dom zierten, sind im **Museo dell'Opera Metropolitana** (Juni–Aug. tgl. 9.30–20, März–Mai, Sept.–Nov. tgl. 9.30–19, Dez.–Febr. tgl. 10–17 Uhr) zu bewundern. Das Museum ist in drei Langhausjochen des im 14. Jh. geplanten *neuen Doms* untergebracht, der den alten als Querschiff einbezogen hätte. Das gigantische Bauvorhaben scheiterte jedoch aufgrund der Pest 1348, politischer Reibereien und explodierender Baukosten. Zu den wertvollsten Stücken des Museums gehören *Giovanni Pisanos* Skulpturen für die Dom-

Die Fresken der Libreria Piccolomini im Dom überzeugen als farbenprächtiger Augenschmaus

fassade (1285–97), ein Marmortondo ›Madonna mit Kind‹ (um 1430) von *Donatello* sowie Sienas berühmtestes Kunstwerk, die goldglänzende ›Maestà‹ (1308–11) von *Duccio di Buoninsegna*, ein beidseitig bemaltes Polyptychon, das einst den Hochaltar verschönte. Mit dem 2,12 x 4,25 m großen Tafelbild, das die thronende *Madonna mit Kind* inmitten einer Schar von Heiligen und Engeln zeigt, erbaten Sienas Bürger den Beistand der Muttergottes. Die 26 Tafeln mit Szenen der *Passion Christi* von der Rückseite werden heute separat ausgestellt. Duccios Meisterwerk hat, wie die frühe italienische Tafelmalerei überhaupt, seine Wurzeln in der byzantinischen Ikonenkunst. Doch hier überwindet Duccio erstmals deren starre Struktur durch klare, leuchtende Farben, die zarte Gestik der Figuren, den beschwingten Faltenwurf und allerlei kostbare Schmuckelemente.

Eine weitere bedeutende Sammlung ist die **Pinacoteca Nazionale** (Via San Pietro 2, Tel. 0577281161, Di–Sa 8.15–19.15, So/Mo 8.15–13.15 Uhr) im *Palazzo Buonsignori* weiter südlich. Sie macht die Entwicklung der Sieneser Malerei des 13.–16. Jh. nachvollziehbar. Hauptwerke sind Duccios ›Madonna dei Francescani‹, Ambrogio Lorenzettis ›Città sul Mare‹, die ›Pala del Carmine‹ seines Bruders Pietro und Pinturicchios ›Heilige Familie‹.

Nördliche Altstadt

Von der Piazza del Campo führt die Via Banchi di Sotto zum Renaissancepalast **Palazzo Piccolomini** (1469), der heutzutage das Staatsarchiv beherbergt. Bergan verläuft die Banchi di Sopra zum **Palazzo Tolomei** (13. Jh.), Sienas ältestem Patrizierpalast, in dem heute eine Bank ansässig ist. Über die Via Santa Caterina erreicht man die **Casa di Santa Caterina** (Tel. 0577288175, www.caterina.org, tgl. 9–12.30 und 15–18 Uhr), in der Sienas Schutzheilige *Caterina Benincasa* (1347–1380) als Tochter eines Wollfärbers zur Welt kam. Nach ihrer Heiligsprechung 1461 wandelte man das Geburtshaus in ein Sanktuarium um.

In der doppelstöckigen Backsteinkirche **San Domenico** (13.–15. Jh.) nahe der Porta Fontebranda im Nordwesten der Stadt fiel die hl. Caterina in Verzückung. Die Unterkirche diente später als Grablege, die obere einschiffige Hallenkirche zeichnet sich durch ein großes Querschiff und einen winzigen Chor aus. Ein Schmuckstück ist die *Cappella di Santa Caterina* auf der rechten Seite. Sie birgt schöne Fresken zur Vita der Heiligen von *Sodoma* (1526) und *Francesco Vanni* (1595). Das marmorne Altartabernakel (1466) von *Giovanni di Stefano* umschließt die Kopfreliquie der Heiligen.

i Praktische Hinweise

Information

APT, Piazza del Campo 56, Siena, Tel. 0577280551, Fax 0577281041, www.terrasiena.it

Hotels

******Palazzo Ravizza**, Pian del Mantellini 34, Siena, Tel. 0577280462, www.palazzoravizza.it. Eleganter Renaissancepalast mit stilvoller Einrichtung und romantischem Garten.

*****Minerva**, Via Garibaldi 72, Siena, Tel. 0577284474, www.albergominerva.it. Komfortables Hotel mit hellen Zimmern im Norden der Altstadt.

****Cannon d'Oro**, Via Montanini 28, Siena, Tel. 0577744321, www.cannondoro.com. Palast aus dem 13. Jh. mit 30 schnörkellos schicken Zimmern.

Restaurants

Il Verrochio, Logge del Papa 1, Siena, Tel. 0577284062. Beliebtes Lokal nicht weit von der Piazza del Campo, besonders köstliche Pizza.

Osteria Sotto le Fonti, Via Esterna Fontebranda 114, Siena, Tel. 0577226446. Typisch toskanische Küche mit hausgemachten Nudeln und Desserts. Weinverkostung möglich.

Café

A. Nannini, Via Banchi di Sopra 22, Siena. Das wahrscheinlich berühmteste Café der Stadt. Die leckeren Sieneser Spezialitäten, z. B. Panforte, aber auch das Eis brauchen keine Werbung.

50 Arezzo

Eine alte Etruskerstadt mit herrlichen Fresken von Piero della Francesca.

Arezzo (94 000 Einw.) zieht sich malerisch einen Hügel hinauf, der von einer Festung bekrönt wird. Von oben genießt man einen schönen Blick über die umliegende fruchtbare Ebene. Ein Spaziergang durch die entzückende Altstadt hat die

Nicht nur Kunstfreunde lieben den monatlichen Antiquitätenmarkt in der Altstadt von Arezzo

Kirche San Francesco zum Ziel, denn sie bewahrt einen bewundernswerten Freskenzyklus von Piero della Francesca.

Geschichte Arezzo war ursprünglich eine reiche Etruskerstadt, die 295 v. Chr. von den Römern unterworfen wurde. Die Ernennung zum Bischofssitz im 9. Jh. bescherrte dem Ort einen Bevölkerungszuwachs, viele Handwerker und Bauern siedelten sich an. 1089 erlangte Arezzo den Status einer freien Kommune. Die Stadt erlebte in Folge eine Blütezeit, besonders ab 1321 unter dem Stadtherrn Bischof Guido Tarlati, doch 1337 fiel Arezzo dann an Florenz.

Besichtigung Beginnen sollte man den Stadtrundgang an der belebten **Piazza Grande** im Norden. Manch einem Besucher wird die Szenerie vertraut vorkommen – aus Roberto Benignis Film ›Das Leben ist schön‹ (1998). Der leicht abfallende Platz wird gerahmt von Arkadengängen, den *Loggien Vasaris*, und von schmalbrüstigen mittelalterlichen Häusern mit Balkonen. Den Hauptakzent aber bildet die hier hineinragende Chorapsis der **Pieve di Santa Maria.** Die im 12./13. Jh. aus Sandstein errichtete Kirche zählt zu den eindrucksvollsten Bauten der Romanik in der Toskana. Die famose *Fassade* zieren unten Blendarkaden und darüber drei Loggiengeschosse mit Säulen, deren Zahl in jedem Stockwerk zunimmt. Filigrane Leichtigkeit zeichnet auch den mit zahlreichen Biforienfenstern versehenen *Campanile* (1330) aus. Blickfang im dreischiffigen *Inneren* der Kirche ist das 1329 datierte Marien-Polyptychon von *Pietro Lorenzetti* auf dem Hochaltar über der Krypta. Auf leuchtendem Goldgrund erscheint die in kostbare Stoffe gewandete Maria mit Kind in Halbfigur. Als Begleiter fungieren würdevolle Heilige.

Über die Via Pileati und die Via Cavour gelangt man zur Bettelordenskirche **San Francesco** (1318–77; Tel. 05 75 35 27 27, Mo–Fr 9–18.30, Sa 9–17.30, So 13–17.30 Uhr). Ihr größter Schatz ist der *Freskenzyklus* ›Die Legende vom Heiligen Kreuz‹ (1452–66) von *Piero della Francesca* in der Cappella Bacci. Die Geschichte beginnt rechts oben mit ›Adams Tod‹ – vom Baum auf seinem Grab stammt das Holz für das Kreuz Christi – und endet links oben mit der ›Anbetung des Kreuzes‹. Besonders hervorzuheben ist ›Konstantins Traum‹ unten rechts neben dem Fenster, die erste Nachtszene der Kunstgeschichte.

Die Fresken begeistern durch klare, kraftvolle Kompositionen und porträthaft-konzentrierte Figuren. Lichtregie und Farbgebung geben den Szenen zusätzliche Dynamik und Anschaulichkeit.

Von San Francesco bietet sich ein Abstecher über den Corso Italia und die Via Crispi in den Süden der Stadt an. Hier wurden die Reste eines großen römischen *Amphitheaters* (2. Jh. n. Chr.) freigelegt. Im einstigen Kloster San Bernardo auf dem Gelände zeigt heute das **Museo Archeologico Gaio Cilnio Mecenate** (Tel. 0575 20 88 2, Di–So 8.30–19.30 Uhr) eine umfangreiche Antikensammlung. Highlights sind neben etruskischen Votivfiguren importierte attische Vasen wie der *Krater des Euphronios* (um 510 v. Chr.) und die römischen *Vasi Corallini* (1. Jh. v. Chr–1. Jh. n. Chr.). Hierbei handelt es sich um Keramik von korallenroter Färbung, die mit Reliefbildern geschmückt ist.

Ansonsten kann man von San Francesco auch direkt durch die Via Cavour zum **Museo Statale d'Arte Medievale e Moderna** (Via San Lorentino 8, Tel. 0575 40 90 50, Di–So 8.30–19 Uhr) im *Palazzo Bruni-Ciocchi* schlendern. In schönem Ambiente gibt es toskanische Malerei und Skulptur des 10.–19. Jh. zu bewundern. Neben eindrucksvollen Gemälden von *Luca Signorelli, Rosso Fiorentino* und *Spinello Aretino* fasziniert vor allem die opulent dekorierte Majolika-Keramik aus der Renaissance.

Der Maler und Architekt *Giorgio Vasari* (1511–1574) lebte, wenn es seine zahlreichen Aufträge erlaubten, in der nahen **Casa Vasari** (Via XX Settembre 55, Tel. 0575 40 90 40, Mo, Mi–Sa 10.30–19.30, So 8.30–13 Uhr). 1540–48 baute er das kurz zuvor erworbene Haus in manieristischem Stil um und schmückte die Wände mit *Fresken* voller allegorischer Ruhmesgestalten. Vasari selbst erlangte Weltruhm mit seiner Chronik zum ›Leben der ausgezeichnetsten Maler, Bildhauer und Baumeister‹ (1550, überarbeitet 1568). Das Kompendium kommentiert Leben und Werk italienischer Künstler von Cimabue bis Michelangelo. Es trug Vasari den Titel ›Vater der Kunstgeschichte‹ ein.

Um die Ecke erhebt sich die Saalkirche **San Domenico** (13. Jh.). Durch das romanische Portal der ansonsten eher schlichten Fassade gelangt man ins Innere. Über dem Hochaltar schwebt das berühmte *Tafelkreuz* (um 1260/70) von *Cimabue*. Die Leiden des gekreuzigten Christus manifestieren sich hier in eindringlicher und zugleich eleganter Körpersprache. Sehenswert sind auch die *Fresken* (um 1390) von *Spinello Aretino* mit Szenen aus dem Leben der Apostel Jacobus und Philippus an der Eingangswand.

Durch die Via Sassoverde und die Via Ricasoli gelangt man zum **Duomo San Donato** (1277–1510) mit seiner hübschen neogotischer Fassade (1914). Im Inneren begeistern Glasmalereien von *Guillaume*

Arezzos Kunstjuwelen: Piero della Francescas Fresken zur Kreuzlegende in San Francesco

Mittelpunkt von Cortonas Altstadt ist die Piazza della Repubblica mit dem Palazzo Comunale

de Marcillat (1518–24). Am Eingang zur Sakristei bemerkt man das etwas steife Fresko der Maria Magdalena (1465/66) von *Piero della Francesca*.

Über die Via Mecenate geht es aus der Altstadt 2 km gen Süden zur Kirche **Santa Maria delle Grazie** (1435–44). Der grazile Portikus (1490), ein Meisterwerk von *Benedetto da Maiano*, führt ins Innere. Hier zieht der marmorne Hochaltar (1487–93) von *Andrea della Robbia* die Blicke auf sich. Das eingefügte Fresko der ›Madonna della Misericordia‹ (1428–31) stammt von *Parri di Spinello*.

i Praktische Hinweise

Information

APT, Piazza Risorgimento 116, Arezzo, Tel. 0575 23 39 52, Fax 0575 28 80 42, www.apt.arezzo.it

Hotels

******I Portici**, Via Roma 18, Arezzo, Tel. 0575 40 31 32, www.hoteliportici.com. Acht stilvolle Zimmer im 4. Stock eines Altstadt-Palazzos.

*****Casa Volpi**, Via Simone Martini, Arezzo, Tel. 0575 35 43 64, www.casavolpi.it. Gemütliche Villa aus dem 19. Jh. am Stadtrand mit Park und Panoramablick über Arezzo.

Restaurants

Antica Osteria L'Agania, Via Mazzini 10, Arezzo, Tel. 0575 29 53 81. Bodenständige toskanische Küche (Mo geschl.).

Buca di San Francesco, Piazza San Francesco 1, Arezzo, Tel. 0575 23 27 1. Eines der besten Restaurants der Stadt mit einem Saal aus dem 14. Jh. (Di geschl.).

51 Cortona

Kunst und Kultur der Etrusker und Meisterwerke von Beato Angelico.

Cortona (22 000 Einw.) thront inmitten alter Olivenhaine über dem *Val di Chiana*, das für seine Rinderzucht berühmt ist. Die Stadt gehörte zum *Zwölfstädtebund* der *Etrusker*, der sich 900 v. Chr. formierte und damit zur ersten Hochkultur auf italienischem Boden. Auf etruskischen Fundamenten erhebt sich auch die auf 2,6 km Länge erhaltene mittelalterliche **Stadtmauer** mit einer mächtigen Festung. Cortona prosperierte als *freie Kommune* im 12./13. Jh., weckte allerdings auch immer wieder die Begehrlichkeiten anderer Städte. Erst als Florenz 1411 die Macht übernahm, kehrte Ruhe in Cortona ein.

Die Altstadt mit ihren engen, steilen Gassen und arkadengesäumten Plätzen

Wie aus einer anderen Welt wirkt San Biagio unterhalb von Montepulciano im Nebel ▷

erreicht man am besten von Süden her. Vom Parkplatz führt eine Treppe hinauf zur *Piazza Garibaldi*, die einen herrlichen Ausblick über das Tal bis zum Lago Trasimeno bietet. Die beliebte Flaniermeile *Via Nazionale* mündet in die *Piazza della Repubblica* im Herzen der Altstadt. Hier gibt der trutzige **Palazzo Comunale** (13. Jh.) mit seiner großen Freitreppe den Ton an. Nebenan öffnet sich die *Piazza Signorelli*. Hinter der manieristischen Fassade (1613) des **Palazzo Casali** (13. Jh., auch Palazzo Pretorio) ist das exzellente **Museo dell'Accademia Etrusca e Città di Cortona** (Tel. 0575637235, www.cortonamaec.org, April–Okt. tgl. 10–19, sonst Di–So 10–17 Uhr, Archeobus: Aug./Sept. So 10.30 Uhr) untergebracht. Die modern konzipierte Ausstellung entführt in die noch immer geheimnisvolle Welt der Etrusker. Zu den Exponaten gehören kostbare Grabbeigaben, Goldschmuck, Bronzen, Reliefs und Münzen. Glanzpunkte sind ein riesiger *Bronzekessel* (5. Jh. v. Chr.), ein bronzener *Ölleuchter* (4. Jh. v. Chr.), verziert mit gehörnten Menschenköpfen, und die *Tabula Cortonensis*, einer von nur drei überlieferten Texten in etruskischer Sprache, deren Entzifferung noch immer nicht gelungen ist. Das Museum offeriert auch Führungen bzw. Bustouren zu den zahlreichen archäologischen Stätten in und um Cortona. Besonders spektakulär ist der archaische Tumulus *Melone II del Sodo* (6. Jh. v. Chr.) mit zwei Grabbauten.

Neben dem Palazzo Casali verläuft eine Gasse zur Piazza del Duomo mit dem **Duomo Santa Maria** (Tel. 0575603256). Der im 11. Jh. errichtete Bau wurde im 15. Jh. dem Renaissancekanon verpflichtet, doch im 17./18. Jh. noch einmal durchgreifend verändert. Gegenüber, in einer noch immer exquisit ausgestatteten Jesuitenkirche, hütet heute das **Museo Diocesano** (Tel. 0575637235, April–Okt. Di–So 10–19, sonst bis 17 Uhr) qualitätvolles Sakralgerät, Gemälde und Fresken aus verschiedenen Kirchen der Stadt. *Beato Angelico* ist hier mit einem seiner schönsten Werke vertreten, der ›Verkündigung‹ von 1433/34. Der feine Liebreiz der Begegnungsszene wird durch das edel-idyllische Ambiente und die kostbaren Gewänder ins Festliche gesteigert. Gleichfalls bewunderungswürdig sind Beato Angelicos Marien-Triptychon (1436/37) sowie hochrangige Arbeiten von *Pietro Lorenzetti* (1300–1348), *Luca Signorelli* (1441–1523) und *Pietro da Cortona* (1596–1669), die beiden Letzteren sind Söhne Cortonas.

An der Stadtmauer unweit der Piazza Garibaldi erhebt sich die trutzige Kirche **San Domenico** (Largo Beato Angelico, Tel. 0575 62246), ein im 14./15. Jh. errichtetes und später mehrfach umgebautes Gotteshaus. Die *Fassade* präsentiert ein Lünetten-Fresko ›Madonna mit Kind‹ aus dem Umkreis Beato Angelicos, das Altar-Polyptychon (1402) von *Lorenzo di Niccolò* im Inneren vergegenwärtigt die ›Marienkrönung‹.

Von der Piazza Garibaldi führt die Straße Richtung Camucia nach etwa 3 km zur Renaissancekirche **Santa Maria delle Grazie al Calcinaio** (Tel. 0575604830). Die 1485–1513 nach Entwürfen des Sienesen *Francesco di Giorgio Martini* (1438–1502) errichtete Basilika wird von einer achteckigen Kuppel bekrönt. Das elegant-klare Innere erinnert an Brunelleschis bahnbrechende Raumkonzepte.

i Praktische Hinweise

Information

APT, Via Nazionale 42, Cortona, Tel./Fax 05 75 63 03 52, www.apt.arezzo.it

Hotel

******San Michele**, Via Guelfa 15, Cortona, Tel. 05 75 60 43 48, www.hotelsanmichele.net. Stilvolles Hotel in einem Palazzo aus dem 16. Jh. Die gediegen eingerichteten Zimmer und die Sonnenterrasse bieten stimmungsvolle Ausblicke auf Cortona.

Restaurant

Osteria del Teatro, Via Maffei 2, Cortona, Tel. 05 75 53 05 56, www.osteria-del-teatro.it. Das Lokal bietet angenehme Atmosphäre und gute Küche, darunter auch köstliche Desserts (Mi geschl.).

Café

Pasticceria Banchelli, Via Nazionale 64, Cortona, Tel. 05 75 60 10 52, www.banchelli.com. Himmlisches toskanisches Gebäck, üppige Kuchen und sensationelles Eis (Mo geschl.).

52 Montepulciano

Vino Nobile und Architekturjuwelen der Spätrenaissance.

Montepulciano (14 000 Einw.) erhebt sich im Schutz mittelalterlicher Mauern auf dem von den Römern benannten *Mons Politianus* (605 m) zwischen *Val di Chiana* und *Val d'Orcia*, das 2004 in die UNESCO Welterbeliste aufgenommen wurde. An den umliegenden Hängen gedeihen die roten Prugnolo-Trauben, aus denen der berühmte *Vino Nobile di Montepulciano* gekeltert wird. Der als *Castrum Politianum* 715 erstmals urkundlich erwähnte Ort wurde seit dem 12. Jh. immer wieder von Siena und Florenz attackiert. Im 16. Jh. sicherten sich die Florentiner die Herrschaft und befriedeten die Stadt, welche noch heute von den damals errichteten Bauten im Stil der Spätrenaissance geprägt wird.

Als Mittelpunkt urbanen Lebens präsentiert sich die hübsche *Piazza Grande* mit dem **Duomo Santa Maria Assunta** (1594–1680), dessen Fassade unvollendet blieb. Der *Campanile* (15. Jh.) stammt noch vom Vorgängerbau. Das strenge *Innere* birgt ein Meisterwerk der Sieneser Schule, *Taddeo di Bartolos* Triptychon ›Mariä Himmelfahrt‹ (1401) am Hochaltar. Interessant ist auch *Michelozzos* Grabmal für Erzbischof Bartolomeo Aragazzi, dessen Bestandteile, Sarkophag und Reliefs, heute über die Kirche verteilt sind.

Der elegante, burgartige **Palazzo Comunale** (14./15. Jh.) an der Westseite des Platzes kulminiert in einem kräftigen *Turm* (Mo–Fr 9.30–12 Uhr), der herrliche Ausblicke auf Stadt und Weinberge gewährt. Das architektonische Konzept für das Rathaus folgt dem Vorbild des Palazzo Vecchio in Florenz.

Mit Blick auf den Dom erhebt sich der **Palazzo Nobili-Tarugi**, ein prachtvoller Renaissancepalast, dessen Fassadengliederung durch kolossale Säulen, durch Pilaster und Balustraden bereits auf den Barock vorausweist. Ein hübsches Wahrzeichen der Stadt steht gleich links der Hauptfassade, der **Löwen- und Greifenbrunnen** (1520), dessen heraldisches Getier possierlich auf einem von zwei Säulen getragenen Architravbalken über dem Brunnen hockt.

Keinesfalls versäumen sollte man einen Abstecher zur Kirche **San Biagio** (1518–45) rund 2 km südwestlich von Montepulciano. Die Kirche aus sandfarbenem Travertin erhebt sich über dem Grundriss eines griechischen Kreuzes. In der Mitte über dem mehrfach gestuften Baukörper schwingt sich eine elegante Kuppel auf. Dieses *Antonio da Sangallo d.Ä.* zugeschriebene Meisterwerk gilt als Paradebeispiel des sakralen Zentralbaus der Renaissance. Die flankierenden *Glockentürme* wurden im 16. Jh. begonnen, doch nur der östliche ist vollendet und mit der kanonischen Säulenordnung (dorisch, ionisch, korinthisch) geschmückt. Auch das *Innere* atmet klassische Strenge und entspricht dem puristischen Formideal der Spätrenaissance.

i Praktische Hinweise

Information

Pro Loco, Via di Gracciano nel Corso 59 a, Montepulciano, Tel./Fax 05 78 75 73 41, www.prolocomontepulciano.it

Einkaufen

Wein gibt es z. B. in der Enoteca (Via di Voltaia nel Corso 82), im Palazzo Contucci (Piazza Grande) oder bei den Winzern (Verzeichnis im Palazzo Comunale).

Hotel

Il Marzocco, Piazza Savonarola 18, Montepulciano, Tel. 05 78 75 72 62, www.albergoilmarzocco.it. Ein Hotel zum Wohlfühlen in historischen Mauern (16. Jh.).

Restaurants

Borgobuio, Via Borgo Buio 10, Montepulciano, Tel. 05 78 71 74 97, www.borgobuio.it. Lokal in einem alten Weinkeller mit bäuerlicher Gourmetküche (Mo geschl.).

La Grotta, Locanda San Biagio, Montepulciano, Tel. 05 78 75 76 07. Exzellente toskanischer Küche mit schönem Blick auf San Biagio (Mi geschl.).

Montepulciano gab dem süffigen Rotwein den Namen, der an seinen Hängen angebaut wird

Das Herz von Pienza schlägt an der Piazza Pio II zwischen Palazzo Piccolomini und Cattedrale

53 Pienza

Rossellino setzte die Ideen der Renaissance und Papst Pius' II. um.

Auf einer Anhöhe liegt das beschauliche Pienza (2000 Einw.). *Papst Pius II.* aus der Familie Piccolomini beauftragte 1459 *Bernardo Rossellino* (1409–1482), einen Schüler Albertis, seinen Geburtsort mit Papstpalast, Kathedrale und Residenzen für Kardinäle und Bischöfe zu schmücken. Nachdem 1459–62 mehr als 30 herrliche Renaissancebauten entstanden waren, taufte der Papst das Dorf Corsignano um. Fortan hieß es Pienza, Stadt des Pius.

Die zentrale *Piazza Pio II* beherrscht Rossellinos **Cattedrale Santa Maria Assunta** (1459–62). Das kolossale Triumphbogenmotiv der Fassade spiegelt sich im Inneren der dreischiffigen Hallenkirche wider. Unter den zahlreichen Altären ist die Tafel mit ›Mariä Himmelfahrt‹ von *Il Vecchietta* links neben dem Chor hervorzuheben.

Die Westseite der Piazza nimmt der Bischofspalast **Palazzo Vescovile** (15. Jh.) ein, in dem sich heute das **Museo Diocesano** (Tel. 0578749905, März–Okt. Mi–Mo 10–13 und 15–19, sonst Sa/So 10–13 und 15–18 Uhr) befindet. Neben einem seidenen, golddurchwirkten Messgewand (14. Jh.) von Papst Pius II. zeigt die Sammlung einige erlesene Tafelbilder der Sieneser Schule aus dem 14./15. Jh.

Gegenüber vom Dom steht der **Palazzo Comunale** (14. Jh.), die grazile Fassade mit Arkadengang und Biforienfenstern wird von einem zinnenbekränzten Turm (17. Jh.) überragt. Die Ostseite der Piazza dominiert der **Palazzo Piccolomini** (Tel. 0578748503, Mi–So 10–12.30 und 15–18 Uhr), ein Werk Rossellinos, das von Albertis Palazzo Rucellai in Florenz inspiriert ist. Die majestätische *Fassade* aus Sandstein und Travertin wird horizontal durch Gesimse und vertikal durch Pilaster gegliedert. Elegant geben sich der quadratische Innenhof und die Gartenfassade mit ihren drei Loggiengeschossen. Von den zum Park gelegenene Räumen hatte der Papst einen schönen Ausblick über die grünen Hügel des Val d'Orcia. Die Wohnräume und Säle des Palazzos, heute als *Museum* zugänglich, dokumentieren die Lebenswelt des Papstes und seiner Familie, die noch bis Mitte des 20. Jh. hier residierte.

Praktische Hinweise

Information

APT, Corso Rossellino 59, Pienza, Tel. 0578749905, Fax 0578749071, www.pienza.info

Die Piazza Garibaldi von Massa Marittima lebt vom Zauber des Duomo San Cerbone

54 Massa Marittima

Mittelalterliches Städtchen am Rande der Maremma.

Massa Marittima (8900 Einw.) liegt nicht wie der Name vermuten lässt am Meer, sondern auf einem der sanften Hügel 20 km landeinwärts am Rande der Maremma. Das sumpfige Küstenland zwischen Follónica im Norden und Monte Argentario im Süden wurde erst 1930 komplett trockengelegt. Heute gedeihen hier Gerste, Mais, Wein und Obst. Außerdem spielt Rinderzucht eine große Rolle.

Massa Marittima profitierte von den reichen Eisenerz- und Silbervorkommen der nahen *Colline Metallifere*, die schon den Etruskern bekannt waren, sowie von seiner Rolle als Bischofssitz seit dem 9. Jh. Um 1300 lebten etwa genausoviele Leute in Massa Marittima wie heute. Doch die Malaria raffte immer wieder große Teile der Bevölkerung dahin, bis man im 18. Jh. begann, die Sümpfe zu entwässern.

Dank seiner eher abgeschiedenen Lage blieb das mittelalterliche Stadtbild von Massa Marittima bewahrt. Im Herzen der *Città Vecchia* liegt die stimmungsvolle **Piazza Garibaldi**, die in einer breiten Treppenanlage gipfelt. Hier lagert, überragt von einem gewaltigen *Campanile*, der anmutige **Duomo San Cerbone** (13. Jh.), der romanische und gotische Stilelemente aufs harmonischste vereint. *Giovanni Pisano* schmückte die *Fassade* mit hohen Blendarkaden, auf den Säulenkapitellen posieren brüllende Löwen. Das Säulen- und Tiermotiv setzt sich bis in den zierlich rhythmisierten Giebel fort. Die Reliefs über dem *Hauptportal* schildern die Vita des hl. Cerbone. Im dreischiffigen *Inneren* fallen die stark stilisierten, byzantinisch beeinflussten *Reliefs* (10. Jh.) an der Westwand auf, ferner das prächtige *Taufbecken* im rechten Seitenschiff, das *Giroldo da Como* 1267 mit Szenen aus dem Leben des hl. Johannes dekorierte.

Rechts neben dem Dom präsentiert der *Palazzo del Podestà* (1225–30) seine feinsinnige Fassade mit schlanken Biforienfenstern und zahlreichen Wappen. Das hier ansässige **Museo Archeologico** (Tel. 0566902289, www.coopcollinemetallifere.it, April–Okt. Di–So 10–12.30 und 15.30–19, Nov.–März Di–So 10–12.30 und 15–17 Uhr) versammelt Funde aus etruskischer und römischer Zeit, darunter schöne Vasen und Bronzearbeiten sowie die rätselhafte *Stele aus Vado all'Arancio*, welche eine gespensterhaft abstrahierte Menschengestalt zeigt

TOP TIPP 2005 wurde das **Museo di Arte Sacra** (Corso Diaz 36, Tel. 0566901954, www.coopcollinemetallifere.it, April–Okt. Di–So 10–13 und 15–18, Nov.–März

Di–So 11–13 und 15–17 Uhr) im einstigen Kloster *San Pietro in Orto* eröffnet. Das sakrale Bauensemble in der *Città Nuova* nordöstlich der Piazza Garibaldi umfasst auch Kirche und Kloster *Sant'Agostino* (1299–1313). Zu den Exponaten des Museums gehören sakrale Bauplastik, Gemälde und Glasmalereien. Als Glanzstück gilt die ›Maestà‹ von *Ambrogio Lorenzetti*, ein kostbares goldgrundiges Tafelbild, das wohl 1330 für San Pietro entstand und hier 1866 zufällig wieder entdeckt wurde. Ambrogios Komposition begeistert durch die würdig thronenende Muttergottes mit Kind, das üppige Ambiente und die erlesenen Requisiten. Doch der besondere Charme des Gemäldes entfaltet sich im Begleitpersonal. Belustigend wirkt der heftige Aktionismus der Allegorien von Glaube (mit Spiegel), Liebe (mit Herz und Armorpfeil) und Hoffnung (mit Turm), rührend wiederum die emsige Hingabe der den Thron umringenden Engelsschar.

Spannend ist auch das **Museo della Miniera** (Via Corridoni, Tel. 05 66 90 22 89, www.coopcollinemetallifere.it, April–Okt. Führungen tgl. 10, 11, 12, 12.45, 15.30, 16.30, 17, 17.45, sonst tgl. 10, 11, 12, 12.45, 15,16, 16.30 Uhr) unweit der Piazza Garibaldi, das einen alten, 700 m langen Stollen zugänglich macht. Erhellende Einsichten gewährt das **Museo Arte e Storia delle Miniere** (Piazza Matteotti, Tel. 05 66 90 22 89, www.coopcollinemetallifere.it, April–Okt. Di–So 15–17.30 Uhr) im *Palazzo delle Armi* nördlich vom Dom. Es dokumentiert die bis in die Antike zurückreichende Geschichte des Bergbaus um Massa.

Gegenüber erheben sich die bullige **Torre del Candeliere** (April–Okt. Di–So 10–13 und 15–18, Nov.–März Di–So 11–13 und 14.30–16.30 Uhr) von 1228 und Reste der mächtigen **Fortezza dei Senesi**, der 1335 ausgebauten Festung. Vom Turm genießt man einen herrlichen Rundblick.

i Praktische Hinweise

Information

APT, Via Todini 3–5, Massa Marittima, Tel. 05 66 90 47 56, Fax 05 66 94 00 95, www.lamaremmafabene.i

Hotel

*****Duca del Mare**, Piazza Dante Alighieri 1/2, Massa Marittima, Tel. 05 66 90 22 84, www.ducadelmare.it. Nettes Hotel mit schönem Garten, Pool und Ausblick.

Restaurant

Taverna del Vecchio Borgo, Via Norma Parenti 12, Massa Marittima, Tel 05 66 90 39 50. Regionaltypische Küche.

Innige Hingabe – Ambrogio Lorenzettis ›Maestà‹ im Museo di Arte Sacra (Detail)

Umbrien und Marken – Trüffelgenüsse und Pilgerstätten

Umbrien, das traditionelle Bauernland im Herzen Italiens lockt mit kulinarischen Genüssen rund um Wein, Olivenöl und Trüffel sowie mit Baudenkmälern und Kunstschätzen von Weltrang. Auf kühnen Berghöhen thronen mittelalterliche Städte mit stolzen Domen, die überquellen von Bildgeschichten in Mosaiken, Reliefs und Wandmalereien: Orvieto, Todi, Spoleto und **Perugia**, die pittoreske Hauptstadt der Region und frühe Wirkungsstätte *Raffaels*. Unvergleichliches sieht man in **Assisi**, der Wiege des Franziskanerordens, wo Pilger und Kunstfreunde vor *Giottos* ergreifenden Fresken staunen.

Östlicher Nachbar Umbriens ist die Provinz **Marken**, die inmitten grüner Hügel zwischen Apennin und Adriaküste mit Juwelen der Kunst aufwartet: allen voran **Urbino**, einst Zentrum des Humanismus, ferner der Wallfahrtsort **Loreto** mit dem Geburtshaus Mariens und das elegante **Ascoli Piceno** mit dem größten Mittelalterspektakel der Region.

55 Orvieto

Goldgelber Tuffstein, goldgelber Wein und großartige Kunst.

Orvieto (21000 Einw.) liegt malerisch auf einem gelben Tuffsteinplateau, und auch die Bauten der Altstadt sind aus demselben goldenen Stein gemacht, eine Kulisse voller Wärme und Gemütlichkeit. Auf dem Spaziergang durch die autofreien mittelalterlichen Gassen und über die ehrwürdigen Plätze gibt es viel Schönes und Spannendes zu entdecken. Immer wieder öffnen sich weite Panoramablicke auf die Weinberge und Olivenhaine der Umgebung, zugleich offeriert die einstige Etruskersiedlung aber auch tiefe Einblicke in ihre von Brunnen und Grotten durchlöcherte ›Unterwelt‹. Orvietos Hauptattraktion ist jedoch der goldfunkelnde, mosaik- und reliefverzierte Dom, in dessen Inneren die surreal wirkenden Fresken Luca Signorellis das

Weithin sichtbar auf einem mächtigen Tufffelsen thront die Goldene Stadt Orvieto ▷

›Jüngste Gericht‹ heraufbeschwören. Beruhigend weltliche Akzente setzen dagegen Mode- und Porzellangeschäfte sowie die Cafés und Restaurants, in denen man nach eifriger Kulturtour den goldenen Orvieto-Wein und die gute umbrische Küche genießen kann.

Geschichte Das schon seit dem 2. Jahrtausend v. Chr. besiedelte *Volsinii* war die Hauptsiedlung der *Etrusker*. 264 v. Chr., nach zäher 12-monatiger Belagerung, fiel die stolze Stadt auf dem Tuffkegel dann in die Hände der Römer. Zu großer Blüte gelangte Orvieto wieder im Verlaufe des Mittelalters als präferierte *Residenz der Päpste*. Zu jener Zeit wurden die Kirchenväter in Rom nur widerwillig vom dortigen Adel geduldet. Doch auch in Orvieto kam es zu Unruhen. Im 13. Jh. tobten hier blutige *Geschlechterkriege*, an der Spitze standen mächtige Familien wie die *Filippeschi* und *Monaldeschi*. Die Greueltaten fanden sogar Eingang in Dantes ›Göttliche Komödie‹. Doch dann kehrte Ruhe in Orvieto ein und die Stadt fristete ein eher provinzielles Dasein. Erst im 20. Jh., mit der Wiederentdeckung der Goldenen Stadt durch den Tourismus, begann der neuerliche Aufschwung.

Besichtigung Es empfiehlt sich, das Auto am Bahnhof in der Unterstadt zu parken, und von dort mit der Kabinenbahn *Funicolare* in die Oberstadt zu fahren.

Über den **Corso Cavour**, der die Altstadt von Ost nach West durchzieht und von zahlreichen Geschäften und Bars gesäumt wird, gelangt man ins Herz Orvietos, wo Linkerhand die Via del Duomo abzweigt. Der **Duomo Santa Maria Assunta** (Tel. 07 63 34 24 77, www.opsm.it, April–Sept. tgl. 7.30–12.45 und 14.30–19.15, März/Okt. bis 18.15, Nov.–Febr. bis 17.15 Uhr) wurde ab 1290 errichtet, um die Reliquie des *Wunders von Bolsena* aufzunehmen: 1263 soll bei einem Abendmahl Blut aus der Hostie auf das fortan *Corporale* genannte Messtuch getropft sein. *Papst Urban IV.*, der damals in Orvieto residierte, veranlasste daraufhin nicht nur den Bau des Doms, sondern führte auch 1264 das *Fronleichnamfest* (Corpus Christi) ein.

Sein gotisches Erscheinungsbild erhielt der romanisch begonnene Dom erst durch *Lorenzo Maitani* aus Siena, der 1305 die Bauleitung übernahm. Die nach Sieneser Vorbild entworfene *Fassade*, die erst 1600 fertiggestellt wurde begeistert durch die himmelstürmende Eleganz ih-

Als überdimensionales Reliquiar präsentiert sich Orvietos Duomo Santa Maria Assunta

rer Strebepfeiler, Wimperge und Fialen. Farbenprächtige *Mosaike* auf Goldgrund verherrlichen das Marienleben, welches in der Himmelfahrt gipfelt. Um die zentrale *Fensterrose* öffnen sich Nischen mit paarweise angeordneten Heiligenskulpturen und in der reich dekorierten *Sockelzone* zwischen den drei Portalen entfalten *Marmorreliefs* (1310–30) die ganze biblische Bilderwelt. Von links nach rechts sind die Schöpfungsgeschichte, die Vita Moses, das Leben Christi und Mariens sowie das Jüngste Gericht mit Paradies und Hölle dargestellt.

Das dreischiffige *Innere* mit der auffälligen schwarz-weißen Bänderung und der offenen Sparrendecke ist der Romanik verpflichtet, Chor und Fenster setzen gotische Glanzlichter. Links vom Chor öffnet sich die große *Cappella del Corporale* mit dem *Reliquiar des Corporale* (1337–39), einer feinziselierten Goldschmiedearbeit von *Ugolino da Vieri*. Leuchtende Farbakzente steuert hier *Lippo Memmis* charmantes Tafelbild der ›Schutzmantelmadonna‹ (1320) bei.

Unbestrittener Höhepunkt des Doms aber ist die *Cappella di San Brizio* (Tel. 0763342477, www.opsm.it, So 14.30–17.45, außerdem April–Sept. Mo–Sa 10–12.45 und 14.30–19.15, März, Okt. bis 18.15, Nov.–Febr. bis 17.15 Uhr) gleich gegenüber. Den ersten Auftrag zu ihrer Ausmalung hatte *Beato Angelico* erhalten und 1447 mit der Decke begonnen, doch da wurde er von Papst Nikolaus V. nach Rom gerufen. Was *Luca Signorelli* Jahrzehnte später hier schuf, geriet ihm zu einem Meilenstein der Kunstgeschichte, denn das ›Giudizio Universale‹ (1499–1502), das Jüngste Gericht, war noch nie in solcher Ausführlichkeit und dramatischen Verdichtung dargestellt worden. Stilistisch stehen die Fresken an der Schwelle zur Hochrenaissance, tatsächlich antizipieren die Aktfiguren schon die kraftstrotzenden Heldengestalten Michelangelos. Der Zyklus beginnt an der linken Wand mit *›Die Taten des Antichrist‹*, wo der Betrüger in Christusgestalt Schätze hortet, während um ihn die Menschen in Gewalt versinken. Vorne links hat Signorelli sich und Beato Angelico als Zuschauer porträtiert. Beim *›Weltende‹* an der Eingangswand schleudern Teufel vor gefährlich verfärbtem Himmel Feuergarben auf die hilflose Bevölkerung. Auf der rechten Seite inszeniert Signorelli *›Die Auferstehung des*

Fleisches‹ und *›Die Verdammten‹* als vielfigurige Aktszenen von großer Überzeugungskraft. Die Körper der Auferstandenen winden sich zwischen Leichen und Skeletten in eine surreale Einöde empor, während nebenan die Verdammten von Teufeln gewaltsam niedergerungen und gequält werden. Optische Entspannung und Erlösung bringen *›Die Auserwählten‹*, eine Versammlung antikisch schöner Figuren, die verzückt zu den musizierenden himmlischen Heerscharen emporblicken. An der Altarwand schließlich erscheint das *›Inferno‹* und im Gewölbe darüber das *›Paradies‹*.

Weitere Glanzpunkte der Sakralkunst zeigt das **Museo dell'Opera del Duomo** (Tel. 0763343592, www.opsm.it, April–Sept. tgl. 9.30–19, März, Okt. Mi–Mo 9.30–13 und 15–18, Nov.–Febr. Mi–Mo 9.30–13 und 15–17 Uhr) im wuchtigen *Palazzo Soliano* rechts vom Dom. Unter den Exponaten des 13.–17. Jh. finden sich sehenswerte Arbeiten von Simone Martini, Andrea Pisano, Arnolfo di Cambio und noch einmal Luca Signorelli.

In die Antike entführt das **Museo Archeologico Claudio Faina** (Tel. 0763341511, www.museofaina.it, April–Sept. Di–So 9.30–18, März, Okt. 9.30–17 Uhr) vis-à-vis der Domopera. Die qualitätvolle Sammlung der Adelsfamilie Faina umfasst neben etruskischen Reliefs, Bronzen und Sarkophagen auch schöne griechische Vasen und eine Münzkollektion.

Nördlich vom Corso Cavour liegt die *Piazza del Popolo* mit dem kompakten burgartigen **Palazzo del Popolo** (12. Jh.). Eine mehrläufige Treppe führt hinauf zum Eingang, die Fassade wird von Triforienfenstern, einem Glockenturm und dem regionaltypischen Schachbrettmuster aus Tuffstein geprägt.

Der Corso Cavour endet schließlich am einstigen römischen Forum, der heutigen **Piazza della Repubblica**, die vom bombastischen zwölfeckigen Campanile der Kirche *Sant'Andrea* überragt wird. Weiter westlich erstrecken sich die entzückenden mittelalterlichen Gassen und Häuser des *Quartiere Vecchio*. Auf der linken Seite der Via della Cava graben sich die Tuffsteinhöhlen des **Pozzo della Cava** (Via della Cava 28, Tel. 0763342373, www.pozzodellacava.it, Di–So 9–20 Uhr) bis zu 34 m in die Tiefe. Der Komplex, dessen Zentrum ein im Auftrag *Papst Klemens VII.* im 16. Jh. angelegter 25 m tiefer Brunnen bildet, umfasst ferner Reste einer etruskischen Grabstelle und einer Zisterne, eines mittelalterlichen Weinkellers und einer alten Töpferei.

Durch die *Porta Maggiore* im Westen und über die SS71 gelangt man zu den

Teuflisches Kaleidoskop: Signorellis ›Verdammte‹ in der Briziokapelle des Doms

Perfekter Zentralbau: Santa Maria della Consolazione im Südwesten von Todi ▷

Necropoli del Crocifisso del Tufo (Tel. 07 63 34 36 11, April–Sept. tgl. 8.30–19, Okt.–März tgl. 8.30–17 Uhr) unterhalb der Steilhänge von Orvieto. Die etruskische Begräbnisstätte bestand seit dem 6. Jh. v. Chr. und wurde bis zur Eroberung der Stadt durch die Römer genutzt. Heute können etwa 70 Grabkammern besichtigt werden.

Bevor man von der östlichen *Piazzale Cahen* wieder per Funicolare in die moderne Stadt hinunterschwebt, sollte man noch einen Blick in den **Pozzo di San Patrizio** (April–Sept. tgl. 10–18.45, Okt.–März tgl. 10–17.45 Uhr) werfen. Der zylindrische Brunnen wurde 1527 auf Befehl Papst Klemens VII. 62 m tief in den weichen Tuff gebohrt, damit man im Falle einer Belagerung die Stadt mit Trinkwasser versorgen konnte. Die beiden seitlich vom Schacht hinabführenden Wendeltreppen öffnen sich in 70 Rundbogenfenstern und treffen sich auf dem Brunnengrund.

i Praktische Hinweise

Information

IAT, Piazza del Duomo 24, Orvieto, Tel. 07 63 34 17 72, Fax 07 63 34 44 33, www.orvietoonline.it

Hotels

*****Albergo Filippeschi**, Via Filippeschi 19, Orvieto, Tel. 07 63 34 32 75, www.albergofilippeschi.it. Hotel mit hübschem Ambiente im Herzen der Altstadt.

*****Hotel Duomo**, Vicolo di Maurizio 7, Orvieto, Tel. 07 63 34 18 87, www.orvietohotelduomo.com. 18 elegant eingerichtete Zimmer unweit des Doms.

Restaurants

De Moro, Via San Leonardo 7, Orvieto, Tel. 07 63 34 27 63. Hervorragende regionale Speisen in einem malerischen alten Palazzo (Fr geschl.).

I Sette Consoli, Piazza Sant'Angelo 1a, Orvieto, Tel. 07 63 34 39 11. Ambitionierte umbrische Küche in gemütlichem Restaurant (Mi geschl.).

Café

Pasqualetti, Piazza del Duomo 14, Tel. 07 63 34 10 34, Corso Cavour 56, Orvieto, Tel. 07 63 34 23 42. Köstliches Eis in knusprigen Waffeltüten.

56 Todi

Bezaubernde Stadt des Franziskanermönchs Jacopone da Todi.

Todi (17 000 Einw.) ist eine liebenswerte Stadt, die sich harmonisch in die hügelige Landschaft einfügt. Seit dem Mittelalter bildet die Piazza del Popolo, gerahmt von ehrwürdigen Palazzi und dem kantigen Dom, das quirlige Zentrum urbanen Lebens.

Geschichte Todi wurde von den *Etruskern* unter dem Namen *Tular* in strategisch günstiger Lage auf einem Hügel oberhalb des Tiber an der Grenze zum Siedlungsgebiet der Umbrer gegründet. Um 340 v. Chr. nahmen die *Römer* den Ort ein. Im Mittelalter entwickelte sich die unabhängige Guelfenstadt zu einem Zentrum der **Franziskaner**. Dem nach seiner Heimatstadt geheißenen Mönch *Jacopone da Todi* (um 1230–1306), der als einer der ersten vornehmlich in italienischer

bzw. umbrischer Volkssprache dichtete, wurde früher auch der lateinische Hymnus ›Stabat Mater‹ zugeschrieben, doch hat man diese Zuweisung inzwischen revidiert. Schon im 14. Jh. verfiel Todi in einen Dornröschenschlaf, aus dem es erst mit zunehmendem Tourismus im 20. Jh. wieder erwachte.

Besichtigung Das Herz des überschaubaren Städtchens schlägt an der **Piazza del Popolo**. An ihrer Schmalseite führt eine Freitreppe hinauf zum **Duomo Santa Maria Assunta** (12./13. Jh.), dessen von einer großen Fensterrose dominierten Marmorfassade unvollendet blieb. Durch das *Hauptportal* mit einer Madonna (14. Jh.) aus der Schule Giovanni Pisanos gelangt man ins dreischiffige Innere. Blickfang an der Eingangswand ist das große ›Jüngste Gericht‹ (1596) von *Ferraù da Faenza*, das dem Vorbild Michelangelos verpflichtet ist.

Drei Kommunalpaläste zieren die harmonische Platzanlage und bezeugen das Selbstbewusstsein der mittelalterlichen Stadtrepublik. Der **Palazzo del Capitano** (13. Jh.) besticht durch die gotischen Triforienfenster im Piano Nobile. Eines der ältesten Rathäuser Italiens ist der benachbarte romanisch-blockhafte **Palazzo del Popolo** (1213) mit seinen säulengeschmückten Rundbogenfenstern. Vis-à-vis vom Dom erhebt sich der **Palazzo dei Priori** (Ende 13. Jh.), der einstige Regierungssitz, überragt vom imposanten Guelfenturm.

Von hier geht es gen Süden zur nahen Piazza Jacopone und weiter zur *Piazza Umberto I* mit der großen Franziskanerkirche **San Fortunato** (1292–1460), die Stilmerkmale von Gotik und Renaissance vereint. Im dreischiffigen Inneren verdienen das Fresko ›Madonna mit Kind und zwei Engeln‹ (1432) von *Masolino da Panicale* in der 4. Seitenkapelle rechts und die Grabstätte Jacopone da Todis in der Krypta Beachtung.

Etwa 1 km außerhalb von Todi Richtung Orvieto steht die berühmte Renaissancekirche **Santa Maria della Consolazione** (1508–1609). Es war vermutlich *Bramante*, der die Entwürfe zeichnete, am Bau selbst waren bedeutende Architekten wie *Antonio da Sangallo d. J.* und *Vignola* beteiligt. Der elegant-kompakte Zentralbau erhebt sich über quadratischem Grundriss, an den sich vier Apsiden kleeblattförmig anschmiegen. Über dem bewegten bauchigen Profil thront eine schlanke Kuppel. Das Innere wirkt im Vergleich zum Außenbau eher schlicht und kahl.

i Praktische Hinweise

Information

IAT, Piazza Umberto I 6, Todi,
Tel. 07 58 94 33 95, Fax 07 58 94 24 06,
www.todionline.it

Restaurant

Antica Hosteria della Valle, Via Ciuffelli 19, Todi, Tel. 07 58 94 48 48. Rustikales Ambiente und feine umbrische Küche nahe San Fortunato (Mo geschl.).

57 Spoleto

Typisch umbrisch – sanfte Harmonie im Schatten einer Festung.

Spoleto (38 000 Einw.) schmiegt sich an die Flanken eines grünen Hügels. Obendrauf thront eine für die päpstlichen Statthalter errichtete Burg. Pittoreske Straßen, schattige Plätze, der Dom, romanische Kirchen und Trüffeltrattorien verheißen einen angenehmen Aufenthalt. Das renommierte Musik- und Theaterevent **Festival dei Due Mondi** (www.spoletofestival.it) lockt seit 1958 im Juni/Juli Gäste aus aller Welt nach Spoleto.

Geschichte 241 v. Chr. bauten die Römer die umbrische Siedlung *Spoletium* zur Kolonie und Festung aus. Selbst *Hannibal* belagerte die Stadt 217 v. Chr. vergeblich. Im 6.–8. Jh. erlangte Spoleto unter den *Langobarden* als Hauptstadt eines unabhängigen Herzogtums große Bedeutung. Nachdem *Friedrich Barbaros-*

Die Fassade des Duomo Santa Maria Assunta von Spoleto zählt zu den schönsten Umbriens

sa Spoleto 1155 zerstört hatte, unterstellte sich die Stadt 1198 dem Papst, dessen umbrische Besitztümer in den folgenden Jahrhunderten von der *Rocca Albornoz* in Spoleto aus regiert wurden.

Besichtigung Zunächst sollte man seine Schritte von der *Piazza della Libertà*, wo sich Reste des einst 3000 Zuschauer fassenden *Teatro Romano* (1. Jh. n. Chr.) befinden, bergan durch die verwinkelte Oberstadt zum **Duomo Santa Maria Assunta** (1155–98) lenken. Seine Tafelfassade zieren acht herrliche Fensterrosen, ein Mosaik mit ›Christus als Weltenherrscher‹ (1207) und der elegante Renaissanceportikus von 1491. Links reckt sich der mächtige, aus antiken Quadern errichtete *Campanile* (12. Jh.) empor. Das *Innere* des Doms wurde im 17. Jh. barockisiert. Gleich in der ersten Kapelle links ist ein wertvolles Frühwerk der italienischen Malerei zu bestaunen, das *Triumphkreuz* (1187) von *Albertus Sotius*. In der Chorapsis schildern die letzten Fresken (1467–69) von *Filippo Lippi* Szenen aus dem Leben der Muttergottes. Vollendet wurden die Wandmalereien von seinen Schülern, Lippi fand seine letzte Ruhestätte im rechten Querschiff. Sein *Grabmal* stiftete Lorenzo de'Medici, die Entwürfe stammen vom Sohn *Filippino Lippi*. In einem Medaillon stellt er seinen Vater als Mönch dar, obwohl dieser keinem Orden mehr angehörte.

Von der Piazza del Duomo führt die Via Saffi zur Piazza Campello. Oberhalb ragt die wuchtige **Rocca Albornoz** (Piazza Campello, Tel. 07 43 22 30 55, Mitte Juni–Mitte Sept. tgl. 10–20, Nov.–Mitte März Mo–Fr 14.30–17, Sa/So 10–17, sonst Mo–Fr 10–12 und 15–19, Sa/So 10–19 Uhr) auf. *Gattapone* aus Gubbio errichtete die von sechs Türmen bekrönte Festung 1367 im Auftrag des kriegerischen *Kardinals Gil Alvarez de Albornoz*. Sie war jahrhundertelang Sitz der päpstlichen Statthalter. Im Inneren dokumentiert das *Museo Nazionale del Ducato* die Geschichte des Herzogtums Spoleto bis ins 16. Jh.

An der Piazza Campello beginnt ein Rundweg, über den man an der Rückseite der Rocca zum viel bewunderten **Ponte delle Torri** (13. Jh.) gelangt. Der von Gattapone entworfene 80 m hohe und 230 m lange Äquadukt überspannt mit zehn Bögen die Tessino-Schlucht.

Praktische Hinweise

Information

IAT, Piazza della Libertà 7, Spoleto, Tel. 07 43 23 89 11, Fax 07 43 23 89 41, www.spoletopermusei.it

Ungewöhnlich wie der Heilige, der hier ruht – Oberkirche der Basilica di San Francesco ▷

Hotel

******Gattapone**, Via del Ponte 6, Spoleto, Tel. 07 43 22 12 21, Fax 07 43 22 16 00. Wunderbar gemütliches Hotel mit grandiosen Ausblicken auf den Ponte delle Torri.

Restaurant

Enoteca Provinciale, Via Saffi 7, Spoleto, Tel. 07 43 22 04 84. Beste Küche und Weine der Region in rustikalem Ambiente (Di geschl.).

58 Assisi

Der hl. Franziskus, sein Bettelorden und zwei Kirchen zu seinen Ehren voller prächtiger Bildgeschichten.

Assisi (26 000 Einw.) ist durch den Franziskanerorden aller Welt ein Begriff. Spektakulär ragt die Basilica di San Francesco über gewaltigen Stützmauern empor und dominiert das kleine Städtchen, welches sich die Hänge des *Monte Subasio* hinaufzieht. Dieser Anblick hat sich seit dem Mittelalter kaum verändert. Keine Stadt ist bis heute so klerikal geprägt wie Assisi, großartige Architektur und zahllose Meisterwerke der Kunst vereinigen sich zu einem einzigen Lobgesang auf die beiden Heiligen und Ordensgründer Franziskus und Klara. Wer Assisi besucht, befindet sich stets in großer Gesellschaft, nur im Winter ebbt der Strom der Pilger und Touristen etwas ab.

Zu Ehren des hl. Franziskus malte Giotto die Oberkirche der Basilika von Assisi aus

Geschichte Das römische *Asisium* war aus einer umbrischen Siedlung hervorgegangen und erlebte ab 89 v. Chr. seine erste Blüte. Der aus jener Zeit stammende *Minervatempel* gehört zu den besterhaltenen römischen Zeugnissen in Umbrien. Der erste *Bischof Rufinus* soll die Bewohnern Assisis 238 n. Chr. zum Christentum bekehrt haben, später ernannte man ihn zum Stadtpatron. Im 11. Jh. gelang der Aufstieg Assisis zur *freien Kommune*. Die Ghibellinenstadt lag im ständigen Streit mit dem guelfischen Perugia.

In diesen unruhigen Zeiten wurden hier der **hl. Franziskus** (1182–1226) und die **hl. Klara** (1193–1253) geboren. 1208 hielt Franziskus seine erste Predigt in Assisi, schon 1209 wurde die kleine franziskanische Gemeinschaft, die sich der Armut sowie dem Dienst an Notleidenden und Kranken verschrieben hatte, von *Papst*

Innozenz III. anerkannt. 1223 stellte Franziskus die bis heute gültige *Ordensregel* auf. Klara hatte sich ihm 1212 angeschlossen, und gemeinsam riefen sie den *Orden der Klarissen* ins Leben. Beide wurden bereits zwei Jahre nach ihrem Ableben heiliggesprochen. Im 16. Jh. wurde das bis dahin immer wieder schwer umkämpfte Assisi durch *Papst Pius II.* dem Kirchenstaat einverleibt. Eine neue Blütezeit begann mit dem 700. Todestag des hl. Franziskus 1926, damals wurde er zum *Schutzpatron Italiens* ernannt und Assisi avancierte zum **Pilgerziel** ersten Ranges. Seit 2000 gehören die Basilica und alle anderen Ordensstätten zum *UNESCO Weltkulturerbe*.

TOP TIPP ***Besichtigung*** Im Westen der Stadt erhebt sich die **Basilica di San Francesco** (Tel. 075 81 90 01, www.sanfrancescoassisi.org, Unterkirche: April–Okt. Mo–Sa 6–18.45, So 6–19.15, Nov.–März Mo–Sa 6–17.45, So 6–19.15 Uhr; Oberkirche: April–Okt. tgl. 8.30–18.45, Nov.–März Mo–Sa 8.30–17.45, So 8.30–18.45 Uhr). Den Grundstein für die Kirche legte *Papst Gregor IX.* im Jahr der Heiligsprechung des Franziskus 1228. Zunächst wurde über der Krypta mit dem *Grab des Heiligen* die romanische Unterkirche errichtet. Diese war den Pilgern und der Anbetung der Reliquien vorbehalten. Für Messen entstand die 1253 geweihte Oberkirche im Stil der französischen Hochgotik. Beide Kirchenräume sind komplett mit Freskenzyklen ausgemalt. Das Erdbeben vom 26. September 1997 beschädigte die Oberkirche so schwer, dass Giottos und Cimabues Wandmalereien in langwieriger Puzzlearbeit wieder zusammengesetzt werden mussten, doch die Restaurierung ist heute längst abgeschlossen.

Die **Unterkirche** betritt man seitlich durch ein großes gotisches *Doppelportal* (13. Jh.) mit Vorhalle. Das niedrige, düstere, mystisch wirkende *Langhaus* wurde um 1260 vom *Franziskusmeister* ausgemalt: Auf der linken Wand ist das Leben des hl. Franziskus – am schönsten die ›Vogelpredigt‹ – dargestellt. Szenen der Passion Christi schmücken die rechte Wand. Typologische und ikonographische Entsprechungen in den beiden Bilderzählungen weisen darauf hin, dass Franziskus als Nachfolger Christi propagiert wird. Die Fresken in der *Vierung* (um 1315–20) über dem gotischen Hauptaltar zeigen Allegorien der Armut, der Keuschheit, des Gehorsams – gewissermaßen

Jesu ›Einzug in Jerusalem‹ schildert Pietro Lorenzetti in der Unterkirche von San Francesco

die Eckpfeiler der Ordensregel sowie den ›Triumph des hl. Franziskus‹, auch hier erscheint der Heilige thronend – in christusähnlicher Haltung. An der Ostwand des rechten Querschiffs hat *Cimabue* im Fresko ›Maestà mit Engeln und dem hl. Franziskus‹ (um 1280) den Heiligen realitätsnah mit wachen Gesichtszügen und abstehenden Ohren porträtiert. Im linken Querhaus schildert *Pietro Lorenzetti* die Passion Christi (1315–30). Typisch für seine figurenreichen, prächtig ausstaffierten Kompositionen ist die ›Kreuzigung‹ an der Ostwand, auf der erstmals auch die beiden Schächer abgebildet sind.

Die eher schlichte Fassade der **Oberkirche** wird von einer kunstvollen Fensterrose über dem Doppelportal dominiert, doch das ist nichts im Vergleich zur überwältigenden Pracht des *Inneren*. Durch bunte Maßwerkfenster, die deutsche und französische Glasmaler ausführten, fällt Licht in die hohe, luftige Saalkirche und auf ihre farbenfrohen Wandmalereien. *Giotto di Bondones* (um 1267–1337) berühmter *Franziskuszyklus* (1296–1304) mit 28 Episoden aus dem Leben des Heiligen füllt die unteren Wandzonen. Die Bilderzählung beginnt vorne rechts mit der ›Huldigung auf der Piazza‹ und verläuft im Uhrzeigersinn bis zur ›Befreiung des Petrus von Alife‹ vorne links. Giotto wird aufgrund dieses frühen Meisterwerks als der große Wegbereiter der italienischen Malerei gefeiert, denn er löste hier erstmals Figuren und Bildsprache aus dem starren Korsett des toskanisch-byzantinischen Stils. Die Personen agieren nun in einem wirklichkeitsnahen Bildraum und wirken erstmals als lebendige, beseelte Akteure in einer durchpsychologisierten Handlung. Giottos Lebensbericht des Franziskus wird überfangen von Szenen aus dem Alten Testament (rechts) und Neuen Testament (links) in der Fensterzone. Diese Fresken stammen vermutlich aus dem Umkreis Cimabues. Der Florentiner *Cimabue* (um 1240–um 1302), der Lehrmeister Giottos, schuf die leider schlecht erhaltenen Fresken in der *Chorapsis*. Besonders eindrucksvoll ist die dramatisch inszenierte ›Kreuzigung‹.

Durch den benachbarten Kreuzgang *Chiostro Maggiore* geht es zum **Museo del Tesoro e Collezione F. M. Perkins** (Tel. 075 81 90 01, April–Okt. tgl. 9.30–17 Uhr, sonst auf Anfrage) im einstigen Refektorium. Zur Ausstellung gehören der Kirchenschatz mit Kruzifixen, Reliquiaren und liturgischen Gewändern. Die Sammlung Perkins umfasst sehenswerte Tafelbilder des 14.–16. Jh.

Die Via San Francesco führt vorbei am **Oratorio dei Pellegrini** (Tel. 075 81 22 67, Mo–Sa 10–12 und 16–18 Uhr) mit üppigem Freskenschmuck des 15. Jh. von Matteo da Gualdo u. a. ins Herz der Altstadt und zur **Piazza del Comune**, die über den Resten des römischen Forums angelegt wurde. An der Nordseite erhebt sich die Kirche **Santa Maria sopra Minerva**. Sie entstand ab 1539 durch Umbau des *Tempio di Minerva*, eines korinthischen Podiumstempels aus dem 1. Jh. v. Chr. Nebenan ragt der mächtige **Palazzo del Capitano del Popolo** (1212–1305) auf, seine bullige *Torre del Popolo* wirft scharfe Schatten auf den **Palazzo dei Priori** (1337) gegenüber. Die Fassade der Priorenresidenz verrät, dass sie aus vier älteren Bauten zusammengesetzt wurde.

Über den Corso Mazzini gen Südwesten erreicht man **Santa Chiara** (1257–65), die Grabeskirche der hl. Klara, die zwei Jahre nach ihrer Heiligsprechung begonnen wurde und auf einer Panoramaterrasse über der Landschaft thront. *Filippo da Campello* strukturierte den Außenbau mittels rosafarbenem und weißem Stein vom Monte Subiaso – gebändert bzw. im Schachbrettmuster. Bemerkenswert sind auch die ausladenden Strebepfeiler und die Ähnlichkeit des Baus mit der Oberkirche von San Francesco. Das einschiffige Innere birgt *Fresken* des 14. Jh., die von Giotto inspiriert sind und Szenen aus dem Leben der hl. Chiara darstellen. Das Grabmal der Heiligen befindet sich in der Krypta. Als wertvollstes Ausstattungsstück hängt rechts in der *Cappella del Crocefisso*, das ›Sprechende Kreuz‹ (12. Jh.) von San Damiano. 1206 soll das bemalte Triumphkreuz Franziskus zum Wiederaufbau dieser südlich der Stadt gelegenen Kirche aufgefordert haben. Die Cappella del Crocefisso selbst stammt noch vom Vorgängerbau der Santa Chiara. In dieser Chiesa San Giorgio war Franziskus 1228 heiliggesprochen worden und hier war er auch bis zu seiner Überführung nach San Francesco begraben.

Von der Piazza del Comune führt die Via San Rufino mit ihren vielen Geschäften gen Nordwesten zum **Duomo San Rufino** (1134–1228). Die romanische *Fassade* präsentiert sich mit einer filigranen Fensterrose und dem reizenden, reliefgeschmückten *Portal*. Das Innere der Basilika wurde 1571 im Stil der Renaissance erneuert. Im Taufbecken rechts vom Eingang wurden der hl. Franziskus, die hl. Klara und vermutlich Friedrich II. getauft.

Über die Via Porta Perlici und Via della Rocca kann man zur Festung **Rocca Maggiore** im Norden aufsteigen und den herrlichen Blick über Assisi und das Valle Umbra genießen. Die heute größtenteils verfallene Anlage wurde unter Friedrich Barbarossa (um 1122–1190) errichtet, Friedrich II. (1194–1250) verbrachte hier seine ersten Lebensjahre. Die Bürger Assisis stürmten die Burg 1198, die zerstörte Festung wurde erst 1367 unter Kardinal Albornoz wiederaufgebaut.

i Praktische Hinweise

Information

IAT, Palazzo San Nicola, Piazza del Comune 10, Assisi, Tel. 075 81 25 34, Fax 075 81 37 27, www.assisionline.it

Blickfang der weiten Piazza del Comune in Assisi ist der korinthische Tempio di Minerva

Elegantes Perugia – Pizza IV Novembre mit Fontana Maggiore und Palazzo dei Priori ▷

Hotels

******Subasio**, Via Frate Elia 2, Assisi, Tel. 075 8122 06, Fax 075 816691, www.hotelsubasio.com. Vornehmes, komfortables Hotel in Nähe der Basilica di San Francesco.

****Berti**, Piazza San Pietro 24, Assisi, Tel. 075 8134 66, Fax 075 816870, www.hotelberti.it. Freundliche Zimmer und nettes Restaurant in der Altstadt.

****San Rufino**, Via Porta Perlici 7, Assisi, Tel. 075 812803, Fax 075 812803, www.hotelsanrufino.it. Einfache Unterkunft in einem mittelalterlichen Haus nicht weit von der Piazza del Comune.

Restaurants

Da Erminio, Via Montecavallo 19, Assisi, Tel. 075 8125 06, www.trattoriadaerminio.it. Traditionelles umbrisches Restaurant mit Grillfleisch vom offenen Kamin. Empfehelnswert ist auch Pasta, z.B. *Strangozzi al Tartuffo* (Do geschl.).

La Fortezza, Vicolo della Fortezza 2 b, Piazza del Comune, Assisi, Tel. 075 8124 18, www.lafortezzahotel.com. Rustikales Lokal mit kreativer regionaler Küche, u.a. Wildtauben im Tontopf, Steinpilze und frische Nudeln (Sa/So geschl).

59 Perugia

Die stolze Stadt beherrscht das Tal des Tiber.

Perugia, die hübsche umbrische Hauptstadt (157000 Einw.), erhebt sich auf zwei steilen Tuffkegeln am rechten Tiberufer. Das Zentrum im Schutz gut erhaltener mittelalterlicher Befestigungsmauern hat sich seit dem 14. Jh. kaum verändert. Doch aufgrund der 1926 gegründeten *Università Italiana per Stranieri*, an der Studenten aus aller Welt Italienisch lernen, hat Perugia eine lebendige, multikulturelle Musik-, Kunst- und Kneipenszene.

Geschichte Dank seiner Befestigung zählte das alte *Perusia* zu den mächtigen Etruskerstädten, geriet aber trotzdem 310 v. Chr. unter die Herrschaft Roms. Die Blütezeit der Stadt begann im 11. Jh. Sie wurde guelfische Stadtrepublik und fungierte mit ihrem 1327 errichteten Mauerring auch als Zufluchtsort der Päpste. Im 15. Jh. jedoch wurde Perugia zusehends von Parteikämpfen zerrissen und fiel schließlich in die Hände von Tyrannen wie Condottiere Braccio di Fortebraccio und die Familie Baglioni, die sich zugleich als Kunstmäzene hervortaten. Um 1500 wirkten in Perugia gleich drei berühmte Maler: *Perugino*, *Pinturicchio* und *Raffael*. 1503 bemächtigte sich Cesare Borgia der Stadt und 1555 wurde sie dem Kirchenstaat einverleibt. Papst Paul III. ließ die gewaltige Zwingburg Rocca Paolina errichten, deren Reste heute fast völlig unter dem Grün der *Giardini Carducci* verschwunden sind.

Besichtigung Es empfiehlt sich, das Auto in der Unterstadt auf einem der Parkplätze (Piazza Partigiani, Viale Pompeo Pellini) abzustellen, da die meisten Bereiche der Oberstadt für den Autoverkehr gesperrt sind. Per Rolltreppen geht es dann hinauf in die Altstadt.

Die **Piazza IV Novembre** im Herzen Perugias drückt Macht und Selbstbewusstsein der freien Stadtrepublik aus. Glanzstück des Platzes ist die **Fontana**

Maggiore (1275–78), der erste öffentliche Brunnen Europas seit der Antike und ein Meisterwerk der Profanskulptur. *Nicola* und *Giovanni Pisano* verzierten den dreischaligen Brunnen mit Reliefs und Skulpturen, darunter schöne Monatsdarstellungen mit den entsprechenden Arbeiten und Sternzeichen, Personifikationen der Sieben Freien Künste, Szenen aus dem Alten Testament sowie die Wappen Perugias (Greif) und der Guelfen (Löwe).

Hinter dem Brunnen gewahrt man die raue, unvollendete Fassade des **Duomo San Lorenzo** (1345–1490). Auf der Freitreppe vor dem Seitenportal thront die *Bronzestatue Papst Julius' III.* (1555, Vincenzo Danti). Das Denkmal entstand zum Dank dafür, dass Julius die Wiedereinsetzung der Prioren in Perugia erwirkt hatte. Von der Außenkanzel (1568) rechts neben dem Portal soll San Bernardino gepredigt haben. Das *Innere* offenbart sich als Hallenkirche mit drei gleichhohen Schiffen, ein für Italien seltener Bautyp. Rechts in der *Cappella di San Bernardino* hängt eine ›Kreuzabnahme‹ (1567) von *Federico Barocci*, ein Meisterwerk des Manierismus voll heftigem Pathos und phosphoreszierender Farbigkeit. Linkerhand, in der *Cappella del Sant'Anello*, wird der Ehering Mariens aufbewahrt.

Das **Museo Capitolare della Cattedrale di San Lorenzo** (Tel. 07 55 72 48 53, Di–So 10–13 und 14.30–17 Uhr) im Kreuzgang zeigt Sakralobjekte und Kunst des 15.–19. Jh., darunter die ›Pala Sant'Onofrio‹ (1484) von *Luca Signorelli*, eine geradezu surreal anmutende Darstellung der thronenden Maria mit Kind, Heiligen und musizierendem Engel.

Zurück auf der Domtreppe erblickt man jenseits der Fontana Maggiore die edel dekorierte Fassade des **Palazzo dei Priori** (1292–1443), Sitz der aus zehn Prioren bestehenden Stadtregierung. Das *Piano Nobile* besticht mit eleganten Triforienfenstern. Eine mehrläufige *Freitreppe* führt zum gotischen Portal hinauf, über das die bronzenen Wappentiere (1274, Kopien) Greif und Löwe wachen. Von hier gelangt man in die mit biblischen und allegorischen Fresken ausgemalte *Sala dei Notari* (1293–97; Di–So 9–13 und 15–19 Uhr). Ursprünglich war sie Versamm-

Einst versammelten sich in der Sala dei Notari des Palazzo dei Priori die Bürger von Perugia

lungsort der Bürgerschaft, ab 1582 Amtsraum der Zunft der Notare.

Vom **Corso Vannucci**, der beliebten Flaniermeile Perugias, gelangt man in andere Bereiche des Palazzo dei Priori. Die dortige Fassade schmückt ein schönes gotisches Portal (14. Jh.) mit Skulpturen der Stadtpatrone San Ercolano und San Ludovico di Tolosa. Im **Nobile Collegio della Mercanzia** (Tel. 0755730366, März–Okt., 20. Dez.–6. Jan. Di–Sa 9–13 und 14.30–17.30, So 9–13, Nov.–19. Dez., 7. Jan.–Febr. Di, Do/Fr 8–14, Mi, Sa 8–16.30, So 9–13 Uhr), ab 1390 Sitzungssaal der Kaufleute, gibt es die wertvolle Holzvertäfelung des 15. Jh. mit Intarsien und Schnitzereien zu bewundern. Auch das **Nobile Collegio del Cambio** (Tel. 0755728599, Mo–Sa 9–12.30 und 14.30–17.30, So 9–13 Uhr), Sitz der mächtigen Zunft der Geldwechsler, ist berühmt für seine Ausstattung. Die *Sala dell'Udienza* gilt als einer der schönsten Profanräume der italienischen Renaissance, ihr opulenter *Freskenzyklus* (1496–1500) illustriert humanistisches Gedankengut: Die personifizierten Tugenden Weisheit und Gerechtigkeit, Stärke und Besonnenheit wachen jeweils über eine Versammlung antiker Denker und Helden, in einem dritten Bildfeld blickt Gottvater vom Himmel auf Sybillen und Propheten herab. Abgerundet wird das Bildprogramm durch Szenen aus dem Leben Christi und das Selbstporträt des Malers, *Pietro Vannucci*, genannt *Perugino* (1445–1523), der sich hier gar als ›Egregius Pictor‹ (hervorragender Maler) tituliert. Tatsächlich galt Perugino zu dieser Zeit als bester Maler Italiens. Weltruhm trug ihm aber erst seine Rolle als Lehrer *Raffaels* (1483–1520) ein.

TOP TIPP Ein weiteres großes Glanzlicht des Palazzo dei Priori ist die **Galleria Nazionale dell'Umbria** (Tel. 0755721009, www.gallerianazionaleumbria.it, Di–So 8.30–19.30 Uhr), die in 40 schön restaurierten Sälen rund 3000 Werke der italienischen Kunst des 13.–19. Jh. präsentiert, der Schwerpunkt liegt auf der umbrischen Schule. Arbeiten von bedeuten den Meistern wie Arnolfo di Cambio, Nicola und Giovanni Pisano – mit Originalskulpturen von der Fontana Maggiore –, Duccio di Buoninsegna, Gentile da Fabriano, Beato Angelico, Benozzo Gozzoli, Piero della Francesca, Agostino di Duccio und Pinturicchio sowie eine umfangreiche Werkgruppe von *Perugino*, an der man auch gut jenen Stil und Duktus studieren kann, den Raffael sich bei der Ausbildung seiner eigenen Bildsprache zum Vorbild nahm.

Auf dem Rundgang gelangt man auch in die *Cappella dei Priori* (15. Jh.). Sie wurde 1454 von *Benedetto Bonfigli* mit einem Freskenzyklus zur Vita der Stadtheiligen

San Ercolano und San Ludovico di Tolosa ausgemalt. Perugino steuerte den Marienaltar ›Pala dei Decemviri‹ (1495, heute Vatikanische Museen, Rom) bei, von dem eine kleine Tafel mit dem ›Schmerzensmann‹ (Cristo in Pietà) zu sehen ist.

Die malerische *Via dei Priori* führt gen Westen zum **Oratorio di San Bernardino** (1461), das nach der Heiligsprechung des Franziskaners *Bernardino da Siena* (1380–1444) errichtet wurde. Der Renaissancebildhauer *Agostino di Duccio* konzipierte die skulpturengeschmückte Fassade in Form antiker Triumphbögen. Die *Reliefs* schildern Leben und Wundertaten des San Bernardino.

Vom Zentrum gen Osten erreicht man über die Piazza Danti und Piazza Piccinino die Kirche **San Severo**. 1505 begann *Raffael* mit der Ausmalung des Chors. Er schuf eine ›Trinità‹, die auf Wolken thronende Dreieinigkeit in Begleitung von zwei tänzerisch bewegten Engeln. Noch vor der Fertigstellung des Freskos ging Raffael nach Florenz, der Komposition gab erst sein greiser Lehrer Perugino 1520 den letzten Schliff.

Folgt man vom Palazzo dei Priori dem Corso Vannucci nach Süden, gelangt man alsbald zu den **Giardini Carducci**. Vom *Belvedere* am Rand der Gärten bietet sich ein fantastischer Fernblick über das Valle del Tevere (Tibertal). Von der nahen *Piazza Italia* führen Rolltreppen in Perugias Unterwelt. Die 1540 von *Antonio da Sangallo* für Papst Paul III. errichtete Zwingburg **Rocca Paolina** (Tel. 07 55 72 84 40, tgl. 8–19 Uhr) wurde 1860 geschleift, aber in ihren erhaltenen Substruktionen tut sich ein unterirdisches Labyrinth mit Überresten der mittelalterlichen Palazzi, Geschlechtertürme und Kirchen des Stadtviertels auf, das dem Bau der Festung einst weichen musste. Einer der Ausgänge liegt bei der **Porta Marzia**, einem etruskischen Stadttor, das später mit römischen Skulpturen versehen wurde.

Über den *Corso Cavour* geht es anschließend in die südliche Unterstadt zur riesigen Bettelordenskirche **San Domenico**. Die erste Hallenkirche war 1305 eingestürzt, 1614 übernahm *Carlo Maderno* die barocke Neugestaltung. Der lichte Innenraum wird von einem 21 m hohen *Chorfenster* (15. Jh.) dominiert, auf dem 24 Heilige dargestellt sind. An Größe wird es in Italien nur von den Fenstern des Mailänder Doms übertroffen. In der rechts angrenzenden Kapelle sieht man das Wandgrab für *Papst Benedikt XI.*, der 1304 in Perugia starb.

Im Kreuzgang des Dominikanerklosters befindet sich heute das **Museo Archeologico Nazionale dell'Umbria** (Tel. 07 55 72 71 41, www.archeopg.arti.benicuturali.it, Mo 10–19.30, Di–So 8.30–19 Uhr). Sehenswert sind neben der Münzsammlung vor allem die etruskischen und römischen Sarkophage der 1983 in Perugia entdeckten *Tomba dei Cai Cutu* und der *Cippo di Perugia*, ein Grenzstein mit der drittlängsten etruskischen Inschrift.

Hinter der mittelalterlichen *Porta San Pietro* im Süden, die 1475 von *Agostino di*

Große Meisterwerke umbrischer Kunst versammelt die Galleria Nazionale dell'Umbria

Duccio im Stil eines Triumphbogens umgestaltet wurde, erheben sich Kloster und Basilika **San Pietro**. Die ursprünglich im 10. Jh. errichtete Kirche wurde bis ins 16. Jh. mehrfach verändert. Im düsteren *Inneren* gewahrt man elf großformatige Gemälde (16. Jh.) mit Szenen aus dem Alte und Neuen Testament. Sie stammen von dem griechischen Maler *Antonio Vassilacchi*, genannt *Aliense* (1556–1629), einem Schüler Veroneses, dessen Werk deutlich von Tintoretto beeinflusst ist.

i Praktische Hinweise

Information

IAT, Loggia dei Lanari, Piazza Matteotti 18, Perugia, Tel. 07 55 73 64 58, Fax 07 55 73 93 86, http://turismo.comune.perugia.it

Flughafen

Aeroporto Internazionale dell'Umbria, Sant'Egidio, 12 km westlich von Perugia, Tel. 075 59 21 41, Fax 07 56 92 95 62, www.airport.umbria.it

Bahnhöfe

Perugia Fontivegge, Piazza Vittorio Veneto, Perugia, Tel. 07 55 00 61 86. Hauptbahnhof.

Perugia Santa Anna, Piazzale Bellucci 8, Perugia, Tel. 075 57 54 01, www.fcu.it. Regionalverkehr.

Die traditionsreiche Pasticceria Sandri in Perugia genießt Denkmalschutz

Öffentliche Verkehrsmittel

APM, Via Santa Lucia 4, Perugia, Tel. 07 55 06 78 1, www.apmperuggia.it

Hotels

******Giò**, Via Ruggero d'Andreotto 19, Perugia, Tel. 07 55 73 11 00, www.hotelgio.it. Das moderne Hotel widmet seine Zimmer entweder einem Wein oder einem Jazzmusiker. Ausgezeichnetes Restaurant *Arte e Vini*.

******Locanda della Posta**, Corso Vannucci 97, Perugia, Tel. 07 55 72 89 25, www.umbriahotels.com. Schon Goethe wusste 1786 die Annehmlichkeiten des eleganten Hauses zu schätzen.

*****Fortuna**, Via Bonazzi 19, Perugia, Tel. 07 55 72 28 45, www.umbriahotels.com. Zentral gelegenes freundliches Hotel mit herrlicher Dachterrasse.

Restaurants

Dal Mi' Cocco, Corso Garibaldi 12, Perugia, Tel. 07 55 73 25 11. Echt perusinisches Restaurant mit allerlei umbrischen Gerichten und guten Weinen (Mo geschl.).

Osteria del Ghiottone, Via C. Caporali 12, Tel. 07 55 72 77 88. Die traditionsbewusste Küche setzt auf Nudeln und Olivenöl aus eigener Produktion (Di geschl.).

Café

Pasticceria Sandri, Corso Vannucci 32, Perugia, Tel. 07 55 72 41 12. Gediegenes Café, das seit 1860 Torten, Schokolade und Pralinen fabriziert. Außerdem werden mittags kleine warme Speisen serviert.

Abbild des Mittelalters – der Palazzo Ducale, einst Residenz der Montefeltro, beherrscht Urbino

60 Urbino

TOP TIPP *Raffaels Geburtsort war im 15. Jh. das Zentrum des Humanismus.*

Die wohl schönste, auf jeden Fall aber an Attraktionen reichste Stadt der **Marken** ist das auf einem Hügel gelegene Urbino (15 000 Einw.). Weithin sichtbar ragt hier der Palazzo Ducale auf, Amtssitz der Dogen, der mächtigen Herzöge Montefeltro und della Rovere, die Urbino zur Zeit der Renaissance im 15./16. Jh. zu einer großen Blüte führten und Kunst und Kultur förderten. Heute gehört die lebendige Stadt zum *UNESCO Weltkulturerbe*.

Geschichte Schon Umbrer und Etrusker siedelten auf der Bergkuppe, auf der die Römer schließlich die Stadt *Urvinum Metaurense* befestigten. Seit dem 12. Jh. bestimmte die Familie Montefeltro die Geschicke Urbinos. Besonders unter *Federico da Montefeltro* (reg. 1444–82) erlebte das *Herzogtum Urbino* einen enormen wirtschaftlichen und kulturellen Aufschwung. Denn Federico war nicht nur ein erfolgreicher *Condottiere*, er war auch ein Förderer der Kunst und etablierte die zweitgrößte Bibliothek seiner Zeit (nach dem Vatikan). An seinem Hof waren Berühmtheiten wie Bramante, Piero della Francesca und Giovanni Santi, der Vater von *Raffael*, tätig. Letzterer wurde 1483 in Urbino geboren. 1508 fiel das Herzogtum an das Geschlecht della Rovere. Nachdem dessen männliche Linie 1631 ausgestorben war, wurde Urbino dem *Kirchenstaat* einverleibt.

Besichtigung Im Herzen Urbinos liegt die *Piazza Duca Federico* mit dem imposanten **Palazzo Ducale**, der im Auftrag von Federico da Montefeltro 1444–72 errichtet wurde. Hauptverantwortlich für den Renaissancebau war zunächst der dalmatinische Architekt *Luciano Laurana*, ihm folgte der Sienese *Francesco di Giorgio Martini*. Zwei Schauseiten prägen das Antlitz des Palastes: die von zwei minarettartigen Türmen flankierte *Facciata dei Torricini* im Westen sowie die zur Piazza gewandte, vornehm-schlichte *Facciata ad Ali*. Feingliedrige Arkaden und Pilaster zeichnen den *Cortile d'Onore* (Ehrenhof) aus, um den sich die Palastflügel gruppieren. In den repräsentativen Sälen ist heute die **Galleria Nazionale delle Marche** (Tel. 07 22 27 60, www.galleriaborghese.it, Mo 8.30–14, letzter Einlass 13.30, Di–So 8.30–19.15, letzter Einlass 18 Uhr) untergebracht, die hochkarätige Kunstwerke aus dem Besitz Federicos präsentiert. So hängt in den Gemächern der Herzogin *Raffaels* ›Porträt einer jungen Frau‹, besser bekannt als ›La Muta‹ (Die Stumme, 1507/08). Die Sala degli Angeli birgt die ›Kommunion der Apostel‹ (um 1465) des Flamen *Justus van Gent* und in den Audienzräumen warten Highlights

Kreuzfahrtschiffe und Kutter legen gleichermaßen im Hafen von Ancona an, einem der beliebtesten des Mittelmeers ▷

von *Piero della Francesca,* die rätselhafte ›Geißelung Christi‹ (1460) und die fremdartige ›Madonna di Senigallia‹ (1474). Begeisterungswürdig sind auch die Holzintarsien im *Studiolo,* dem Studierzimmer Federico da Montefeltros. Die Trompe-l'oeil-Panele gewähren Einblick in Regale und Schränke voller Bücher, Noten, Musikinstrumente, Waffen, Uhren und astronomischer Geräte.

Neben dem Palast erhebt sich der **Duomo** (tgl. 7.30–13 und 14–19 Uhr). Seine Ursprünge gehen auf das 6. Jh. zurück,. Nachdem der letzte Nachfolgebau (15./16. Jh.) durch Erdbeben zerstört worden war, entstand die heutige klassizistische Kirche 1789–1604. In der *Cappella del Sacramento* findet sich ein sehenswertes ›Letztes Abendmahl‹ von *Federico Barocci* (um 1535–1620) aus Urbino.

Über die Piazza della Repubblica gelangt man zur **Casa Natale di Raffaello** (Via Raffaello 57, Tel. 07 22 32 01 05, www.accademiaraffaello.it, März–Okt. Mo–Sa 9–13 und 15–19, So 10–13, Nov.–Febr. Mo–Sa 9–14, So 10–13 Uhr). In diesem Haus lebte Raffael (1483–1520) bis zu seinem 14. Lebensjahr, heute birgt es Exponate zum Werk von Giovanni und Raffaello Santi. In Raffaels Zimmer kündet ein inniges Madonnenfresko vom Jugendwerk des weltberühmten Renaissancemalers.

Lohnend ist ein Abstecher in die schmale Via Barocci zu zwei *Oratorien* (März–Okt. 10–12.30 und 15–17.30, So 10–12.30 Uhr, Nov.–Febr. tgl. 10–12.30 Uhr): **San Giuseppe** (16./17. Jh.) betritt man durch einen grottenähnlichen Eingangsraum, den Federico Brandani mit einer grandio-

Zwei liegende Löwen bewachen das Bogenportal des Duomo di San Ciriaco von Ancona

sen Krippenkulisse (1545–50) ausgestaltete. **San Giovanni Battista** (14. Jh) beeindruckt mit spätgotischen *Fresken* (15. Jh.) von *Lorenzo* und *Jacopo Salimbeni*. Die Szenen zur Passion Christi und zur Vita Johannes des Täufers faszinieren durch kostbares Gepräge, edle Gesten, feinzisilierte Gewänder und irisierende Farbigkeit.

i Praktische Hinweise

Information

IAT, Via Puccinotti 35, Urbino,
Tel. 07 22 26 13, Fax 07 22 24 41,
www.urbinoeilmontefeltro.it

Hotel

******Bonconte**, Via delle Mura 28, Urbino, Tel. 07 22 24 63, www.viphotels.it. Angenehmes Hotel nahe der Stadtmauer. Bei gutem Wetter kann man im verwunschenen Garten frühstücken.

Restaurant

Vecchia Urbino, Via dei Vasari 3–5, Urbino, Tel. 07 22 44 47, www.vecchia urbino.it. Restaurant in der Altstadt mit köstlichen Speisen, z. B. *Raviolone al Tartufo*, Ravioli mit Trüffeln (Di geschl.).

61 Ancona

Wirtschaftlich bedeutender Hafen und Hauptstadt der Marken.

Ancona (102 000 Einw.) erstreckt sich auf den Anhöhen von *Monte Astagno* und *Monte Guasco* rund um ein natürliches Hafenbecken. Seit jeher war die Entwicklung der Stadt eng mit Schifffahrt und Handel verknüpft. Heute spielen Container- und Fährhafen mit Verbindungen nach Kroatien, Griechenland und in die Türkei die entscheidende Rolle.

Geschichte Durch die günstige Lage angelockt, gründeten 390 v. Chr. dorische *Griechen* eine Kolonie auf dem Monte Guasco. Im 3. Jh. wurde *Dorica Ancon* (ancon griech. Bogen) von den Römern erobert, die den Hafen befestigten und die Siedlung ausbauten. Im 11. Jh. erlangte Ancona den Status einer *freien Stadtrepublik*, konnte aber nicht mit Venedig konkurrieren und fiel 1532 an den Kirchenstaat. Im Zweiten Weltkrieg wurde die Altstadt 1943/44 bombardiert und zu drei Vierteln zerstört. Schlimme Schäden richtete auch ein Erdbeben 1972 an, sodass von der historischen Bausubstanz Anconas wenig übrig blieb.

Legendäres Pilgerziel Loreto: Piazza della Madonna mit Palazzo Apostolico (li.) und Basilica della Santa Casa (re.) ▷

Besichtigung Schön ist es, zunächst auf den Monte Guasco zu steigen, um von oben auf Stadt und Hafen zu blicken, und zwischen den modernen Zweckbauten historische Monumente zu entdecken. An der nördlichen Mole erkennt man z. B. den zu Ehren Trajans errichteten Triumphbogen **Arco di Traiano** (115 n. Chr.). Auf der Hügelkuppe selbst erhebt sich stolz der **Duomo di San Ciriaco** (Tel. 071526688, tgl. 8–12 und 15–18 Uhr), der im 11./12. Jh. über den Resten eines Aphroditetempels (3. Jh. v. Chr.) und einer Basilika des 6. Jh. erbaut wurde. An der schlichten romanischen *Fassade* besticht das mit Steinmetzarbeiten kunstvoll verzierte *Stufenportal* (13. Jh.) unter einer von Löwen getragenen Vorhalle. Der *Innenraum* über dem Grundriss eines byzantinischen Kreuzes wirkt klar und nüchtern. Imponierend sind die Marmorsäulen im Langhaus mit ihren kraftvollen romanisch-byzantinischen Kapitellen.

Auf dem Weg in die Stadt hinunter gelangt man zum *Palazzo Ferretti* (16. Jh.), in dem das **Museo Archeologico Nazionale delle Marche** (Via Ferretti 1, Tel. 071202602, www.archeomarche.it, Di–So 8.30–19.30 Uhr) hochkarätiger Exponate zur Vor- und Frühgeschichte zeigt, darunter Vasen, Bronzen, Schmuck und Waffen.

Folgt man der Via Pizzecolli parallel zur Hafenpromenade nach Süden, gewahrt man links eine Treppe, die zur Kirche **San Francesco alle Scale** (15. Jh.; tgl. 9–12 und 16–17.30 Uhr) hinaufführt. Die weiße Fassade trägt ein monumentales gotisches *Prunkportal* (1454) mit Reliefs und Skulpturen von *Giorgio Orsini da Sebenico*. Im Inneren fasziniert *Lorenzo Lottos* von dramatischen Gefühlswallungen geprägte ›Assunta‹ (Himmelfahrt Mariens, 1550).

Danach geht es weiter zur **Pinacoteca Comunale Francesco Podesti** (Via Pizzecolli 17, Tel. 0712225041, Di–Fr 9–19, Sa 8.30–18, So 15–19 Uhr), die neben Meisterwerken von Tizian, Carlo Crivelli und Lorenzo Lotto auch moderne Kunst von Bruno Cassinari u.v.m. präsentiert.

In der Via della Loggia blickt das romanische Kirchlein **Santa Maria della Piazza** (11./12. Jh.; Tel. 0712072930, tgl. 9–12 und 16–17.30 Uhr) meerwärts. Die Fassade ist mit Reihen von Blendarkaden dekoriert, das Portal aus dem 13. Jh. weist üppig skulptierte Profile auf. Im Inneren sind Mosaike aus dem 12. Jh. zu bewundern.

Ganz in der Nähe steht der frühere Versammlungsort der Kaufleute, die gotische **Loggia dei Mercanti** (15. Jh.), welche Giorgio Orsini da Sebenico mit Statuen der Tugenden schmückte.

i Praktische Hinweise

Information

IAT, Via Thaon de Revel 4, Ancona, Tel. 0713589 91, Fax 0713589929, www.turismo.marche.it

Flughafen

Aeroporto di Ancona Falconara, 13 km von Ancona, Tel. 07128271, www.ancona-airport.com

Hafen

Dorica Port Services, Molo Santa Maria, Ancona, Tel. 071544285, www.dorica portservices.it

Bahnhof

Stazione FS, Piazza Ugo Bassi, Ancona, Tel. 89 20 21, www.ferroviedellostato.it

Hotels

******Jolly Hotel Ancona**, Rupi di Via XXIX Settembre 14, Ancona, Tel. 071 20 11 71, www.nh-hotels.it. Modernes Hotel mit Hafenblick und Restaurant.

*****Fortuna**, Piazza Rosselli 15, Ancona, Tel. 071 42 66 63, www.hotelfortuna.it. Freundliches Haus mit einfachen, gepflegten Zimmern in verkehrsgünstiger Lage.

Restaurants

La Cantineta, Via Gramsci 1 c, Ancona, Tel. 071 20 11 07. Beliebter Familienbetrieb im Zentrum mit lokalen Spezialitäten wie Stockfisch (Mo geschl.).

Sot' Ajarchi, Via Marconi 93, Ancona, Tel. 071 20 24 41. Maritimes Flair und traditionell zubereiteter fangfrischer Fisch (So geschl.).

62 Loreto

Wichtiger italienischer Marienwallfahrtsort.

Geschützt von festen Mauern mit dicken Rundtürmen (16. Jh.) thront weithin sichtbar der Wallfahrtsort Loreto (11 000 Einw.) auf einem Hügel.

Das Auto parkt man am besten außerhalb des Zentrums an der Via Marconi und spaziert dann zur **Piazza della Madonna**, auf der sich Pilger aus ganz Europa drängen. Ziel ihrer Wallfahrt ist das Santuario della Santa Casa, das *Geburtshaus Mariens*. Es verbirgt sich im Inneren der ab 1468 von Giuliano da Maiano, Bramante und Giuliano da Sangallo errichteten **Basilica della Santa Casa**, deren weiße Marmorfassade Blickfang an der Ostseite der Piazza ist. Durch drei mit biblischen Szenen dekorierte Bronzetore (um 1600) gelangt man in das mit Fresken reich geschmückte *Innere* der dreischiffigen Renaissancekirche. Wie ein massi-

Das Haus der Muttergottes

In Loreto zieht das *Haus der Muttergottes*, die **Santa Casa di Nazareth**, gläubige Pilger aus ganz Europa an. Die **Legende** besagt, dass Engel Marias Geburtshaus 1291 vor dem Zugriff islamischer Herrscher retteten und von Nazareth nach Fiume in Dalmatien trugen. Von der mangelnden Frömmigkeit der dortigen Gläubigen enttäuscht, brachten sie die Santa Casa drei Jahre später in die Marken, wo sie jene in einem Lorbeerbaumwäldchen absetzten. Dieses gab dem heutigen Ort seinen Namen, aus *laurentum* (lat. Lorbeer) wurde **Loreto**. Große **Wallfahrten** finden statt am 25. März (Mariä Verkündigung), 8. September (Mariä Geburt) und 10. Dezember (Überführung der Santa Casa).

ver Reliquienschrein erhebt sich unter der eleganten Vierungskuppel die marmorne Ummantelung der **Casa Santa**, die *Bramante* üppig mit Statuen und Reliefs verzierte. Sie zeigen Szenen aus dem Marienleben und schildern die Überführung des Geburtshauses nach Italien. Durch schmale Bronzetüren betritt man schließlich das **Santuario della Santa Casa** (Tel. 071970104, www.santuarioloreto.it, tgl. 6.15–12.30 und 14.30–19 Uhr), das sich als schlichter rauchgeschwärzter Ziegelbau entpuppt, in dem das Gemurmel der Kirchenbesucher einer stillen Andacht vor dem Altar mit dem Gnadenbild der geschnitzten *Schwarzen Madonna* (Kopie von 1921) weicht.

Sehenswert ist auch das im benachbarten *Palazzo Apostolico* (16. Jh.) untergebrachte **Museo Pinacoteca** (Tel. 071974 7198, April–Okt. Di–So 9–13 und 16–19, Nov.–März Sa/So 10–13 und 15.30–17.30 Uhr) mit Gemälden von Lorenzo Lotto, wertvollen Gobelins und Fayencen.

i Praktische Hinweise

Information

IAT, Via Solari 3, Loreto, Tel. 071 97 02 76, Fax 071 97 00 20, www.turismo.marche.it

Restaurant

Dal Baffo Vecchia Fattoria, Via Manzoni 19, Loreto, Tel. 071 97 89 76. Fernab der Pilgerströme gelegenes Lokal mit hübschem Garten (Mo geschl.).

63 Ascoli Piceno

Stadt des Travertin mit einer überaus eleganten Piazza.

Im Süden der Marken liegt das von mächtigen Bergstöcken umgebene Ascoli Piceno (50 000 Einw.), das durch sein einheitliches Ambiente besticht. Sämtliche Gebäude sowie die Pflasterung der Plätze zeigen sich im schmucken Travertin-Kleid, einem Baumaterial, das in der nahen Umgebung gebrochen wird.

Geschichte Wahrscheinlich siedelten schon die *Picener* im 6 Jahrtausend v. Chr. am Zusammenfluss von Castellano und Tronto. Sicher aber ist, dass die Römer 268 v. Chr. die Herrschaft über *Asculum* übernahmen und die Stadt durch den **Salzhandel** auf der *Via Salaria* reich machten. Auch im Mittelalter und vor allem in der Renaissance blühte die Stadt. Vom 16. Jh. an gehörte Ascoli Piceno zum Kirchenstaat, bis es 1860 zum Königreich Italien kam.

Besichtigung Der absolute Glanzpunkt im historischen Zentrum ist die spiegelblanke **Piazza del Popolo**. Sie wird vom *Palazzo dei Capitani del Popolo* (13. Jh.; tgl. 9–13 und 15–18 Uhr)

TOP TIPP

und seinem hohen Turm beherrscht. Die Fassade der einstigen Herrscherresidenz ergänzte *Cola dell'Amatrice* 1548 durch ein prachtvolles *Portal* mit einer Statue von Papst Paul III. Im Inneren finden regelmäßig kulturelle Veranstaltungen und Kunstausstellungen statt. Nebenan wurde die gotische Kirche **San Francesco** (1238–1371; tgl. 9–12 und 15–19 Uhr) zum Gedenken an den Besuch des hl. Franziskus im Jahr 1215 erbaut. An das hübsche Seitenportal mit einer Statue des Papstes Julius I. im Renaissancestil schließen sich die **Loggia dei Mercanti** (1513) sowie die Kreuzgänge des ehem. Franziskanerklosters (14./16. Jh.) an. Unter den Arkaden wird wochentags Markt abgehalten.

Eine weitere grandiose Renaissancefassade schuf Cola dell'Amatrice 1539 für den im 12. Jh. auf den Fundamenten einer römischen Basilika errichteten **Duomo Sant'Emidio** (Tel. 07 36 25 97 74, tgl. 8–12.30 und 16–19.30 Uhr) an der Piazza dell'Arringo. Die *Cappella del Sacramento* im rechten Seitenschiff bewahrt einen Flügelaltar (1473) von *Carlo Crivelli* mit einer anmutigen ›Madonna mit Kind‹ und einer dramatischen ›Pietà‹.

Prachtvolle Bühne für Small Talk und Kaffeepause: Piazza del Popolo mit Palazzo dei Capitani del Popolo und Duomo Sant'Emidio

Jedes Jahr Anfang August werden die historischen Bauwerke der Altstadt zur Kulisse der **Quintana**, eines Mittelalter-Festivals mit Ritterspielen und farbenprächtigen Umzügen.

Praktische Hinweise

Information

IAT, Piazza Arringo 7, Ascoli Piceno, Tel. 07 36 29 83 34, Fax 07 36 29 82 04, www.comune.ap.it

Hotel

******Palazzo Guiderocchi**, Via Cesare Battisti 3, Ascoli Piceno, Tel. 07 36 24 40 11, www.palazzoguiderocchi.com. Stilvoll eingerichtete Zimmer und Restaurant ›La Rua dei Notari‹ in einem bezaubernden Palazzo im Herzen der Altstadt.

Restaurant

Gallo d'Oro, Via Vittorio Emanuele 54, Ascoli Piceno, Tel. 07 36 25 96 25. Angenehmes Restaurant im Zentrum mit guter lokaler Küche (So geschl.).

Café

Meletti, Piazza del Popolo 20, Ascoli Piceno, Tel. 07 36 25 96 26, www.caffe storicomeletti.it. Das Jugendstil-Café ist seit 1904 ein beliebter Treffpunkt.

Latium – Rom, der Vatikan und alte Etruskerstädte

Die Region Latium erstreckt sich zwischen dem Tyrrhenischen Meer und den Höhen des Apennin, den Weiten der toskanischen Maremma und Kampanien im Süden. Mittendrin liegt die Hauptstadt Latiums und Italiens, **Rom**, mit reichen Architektur- und Kunstschätzen, und der **Vatikanstadt**, dem Zentrum der katholischen Kirche. In der Nähe lockt **Tivoli** mit prächtigen Villen, romantischen Wasserfällen und warmen Schwefelquellen zu einem Ausflug. Einst genossen hier mächtige Kaiser und Kirchenmänner ihre Sommerfrische. Wichtige Zeugnisse der etruskischen Kultur sind in den Nekropolen bei **Cerveteri** und in **Tarquinia** an der Küste zu bewundern. Eine alte Etruskerstadt im Norden Latiums ist das malerische **Viterbo**, das im 13. Jh. zeitweilig als Zufluchtsort der Päpste diente. In den südlichen Höhen Latiums thront auf einem Felshügel bei Cassino das Kloster **Montecassino**, die Keimzelle des Benediktinerordens.

64 Rom

In der Ewigen Stadt begegnen sich stolze Vergangenheit und stilvolles modernes Leben.

Die **Hauptstadt Italiens** ist mit 2,7 Mio. Einwohnern zugleich die größte Stadt des Landes. Im Großraum leben noch einmal knapp 1 Mio. Menschen, von denen die meisten zur Arbeit nach Rom (Roma) pendeln. Mit dem auf römischem Stadtgebiet beheimateten **Vatikanstaat** ist Rom auch das Zentrum der katholischen Welt.

Zwischen antikem Forum Romanum, frühchristlichen Basiliken, Renaissancekirchen, barocken Palazzi und großartigen Museen pulsiert das moderne Leben. Elegante Römerinnen und Römer flanieren über die beliebte Einkaufsmeile *Via del Corso* und durch die edle *Via Condotti* mit den Boutiquen bekannter Modeschöpfer zur *Spanischen Treppe*. Bei einem Espresso in einem der Cafés um die *Piazza Navona* stärkt man sich nach dem Stadtbummel, und abends sind die Restaurants in *Trastevere* gute Treffpunkte, um ins Nachtleben auszuschwärmen.

Geschichte Rom wurde der Legende nach 753 v. Chr. von den Zwillingen **Romulus** und **Remus** gegründet, doch bereits im 10. Jh. v. Chr. siedelten **Latiner** auf dem Palatin und im 8. Jh. v. Chr. **Sabiner** auf dem Esquilin und Quirinal. Später verschmolzen diese mit den **Etruskern**, deren Könige im 6. Jh. v. Chr. die Forumssenke trockenlegen ließen, die sich daraufhin zum zentralen Platz der neuen Stadt entwickelte. Nach der Vertreibung der Etrusker aus Rom entstand 510 v. Chr. die **Römische Republik**. 387/386 v. Chr. befestigte man die rechts vom Tiber auf den sieben Hügeln Kapitol, Palatin, Aventin, Caelius, Esquilin, Viminal und Quirinal gelegene Stadt mit der *Servianischen Mauer* und 312 v. Chr. erfolgte der Bau des ersten Aquädukts sowie der *Via Appia*. Nach Julius Caesars Ermordung 44 v. Chr. begann die Auseinandersetzung um seine Nachfolge, bei der sich Octavius durchsetzte. 27. v. Chr. erhielt er den Ehrennamen Augustus. Am Beginn der römischen **Kaiserzeit** bescherte Augustus (reg. 27 v. Chr.–14 n. Chr.) Rom Frieden und einen Bauboom. Ein **Brand** im Jahr 64 unter Kaiser Nero zerstörte den größten Teil der Stadt. In der Folgezeit entstanden unter den Flaviern zahlreiche Neubauten, darunter die *Kaiserforen* und das *Colosseum*. Als das Römische Imperium unter den Kaisern Trajan und Marc Aurel in der Zeit 98–180 n. Chr. seine größte Ausdehnung erreichte, hatte Rom ca. 2 Mio. Einwohner. Die **Ewige Stadt** verfügte über ein funktionierendes Wasser- und ein gut ausgebautes Straßennetz. Große *Thermen* wie die von Caracalla, erbaut 212–216, waren fester Bestandteil des täglichen Lebens. Doch das Römische Reich hatte seinen Zenit überschritten. Im 3. Jh. wurde die *Aurelianische Stadtmauer* errichtet, weil man Angriffe germanischer Stämme fürchtete. Die neue Befestigung bezog den Pincius im Norden und Teile des Janiculus westlich des Tibers mit ein. Rom verlor 330 seine politische Bedeutung, als Kaiser Konstantin (reg. 306–337) die Residenz nach **Byzanz** (Konstantinopel) verlegte. Sein Nachfolger Theodosius erklärte das **Christentum** 380 zur Staatsreligion, deren Oberhaupt als Nachfolger des Apostels Petrus der Bischof von Rom wurde. Bald darauf zählte man in Rom 25 Pfarr- und 4 Patriarchalkirchen, die direkt dem Papst unter-

◁ *Lebensfreude und antike Monumentalarchitektur im Einklang: Rom mit Colosseum*

Das Forum Romanum, Herz der alten Welt, ist heute ein archäologischer Park ▷

standen. Nach der Teilung in ein Oströmisches und ein Weströmisches Reich, dessen Hauptstadt seit 402 Ravenna war, wurde Rom 410 von den Westgoten und 455 von den Vandalen geplündert. Im Krieg zwischen den **Ostgoten** und dem Oströmischen Reich (536–552) wurden fast alle Wasserleitungen in der Stadt zerstört und die Senatorenschicht ausgelöscht, die das antike Erbe bewahrt hatte. Das städtische Leben lag darnieder, mehr und mehr sicherte das Papsttum die öffentliche Ordnung. Im 8. Jh. baute die Kurie ihren weltlichen Herrschaftsbereich in Mittelitalien weiter aus. Rom, das im Mittelalter nur noch 20 000 Einwohner zählte, gewann als **Hauptstadt des Kirchenstaates** und Wallfahrtsort erneut an Bedeutung. Im Jahr 800 krönte **Papst Leo III.** in der Peterskirche *Karl den Großen* zum Römischen Kaiser. Während die Päpste in Avignon (1309–77) residierten, stürzten die Machtkämpfe römischer Familien die Stadt ins Chaos. Erst nach dem Ende der **Kirchenspaltung** (Schisma) 1417 erlebte die Stadt einen neuen Aufschwung. Unter den Päpsten Sixtus IV. (1471–84), Julius II. (1503–13) und Leo X. (1513–21) entwickelte sich Rom zum bedeutenden Kunstzentrum. Bramante, Michelangelo und Raffael brachten die **Renaissance** zu voller Blüte. Nach den schlimmen Verwüstungen durch die Truppen Karls V. 1527 (Sacco di Roma) entstanden unter den Päpsten der **Gegenreformation** (u.a. Sixtus V., Urban VIII.) neue Kirchen, Paläste, Straßenzüge und Plätze mit ausladenden Brunnenanlagen. Zu den herausragenden Architekten der Barockzeit zählte Gian Lorenzo Bernini (1598–1680).

Vom Ende des 18. Jh. bis Mitte des 19. Jh. gab es mehrere Versuche, den römischen Papst abzusetzen. 1860 erlitt die päpstliche Armee schließlich bei Castelfidardo eine schwere Niederlage. Der Kirchenstaat verlor daraufhin viele Gebiete, hielt jedoch auch nach der Einigung Italiens 1861 an seiner weltlichen Macht fest. Nachdem alle Vermittlungsversuche gescheitert waren, nahm König Vittorio Emanuele II 1870 Rom ein und ernannte es zur **Hauptstadt des Königreichs Italien**. Fortan betrachtete sich der Papst als Gefangener der italienischen Regierung. Mussolini und Papst Pius XI. lösten das Problem 1929 mit den **Lateranverträgen**, durch die der souveräne **Staat der Vatikanstadt** (Stato della Città del Vaticano) geschaffen wurde. Nach Italiens Kapitulation im Zweiten Weltkrieg wurde Rom 1943 von deutschen Truppen besetzt, 1944 von den Alliierten befreit und 1946 schließlich Hauptstadt der neu geschaffenen italienischen Republik sowie der Region Latium.

Besichtigung Die schier unermessliche Fülle an Kultur- und Kunstschätzen, die Rom besitzt, ist weltweit einzigartig. Die Altstadt und der Vatikan zählen zum *UNESCO Weltkulturerbe*. Das Niveau der antiken Stadt lag gut 4 m unter dem der heutigen, und bis heute kommen, wenn etwa für eine neue U-Bahnstation gegraben wird, antike Funde zum Vorschein. Auch bei wiederholten Besuchen wird die Stadt niemals langweilig, dafür sorgen u.a. die etwa 100 großen und kleinen Museen. Am besten bewegt man sich zu Fuß und in öffentlichen Verkehrsmitteln, vorzugsweise der U-Bahn vorwärts, denn Staus sind an der Tagesordnung. In bestimmten Bereichen (ZTL) der historischen Innenstadt gilt ein Fahrverbot für Fahrzeuge ohne spezielle Genehmigung. Hotelanfahrten sind jedoch gestattet.

TOP TIPP Das antike Rom

Das Zentrum des antiken Rom, von dem einst das römische Weltreich regiert wurde, befand sich im Südosten der heutigen Innenstadt. Sein Wahrzeichen ist das **Colosseum** (Colosseo, Tel. 06 39 96 77 00, www.pierreci.it, tgl. 9 Uhr bis 1 Std. vor Sonnenuntergang), das Kaiser Flavius Vespasianus ab 72 n. Chr. für Gladiatorenkämpfe, Tierhetzen und Seeschlachten errichten ließ. Sein Sohn Titus weihte das Bauwerk 80 n. Chr. mit 100 Tage dauernden Spielen ein. Mit Platz für 55 000 Zuschauer war es das größte jemals erbaute Amphitheater. Die drei unteren Stockwerke des viergeschossigen Außenbaus sind durch Bögen sowie (von unten nach oben) dorische, ionische und korinthische Halbsäulen gegliedert. Das vierte, schlichte Geschoss zeigt Löcher und Konsolen, die zur Befestigung von riesigen Sonnensegeln dienten. Im *Inneren* des Bauwerks sind Korridore und Ränge sowie die Käfige und technischen Einrichtungen unterhalb der Arena zu erkennen, da der ursprüngliche Holzboden fehlt. Das Colosseum wurde, wie viele antike Gebäude, im Mittelalter als Steinbruch genutzt. Pius VII. ließ 1805 die Ruinen sichern.

Im Schatten des Colosseums posiert der **Konstantinsbogen** (Arco di Costantino, 315 n. Chr.). Der dreitorige Triumphbogen mit reichem Figurenschmuck wurde zur Erinnerung an den Sieg Kaiser Konstantins über seinen Rivalen Maxentius an der Milvischen Brücke errichtet.

Der Mittelpunkt des religiösen, politischen und wirtschaftlichen Lebens des antiken Rom war das **Forum Romanum** (Foro Romano, Piazza Santa Maria Nuova 53, Eingang: Via di San Gregorio 30, Tel. 06 39 96 77 00, tgl. 9 Uhr bis 1 Std. vor Sonnenuntergang). Ab dem 7. Jh. v. Chr. wurden hier prachtvolle Tempel, Triumphbögen und öffentliche Gebäude errichtet. Quer durch das Areal verlief die *Via Sacra*, Schauplatz religiöser Prozessionen und Siegesparaden. Ab dem 5. Jh. verfielen die Bauten und dienten als Steinbruch. Erst im 19. Jh. begann man auf dem mittlerweile überwachsenen, als Rinderweide genutzten Gelände Ausgrabungen vorzunehmen und die antiken Relikte zu konservieren. Heute präsentiert sich das Forum als riesiger archäologischer Park mit Ruinen aus verschiedenen Epochen des Römischen Reichs.

Vom Colosseum kommend, beginnt man am **Arco di Tito** (81 n. Chr.) mit der

Besichtigung. Kaiser Domitian ließ den gewaltigen Titusbogen wohl zum Gedenken an den Triumph seines Bruders Titus 71 n. Chr. im Judäischen Krieg errichten. Besonders interessant sind die *Reliefs* an den Seiten der Tordurchfahrt, die u.a. den erbeuteten jüdischen Tempelschatz zeigen. Folgt man der alten Via Sacra fällt rechterhand die **Basilica di Massenzio** (Maxentiusbasilika) auf. Mächtige Bögen und drei Gewölbe blieben von dem großen dreischiffigen Hallenbau erhalten, der im 4. Jh. unter den Kaisern Maxentius und Konstantin als Gerichtsaula entstand. Gegenüber sind die Reste der **Casa delle Vestali** (Haus der Vestalinnen) zu sehen, die um ein weites Atrium mit Statuen und Teich angelegt war. Hier lebten die zur Keuschheit verpflichteten Hüterinnen des heiligen Feuers, das nebenan im runden **Tempio di Vesta** (Vestatempel) brannte und als Symbol für den Fortbestand des römischen Reiches galt. Die hoch angesehenen Priesterinnen wurden bereits im Kindesalter ausgewählt und taten gewöhnlich bis zu ihrem 30. Lebensjahr Dienst. Die letzte Vestalin verließ 394 nach Aufhebung der heidnischen Kulte das *Atrium Vestae*.

Weiter westlich ragen die drei korinthischen Marmorsäulen des **Tempio di Castore e Polluce** (Dioskurentempel) empor, die von einem wunderschön verzierten Architrav zusammengehalten werden. Die Dioskuren Castor und Pollux, der Legende nach Zwillingssöhne der Leda und des Zeus, sollen den Römern 499 v. Chr. zum Sieg über die Latiner verholfen haben. Hinter den Resten der unter Julius Caesar erbauten **Basilica Giulia** (1. Jh. v. Chr.), ebenfalls links der Via Sacra, zeugen acht Granitsäulen vom hochverehrten **Tempio di Saturno** (Saturntempel, 3. Jh.), in dem die *Saturnalien* gefeiert wurden – ausgelassene Feste mit Geschenken und gemeinsamem Mahl von Herren und Sklaven. Nebenan sind noch drei Ecksäulen des **Tempio di Vespasiano** (81 n. Chr.) erhalten, den der Senat dem nach seinem Tod 79 n. Chr. wie einen Gott verehrten Kaiser weihte. In besserem Zustand ist der dreitorige, marmorverkleidete **Arco di Settimio Severo** (203 n. Chr.) zu Ehren des Kaisers Septimius Severus (193–211), der die Parther besiegt hatte. Davor steht die **Rostra**, die Rednertribüne, die Caesar hierher verlegen ließ.

Eines der besterhaltenen Monumente der Antike ist die reliefverzierte Trajanssäule

Auf der anderen Straßenseite befindet sich die backsteinerne **Curia**, ein von Augustus erbauter und 283 erneuerter Versammlungsort des Senats. Der Bau blieb als Kirche *Sant'Adriano* (7. Jh.) erhalten, aber im Inneren ist nur der Fußboden original. Gegenüber, an der nordöstlichen Seite des Forumsplatzes, ist die Säulenhalle der **Basilica Aemilia** (179 v. Chr.) an ihrem Grundriss zu erkennen. Das einst vierschiffige Börsen- und Gerichtsgebäude brannte 410 bei der Zerstörung der Stadt durch die Westgoten ab. Auf der anderen Seite der Basilica, am Ausgang zur Via dei Fori Imperiali, erhebt sich der **Tempio di Antonino e Faustina**, den Kaiser Antoninus Pius (138–161) für seine verstorbene Frau errichten ließ. Da der Tempel mit den 17 m hohen Säulen und dem umlaufenden Greifenfries im 11. Jh. zur Kirche *San Lorenzo in Miranda* umgewandelt wurde, ist er in gutem Zustand.

Der *Clivus Palatinus* führt auf den **Palatin** (Piazza Santa Maria Nova 53 und Via di San Gregorio 30, Tel. 06 39 96 77 00, www.pierreci.it, 9 Uhr bis 1 Std. vor Sonnenuntergang), der im 2./1. Jh. v. Chr. zu den bevorzugten Wohngegenden der reichen Römer und Kaiser gehörte. Die Relikte ihrer Villen bzw. Paläste künden von der einstigen Pracht. Im forumsabgewandten Teil sind in der **Casa di Livia**, die zum augusteischen Wohnkomplex gehörte, wunderbare Wandmalereien (30 v. Chr.) mit Szenen aus der griechischen und römischen Mythologie erhalten. Die Rui-

Das Reiterstandbild Marc Aurels beherrscht den von Michelangelo entworfenen Kapitolsplatz

nen der **Domus Flavia** (um 92 n. Chr.) im Zentrum des Hügels stammen vom weitläufigen Kaiserpalast, der unter Domitian erbaut wurde und in dem alle römischen Kaiser residierten. Er war einst mit farbigem Marmor prachtvoll ausgekleidet. Man erkennt Säulenvorhalle, Thronsaal, Peristyl (Zwischenhof) sowie Triclinium (Speisesaal). Nach Osten schließt sich der jüngere Teil der Palastanlage, die **Domus Augustiana**, an, die ebenfalls unter Domitian errichtet, aber unter seinen Nachfolgern mehrfach umgebaut wurde. Hier waren auf zwei Ebenen die Privaträume des Kaisers untergebracht – herrlich mit Marmor und vergoldeten Statuen ausgeschmückt. Der Kaiserpalast wurde bis zum Ende des römischen Weltreiches beibehalten. Von der Domus Augustiana hat man auch einen guten Blick auf die grasbewachsenen Ruinen des **Circus Maximus** in der Senke zwischen Palatin und Aventin. Diese riesige öffentliche Vergnügungsanlage, in der hauptsächlich Wagenrennen veranstaltet wurden, bot nach mehreren Umbauten Platz für rund 385 000 Zuschauer. Noch weiter südlich liegen die imposanten Ruinen der **Caracallathermen**. Die einst prächtige Freizeitanlage, die Kaiser Caracalla 212–216 errichten ließ, umfasste diverse Wasserbecken, aber auch Sportplätze, Bibliotheken, Restaurants und Gärten.

Als das alte Forum Romanum für die Kapitale eines Weltreichs zu klein wurde, entstanden schon zu Caesars Zeiten nach und nach in der Senke zwischen Forum und dem Stadtteil Subura neue, immer prächtigere Foren, die **Kaiserforen** (*Fori Imperiali*). Am bedeutendsten ist das zuletzt angelegte **Foro Traiano** (Trajansforum, Via IV Novembre 94, Tel. 06 69 78 05 32, April–Sept. Di–So 9–18.30, Okt.–März Di–So 9–16.30 Uhr), das Kaiser Trajan nach seinem Sieg über die Daker von dem griechischen Baumeister Apollodoros aus Damaskus 107–113 errichten ließ. Berühmt ist vor allem die gut erhaltene **Trajanssäule**, deren Sockel einst die Asche des Kaisers enthielt. Das figurenreiche Reliefband, das die Säule umwindet, stellt Szenen aus den Feldzügen gegen die Daker (101/102 und 105/106) detailliert und in hoher künstlerischer Qualität dar. Neben dem Trajansforum befindet sich das weitläufige Halbrund der **Mercati di Traiano** (Trajansmärkte). Diverse Läden, Weinstuben und Büros waren hier untergebracht, die antike Marktstraße ist noch gut zu erkennen.

Dem **Kapitol**, der antiken Machtzentrale Roms, nähert man sich am schönsten von Norden über die *Piazza d'Aracoeli*. Die Freitreppe *Cordonata* führt vorbei an den Statuen der Dioskuren Castor und Pollux, den Schutzgöttern des Imperiums, hinauf zum **Kapitolsplatz** (Piazza del Campidoglio). Dessen Pflasterung bildet einen großen Stern, in dessen Mitte sich das bronzene *Reiterstandbild Marc Aurels* (Kopie, Original in den Kapitolinischen Museen) erhebt. Der von Michelangelo entworfene Platz wird auf drei Seiten vom *Senatorenpalast* (1582–1605), vom *Palazzo Nuovo* (Mitte 17. Jh.) und vom *Konservatorenpalast* (1568) gerahmt. In den beiden letztgenannten sind die **Kapitolinischen Museen** (Tel. 06 82 05 91 27, www.museicapitolini.org, Di–So 9–20 Uhr) untergebracht, die Papst Clemens XII. (1730–40) als erste Museen der Welt öffentlich zugänglich machte. Im *Palazzo Nuovo* befindet sich die Antikensammlung mit Büsten, Reliefs und Standbildern, darunter die berühmte ›Kapitolinische Venus‹. Der *Konservatorenpalast*, einst der Sitz des Magistrats, präsentiert Skulpturen, u.a. Berninis Marmorstatue des Papstes Urban VIII., und beherbergt auch das Original des Reiterstandbildes Marc Aurels. Im zweiten Stock breitet die *Pinacoteca* ihre Schätze aus, darunter Meisterwerke von Tizian (›Taufe Christi‹), Veronese (›Raub der Europa‹) und Caravaggio (›Johannes der Täufer‹).

Die Piazza Venezia am Fuße des Kapitols beherrscht der pompöse **Vittoriano** (Tel. 06 69 91 718, Sommer tgl. 9.30–17.30, Winter tgl. 9.30–16.30 Uhr), der 1885–1911 zu Ehren des ersten italienischen Königs Vittorio Emanuele II errichtet wurde. Im Inneren des Monuments informiert das *Museo del Risorgimento* (tgl. 9.30–18 Uhr) über die Einigung Italiens. Von oben bietet sich ein schöner Blick über die belebte Via del Corso bis zur Piazza del Popolo. An die Piazza grenzt auch der weitläufige **Palazzo Doria Pamphilj** aus dem 15. Jh. mit vorgeblendeter Rokokofassade. Der Palast birgt die wunderbare **Galleria Doria Pamphilj** (Eingang Piazza del Collegio Romano 2, Tel. 06 67 97 323, www.doriapamphilj.it, tgl. 10–17 Uhr), die Glanzstücke von Carracci, Tizian und Velazquez zeigt.

Um die Piazza Navona

Zwischen der Via del Corso im Osten und dem Tiber im Westen liegen mehrere sehr schöne Plätze. Zur Zeit der Renaissance und des Barock ließen sich hier viele Adelige und Kardinäle Paläste, Kirchen und Brunnen bauen.

Il Gesù (Piazza del Gesù), die barocke Mutterkirche der Jesuiten in Rom, wurde 1568 nach Plänen von Giacomo da Vignola errichtet. Pilaster und Halbsäulen gliedern die zweigeschossige Fassade von Giacomo della Porta. Eine Idee der Gegenreformation, die Religion anschaulicher zu machen und dem Volk näher zu bringen, spiegelt sich im einschiffigen *Inneren* mit Querschiff und großer Vierungskuppel wider: Es gibt nur einen gemeinsamen Kirchenraum für Priester und Laien. Die hochbarocke Ausgestaltung wurde erst 1683 vollendet. Das dramatische Deckengemälde im Langhaus schuf in illusionistischer Manier Giovanni Battista Baciccia, ebenso die Fresken in Kuppel und Apsis. Der Gründer des Jesuitenordens, Ignatius von Loyola (1491–1556), ruht im linken Querschiff in der *Cappella*

Berühmtheiten en Detail: Kapitolinische Museen mit Kopf und Hand Kaiser Konstantins

Himmlische Lichtblicke eröffnet die als Halbkugel geformte Kuppel des Pantheon

di Sant'Ignazio. Grabmal und Altar schuf Andrea del Pozzo 1696–1700.

Anschließend sollte man einen Abstecher in Richtung Westen zum berühmtesten aller römischen Märkte machen, dem **Campo de'Fiori**, den kleine Straßencafés säumen. Zwischen den bunten Ständen mit Obst, Gemüse und Blumen ragt das 1887 aufgestellte Denkmal für *Giordano Bruno* (1548–1600) empor. Der bedeutende Philosoph wurde hier auf Geheiß der Inquisition verbrannt, weil er die Unendlichkeit des Weltalls postuliert und dem damals herrschenden geozentrischen Weltbild widersprochen hatte.

Weiter geht es zur **Piazza Navona**, deren gedehnte Rechteckform mit abgerundeten Ecken im Norden auf das *Stadion des Domitian* (um 86 n. Chr.) zurückgeht. In der Mitte des trubeligen Platzes sprudeln drei Brunnen, darunter Berninis theatralisch inszenierte **Fontana dei Quattro Fiumi** (1651), eines seiner Hauptwerke. Der Vierströmebrunnen, den ein antiker Obelisk krönt, stellt Flüsse der damals bekannten vier Erdteile dar: Nil, Donau, Rio de la Plata und Ganges. Wie Berninis Brunnen so ist auch die barocke Kirche **Sant'Agnese in Agone** dahinter einem Auftrag von Papst Innozenz X. zu verdanken. Vater und Sohn Rainaldi begannen den Kirchenbau 1652, Borromini führte ihn 1653–57 fort. Die Fassade, die beiden Glockentürme und die Kuppel bilden ein harmonisches Ganzes. Das hochbarocke Innere ist mit Gold und Marmor reich geschmückt.

In Richtung Norden gelangt man zum **Palazzo Altemps** (Piazza Sant'Apollinare 46, Tel. 0639967700, Di–So 9–19.45 Uhr), einem wunderbaren Renaissancepalast (1585) von Martino Longhi d. Ä., der u. a. die qualitätvolle *Antikensammlung Ludovisi* zeigt, ein Teil des Museo Nazionale Romano [s. S. 240].

Von der Piazza Navona spaziert man durch hübsche Altstadtgassen östlich zum **Pantheon** (Piazza della Rotonda, Tel. 0668300230, Mo–Sa 8.30–19.30, So 9–18, Fei 9–13 Uhr). Der einzige vollständig erhaltene Kuppelbau der Antike geht auf einen von *Agrippa*, dem Schwiegersohn des Augustus, gestifteten und 27 v. Chr. geweihten Tempel zurück. Nach einem Brand ließ ihn Hadrian 117–125 wiederaufbauen. Im 7. Jh. wurde der imposante Rundbau mit einer von 16 Granitsäulen getragenen Vorhalle zur Kirche umfunkti-

Ein Glanzstück: die prachtvolle spätbarocke Anlage der Spanischen Treppe

oniert und Santa Maria ad Martyres, heute *Santa Maria Rotonda*, genannt. Das Innere dominiert die hohe, halbkugelförmige *Kuppel*. Einzige Lichtquelle ist die Öffnung (9 m Durchmesser) in der Kuppelmitte. Die perspektivisch gearbeitete und die Wölbung betonende Kassettendecke war früher vergoldet. Original sind noch der Intarsienfußboden, Säulen und Pfeiler sowie Teile der marmornen Wandverkleidung. Neben den Gräbern der italienischen Könige Vittorio Emanuele II und Umberto I fand auch Raffael im Pantheon seine letzte Ruhestätte.

Zwischen Quirinal und Monte Pincio

Keinesfalls versäumen darf man die **Fontana di Trevi**, denn wer eine Münze in den seit Fellinis Film ›La Dolce Vita‹ (1960) bekanntesten Brunnen der Stadt wirft, kehrt garantiert nach Rom zurück. 1732–51 wurde er von Nicola Salvi angelegt und u.a. von Pietro Bracci (1762) mit Skulpturen geschmückt. Im Zentrum dieses barocken Wassertheaters steht der Meeresgott Neptun auf einem von Seepferden und Tritonen gezogenen Muschelwagen. Den Hintergrund bildet eine antikisierende Schauwand in Form eines Triumphbogens.

Ein weiteres Rom-Highlight ist die weiter nördlich gelegene **Piazza di Spagna**, benannt nach der dort im Palazzo di Spagna (17. Jh.) ansässigen Spanischen Botschaft. Den belebten Platz ziert die *Fontana della Barcaccia* (1627–29) von Pietro Bernini, ein Brunnen in Form eines Kahns. Beherrscht wird die

TOP TIPP

Piazza von der **Spanischen Treppe** (Scalinata della Trinità dei Monti). Diese prächtige Treppenanlage des Spätbarock schuf Francesco de Sanctis 1723–26 als feierlichen Aufstieg zur Kirche **Santa Trinità dei Monti** (1502–85) mit ihrer prägnanten Doppelturmfassade von Carlo Maderno.

Vorbei an der **Villa Medici**, die im 16. Jh. von Annibale Lippi im Stil römischer Landsitze erbaut wurde und heute die französische Akademie beherbergt, gelangt man zum **Monte Pincio**. Den herrlichen Blick von hier oben über die Dächer der Ewigen Stadt wusste bereits Goethe zu schätzen. Giuseppe Valadier schuf 1816–24 die klassizistische Treppen- und Auffahrtsanlage, die von der Aussichtsterrasse im Park in vielen Windungen und über zahlreiche Absätze zur ebenfalls von ihm umgestalteten *Piazza del Popolo* hinunterführt.

Der Viale del Muro Torto trennt den Monte Pincio vom größten öffentlichen Park Roms, den Gärten der **Villa** TOP TIPP **Borghese** (www.villaborghese.it). Inmitten der von mehreren Straßen durchzogenen Grünanlage locken drei hervorragende Museen. Im ehem. Lustschloss *Casino Borghese* (1613–15) ist die renommierte Kunstsammlung **Museo e Galleria Borghese** (Piazzale del Museo Borghese 5, Kartenvorbestellung obligatorisch: Tel. 06 32 810 oder www.ticketeria.it, Di–So 9–19 Uhr) untergebracht. Besonders stolz ist man auf den Saal mit Gemälden Caravaggios, darunter ›David mit dem Haupte Goliaths‹ (1609/10). Auch Arbeiten von Tizian, Cranach und Rubens sind hier zu bewundern sowie bedeutende Skulpturen wie Berninis ›Apoll und Daphne‹ (1624) und Canovas ›Paolina Borghese‹ (1805–08). Schätze der Kunst des 19./20. Jh. birgt die **Galleria Nazionale d'Arte Moderna** (Viale delle Belle Arti 131, Tel. 06 32 29 82 21, www.gnam.arti.beniculturali.it, Di–So 8.30–19.30 Uhr). Hier kann man Meisterwerke von van Gogh, Degas, Monet, Cézanne und Klimt bewundern. Prominent vertreten sind auch die italienischen Futuristen und die Exponenten der Pittura Metafisica. Das dritte herausragende Museum ist das **Museo Nazionale Etrusco di Villa Giulia** (Piazzale di Villa Giulia 9, Tel. 06 32 26 571, Di–So 8.30–19.30 Uhr). In einer 1551–53 von Giacomo Vignola für Papst Julius III. errichteten Sommerresidenz präsentiert es die wichtigste Sammlung etruskischer Kunst, darunter bedeutende Grabfunde wie Sarkophage, Vasen und Statuetten sowie Goldschmiedearbeiten.

Vom Viminal zum Lateran

Ende des 3. Jh. war die Bevölkerung auf dem Quirinal, Viminal und Esquilin so angewachsen, dass man die große Anlage der **Diocletiansthermen** im Nordosten der Stadt erbaute. Die 306 eröffnete Badeanstalt war damals die größte Roms und bot Platz für 3000 Menschen. Die prächtig ausgestattete Einrichtung umfasste Badesäle, Massageräume, Gärten, Bibliotheken und Läden. Ab dem 6. Jh. verfielen die Gebäude. Da jedoch 1561 die Ruinen in den Bau eines Kartäuserklosters einbezogen wurden, blieben sie relativ gut erhalten. Die Kirche *Santa Maria degli Angeli* wurde 1563/64 nach Plänen

Kraftvolle Bewegung in vollendeter Form: Berninis ›Pluto und Proserpina‹ in der Villa Borghese

Michelangelos ins Frigidarium eingebaut. Heute sind die Diocletiansthermen Teil des 1889 gegründeten **Museo Nazionale Romano** (Via Enrico de Nicola 79, Tel. 06 39 96 77 00, www.archeorm.arti.beniculturali.it, Di–So 9–19.45 Uhr) mit einer reichen Antikensammlung. Neben den hochkarätigen Skulpturen beeindrucken vor allem die zarten Wandmalereien aus römischen Villen. Kostbare Stücke bewahrt auch der benachbarte *Palazzo Massimo alle Terme* (Largo di Villa Paretti 1, Di–So 9–19.45 Uhr).

Ihr 75 m hoher Glockenturm (1377) weist den Weg zu einer der vier Papstkirchen Roms: **Santa Maria Maggiore** (tgl. 7–19 Uhr). Die ursprünglich unter Papst Sixtus III. 432–440 errichtete Basilika wurde bei einer Erweiterung im 17./18. Jh. entscheidend umgestaltet. Die ausladende barocke *Apsisfassade* schuf Carlo Rainaldi 1673 und bezog dabei die Piazza dell'Esquilino mit der breiten Treppenanlage und dem Obelisken mit ein. Die klassizistische *Hauptfassade* (1743–50) an der Piazza Santa Maria Maggiore stammt von Ferdinando Fuga. Das dreischiffige *Langhaus* bewahrt die Grundform der frühchristlichen Basilika, ergänzt jedoch um barocke Seitenkapellen. Der Cosmatenfußboden ist ein Relikt der mittelalterlichen Kirche, die schwere vergoldete Kassettendecke wurde im 16. Jh. eingezogen. Wundervoll sind die Mosaike an den Langhauswänden und insbesondere am Triumphbogen, der mit detailreichen Szenen aus der Kindheit Christi (5. Jh.) verziert ist. Die glänzende *Marienkrönung* in der Apsis entstand 1295 und ist ein Werk Jacopo Torritis.

Kolossal und übermenschlich: Michelangelos ›Moses‹ in der Basilica di San Pietro in Vincoli

Die Via Merulana führt von hier geradewegs zum Lateran. Lohnend ist ein Abstecher zur **Basilica di San Pietro in Vincoli** (tgl. 7.30–12.30 und 15.30–19 Uhr). Die Kirche am Fuße des Monte Esquilino wurde im 5. Jh. zur Aufbewahrung der Ketten des Apostels Petrus erbaut und später erweitert, um den Pilgeransturm fassen zu können. Kostbarstes Inventar der Kirche ist Michelangelos Meisterwerk *›Moses‹* (1513–16), der das Grabmal Papst Julius II. schmückt. Der geniale Renaissancekünstler entwarf außerdem die anmutigen Figuren der Rahel und Lea (1542–45) in den Seitennischen.

An der Piazza di San Giovanni in Laterano erhebt sich schließlich die Kirche des römischen Bischofs und damit des Papstes **San Giovanni in Laterano** (tgl. 7–19 Uhr). Wie der benachbarte Lateranpalast gehört sie zum Vatikanstaat. Hier residierten die Päpste bis zu ihrem Exil in Avignon. Nach der Rückkehr 1377 verlegte man den Papstsitz in den besser befestigten Vatikan. Die fünfschiffige Lateranbasilika geht auf eine Schenkung Kaiser Konstantins im 4. Jh. zurück und wurde im 17./18. Jh. umgestaltet. Die streng gegliederte *Fassade* (1735/36) mit der statuenbekrönten Balustrade entwarf Alessandro Galilei. Besondere Aufmerksamkeit verdienen die bronzenen Türflügel des Hauptportals, die von der antiken Curia des Forums [s. S. 234] stammen. Der lichte *Innenraum*, der von einer vergoldeten Kassettendecke (16. Jh.) überspannt wird, wurde 1647–50 von Francesco Borromini umfassend barockisiert. Blickfang im Mittelschiff sind die zwölf von ihm geschaffenen Nischen mit den kolossalen Apostelstatuen (1703–19). Bemerkenswert ist außerdem der *Hauptaltar*, denn im oberen Teil des Tabernakels (1367) werden die als Reliquien verehrten Schädel der Apostel Petrus und Paulus bewahrt. In der Lateranbasilika sind zahlreiche Kardinäle und Päpste beigesetzt, darunter Papst Clemens XII. (1730–40) in der *Cappella Corsini*, einer exzellenten Arbeit Alessandro Galileis. Der *Kreuzgang* (13. Jh.) ist ein Meisterwerk der römischen Marmorkünstler Vassalletti und zählt mit seinen farbigen Mosaikintarsien und den teils

Von Engeln gekürt: Bernini gestaltete den Weg zur Peterskirche über den Ponte Sant'Angelo

gedrehten Doppelsäulen zu den schönsten Roms.

Das schlichte **Battistero San Giovanni in Fonte** nördlich der Basilika gilt als Prototyp aller Taufkirchen. Den unter Kaiser Konstantin um ein zentrales Taufbecken errichteten Rundbau ließ Papst Sixtus III. (432–440) in ein Achteck umwandeln. Das im 16./17. Jh. umgestaltete Innere mit den acht Porphyrsäulen zieren barocke Wandgemälde.

Direkt an die Basilika grenzt der **Lateranpalast**, der ursprüngliche Amtssitz der Päpste, in dem 1929 die Lateranverträge unterzeichnet wurden. Entworfen hat ihn 1586 Domenico Fontana. Dieser ließ 1588 auch den ältesten *Obelisken* Roms, der im 4. Jh. aus Ägypten in den Circus Maximus gelangt war, auf der Piazza di San Giovanni in Laterano aufstellen. Heute ist der Lateranpalast Teil des **Museo Storico Vaticano** (Mo–Sa Einlass jeweils 9, 10, 11 und 12 Uhr), das u.a. die Papstgemächer zeigt. Reste des mittelalterlichen Papstpalastes birgt die kleine Kirche *Santissima Salvatore della Scala Santa* mit der ehem. päpstlichen Privatkapelle *Sancta Sanctorum* (13. Jh.) schräg gegenüber.

Vatikanstadt

Auf dem *Ponte Sant'Angelo* kündigen zehn Engelstatuen den Pilgern an, dass sie ihr Ziel bald erreicht haben. Die großartigen Skulpturen sowie das Brückenge-

Päpstliche Prachtentfaltung vom Petersplatz bis zum Tiber: Blick von der Kuppel der Peterskirche

länder entstanden 1668 nach Entwürfen Berninis. Am Ufer erhebt sich das **Castel Sant'Angelo** (Lungotevere Castello 50, Tel. 06 68 19 111, www.castelsantangelo.com, Di–So 9–19 Uhr). Die Engelsburg geht auf ein *Mausoleum* zurück, das Hadrian zusammen mit der Tiberbrücke ab 135 errichten ließ. Als man Ende des 3. Jh. die Aurelianische Mauer um die Stadt zog, wurde die Grablege als Brückenkopf ins Befestigungssystem integriert und diente bis in die Neuzeit als Festung, Schatzkammer und Gefängnis. 1277 ließ Papst Nikolaus III. einen überdeckten Verbindungsgang zum Vatikanpalast, den *Passetto*, anlegen, über den sich Papst Clemens VII. Medici während des *Sacco di Roma* 1527 in Sicherheit brachte. Der mächtige Rundbau aus Ziegeln ist von wehrhaften Bastionen umgeben. 1901 wurde das Gefängnis geschlossen, seitdem fungiert die Engelsburg als *Museum*. Düstere Verließe sind zu besichtigen, aber auch die überreich mit Fresken, Gemälden und Skulpturen ausgestatteten Papstgemächer sowie Sammlungen historischer Waffen und Möbel.

Anschließend spaziert man über die Prachtstraße *Via della Conciliazione*, die Mussolini ab 1936 anlegen ließ, direkt auf die Peterskirche zu. Vor dem Gotteshaus weitet sich der **Petersplatz**, ein Queroval, das in einen trapezförmigen Platz direkt vor der Kirchenfassade übergeht. Gesäumt wird die Piazza San Pietro von Berninis majestätischen *Kolonnaden* (1656–67). Sie bestehen aus einer vierfachen Reihe von ionischen Säulen, die ein mit Heiligenstatuen und Wappenkartuschen Alexanders VII. geschmücktes Dach tragen. Die Platzmitte markiert ein 25 m hoher *Obelisk*, der 1586 aufgestellt wurde. Der nördliche Brunnen (um 1614) stammt von Carlo Maderno, der südliche ist ein später hinzugefügtes Pendant.

Über dem Grab des Apostels Petrus, der an dieser Stelle sein Martyrium erlitt, erhebt sich die **Peterskirche** (Basilica di San Pietro in Vaticano). Die erste frühchristliche Basilika entstand hier um 324 auf Wunsch Kaiser Konstantins, wurde aber wiederholt durch Brände beschädigt. Mit einem Neubau beauftragte Papst Julius II. 1506 Bramante, der die Kirche über dem Grundriss eines griechischen Kreuzes entwarf. Nach Bramantes Tod 1514 übernahm Raffael die Bauleitung, 1547 schließlich Michelangelo, der Bramantes Entwurf aufgriff und brillant weiterführte. Die Architekten Giaco-

TOP TIPP

mo della Porta und Domenico Fontana vollendeten den überkuppelten Zentralbau 1588/89 im Sinne Michelangelos. Doch die Kirche erschien der Kurie zu klein, und so betraute Papst Paul V. 1607 Carlo Maderno mit der Umwandlung des Gotteshauses in einen Längsbau über dem Grundriss eines lateinischen Kreuzes. Um 1614 war die Fassade vollendet und 1626 wurde die größte Kirche der Christenheit (15 160 m²) endlich geweiht. Die breit gelagerte, durch Säulen und Pfeiler vertikal gegliederte **Barockfassade** wird von Statuen bekrönt, die u.a. den Erlöser, den Apostel Petrus und Johannes den Täufer darstellen. Von der *Loggia* in der Mitte spricht der Papst an Ostern und Weihnachten seinen Segen ›Urbi et Orbi‹. Vom **Portikus** führen fünf Portale in die Basilika. Die wunderbaren Bronzereliefs von Antonio Filarete am *Mittelportal* (1433–45) zeigen u.a. Christus und Maria sowie die Apostel Petrus und Paulus. Historische Szenen, florale Ornamente und sogar mythologische Figuren rahmen die biblischen Szenen. Das **Innere** des dreischiffigen Kolossalbaus überwältigt durch seine gigantischen Ausmaße und den überbordenden Schmuck. Zu den herausragenden Kunstwerken gehört die ›*Pietà*‹ (1499/1500) von Michelangelo in der *Cappella della Pietà* vorne im rechten Seitenschiff. Mit der ausdrucksvollen und anrührenden Marmorfigur begründete der junge Bildhauer seinen Ruhm. Unter der innen 119 m hohen Kuppel erhebt sich über dem Papstaltar Berninis grandioser *Bronzebaldachin* (1424–33) mit den gedrehten Säulen. Von Bernini stammen auch die *Statue des hl. Longinus mit der Lanze* (1639) am Vierungspfeiler vorne rechts, die figurenreiche *Kathedra Petri* (1656–65) in der Apsis und das *Grabmal Papst Urbans VIII.* (1642–47) rechts davon. Weitere bedeutende Grabmonumente sind das von Guglielmo della Porta für Papst Paul III. (1551–75) gegenüber und das klassizistische Grabmal für Papst Clemens XIII. (1788–92) von Canova im Durchgang am rechten Querarm.

Die von Michelangelo entworfene, von einem Tambour gekrönte **Kuppel** (Zugang rechts von der Kirche, Lift vorhanden, Tel. 06 69 88 16 62, April–Sept. tgl. 8–17.45, sonst tgl. 8–16.45 Uhr) bietet einen grandiosen Blick über Rom und auf die *Vatikanischen Gärten* mit ihren Bauten und Denkmälern.

Absoluter Höhepunkt eines Rombesuchs sind die **Vatikanischen Museen** (Tel. 06 69 88 38 60, www.vatican.va, März–Okt. Mo–Sa 10–16.45, letzter So im Monat 10–13.45 Uhr, Nov.–Febr. Mo–Sa und letzter So im Monat 10–13.45 Uhr), die einen Teil des *Vatikanpalastes* einnehmen und ein gigantisches Schatzhaus der abendländischen Kunst und Kultur darstellen. Zu den wichtigsten der insgesamt 14 Museen gehört das **Museo Pio-Clementino** mit Werken der griechischen und römischen Antike, darunter der *Torso del Belvedere* (1. Jh. v. Chr.)

Grandiose Huldigung Gottes: die Peterskirche ist die größte Kirche der Christenheit

Choreographie eines genialen Meisters: Michelangelos Fresken in der Sixtinischen Kapelle

und die marmorne *Laokoongruppe*, eine römische Kopie nach einem griechischen Bronzeoriginal (um 140 v. Chr.). Die hochkarätige **Pinacoteca** zeigt Gemälde des 12.–18. Jh., u.a. von Giotto, Beato Angelico, Raffael, Leonardo, Tizian, Veronese und Caravaggio. Nicht versäumen sollte man auch die **Stanze di Raffaello** (Stanzen des Raffael) mit herrlichen Renaissancefresken (1508–20). Julius II. hatte den Künstler mit der Dekoration der päpstlichen Privatgemächer beauftragt. Zu Raffaels Meisterwerken zählen die ›Schule von Athen‹ und die ›Disputation des Allerheiligsten Sakraments‹ in der *Stanza della Segnatura*.

Kostbarstes Juwel der Vatikanischen Museen und Besuchermagnet schlechthin ist die weltberühmte **Sixtinische Kapelle** (Cappella Sistina), die 1475–81 von Giovannino de'Dolci und Baccio Pontelli erbaute Hauskapelle für Papst Sixtus IV., daher der Name. Zunächst wurden 1481–83 die Wände von berühmten Künstlern freskiert. Botticelli, Perugino, Pinturicchio, Cosimo Rosselli, Luca Signorelli und Ghirlandaio malten Szenen aus dem Alten und Neuen Testament sowie Papstporträts. Überwältigend sind jedoch vor allem Michelangelos *Deckenfresken* (1508–12). Eingebunden in eine Scheinarchitektur sind Szenen aus der Genesis dargestellt, in deren Zentrum die ›Erschaffung Adams‹ – Gottvater erweckt ihn mit ausgestrecktem Finger zum Leben – zu sehen ist. Zu den interessantesten Erfindungen des begnadeten Meisters gehören die *Ingudi*, 20 kraftvolle Männerakte, die zwanglos in dem illusionistischen Ambiente verweilen. Die ergreifendsten Figuren sind zweifellos die Propheten und Sibyllen in ihren skulptierten Sitznischen. In ihnen vereint sich Würde und Geisteskraft des Renaissancemenschen, wie Michelangelo ihn sah. Er freskierte schließlich auch die Stirnwand der Kapelle mit einem furiosen *Jüngsten Gericht* (1534–41). Hunderte von Figuren bevölkern die gewaltige Komposition – dass viele davon nackt waren, sorgte zunächst für einen handfesten Skandal. Jedoch wagte man erst nach Michelangelos Tod 1564, die anstößigsten Stellen übermalen zu lassen.

i Praktische Hinweise

Information

APT, Via Parigi 5, Rom, Tel. 06 48 89 91, Fax 06 48 19 316, www.romaturismo.it

Deutsches Pilgerzentrum (Centro Pastorale Pellegrini di Lingua Tedesca), Via della Conciliazione 51, Rom, Tel. 06 68 97 197, Fax 06 68 69 490, www.pilgerzentrum.de

Roma Pass: Der 3 Tage gültige Pass, den man bei der Touristinfo sowie in den Museen kaufen kann, gewährt freien Eintritt zu den ersten zwei besuchten Museen oder archäologischen Stätten und Ermäßigungen für weitere – sowie freie Nutzung der öffentlichen Verkehrsmittel (www.romapass.it).

Roma Archeologia Card: Die 7 Tage gültige Karte, die man bei der Touristinfo und den archäologischen Stätten erwirbt, bietet freien Eintritt zu den verschiedenen Sitzen des Museo Nazionale Romano, zu Colosseum, Palatin und Caracallathermen.

Flughäfen

Aeroporto Leonardo da Vinci di Fiumicino, 28 km südwestlich von Rom, Tel. 066 59 51, www.adr.it. Verbindungen mit den Zügen *Leonardo Express* und *FM 1* zum zentralen Bahnhof Termini.

Aeroporto G. B. Pastine di Roma Ciampino, 15 km südöstlich von Rom, Tel. 066 59 51, www.adr.it. Anbindung ans Zentrum per Linienbus und Metro. Einige Fluglinien unterhalten einen eigenen Shuttlebus.

Bahnhöfe

Stazione Termini, Piazza dei Cinquecento, Rom. Am zentralen Hauptbahnhof kommen die meisten Züge aus dem Norden an.

Stazione Tiburtina, Via Tiburtina, Rom. Halt einiger Nachtzüge, nordwestlich vom Zentrum.

Öffentliche Verkehrsmittel

ATAC, Largo Giovanni Montemartini 17, Rom, Tel. 065 70 03, www.atac.roma.it. Rom verfügt über ein gutes Bus- und Straßenbahnnetz sowie die Metrolinien A und B (Linie C soll 2015 fertig sein). Der *Bus 110* (Tel. 06 47 82 40 44) fährt von der Stazione Termini (tgl. 9–20 Uhr) 10 touristisch interessante Haltestellen an.

Einkaufen

Günstige Mode für junge Menschen verkaufen die Boutiquen in der Via Giubbonari am Campo de' Fiori, in der Via del Corso, in der Via Frattina und in der Via della Croce. Anspruchsvollere Mode bieten die Geschäfte in der Via del Tritone und in der Via Nazionale. Roms teuerste und edelste Straße ist die Via Condotti. Die bekannten italienischen und internationalen Modeschöpfer haben ihre Läden rund um die Spanische Treppe.

Nachtleben

Alpheus, Via del Commercio 36, Rom, Tel. 065 74 78 26, www.alpheus.it. Mit ihrem breitem Angebot von Pop, Latino und HipHop gehört die Disko zu den meistbesuchten der Stadt.

Gilda, Via Mario di Fiori 97, Rom, Tel. 066 78 48 38, www.gildabar.it. Der Klassiker unter Roms Tanztempeln kann eine hohe Promidichte aufweisen. (Juli/Aug. *Gilda on the Beach*, Lungomare di Ponente 11, Fregene).

Goa, Via Libetta 13, Rom, Tel. 065 74 82 77. Trendige Disko mit avantgardistischer Musik (Sommer geschl.).

Hotels

******Raphael**, Largo Febo 2, Rom, Tel. 06 68 28 31, www.raphaelhotel.com. Schönes Hotel mit exklusiven Suiten nahe der Piazza Navona.

******Sole Al Pantheon**, Piazza della Rotonda 63, Rom, Tel. 066 78 04 41, www.hotelsolealpantheon.com. Sympathisches Hotel in zentraler Lage. Das Frühstück wird im idyllischen Innenhof serviert.

*****San Francesco**, Via Jacopa de' Settesoli 7, Rom, Tel. 06 58 30 00 51, www.hotelsanfrancesco.net. Hotel in Trastevere mit komfortablen Zimmern und einer phänomenalen Dachterrasse.

*****Santa Maria**, Vicolo del Piede 2, Rom, Tel. 065 89 46 26, www.hotelsantamaria.

Abendliches Stelldichein vor antiker Kulisse: ein Café und das Pantheon

info. Charmante Unterkunft in einem ehem. Kreuzgang in Trastevere.

Restaurants

Ciak, Vicolo del Cinque 21, Rom, Tel. 065 89 47 74. Kleine Trattoria in Trastevere mit ausgezeichneten Fleischgerichten (Mo und Juli/Aug. geschl.).

Dar Poeta, Vicolo del Bologna, Rom, Tel. 065 88 05 16. Rustikale Pizzeria in Trastevere mit großer Auswahl.

Enoteca Buccone, Via di Ripetta 19, Rom, Tel. 063 61 21 54. Traditionsreiche Weinhandlung. Zu edlen Tropfen werden kleine Gerichte serviert (So geschl.).

Gusto, Piazza Augusto Imperatore 9, Rom, Tel. 063 22 62 73. Hier gibt es für jeden Geschmack etwas Gutes – von Pizza bis zu mediterran-asiatischer Küche.

Il Margutta RistorArte, Via Margutta 118, Rom, Tel. 06 32 65 05 77, www.ilmargutta.it. Fantastisches vegetarisches Restaurant im Galerienviertel.

Cafés

Gelateria della Palma, Via della Maddalena 20, Rom, Tel. 06 68 80 67 52. An der Eistheke machen ca. 100 Sorten die Wahl zum Vergnügen.

Giolitti, Via Uffici del Vicario 40, Rom, Tel. 066 99 12 43. Familie Giolitti hütet das Geheimnis ihrer zart schmelzenden Eiscreme seit Generationen.

Tazza d'Oro, Via degli Orfani 84, Rom, Tel. 066 78 97 92. Kaffeerösterei mit bestem Caffè und erfrischender Granita al Caffè (So geschl.).

65 Tivoli

Seit der Renaissance beliebter Erholungsort mit warmen Schwefelquellen.

Tivoli (50 000 Einw.) liegt am *Aniene*, einem Nebenfluss des Tibers, in lieblicher Landschaft rund 30 km nordöstlich von Rom. Berühmt ist der Ort für die eindrucksvollen Sommerresidenzen Villa d'Este und Villa Adriana, die beide zum *UNESCO Weltkulturerbe* zählen. Außerdem lädt die pittoreske Altstadt Tivolis mit ihren verwinkelten Gassen und idyllischen Innenhöfen zum entspannten Spaziergang ein.

Kardinal Ippolito II d'Este (1509–1572) zog 1550 als päpstlicher Statthalter nach Tivoli und ließ sich hier ein früheres Benediktinerkloster zur Residenz umbauen. Die **Villa d'Este** (Piazza Trento, Tel. 0774312070, www.villadestetivoli.info, Di–So 8.30 Uhr bis 1 Std. vor Sonnenuntergang) wartet im Inneren mit reichen manieristischen Fresken auf, die eigentliche Attraktion ist jedoch der am Hang angelegte wunderschöne *Renaissancegarten*, ein Hauptwerk der italienischen Gartenkunst jener Epoche. Die Entwürfe fertigte der neapolitanische Maler und Architekt *Pirro Ligorio*. Der Aniene speist durch eine Wasserleitung unter der Altstadt die herrlichen Brunnen, u.a. die von kleinen Wasserspielen flankierte ›Le Cento Fontane‹ (Allee der hundert Brunnen) und die ›Fontana di Roma‹ mit der *Rometta*, der teils abgerissenen Miniaturkulisse römischer Wahrzeichen, sowie die ›Fontana dell'Organo‹ (Orgelfontäne), die eine hydraulische Orgel in Gang setzt.

6 km südwestlich von Tivoli gab Kaiser Hadrian 118–134 den Auftrag zur **Villa Adriana** (Tel. 0774530203, Mai–Aug. tgl. 9–19.30, April/Sept bis 19, März/Okt. bis 18.30, Febr. bis 18, Nov.–Jan. bis 17 Uhr), die er als Sommerresidenz nutzte. Es entstand ein fast 300 ha großer, wahrlich kaiserlicher Park mit künstlichen Seen, Wasserspielen und Thermen. Bibliotheken, Tempel, Gästehäuser, Theater und eine Arena wurden errichtet, ganze Landschaften aus Griechenland und Ägypten bildete man nach. Kein Wunder, dass der Stadtname Tivoli weltweit zum Synonym von Vergnügungsparks wurde. Obwohl heute nur noch 40 ha des Geländes zugänglich sind, beeindrucken die antiken Relikte: Wasserbecken, Gärten, Säle eines Aphroditetempels, das *Teatro Marittimo*, Hadrians Privatquartier auf einer künstlichen Insel, Teile des Tunnelsystems und das Caldarium. Ein *Museum* dokumentiert die Grabungen und präsentiert ein Modell der ursprünglichen Anlage.

i Praktische Hinweise

Information

IAT, Vicolo del Barchetto, Tivoli, Tel. 0774334522, Fax 0774331294, www.comune.tivoli.rm.it

Restaurant

Il Ciocco, Via Ponte Gregoriano 33, Tivoli, Tel. 0774333482. Restaurant mit Terrasse am Wasserfall (Di geschl.).

Wie die Komposition einer Wassermusik präsentiert sich der Garten der Villa d'Este

66 Cerveteri

Reiche Grabstätten der Etrusker.

40 km nordwestlich von Rom gelangt man nach Cerveteri (30 000 Einw.), das für seine beeindruckenden etruskischen Grabstätten bekannt ist. Gemeinsam mit der Totenstadt Tarquinias [s. S. 249] zählen sie seit 2004 zum *UNESCO Weltkulturerbe*. Die Etruskerstadt Cisra (lat. *Caere*) war einst ein prosperierender Hafen. Während ihrer Blütezeit im 7.–6. Jh. v. Chr. unterhielt Cisra (100 000 Einw.) Handelsbeziehungen im gesamten Mittelmeerraum bis nach Griechenland. 353 v. Chr. wurde Caere von den Römern unterworfen. Die antiken Grabungsfunde sind heute in den Vatikanischen Museen [s. S. 243] und im Etruskermuseum der Villa Giulia in Rom [s. S. 239] ausgestellt.

Von den drei Nekropolen in der Umgebung sollte man unbedingt die **Necropoli della Banditaccia** (Piazzale della Necropoli, Tel. 069940001, Di–So 8.30 Uhr bis 1 Std. vor Sonnenuntergang) ca. 2 km nördlich von Cerveteri besuchen. Die eigentümliche Totenstadt mit etwa 400 Grabstätten aus dem 8.–2. Jh. v. Chr. wird von Haupt- und Nebenstraßen durchzogen, an denen sich die Gräber aufreihen. Im Inneren sehen sie wie Wohnhäuser aus. Es gibt Hügelgräber (Tumuli) und aus Tuff gehauene Grabkammern, die entsprechend dem gesellschaftlichen Stand der Familie und dem jeweiligen Zeitgeschmack ausgestattet sind. Eines der größten Gräber ist die *Tomba dei Rilievi* (4. Jh. v. Chr.). Sie wurde mit Reliefs aus bemaltem Stuck dekoriert, die Haushaltsgeräte und Waffen, aber auch Tiere und mythologische Figuren darstellen.

Praktische Hinweise

Information

Touristinfo, Piazza Risorgimento 20, Cerveteri, Tel. 06 89 63 02 21, www.comune.cerveteri.rm.it

Restaurant

Da Fiore, Via San Paolo 4, Località Procoio di Ceri, Cerveteri, Tel. 06 99 20 72 75. Rustikale Trattoria mit bodenständiger Küche (Di geschl.).

Von etruskischer Kultur und den Freuden des Jenseits

Die Etrusker siedelten sich um 900 v. Chr. in Mittelitalien an und begründeten die erste Hochkultur auf italienischem Boden. Anfangs siedelten sie zwischen Apennin, Arno und Tiber, auf dem heutigen Gebiet der *Toskana, Umbriens* und *Latiums*. Von dort dehnten sie ihre Siedlungen bis in die Poebene und nach Kampanien aus. Sie kannten keinen festen Staatsverband, sondern konstituierten sich als **Bund der Zwölf Städte**, darunter Tarquinia, Volterra, Orvieto und Perugia, über die *Priesterkönige* regierten. Die Etrusker verdankten ihren Reichtum dem Abbau von Eisen und Silber sowie dem Handel im Mittelmeeraum, vor allem mit den Griechen. Etrurien erlebte den Höhepunkt seiner Machtentfaltung im 7./6. Jh. v. Chr., der Niedergang kam mit dem Aufstieg des **Römischen Imperiums**. Gleichwohl spielte der etruskische Adel noch in der Kaiserzeit eine große gesellschaftspolitische Rolle. *Mäzenas*, der Freund Augustus' und Förderer Vergils, z. B. entstammte einer angesehenen Etrusker-Familie. Im 1. Jh. n. Chr. allerdings war die etruskische Kultur in der römischen aufgegangen, sodass das Wissen der Nachwelt im Wesentlichen auf Funden aus den riesigen **Nekropolen** beruht. Die Grabkammern (*Hypogäen*) wurden üppig mit Wandmalereien und allerlei Preziosen ausgestattet. Die Verstorbenen, sie sind auf den *Sarkophagen* als porträthafte Liegefiguren gegenwärtig, sollten sich an die Freuden des Lebens erinnern. Die Etrusker glaubten wie die Griechen an ein Fortleben in der Totenwelt.

Vorbilder – lange vor den Römern begründeten die Etrusker eine hoch entwickelte Kultur

Von der Leichtigkeit des Seins künden die Malereien in den Gräbern der Necropoli dei Monterozzi

67 Tarquinia

TOP TIPP *Berühmte Etruskersiedlung und hübsches Mittelalterstädtchen.*

Tarquinia (15 000 Einw.), 90 km nordwestlich von Rom, blickt auf eine stolze Vergangenheit zurück. Die etruskische Stadt **Tarxna** wurde wahrscheinlich im 9. Jh. v. Chr. gegründet und war ähnlich wie Cerveteri ein wichtiger Handelshafen. Nach dem Niedergang unter den Römern wurde Tarquinia im 7. Jh. von den Langobarden zerstört. Die Einwohner siedelten sich 2 km weiter nordöstlich auf dem felsigen Plateau an, von dem heute das mittelalterliche Städtchen grüßt. Am Hauptplatz, der *Piazza Cavour*, steht der großartige **Palazzo Vitelleschi** (1436–39), dessen Fassade gotische Fenster und eine Renaissanceloggia zieren. Hier befindet sich eine der bedeutendsten etruskischen Sammlungen, das **Museo Nazionale Tarquiniese** (Piazza Cavour 1, Tel. 07 66 85 60 36, Di–So 8.30–19.30 Uhr). Dokumentiert werden die Funde der umliegenden Grabungsfelder: figurengeschmückte Urnen und Sarkophage, zierliche Statuetten, Fresken und feine Reliefs, aber auch attische Vasen. Schmuckstücke der Ausstellung sind zwei geflügelte Terrakottapferde aus dem 4. Jh. v. Chr. Das Museum bietet eine gute Einführung zum Besuch der weitläufigen **Necropoli dei Monterozzi** (Tel. 07 66 85 63 08, April–Sept. Di–So 8.30–19.30, Okt. Di–So 8.30–18.30, Nov.–März Di–So 8.30–14 Uhr) 4 km östlich der Innenstadt. Hier kann man einige der vielen Hundert Gräber aus dem 6.–1. Jh. v. Chr. besichtigen. Die mit lebensfrohen Wandmalereien verzierten Grabkammern belegen den Reichtum der etruskischen Kultur und geben Einblick in den damaligen Alltag, z.B. sind in der *Tomba della Caccia e Pesca* Szenen von Jagd und Fischfang, in der *Tomba delle Leonesse* Tänzer und in der *Tomba dei Leopardi* ein Festbankett zu bestaunen. Die Totenstadt ist *UNESCO Weltkulturerbe*.

Praktische Hinweise

Information

IAT, Piazza Cavour 23, Tarquinia.
Tel. 07 66 84 92 82, www.tarquinia.net

Hotel

*****La Torraccia**, Viale Mediterraneo 45, Tarquinia-Lido, Tel. 07 66 86 43 75, Fax 07 66 86 42 96, www.torraccia.it. Nettes Haus mit kleinen Zimmern, aber lauschigem Garten und nur ein paar Minuten vom Strand entfernt.

Restaurant

Arcadia, Via Mazzini 6, Tarquinia, Tel. 07 66 85 55 01. Einfaches Lokal im Zentrum mit ausgezeichneten Meeresfrüchte-Spezialitäten und Fischgerichten (Mo geschl.).

Trutzburg benediktinischer Ordensregeln: Abbazia di Montecassino ▷

68 Viterbo

Die trutzigen mittelalterlichen Mauern haben alle Unruhen überdauert.

Etwa 100 km nördlich von Rom liegt die Provinzhauptstadt Viterbo (60 000 Einw.), eine frühere Etruskersiedlung, die im 4. Jh. v. Chr. von den Römern erobert wurde. Ihre Glanzzeit erlebte die Stadt im 13. Jh., als mehrere Päpste nacheinander (1257–81) im Papstpalast residierten. Der mittelalterliche Stadtkern gilt als eine der besterhaltenen in Mittelitalien.

Die mauerumkränzte Altstadt ist recht übersichtlich. Am besten beginnt man die Besichtigung an der zentralen *Piazza del Plebiscito*. Elegante Palazzi rahmen den Platz, darunter der um 1460 errichtete **Palazzo dei Priori** (Tel. 07 61 34 82 41, Mo–Fr 10–13 und 15.30–18.30 Uhr). Sehenswert sind verschiedene freskierte Räume, so ist z.B. die *Sala Regia* mit Szenen aus der Geschichte Viterbos (1592) von Baldassare Croce geschmückt.

Das geistliche Zentrum erreicht man über die Via San Lorenzo, die an der gleichnamigen Piazza endet. Hier erhebt sich die **Cattedrale di San Lorenzo** (12. Jh.) mit einem schwarz-weiß gestreiften Campanile (13. Jh.). Der Sakralbau bekam im 16. Jh. eine neue Fassade, der dreischiffige Innenraum bewahrt jedoch die ursprüngliche romanische Schlichtheit. Am selben Platz befindet sich auch der elegante **Palazzo dei Papi** (13. Jh.), zu dem eine große Freitreppe emporführt. Der zinnenbekrönte Papstpalast war Schauplatz von vier Papstwahlen, wobei die von Gregor X. 1271 erst nach 33 Monaten zu Ende ging. Beachtenswert ist vor allem die gotische Loggia zur Rechten mit ihren filigranen Bögen. Sie bietet einen schönen Panoramablick über die Stadt.

Anschließend sollte man über die Via San Lorenzo zur Piazza della Morte zurückkehren und in südöstlicher Richtung durch Viterbos ältestes Viertel **San Pellegrino** bummeln. In der von Arkaden gesäumten Via San Pellegrino waren im 13. Jh. vor allem Handwerker ansässig. Intime Plätze, malerische Brunnen und kleine Häuser bestimmen das Bild.

Viterbo ist von einem ausgedehnten Kurgebiet mit warmen *Schwefelwasserquellen* umgeben, die u.a. bei Gicht und Rheuma helfen. Die 58 °C warme Quelle **Bulicame** (Sprudel) 1 km nordwestlich der Stadt wurde schon in Dantes ›Inferno‹ erwähnt. Gut zu erreichen ist die 3 km westlich der Stadt gelegene moderne **Terme dei Papi** (Strada Bagni 12, Tel. 07 61 35 01, www.termedeipapi.it, Mi–Mo 9–19 Uhr) mit einem 2000 m^2 großen Thermalfreibad sowie diversen Therapie- und Wellnessangeboten.

i Praktische Hinweise

Information

IAT, Via Romiti 7, Viterbo, Tel. 07 61 30 47 95, Fax 07 61 22 09 57, www.comune.viterbo.it

Hotel

Dei Papi, Via del Ginnasio 8, Viterbo, Tel. 07 61 30 90 39, www.bbdeipapi.it. Charmante Bed & Breakfast-Unterkunft mit geschmackvoll eingerichteten Zimmern in einem alten Palazzo im historischen Zentrum.

Restaurant

Osteria Enoteca La Torre, Via delle Torre 1, Viterbo, Tel. 07 61 22 64 67. Das feine Restaurant an der Stadtmauer serviert traditionelle Gerichte und köstliche Weine (Di geschl.).

69 Montecassino

Alte klösterliche Traditionen und die Schatten der Vergangenheit.

Im Süden Latiums thront in 516 m Höhe die stattliche **Abbazia di Montecassino** (Tel. 0776 31 15 29, www.officine.it/montecassino, April–Okt. tgl. 8.30–12.30 und 15.30–17 Uhr, Nov.–März nur So). *Benedikt von Nursia* gründete 529 das Kloster und lebte dort bis zu seinem Tod im Jahr 547. Die von ihm aufgestellten Ordensregeln, die Gebet, Studium und körperliche Arbeit beinhalten, gelten als Grundlagen des abendländischen Mönchstums. Im 11. Jh. erlebte das äußerst wohlhabende Kloster seine Blütezeit. Die Ordensbrüder pflegten die Mosaikkunst sowie die Fresken- und Buchmalerei. Unter *Abt Desiderius*, dem späteren Papst Victor III., füllte sich die **Bibliothek** mit kostbaren Handschriften, von denen trotz mehrfacher Plünderungen über 10 000 Werke erhalten blieben. Die Abtei wurde seit ihrer Gründung viermal zerstört und wiederaufgebaut, zuletzt nach dem Zweiten Weltkrieg. 1943/44 lag Montecassino monatelang im umkämpften Frontgebiet zwischen deutschen und alliierten Truppen, deren Bombenangriffe nur die Grundmauern und die Krypta stehen ließen. Die zahlreichen *Soldatenfriedhöfe* in der Umgebung erinnern an diese Zeit. Die Abtei wurde 1953 im Stil der Renaissance und des Barock rekonstruiert. Man betritt den von Mönchen bewohnten Komplex durch einen ersten *Kreuzgang*, dem sich bis zur **Basilika** hin zwei weitere anschließen. Drei Portale führen ins goldglänzende *Innere* der Basilika, das reich mit Marmor und Stuckarbeiten geschmückt ist. Von der ursprünglichen Ausstattung mit Fresken und Gemälden blieb jedoch nichts erhalten. In der *Krypta* (1544) unter dem Chor werden die sterblichen Überreste des hl. Benedikt und seiner Schwester Scholastika bewahrt. Neben der Kirche befindet sich ein **Museum**, das eine Ausstellung zur Entwicklung der Schrift sowie erlesene sakrale Kunstwerke zeigt. In der nahe gelegenen Ortschaft **Cassino** (32 000 Einw.) findet man Unterkunft und Verpflegung.

Praktische Hinweise

Information

IAT, Via G. Di Biasio 54, Cassino, Tel. 077 62 12 92, Fax 077 62 56 92, www.apt.frosinone.it

Hotel

*****La Pace**, Via Abruzzi 16, Cassino, Tel. 0776 31 13 47, Fax 0776 31 16 53, www.cassinohotel.com. Komfortables Hotel in günstiger Lage mit Restaurant.

Abruzzen und Molise – majestätische Gipfel und lange Strände

Die Regionen Abruzzen und Molise locken mit wildromantischer Berglandschaft und mit Adriastränden. Zwischen den Zweitausendern des *Gran Sasso*, der *Maiella* und des *Velino* gelegen, sind die **Abruzzen** ein Paradies für Naturfreunde. Große Nationalparks wie der **Parco Nazionale d'Abruzzo** schützen die Abruzzen-Braunbären und Apennin-Wölfe. Die kulturellen Attraktionen konzentrieren sich auf die Hauptstadt **L'Aquila** und **Sulmona**, den Geburtsort des römischen Dichters Ovid. Ein anderer Literat, Gabriele d'Annunzio, kam in **Pescara** zur Welt, heute einer der bevorzugten Urlaubsorte an der Adria.

Das südlich angrenzende **Molise** ist die nach dem Valle d'Aosta kleinste italienische Region und gehört zu den von den Urlaubern noch kaum entdeckten Gebieten. Die Landwirtschaft stellt nach wie vor die wichtigste Einnahmequelle der Bewohner dar. Die Hauptstadt *Campobasso* kann man getrost umfahren und stattdessen die Badefreuden in **Termoli** an der Adria genießen.

70 L'Aquila

Die stolze Bergstadt erhebt sich vor der dramatischen Kulisse des fast 3000 m hohen Gran Sasso.

Eingebettet zwischen hohen Bergmassiven liegt L'Aquila (72 000 Einw.), die an Kunst und Kultur reiche Hauptstadt der Region Abruzzen, auf 700 m Höhe. Wildromantisch präsentieren sich die Abruzzen mit dem Hochplateau des Campo Imperatore im Massiv des Gran Sasso

Geschichte L'Aquila, nach dem Wappentier der **Staufer**, dem Adler, benannt, ist eine mittelalterliche Gründung. Im 13. Jh. schlossen sich der Legende nach 99 Burgen und 99 Dörfer zu einer Siedlung zusammen, die Stauferkönig Konrad IV. 1254 zur Stadt erhob. Sein Plan war es, L'Aquila als Festung gegen das Papsttum auszubauen. Allerdings gewann die Kurie in den folgenden Jahren zunehmend

Ihre wildromantische Seite zeigen die Abruzzen auf dem Hochplateau des Campo Imperatore im Gran-Sasso-Massiv ▷

Einfluss auf die Bevölkerung, und schon 1256 ernannte Papst Alexander IV. die Stadt zum Bischofssitz. Als 1259 die Konflikte zwischen Staufern und Papst eskalierten, ließ Manfred, der jüngere Halbbruder Konrads, L'Aquila dem Erdboden gleich machen. Erst 1265 wurde unter dem vom Papst berufenen Karl I. von **Anjou** mit dem Wiederaufbau begonnen und die Stadt mit der heute noch großteils erhaltenen Stadtmauer befestigt. Ein außergewöhnliches Ereignis feierte L'Aquila im Juli 1294, als der Einsiedler *Pietro Morrone* (1215–1296) hier zum Papst gewählt wurde und den Namen Coelestin V. annahm. Im 15. Jh. gewannen die **Aragonier** die Macht über die Stadt und verleibten sie dem **Königreich Neapel** ein. L'Aquila erhob sich im 16. und 17. Jh. wiederholt gegen die Fremdherrschaft, aber jedes Mal zerstörten die Spanier die Stadt. Für weitere Zerstörungen sorgten mehrere schwere Erdbeben, das letzte 1703. Im 19. Jh. unterstützte L'Aquila die nationale Einigung und kam 1860 zum Königreich Italien.

Besichtigung Das städtische Leben spielt sich im Wesentlichen auf der **Piazza del Duomo** mit der aus dem 16. Jh. stammenden *Chiesa di Santa Maria del Suffragio* und der angrenzenden Fußgängerzone ab. Letztere umfasst den Corso Federico II, der nach Süden verläuft, und den Corso Vittorio Emanuele, der in nördlicher Richtung zum **Castello** führt. Diese mächtige Burg mit ihren 10 m dicken und 30 m hohen Mauern errichteten die Spanier 1529–49, um ihre Herrschaft zu sichern. Von den Bollwerken hat man das gesamte Aterno-Tal im Blick. Im Castello ist heute das **Museo Nazionale d'Abruzzo** (Viale Castello, Tel. 08 62 63 32 00, www.museonazionaleabruzzo.beniculturali.it, Di–So 8.30–19.30 Uhr) ansässig, das einen guten Überblick über Kunst und Kunsthandwerk der Region bietet, von paläontologischen und archäologischen Funden über Sakralkunst des 12.–17. Jh. bis zu den schwarzen und gelben Keramiken der Abruzzen.

Unterhalb der Festung liegt die zu Ehren des in L'Aquila verstorbenen Franziskanermönchs *Bernardino da Siena* (1380–1444) errichtete Basilika **San Bernardino** (Piazza San Bernardino, Tel. 08 62 22 22 55, tgl. 7–12 und 16–18.30 Uhr). Die Kirche wurde 1472 fertiggestellt und 1527 durch ihre jetzige helle Fassade ergänzt. Mit leichter Hand gliederte Cola dell'Amatrice

Ein Schmuckstück der Piazza Duomo von L'Aquila ist die Chiesa di Santa Maria del Suffragio

sie durch Säulenpaare, Gesimse, Rundfenster und ein Drillingsfenster im Palladiostil. Wunderschön ist auch das lichte Innere mit der vergoldeten Holzdecke im Mittelschiff und dem *Grabmal des hl. Bernhardin* (1505) in der 5. Seitenkapelle rechts, das Silvestro dell'Aquila reich mit Figuren und Reliefs ausschmückte.

Der zweite bedeutende Sakralbau befindet sich südöstlich der Stadt. Die Kirche **Santa Maria di Collemaggio** (Viale di Collemaggio, Tel. 08 62 40 41 67, tgl. 9–13 und 15–18 Uhr) wurde auf Veranlassung von *Pietro Morrone*, dem späteren Papst Coelestin V., gebaut und 1288 geweiht. Das Gotteshaus ist berühmt wegen seiner breiten *Fassade* (14. Jh.) mit dem auffälligen geometrischen Muster aus weißem und rotem Stein, den drei filigranen Fensterrosen sowie dem wehrhaften Turm, der neben der Kirche wie ein Fremdkörper wirkt. Im Innenraum wiederholt der schöne *Fußboden* (14. Jh.) die zweifarbige Gestaltung des Außenbaus. Rechts vom Altar erhebt sich das Grabmal Coelestins V. (1517) im lombardischen Renaissancestil.

Westlich vom Zentrum nahe der *Porta Rivera*, einem von vier erhaltenen Stadttoren, erinnert die **Fontana delle 99 Cannelle** (1272; 99-Röhren-Brunnen) an die legendäre Gründung L'Aquilas. Das Wasser sprudelt allerdings nicht aus 99, sondern nur aus 93 fantasievollen Köpfen.

Ausflug

10 km nordöstlich von L'Aquila liegt das Besucherzentrum des **Parco Nazionale Gran Sasso-Monti della Laga** (Via del Convento, Assergi, Tel. 08 62 60 52 1, www.gransassolagapark.it), der sich bis in die Marken und nach Latium erstreckt. Das zerklüftete Felsmassiv des Gran Sasso bildet mit dem **Corno Grande** (2912 m) den höchsten Teil des Apennin. An der Nordseite des Gipfels liegt der südlichste Gletscher Europas, der **Ghiacciaio del Calderone**, südöstlich die weite, TOP TIPP wildromantische Hochebene **Campo Imperatore**, die im Winter ein beliebtes Langlaufgebiet ist. Den Rest des Jahres zieht die umliegende Bergwelt Wanderer an. Ein geeigneter Ausgangspunkt für die teilweise anspruchsvolle Besteigung des Corno Grande – mit Rückweg ca. vier Stunden – ist das Hotel *Albergo Campo Imperatore* (2130 m; Tel. 08 62 40 00 00), das man von Assergi aus über die S 17 bis und den Colle del Nibbio erreicht. Wer die Strecke nicht selbst fahren möchte, kann sich von der *Seilbahn* (Funivia, Tel. 08 62 40 00 07, tgl. 8.30–16 Uhr) in **Fonte Cerreto** zur Bergstation neben dem Hotel bringen lassen.

i Praktische Hinweise

Information

IAT, Piazza Santa Maria di Paganica 5, L'Aquila, Tel. 08 62 41 08 08, www.turismoaq.com

Hotels

****__Sole__, Largo Silvestro dell'Aquila, L'Aquila, Tel. 086 22 25 51, www.solehotel.eu. Wunderschön restaurierter Palast aus dem 19. Jh. im Herzen der Stadt.

***__Castello__, Piazza Battaglione degli Alpini, L'Aquila, Tel. 08 62 41 91 47, www.hotelcastelloaq.com. Modernes Hotel, Zimmer in sonnigen Farben und teils mit Blick auf den Gran Sasso.

***__Fiordigigli__, Località Fonte Cerreto, Assergi, Tel. 08 62 60 61 71, www.fiordigigli.com. Gemütliches Berghotel an der Seilbahnstation im Nationalpark Gran Sasso.

Restaurant

Ernesto, Piazza Palazzo 22, L'Aquila, Tel. 086 22 10 94. Erste Wahl, um die reichhaltige Küche der Abruzzen kennenzulernen; mit lauschigem Innenhof (Sa abends und So geschl.).

Café

Fratelli Nurzia, Piazza Duomo 74, L'Aquila, Tel. 086 22 10 02. Jugendstil-Café, dessen süße Spezialität *Torrone* eine Sünde wert ist.

Aus vielen Mündern strömt das Wasser der Fontana delle 99 Canelle in L'Aquila

71 Pescara

Geburtsort des Dichters Gabriele d'Annunzio.

Pescara (122 000 Einw.), das sich beiderseits des gleichnamigen Flusses erstreckt, ist eine lebhafte Großstadt und das wirtschaftliche Zentrum der Region. Seine Beliebtheit bei Urlaubern verdankt es u. a. seinen langen, feinsandigen Adriastränden, die von schattenspendenden Pinienwäldern gesäumt werden.

Wie mit Stoff bespannt – die originelle Fassade von Santa Maria di Collemaggio in L'Aquila

Nahe Pescara locken einige feine Sandstrände wie hier bei Pineto zu Badespaß an der Adria

Pescara entstand 1926 durch den Zusammenschluss der Gemeinden *Castellammare Adriatico*, das sich seit 1863 um den Bahnhof herum entwickelt hatte, und dem geschichtsträchtigen *Pischaria* (Fischmarkt). In der Antike befand sich an seiner Stelle der römische Hafen *Aternum*. Um das Jahr 1000 siedelten hier die Langobarden. Im 16. Jh. wussten die Spanier die strategisch günstige Lage Pischarias zu schätzen und befestigten die Stadt mit einer mächtigen Burganlage. Nur ein kleiner Teil des historischen Kerns rund um die Piazza Unione am *Porto Canale* überstand das Bombardement der Alliierten im Zweiten Weltkrieg. Doch noch heute lädt die Altstadt zur Entdeckungstour ein.

Die **Fortezza del Pescara** (16. Jh.), die spanische Festung, beherbergt inzwischen das hochinteressante **Museo delle Genti d'Abruzzo** (Via delle Caserme 22, Tel. 08 54 51 15 62, www.gentidabruzzo.it, Mo, Mi, Fr, Sa 9–13, Di und Do 9–13 und 15.30–18, So 10–13 Uhr), in dem die Kultur der Abruzzen lebendig wird. Archäologische Exponate und Utensilien zur Wein-, Käse- und Olivenölherstellung sind hier ebenso zu sehen wie Trachten und traditionelle Einrichtungsgegenstände.

Wenige Schritte südwestlich erinnert die **Casa d'Annunzio** (Corso Manthonè 111, Tel. 08 56 03 91, Mo–So 9–14 Uhr), das Geburtshaus des Dichters *Gabriele d'Annunzio* (1863–1938), mit Bildern, Briefen und persönlichen Gegenständen an diese schillernde Persönlichkeit der italienischen Literatur. D'Annunzio nahm auch Einfluss auf den Bau des nahen **Duomo San Cetteo** (1935–38; Via Attilio Monti 6, Tel. 085 69 04 92, tgl. 6–12 und 16–19 Uhr), denn für eine großzügige Geldspende erfüllte man ihm seine Wünsche: Die breite Fassade wurde im Stil romanischer Abruzzenkirchen gestaltet. Zudem erhielt seine Mutter Luise de Benedictis eine Grabstätte links vom Hauptaltar.

Schließlich lohnt noch ein Abstecher in das moderne Pescara am linken Flussufer, um in einem der vielen Cafés rund um die strandnahe *Piazza Primo Maggio* die Erlebnisse des Tages Revue passieren zu lassen.

i Praktische Hinweise

Information

IAT, Piazza della Repubblica, Pescara, Call Center Tel. 08 54 48 23 01, Fax 08 54 22 85 33, www.abruzzoturismo.it

Flughafen

Aeroporto Internazionale d'Abruzzo, Via Tiburtina, Pescara, Tel. 08 54 32 42 01, www.abruzzo-airport.it. 3 km außerhalb von Pescara, Busanbindung (Linie Nr. 38) zum Hauptbahnhof.

Bahnhof

Pescara Centrale, Via Enzo Ferrari, Pescara, Tel. 08 54 21 09 11, www.ferroviedellostato.it

Hafen

Porto di Pescara, in den Monaten Juni bis Sept. bestehen Fährverbindungen nach Kroatien. *Agenzia Sanmar*, Stazione Marittima, Porto Canale, Pescara, Tel. 08 54 51 08 73, www.sanmar.it

Hotels

******Carlton**, Viale della Riviera 35, Pescara, Tel. 085 37 31 25, www.carltonpescara.it. Elegantes Hotel am Strand und nahe der Haupteinkaufsstraße.

******Maja**, Viale della Riviera 199, Pescara, Tel. 08 54 71 15 45, www.hotelmaja.it. Das moderne Strandhotel verfügt über große Zimmer mit Balkonen.

Restaurants

Cantina di Jozz, Via delle Caserme 61, Pescara, Tel. 08 54 51 88 00. Herzhafte Küche der Abruzzen, d.h. viel Lamm, in schnörkellosem Ambiente (Mo geschl.).

La Vongola, Lungomare Giacomo Matteotti 56, Pescara, Tel. 085 37 42 36. Die vorzüglichen Fischgerichte werden auch im Freien serviert.

72 Sulmona

Heimat des römischen Dichters Ovid.

Sulmona (25 000 Einw.) liegt in einem Tal zwischen den schroffen Bergketten der Maiella und Marsica, am Fuße des 2061 m hohen *Monte Morrone*. Das Stadtwappen zieren die Buchstaben SMPE, Abkürzung für **Ovids** (43 v. Chr.–17 n. Chr.) Vers »Sulmo mihi patria est« – »Sulmona ist meine Heimatstadt«, mit dem der berühmte römische Dichter an den Ort seiner Geburt erinnerte. Im 13. Jh. entwickelte sich die Stadt unter der Herrschaft Friedrichs II. zum wirtschaftlichen Zentrum der Region, doch mit der Machtergreifung Karls I.

Lebhaft geht es an Markttagen auf der Piazza Garibaldi im Bergstädtchen Sulmona zu

von Anjou 1266 endete der begünstigende Einfluss der Staufer. Dennoch erlebte Sulmona, das bis zur Einigung Italiens zum **Königreich Neapel** gehörte, auch in der Zeit der Renaissance eine wirtschaftliche und kulturelle Blüte. Und obgleich zahlreiche Bauwerke im 15. und im 18. Jh. schweren Erdbeben zum Opfer fielen, ist es auch heute noch ein Vergnügen, auf den Spuren der Geschichte durch die von einer Stadtmauer umgebene Altstadt zu wandeln.

Die meisten Sehenswürdigkeiten befinden sich am *Corso Ovidio*, der Hauptstraße, die von der Piazzale Tresca bis zur Porta Napoli verläuft. Im nördlichen Teil erhebt sich die **Cattedrale San Panfilo** (tgl. 9–12 und 15–19 Uhr). Das dreischiffige Gotteshaus wurde 1078–1119 anstelle eines antiken Tempels errichtet, jedoch durch Kriege und Erdbeben mehrfach zerstört, wiederauf- und umgebaut. Von der ursprünglichen romanischen Kirche blieben nur die Krypta mit schönem Madonnen-Fresko (14. Jh.) und die Säulen des Mittelschiffs erhalten. Im Chorraum dominieren Werke des 18. Jh. die Ausstattung, etwa das schöne Chorgestühl von Ferdinando Mosca oder der Hochaltar aus buntem Marmor.

Durch den Stadtpark *Villa Comunale* gelangt man zu einem der bedeutendsten Bauwerke am Corso Ovidio: dem **Palazzo dell'Annunziata** (14./15. Jh), dessen reich geschmückte Fassade Stilmerkmale der Gotik und Renaissance vereint. Im Untergeschoss wird sie von drei Portalen gegliedert, wobei das älteste (1415), links, zugleich das prunkvollste ist: Kunstvoll läuft der Spitzbogen in florale Ranken aus, die einen Rahmen für die Statue des Erzengels Michael bilden, in der Lünette ist eine Madonna (15. Jh.) zu sehen. Ebenfalls aus dem Jahr 1415 datieren die Statuen der Kirchenlehrer, die auf sieben Pilastern entlang der Fassade postiert sind. Das Obergeschoss zieren drei mit filigranen Steinmetzarbeiten geschmückte Fenster. Ursprünglich diente der Palast als Hospiz, heute beherbergt er das **Museo Civico e Archeologico** (Tel. 08 64 21 02 16, Di–So 9–13 Uhr), das einen umfassenden Überblick über die Stadtgeschichte gibt. Zu den Exponaten der Sammlung zählen antike Keramiken und Münzen sowie herrliche Arbeiten sakraler Goldschmiedekunst. Linkerhand schließt sich die Kirche **Santa Annunziata** (tgl. 9–13 Uhr) an, die einst mit dem Palast eine architektonische Einheit bildete. Durch ein Erdbeben 1706 schwer beschädigt, erhielt sie 1710 allerdings ein barockes Antlitz.

Hinter der *Piazza XX Settembre* mit der Statue des Ovid (Ettore Ferrari, 1925) stößt der Corso Ovidio auf einen **Aquädukt** (1256), der im Mittelalter die gesamte Stadt mit Wasser aus dem Gizio versorgte. Jenseits öffnet sich der schönste Platz Sulmonas, die *Piazza Garibaldi* mit dem Renaissance-Brunnen **Fontana del Vecchio** (1474). Als Wasserspeier dient ein bärtiger Alter, der mit stoischer Gelassenheit auch das bunte Markttreiben jeden Mittwoch und Samstag verfolgt. Die Hauptgeschäftsstraße endet an der **Porta Napoli** (14. Jh.), eines von zwölf Toren, die einst Einlass in die Stadt gewährten.

Seit dem 15. Jh. ist Sulmona für seine *Confetti* berühmt. Die Zuckermandeln werden, teils zu farbenfrohen Sträußen gebunden, überall in der Stadt verkauft. Mehr über ihre Herstellung – in allerlei süßen Variationen – erfährt man bei einem Besuch der 1783 gegründeten, im Süden Sulmonas gelegenen *Fabbrica Confetti Pelino* und dem angeschlossenen **Museo dell'Arte e della Tecnologia Confettiera** (Via Stazione Introdaqua 55, Tel. 08 64 21 00 47, www.pelino.it, Mo–Sa 8.30–12.30 und 15–18.30 Uhr).

Praktische Hinweise

Information

IAT, im Palazzo dell'Annunziata, Corso Ovidio, Sulmona, Tel. 08 64 21 02 16, Fax 08 64 20 73 48, www.comune.sulmona.aq.it

Sonnenblumen aus Sulmona? Warum nicht – aber bitte aus süßem Confetti

Hotels

*****Armando's**, Via Montenero 15, Sulmona, Tel. 08 64 21 07 83, www.hotel armandos.it. Nettes Mittelklassehotel mit Garten südlich der Altstadt.

***Stella**, Via P. Mazara 18, Sulmona, Tel. 086 45 26 53, www.hasr.it. Einfache Zimmer und angenehme familiäre Atmosphäre.

Restaurants

Clemente, Vico Quercia 5, Sulmona, Tel. 086 45 22 84. In den ehem. Stallungen eines Palazzo (14. Jh.) werden hervorragende Gerichte gekocht, u.a. empfehlenswert: die Vorspeisenplatte *Sapori d'Abruzzo* (Do geschl.).

Gino, Piazza Plebescito 12, Sulmona, Tel. 086 45 22 89. Freundlicher Familienbetrieb – sehr lecker sind die hausgemachten Carrati mit Safran (So geschl.).

73 Parco Nazionale d'Abruzzo

TOP TIPP *Der Nationalpark der Abruzzen ist ein Refugium für Wölfe und Bären.*

Der 1923 gegründete Parco Nazionale d'Abruzzo ist der älteste und beliebteste Nationalpark der Region. Kahle Steilhänge, enge Schluchten und Buchenwälder charakterisieren die Landschaft. Zwischen den Bergen *Monte Petroso* (2247 m), *Monte Marsicano* (2245 m), *Monte Greco* (2285 m) und *Monte Meta* (2242 m) erstreckt sich das Hochtal des *Sangro*, der am Passo del Diavolo entspringt und den malerischen See *Barrea* speist. Tierisches Wahrzeichen des Parks ist der **Abruzzen-Braunbär** (Ursus arctos marsicanus), von dem etwa 80 Exemplare im Schutzgebiet leben. Auch der **Apennin-Wolf** hat hier ein Refugium gefunden, inzwischen ist die Population auf etwa 50 Tiere angewachsen. Daneben durchstreifen **Luchse** und **Gämsen** das Areal, 300 verschiedene Vogelarten, u.a. auch **Goldadler**, diverse Reptilien und natürlich eine Vielzahl an Insekten bevölkern den Park. Im Frühjahr zeigt die artenreiche Flora, darunter auch Orchideen und Lilien, ihre ganze Farbenpracht.

Als Ausgangspunkt für Exkursionen bietet sich der Ort **Pescasseroli** mitten im Schutzgebiet an. Hier residieren die Parkverwaltung und das Besucherzentrum **Centro Natura** (Viale Santa Lucia, Tel.

08 63 91 13 1, www.parcoabruzzo.it, im Sommer tgl. 9–13 und 15–19, im Winter tgl. 9–13 und 14–17 Uhr), das Informationen und Kartenmaterial bereithält sowie geführte Wanderungen, Mountainbiketouren und Ausritte organisiert. Im dazugehörigen *Museum* erfährt man viel Wissenswertes über die Flora und Fauna der Abruzzen, ferner sind ein Bergblumengarten und ein kleiner Tierpark angeschlossen.

Wer sich speziell für den Abruzzen-Braunbären interessiert, ist in **Villavallelonga** nordwestlich des Parks richtig. Das dortige **Centro Orso** (Tel. 08 63 94 92 61, Mi–Mo 10–13 und 14–17 Uhr) erklärt anhand von Bildern und Schautafeln die Lebensgewohnheiten von Meister Petz und wartet sogar mit zwei lebendigen Exemplaren auf. Dem Apennin-Wolf ist in **Civitella Alfedena** am östlichen Parkrand eine Ausstellung im **Centro Lupo** (Tel. 08 64 89 01 41, tgl. 10–13 und 14–17 Uhr) gewidmet, im Freigehege hausen einige Wölfe, wodurch der Fortbestand auch ihrer Population gesichert ist.

Über die SR 479 gelangt man in das östlich vom Nationalpark gelegene **Scanno** (2100 Einw.). Das malerische mittelalterliche Bergdorf mit seinen Kopfstein gepflasterten Gassen oberhalb des Lago di Scanno ist ein beliebtes Ausflugsziel. Glanzpunkte in dem insgesamt schönen Ambiente sind der *Sarracco-Brunnen* (14. Jh.) mit vier wasserspeienden Masken und die 1563–76 im Renaissancestil umgebaute Kirche *Santa Maria della Valle* (tgl. 9–12 und 15–19 Uhr). An Sonn- und Feiertagen sieht man hier noch Kirchgängerinnen in äußerst vornehmen schwarzen Trachten.

i Praktische Hinweise

Information

IAT, Piazza Santa Maria della Valle 12, Scanno, Tel. 08 64 74 31 7, Fax 08 64 74 71 21, www.abruzzoturismo.it

IAT, Via Principe di Napoli, Pescasseroli, Tel. 08 63 91 00 97, Fax 08 63 91 04 61

Hotels

*****Mille Pini**, Via Pescara 2, Scanno, Tel. 08 64 74 38 7, www.millepiniscanno.it. Einladendes Hotel im Stil eines Chalets am Sessellift zum Monte Rotondo.

Le Prata, Località Le Prata, 3 km von Scanno, Tel. 08 64 74 72 63, www.agriturismoleprata.it. Rustikale Unterkunft mit Restaurant, Schafherde und Ponies.

Villa La Ruota, Colle Massarello 3, Pescasseroli, Tel. 08 15 44 61 09, www.villalaruota.it. Stilvolles Haus im Herzen des Nationalparks der Abruzzen.

Restaurant

San Francisco, Via Isonzo 1, Pescasseroli, Tel. 08 63 91 06 50. Knusprige Pizza aus dem Holzofen in lockerer Atmosphäre.

Herbe Schlichtheit prägt Bergdörfer wie Roccacaramanico im Parco Nazionale d'Abruzzo

Zu Füßen der adretten Altstadt von Termoli kann man prima fischen und baden

74 Termoli

Molises einzige Hafenstadt lockt mit einer malerischen Altstadt und einem langen Sandstrand.

Während die Berge der Maiella-Gruppe noch aus der Ferne grüßen, steht in Termoli (30 000 Einw.) schon alles im Zeichen der Adria. In Reih und Glied sind die Liegestühle am langen **Sandstrand** postiert und bilden so einen Kontrast zu der zwar ebenso drangvollen jedoch verwinkelten Enge der Altstadt. Wie Schafe in einem Pferch zwängen sich deren Häuser auf einer Landzunge, die von dicken Mauern vor den Wellen der Adria geschützt wird. Bewacht wird das Szenario vom **Castello**, das der Stauferkaiser Friedrich II. zur Befestigung des Hafens 1247 erbauen ließ und das später im aragonesischen Stil umgestaltet wurde. Durch schmale Gassen gelangt man zur wichtigsten Sehenswürdigkeit des Ortes, der romanischen **Cattedrale San Basso** (12. Jh.). Ihre Fassade wird durch Blendbögen gegliedert. Von der reichen Bauplastik ist leider wenig erhalten, aber im dreischiffigen Innern sind aufwendig mit Figuren verzierte Kapitelle zu bewundern.

Vom Hafen geht es mit Ausflugsschiffen zu den **Isole Tremiti** (z. B. Navigazione Libera del Golfo, Tel. 08 75 70 48 59, www.navlib.it), einem kleinen Archipel mit den nur z. T. bewohnten Inseln *San Domino*, *San Nicola* und *Caprara*, deren Gewässer vor allem bei Tauchern beliebt sind.

Praktische Hinweise

Information

AAST, Piazza Bega 42, Termoli, Tel. 08 75 70 39 13, Fax 08 75 70 49 56, www.comune.termoli.cb.it

Hotels

******Mistral**, Lungomare Cristoforo Colombo 50, Termoli, Tel. 08 75 70 52 46, www.hotelmistral.net. Modernes Hotel am Strand mit Meerblick.

Residenza Sveva, Piazza Duomo 11, Termoli, Tel. 08 75 70 68 03, www.residenzasveva.com. Einladendes Bed & Breakfast.

Restaurant

Torre Saracena, SS 16 Europa 140, 3 km außerhalb von Termoli, Tel. 08 75 70 33 18. Im trutzigen Sarazenenturm genießt man leckere Meeresfrüchte (Mo geschl.).

Kampanien – Neapel und die Amalfiküste

Die Geschichte Kampaniens ist eng mit den Griechen verbunden. Zu den bedeutendsten Kolonien der *Magna Graecia* gehörte **Paestum** mit seinen gewaltigen dorischen Tempeln. Auch unter den Römern erlebte die Region eine Blütezeit. Die Ausgrabungsstätten von **Pompeji** und **Herculaneum** liefern Zeugnisse des Alltags um 79 n. Chr., als der **Vesuv** diese beiden Städte unter Asche und Lava begrub. Die antiken Fundstücke präsentiert das weltberühmte *Museo Archeologico Nazionale* in **Neapel**. Die Hauptstadt Kampaniens mit ihren großartigen Palästen und barocken Kirchen beherrschte jahrhundertelang den *Mezzogiorno*, das Land der Mittagssonne, den noch heute wirtschaftlich weniger entwickelten Süden Italiens. Doch Kampanien ist reich an kulinarischen Berühmtheiten. Pizza, Pasta, Pomodori sowie Büffelmozzarella sind aus der regionalen Küche, die als Inbegriff italienischer Kochkunst gilt, nicht wegzudenken.

Zu den Traumstraßen der Welt zählt die kurvenreiche **Amalfitana**, die von **Sorrent** nach **Amalfi** führt. Die Fahrt entlang der Steilküste bietet berauschende Blicke über das Meer, heitere Städtchen und kleine Badebuchten. Weitgehend unberührte Natur findet man an der Küste des **Cilento** und im gleichnamigen Nationalpark, der mit Wanderwegen und mittelalterlichen Ortschaften lockt.

75 Neapel

Bel Canto – manchmal versinkt die vielbesungene Schönheit im Chaos.

Die Hafenstadt Neapel (Napoli) lockt mit ihrer grandiosen Lage am gleichnamigen Golf vor der Kulisse des schlummernden Vesuv. Darüber hinaus bietet die Hauptstadt Kampaniens altehrwürdige Kirchen, reiche Kunstschätze und prunkvolle Palazzi mitten im Getöse und Ungemach einer südländischen Großstadt. Touristen werden in der mit rund 1 Mio. Einwohnern nach Rom und Mailand drittgrößten italienischen Metropole Umsicht walten lassen (und Wertsachen wohl verwahren), um so Neapel mit seinem geschäftigen Treiben unbeschwert genießen zu können.

Geschichte Das von den **Griechen** im 5. Jh. v. Chr. gegründete **Neapolis** (griech. Neue Stadt) schloss 326 v. Chr. einen Bündnisvertrag mit Rom, der ihm kulturelle Unabhängigkeit sicherte. Nach dem Zerfall des Römischen Reiches wurde Neapel 763 unter Stephan II. Hauptstadt eines bedeutenden Herzogtums. 1139 gliederte Roger II. die Stadt seinem **Normannisch-sizilianischen Königreich** ein. In dieser Zeit entwickelte sich Neapel zu einem der wichtigsten Mittelmeerhäfen. Den Normannen folgten die **Staufer**. Friedrich II. ließ die Stadtmauer erneuern und gründete zudem 1224 die neapolitanische Universität. Nur zwei Jahre später zog der von Papst Clemens IV. zu Hilfe gerufene Franzose *Karl von Anjou* in Neapel ein. Mit der Enthauptung des 16-jährigen Konradin, Enkel Friedrichs II. und legitimer Erbe der Krone, besiegelte Karl von Anjou 1268 das Ende der Staufer. 1442 eroberte *Alfons von Aragon* Neapel und vereinigte es mit dem von ihm beherrschten Sizilien zum **Königreich Neapel**. Die Stadt wuchs, neue Stadtviertel entstanden, vor allem unter dem Vizekönig *Pedro de Toledo* (1532–1553), z. B. die *Quartieri Spagnoli* für die spanischen Soldaten und ihre Familien. In Folge des spanischen Erbfolgekrieges geriet Neapel 1707 unter die Herrschaft der österreichischen **Habsburger**, bis Süditalien 1735 schließlich den spanischen **Bourbonen** zufiel. 1806 besetzte *Napoleon* die Stadt und machte seinen Schwager *Joachim Murat* zum Vizekönig, der durch seine sozialen Reformen bei den Neapolitanern sehr beliebt war. Doch der Wiener Kongress stellte 1815 die Bourbonenherrschaft über das ›Königreich beider Sizilien‹ wieder her, die erst mit dem Einzug

Malerisches Arrangement: Neapel, die Hauptstadt Kampaniens, vor der Kulisse des Vesuv

Große Kunst im spröden Allltag: Farnesischer Herkules (Kopie) in der U-Bahn-Station des Museo Archeologico Nazionale

von **Garibaldis** Truppen 1860 in Neapel endete. Während des Zweiten Weltkriegs wurde Neapel von den Alliierten schwer bombardiert und schließlich besetzt. Eine Cholera-Epidemie 1973 und ein Erdbeben 1980 setzten der Stadt in der jüngeren Vergangenheit zu – und immer wieder die **Camorra**. Trotz einiger politischer Erfolge sorgen anhaltende soziale Missstände und hohe Arbeitslosigkeit dafür, dass die mafiöse Organisation nach wie vor als größter Arbeitgeber der Stadt gilt. Abgesehen davon ist Neapel heute das wichtigste Verkehrszentrum und der Warenumschlagplatz Süditaliens, dabei spielt der **Fähr- und Containerhafen** eine große Rolle.

Besichtigung In Neapel zeugt wenig von den Griechen und Römern, dafür muss man schon das weltberühmte Archäologische Museum aufsuchen. Das Stadtbild prägen die barocken Bauten der Spanier. Viele Hauptattraktionen liegen nur ein paar Schritte voneinander entfernt und sind vom Bahnhof aus gut zu erreichen. Das Auto sollte man auf einem der bewachten Parkplätze z. B. an der Via Benedetto Brin stehen lassen und sich getrost dem öffentlichen Verkehr anvertrauen.

Vom Museo Archeologico Nazionale nach Capodimonte

Nördlich des Stadtzentrums befindet sich eine der weltweit bedeutendsten Sammlungen antiker Kunst: Das TOP TIPP **Museo Archeologico Nazionale** (Piazza Museo Nazionale 19, Tel. 081 29 28 23, http://marcheo.napolibeniculturali.it, Mi–Mo 9–19.30 Uhr), das seit dem 18. Jh. in einem 1612 für die königliche Kavallerie errichteten und im frühen 17. Jh. für die Universität umgebauten Gebäude untergebracht ist. 1748 erweiterte Ferdinando Sanfelice den Bau um einen Flügel, in dem sich seit 1773 eine Antikensammlung befindet, die der Bourbonenkönig Karl III. 1735 von der Farnese-Familie aus Parma geerbt hatte. Diesen Schätzen sowie den Grabungsfunden aus Pompeji und Herculaneum verdankt das Museum seinen Ruhm. Zu den Höhepunkten gehören die Skulpturen des kolossalen ›Farnesischen Herkules‹ und die Gruppe ›Farnesischer Stier‹ (um 200 v. Chr.) aus den Caracalla-Thermen in Rom sowie wertvolle Mosaike (2. Jh. v. Chr.–79 n. Chr.), u.a. die ›Alexanderschlacht‹ aus der *Casa del Fauno* in Pompeji [s. S. 279], und das skandalumwitterte *Gabinetto Segreto*. In ihm sind lange unter Verschluss gehaltene erotische Darstellungen aus Pompeji zu bewundern. Großes Interesse erregen auch die exzellenten römischen Wandmalereien, etwa aus dem *Tempio d'Iside* in Pompeji. Ferner präsentiert das Museum Silberwaren, Keramik, Gläser, Waffen und Gladiatorenrüstungen.

Über die Via Santa Teresa degli Scalzi und den anschließenden Corso Amedeo di Savoia gelangt man nun zu den **Catacombe di San Gennaro** (Via Capodimonte 13, Tel. 08 17 41 10 71, Di–So 9, 10, 11, 12 Uhr, nur mit Führung, ca. 40 Min.) im Norden der Stadt. Die im 3. Jh. n. Chr. angelegten Katakomben sind nach dem Stadtpatron San Gennaro benannt, der nach seinem Märtyrertod 304 zunächst hier beigesetzt war. Einige der ins Tuffgestein gehauenen Gräber sind mit eindrucksvollen Wandmalereien (5.–9. Jh.) verziert.

Auf der Hügelkuppe oberhalb der Katakomben thront der riesige **Palazzo di Capodimonte** (Via Miano 1, Tel. 08 17 49 91 11, www.museo-capodimonte.it, Di–So 8.30–19.30 Uhr). Das Königsschloss, das Karl III. von Bourbon 1743 errichten ließ, zählt zu den wichtigsten Zeugnissen des neapolitanischen Barock und Rokoko. Mit dem Bau wurden Giovanni Antonio Medrano und Antonio Canevari betraut, während Sanfelice für die Gestaltung des weitläufigen Parks verantwortlich war. Seit 1957 beherbergt der Palazzo das **Museo Nazionale di Capodimonte**. Zu den Glanzlichtern der hochkarätigen Gemäldegalerie mit Werken des 13.–20. Jh. gehören Tizians Porträts von *Papst Paulus III.* und *Philipp II.*, die ›Kreuzigung Christi‹ (1426) von Masaccio sowie ›Der Blindensturz‹ (1568) von Pieter Brueghel d. Ä. Weitere Schätze sind Gemälde von Rembrandt, Michelangelo, Vasari, Bellini, Raffael, Botticelli, Caravaggio und El Greco. Die Sammlung Moderner Kunst zeigt Werke von Alberto Burri, Jannis Kounellis und Andy Warhol. Hinzu kommt wertvolles Kunsthandwerk, das vom Reichtum des neapolitanischen Königshauses zeugt.

Altstadt zwischen Piazza del Gesù und Porta Capuana

Die neapolitanische Altstadt erstreckt sich entlang der **Spaccanapoli** (spaltet Neapel), die aus mehreren kleinen Straßen besteht: Via Maddaloni, Via Capitelli, Via Croce usw. Hier und in den umliegenden Gassen schlägt das Herz der Stadt. 1995 erklärte die UNESCO das Viertel zum *Weltkulturerbe*. Sein Eingangstor bildet die *Piazza del Gesù Nuovo* mit der verspielten Rokokosäule *Guglia dell'Immacolata* (1747–50). Begrenzt wird der Platz von der 1584–1601 erbauten Jesuitenkirche **Il Gesù Nuovo** (Tel. 08 15 51 86 13, tgl. 7–13 und 16–19.30 Uhr). Ihre auffällige Fassade aus dunklen Peperinsteinquadern im Diamantschnitt verdankt sie ih-

Mittelpunkt der Piazza del Gesù Nuovo ist die schlanke Rokokosäule Guglia dell'Immacolata

rem Vorgängerbau, dem Palazzo Sanseverino aus dem 15. Jh. Das Kircheninnere ist eine wahre Prachtkulisse aus Marmor, Stuck und Fresken, darunter Francesco Solimenas spätbarockes Meisterwerk ›Vertreibung des Heliodor‹.

Nächster Anziehungspunkt sind Kirche und Kloster des nahen **Complesso Museale di Santa Chiara** (Via Santa Chiara 49c, Tel. 0811957 5915, www.santachiara.info, Mo–Sa 9.30–17.30, So 9–13.30 Uhr). Die strenge einschiffige Saalkirche, die Robert von Anjou 1310 als Grablege errichten ließ, wurde nach Bombenschäden 1943 im ursprünglichen Stil der provenzalischen Gotik rekonstruiert. Keinesfalls versäumen darf man den anschließenden Kreuzgang, den *Chiostro delle Clarisse*. Gelb, grün und blau sind die Farben der herrlichen Majolikakacheln, mit denen die Säulen und Sitzbänke verkleidet sind. Giuseppe und Donato Massa schufen die ländlichen und mythologischen Szenen im 18. Jh.

Auf der belebten Piazza San Domenico Maggiore erinnert die markante Säule *Guglia di San Domenico* an die überstandene Pestwelle 1656. Die zinnenbekrönte Apsis an der Nordseite des Platzes gehört zur Lieblingskirche und Grablege der Aragonier, **San Domenico Maggiore** (tgl. 8.30–12 und 16.30–19 Uhr). Die gotische Dominikanerkirche aus dem 13. Jh. erfuhr im Laufe der Zeit mehrere Veränderungen, etwa durch die barocke Vorhalle. Auch das Innere der dreischiffigen Basilika vereint Gotik und Barock – etwa Pietro Cavalinis Fresken (1309) in der zweiten Seitenkapelle rechts sowie Solimenas Malereien (18. Jh.) in der Sakristei.

Barocke Fülle macht die räumlich kleine Cappella Sansevero künstlerisch ganz groß

Um die Ecke erhebt sich die spektakuläre **Cappella Sansevero** (Via Francesco De Sanctis 17–21, Tel. 0815518470, www.museosansevero.it, Mo/Mi–Sa 10–17.40, So/Fei 10–13.10 Uhr). Die 1590 errichtete Grabkapelle der Familie Sangro-Sansevero wurde im 18. Jh. völlig neu mit Fresken und Statuen ausgestaltet. Der einschiffige Barockraum ist inspiriert durch den Auftraggeber Raimondo di Sangro (1710–1771), der als experimentierfreudiger Wissenschaftler damals den Ruf eines Hexenmeisters hatte. Allem Irdischen entrückt scheint die virtuos bearbeitete Marmorskulptur ›Verschleierter Christus‹ (1753) von Giuseppe Sanmartino (1720–1793).

Die malerische *Via di San Gregorio Armeno* ist die Gasse der berühmten **Krippenbauer** (Pastorai). Ihre fantasievollen Weihnachtskrippen (Presepii) zeigen die Vorliebe der Neapolitaner für dramatische und bildhafte Szenarien. In den Läden werden neben traditionellen Figuren wie Maria, Josef und dem Jesuskind auch zeitgenössische Persönlichkeiten im Hirtengewand verkauft. Vom geschäftigen Treiben erholen kann man sich in der angrenzenden Klosterkirche **San Gregorio Armeno** (tgl. 9.30–12 Uhr). Das barocke Kirchenschiff prunkt mit einer Kassettendecke und farbenfrohen Fresken von Luca Giordano an den Seitenwänden sowie in der Kuppel. In der Mitte des anschließenden stillen Kreuzgangs aus dem 18. Jh. plätschert ein wunderschöner Brunnen.

Die Krippengasse führt zur *Piazza San Gaetano*, dem Zentrum der griechisch-römischen Stadt. Hier sollte man sich den spannenden Ausflug in die **Napoli Sotterranea** (Piazza San Gaetano 68, Tel. 081296944, www.napolisotterranea.org, Führungen Mo–Fr 12, 14, 16, Do auch 21, Sa/So auch 10 und 18 Uhr, Dauer ca. 2 Std.) nicht entgehen lassen. Eine steile Treppe führt hinab in 40 m Tiefe zu den Resten antiker Aquädukte, Zisternen und Gänge, die im Zweiten Weltkrieg als Luftschutzkeller dienten. Auch ein unterirdisches

Castel Sant'Elmo und Certosa di San Martino – Militär und Kirche teilten sich den Vomero-Hügel

Theater aus dem 4. Jh. v. Chr., in dem Kaiser Nero aufgetreten sein soll, kann man hier besichtigen.

Die nahe gelegene Kirche **San Lorenzo Maggiore** (Via Tribunali 316, www.sanlorenzomaggiorenapoli.it, Di–So 8–12 und 17–19 Uhr), ein elegantes einschiffiges Gotteshaus, entstand im 14. Jh. an Stelle eines frühchristlichen Baus. Die polygonale Apsis nach Plänen von Thibaud de Saumur zeigt besonders deutlich Einflüsse der französischen Gotik. Unter dem Kreuzgang wurden Überreste einer aus griechisch-römischer Zeit stammenden Ladenstraße freigelegt.

Die Via Duomo führt zum **Duomo San Gennaro** (Via Duomo 147, Tel. 081 44 90 97, www.duomodinapoli.it, Mo–Sa 8–12.30 und 16.30–19, So 8–13.30 und 17–19.30 Uhr). Die Fassade des 1294–1323 im Stil der französischen Gotik erbauten Doms stürzte beim Erdbeben 1349 ebenso ein wie der *Campanile* und wurde mehrfach verändert, zuletzt im 19. Jh. Der dreischiffige, üppig ausgeschmückte *Innenraum* spiegelt die barocken Eingriffe des 17./18. Jh. wider. Vom linken Seitenschiff gelangt man in die frühchristliche *Basilica di Santa Restituta* (4. Jh.). Neapels älteste Kirche wurde nach dem Erdbeben 1688 eindrucksvoll barockisiert. Rechts von der Apsis liegt die Taufkapelle *San Giovanni in Fonte* (4./5. Jh.), die von einer mit Mosaiken verzierten Kuppel dominiert wird. Hauptanziehungspunkt im Dom aber ist die schöne *Cappella di San Gennaro* (1609–37), deren Gestaltung auf die silberne Reliquienbüste mit dem Schädel des hl. Januarius ausgerichtet ist. In zwei Glasampullen wird das Blut des Stadt- und Kirchenpatrons aufbewahrt, das sich im Mai und September eines jeden Jahres auf wundersame Weise verflüssigen soll. Das an den Dom grenzende **Museo del Tesoro di San Gennaro** (Via Duomo 149, Tel. 081 29 49 80, www.museosangennaro.com, tgl. 9–18.30 Uhr) zeigt den wertvollen Domschatz und gewährt Zugang zur Sakristei mit den herrlichen Fresken von Luca Giordano (1632–1705).

Die Via Tribunali endet am normannischen Herrschersitz Wilhelms I., dem *Castel Capuano* (12. Jh.), das seit dem 16. Jh. als Justizgebäude dient. Östlich davon steht die **Porta Capuana** (1484), das von zwei Rundtürmen der alten Stadtmauer flankierte, marmorne Renaissancetor, das Giuliano da Maiano entwarf.

Zentrum der Macht zwischen Castel Sant'Elmo und Castel Nuovo

Mit der Standseilbahn *Funicolare di Montesanto* gelangt man bequem hinauf zum **Castel Sant'Elmo** (Via Tito Angelini 20, Tel. 08 12 29 44 01, http://santelmo.spmn.remuna.org, Do–Di 8.30–19.30 Uhr), das hoheitsvoll auf dem Vomero-Hügel thront. Von seinen Mauern hat man ganz Neapel im Blick. Die wuchtige Festung, die Robert von Anjou im 14. Jh. errichten ließ, wurde unter Pedro de Toledo 1537–46 in Form eines sechszackigen Sterns umgebaut und befestigt. Heute wird der Baukomplex für kulturelle Veranstaltungen genutzt.

Die benachbarte **Certosa di San Martino** wurde im 14. Jh. als gotische Kartause gegründet. Im 16./17. Jh. erfuhr das Kloster eine umfassende barocke Umgestaltung durch Antonio Dosio und Cosimo Fanzago. Die *Kirche* ist reich mit farbigem Marmor, Skulpturen, Fresken und Gemälden ausgestattet, u.a. von Battistello Caracciolo und Guido Reni. Das strahlende Kuppelfresko ›Triumph der Judith‹ (1704) in der *Cappella del Tesoro* (Schatzkapelle) schuf Luca Giordano. Heute beherbergt die Kartause mit dem **Museo Nazionale di San Martino** (Largo San Martino 5, Tel. 08 15 78 17 69, http://sanmartino.spmn.remuna.org, Di–So 9–19.30 Uhr) ein außerordentlich faszinierendes kulturhistorisches Museum. In der Pinakothek erhält man einen guten Überblick über die barocke neapolitanische Malerei des 17. und 18. Jh. Außerdem wird in den Sälen um den großen Kreuzgang eine umfassende Krippensammlung gezeigt, deren wertvollstes Stück die nach ihrem Stifter benannte figurenreiche *Cuciniello-Krippe* aus dem 19. Jh. ist.

Um wieder in die Unterstadt zu gelangen, kann man die *Funicolare Centrale* nehmen oder durch die **Quartieri Spagnoli** hinab spazieren. Das im Schachbrettmuster angelegte Altstadtviertel aus dem 16. Jh., das sich zwischen Vomero und Via Toledo erstreckt, ist heute ein buntes Wohngebiet mit vielen Handwerkern, einfachen Läden und Märkten.

Das königliche Neapel manifestiert sich an der monumentalen Eingangsfront des **Palazzo Reale** (Tel. 08 15 80 81 11, http://preale.baa.remuna.org, Do–Di 9–19 Uhr), der einstigen Bourbonenresidenz. Aus den Wandnischen blicken die überlebensgroßen Statuen der acht wichtigsten Herrscher Neapels auf die weite *Piazza del Plebiscito*. Der dreigeschossige Palast wurde im 17. Jh. nach einem Entwurf von Domenico Fontana errichtet und 1759 mit dem *Festflügel* von Ferdinando Fuga erweitert. Die ganze Pracht offenbart sich im Inneren. Die *Prunktreppe* (1651) von Francesco Antonio Picchiatti führt in die königlichen Gemächer. Joachim Murat und Caroline Bonaparte bereicherten das Interieur durch klassizistische Möbel, die teilweise aus Paris stammen. Im Festflügel befindet sich die *Nationalbibliothek*, die Raritäten wie die berühmten Papyrusrollen aus Herculaneum [s. S. 274] bewahrt.

Die gegenüberliegende Platzseite dominiert die von Kolonnaden eingefasste Kirche **San Francesco di Paola** (1817–46), die Ferdinand IV. in seiner Euphorie über die Rückkehr der Bourbonen nach Nea-

Ein Traum in Rot und Gold ist der Innenraum des legendären Teatro di San Carlo

Karussell der Flaneure auf der mondänen Großstadtbühne der Galleria Umberto I

pel als Kopie des römischen Pantheon errichten ließ. Den Norden des Palazzo Reale begrenzt das 1737 eröffnete **Teatro di San Carlo** (Via San Carlo 98, Tel. 08 17 97 23 31, www.teatrosancarlo.it, Di–So 9–19 Uhr), das älteste Opernhaus der Welt und eines der bedeutendsten Italiens. Nach einem Brand 1816 wurde es von Antonioni Niccolini im klassizistischen Stil wieder aufgebaut. Der Theatersaal bietet 3000 Zuschauern Platz, seine Ausstattung schwelgt in roten und goldenen Farbtönen. 1902 gab hier der begnadete, aus Neapel stammende Tenor *Enrico Caruso* (1873–1921) sein gefeiertes Debüt.

Über die Via Vittorio Emanuele III gelangt man zum bulligen **Castel Nuovo** (Piazza Municipio, Tel. 08 14 20 12 41, Mo–Sa 9–19 Uhr). Da Karl von Anjou die Festung 1279 in Auftrag gab, wird sie auch *Maschio Angioino* (Anjou-Jüngling) genannt. Der heutige Bau mit seinen wehrhaften fünf Rundtürmen auf hohen Fundamenten geht allerdings auf die Aragonier im 15. Jh. zurück. Die Renaissancereliefs auf dem Triumphbogen am Eingang preisen Alfons von Aragon. Kernstück seiner Residenz ist die *Sala dei Baroni* mit einem wunderschönen Sterngewölbe von Guglielmo Sagrera. Heute tagt hier der Stadtrat. Sehenswert sind auch die Fresken (14./15. Jh.) in der *Cappella Palatina*. Hier inszeniert das *Museo Civico di Castel Nuovo* Gemälde und Kunsthandwerk der letzten 500 Jahre aus Silber und Bronze.

Am Beginn der Via Vittorio Emanuele III gibt es einen Zugang zur mondänen **Galleria Umberto I** (1887–90), die zum Einkaufsbummel einlädt. Über den spiegelblanken Marmorboden, den Luxus-

Einst ankerten Fischerboote im Schutz von Castell dell'Ovo, heute sind es meistens Jachten

boutiquen, Juwelieren und vornehmen Cafés spannt sich in etwa 60 m Höhe das fantastische Dach, eine Glas-Eisen-Konstruktion. Die nahe, verkehrsberuhigte **Via Toledo**, die 1856 im Zuge der Stadtentwicklung unter Pedro de Toledo entstand, ist die bevorzugte Flaniermeile der Neapolitaner. Sie endet an der *Piazza Trento e Trieste*. Von hier aus kann man den Einkaufsbummel in der belebten Fußgängerzone der **Via Chiaia** fortsetzen.

Alternativ macht man einen Abstecher Richtung Süden zur Piazza del Plebiscito und dem berühmten Fischerviertel **Santa Lucia**, dem einige neapolitanische Lieder gewidmet sind. Über einen Damm gelangt man zum **Castel dell'Ovo**, das sich auf einer kleinen Insel erhebt. Neapels älteste Burg geht auf die Normannen zurück und wurde im 13. Jh. von den Anjou ausgebaut. Heute ist hier ein modernes Kongresszentrum eingerichtet. Unterhalb der trutzigen Mauern erstreckt sich das Viertel **Borgo Marinari**. In die alten Häuser und Bootsschuppen der Fischer sind inzwischen edle Restaurants, trendige Bars und Nautikklubs eingezogen. Von hier bietet sich ein fantastischer Blick über die Stadt bis zum Vesuv. Im Meer erspäht man drei Schönheiten, die nahen *Phlegräischen Inseln*: Das beschauliche **Procida** und das für seine Thermen gerühmte **Ischia** liegen im Norden des Golfs vor Pozzuoli. Und **Capri** mit seiner Blauen Grotte erscheint im Süden vor der Sorrentiner Halbinsel.

i Praktische Hinweise

Information

AASCT, Palazzo Reale, Piazza del Plebiscito 1, Neapel, Tel. 08 12 52 57 11, Fax 081 41 86 19, www.inaples.it

EPT, Piazza dei Martiri 58, Neapel, Tel. 08 14 10 72 11, Fax 081 40 19 61, www.eptnapoli.info

Campania Artecard, Tel. 800 60 06 01 (in Italien, gebührenfrei) oder Tel. 06 39 96 76 50 (mobil), www.campania artecard.it. 3 oder 7 Tage gültiges Kombiticket für vergünstigten Eintritt zu Museen und archäologischen Stätten der gesamten Region sowie freie Nutzung der öffentlichen Verkehrsmittel.

Flughafen

L'Aeroporto Capodichino, Neapel, Tel. 08 17 89 61 11, www.gesac.it. Ca. 7 km vom Stadtzentrum. Der *Alibus* pendelt zur Piazza Municipio, außerdem fährt der Linienbus 3S zur Piazza Garibaldi.

Häfen

Stazione Marittima, Molo Angioino, Neapel, www.porto.napoli.it. Fähren nach Sardinien, Sizilien und zu den Äolischen Inseln, z. B. mit *Tirrenia Navigazione*, Tel. 08 10 17 19 98, www.tirrenia.it

Porto Beverello, Molo Beverello, Neapel. Fähren nach Capri, Ischia, Ponza und Procida, z. B. mit *Navigazione Libera del Golfo*, Tel. 08 75 70 48 59, www.navlib.it

Porto Mergellina, Neapel. Tragflügelboote nach Ischia, Procida und Capri, z. B. mit *Caremar*, Tel. 08 10 17 19 98, www.caremar.it

Öffentliche Verkehrsmittel

In Neapel gibt es zwei **Metrolinien** (Tel. 08 15 59 41 11, www.metro.na.it) und vier **Standseilbahnen** (Funicolare), von denen drei auf den Vomero hinauffahren. Außerdem führen mehrere **Buslinien** (Tel. 08 17 63 11 11, www.anm.it) durch die Stadt. Die Tickets *GiraNapoli* – auch Tageskarten – gelten für alle Verkehrsmittel.

Parkplätze

Parcheggio Brin, Via Brin/Via Volta, Tel. 08 17 63 28 55. 800 Auto- und 37 Motorradparkplätze.

Parcheggio Colli Aminei, Viale Colli Aminei/Via Cardarelli, Tel. 08 17 63 22 52. 250 Auto- und 15 Motorradparkplätze.

Nachtleben

Bar Lazzarella, Calata Trinità Maggiore 7, Neapel, Tel. 08 15 51 00 05. Einstimmung auf das Nachtleben nahe der Piazza del Gesù Nuovo.

Velvet Zone, Via Cisterna dell'Olio 21, Neapel, www.velvetzone.it. Nacht für Nacht wechselnder Sound: HipHop, Techno, Rock und Pop.

Hotels

*******Vesuvio**, Via Partenope 45, Neapel, Tel. 08 17 64 00 44, www.vesuvio.it. Feines Luxushotel in der Nähe des Castel dell' Ovo mit Blick über den Golf von Neapel.

******Palazzo Turchini**, Via Medina 21, Neapel, Tel. 08 15 51 06 06, www.palazzo turchini.it. Moderner Komfort in einem charmanten Stadtpalast aus dem 17. Jh.

******Villa Capodimonte**, Via Moiariello 66, Neapel, Tel. 081 45 90 00, www.villa capodimonte.it. Angenehmes Hotel mit ruhigem Park am Capodimonte.

*****Chiaja Hotel de Charme**, Via Chiaia 216. Neapel, Tel. 081 41 55 55, www.hotelchiaja.it. Stilvolle Nachtruhe

In Neapel erfunden und nirgendwo auf der Welt schmeckt sie besser – Pizza

nahe der Piazza del Plebiscito und süßes Erwachen mit neapolitanischem Caffè.

Belle Arti, Via Santa Maria di Costantinopoli 27, Neapel, Tel. 08 15 57 10 62, www.belleartiresort.com. Modernes Boutiquehotel mit schönen, großzügigen Zimmern in einem Palazzo aus dem 17. Jh.

Costantinopoli 104, Via Santa Maria di Costantinopoli 104, Neapel, Tel. 08 15 57 10 35, www.costantinopoli104.com. Geschmackvoll eingerichtete Villa direkt im Zentrum, mit Pool im Garten.

Restaurants

La Bersagliera, Borgo Marinari 10/11, Neapel, Tel. 08 17 64 60 16, www.labersagliera.it. Neapolitanische Spezialitäten, Fisch und Meeresfrüchte in grandioser Lage am Hafen von Santa Lucia (Di geschl.).

Osteria della Mattonella, Via Nicotera 13, Neapel, Tel. 081 41 65 41. Rustikale Osteria mit traditioneller Küche (So geschl.).

Trattoria da Carmine, Via dei Tribunali 330, Neapel, Tel. 081 29 43 83. Gemütliches Lokal, leckeres Essen und historische Fotos von Neapel.

Vadinchenia, Via Pontano 21, Neapel, Tel. 081 66 02 65. Kreative Kochkunst in schlichtem Ambiente (So geschl.).

Pizzerien

Brandi, Salita di Santa Anna di Palazzo 1, Neapel, Tel. 081 41 69 28, www.brandi.it. Der Teig ist perfekt, die Auswahl überwältigend.

Da Michele, Via Sersale 1, Neapel, Tel. 08 15 53 92 04. Die erste Adresse für Pizza Margherita und Pizza Marinara.

Cafés

Gelateria Bilancione, Via Posillipo 238, Neapel, Tel. 08 17 69 19 23. Eine der besten Eisdielen Neapels, besonders gut schmeckt das Nusseis.

Gran Caffè Gambrinus, Via Chiaia 1/2, Neapel, Tel. 081 41 75 82, www.caffegambrinus.com. Der Klassiker unter Neapels eleganten Cafés.

Intra Moenia, Piazza Bellini 70, Neapel, Tel. 081 29 07 20, www.intramoenia.it. Hübsches Café im Verlagshaus, ein Intellektuellen- und Künstlertreff.

Scaturchio, Piazza San Domenico 19, Neapel, Tel. 08 15 51 70 31, www.scaturchio.it. Berühmte Konditorei, in der man die typisch neapolitanische Süßspeise *Sfogliatella* mit Ricotta und kandierten Früchten oder die rumgetränkte *Babà* probieren sollte.

Der Park des Palazzo Reale von Caserta steht dem Palast an Eleganz und Finesse nicht nach

76 Caserta

Das stolze Bourbonenschloss ›La Reggia‹ wurde als UNESCO Weltkulturerbe geadelt.

Die Römer nannten die Provinz um Caserta (79 000 Einw.) Campania felix (glückliche Landschaft), denn sie ist mit fruchtbaren Böden und einem milden Klima gesegnet. Die weite Ebene am Fuße der *Monti Tifatini* wird überstrahlt von einer der Hauptattraktionen Kampaniens: der Palastanlage des **Palazzo Reale** (Via Douhet 22, Tel. 08 23 44 80 84, www.arethusa.net, Mi–Mo 8.30–19 Uhr), kurz *La Reggia*. Karl III. von Bourbon beauftragte 1751 den Architekten *Luigi Vanvitelli* mit dem Neubau einer Königsresidenz, die dem Schloss von Versailles in nichts nachstehen sollte. So entstand bis 1774 rund 22 km nördlich von Neapel ein außergewöhnlicher Komplex mit 120 ha großem Park und später dann um den Palast herum die Stadt Caserta.

Hinter der vornehmen Fassade aus Travertin und Backstein sind 1217 Zimmer und Säle um vier Innenhöfe angeordnet. Die majestätische Ehrentreppe geleitet zur prunkvollen *Cappella Palatina* und zu den mit Marmor und Gemälden reich geschmückten *Appartamenti Reali*, den königlichen Gemächern. Im zweiten Hof befindet sich das bezaubernde *Teatro di Corte* und in einem großen Saal wurde die viel bewunderte königliche *Weihnachtskrippe* (17. Jh.) rekonstruiert.

Die Pracht der Architektur und Dekoration findet ihre Fortsetzung im weitläufigen **Park** hinter dem Palast, den Luigi Vanvitellis Sohn Carlo 1779 vollendete. Besonders beeindruckend ist die ca. 3 km lange Hauptallee, die von bombastischen Wasserspielen, Skulpturen sowie abgezirkelten Beeten und gestutzten Hecken gesäumt wird. Den würdigen Schlussakkord setzt die 78 m hohe *Große Kaskade* mit dem Dianabrunnen. Zum Park gehört außerdem ein verwunschener *Giardino Inglese* (Juni–Aug. Mi–Mo 8.30–18, April/Mai, Sept Mi–Mo 8.30–17, März, Okt. Mi–Mo 8.30–16, Nov.–Febr. Mi–Mo 8.30–14.30 Uhr), ein englischer Garten mit künstlichen Seen, Wäldern und Ruinen, den Marie Caroline, die Gattin Ferdinands IV., anlegen ließ.

Ausflüge

Am Monte Virgo, 10 km nordöstlich von Caserta, liegt **Caserta Vecchia**, ein mittelalterliches Bergnest, das weithin sichtbar vom *Duomo San Michele* (Piazza Vescovado, tgl. 9–13 und 15–19.30 Uhr) mit seinem wuchtigen Glockenturm und der polychromen Vierungskuppel überragt wird. Das 1113–53 errichtete Gotteshaus ist ein herrliches Beispiel der arabisch-normannisch geprägten Romanik in Süditalien. Das dreischiffige Innere birgt eine mit Mosaiken verkleidete Kanzel und wertvolle Grabmäler (14. Jh.).

Über *Santa Maria Capua Vetere* mit dem gigantischen Amphitheater (1. Jh. n. Chr., 50 000 Plätze) gelangt man 15 km nordwestlich von Caserta Vecchia zu einem mittelalterlichen Kleinod, der schönen Basilika **Sant'Angelo in Formis** (Tel. 08 23 96 08 17, tgl. 9.30–12.30 und 15.30–18.30 Uhr). Sie wurde im 10. Jh. durch die Benediktiner von Montecassino auf den Resten eines Dianatempels erbaut und 1072 umgestaltet. Das dreischiffige Langhaus und die drei Apsiden sind vollständig mit farbenfrohen Fresken ausgemalt, darunter Szenen aus dem Leben Christi.

i Praktische Hinweise

Information

EPT, Palazzo Reale, Caserta, Tel. 08 23 32 11 37, Fax 08 23 32 63 00, www.eptcaserta.it

Hotel

*****Amadeus**, Via Verdi 72, Caserta, Tel. 08 23 35 26 63, Fax 08 23 32 91 95. Kleines Hotel mit netter Atmosphäre.

Restaurants

Mastrangelo, Piazza Duomo, Caserta Vecchia, Tel. 08 23 37 13 77, www.ristorantemastrangelo.com. Das in einem alten Kloster untergebrachte Restaurant tischt – auch im Freien – köstliche regionale Speisen auf (So geschl.).

O Masto, Via Agostino 10, Caserta, Tel. 08 23 32 00 42. Ausgezeichnete Hausmannskost, u.a. auch vom Grill, dazu gibt es offene Weine (Mo geschl.).

77 Herculaneum

Die Lava des Vesuv begrub die Schätze des antiken Herculaneum.

Das heutige Ercolano (55 000 Einw.), 12 km südlich von Neapel wurde auf einer 20 m dicken Decke erstarrter Lava erbaut, die 79 n. Chr. die blühende Römersiedlung Herculaneum begraben hatte. Und so mancher Hauseigentümer mag befürchten, eines Tages ins Visier der Archäologen zu geraten. Denn das Ausgrabungsgelände entspricht nicht einmal der Hälfte der antiken Stadt.

Geschichte Das der Sage nach von Herkules gegründete **Herakleion** war zuerst von Griechen und ab 89 v. Chr. von Römern besiedelt. Im 1. Jh. n. Chr. galt die Hafenstadt mit ihren 4000 Einwohnern als beliebte Sommerfrische reicher Römer, die sich hier prächtige Villen bauen ließen. Die bekannteste ist die nordwestlich der Stadt gelegene *Villa dei Papiri*, in der eine Papyrusrollen-Bibliothek gefunden wurde. Beim **Vesuv-Ausbruch** am

Die Sala di Marte gehört zu den kostbar ausgestatteten Appartamenti Reali des Palazzo Reali

Zeitreise – Ausgrabungsareal des antiken Herculaneum, im Hintergrund Neustadt und Vesuv

24. August 79 n. Chr. verschwand Herculaneum unter Schlamm und Lava. Dadurch wurden organische Materialien, Holz, Stoffe und Speisen, konserviert. 1709 stieß man bei einer Brunnenbohrung auf Reste des antiken Theaters. 1738 leiteten die Bourbonen die ersten offiziellen Ausgrabungen ein. Die systematische Freilegung der Wohnhäuser und öffentlichen Gebäude begann dann 1927. Die meisten wertvollen Fundstücke wurden zu ihrem Schutz ins Archäologische Museum nach Neapel [s. S. 264] gebracht.

Besichtigung Herculaneum ist von Neapel aus gut mit dem Zug *Circumvesuviana* (www.vesuviana.it) zu erreichen, der auf der Strecke nach Sorrent in Ercolano hält. Die archäologischen Ausgrabungen **Scavi di Ercolano** (Corso Resina, Tel. 08 18 57 53 47, www.pompeiisites.org, April–Okt. tgl. 8.30–19.30, Nov.–März tgl. 8.30–17 Uhr, letzter Einlass 90 Min. früher) werden von Lava- und Kalkstein gepflasterten Straßen durchzogen. Typisch römisch ist das Schachbrettmuster nordsüdlich verlaufender *Cardi* und ost-westlich verlaufender *Decumani*. Auf dem Cardo III gelangt man zur **Casa dell'Albergo**, einem gewaltigen Stadthaus, das zum Zeitpunkt der Katastrophe wohl gerade umgebaut wurde. An der Ecke Decumanus Inferior und Cardo IV sieht man die Reste der **Casa del Tramezzo di Legno**, in der das Atrium vom Tablinum (Empfangsraum) durch eine Holzwand getrennt ist, die beiseite geschoben werden konnte. Die benachbarte **Casa a Graticcio**, die ganz in der *Opus Craticium* genannten Flechtwerkbauweise errichtet wurde (man füllte Holzrahmen mit Kleinmaterial auf), wendet sich mit Portikus und Loggia der Straße zu. Am südlichen Ende des Cardo IV befindet sich eines der schönsten Domizile, die geräumige **Casa dell'Atrio a Mosaico**, deren Name auf den wunderbaren schwarzweißen Marmorfußboden verweist.

Nördlich vom Decumanus Inferior erreicht man die **Casa Sannitica**, die durch ein prächtiges Atrium sowie Fresken- und Stuckdekorationen besticht. Schräg gegenüber erstrecken sich die weitläufigen **Thermen**, die unter Augustus entstanden. Die Männer- und Frauenbäder sind z. T. mit Fresken und Mosaiken ausgeschmückt. Ebenfalls am Cardo IV liegt die **Casa del Mosaico di Nettuno e Anfitrite**, ein elegantes Wohnhaus mit kunstvollen Mosaiken, die Neptun und die schöne Meeresnymphe Amphitrite darstellen, sowie einem besonders gut erhaltenen Laden. Am Decumanus Maximus, der Hauptstraße, wurden die Reste des Forums und eines Tempels der Augustalen ausgegraben. Der Rundgang führt auf dem Cardo V südwärts zur teils freigelegten **Palestra**, einer Sportanlage mit Freibad aus der Zeit Kaiser Augustus, und endet an der luxuriösen **Casa dei Cervi**, die erst kurz vor dem Vulkanausbruch erbaut wurde. Seinen Namen verdankt das Haus den großartigen Skulpturengruppen, die zwei von Jagdhunden angefallene Hirsche darstellen. Bemerkenswert sind auch die rot-schwarzen Wandmalereien im pompejanischen Stil.

Etwa 250 m westlich der archäologischen Zone liegt die **Villa dei Papiri** (Tel. 08 18 57 53 47, zzt. geschl.). Das riesige Anwesen lag vor der Stadt und wurde bislang nur teilweise freigelegt. Neben den kostbaren Papyrusrollen mit ca. 1800 philosophischen Texten hat man hier auch über 80 Bronze- und Marmorstatuen entdeckt, die nach Neapel überführt wurden. Vor Ort sind Wandmalereien und Mosaike zu bewundern.

TOP TIPP Vesuv

Der Vesuv ist das Wahrzeichen Kampaniens und der einzige aktive Vulkan des europäischen Festlands. Er besteht aus dem Gipfel des *Monte Somma* (1132 m) und des *Cono Vesuviano* (1282 m). Seine Hänge sind bis zu einer Höhe von 700 m besiedelt, etwa 1 Mio. Menschen leben in der unmittelbaren Gefahrenzone, und das obwohl Wissenschaftler vor neuen Ausbrüchen warnen.

Der verheerende Ausbruch 79 n. Chr. zerstörte ganze Städte und schob die Küstenlinie fast 2 km ins Meer vor. Weitere schwere Eruptionen folgten u.a. 1631, 1794, 1906 und schließlich 1944. Seitdem zeigt sich zwar nicht einmal mehr eine Rauchfahne über dem Krater, aber unter der erstarrten Lavaschicht brodelt die Magma. Doch der Vulkan brachte nicht nur Verderben, sondern ist auch für die fruchtbaren Böden verantwortlich, auf denen Obst und Wein bestens gedeihen. 1995 wurde der **Parco Nazionale del Vesuvio** (Piazza Municipio 8, San Sebastiano al Vesuvio, Tel. 08 17 71 09 11, www.parconazionaledelvesuvio.it) ins Leben gerufen, der das Vulkangebiet und die Ausgrabungsstätten von Herculaneum und Pompeji umfasst. Den Park durchzieht ein Netz aus neun farblich gekennzeichneten *Wanderwegen*, die mit Informationstafeln zu naturwissenschaftlichen und historischen Themen versehen sind. In die faszinierende Welt der Vulkane entführt das **Museo Vulcanologico dell' Osservatorio Vesuviano** (Via Osservatorio 14, Tel. 08 16 10 84 83, www.ov.ingv.it, Sa/So 10–14, Gruppen nach Voranmeldung Mo–Fr 10–13 Uhr) in 608 m Höhe. Das Osservatorio Vesuviano wurde 1841 gegründet und ist damit die älteste wissenschaftliche Institution dieser Art. Im Museum lernt man die verschiedenen Vulkantypen kennen und kann sich eine Sammlung von Mineralien, Gesteinen und historischen Instrumenten ansehen. Vulkanologen behalten den schlum-

Detailfreudige Mosaiken birgt die Casa del Mosaico di Nettuno e Anfitrite in Herculaneum

Trügerische Ruhe – der Vesuv könnte jederzeit wieder ausbrechen und erneut Feuer speien

mernden Riesen ständig im Auge. Man kann also ruhig einen Blick über den Kraterrand riskieren. Die Serpentinen der *Strada del Vesuvio* führen zum Parkplatz in 1017 m Höhe, zu dem man vom Bahnhof in Ercolano mit dem Bus gelangt. Von dort geht es noch 1,5 km zu Fuß weiter. Oben angekommen, fällt es nicht leicht, sich zwischen dem rostroten Schlund und der grandiosen Aussicht über den Golf von Neapel zu entscheiden.

Praktische Hinweise

Restaurant

Viva lo Re, Corso Resina 261, Ercolano, Tel. 08 17 39 02 07. Hervorragende Osteria-Enoteca in der Nähe der Ausgrabungsstätte (So/Mo geschl.).

78 Pompeji

TOP TIPP *Die berühmteste archäologische Ausgrabungsstätte der Welt.*

Das Interesse der Besucher gilt dem antiken Pompeji, das eine wohlhabende römische Stadt war, als 79 n. Chr. der **Vesuv** ausbrach und die prachtvollen Villen, Geschäfte, Tempel, Theater und Thermen unter Asche und Lavabrocken verschwanden. 8000–10 000 Einwohner fanden dabei den Tod. Diejenigen, die in Kellern Zuflucht gesucht hatten, erstickten. Ihre Körper hinterließen Hohlräume in der Ascheschicht, die mit Gips ausgegossen heute berührende Zeugnisse der Tragödie sind, die sich hier einst abspielte.

Ein steiniger Pfad führt zum Krater des Vesuv

Rast auf einem antiken Mäuerchen im ausgedehnten archäologischen Bezirk von Pompeji

Geschichte Bereits Samniten, Griechen und Etrusker besiedelten den fruchtbaren Lavaboden am Sarno. Erstmals urkundlich erwähnt wurde Pompeji als **römische Kolonie** 80 v. Chr. Die Hafenstadt florierte, luxuriöse Villen bezeugen den damaligen Reichtum. Bereits 63 n. Chr. zerstörte ein schweres **Erdbeben** große Teile der Stadt, deren Wiederaufbau zur Zeit des **Vesuv-Ausbruchs** am 24. August 79 n. Chr. noch nicht abgeschlossen war. Die Römerstadt verschwand an diesem Tag unter einer 6–7 m dicken Asche- und Lapillischicht. Erste zufällige Funde wurden 1594 gemacht, 1748 begann man mit den systematischen Ausgrabungen. Die meisten der in Pompeji entdeckten Kunstwerke bewahrt das Archäologische Museum in Neapel [s. S. 264]. 1997 wurde Pompeji zusammen mit Herculaneum und Torre Annunziata von der UNESCO zum *Weltkulturerbe* erklärt.

Besichtigung Mit der *Circumvesuviana* (www.vesuviana.it) Richtung Sorrent gelangt man zur Station *Pompei Scavi (Villa dei Misteri)*. Von dort betritt man durch das Stadttor **Porta Marina** den weitläufigen archäologischen Park **Pompei Scavi** (Tel. 08 18 57 53 47, www.pompeiisites.org, April–Okt. tgl. 8.30–19.30, Nov.–März tgl. 8.30–17 Uhr, letzter Einlass 90 Min. früher). Die zu vier Fünftel freigelegte Stadt gewährt längs der gepflasterten Straßen mit ihren Wagenrillen und Bürgersteigen einzigartige Einblicke in den römischen Alltag. Die rechtwinklig zueinander verlaufenden *Vie* gliedern die antike Stadt in *Insulae* und *Regiones*, deren Hauptachse die Via dell'Abbondanza ist. Die heute verwendeten Straßennamen stammen von den Archäologen.

Zunächst durchquert man den ältesten Teil Pompejis. Das große rechteckige **Foro Civile** war von einer doppelten Säulenreihe mit Kaiserstatuen und den wichtigsten öffentlichen Gebäuden umgeben. Zu ihnen gehörte die mächtige **Basilica** (130–120 v. Chr.), Sitz des Gerichts und Zentrum des wirtschaftlichen Lebens. Neben dem römisch-etruskischen **Tempio di Apollo** (3. Jh. v. Chr.) mit 48 ionischen Säulen erheben sich die Reste des **Tempio di Giove** aus samnitischer Zeit, der an den seitlichen Triumphbögen zu erkennen ist. Zum Forum gehörte auch das **Macellum**, eine überdachte Markthalle für frische Lebensmittel, sowie der kleine **Tempio di Vespasiano**, der dem Kaiser geweiht war. Wunderbare marmorne Akanthusranken markieren das Portal des **Edificio di Eumachia** aus augusteischer Zeit, das ein vermögender Weinhändler erbauen ließ.

Am Beginn der Via dell'Abbondanza liegen die **Terme Stabiane** (2. Jh. v. Chr.), die ältesten Thermen Pompejis, unterteilt in einen Männer- und einen Frauenbereich. Teilweise sind noch die originalen Fliesenböden und Wandmalereien zu sehen. Auf der anderen Seite der Hauptstraße liegt das antike Theaterviertel. Das **Teatro Grande** (5. Jh. v. Chr.) wurde von den Griechen errichtet und von den Römern umgebaut. Das Halbrund bot 5000 Zuschauern Platz. Daran schließen sich das für Musikaufführungen genutzte **Odeum** und eine **Caserma dei Gladiatori** (Gladiatorenschule) an. Nach einem Besuch im der ägyptischen Göttin Isis geweihten **Tempio d'Iside** kehrt man auf die Via dell'Abbondanza zurück, die von Handwerksbetrieben, Gasthäusern und einem Freudenhaus gesäumt war.

Im nördlichen Teil der antiken Stadt erreicht man das 20 000 Zuschauer fassende **Anfiteatro** (80 v. Chr.), das älteste bekannte römische Amphitheater. In unmittelbarer Nähe belegt die **Palestra**, eine große Sportanlage mit Schwimmbad, den hohen Stellenwert, den Fitness im römischen Alltag einnahm.

Nördlich vom Forum findet man einige besonders prachtvolle Villen, darunter die luxuriös ausgestattete **Casa del Fauno** am Vicolo del Fauno. Erstklassige Fußbodenmosaike wie die ›Alexanderschlacht‹ aus der Exedra gehören heute zu den Schätzen des Archäologischen Museums in Neapel. Die grazile Skulptur ›Tanzender Faun‹ im Atrium wurde durch eine Kopie ersetzt. Zwei reichen Kaufmannsbrüdern gehörte die noch gut erhaltene **Casa dei Vettii** mit der schönen Fassade am Vicolo di Mercurio. Hier blieben die Wandmalereien an ihrem Platz, darunter erotische Szenen in den Salons und mythologische Darstellungen im Speisezimmer.

Die Via Consolare führt in nordwestlicher Richtung durch die **Porta Ercolano** zur außerhalb der Stadt gelegenen **Villa dei Misteri**. Das majestätische Anwesen ist für seine eindrucksvollen Wandmalereien im *Triclinium* berühmt. Ein fortlaufendes Bildband schildert Szenen aus den dionysischen Mysterien. Vor leuchtend rotem Grund vollziehen die 29 lebensgroßen Figuren mit entrückten Mienen ihre unerklärlichen Riten.

Praktische Hinweise

Information

AACST, Via Sacra 1, Pompeji,
Tel. 08 18 50 72 55, Fax 08 18 63 24 01,
www.pompeiturismo.it

Hotel

****__Forum__, Via Roma 99, Pompeji,
Tel. 08 18 50 11 70, www.hotelforum.it.
Moderne Eleganz, freundlicher Service und gemütliche Zimmer.

Restaurant

Al Gamberone, Via Piave 36, Pompeji,
Tel. 08 18 50 68 14. Restaurant an der Kirche, im Sommer mit herrlichen Schattenplätzen unter Zitrusbäumen.

Die Fresken im Triclinium der Villa dei Misteri thematisieren uralte Initiationsriten

79 Sorrent

Die Steilküste bietet blühende Gärten mit einer zauberhaften Aussicht auf den Golf von Neapel, den Vesuv und die Insel Capri.

Sorrent (Sorrento, 16 000 Einw.) erhebt sich auf einem gewaltigen Tuffsteinsockel über dem Meer und wird von den Gipfeln der Monti Lattari gerahmt. Wegen seines milden Klimas sowie den duftenden Gärten und Terrassen mit herrlichem Ausblick auf das Meer ist Sorrent zu jeder Jahreszeit ein Genuss.

Geschichte Bereits die Griechen wussten die Vorteile der Lage zu schätzen. Zur Römerzeit war *Surrentum* dann ein bevorzugter Wohnort der Aristokratie. Doch nur einige Mauerreste und ein römischer Torbogen an der Via Parsano überstanden die Eroberungen und Überfälle, die folgten. Im 19. Jh. gab es einen wirtschaftlichen Aufschwung. Der Bau neuer Straßen begünstigte die positive Entwicklung von Landwirtschaft, Tourismus und Handel. Heute gehört Sorrent zu den beliebtesten Ferienorten Süditaliens.

Besichtigung Die Geschichte der Stadt dokumentiert das **Museo Correale di Terranova** (Via Correale 48, Tel. 08 18 78 18 46, Mi–Mo 9.30–13.30 Uhr) im Osten Sorrents. Es präsentiert archäologische und mittelalterliche Abteilungen sowie eine kostbare Sammlung von Möbeln, Porzellan und Gemälden der neapolitanischen Schule des 17./18. Jh.

Das Stadtzentrum bildet die **Piazza Tasso**, die nach dem in Sorrent geborenen Dichter *Torquato Tasso* (1544–1595) benannt ist. Auch sein Denkmal steht hier. Die belebte Hauptstraße Corso Italia führt in Richtung Westen zum **Duomo Santi Filippo e Giacomo**, der auf das 15. Jh. zurückgeht, im Laufe der Zeit je-

Oben: *Charmant krönt Sorrent die Steilküste des südlichen Golfs von Neapel*
LInks: *Dies ist wahrlich ›das Land, wo die Zitronen blühn‹, wie die lokalen Spezialitäten Delicia al Limone und Limoncello beweisen*

doch mehrmals umgebaut wurde. Im Chor findet man exquisit ausgearbeitete Holzintarsien.

In Richtung Nordosten gelangt man zur Kirche *San Francesco* (18. Jh.) mit ihrem stimmungsvollen Kreuzgang (13. Jh.). Hinter dem Gotteshaus erstreckt sich der Park **Villa Comunale** direkt über dem Meer. Von hier aus hat man eine grandiose Aussicht auf den Golf von Neapel und die Sorrentiner Halbinsel. Eine kleine Straße führt hinunter nach **Marina Piccola** mit dem Hafen, von dem Schiffe nach Capri und Neapel verkehren. In **Marina Grande** weiter westlich findet man sogar einen schmalen Sandstrand. Ansonsten fällt die zerklüftete Küste aber steil zu engen Buchten hin ab.

Die **Sorrentiner Halbinsel**, deren äußerster Zipfel gen Capri blickt, bildet die Grenze zwischen dem Golf von Neapel und dem von Salerno. Folgt man der Küstenstraße von Castellammare di Stabia nach Punta Campanella durch Weinberge, Zitrus- und Olivenhaine, so eröffnen sich immer wieder zauberhafte Blicke über das Meer. Die berühmten Sorrentiner Zitronen verleihen übrigens jedem *Zitronensorbet* sowie dem Zitronenlikör *Limoncello* ihre typisch erfrischende Note.

i Praktische Hinweise

Information

AAS, Via Luigi de Maio 35, Sorrent, Tel. 08 18 07 40 33, Fax 08 18 77 33 97, www.sorrentotourism.com

Hotel

******Excelsior Vittoria**, Piazza Tasso 34, Sorrent, Tel. 08 18 77 71 11, www.excelsior vittoria.it. Charmantes Luxushotel mit Garten am Klippenrand.

Restaurant

Caruso, Via Sant'Antonino 12, Sorrent, Tel. 08 18 07 31 56, www.ristorantemuseo caruso.com. Stimmungsvolles Restaurant, das die Erinnerungen an den großen neapolitanischen Tenor ebenso pflegt wie die Sorrentiner Küche.

Bilderbuchschönheit an der Amalfiküste – Blick auf Strand und Ort von Positano ▷

80 Amalfiküste

TOP TIPP *Traum vom Süden – Straße unter Palmen – Paradies auf Erden.*

Die Amalfitana, die gut 40 km lange Küstenstraße zwischen Positano und Vietri sul Mare gehört zu den schönsten Panoramastraßen der Welt: Man fährt vorbei an grünen Terrassen, die über dem türkisblauen Meer zu schweben scheinen und erblickt malerische Städtchen, die sich an den Fels klammern und nur über enge Treppen zu erkunden sind. Hinzu kommen die traumhaften Buchten, mit denen die Steilküste am Golf von Salerno gespickt ist – zu Recht heißt sie auch *Costa Divina* (Göttliche Küste). Die im Jahre 1840 in den Fels gehauene Trasse der Amalfitana hat dieses Paradies für den Tourismus erschlossen.

Positano

Waghalsig türmen sich die pastellfarbenen Häuser am steinigen Hang des *Monte Comune*. Bis 1889 war Positano (4000 Einw.) nur auf schmalen Eselspfaden oder mit dem Schiff vom Wasser aus zu erreichen. Seitdem hat das Städtchen eine rasante Entwicklung durchgemacht. Im

Malerisch speisen Amalfibesucher an der Piazza del Duomo zu Füßen des Duomo Sant'Andrea

Ortskern über Hafen und Strand reihen sich zahlreiche Restaurants und Boutiquen aneinander. Auf der Piazza F. Gioia steht die um 1000 errichtete Kirche **Santa Maria Assunta** (tgl. 8–12 und 15.30–19 Uhr), deren vielfarbig glänzende Majolikakuppel weithin sichtbar ist. Im Inneren beeindruckt die byzantinische Ikone der ›Schwarzen Madonna‹ über dem Hauptaltar. Schöne Aussichten bieten Ausflüge in die Monti Lattari, etwa nach *Montepertuso*. Das Bergdorf bot einst Zuflucht bei Sarazenenüberfällen.

Praiano

Praiano besetzt den Felsvorsprung des **Capo Sottile**. Der untere Ortsteil zieht sich bis nach *Marina di Praia*, einem zwischen zwei Felswänden eingebetteten Strand. Auf einem Vorsprung ragt die *Torre Assiola* (16. Jh.) auf. Der Aussichtsturm wachte einst darüber, dass die Küstenbewohner nicht von den gefürchteten Türken überrascht wurden.

Amalfi

Zentrum und historisches Herz der Küste ist Amalfi (5500 Einw.). Malerisch drängen sich die weiß getünchten Häuser ins Valle dei Mulini. Nur wenig erinnert heute daran, dass Amalfi im Mittelalter ein florierendes Handelszentrum und eine freie Seerepublik war, die zu ihrer Blütezeit im 11. Jh. 50 000 Einwohner zählte und rege Beziehungen bis nach Kleinasien unterhielt. Die ›Tabula de Amalpha‹ (11. Jh.) präsentiert die erste Niederschrift des Seerechts im Mittelmeer, das bis ins 14. Jh. galt. 1343 riss eine Sturmflut große Teile der mächtigen Stadt ins Meer, die daraufhin für Jahrhunderte in Bedeutungslosigkeit versank. Erst im 19. Jh. entdeckten Italienreisende Amalfi wieder.

Mittelpunkt der Stadt ist der **Duomo Sant'Andrea** (11.–13. Jh.), der über einer steilen Freitreppe aufragt. Die vielfarbige Fassade, eine verspielte Komposition aus geometrischen Mustern, Majoliken und Mosaiken, wurde nach ihrem Einsturz bei

Kunstgenuss mit Aussicht – in Ravello pflegt alljährlich das Ravello Festival die klassische Musik

einem Erdrutsch im 19. Jh. wiederaufgebaut. Besonders faszinierend ist der Campanile (12./13. Jh.) mit den gelb und grün glasierten Ziegeln im normannisch-arabischen Stil. Das *Hauptportal* mit der berühmten, um 1066 in Konstantinopel gegossenen *Bronzetür* führt ins barockisierte Kircheninnere. Spuren des mittelalterlichen Baus findet man auch noch im eleganten Kreuzgang *Chiostro del Paradiso* (1268) mit seinen arabisch anmutenden spitzbogigen Arkaden.

Die Via Lorenzo d'Amalfi und die Via Capuana führen von der Piazza Duomo nach Norden ins *Valle dei Mulini*. Hier befanden sich früher zahlreiche Papiermühlen, die zu den ersten und berühmtesten in Europa gehörten. Das hochinteressante **Museo della Carta** (Via delle Cartiere 24, Tel. 08 98 30 45 61, www.museodellacarta.it, März–Okt. tgl. 10–18.30, Nov.–Febr. Di–So 10–15.30 Uhr) beschäftigt sich mit dieser Tradition der manuellen Papierherstellung von ihren Anfängen in China bis heute.

Ravello

Ein mittelalterliches Juwel an der Amalfiküste ist das 350 m über dem Meer gelegene Ravello (2500 Einw.). Zwischen dem 11. und 13. Jh. erlangte es als Hafenstadt Bedeutung im Mittelmeerhandel. 1335 wurde es von den Pisanern zerstört. Heute ist Ravello eine ruhige Kleinstadt.

Vom einstigen Wohlstand kündet der elegante **Duomo San Pantaleone** (Tel. 089 85 83 11, www.chiesaravello.com, tgl. 9–13 und 16–19 Uhr) aus dem 11. Jh. Blickfang der eher schlichten Fassade ist das romanische *Bronzeportal* (1179) von Barisano da Trani, dessen 54 Relieftafeln Motive aus dem Neuen Testament zeigen. Das barockisierte Mittelschiff bewahrt eine prächtige, von sechs Löwen getragene *Marmorkanzel* (1272) von Nicola di Bartolomeo di Foggia. Bemerkenswert ist auch das Lesepult gegenüber mit Mosaiken, auf denen die Geschichte von Jonas und dem Wal erzählt wird. Das kleine Museum in der Krypta stellt Reliquiare, Skulpturen und Mosaike aus.

Östlich vom Dom weist ein Turm den Weg zur **Villa Rufolo** (Piazza Duomo 1, Tel. 089 85 76 57, sommers tgl. 9–19.45, winters tgl. 9–16 Uhr), die sich eine der reichsten Familien Ravellos im 13. Jh. errichten ließ. Inmitten mediterraner und exotischer Flora kann man hier die Einflüsse der arabisch-sizilianischen Architektur bewundern. Besonders schön ist der *Maurische Hof*. Alljährlich im Sommer ist die Villa eine der Bühnen des **Ravello Festivals** (Tel. 089 85 84 22, www.ravellofestival.com) für klassische Musik.

Praktische Hinweise

Information

AACST, Via delle Repubbliche Marinare 27, Amalfi, Tel./Fax 089 87 11 07, www.amalfitouristoffice.it

Hotels

****__Luna Convento__, Via P. Comite 33, Amalfi, Tel. 089 87 10 02, www.lunahotel.it. Stilvoll eingerichtetes ehem. Kloster (13. Jh.) in traumhafter Lage.

****__Miramare__, Via Trara Geoino 25, Positano, Tel. 089 87 50 02, www.miramarepositano.it. Jedes Zimmer hat einen Balkon mit fantastischem Meerblick.

***__Villa Cimbrone__, Via Santa Chiara 26, Ravello, Tel. 089 85 74 59, www.villacimbrone.com. Prachtvolle Villa mit elegant eingerichteten Zimmern und einer großartigen Parkanlage.

Restaurants

Cumpa Cosimo, Via Roma 44, Ravello, Tel. 089 85 71 56. Das Restaurant profitiert von den Früchten des Meeres und des eigenen Gartens. Sehr gute Pasta.

Donna Rosa, Via Montepertuso 97, Positano, Tel. 089 81 18 06, www.donnarosapositano.it. Oberhalb von Positano lockt die hohe Kunst der Küche.

La Brace, Via Capriglione 146, Praiano, Tel. 089 87 42 26. Fisch spielt die Hauptrolle, doch auch die Pizza ist köstlich.

Trattoria da Barracca, Piazza dei Dogi 12, Amalfi, Tel. 089 87 12 85. Fisch lokal auch mit Tischen im Freien. Besonders delikat ist die *Zuppa di Mare* (Mi geschl.).

Café

Pansa, Piazza Duomo 40, Amalfi, Tel. 089 87 10 65, www.pasticceriapansa.it. Spezialität des Hauses sind die kandierten Früchte.

Erlesene Schönheit – Detail der marmornen Kanzel des Doms von Ravello

81 Paestum

TOP TIPP *Die Ebene der Götter beeindruckt mit spektakulären dorischen Tempeln.*

Am Rande der Sele-Ebene und an der Grenze zum *Cilento* stößt man auf Paestum, eine der archäologischen Sensationen in Kampanien. In ländlicher Einsamkeit haben sich bedeutende Zeugnisse der griechischen Kolonie Poseidonia erhalten.

Geschichte Um 600 v. Chr. wurde Poseidonia von **Griechen** aus Sybaris gegründet und erlebte im 6. und 5. Jh. v. Chr. ihre Blüte. In dieser Zeit entstanden die dorischen Tempelanlagen. 273 v. Chr. zogen die **Römer** ein und nannten die Stadt fortan Paestum. Ihr Niedergang ging mit dem des Römischen Reiches einher. Als das Terrain zusehends versumpfte, zogen die Bewohner in höher gelegene Gebiete. So entstand die Gemeinde **Capaccio**, zu der die Ruinenstätten heute gehören. Die antike Stadt wurde zunächst noch als **Steinbruch** genutzt, geriet dann aber in Vergessenheit und wurde erst im 18. Jh. beim Bau der Küstenstraße wiederentdeckt.

Besichtigung Man erreicht Paestum von Salerno aus gut per Zug oder Auto. Die antike Ausgrabung liegt heute nicht mehr direkt am Meer, sondern inmitten grüner Wiesen. Am besten erkundet man den **Parco Archeologico** (Via Magna Graecia 919, Tel. 08 28 81 10 23, tgl. 9 Uhr–2 Std. vor Sonnenuntergang) vom Eingang an der römischen **Porta della Giustizia**. Sie ist das südliche der vier Stadttore im antiken Mauerring, der Paestum

auf einer Länge von fast 5 km umgibt. Die Via Sacra führt gen Norden zu den wichtigsten Sehenswürdigkeiten. Die drei dorischen Tempel *Basilica*, *Tempio di Nettuno* und *Tempio di Cerere* stehen nach Osten ausgerichtet rechts der Straße. Einst waren sie prachtvoll mit weißem Stuck verkleidet und bunt bemalt. Der **Basilica** genannte Tempel wurde um 540 v. Chr. der Zeusgattin *Hera* geweiht und ist damit das älteste Heiligtum in Paestum. Er misst 54 x 25 m und zählt 50 kannelierte, leicht bauchige Säulen mit flachen, ausladenden Kapitellen im archaisch-dorischen Stil. Die Cella, der Kultraum des Heiligtums, ist zweischiffig. Am Eingang kann man die Reste eines Altars erkennen.

Der benachbarte **Tempio di Nettuno** (450 v. Chr.) war ebenfalls der Göttin Hera geweiht und nicht, wie die Archäologen ursprünglich annahmen, dem Meeresgott Neptun (röm.) bzw. Poseidon (griech.). Der griechische Tempel gehört zu den besterhaltenen Beispielen für den formvollendeten klassisch-dorischen Stil. Die Säulen tragen das mächtige Gebälk und die Giebel. Der 60 m lange und 24 m breite Bau verfügte hinter dem grandiosen Säulenkranz über eine gigantische Cella mit dem Kultraum.

Im Stadtzentrum legten die Römer das **Forum** an Stelle der griechischen Agora an. Dies war der Versammlungsort der Städter und Treffpunkt der Händler und Bauern, die hier ihre Waren feilboten. Nordöstlich befinden sich die Reste des *Anfiteatro* (1. Jh. n. Chr.), das einst Schauplatz für Gladiatorenkämpfe war und heute von der Straße durchschnitten wird. Die Via Sacra führt am *Sacello Sotterraneo* (6. Jh. v. Chr.), einem unterirdischen Heiligtum, vorbei zum **Tempio di Cerere** (um 500 v. Chr.). Der nur 34 x 13 m große Tempel wurde zu Ehren Athenes errichtet. Am Giebel sind noch Spuren der ursprünglichen Bemalung erhalten.

Jenseits der Nationalstraße, in der Nähe der Ausgrabungen, präsentiert das **Museo Archeologico Nazionale** (Via

◁ *Der Hera geweiht: Tempio di Nettuno auf dem Ausgrabungsgelände in Paestum*

Magna Graecia 919, Tel. 08 28 72 26 54, Di–So 9–19 Uhr) die bedeutenden archäologischen Fundstücke des antiken Paestum, darunter die zarten Wandmalereien der *Tomba del Tuffatore* (Grab des Tauchers) aus dem 5. Jh. v. Chr. Das Bild des elegant im Kopfsprung aufs Wasser zufliegenden Jünglings ist ein Meisterwerk von hinreißender Anmut und Gegenwärtigkeit. Schön sind auch die reliefverzierten *Metopen* vom Architrav des Tempels der *Hera Argiva* (7. Jh. v. Chr.), der 11 km jenseits der antiken Mauern entdeckt wurde. Jenes Heiligtum und seine Ausgrabungen sind geadelt durch das **Museo Narrante di Hera Argiva** (Masseria Procuriali, Via Barizzo, Foce Sele Capaccio, Tel. 08 28 86 14 40, Di–Sa 9–16 Uhr), das anhand von dreidimensionalen Modellen, Filmen und Toneffekten die Geschichte des Kults um die Zeusgattin vermittelt.

i Praktische Hinweise

Information

AASTP, Via Magna Graecia 887, Paestum, Tel. 08 28 81 10 16, Fax 08 28 72 23 22, www.infopaestum.it

Hotel

******Ariston**, Via Laura 13, Paestum, Tel. 08 28 85 13 33, www.hotelariston.com. Sehr komfortables, modernes Hotel mit herrlichem großen Pool.

Restaurant

Nettuno, Via Nettuno 2, Paestum, Tel. 08 28 81 10 28, www.ristorantenettuno.com. Großes Restaurant mit schöner Terrasse in der Nähe der Ausgrabungsstätte. Gute italienische Küche

Kühner Sprung ins Unbekannte – anrührendes Grabbild der Tomba del Tuffatore in Paestum

82 Cilento

TOP TIPP *Unberührte Natur zwischen Fischerdörfern und Sandstränden.*

Gleich südlich von Paestum beginnt der Cilento, ein Gebiet voller Naturschönheiten, das lange Sandstrände zwischen schroffen Felsen, verwinkelte Dörfer und große Wälder sowie Berge bis 1898 m Höhe umfasst. Die idyllische Landschaft wird seit 1991 durch den **Parco del Cilento e del Vallo di Diano** (Palazzo Mainenti, Via F. Palumbo 16, Vallo della Lucania, Tel. 0974719911, www.pncvd.it) geschützt. Der mit über 180 000 ha zweitgrößte Nationalpark Italiens gehört seit 1998 zum *UNESCO Welterbe*.

Agropoli (20 000 Einw.), die von einer Burgruine (8. Jh.) überragte größte Stadt des Cilento, ist die Pforte zu der von reizenden Fischerdörfern geprägten Region. Spaziert man hier die von Geschäften, Bars und Cafés gesäumte Einkaufsstraße *Corso Garibaldi* den Berg hinauf, so gelangt man in die sehenswerte Altstadt, die von engen Gassen und labyrinthartig angelegten, teilweise überbauten Wegen durchzogen wird.

Auf der Fahrt zum 70 km südlich gelegenen, beliebten Ferienort **Palinuro** bieten sich schöne Panoramablicke über das Meer. Palinuros Reiz besteht vor allem in den vielen Meeresgrotten und dem langen Sandstrand, an dem ein bizarres Felstor aufragt. Laut *Vergil* soll dieses Kap einst Palinurus, dem vor Erschöpfung eingeschlafenen Steuermann des Aeneas, zum Verhängnis geworden sein.

Ein guter Ausgangspunkt für Ausflüge ins zauberhafte Hinterland ist **Vallo della Lucania**, wo sich das Verwaltungszentrum des Nationalparks befindet. Viele *Entdeckungsrouten* (Tel. 3396502455, www.guideufficialipncvd.it) führen durch das von Bergen, Grotten, Schluchten, Flüssen und Wäldern geprägte Gebiet. Jazzliebhaber zieht es alljährlich im August nach Vallo della Lucania, denn dann findet hier das **Finestra Jazz Festival** (www.finestrajazz.it) statt.

Trekkingfreunde sind in den Karstfelsen der **Monti Alburni** (1742) im Nordosten des Cilento gut aufgehoben. In ihrer ›Unterwelt‹ erstrecken sich die faszinierenden **Grotte dell'Angelo** (Engelsgrotten, Tel. 0975397037, www.grottedellangelo.sa.it, März–Okt. tgl. 9–19, Nov.–Febr. tgl. 9–16 Uhr, nur mit Führung) von Pertosa. Die 2500 m langen Stollen, Gänge und Tropfsteinhöhlen sind nur mit dem Boot zu besichtigen, die Fahrt geht über einen unterirdischen See und Fluss.

33 km südöstlich, in Padula, befindet sich das größte Kloster Süditaliens, die wunderbare **Certosa di Padula** (Tel. 097577117, tgl. 9–19 Uhr), auch *Certosa di San Lorenzo* genannt. Gegründet wurde das Kloster 1306 von Tommaso San Severino, seine Fertigstellung zog sich aber über 400 Jahre hin. Beeindruckend ist der zweigeschossige Große Kreuzgang, der von 82 Säulen eingefasst wird. Die beiden Geschosse sind durch eine elliptische Prunktreppe mit Doppelrampe verbunden. Um den Kreuzgang gruppieren sich

An der felsigen Küste von Palinuro kann man zahlreiche Grotten vom Wasser aus erkunden

›Del Dolce Riposo‹, ›Zur süßen Erholung‹, heißt einer der Sandstrände am Capo di Palinuro

die Schlaf- und Gebetszellen der Ordensbrüder, die Gemeinschaftsräume liegen um die Kirche herum. Juwelen des Klosters sind die aus zehn Räumen bestehenden Priorengemächer, von denen man in einen wunderschönen Garten blickt. Die Kirche *San Lorenzo* ist in zwei Bereiche unterteilt, dem für die Laienbrüder in Eingangsnähe und dem der Klausurmönche am Presbyterium.

Praktische Hinweise

Hotels

******La Torre**, Via Porto 5, Palinuro, Tel. 09 74 93 12 64, www.latorrepalinuro.it. Pure Entspannung oberhalb eines kleinen Sandstrands.

*****Carola**, Via Pisacane 1, Agropoli, Tel. 09 74 82 64 22, www.hotelcarola.it. Freundliches, modernisiertes Grand Hotel aus dem 19. Jh. mit ausgezeichnetem Restaurant.

Restaurants

A Cantina i Mustazzo, Piazza Plebiscito 27, Sapri, Tel. 0973 60 40 10. Hier werden traditionelle Gerichte aus dem Cilento serviert.

O Guarracino, Via Porto, Palinuro, Tel. 09 74 93 83 09. Rustikales Fischlokal direkt am Meer.

Pizzeria U'Sghiz, Piazza Umberto I, Agropoli, Tel. 09 74 82 45 82. Die köstliche Pizza mit dem Vollkornteig wird nach Wunsch belegt.

Taverna Il Lupo, Largo Municipio 8, Padula, Tel. 09 75 77 83 76, www.taverna illupo.it. Für diese Gegend typische Osteria mit hausgemachten Nudeln und Wurstwaren (Mo geschl.).

Apulien – Trulli, Strände und Stauferkastelle zwischen Gargano und Salento

Apulien, die Region am Stiefelabsatz, bietet Kunstliebhabern und Naturfreunden gleichermaßen eine Fülle von Möglichkeiten: An den traumhaften Stränden entlang der zerklüfteten Steilküste des **Gargano** lässt sich wunderbar dem Wassersport frönen. Und im waldreichen Inneren der Halbinsel kann man Wanderungen oder Mountainbiketouren unternehmen.

Architekturinteressierte werden zu den Trulli-Bauten im **Valle d'Itria** und zum **Castel del Monte** pilgern, die vom *Barocco Leccese* geprägte Universitätsstadt **Lecce** und die romanische Kathedrale *San Nicola Pellegrino* in **Trani** besuchen. Man kann aber auch auf den Spuren von Heiligen und Kreuzfahrern wandeln: In **Brindisi** residierte im Mittelalter der Templerorden und errichtete den *Tempio di San Giovanni al Sepolcro*. Ebenso wie Brindisi war **Bari** Ausgangspunkt der Kreuzfahrer auf dem Weg ins Heilige Land. Im 11. und 12. Jh. machten die Reliquien des *hl. Nikolaus* die Stadt zu einem bedeutenden Wallfahrtsort. Noch heute ist es ein Erlebnis, im Mai an der festlichen Prozession zu Ehren des Heiligen teilzunehmen.

83 Gargano

Wälder, Sandstrände und Felsküsten auf Italiens ›Stiefelsporn‹.

Die Halbinsel, die den Stiefelsporn Italiens bildet, verdankt ihren Namen dem **Promontorio del Gargano**, einem Vorgebirge, das mit 65 km Länge und 40 km Breite fast ihre komplette Fläche einnimmt. Das vom *Monte Calvo* (1055 m) überragte und zum Nordwesten hin üppig bewaldete Gebiet steht seit 1995 als *Parco Nazionale del Gargano* unter Schutz. Ein Segen, wie man bei der Erkundung der Halbinsel bald feststellt: Überall ergeben sich abwechslungsreiche Wandermöglichkeiten, und eine Fahrt auf der kurvenreichen Panoramastraße eröffnet atemberaubende Szenerien entlang der Küste. Diese hat neben bizarren Kalksteinformationen auch goldgelbe Sandstrände im Norden und romantische Kiesbuchten im Süden zu bieten.

Eng zusammengerückt auf einer Felsnase des Gargano sind die Einwohner Peschicis ▷

Peschici

Peschici (4000 Einw.), das gelassen auf einem Felsvorsprung an der Nordküste balanciert, ist wegen der teils versteckten Sandbuchten in seiner Umgebung bei Badeurlaubern besonders beliebt. An der fischreichen Küste sind die **Trabucchi** ein Blickfang. Die fragilen Pfahlbauten, deren Geschichte wohl bis in phönizische Zeit zurückreicht, ragen so weit ins Meer hinaus, dass die Fischer ihre Netze direkt von dort auswerfen können. Heute sind auf vielen Trabucchi rustikal-romantische Restaurants zu finden.

Vieste

Lebhaft und gesellig geht es in Vieste (13 000 Einw.), dem Touristenzentrum der Halbinsel, zu. Das Wahrzeichen des beliebten Ferienorts an der Ostküste ist der **Pizzomunno** (Spitze der Welt), ein 20 m hoher, schneeweißer Monolith, der sich am Sandstrand im Süden der Altstadt erhebt. Deren historische Gemäuer, verwinkelte Gassen und schmucke Läden thronen auf hohen Klippen. Sehenswert ist u.a. die **Cattedrale Santa Maria Oreta** (tgl. 6–12 und 16–19 Uhr) aus dem 11. Jh. Sie wurde zwar mehrmals umgebaut, erhalten blieben aber einige schöne frühromanische Kapitelle im Inneren. Das unter Friedrich II. um 1240 erbaute wehrhafte **Castello** wird heute vom Militär genutzt.

Foresta Umbra

Im Landesinneren verspricht die Foresta Umbra Abkühlung an heißen Sommertagen, denn alte Eichen und riesige Buchen spenden reichlich Schatten. Das 11 000 ha große Waldgebiet bildet das Herz des **Parco Nazionale del Gargano** (Infocenter, Via Abate 121, Monte Sant'Angelo, Tel. 08 84 56 89 11, www.parcogargano.it). Im Villaggio Umbra informiert das **Centro Visitatori** (Tel. 08 84 56 09 67, Mai–Okt. 8–20 Uhr) über Fauna und Flora im Park – u.a. Hirsche, Mufflons, Orchideen –, sowie über Wanderwege, Mountainbikestrecken und Picknickplätze.

Monte Sant'Angelo

Gläubige pilgern seit Jahrhunderten ins entlegene Bergstädtchen Monte Sant' Angelo (13 500 Einw.), wo im 5. Jh. der *Erzengel Michael* in einer Höhle erschienen sein soll. Ihm zu Ehren wurde im 9. Jh. ein Kloster gegründet und das **Santuario di San Michele** (Juli–Sept. 7.30–19.30, April–Juni und Okt. 7.30–12.30 und 14.30–19, Nov.–März 7.30–12.30 und 14.30–17 Uhr) errichtet. Am achteckigen Glockenturm (1273) vorbei, erreicht man das doppelbo-

gige Eingangsportal (14. Jh.), hinter dem Stufen abwärts zum eigentlichen Heiligtum führen. Bevor man den Hauptraum (13. Jh.) mit Altären, einer Statue des Erzengels sowie einer Felsnische mit heiligem Wasser betritt, passiert man eine wunderschöne byzantinische *Bronzetür* (1076). Auf ihren 24 Reliefs sind Szenen aus der Michaelslegende dargestellt. Zum Schutz des Heiligtums errichteten die Normannen im 9. Jh. das imposante **Castello** (Juli/Aug. 8–19, Sept.–Juni 9–13 und 14.30–18 Uhr). Ihm zu Füßen, im **Quartiere Junno**, strahlen die weißen Mauern der für Monte Sant'Angelo typischen spitzgiebeligen Reihenhäuser (16./17. Jh.) im gleißenden Sonnenlicht.

San Giovanni Rotondo

Der Wallfahrtsort San Giovanni Rotondo (26 000 Einw.) zieht jährlich über 7 Mio. Gläubige in seinen Bann. Hier, am Fuße von *Monte Calvo* und *Montenero*, lebte der 2002 heiliggesprochene Kapuzinermönch *Padre Pio da Pietrelcina* (1887–1968), der für seine Wunderheilungen bekannt war. 1956 ließ er im Ort ein Hospital errichten, in dem Patienten noch heute kostenlos behandelt werden. Da die alte Kirche **Santa Maria delle Grazie** mit dem Grab des verehrten Mönchs die vielen Gläubigen bald schon nicht mehr aufnehmen konnte, entwarf *Renzo Piano* den gewaltigen Neubau der **Chiesa Nuova** (1991–2004; Tel. 08 82 41 71), der 7000 Menschen fasst. Vom großen Vorplatz bietet sich ein grandioser Blick über die weiten Ebenen der *Tavoliere* südöstlich des Gargano.

i Praktische Hinweise

Information

APT, Piazza Europa 102, San Giovanni Rotondo, Tel. 08 82 45 62 40, www.tuttogargano.it, www.viaggiareinpuglia.it

APT, Piazza Kennedy, Vieste, Tel. 08 84 70 88 06, Fax 08 84 70 45 11, www.vieste.it

Schiffsverkehr

Adriatica, Piazza Roma 7, Vieste, Tel. 08 84 70 85 01, Fax 08 84 70 73 93, Juni–Sept. regelmäßige Verbindungen zu den Isole Tremiti.

Motobarke Blu, Vieste, Tel. 08 84 70 72 83, mobil 003 93 68 57 24 26, April–Okt. regelmäßige Verbindungen zwischen Vieste und Peschici.

Hotels

******D'Amato**, Località Spiaggia, Peschici, Tel. 08 84 96 34 15, www.hoteldamato.it. Modernes Hotel in Strandnähe mit Pool und Animation für Kinder.

******Degli Aranci**, Piazza Santa Maria delle Grazie 10, Vieste, Tel. 08 84 70 85 57, www.hotelaranci.com. Jedes der komfortablen Zimmer hat einen kleinen Balkon. Kostenloser Shuttlebus zum 600 m entfernten Strand.

Exzentrisches Wahrzeichen des Gargano: der schneeweiße Pizzomunno am Strand von Vieste

Kaiserliche Macht symbolisiert das imposante Stauferschloss Castel del Monte

***Alba del Gargano**, Corso Matino 102, Mattinata, Tel. 08 84 55 07 71, www.albadelgargano.it. Stilvolles zentrales Hotel mit gutem Restaurant und Shuttleservice zum 1,5 km entfernten Kiesstrand.

***Baia Santa Barbara**, Località Santa Barbara, Rodi Garganico, Tel. 08 84 96 52 53, www.grupposaccia.com. Große Hotel- und Apartmentanlage mit Restaurant, Strandbad und Pool.

***Michael**, Via Reale Basilica 86, Monte Sant'Angelo, Tel. 08 84 56 55 19, www.hotelmichael.com. Familiengeführtes Haus mit freundlicher Atmosphäre gleich beim *Santuario*.

Restaurants

Da Mimí Trabucco, Località Punta San Nicola, Peschici, Tel. 08 84 96 25 56. Der Trabucco hängt pittoresk an der Steilküste, der Fisch kommt quasi direkt aus dem Netz auf den Holztisch. Schöner Platz bei Sonnenuntergang.

Le Cese, Contrada Matine, San Giovanni Rotondo, Tel. 08 82 45 09 72. Kräftige Bauernkost abseits vom Pilgerrummel, auch Zimmervermietung. Weiter Blick über den Pool bis zum Meer.

Osteria degli Angeli, Via Celestino V 50, Vieste, Tel. 08 84 70 11 12. Gemütliches Lokal im Stadtzentrum oberhalb der Kathedrale.

84 Castel del Monte

TOP TIPP

Das berühmte Schloss des Stauferkaisers Friedrich II. gehört seit 1996 zum UNESCO Weltkulturerbe.

Weithin sichtbar beherrscht das auf einer Anhöhe thronende Castel del Monte (Tel. 08 83 56 99 97, www.stupormundi.it, März –Sept. tgl. 10.30–19.30, Okt.–Febr. tgl. 9–18 Uhr) die Ebene südwestlich von *Andria*. Je nach Tageszeit und Wetter leuchten die massiven Kalksteinmauern zartrosa, strahlendweiß oder sattgelb. Für Besucher pendelt in den Monaten von April bis September ein Bus zwischen dem etwa 800 m entfernten *Parkplatz* und dem Kastell. Das restliche Jahr über kann man direkt hinauffahren.

Friedrich II. ließ das imposante achteckige Gebäude mit acht achteckigen Ecktürmen ab 1240 errichten. Zwei Geschosse mit jeweils acht trapezförmigen Sälen sind um einen achteckigen Innenhof angeordnet. Das Oktogon besitzt sowohl in der jüdischen und christlichen als auch in der islamischen Welt hohen Symbolwert, die Acht gilt als Zahl des kosmischen Gleichgewichts. Friedrich II. mag darin ein Symbol für das Kaisertum selbst gesehen haben, immerhin war auch seine Kaiserkrone achteckig. Was den Herrscher jedoch zu diesem Bau bewegte, bleibt ebenso rätselhaft wie die Funktion des Kastells. Gegen eine Verwendung zu

Seine Begeisterung für die Falknerei verewigte Kaiser Friedrich II. in einem Standardwerk

Auf den Spuren Kaiser Friedrichs II.

Schon seine Zeitgenossen feierten Friedrich II. (1194–1250) als *Stupor Mundi*, als einen Mann, der die ganze Welt in Erstaunen versetzt. Zweifelsohne ist die Karriere des Staufers beeindruckend: Im Jahr 1198 wird er als Nachfolger seiner Mutter Konstanze **König von Sizilien**. Dank der Unterstützung der deutschen Fürsten sichert er sich 1215 auch den deutschen Thron, 1220 krönt ihn der Papst zum **Kaiser**. Als Friedrich II. aber nicht zu dem von ihm gelobten Kreuzzug aufbricht, wird er 1227 exkommuniziert. Erst nach der kampflosen Einnahme des Heiligen Landes 1228/29 – Friedrich krönt sich selbst zum König von Jerusalem – löst Papst Gregor IX. den Kirchenbann. Allerdings gerät der Kaiser immer wieder in Konflikt mit dem Papst und wird 1245 endgültig abgesetzt. 1250 stirbt Friedrich II. in Apulien, seine letzte Ruhestätte befindet sich aber in Sizilien in der Kathedrale von Palermo [s. S. 333].

Doch der Mythos Friedrichs II. gründet auf mehr: Er organisierte die **Staatsverwaltung** neu, hinterließ unzählige Burgen und Kastelle und war berühmt für seine **Toleranz** und **Wissbegier**. Zeitlebens suchte der vielsprachige Kaiser den Austausch mit Gelehrten verschiedener Kulturen, verfasste selbst das erste Standardwerk über die Falkenjagd – ›*De arte venandi cum avibus*‹ – und soll sich auch für die Sprachwissenschaft interessiert haben. Ob er auf der Suche nach einer Ursprache tatsächlich Säuglinge von der Außenwelt isolierte und damit ihren Tod in Kauf nahm, ist allerdings zweifelhaft.

Verteidigungszwecken spricht die unbedeutende strategische Lage und das Fehlen von Graben, Schießscharten etc. Wahrscheinlicher sind Theorien, nach denen es als Jagd- und Sommerresidenz konzipiert war, die die kaiserliche Macht repräsentieren sollte. Unklar ist außerdem, ob sich der Hof tatsächlich jemals in der Burg aufhielt, und ob Karl von Anjou nach der Niederlage der Staufer 1266 hier die Enkel Friedrichs II. über Jahre hinweg einkerkern ließ.

Die nach Osten ausgerichtete Hauptfront des Kastells wird von einem majestätischen Portal aus *Breccia rossa*, einer Mischung aus roter Erde, Muschelkalk und Lehm, dominiert. Gemeinsam mit weißem, graugeädertem Marmor veredelt das rötliche Material auch andere Tore sowie die wenigen Zwillings- und Drillingsfenster. Die Säle, die über drei Tore vom Innenhof und zwei Treppentürme zugänglich sind, wurden mit Kreuzgewölben, Kaminen und Fensternischen in Breccia rossa sowie Säulen und Sitzbänken aus Marmor dekoriert. Fantasievoll gestaltete Kapitelle lockern die ansonsten strengen Formen auf. In den

Türmen kann man zudem die sanitären Anlagen und Toiletten – mit fließendem Wasser aus Dachzisternen – bestaunen.

i Praktische Hinweise

Information

APT, Piazza Imbriani, Andria, Tel. 08 83 29 02 93, www.viaggiareinpuglia.it

85 Trani

Traumhafte Lage am Meer.

Mit seinem reizvollen Hafen, der herrlichen Kathedrale und einem Stauferkastell am Meer ist Trani (53 000 Einw.) ein beliebtes Ziel von kulturinteressierten Ausflüglern. Der Reichtum der Stadt wurzelt im Mittelalter, als sich Trani neben Bari zu einem bedeutenden Seehandelshafen entwickelte.

Zum vielbesuchten Wallfahrtsort avancierte die Stadt 1098, als der hier nur wenige Jahre zuvor verstorbene griechische Pilger Nikolaus heiliggesprochen wurde. Ihm zu Ehren und auch im Wettstreit mit Bari errichtete man die **Cattedrale San Nicola Pellegrino** (Piazza del Duomo, Tel. 08 83 48 05 57, tgl. 9–12 und 15.30–20 Uhr), eines der schönsten Beispiele der apulischen Romanik. Wesentliche Teile des Baus datieren aus den Jahren 1159–97. Der mit der Kathedrale durch einen offenen Bogengang verbundene 60 m hohe Glockenturm stammt aus dem 13./14. Jh.

Die helle *Fassade* erhebt sich über einer großen Freitreppe und wird durch Blendbögen, Rundbogenfenster und eine Fensterrose gegliedert. *Barisano da Trani* schuf die wunderschönen bronzenen Türflügel (1180) des Hauptportals, die heute im Kircheninneren ausgestellt sind. Auf den 32 Relieftafeln sind Jesus, Maria, Apostel, Heilige, aber auch Soldaten abgebildet.

Das *Innere* der Kathedrale besticht in seiner romanischen Schlichtheit. Es wird durch Doppelsäulen in drei Schiffe unterteilt und von einem lichten Querschiff und Chor mit hoher Apsis abgeschlossen. Besonders beeindruckend ist der offene Dachstuhl, der das hohe langgestreckte Hauptschiff mit den Emporen überspannt. Von den Seitenschiffen gelangt man in die ebenfalls dreischiffige Unterkirche *Santa Maria della Scala* und die mit ihr verbundene Hallenkrypta *San Nicola*. Hier werden die Gebeine des San Nicola Pellegrino in einem Silberschrein bewahrt.

Im *Palazzo Ladispoto* gegenüber der Kathedrale zeigt das **Museo Diocesano** (Piazza del Duomo 8, Tel. 08 83 58 24 70, Di–So 9–12.30 Uhr) Bildhauerkunst aus dem 6.–19. Jh., u.a. einen elfenbeinernen Flügelaltar (14. Jh.) in Tempelform, Reliquien und Gemälde, darunter auch Ikonen des San Nicola Pellegrino.

Ein charmantes Hafenidyll und mittelalterliche Gemäuer sind die besonderen Reize von Trani

Weiter westlich wacht das **Castello di Trani** (Piazza Manfredi, Tel. 08 83 50 66 03, tgl. 8.30–19 Uhr) über die Stadt. Der quadratische Bau mit seinen markanten Ecktürmen wurde unter Friedrich II. 1233 begonnen und 1249 vollendet. Im 16. Jh. fügten die Spanier zwei mächtige Bastionen hinzu, im 20. Jh. nutzte man die Festung als Gefängnis. Heute beherbergt sie ein mit viel Engagement gestaltetes *Museum*, das die während Restaurierungsarbeiten aufgestöberten Funde, darunter mittelalterliche Keramik, ausstellt.

Ein kleiner Spaziergang führt nun durch die Altstadt zum lebhaften **Hafen**, den nette kleine Restaurants und Bars sowie einige prächtige Palazzi (15.–18. Jh.) säumen. Östlich vom Hafen lockt der Stadtpark **Villa Comunale** (Piazza Plebiscito, im Sommer tgl. 9–21 Uhr, im Winter tgl. 9–20 Uhr) mit kühlem Schatten und Wasserspielen.

i Praktische Hinweise

Information

APT, Piazza Trieste 10, Trani, Tel./Fax 08 83 58 88 30, www.traniweb.it

Hotel

******Regia**, Piazza Duomo 2, Trani, Tel. 08 83 58 44 44, www.hotelregia.it. Kleines Hotel mit vorzüglichem Restaurant in einem Palazzo (18. Jh.) direkt an der Kathedrale.

Restaurant

Torrento Antico, Via Fusco 3, Trani, Tel. 08 83 48 79 11. Die exzellente leichte Küche setzt auf Meeresfrüchte und regionale Weine (So abends, Mo geschl.).

86 Bari

Der hl. Nikolaus schützt die lebhafte Hauptstadt Apuliens.

Bari (330 000 Einw.) ist eine pulsierende Hafenstadt, die sich in den vergangenen Jahren zu einer recht attraktiven Metropole gemausert hat. Die einst düstere Altstadt wurde restauriert und verkehrsberuhigt. Mondän gibt sich das Murat-Viertel, dessen eleganten Chic die Bareser im 19. Jh. in stolze Worte fassten: »Hätte Paris das Meer, wäre es ein kleines Bari«.

Geschichte Seit dem 3. Jh. v. Chr. entwickelte sich **Barium** dank seines Hafens zu einem bedeutenden Handelszentrum. Dem Niedergang des römischen Imperiums und wechselnden Herrschaftsverhältnissen folgten 876 die Byzantiner, die Bari zum Sitz ihres *Catapan*, des Statthalters in Süditalien, machten. 1071 eroberten die **Normannen** unter Robert Guiscard die Stadt, die sich als *Tor zum Orient* etablierte. Nachdem Bareser Seeleute 1087 die Gebeine des *hl. Nikolaus* aus dem kleinasiatischen Myra geraubt und in ihre Heimat gebracht hatten, erlebte Bari als

Seit der Antike ein bedeutender Mittelmeerhafen: Apuliens elegante Provinzhauptstadt Bari

einer der wichtigsten **Wallfahrtsorte** Europas einen wirtschaftlichen Aufschwung. Auch als Ausgangspunkt der **Kreuzzüge** im 12. Jh. gewann die Stadt Reichtum und Ansehen. Noch unter dem **Staufer** Friedrich II. dauerte die Blütezeit an, doch in den Zeiten von Anjou, Aragoniern, spanischen Vizekönigen und den Bourbonen verlor Bari weitgehend an Bedeutung. Erst unter Napoleons Schwager **Joachim Murat**, 1808–15 König von Neapel, avancierte es zur Provinzhauptstadt und erhielt mit dem Quartiere Murattiano eine überaus ansehnliche Neustadt.

Besichtigung Die meisten Sehenswürdigkeiten Baris befinden sich in der fußgängerfreundlichen Altstadt, die auf einer kleinen Halbinsel liegt. Südlich davon lockt das Stadtviertel *Quartiere Murattiano* mit Prunkbauten, breiten Boulevards und geschäftigen Einkaufsstraßen. Wer mit dem Auto unterwegs ist, sollte dieses auf einem der Park & Ride-Parkplätze stehen lassen und den städtischen Shuttleservice ins Zentrum nutzen.

Bari Vecchia

Idealer Ausgangspunkt für die Stadtbesichtigung ist das **Castello Svevo** (Piazza Federico II di Svevia, Tel. 08 05 28 61 11, Do–Di 9–18.30 Uhr) am westlichen Rand der Altstadt. Der normannische Bau (12. Jh.) wurde unter Friedrich II. 1233–40 weitgehend erneuert, noch heute sind die in dunklem Tuffstein erbauten Ecktürme, das Vestibül, das Portal und die Vorhalle aus dem 13. Jh. erhalten. Im 15. Jh. wurde die Nordseite mit gotischen Bi- und Triforien ausgestattet, Bastionen und Kasematten ermöglichten seit dem 16. Jh. den Gebrauch von Kanonen. Ferner trieben Herzogin Isabella von Aragon (1470–1524) und ihre Tochter Bona Sforza (1494–1557) den Umbau zum Palast im Stil der Renaissance voran. In dieser Zeit entstanden u. a. eine dem hl. Stanislaus geweihte Kapelle im Innenhof und eine breite Freitreppe zu den Repräsentationssäle des ersten Stockwerks. Heute beherbergt das Castello Svevo die überaus interessante *Gipsoteca* mit Gipsabgüssen von wertvollen apulischen Plastiken des 11.–17. Jh.

Etwas weiter östlich überragt die **Cattedrale San Sabino** (Piazza Odegitria, Mo–Sa 8–12.30 und 16–19.30, So/Fei 8–12.30 und 17–20.30 Uhr) mit ihrem eleganten Glockenturm und der Kuppel auf achteckigem Tambour das dichte Häusermeer der Altstadt. Die romanische Kathedrale wurde 1170–78 an Stelle eines byzantinischen Vorgängerbaus errichtet. Die dreiteilige Fassade prunkt mit einer großen gotischen Fensterrose. Im dreischiffigen *Inneren* mit Scheinemporen kann man die schlichte Eleganz der apulischen Romanik bewundern. Die *Krypta* unter dem Querschiff hingegen spiegelt mit ihren marmorverkleideten Wänden und Säulen den opulenten Geschmack des Barock.

Nun folgt man den schwarzen Steinen im Straßenpflaster, die seit dem Mittelalter Pilgern den Weg zur **Basilica San Nicola** (Piazza San Nicola, Tel. 08 05 73 71 11, www.basilicasannicola.org, tgl. 6.45–12.45 und 16–19 Uhr) weisen. 1087, nach Ankunft der Gebeine des hl. Nikolaus, begann man, das Gotteshaus über den Resten des zerstörten byzantinischen Gouverneurpalasts zu errichten. 1089 bettete Papst Urban II. die sterblichen Überreste des neuen Stadtpatrons in der bereits fertiggestellten Krypta. Doch erst 1197, mehr als 100 Jahre später, waren die übrigen Bauarbeiten abgeschlossen.

San Nicola zählt zu den schönsten romanischen Kirchen Apuliens. Die von zwei stumpfen Türmen flankierte strenge Fassade wird durch ein Rundfenster im

Skulpturenschmuck mit Kraftprobe: Cattedra di Elia in der Basilika San Nicola in Bari

Giebel, fünf Zwillings- und drei Rundbogenfenster sowie drei reliefgeschmückte Portale aufgelockert. Blickfang im dreischiffigen *Inneren* ist das oktogonale *Ziborium* (1150), das den Altar überdacht. Bemerkenswert ist auch die marmorne, von Sklavenfiguren getragene *Cattedra di Elia* (11. Jh.), ein für Bischof Elias (reg. 1089–1105) angefertigter Thron. Im rechten Querschiff fällt ein großer silberner Altar (1684) auf, an dem Episoden aus dem Leben des hl. Nikolaus zu sehen sind. Er stand einst in der Krypta und ist wie die üppig dekorierte und vergoldete Holzdecke (1661/62) ein Überbleibsel der barocken Ausstattung, die bis 1930 das Kircheninnere zierte. Im linken Seitenschiff ist eine *Statue des hl. Nikolaus* zu sehen, die alljährlich am 7.–9. Mai zum Hauptdarsteller der *Festa Patronale di San Nicola* wird. Die Festlichkeiten gipfeln in einer Prozession, während der die Figur zum Porto Vecchio getragen, mit einem Fischerboot aufs Meer gefahren und bei der abendlichen Rückkehr mit einem gigantischen Feuerwerk empfangen wird. Die Gebeine, die im 11. Jh. tatsächlich übers Meer gebracht wurden, liegen währenddessen sicher verwahrt in der von 26 Säulen getragenen *Krypta* der Basilika. Eine *orthodoxe Kapelle* erinnert daran, dass der Heilige sowohl von der Ost- als auch von der Westkirche verehrt wird – u.a. gilt er als Schutzpatron der Seeleute, Jungfrauen und Kinder.

Östlich der Basilika sind noch Reste der alten **Stadtmauer** (Via Venezia) erhalten, auf denen man am Meer entlang Richtung Süden einen schönen Spaziergang bis zur **Piazza Mercantile** unternehmen kann. An der Piazza erinnert die *Colonna della Giustizia*, der ehem. Pranger, an die derben Bestrafungsmethoden früherer Zeiten. Das auffälligste Gebäude am Platz ist der einstige städtische Regierungssitz *Palazzo di Sedile*, der 1543 errichtet und später durch den Uhrturm (1601) und die beeindruckende Loggia (1722) erweitert wurde. Die Piazza Mercantile und die von ihr abzweigende Via Re Manfredi sind dank zahlreicher Restaurants mittags und vor allem abends beliebte Treffpunkte der Bareser.

Ebenso einladend ist die benachbarte **Piazza del Ferrarese** mit der großen *Markthalle* (Mo–Fr 9–13 und 16–19.30 Uhr), in der frisches Obst und Gemüse verkauft werden. Auf dem Platz wurde auch ein kleiner Teil der Römerstraße Via Appia freigelegt.

Heiteres Plätzchen für Mittagspausen: Baris Piazza Mercantile säumen gemütliche Restaurants

Quartiere Murattiano

Am 25. April 1813 legte Napoleons Bruder Joachim Murat den Grundstein für das neue Stadtviertel, das sich südwärts bis zum Bahnhof erstreckt.

Der palmengesäumte Corso Vittorio Emanuele II führt vom Jugendstilbau des **Teatro Margherita**, dem auf Pfählen im Meer errichteten und seit den 1970er-Jahren baufälligen, nicht mehr zugänglichen Operettentheater, nach Westen zur Piazza Garibaldi. Dabei passiert er auf der linken Seite das **Teatro Piccinni** (Tel. 08 05 21 24 84, www.fondazionepetruzzelli.it), ein in der Mitte des 19. Jh. erbautes renommiertes Opern- und Konzerthaus.

Zwei beliebte Einkaufs- und Flaniermeilen, die die Neustadt von Bari in Nord-Süd-Richtung durchqueren, sind die *Via Sparano* sowie der breite, begrünte *Corso Cavour*. An letzterem erhebt sich das prunkvolle **Teatro Petruzzelli** (1898–1903, www.fondazionepetruzzelli.it), das 1991 zum Entsetzen der Bareser völlig ausbrannte. Nach langen Querelen und vielen Verzögerungen soll die 2000 Zuschauer fassende Oper mit ihrer roten Fassade, dem hellen Marmorportal und der beeindruckenden Kuppel am 6. Dezember 2008 endlich wieder eröffnet werden.

Wendet man sich nun nach Südwesten zum Meer hin, erreicht man nach kurzer Zeit den *Palazzo della Provincia*. Dieser beherbergt die bunt zusammengestellte **Pinacoteca Provinciale Corrado Giaquinto** (Via Spalato 19, Tel. 08 05 41 24 22, Di–Sa 9–19, So 9–13 Uhr) mit Werken des Rokokokünstlers Corrado Giaquinto, apulischen Ikonen (12.–14. Jh.), Gemälden des 15./16. Jh. sowie Arbeiten des italienischen Impressionisten Giuseppe de Nittis (1846–1884).

Praktische Hinweise

Information

APT, Piazza Aldo Moro 33 a, Bari, Tel. 08 09 90 93 41, Fax 08 05 24 23 29, www.viaggiareinpuglia.it

Flughafen

Aeroporto Karol Wojtyla Bari, Bari-Palese, Tel. 08 05 80 02 00, www.aeroportidipuglia.it. Etwa 9 km westlich der Stadt; es verkehren Busse zwischen Flughafen und Bahnhof.

Bahnhof

Stazione FS, Piazza Aldo Moro, Bari, Tel. 89 20 21, www.ferroviedellostato.it

Bus

AMTAB, Viale Jacobini, Bari, Tel. 08 05 39 31 11, 800 45 04 44 (gebührenfrei, nur in Italien), www.amtabservizio.it. Die Busse verkehren tgl. 5–23 Uhr.

Hafen

Porto di Bari, Piazzale Cristoforo Colombo 1, Tel. 08 05 21 91 40, www.porto.bari.it. Fähren nach Kroatien, Montenegro und Griechenland.

Parkplätze

Park & Ride (bewacht): Lungomare Vittorio Veneto im Westen, Strand ›Pane e Pomodoro‹ im Südosten und Park Largo 2 Giugno (im Süden), günstige Park- und Bus-Tagestickets.

Einkaufen

In der Straße *Arco Basso* beim Castello Svevo fertigen die Hausfrauen *Orechietti*; getrocknet sind diese Nudeln haltbare Mitbringsel.

Nachtleben

Gorgeous, Viale della Costitente 82, Bari. Hightech-Disko mit Restaurant. Im Sommer zieht es Baris Jugend allerdings mehr in die Hafen- und Strandbars von Trani oder Polignano.

Hotels

******Palace**, Via Lombardi 13, Bari, Tel. 08 05 21 65 51, www.palacehotelbari.it. Komfortables Hotel am Rande der Altstadt Bari Vecchia. Einen schönen Blick bietet die Terrasse des Restaurants *Murat* im 7. Stock.

*****Albergo Adria**, Via Zupetta 10, Bari, Tel. 08 05 24 66 99, www.adriahotelbari.com. Gepflegtes Haus aus dem 19. Jh. mit familiärer Atmosphäre nicht weit vom Bahnhof.

San Martin, Via Spirito Santo 46, Giovinazzo, Tel. 08 03 94 26 27, www.smartinhotel.it. Gediegenes Hotel in einem ehem. Kloster. Die nette Hafenstadt ca. 20 km westlich von Bari empfiehlt sich als Übernachtungsort für all jene, die früh zum Flughafen müssen.

Restaurants

Al Pescatore, Via Federico II di Svevia 6, Bari, Tel. 08 05 23 70 39. Vorzügliches Fischrestaurant gegenüber vom Castello Svevo. Unbedingt *Frutti di Mare Crudi* probieren – frische rohe Meeresfrüchte.

La Muraya, Via Re Manfredi 14, Bari, Tel. 08 05 21 42 41. Das gemütliche Lokal in der belebten Altstadtgasse serviert u.a. hausgemachte Bareser *Orechietti* und Fischspezialitäten.

Mammamia, Corso Vittorio Emanuele 99, Bari, Tel. 08 09 90 44 66. Leckere Pizza, hippes Design (So mittags geschl.).

Café

Catullo, Via Cavour 9, Bari, Tel. 08 05 23 48 51. Viele cremige und bunte Eissorten.

Reizvolles Werk der Natur: Grotte di Castellana mit kristallinen Tropfsteingebilden

87 Grotte di Castellana

Italiens größtes Höhlenlabyrinth.

Durch märchenhafte unterirdische Tropfsteinwälder streift man in den **Grotte di Castellana** (Tel. 08 04 99 82 13, www.grottedicastellana.it, Führungen im Sommer tgl. stdl. 9–12 und 15–18, auf deutsch tgl. 11 und 16, im Winter tgl. stdl. 10–12 Uhr). Das größte Höhlensystem Italiens entstand durch Regenwasser, das bis zu 70 m tief ins Karstgestein einsickerte. Es formte Schächte, Grotten und ließ Stalaktiten und Stalagmiten wachsen. Während der ein- oder zweistündigen Führungen kann man die kristallinen Säulen und glitzernden Spitzen bewundern. An heißen Sommertagen versprechen Temperaturen um 15°C zudem eine angenehme Abkühlung.

Wie die Schöpfung eines Fantasyfilms mutet die Dachlandschaft der Trulli in Alberobello an

Praktische Hinweise

Information

APT, Via Marconi 1, Castellana Grotte, Tel. 08 04 90 02 36, www.viaggiareinpuglia.it

88 Valle d'Itria

TOP TIPP *Das Land der Trulli birgt fantastische Stadtkulissen voller Rundhäuser, besonders spektakulär ist Alberobello.*

Das Valle d'Itria ist eine fruchtbare, vornehmlich weinbewachsene und dicht bevölkerte Karstsenke, in der die Provinzen Brindisi, Bari und Taranto aneinander grenzen. Ihre Besonderheit sind die seltsamen weißen Trulli, Häuschen mit kegelförmigen grauen Dächern und dekorativen Spitzen, die sich überall in die grüne Landschaft ducken. Locorotondo eignet sich dank seiner zentralen Lage als Standort für einen längeren Aufenthalt. Wer den touristischen Rummel nicht scheut, wird sich auch in Alberobello, der Hauptstadt der Trulli, wohlfühlen.

Alberobello

Besonders viele der niedlichen Trulli-Bauten prägen das Ortsbild Alberobellos (10 000 Einw.), das seit 1996 zum *UNESCO Weltkulturerbe* gehört. Trotz zahlreicher Souvenirgeschäfte und noch mehr Touristen aus aller Welt konnte das Städtchen durchaus Charme bewahren.

Auf der einen Seite der Durchgangsstraße *Via Indipendenza* zieht sich das vielbestaunte Trulli-Viertel **Rione Monti** mit etwa 1000 der weißgekalkten Häuser, vielen Andenkenläden und Restaurants den Hügel hinauf. Selbst die Kirche *Sant'Antonio* (1926) besteht aus miteinander verbundenen Trulli und einem kegelförmigen Kirchturm.

Wird einem der Trubel zuviel, wechselt man auf die andere Straßenseite und steigt den Hügel hinauf zur hübschen Piazza Popolo im ruhigeren Viertel **Rione Aia Piccola** mit weiteren 400 Trulli, die ohne Mörtel *trocken* gemauert wurden. Mehr über ihre Geschichte, Bauweise und Einrichtung erfährt man im nahen **Museo del Territorio** (Piazza XXVII Maggio, im Sommer Di–So 10–19.30, im Winter Di–So 10–13 und 15.30–19 Uhr), das in etwa 20 restaurierten Trulli aus verschiedenen Epochen untergebracht ist.

Von der Piazza Popolo führt der Corso Vittorio Emanuele zur Basilika *Santissimi Cosma e Damiano* (19. Jh.; tgl. 7–13 und 16–18 Uhr). Dahinter gewährt der stattliche **Trullo Sovrano** (Piazza Sacramento,

In die beschwingten Formen des Barock kleidet sich der Ort Martina Franca im Valle d'Itria

im Sommer tgl. 10–20, im Winter tgl. 10–18 Uhr), das einzige zweistöckige Bauwerk seiner Art, Einblicke in die gehobeneren Wohnverhältnisse des 18. Jh.

Locorotondo

Locorotondo (14 000 Einw.), 9 km östlich von Alberobello gelegen, ist vor allem für seinen erfrischenden Weißwein berühmt, der aus den hiesigen Rebsorten *Verdeca* und *Bianco d'Alessano* gekeltert wird. Das nette Städtchen liegt wie eine Mönchstonsur auf einer Hügelkuppe und verdankt seiner kreisrunden Anlage den Namen ›*Runder Ort*‹. Weithin sichtbar überragt die klassizistische Kirche **San Giorgio** (1790–1825) das Städtchen mit den steilen Gassen. Charakteristisch für Locorotondo sind die **Cummerse**, weißgetünchte Reihenhäuser mit spitzen Giebeldächern und großen Loggienfenstern. Die bezaubernde Kirche **Santa Maria della Greca** (1480) birgt einen eindrucksvollen, der *Rosenkranz-Madonna* geweihten Flügelaltar aus der Renaissance.

Martina Franca

6 km südlich von Locorotondo erhebt sich die Barockstadt Martina Franca (47 000 Einw.) auf einem Höhenrücken über dem Land der Trulli. Durch das Stadttor **Arco di Santo Stefano** (1764) gelangt man auf die dreieckige Piazza Roma mit dem *Delfinbrunnen* und dem **Palazzo Ducale**. 1669 erteilte Herzog Petracone V Caracciolo den Auftrag zum Bau des 300 Räume zählenden Palastes, der 1742 vollendet wurde. Heute beherbergt das barocke Prunkstück die Gemeindeverwaltung. Innenhof und Treppenhaus sind frei zugänglich.

Ein weiteres herausragendes Bauwerk dieser Zeit ist die **Basilica San Martino** (1747–75; Tel. 08 04 30 65 36, www.basilicasanmartino.it, tgl. 8–12 und 16–20 Uhr) an der Piazza Plebiscito. Die Kirchenfassade ist überschwenglich verziert, das Portal wird von einer Statuengruppe des ›Hl. Martin mit dem Bettler‹ dominiert. Im *Inneren* befinden sich mehrere reich dekorierte Altäre aus farbigem Marmor und ein bemerkenswertes ›Letztes Abendmahl‹ (1804) von Domenico Carella.

Prachtvolle Barockpaläste mit schmiedeeisernen Balkonen im Stil des Barock säumen die *Via Cavour* und *Via Principe Umberto*.

i Praktische Hinweise

Information

APT, Piazza Ferdinando IV, Alberobello, Tel./Fax 08 04 32 51 71, www.viaggiareinpuglia.it

APT, Piazza Roma 37, Martina Franca, Tel. 08 04 80 57 02

Hotels

******Il Palmento**, Contrada Cupa 161, Locorotondo, Tel. 08 04 38 34 04, www.ilpalmento.com. Die Gäste werden in komfortablen Trulli-Suiten inmitten des Valle d'Itria verwöhnt. Tennisplatz, Pool und Wellness-Bereich sowie eine gute Küche sind inklusive.

*****Lanzilotta**, Piazza Ferdinando IV 31, Alberobello, Tel. 08 04 32 15 11, www.hotellanzilotta.it. Angenehm gemütliches Stadthotel im Zentrum.

*****Ramapendula**, Via Locorotondo, Contrada Popoleto, Alberobello, Tel. 08 04 32 60 69, www.ramahotels.com. Das von Olivenhainen umgebene moderne Hotel am Ortsrand mit Pool und Spielplatz ist ideal für Familien.

Sotto Le Cummerse, Via Vittorio Veneto 138, Locorotondo, Tel. 08 04 31 32 98, www.sottolecummerse.it. Über den Ort verteilte Apartments unter den Giebeln der *Cummerse*.

Valle dei Trulli, Via Madonna della Catena 44 b, Locorotondo, Tel. 08 04 31 00 98, www.valledeitrulli.it. Die Agentur vermietet wochenweise größere und kleinere Trulli.

Restaurants

Il Trullo d'Oro, Via Cavallotti 27, Alberobello, Tel. 08 04 32 18 20. In diesem Trulli gibt es eine besonders große Auswahl an Vorspeisen und Weinen (Mo geschl.).

Trattoria Centro Storico, Via Eroi di Dogali, Locorotondo, Tel. 08 04 31 54 73. Das einfache Restaurant bietet alle Genüsse der apulischen Küche, u.a. Lamm-Variationen (Mi geschl.).

Magische Trulli

Über 5000 der eigentümlichen Trulli-Bauten gibt es im Valle d'Itria. Die kleinen weißgekalkten Behausungen werden fast erdrückt von ihren markanten kegelförmigen Bruchsteindächern, die meist von **Pinnacolli** gekrönt werden. Diese dekorativen Schlusssteine sind kunstfertig mit Kugeln, Sternen oder Pyramiden verziert. Auf viele Dächer sind außerdem religiöse, heidnische oder astrologische **Symbole** gemalt, die den Glauben der Bewohner ausdrücken, Fruchtbarkeit beschwören oder den bösen Blick bannen sollten. Das *Innere* eines typischen Trullo besteht aus einem quadratischen Mittelraum unter dem Dachkegel und kleinen Seitenräumen zum Kochen und Schlafen, wobei dicke Kalksteinwände und kleine Fenster gegen die Sommerhitze schützen und die Wärme des offenen Kamins im Winter speichern.

Die **Ursprünge** der Trulli liegen im Dunkeln, es ist möglich, dass sie auf altgriechische Tholos-Bauten zurückzuführen sind. Wahrscheinlich ist, dass die Besteuerung neugegründeter Siedlungen im 15. Jh. zur Verbreitung der Trulli beitrug. Denn die einfachen, mörtellosen Bauwerke hatten einen großen Vorteil: Drohte eine Inspektion der Steuereintreiber, konnte man sie schnell einreißen und ebenso schnell wieder aufbauen. In **Alberobello** gab es seit dem 16. Jh. die erste größere Ansiedlung von Trulli, und im 18. Jh. lebten bereits über 3500 Menschen in dem Trulli-Dorf, das seine Existenz schon lange nicht mehr verheimlichen konnte. Doch erst als Ferdinand IV. von Neapel Alberobello 1797 offiziell zur königlichen Stadt ernannte, entschlossen sich die Bewohner, ihre Häuser mit Mörtel zu befestigen und gaben schließlich die Trulli-Bauweise ganz auf.

Sentimentaler Zierrat verleiht vielen Trulli im Valle d'Itria ihren individuellen Charakter

Einen gewaltigen Anblick bietet die Hafenstadt Brindisi aus der Vogelperspektive

89 Brindisi

In der wichtigen Hafenstadt endete einst die römische Via Appia.

Brindisi (89 000 Einw.) ist für die meisten Reisenden nichts weiter als eine Durchgangsstation auf ihrem Weg nach Griechenland oder in die Türkei. Doch fernab vom wirtschaftlich bedeutenden Fährhafen überrascht die kleine Altstadt, in der es geruhsam zugeht, und die mit beachtlichen Sehenswürdigkeiten aufwartet.

Geschichte Bereits in der Antike entwickelte sich **Brundisium** dank des natürlichen Hafens zum wichtigen Warenumschlagplatz. Daher wurde die von Rom kommende Militär- und Handelsstraße **Via Appia** im 2. Jh. v. Chr. bis hierher verlängert. Im 12./13. Jh. erlebte Brindisi unter den Staufern als Abfahrtshafen der Kreuzritter ins Heilige Land eine weitere Blütezeit. Doch mit der spanischen Herrschaft ging der Niedergang einher. Erst als 1869 der Suezkanal eröffnet wurde, gewann die Stadt erneut an Bedeutung. Die **Indian Mail** zwischen England und Indien verschiffte ihre Post im Hafen von Brindisi, und Mahatma Gandhi machte hier 1888 auf seinem Weg zu Verhandlungen in London Station.

Besichtigung Das gewaltige **Castello Svevo** (1227), heute Sitz der Marine und daher nicht zu besichtigen, wacht am nördlichen Rand der Altstadt über das Hafenbecken *Seno di Ponente*. Zwischen diesem und dem *Seno di Levante* liegt der recht übersichtliche historische Stadtkern, den man am besten *per pedes* er-

Naiv-putzig und doch schonungslos: das ›Jüngste Gericht‹ in Santa Maria del Casale

kundet. Parkplätze gibt es an der östlichen Meerespromenade *Viale Regina Margherita*. Hier ragt auf einem Treppenabsatz das markanteste Zeugnis der Römerzeit empor: die schlanke **Colonna Romana** (1. Jh. n. Chr.), eine von zwei Marmorsäulen, die das Ende der Via Appia markierten. Das kunstvolle Kapitell ist mit Büsten antiker Götter geschmückt. Die andere Säule schenkte man, nachdem sie bei einem Erdbeben 1528 umgestürzt war, der Stadt Lecce [s. S. 307], die sie auf der Piazza Sant'Oronzo aufstellte.

Eine breite Treppe sowie die Via Colonne führen zur *Piazza del Duomo* mit dem **Duomo** (tgl. 8.30–12 und 17–19 Uhr). Das ursprünglich im romanischen Stil errichtete Gotteshaus wurde nach einem schweren Erdbeben 1746 wiederaufgebaut. Aus dieser Zeit stammen die statuengeschmückte Fassade und der barocke Campanile, während im Inneren noch eine Apsis und Mosaikfragmente aus dem 11. Jh. erhalten blieben.

Links vom Glockenturm befindet sich das reich bestückte **Museo Archeologico Francesco Ribezzo** (Piazza del Duomo 7, Tel. 08 31 52 40 23, zzt. wegen Restaurierung geschl.), in dem die *Bronzi di Brindisi* (4. Jh. v.–4. Jh. n. Chr.) zu bestaunen sind. Zu diesem 1992 vor der Küste Brindisis gehobenen Schatz gehören zwei herausragende Statuen: die des römischen Konsuls Lucio Emilio Paolo (2. Jh. v. Chr.) und die eines römischen Bürgers mit kunstvoll in Falten gelegter Toga. Ferner ist eine ungewöhnliche Sammlung griechischer und apulischer Vasen zu sehen. Das Gesicht der *Piazza del Duomo* prägt darüber hinaus der barocke **Palazzo del Seminario** (1720), das Priesterseminar, und der **Portico dei Templari**. Die Spitzbogenarkaden mit dem rot-weißen Kreuzrippengewölbe sind die Reste einer Templerresidenz aus dem 14. Jh.

Um zur Kirche des Kreuzritterordens zu gelangen, folgt man zunächst der Via Tarantini und biegt dann links in die Via Marco Pacuvio ein. Für den **Tempio di San Giovanni al Sepolcro** (zzt. wegen Restaurierung geschl.) ließen die Templer im späten 11. Jh. eine frühchristliche Kirche umbauen und mit einem reich verzierten Portal versehen, das Löwensockel und Figurenkapitelle aufweist. Im Inneren fällt die hufeisenförmige Anlage auf – acht Marmorsäulen tragen die Decke und schaffen einen Wandelgang.

Die größte Sehenswürdigkeit Brindisis befindet sich etwa 5 km außerhalb der Stadt Richtung San Vito bzw. Flughafen. Die aparte Kirche **Santa Maria del Casale** (um 1300–20; www.santamariadelcasale.net, tgl. 8–20 Uhr), die Philipp von Anjou, Fürst von Tarent, errichten ließ, schmückt eine hohe Giebelfassade mit verschiedenen geometrischen Mustern aus roten und weißen Steinen. Das dreischiffige Gotteshaus ist im Inneren fast völlig mit Fresken aus dem 14. Jh. ausgemalt. Besonders faszinierend ist die schonungslose Darstellung des ›Jüngsten Gerichts‹ an der Eingangswand, das *Rinaldo da Taranto* zugeschrieben wird.

i Praktische Hinweise

Information

APT, Lungomare Regina Margherita 44, Brindisi, Tel. 08 31 56 21 26, Fax 08 31 56 21 49, www.viaggiareinpuglia.it

Flughafen

Aeroporto del Salento, Brindisi-Casale, Tel. 08 31 41 17 208, www.aeroportidipuglia.it. Etwa 8 km nördlich der Stadt mit Shuttle-Busanbindung zum Bahnhof.

Bahnhof

Stazione FS, Piazza Crispi, sowie direkt am Hafen (Stazione Marittima), Brindisi, Tel. 80 20 21, www.ferroviedellostato.it

Hafen

Porto di Brindisi, Brindisi, Tel. 08 31 52 22 03, www.porto.br.it. Fähren nach Albanien, Griechenland, in die Türkei. Ticketschalter der Reedereien am Fährhafen-Terminal *Costa Morena* (Porto Medio). Bus zw. Bahnhof, Porto Interno (Staz. Marittima) und Costa Morena.

Centro Prenotazioni Traghetti, NetFerry, Tel. 08 31 56 42 57, www.traghettigrecia.com. Telefon- und Online-Buchungen.

Hotel

******Grande Albergo Internazionale**, Lungomare Regina Margherita 23, Brindisi, Tel. 08 31 52 34 73, www.albergointernazionale.it. Charmantes Hotel direkt am Jachthafen Seno di Ponente.

Restaurant

La Locanda del Porto, Via Montenegro 20, Brindisi, Tel. 08 31 56 81 81. Ausgezeichnete Küche in Domnähe (Di geschl.).

◁ *Ein grandioses Ensemble barocker Pracht bildet die Piazza Duomo in Lecce*

90 Lecce

Die Hauptstadt des Salento schwelgt in den üppigen Formen des Barocco Leccese.

Im Zentrum des Stiefelabsatzes liegt Lecce (92 000 Einw.), die Hauptstadt des Salento. 25 000 Studenten, eine lebendige Kultur- und Musikszene sowie kunstvoll verzierte Paläste und Kirchen aus der Zeit des Barock bestimmen das Bild der weltoffenen Universitätsstadt.

Geschichte Die ursprünglich messapische Siedlung wurde im 3. Jh. v. Chr. von den Römern erobert und **Lupiae** genannt. Reges wirtschaftliches und kulturelles Leben prägte die Stadt, die sich im 1. Jh. n. Chr. gleich zwei Theater für insgesamt 30 000 Menschen leistete. Unter **byzantinischer Herrschaft** im 9. Jh. verlor der Ort weitgehend an Bedeutung, die führende Rolle als Handelszentrum des Salento spielte fortan die Hafenstadt Otranto. Erst nachdem diese 1480 von den Türken zerstört wurde, kam es zum erneuten Aufschwung Lecces und einer Blütezeit im 16. Jh. unter **Karl V. von Anjou**. Er ließ eine neue Stadtmauer samt Kastell errichten, um Lecce vor den drohenden Überfällen der Türken zu schützen. Innerhalb der Befestigung entstanden im 16./17. Jh. zahlreiche Kirchen und Paläste im Stil des **Barocco Leccese**. Diese überbordende Variante des Barock ermöglichte der *Pietra Leccese*, der weiche gelbliche Tuffstein der Gegend, der erst nach seiner Bearbeitung hart und beständig wird.

Besichtigung Herz der verkehrsberuhigten Altstadt, abendlicher Treffpunkt der Lecceser und ein guter Ausgangspunkt für einen Stadtrundgang, ist die **Piazza Sant'Oronzo**. An ihrem Rande steht die **Colonna di Sant'Oronzo** (1. Jh. n. Chr.) eine der beiden Marmorsäulen, die einst das Ende der *Via Appia* in Brindisi [s. S. 305] kennzeichneten. Sie wird bekrönt von einer Statue (1739) des Stadtpatrons, des *hl. Oronzo*, der 57 n. Chr. zum Erzbischof von Lecce ernannt wurde und als Märtyrer starb. Die 1592 auf dem Platz errichtete Loggia, der **Palazzo del Seggio**, diente bis 1851 als Rathaus, heute finden hier wechselnde Ausstellungen statt. Von der Piazza blickt man die Ränge des **Anfiteatro Romano** (1. Jh. n. Chr.) hinunter, das 1938 beim Bau eines Bankhauses entdeckt und zur Hälfte freigelegt wurde. In der Arena fanden Gladiatoren- und Tierkämpfe vor bis zu 25 000 Zuschauern statt. Weitere Informationen über die Römerzeit, veranschaulicht durch Marmorbüsten, Mosaike und Fresken, liefert ein Besuch des nahen **Teatro Romano** (1. Jh. n. Chr.; im Sommer Mo–Sa 9.30–13.30 Uhr), das etwa 5000 Zuschauern bei musikalischen und dramatischen Darbietungen Platz bot.

Von hier aus sind es nur ein paar Schritte nach Westen zur barocken Platzanlage **Piazza Duomo**, die vom 72 m hohen Glockenturm (1661–82; zzt. wegen Restaurierung geschl.) des **Duomo Santa Maria dell'Assunta** (1659–70; tgl. 7–12 und 17–19.30 Uhr) überragt wird. Turm und Kirche sind Werke *Giuseppe Zimbalos* (um 1620–1710), einem der Hauptvertreter des Lecceser Barock, der vor allem an der nördlichen Schauseite des Doms seine ganze Kreativität entfaltete. Über dem Portal steht die Statue des hl. Oronzo in einem opulenten Triumphbogen. Blatt-

Aus dem Füllhorn barocker Dekorationsideen schöpft die Fassade von Santa Croce

girlanden und Fantasiegeschöpfe umranken Säulen, Pilaster und Balustraden. Im Inneren der dreischiffigen Kirche fallen die vergoldete Kassettendecke und die u.a. von Giuseppe Zimbalo gefertigten prächtigen Altäre auf.

Rechts vom Dom komplettieren der **Palazzo Vescovile**, der 1420–28 errichtete und 1632 im Stil des Barock umgebaute Bischofspalast, sowie der **Palazzo del Seminario** (1694–1709), das Priesterseminar von *Giuseppe Cino*, den kulissenartigen Gesamteindruck des Platzes.

Durch Lecces Flaniermeile *Via Vittorio Emanuele* kehrt man nun zurück zur Piazza Sant'Oronzo und wendet sich nach Norden. In der *Via Umberto I.* wartet der Inbegriff des *Barocco Leccese*, die herrliche Kirche **Santa Croce** (tgl. 7–12 und 16–19 Uhr) auf Besucher. Die Bauarbeiten begannen 1549 nach einem Entwurf von Gabriele Riccardi und wurden im 17. Jh. von den Architekten Antonio Zimbalo, Cesare Penna und Giuseppe Zimbalo fortgeführt. Die zweigeschossige Giebelfassade mit drei Portalen wird durch Pilaster, Simse, Balustraden und Rundfenster gegliedert. Man kann sich gar nicht sattsehen an den vielen plastischen Details, den Voluten, Säulen, Putten, Tieren und Blumen aus Stein. Im Inneren öffnen sich drei Kirchenschiffe zum Presbyterium, über dem die hohe Kuppel mit Tambour aufragt. Links von der Vierung ist ferner der dem hl. Francesco di Paola geweihte Altar von Antonio Zimbalo sehenswert, der in zwölf Flachreliefs die Vita des Heiligen erzählt.

Die Dekorationslust des Barockarchitekten Giuseppe Zimbalo setzt sich am benachbarten **Palazzo dei Celestini** (1659–95) fort. Heute residiert hinter der zweistöckigen Rustikafassade, deren Fenster von steinernem Zierrat üppig umrankt sind, der Stadtrat von Lecce.

Östlich des Altstadtkerns kann man schließlich noch einen Blick auf das massive **Castello Carlo V** (Viale XXV Luglio, tgl. 8–13 und 16–19 Uhr) aus dem 16. Jh. werfen. Mit etwas Glück findet im herrschaftlichen Renaissancetrakt gerade eine interessante Wechselausstellung oder ein Konzert statt.

i Praktische Hinweise

Information

APT, Via Vittorio Emanuele 24, Lecce, Tel. 08 32 24 80 92, Fax 08 32 31 02 38, www.viaggiareinpuglia.it

Einkaufen

Petre, Via Palmieri 47/49, Lecce, Tel. 08 32 33 13 88, www.petre.it. Kunstvolle moderne Arbeiten aus dem weichen Sandstein der Gegend von Obstschalen bis zu Bücherregalen.

Nachtleben

Cagliostro, Via Cairoli 25, Lecce, Tel. 08 32 30 18 81. Bekannte Adresse für ausgezeichnete Cocktails und erstklassige Jazzkonzerte.

Road 66, Via dei Perroni 8, Lecce, Tel. 08 32 24 65 68. Klassiker unter den vielen Bars mit Livemusik im Vergnügungsviertel der Stadt. Gespielt wird Rock, Blues, Soul, Country.

Hotels

*****__Risorgimento__, Via Imperatore Augusto 19, Lecce, Tel. 08 32 24 63 11, www.vestashotels.it. Schickes Hotel im historischen Zentrum, das 2007 von Grund auf renoviert wurde.

Arco Vecchio, Via Balbo 5, Lecce, Tel. 08 32 24 36 20, www.arcovecchio.com. Zentral gelegenes modern gestyltes Bed & Breakfast mit hellen Zimmern in einem Altbau des frühen 20. Jh.

Dimora Barocca, Corte dei Guarini 11, Lecce, Tel. (mobil) 00 39 32 03 84 09 88, www.dimorabarocca.it. Bed & Breakfast mit stilvollen Apartments in der barocken Altstadt.

Restaurants

Blu Notte, Via Brancaccio 2, Lecce, Tel. 08 32 30 42 86. Feines Fischlokal an der Porta San Biagio.

Carl V, Piazzetta Falconieri 1, Lecce, Tel. 08 32 24 35 09. Besonders bei den Studenten beliebte Pizzeria.

La Vecchia Osteria, Via Dasumno 3, Lecce, Tel. 08 32 30 80 57. Das Ehepaar Marinella variiert gekonnt die Rezepte des Salento. Unbedingt zugreifen, wenn *Tiella alla Barese*, ein Gratin aus Miesmuscheln, Reis und Kartoffeln, auf der Karte steht (Mo geschl.).

Café

Natale, Via Trinchese 7, Lecce. Hier gibt es das allerallerbeste Eis der Stadt – und andere süße Verführungen.

Akribie und viel Feingefühl erfordert die Fertigung der kunstvollen Cartapesta in Lecce

Cartapesta – Heilige aus Papiermaché

Inspiriert durch die üppigen barocken Kunstwerke in den Kirchen von Lecce verstärkte sich im 17. Jh. wohl auch in der einfachen Bevölkerung der Wunsch nach Heiligenfiguren für den ›Hausgebrauch‹. Teure Porzellanfiguren konnte sich kaum einer leisten, und auch Holzschnitzereien waren in der waldarmen Provinz nahezu unerschwinglich. Darum suchten geschäftstüchtige Künstler nach Alternativen und erlernten die in Norditalien bereits übliche Herstellung von **Papiermachéfiguren**: Zerkleinertes Papier wird ein bis zwei Tage in Wasser und Mehl eingeweicht und dann als Masse auf ein Drahtgestell aufgetragen. Sorgfältig werden nun Feinheiten modelliert und nach einer einwöchigen Trockenphase können die Figuren bemalt werden. Dieses traditionelle Kunsthandwerk der **Cartapesta** pflegt z. B. noch die Lecceser Familie Riso in der Via Vittorio Emanuele 27 (Tel. 08 32 24 34 10, www.cartapestariso.it) – nur wirklich billig sind die kleinen Kunstwerke heu-

91 Otranto

Das staunenswerte romanische Bodenmosaik eines Lebensbaumes lohnt jeden Umweg.

Otranto (5300 Einw.), die östlichste Gemeinde Italiens, ragt etwa 30 km südlich von Lecce auf einem Felsen ins Meer. Bereits in der Antike wussten die Griechen und ab dem 3. Jh. v. Chr. die Römer den Naturhafen von **Hydruntum** als Pforte zum Orient zu schätzen. Unter byzantinischer und normannischer Herrschaft entwickelte sich Otranto ab dem 10. Jh. zum politischen, kulturellen und wirtschaftlichen Zentrum des Salento.

1480 aber eroberten muslimische Türken die Hafenstadt und köpften 800 Überlebende, die dem christlichen Glauben nicht abschwören wollten. Ein Jahr später zogen die Spanier ein, erbauten zum Schutz Otrantos eine Mauer und erweiterten das am Meer gelegene **Castello di Otranto** (Piazza Castello, Tel. 08 36 80 14 36, Juni, Sept. tgl. 9.30–13 und 16–21, Juli, Aug. tgl. 9.30–13 und 17.30–23, sonst tgl. 10–12.30 und 15.30–18.30 Uhr). Noch heute kann man die einst mit Kanonen bestückten Türme sowie das mächtige Bollwerk bestaunen.

TOP TIPP Mit Naturstein gepflasterte Gassen führen zur **Cattedrale Santa Maria Annunziata** (Piazza Basilica 1, Tel. 08 36 80 27 20, tgl. 8–12 und 15–17 Uhr). Nachdem die Normannen unter Robert Guiscard 1068 die Stadt erobert hatten, begannen sie mit dem Bau der Basilika, die jedoch erst in der 2. Hälfte des 12. Jh. vollendet wurde. Nach 1481 – das mittelalterliche Bauwerk war durch die türkischen und spanischen Truppen stark beschädigt worden – wurden Restaurierungsarbeiten nötig. Aus dem 15. Jh. stammt auch die nachträglich in die romanische Fassade eingefügte, dominierende Fensterrose. Weitere Veränderungen erfuhr der Bau im 17. Jh., etwa durch die Errichtung des schmucken Barockportals und den Einbau der vergoldeten Kassettendecke. Marmorsäulen mit fein ausgearbeiteten korinthischen Kapitellen (12. Jh.) gliedern die drei Kirchenschiffe. Im rechten Seitenschiff, in der *Cappella dei Martiri*, stehen Glasvitrinen mit Reliquiaren, in denen die sterblichen Überreste der 800 von Türken ermordeten Christen aufbewahrt werden.

Glanzstück der Kirche ist das vollständig erhaltene *Fußbodenmosaik*, das ein Priester namens *Pantaleone* 1163–65 fertigte. Dargestellt ist ein riesiger Lebensbaum. Dieser wächst von der ›Hölle‹ im Eingangsbereich, die u.a. durch den Griechen Alexander der Große personifiziert wird, bis zum Chor in den ›Himmel‹, den Tierkreiszeichen sowie die ins Paradies eingezogenen Patriarchen symbolisieren. Rechts und links des Stammes finden sich Motive aus dem Alten Testament wie Adam und Eva im Garten Eden, die Beladung der Arche Noah oder der Turmbau zu Babel. Dazwischen tauchen immer wieder mythologische Darstellungen und Szenen aus dem bäuerlich-ländlichen Alltag auf.

Ein weiterer Höhepunkt der Kirche ist die von 48 Säulen getragene *Krypta*. Vor allem den Kapitellen sollte man Beachtung schenken. Es sind wiederverwendete spätantike, byzantinische und hochmittelalterliche Arbeiten, von denen einige fantasievolle Darstellungen von Tieren und Menschen zeigen.

i Praktische Hinweise

Information

APT, Piazza Castello, Otranto, Tel. 08 36 80 14 36, www.comune.otranto.le.it

Hotels

*******Palazzo Papaleo**, Via Rondachi 1, Otranto, Tel. 08 36 80 21 08, www.hotelpalazzopapaleo.com. Stilvoller Luxus im historischen Zentrum. Die Zimmer sind mit Antiquitäten eingerichtet.

******Masseria Montelauro**, Località Montelauro, Otranto, Tel. 08 36 80 62 03, www.masseriamontelauro.it. 2 km außerhalb der Stadt warten Ruhe und Entspannung. Der Gutshof aus dem Jahr 1878 wurde mit viel Liebe zum Detail und zur Natur restauriert.

Restaurants

Peccati di Vino, Via Rondachi 7, Otranto, Tel. 08 36 80 14 88. Elegantes Fischlokal nahe der Kathedrale (Di geschl.).

Vecchio Otranto, Corso Garibaldi 96, Otranto, Tel. 08 36 80 15 75. Die Trattoria setzt auf die Traditionen des Salento z.B. *Ricci di Mare* (Seeigel) – Brot eintunken und genießen (Do geschl.).

Ein Lebensbaum als einzigartiges überdimensionales Bildwerk schmückt den Boden von Santa Maria Assunta in Otranto

NOE
ALE XAN DER REX

92 Tarent

Die Stadt der zwei Meere, gelegen zwischen den beiden Buchten Mare Piccolo und Mare Grande.

Tarent (Taranto, 195 000 Einw.), die Hafenstadt am gleichnamigen Golf, macht es Reisenden nicht ganz einfach. Erst auf den zweiten Blick offenbaren sich ihre reizvollen Kontraste: Begrünte Uferpromenaden mit einladenden Cafés und Restaurants sowie riesige graue Containerpötte im Hafen, vor denen die weißen Segel der Jachten heitere Akzente setzen. Die Straßen von Tarent durchweht nicht nur der morbide Charme des Verfalls, sondern auch eine frische Meeresbrise.

Geschichte Die Ursprünge Tarents reichen zurück ins Jahr 706 v. Chr., als **Spartaner** die Bucht am Ionischen Meer besiedelten. Die glorreichen Tage der griechischen Handelsmetropole **Taras** endeten jedoch im 3. Jh. v. Chr., als die **Römer** sie immer wieder angriffen und 272 v. Chr. schließlich eroberten, plünderten und weitgehend zerstörten. Die einst mächtige Stadt fristete ihr Dasein für Jahrhunderte als bescheidenes Provinznest. Nach den **Byzantinern**, die ab 967 die Stadt wiederaufbauten, eroberten 1063 die **Normannen** Tarent und machten es zum Zentrum ihres süditalienischen Fürstentums, das 1465 dem Königreich Neapel angeschlossen wurde. Eine nennenswerte Entwicklung setzte ein, als **Napoleon** 1801 die Stadt eroberte und zu einem wichtigen Militärhafen ausbaute. Auch das geeinte italienische Königreich stationierte hier ab 1866 seine Flotte, und bis heute ist Tarent einer der bedeutendsten **Militärhäfen** Italiens. Durch den Bau eines der weltweit größten Stahlwerke gelang in den 1960er-Jahren der Aufschwung zur Industriemetropole, die sich nun allmählich von den Folgen der Stahlkrise in den 1980er-Jahren erholt.

Aus der Blütezeit des antiken Griechenland stammen die eleganten Ori di Taranto im Museo Nazionale Archeologico

Besichtigung Die Altstadt von Tarent liegt, umgeben von unwirtlichen Industrie- und Hafenanlagen, einer geschäftigen Neustadt sowie dem Mare Piccolo und dem Mare Grande, auf einer Insel. Wer mit dem Auto anreist, kann dieses auf der palmenbestandenen *Piazza Garibaldi* in der Neustadt abstellen. Von der Nordseite des Platzes führt die beliebte Einkaufsstraße *Corso Umberto* zum jüngst restaurierten und modernisierten **Museo Nazionale Archeologico** (Tel. 09 94 53 21 12, www.museotaranto.it, tgl. 8.30–19.30 Uhr), das Schätze aus den Glanzzeiten der Magna Graecia hütet. Zu den kostbarsten Ausstellungsstücken gehören der antike Goldschatz *Ori di Taranto* mit filigranen Diademen, Ohrringen, Halsketten und Ringen. Hinzu kommt eine beeindruckende Sammlung griechischer Vasen (7.–1. Jh. v. Chr.).

Die 1887 errichtete Drehbrücke **Ponte Girevole** führt über den *Canale Navigabile*, der das Mare Grande mit dem Mare Piccolo verbindet, in die Altstadt. Gleich links auf der Insel erhebt sich das mächtige **Castel Sant'Angelo** (Tel. 09 97 75 34 38, Führungen nach Voranmeldung Mo–Fr 9:30, 11.30, 17.30, Sa/So 9.30 und 11 Uhr), das Ferdinand von Aragon 1492 zur Verteidigung gegen die Türken anlegen ließ. Das Geviert mit den breiten niedrigen Ecktürmen entwarf der aus Siena stammende Architekt *Francesco di Giorgio Martini*. Seit 1877 wird die Festung von der italienischen Marine genutzt und ist der Öffentlichkeit deshalb nur eingeschränkt zugänglich. Die ca. 1,5 Stunden dauernde Führung gewährt interessante Einblicke in die Ausgrabungen im Inneren, die Reste von Vorgängerbauten aus der Zeit der Byzantiner, Normannen, Staufer und Anjous zum Vorschein brachten.

Gegenüber vom Kastell ragen zwei dorische Säulen in den Himmel, die Überbleibsel des griechischen **Tempio di Poseidone** (6. Jh. v. Chr.). Dahinter taucht man ein ins dunkle Labyrinth der eng bebauten Altstadt. Die Via del Duomo führt direkt auf die im 18. Jh. entstandene

An der Hafeneinfahrt von Tarent zeigt das Castel Sant'Angelo seine imponierenden Bollwerke

barocke Fassade des **Duomo San Cataldo** (tgl. 9–12 und 16.30–18.30 Uhr) zu. Das Gotteshaus wurde im 11. Jh. errichtet, später aber mehrmals umgebaut. Das Innere wird von Marmorsäulen mit romanischen und byzantinischen Kapitellen in drei Kirchenschiffe unterteilt. Das mittlere überspannt eine teils vergoldete Kassettendecke (17. Jh.). Die ganze Pracht des Barock zeigt die dem Stadtpatron geweihte *Cappella di San Cataldo* (18. Jh.) neben dem Chor, die mit farbigen Marmorintarsien, Fresken und Statuen reich geschmückt ist.

Am westlichen Altstadtrand erhebt sich über einer steilen Barocktreppe die Kirche **San Domenico** (11. Jh.; tgl. 9–12 und 16.30–18.30 Uhr), die einst zu einem Kloster gehörte. An der Fassade erinnert der Rundbogenfries an die romanische Entstehungszeit des einschiffigen Gotteshauses, das Baldachinportal ist gotisch geformt, die schöne Fensterrose entstand im 14. Jh. Im *Kreuzgang* sind heute antike Ausgrabungsfunde sowie Wechselausstellungen zu sehen.

i Praktische Hinweise

Information

APT, Corso Umberto 113, Tarent, Tel. 09 94 53 23 92, Fax 09 94 52 04 17, www.viaggiareinpuglia.it

Bahnhof

Stazione FS, Piazza Libertà, Tarent, Tel. 89 20 21, www.ferroviedellostato.it

Hotels

******Akropolis**, Vico I Seminario 3, Tarent, Tel. 09 94 70 41 10, www.hotelakropolis.it. Das komfortable Hotel in einem wunderschön restaurierten mittelalterlichen Palazzo liegt inmitten der Altstadt. Einen guten Ausblick hat man von der Lounge auf der Dachterrasse.

******Europa**, Via Roma 2, Tarent, Tel. 09 94 52 59 94, www.hoteleuropaonline.it. Elegantes Traditionshotel mit Restaurant am *Canale Navigabile* im neueren Teil von Tarent.

Restaurants

Da Mimmo, Via Ciro Giovinazzi 18, Tarent, Tel. 09 94 59 37 33. Die Speisekarte der gemütlichen Trattoria am Stadtpark *Peripato* orientiert sich an den lokal verfügbaren Zutaten, darunter häufig Muscheln und Fisch.

San Domenico, Via Duomo 7, Tarent, Tel. 09 94 70 67 30. Das einladende Lokal an einem lauschigen Platz hinter der Kirche San Domenico bietet gute apulische Küche mit Meeresfrüchten, Gemüse und Pasta.

Basilikata und Kalabrien – Buchkunst und Badefreuden an der Stiefelspitze

Die Regionen **Basilikata** und **Kalabrien** im äußersten Südwesten des italienischen Festlands warten mit faszinierenden Kunstschätzen, herrlichen Gebirgslandschaften und wunderschönen Küsten auf. Vom Glanz der *Magna Graecia* zeugen die imposanten Ruinen von **Metaponto** ebenso wie die *Bronzi di Riace*, zwei überwältigende Bronzestatuen im Archäologischen Museum von **Reggio di Calabria**. Bibliophile werden vom Anblick des frühmittelalterlichen *Codex Purpureus Rossanensis* in **Rossano** begeistert sein, während in **Stilo** die *Cattolica*, ein Kleinod des byzantinischen Kirchenbaus, ihre Besucher bezaubert. Ein unvergleichliches Erlebnis ist die Besichtigung der **Sassi di Matera** mit ihren jahrhundertealten Felsbehausungen und Felskirchen. Wanderer und Mountainbiker können sich in den Bergen des **Parco Nazionale della Sila** verausgaben, Taucher finden in den fischreichen Gewässern vor dem **Capo Rizzuto** ihr Paradies. Und alle, die gerne das Dolce Vita am Strand genießen, sind in malerischen Badeorten wie **Maratea** und **Tropea** genau richtig.

93 Metaponto

Überreste der Magna Graecia am Ionischen Meer.

Etwa 48 km südwestlich von Tarent weisen an der Küstenstraße SS106 Schilder den Weg zum Ausgrabungsgelände von Metaponto. Griechen gründeten die Stadt im 8./7. Jh. v. Chr. Als der berühmte Philosoph und Mathematiker *Pythagoras* (um 570 v. Chr.–um 500 v. Chr.) und seine Anhänger Ende des 6. Jh. v. Chr. aus Crotone [s. S. 322] vertrieben wurden, fanden sie hier Unterschlupf. Im 3. Jh. v. Chr. wurde die Siedlung römisch. Ende des 17. Jh. führte eine Malariaepidemie zur vollständigen Entvölkerung des Gebietes. Erst in den 1950er-Jahren hat man Metaponto als Gartenstadt wieder angelegt. Heute ist es ein beliebter Badeort.

An die griechische Kolonie erinnert das **Museo Archeologico Nazionale** (Via Aristea 21, Tel. 08 35 74 53 27, Mo 14–20, Di–

Stolzes Relikt griechischer Siedler im antiken Süditalien: Tavole Palatine in Metaponto ▷

So 9–20 Uhr) mit Ausgrabungsfunden, darunter Schmuck, Vasen und Grabbeigaben. Im benachbarten **Parco Archeologico dell'Area Urbana** (tgl. 9–13.30 Uhr) stehen die Ruinen der antiken Griechenstadt. Man erkennt die imposante *Agora,* den zentralen Platz, sowie Reste von einem Theater und mehreren Tempeln, darunter der *Tempio di Apollo Licio* aus dem 7. Jh. v. Chr. Glanzstück Metapontos sind die **Tavole Palatine** (tgl. 9 Uhr bis 1 Std. vor Sonnenuntergang). Dabei handelt es sich um 15 sehr gut erhaltene dorische Säulen eines einst mächtigen, der Göttin Hera geweihten Tempels aus dem 6. Jh. v. Chr.

94 Matera

TOP TIPP *Stadt der Sassi mit jahrhundertealten Felsenkirchen.*

Das satte Grün des dünn besiedelten zentralen Hügellandes der Basilikata weicht in der Gegend um die Provinzhauptstadt Matera (60 000 Einw.) den kargen Hochebenen und tiefen Erdfurchen der *Murge.* Der Stadtkern Materas liegt auf einer solchen Hochebene oberhalb der *Gravina,* einer großen Karstschlucht. An ihren Hängen entstanden die einzigartigen Felsbehausungen der **Sassi di Matera**, die von der UNESCO 1993 zum *Weltkulturerbe* erklärt wurden. In den Sassi haben inzwischen viele gemütliche Hotels, Bed & Breakfast-Unterkünfte, Restaurants und Souvenirläden eröffnet.

Geschichte Das Gebiet von Matera war bereits in der Jungsteinzeit vor 7000 Jahren besiedelt. Die zahlreichen Höhlen boten Hirten und Bauern samt Vieh Schutz. Der erste Ort wurde vermutlich um 250 v. Chr. auf dem leicht zu verteidigenden Felskamm gegründet und mit einer Stadtmauer befestigt. Im 8.–12. Jh. entstanden in seiner Nähe Einsiedeleien, Klöster und etwa 140 **Chiese Rupestri** (Felskirchen) hauptsächlich von Basilianer- und Benediktinermönchen. 1043 eroberten die **Normannen** Matera, das in Folge eine wirtschaftliche Blüte erlebte. Die Ortschaft dehnte sich jenseits der Befestigungsanlagen an den Hängen der Gravina aus. Im 13. Jh. wurden die **Sassi** zum ersten Mal urkundlich erwähnt. Man baute die Grotten allmählich aus und es entstanden immer komplexere Gebilde. Im reicheren *Sassi Barisono* gab es sogar mehrstöckige ›Palazzi‹. Bis 1663 war Matera in das Verwaltungsnetz Apuliens einbezogen, dann ernannten die Könige von Neapel es zur Hauptstadt der Provinz

Lucana. 1806 wurde sie als solche durch Potenza abgelöst. Überbevölkerung und nachlässige Regierungen ließen die Sassi als Zufluchtsorte einer verarmten Unterschicht allmählich verkommen. Ab 1954 siedelte man die meisten Bewohner aus den Höhlensiedlungen in moderne Sozialwohnungen um. Heute sind die verschachtelten Höhlenwohnungen, die zu den besterhaltenen und größten im Mittelmeerraum zählen, Touristenmagnete. Starrollen spielten sie auch in Pier Paolo Pasolinis Film ›Das 1. Evangelium – Matthäus‹ (1964) und in Mel Gibsons ›Die Passion Christi‹ (2004).

Besichtigung Das **Civita** genannte historische Zentrum Materas erstreckt sich zwischen der trubeligen Piazza Vittorio Veneto und der ruhigen Piazzetta Giovanni Pascoli. Der Felssporn, auf dem der *Dom* steht, trennt die unterhalb gelegenen Höhlensiedlungen in den östlichen **Sasso Barisano** und den westlichen **Sasso Caveoso**. Die einzige direkte Autoverbindung zwischen den Sassi ist die Via Madonna delle Virtù entlang der Schlucht. Ansonsten sollte man gut zu Fuß sein, denn es geht immer wieder treppauf und treppab. Verlaufen kann man sich kaum, da die Sehenswürdigkeiten ausgeschildert sind.

Sasso Caveoso

Idealer Ausgangspunkt für die Besichtigung ist die **Piazzetta Giovanni Pascoli**. Von der hiesigen Terrasse genießt man einen schönen Blick über den Sasso Caveoso, außerdem befinden sich hier zwei Museen: Der *Palazzo Lanfranchi* (1668) beherbergt das kleine **Museo Nazionale dell'Arte Medievale e Moderna** (Tel. 08353101 37, Di–So 9–13 und 16–19 Uhr), das eine Gemäldegalerie mit Werken der neapolitanischen Schule des 17./18. Jh. präsentiert. Außerdem kann man hier Porträts und Landschaftsgemälde von *Carlo Levi* (1902–1975) bewundern. Der politisch engagierte, jüdischstämmige Arzt, Maler und Schriftsteller wurde 1935–36 von den Faschisten nach Grassano bei Matera, dann in das 80 km südwestlich gelegene Bergnest Aliano verbannt. Die zu jener Zeit miserablen Lebensbedingungen in der süditalienischen Provinz schilderte Levi zu seinem Buch ›Christus kam nur bis Eboli‹ (1945), einem Klassiker des italienischen Neorealismus. Gleich nebenan

◁ *Dicht zusammengerückt und verschachtelt: Höhlensiedlung von Sasso Caveoso in Matera*

wurde das **Museo Nazionale Ridola** (Via Ridola 24, Tel. 08 35 31 00 58, Mo 14–20, Di–So 9–20 Uhr) 1910 auf Initiative des Arztes und Archäologen Domenico Ridola (1841–1932) im ehem. Kloster *Santa Chiara* (1698) eingerichtet. Die übersichtlich gestaltete archäologische Ausstellung informiert über die regionale Geschichte vom Neolithikum bis zur Antike.

Treppen führen vom Platz hinunter in den **Sasso Caveoso** mit seinen zahlreichen Felsenkirchen. An seinem östlichen Rand steht das **Convicinio di Sant'Antonio** (April–Okt. tgl. 9–13 und 15–19, Nov.–März tgl. 9.30–13.30 und 14.30–16.30 Uhr), ein Komplex aus vier miteinander verbundenen Höhlenkirchen aus dem 13./14. Jh. Die größte davon, *Sant'Antonio Abate*, wird durch vier Säulen in drei Schiffe unterteilt. Bemerkenswert sind die aus dem Fels gehauenen Kreuzrippengewölbe und Altäre sowie die Reste der byzantinisch beeinflussten Wandmalereien, die den hl. Antonio Abate und den hl. Sebastian darstellen.

Weiter nördlich schmiegt sich die Felsenkirche **Santa Lucia alle Malve** (9. Jh.; April–Okt. tgl. 9–13 und 15–19, Nov.–März tgl. 9.30–13.30 und 14.30–16.30 Uhr) in den Hang. Sie gehörte zum ältesten und wichtigsten Kloster Materas. Nach dessen Auflösung 1283 dienten zwei der drei Schiffe bis in die 1960er-Jahre als Wohnungen, doch noch immer lassen die vielen gut erhaltenen Fresken, darunter die anrührende ›Madonna del Latte‹ (13. Jh.) im linken Seitenschiff, den einstigen Reichtum des Klosters erkennen.

Wie beengt man in den Felsen hauste, vermittelt die nahe gelegene **Casa Grotta di Vico Solitario** (Piazza San Pietro Caveoso, Vicinato di Vico Solitario 11, Tel. 08 35 31 01 18, www.casagrotta.it, tgl. 9.30–17 Uhr) vom Anfang des 18. Jh. mit einer bis in die Mitte des 20. Jh. gebräuchlichen Einrichtung. Der ausgehöhlte Raum mit

Materas Familienalltag auf engstem Raum wird in der Casa Grotta di Vico Solitario fühlbar

Eine wild-romantische Berglandschaft und türkisblaue Buchten bezaubern in Maratea ▷

Vorbau bot nicht nur der Familie, sondern auch dem Maultier Platz.

Eine Treppe führt hinauf zu den Felsenkirchen **Santa Maria de Idris** und **San Giovanni in Monterrone** (April–Okt. tgl. 9–13 und 15–19, Nov.–März tgl. 9.30–13.30 und 14.30–16.30 Uhr) auf dem markanten *Monte Errone*. Von der einschiffigen, unregelmäßig geformten Santa Maria de Idris (13. Jh.) geht es durch einen mit Fresken (12. Jh.) geschmückten Tunnel zur Kirche San Giovanni in Monterrone (11. Jh.), die früher als Baptisterium genutzt wurde. Interessant sind die einander auf verschiedenen Putzschichten überlagernden Wandmalereien aus dem 13. und 15. Jh. Tritt man aus dem schummerigen Inneren wieder auf den kleinen Vorplatz, so überwältigt einen das fantastische Panorama mit dem Sasso Caveoso und der Civita von Matera.

Am Rande der Gravina erhebt sich die behäbige Kirche **San Pietro di Caveoso** (14. Jh.), die ihr barockes Aussehen den Umbauten im 17. Jh. verdankt.

Sasso Barisano

Ein schöner Weg vom Sasso Caveoso in den Sasso Barisano führt von der Piazza San Pietro Caveoso nach Norden zur **Piazza del Sedile**. Von hier aus gelangt man über Treppen zu der von prachtvollen Adelshäusern gesäumten Via Duomo, an deren östlichen Ende sich der **Duomo Santa Madonna della Bruna** (tgl. 9–13 und 16–19 Uhr) erhebt. Er wurde 1230–70 auf dem Felssporn zwischen den beiden Sassi im Stil der apulischen Romanik erbaut. Die dreigeteilte *Fassade* des Doms ist mit einer schönen Rosette über dem Portal geschmückt. Das dreischiffige *Innere* wurde im 17./18. Jh. barock umgestaltet. Erhalten blieben dabei das byzantinisch inspirierte Fresko der Stadtpatronin ›Madonna della Bruna‹ (um 1270) und die volkstümliche Steinkrippe (1534) von Altobello Persio.

Vom Domplatz führen Treppen hinunter in den **Sasso Barisano**, der vornehmer und großzügiger angelegt ist als der Sasso Caveoso. In der Via Madonna delle Virtù befindet sich ein eindrucksvolles sakrales Gebäudeensemble aus zwei übereinanderliegenden Felsenkirchen. Die Apsiden der dreischiffigen Unterkirche **Madonna delle Virtù** (Juli–Sept. tgl. 9–13 und 15–19 Uhr) aus dem 10./11. Jh. sind mit volkstümlichen Szenen (18. Jh.) ausgemalt. Von ihr gelangt man nach oben zur zweischiffigen Kirche **San Nicola dei Greci** (11./12. Jh.), die mit wertvollen Fresken geschmückt ist: In der rechten Apsis gewahrt man eine Kreuzigung (14. Jh.) mit Maria und Johannes, deren ikonographische Vorbilder wohl aus Kappadokien in Zentralanatolien stammen. Der strengen byzantinischen Bildsprache des 13. Jh. sind die Darstellungen der hll. Nikolaus, Barbara und Pantaleon verpflichtet.

i Praktische Hinweise

Information

APT, Via Spine Bianche 22, Matera, Tel. 08 35 33 18 17, Fax 08 35 34 54 02, www.aptbasilicata.it

Hotels

******Sant'Angelo**, Piazza San Pietro di Caveoso, Matera, Tel. 08 35 31 40 10, www.hotelsantangelosassi.it. Hübsch restaurierte Felsbehausungen mit modernem Komfort. Zahlreiche kleine Terrassen bieten schöne Blicke auf die Sassi.

Le Monacelle, Via Riscatto 9, Matera, Tel. 08 35 34 40 97, www.lemonacelle.it. Günstiges Hotel und Jugendherberge in den Räumlichkeiten des ehem. Klosters *Santa Maria della Pietà* (1594).

Locanda di San Martino, Via Fiorentini 71, Matera, Tel. 08 35 25 66 00, www.locandadisanmartino.it. Individuell gestaltete Höhlenzimmer im Herzen des Sasso Barisano.

Restaurants

Lucanerie, Via San Stefano 61, Matera, Tel. 08 35 33 21 33. Ausgezeichnetes Gourmetrestaurant der gehobenen Preisklasse (Mo geschl.).

Nadì, Via Fiorentini 1, Matera, Tel. 08 35 33 28 92, www.ristorantenadi.it. Lukanische Genüsse im Sasso Barisano. Empfehlenswert sind *Purè di Fave* (Bohnenpüree) und das Fleisch vom Grill.

Rivelli, Via Casalnuovo 27, Matera, Tel. 08 35 31 15 68, www.ristoranterivelli.com. Feines Restaurant mit guten Nudelgerichten im Sasso Caveoso (Mo geschl.).

95 Maratea

Die tyrrhenische Küste der Basilikata bietet zauberhafte Felsbuchten.

Maratea (5000 Einw.) ist der bekannteste Badeort der Basilikata. Zwischen den vornehmen Ortsteilen **Acquafredda** und **Marina di Maratea** lockt die traumhafte Felsenküste am *Golf von Policastro* mit kleinen Buchten und glasklarem Wasser. Für allerlei Genüsse sorgen die gemütlichen Restaurants und Bars am kleinen Fischerhafen **Porto di Maratea**. Außerdem kann man hier eine *Segelbootpartie* (Velieri North Star & Samp, Via Santavenere 17, Tel. 09 73 87 64 39, www.costadimaratea.com/northstar) unternehmen oder bei einem *Tauchkurs* (Centro Sub Maratea, Contrada Santa Caterina 28, Tel. 09 73 87 00 13, www.csmaratea.it) die Unterwasserwelt erkunden. Vom Hafen aus schlängeln sich die Straßen dicht bewaldete Hügel hinauf zum mittelalterlichen Ortszentrum **Maratea Inferiore** (13. Jh.). Reste der griechischen Kolonie **Maratea Superiore** (8. Jh. v. Chr.) befinden sich oberhalb davon auf dem Monte San Biagio (624 m), der mit dem Corcovado in Rio de Janeiro konkurriert, denn den hervorragenden Aussichtspunkt krönt eine 21 m hohe, weiße Christusfigur (1963).

i Praktische Hinweise

Information

APT, Piazza del Gesù 32, Maratea, Tel. 09 73 87 69 08, Fax 09 73 87 74 54, www.aptbasilicata.it

Hotel

******Villa Cheta Elite**, Acquafredda, Maratea, Tel. 09 73 87 81 34, www.villacheta.it. Süße Träume verspricht die elegante Jugendstilvilla mit ausgezeichnetem Restaurant und romantischem Garten.

Restaurant

Za' Mariuccia, Via Grotte 2, Porto di Maratea, Tel. 09 73 87 61 63. Hervorragend zubereitete Fischgerichte.

96 Rossano

In dem kalabrischen Bergnest verbirgt sich ein Juwel der Kirchenkunst.

Rossano (35 000 Einw.) besteht aus dem Küstenort *Lido Sant'Angelo* mit schönen, sanft abfallenden Sandstränden, dem modernen Stadtviertel *Rossano Scalo*, in dem das Leben pulsiert, sowie dem alten verschlafenen Ortszentrum hoch oben in den schroffen Bergen. Die Straße windet sich immer enger und steiler die nördlichen Ausläufer der *Sila Greca* hinauf in jene entlegene Altstadt, die wie ein Adlerhorst auf dem Felsen sitzt – Panoramablicke nach allen Seiten garantiert.

Geschichte Rossano blickt auf eine sehr stolze Ära unter den **Byzantinern** im 6.–11. Jh. zurück. Damals war es das westliche Zentrum des orientalischen Mönchtums mit zahlreichen Klöstern der **Basilianer.**

Biblisches Prunkstück: Codex Purpureus Rossanensis im Museo Diocesano d'Arte Sacra

Noch heute zeugen Kunst und Architektur, die Rossano den Beinamen ›Ravenna des Südens‹ einbrachten, von dieser Blütezeit. 1059 eroberten die Normannen die Stadt. Unter der Herrschaft des Königreichs Neapel war sie den Feudalherren der Familien Ruffo und Borghese ausgeliefert. Seit den 1950er-Jahren entwickelte sie sich zu einem lebhaften Landwirtschafts- und Handelszentrum. Neben dem Anbau von Wein, Getreide, Oliven und Zitrusfrüchten setzt man auf die Herstellung von **Lakritz**.

Besichtigung Hauptanziehungspunkt im *Centro Storico* ist die **Cattedrale** (Piazza Duomo), die auf das 6./7. Jh. zurückgeht und später mehrfach erweitert wurde. Ihr jetziges Aussehen stammt im Wesentlichen aus dem 17. Jh. Integriert in einen kleinen Altar im dreischiffigen Inneren präsentiert sich die hochverehrte *›Maria Santissima Achiropita‹*, ein auf Stein gemaltes Fresko der Muttergottes aus dem 5./6. Jh., eine der Ikonen, welche der Legende nach nicht von Menschenhand geschaffen wurden.

Im Bischofspalast nebenan bewahrt das modern konzipierte **Museo Diocesano d'Arte Sacra** (Via Arcivescovado 5, Tel. 09 83 52 05 42, Juli–Mitte Sept. tgl. 9.30–13 und 16.30–20, Mitte Sept.–Juni Di–Sa 9.30–12.30 und 16–19 Uhr) Rossanos größte Kostbarkeit: den **Codex Purpureus Rossanensis** (6. Jh.). Er umfasst 188 purpurrote Pergamentblätter mit kunstvoll illustrierten griechischen Texten aus den Evangelien nach Matthäus und Markus.

TOP TIPP

Unterhalb der Kathedrale steht die bezaubernde **Chiesetta Panaghia** (Via XX Settmbre) aus dem 10./11. Jh. mit typisch byzantinischem Mauerwerk und einem sehenswerten Fresko des hl. Johannes Chrysostomos. Eines der besterhaltenen Zeugnisse byzantinischer Baukunst in Kalabrien ist die Kirche **San Marco** (Corso Garibaldi) aus dem 10. Jh. im Südosten der Altstadt. Ihre fünf Flachkuppeln auf Trommeln und die drei Apsi-

◁ *Zentimeterarbeit: Die Altstadt von Rossano wagt sich bis zur steilen Kante des Felssporns*

den erinnern an die berühmte *Cattolica* in Stilo [s. S. 324]. Vier kräftige Pfeiler untergliedern den stimmungsvollen Innenraum mit seinen verblassten Fresken.

Sila

Von Rossano kann man einen Ausflug in die waldreiche Gebirgslandschaft der Sila unternehmen, die rund 60 km südlich der Stadt beginnt. Von Norden nach Süden besteht sie aus folgenden drei Teilen: *Sila Greca*, *Sila Grande* und *Sila Piccola*. Rund 74 000 ha davon stehen seit 2002 unter dem Schutz des **Parco Nazionale della Sila** (Tel. 09 61 74 79 26, www.parcosila.it), dessen höchste Erhebung der *Monte Botte Donato* mit 1928 m ist. Im Sommer locken im Park gut ausgewiesene Wander- und Reitwege sowie Mountainbikestrecken. Abenteuerlustige können beim Canyoning die erfrischenden Gebirgsbäche und tiefen Schluchten erkunden. Im Winter sind Skifahren und Rodeln sehr beliebt. Am Ostufer des riesigen Stausees **Lago di Cecita** liegt das *Besucherzentrum Cupone* (Tel. 09 84 57 97 57). Hier erhält man Kartenmaterial sowie Informationen zu Berghütten, Flora und Fauna. Außerdem wurde in der Nähe ein geologischer Lehrpfad angelegt.

Praktische Hinweise

Information

Cooperativa Neilos, Piazza Duomo 25, Rossano, Tel. 09 83 52 52 63, www.comune.rossano.cs.it

Hotels

Il Giardino di Iti, Contrada Amica, Rossano, Tel. 098 36 45 08, www.giardinoiti.it. Familiärer Agriturismobetrieb mit freundlich eingerichteten Zimmern und herrlichem Garten mit Zitrusbäumen.

Torre Camigliati, Parco Oldcalabria, Camigliatello Silano Cosenza, Tel. 09 84 57 82 00, www.torrecamigliati.it. Der idyllische Landsitz (18. Jh.) im Herzen von Sila Grande bietet gemütliche Zimmer und moderne Apartments.

Restaurants

La Bizantina, Corso Garibaldi 246 c, Rossano, Tel. 09 83 52 53 40. Trattoria mit kalabrischen Spezialitäten und hausgemachter Pasta (Mo geschl.).

La Conchiglia, Via Martucci 5, Rossano, Tel. 09 83 52 28 40. Bodenständiges Lokal mit guter Pizza.

Café

Tagliaferri, Piazza Santi Anargiri 6, Rossano, Tel. 09 83 52 02 20. In dem traditionsreichen Café am Rathausplatz gibt es zart cremiges Eis und Kuchen.

97 Crotone

Die Stadt des Pythagoras liegt wunderschön am Ionischen Meer.

Crotone (60 000 Einw.) ist eine selbstbewusste, trubelige Hafenstadt, in der wenig an die große antike Vergangenheit erinnert. Nette Strandbäder, Bars und Restaurants reihen sich an der gepflegten Uferstraße *Via Cristoforo Colombo* aneinander. Und um die zentrale Piazza Duomo wartet die zu großen Teilen restaurierte Altstadt mit herrlichen Stadtpalästen in großzügigen Parkanlagen auf.

Geschichte Das 708 v. Chr. von den Griechen am Ionischen Meer gegründete **Kroton** entwickelte sich zu einer der

Entspanntes Badevergnügen bietet die malerische Bucht von Le Castella am Capo Rizzuto

reichsten Städte der *Magna Graecia*. 532 v. Chr. ließ sich **Pythagoras**, der Mathematiker und Philosoph aus Samos, hier nieder und gründete eine Schule. Bald genoss er großen politischen Einfluss, doch als er und seine Anhänger für die Unruhen nach dem Sieg über *Sybaris* 510 v. Chr. verantwortlich gemacht wurden, flohen die Phythagoreer nach Metaponto [s. S. 314]. Unter der im 2. Jh. v. Chr. einsetzenden römischen Herrschaft verlor Crotone zunehmend an Bedeutung. Zwar wussten auch Byzantiner und Normannen seine strategisch günstige Lage zu schätzen, und Karl V. errichtete im 16. Jh. eine mächtige Festung, doch erst das 20. Jh. verlieh der Stadt richtungsweisende Impulse: Sie entwickelte sich zum einzigen bedeutenden Hafen Kalabriens am Ionischen Meer.

Besichtigung Dominiert wird die Altstadt vom **Castello di Carlo V** (1541; Piazza Castello, Di–Sa 9–13 und 15–19, So 9–12.30 Uhr), in dem das *Museo Civico* über die Stadtgeschichte informiert. Ferner bietet sich von der Festung ein opulentes Panorama: Gemächlich tuckern die Fischerboote in den *Porto Vecchio*, um ihren Fang vor Ort zu verkaufen – etwa an die Besatzungen der windschnittigen Segeljachten, die ebenfalls im Alten Hafen festmachen.

Neben dem Castello sind im **Museo Nazionale Archeologico** (Via Risorgimento 120, Tel. 0962230082, Di–So 9–19.30 Uhr) wertvolle Funde aus der hellenistischen Epoche der Provinz Crotone zu bewundern, darunter das feinblättrige Golddiadem der Hera aus dem *Tempio di Hera Lacinia* am Capo Colonna.

Die Via Risorgimento führt zur Piazza Duomo, an der sich der **Duomo Santa Maria Assunta** (16. Jh.) mit seiner klassizistischen Fassade aus dem 17./18. Jh. erhebt. Bemerkenswert im Inneren ist die byzantinische Ikone ›*Madonna di Capo Colonna*‹ im rechten Seitenschiff. Ursprünglich bewahrte man das Gnadenbild in der Kapelle am Capo Colonna auf, 1519 musste es jedoch vor brandschatzenden Türken in den Dom in Sicherheit gebracht werden. Alle sieben Jahre (2010, 2017 etc.) am 3. Maisonntag kehrt die Madonna in einer feierlichen Prozession zum Capo Colonna zurück.

Capo Colonna

Das Capo Colonna liegt 11 km südöstlich von Crotone. Einsam ragt eine dorische Säule in den blauen Himmel. Mehr blieb von dem prachtvollen **Tempio di Hera Lacinia** (6./5. Jh. v. Chr.) nicht. Doch auf dem weitläufigen Gelände des **Parco Archeologico** hoch über dem Meer sind noch steinerne Spuren des ummauerten griechischen Tempelbezirks (Temenos) sowie römischer Thermen zu erkennen.

Capo Rizzuto

Etwa 30 km südlich von Crotone erstreckt sich zwischen Capo Colonna und Le Castella, das mit seiner mittelalterlichen Festung einen markanten Blickfang bietet, das Capo Rizzuto. Vor dieser Halbinsel finden Taucher ein interessantes Revier, denn in der rund 15 000 ha großen **Riserva Naturale Marina Capo Rizzuto** (Piazza Uccialì, Le Castella, Tel. 09 62 79 55 11, www.riservamarinacaporizzuto.it) tummeln sich bunte Fischschwärme zwischen bizarren Korallen. Im Frühling lassen sich sogar Delfine und Schildkröten hier blicken. Außerdem kann man im bis zu 100 m tiefen Meer antike Amphoren, Säulen und Münzen entdecken. Neben *Unterwassertouren* und *Schnorchelexkursionen* (Marina di Capo Rizzuto, Tel. 09 62 79 99 69, www.lecannella.com) werden Fahrten im *Glasbodenboot* oder *Segelboot* (Via Uccialì 16, Le Castella, Tel. 33 57 72 92 35, www.ostro.it) angeboten.

Praktische Hinweise

Information

IAT, Via Torino 148, Crotone, Tel. 096 22 31 85, Fax 096 22 67 00, www.provincia.crotone.it

Hotel

******Palazzo Foti**, Via Cristoforo Colombo 79, Crotone, Tel. 09 62 90 06 08, www.palazzofoti.it. Das moderne Hotel bietet große Zimmer mit Meerblick an der belebten Strandpromenade.

Restaurants

Sparviero Due, Via Interna Marina 39, Crotone, Tel. 096 22 50 09. Typisch kalabrische Trattoria, in der fangfrischer Fisch zubereitet wird (Mo geschl.).

The Maida Mare, Via Cristoforo Colombo 119, Crotone, Tel. 096 22 37 62. Fischspezialitäten und knusprige Pizza.

98 Stilo

Ein Kleinod des byzantinischen Kirchenbaus.

Stilo (2800 Einw.), heute ein kleines Bergstädtchen, war im Mittelalter neben Rossano das Zentrum der Basilianermönche. Davon zeugt die gut erhaltene byzantinische **Cattolica** (Mai–Aug. tgl. 8–20, Sept.–April tgl. 7–19 Uhr), die im 10. Jh. oberhalb des Ortes errichtet wurde. Fünf flache Kuppeln auf hohen Trommeln krönen die winzige Backsteinkirche, die sich über quadratischem Grundriss erhebt. Das Innere wird durch vier Säulen strukturiert und ist mit Fresken ausgemalt, die meist aus dem 10. Jh. stammen. Sie zeigen neben einem griechischen Kreuz eindringliche Heiligendarstellungen.

Ein mitunter steiler Waldweg führt zur romantischen Ruine des **Normannenkastells** (1071) auf dem *Monte Consolino*. Von hier aus bietet sich eine grandiose Fernsicht. Zurück in Stilo sollte man dem

Eine zauberhafte Unterwasserwelt offenbart sich vor der Küste des Capo Rizzuto

Ihren Ursprung als Zentrum des Basilianerordens verrät die byzantinische Cattolica in Stilo

Duomo Santa Maria d'Ognissanti (13./14. Jh.) in der Altstadt einen Besuch abstatten. Am gotischen Portal kann man das Wappen des Sachsenkönigs Otto II. erkennen, der Stilo 982 eroberte.

Praktische Hinweise

Information

IAT, Piazza San Giovanni 1, Stilo, Tel. 09 64 77 60 06, Fax 09 64 77 53 12

99 Reggio di Calabria

Die heimliche Hauptstadt Kalabriens besitzt vielleicht den ›schönsten Kilometer der Welt‹.

An der Spitze des italienischen Stiefels, mit wunderbarem Blick über die **Straße von Messina** nach Sizilien, liegt Reggio di Calabria (180 000 Einw.). Hat man sich erst einmal durch die etwas tristen Vorstadtgürtel am Fuße des *Aspromonte* ins Zentrum vorgekämpft, zieht einen nicht nur das Panorama, sondern auch die heitere Atmosphäre der Stadt unter südlicher Sonne in den Bann. Prachtvolle Jugendstilvillen, zahlreiche Restaurants, Gelaterie, herausgeputzte Strandbäder und Cafés säumen die eleganten Terrassen der schönen Uferpromenade. Diese Flaniermeile mit Sicht auf den Ätna sowie das archäologische Museum der Stadt sind es auf jeden Fall wert, ein wenig in Reggio di Calabria zu verweilen, bevor man sich nach Sizilien einschifft.

Geschichte Das 743 v. Chr. von den Griechen gegründete **Rhegion** kam kurz vor dem Ersten Punischen Krieg 264 v. Chr. unter römische Herrschaft und wurde im 11. Jh. zum Ausgangspunkt für die Eroberung Süditaliens durch die Normannen. Wiederholt verwüsteten **Erdbeben** die Stadt, zuletzt 1908. Danach baute man sie im Schachbrettmuster neu auf. Als Reggio di Calabria 1970 den Status als *Hauptstadt* Kalabriens an das etwas verschlafene Catanzaro verlor, war der Unmut groß. Heute herrscht Gelassenheit, denn dank einer lebendigen Kulturszene und der modernen Urbanität gefällt sich Reggio Calabria in der Rolle als heimliche Kapitale, ist sie doch immer noch die größte Stadt der Region.

Besichtigung Die griechische Vergangenheit ist im **Museo Nazionale Archeo-**

logico (Piazza de Nava 26, Tel. 09 65 81 22 55, Di–So 9–19.30 Uhr) nördlich der Uferstraße bestens aufgehoben. Besuchermagneten des Museums sind die hinreißenden **Bronzi di Riace**. Die lässig-athletischen Bronzestatuen, die ein Taucher 1972 zufällig auf dem Meeresboden bei Riace entdeckte, werden auf erdbebensicheren Podesten im Untergeschoss präsentiert. Weder Urheber noch genaue Identität der fast 2 m großen, nackten Kraftkerle sind gesichert. Sie sind zweifellos griechischer Provenienz, stammen aus dem 5. Jh. v. Chr. und stellen vermutlich Götter oder Helden dar. Dafür sprechen ihre überragende Schönheit sowie die wertvollen Materialien, aus denen Details ihrer Körper gefertigt sind: Kupfer für Brustwarzen und Lippen, Silberfolie für die Zähne, Bernstein für die Augen. Ein drittes Meisterwerk ist der Bronzekopf des ›Philosophen‹ (450–400 v. Chr.). In den übrigen Räumen faszinieren weitere Exponate der Unterwasserarchäologie, Münzen, Vasen usw.

TOP TIPP

Nicht weit vom Museum beginnt die von alten Magnolienbäumen und hohen Palmen beschattete *Uferpromenade* mit einem herrlichen Blick auf Sizilien. Der Dichter Gabriele d'Annunzio bezeichnete sie einst als »schönsten Kilometer der Welt« – genaugenommen sind es 1,5 km: In Nachbarschaft zum Meer führen **Lungomare Falcomatà** und **Lungomare Matteotti** in südliche Richtung. Beide wurden im Jahr 2000 nach Entwürfen von *Pier Luigi Nervi* aufwendig gestaltet. Parallel dazu kann man auf dem blitzeblanken Bürgersteig des **Corso Vittorio Emanuele III** mit seinen dem Meer zugewandten

Aussichtsterrassen spazieren. Die Fahrbahnen beider Prachtstraßen verlaufen getrennt voneinander auf verschiedenen Ebenen. Der üppig bepflanzte, schattige

Idealmaße und perfekte Gestalt: Bronzi di Riaci im Museo Nazionale Archeologico

Arkadisches Küstenpanorama und Fernsicht bis Sizilien genießt Reggio di Calabria

Grünstreifen dazwischen dient einigen Restaurants, Bars und Cafés als lauschige Gartenterrasse. Breite Treppen verbinden die verschiedenen Ebenen der Uferpromenade, die oben durch eine Reihe imposanter, nach dem Erdbeben von 1908 errichteter Palazzi abgeschlossen wird. Dahinter befindet sich eine andere beliebte Flaniermeile, die verkehrsberuhigte Einkaufsstraße *Corso Giuseppe Garibaldi*.

Praktische Hinweise

Information

APT, Via Roma 3, Reggio di Calabria, Tel. 096 52 25 30, Fax 09 65 31 24 93

Hafen

Stazione Marittima, Reggio di Calabria. Fähren nach Sizilien und zu den Liparischen Inseln, z. B. mit *Ustica*, Tel. 09 23 87 38 13, www.usticalines.it

Imbarchi per la Sicilia, Via Marina, Villa San Giovanni, ca. 15 km nördl. von Reggio di Calabria. Autofähren nach Messina, z. B. mit *Caronte & Tourist*, Tel. 09 65 79 31 31, www.carontetourist.it

Einkaufen

Fiori di Calabria, Via Osanna 3, Reggio di Calabria, Tel. 09 65 89 24 73, www.fioridicalabria.it. Wohlriechende Seifen, Badezusätze und Parfüms z.B. aus Bergamotte.

Hotel

*****Lungomare**, Viale Zerbi 13 b, Reggio di Calabria, Tel. 096 52 04 86, www.hotellungomare.rc.it. Stadthotel in wunderschöner Lage an der Uferpromenade.

Restaurant

Le Palme, Corso Vittorio Emanuele III 25 c, Reggio di Calabria, Tel. 096 52 02 16. Unter Palmen mit Blick über die Ufer-

Intime Sandstrandbuchten und pittoreske Steilfelsen erfreuen Feriengäste in Tropea

promenade und auf Sizilien kann man hier herrlich Pasta oder Pizza genießen.

Café

Cesare, Piazza Indipendenza, Reggio di Calabria, www.gelateriacesare.it. Cesare macht das beste Eis der Stadt.

100 Tropea

Der beliebte Urlaubsort garantiert Badefreuden im türkisblauen Wasser.

Tropea (7000 Einw.) thront auf einem Felsvorsprung hoch über dem Meer. Seine erste schriftliche Erwähnung verdankt es dem römischen Gelehrten Plinius d. Ä. im 1. Jh. n. Chr. Seit dem 7. Jh. war die Stadt Bischofssitz, zusätzlich wuchs sie im Mittelalter zu einem bedeutenden Handelszentrum heran.

Die malerische **Altstadt**, in der herrschaftliche Adelspaläste vom mittelalterlichen Wohlstand zeugen, ist im Juli/August für den Autoverkehr gesperrt, sodass Besucher hier ungestört herumspazieren können. Am *Corso Vittorio Emanuele* laden viele kleine Geschäfte und elegante Boutiquen zum Shoppen ein. Von hier führt die Via Roma zum östlich gelegenen Largo Duomo mit dem im romanischen Stil erbauten **Duomo** (12. Jh.), der später barocke Ergänzungen erfuhr. Im Inneren schmückt den Hauptaltar ein Bildnis der *›Madonna von Romania‹* (13. Jh.), die Tropea bei einem schlimmen Erdbeben 1638 geschützt haben soll. Außerdem werden unter dem Altar Reliquien von Santa Domenica, der Schutzpatronin der Stadt, aufbewahrt. Neben dem Duomo steht der *Palazzo Vescovile* (15. Jh.), in dem das kleine **Museo Diocesano di Tropea** (Largo Duomo, Tel. 0963 61 03 4, Juli/Aug. tgl. 19–24, Mai/Juni und Sept./Okt. tgl. 9.30–12.30 und 17–20 Uhr) Fresken, liturgische Gefäße und Gewänder zeigt.

Von der Altstadt führen steile Treppen und eine Straße hinab zum Hafen und den feinen, tief abfallenden Kies-Sand-Stränden. Hier gibt es viele Möglichkeiten zum Schwimmen, aber auch zu Bootsausflügen z. B. nach *Stromboli*, der Liparischen Vulkaninsel, die man bei klarer Sicht von Tropea aus erkennen kann.

Vom Strand aus gelangt man über eine weitere steile Treppe zum Wahrzeichen Tropeas. Die schmucke Benediktinerkirche **Santa Maria dell'Isola** (tgl. 9.30–12.30 und 15.30–20 Uhr) aus dem späten Mittelalter thront auf einer kleinen Halbinsel über dem Meer. Hinter dem Gotteshaus, das mehrfach durch Erdbeben zerstört und wiederaufgebaut wurde, erstreckt sich ein romantisch verwilderter Garten. Die Landzunge war bis vor 200 Jahren nur auf dem Wasserweg zu erreichen.

i Praktische Hinweise

Information

Pro Loco, Piazza Ercole, Tropea, Tel./Fax 0963 61 47 5, www.prolocotropea.eu

Hotels

*****Virgilio**, Viale Tondo 21, Tropea, Tel. 096361978, www.hotel-virgilio.com. Einfaches Hotel mit komfortablen Zimmern.

Villa Giada, Via Marina del Convento, Tropea, Tel. 0963607050, www.villagiadatropea.com. Das geschmackvoll eingerichtete Bed & Breakfast ist eine Oase der Ruhe unter Palmen und Bananenstauden mit Zugang zum Strand.

Restaurants

Pimm's, Largo Migliarese 2, Tropea, Tel. 0963666105. Die erste Adresse für Feinschmecker – darunter vorzügliche Fischgerichte – mit einer wunderbaren Aussicht (Mo geschl.).

Tropea Vecchia, Largo Barone, Tropea, Tel. (mobil) 00393492923953. Fangfrischer Fisch und Meeresfrüchte auf einer lauschigen Piazzetta.

Entzückende Kulisse zum Badespaß: Benediktinerkirche Santa Maria dell'Isola in Tropea

Sizilien – griechische Tempel und normannische Mosaike im Schatten des Ätna

Sizilien (Sicilia, 5 Mio. Einw.) ist die größte Insel des Mittelmeers und liegt – nur durch die schmale *Straße von Messina* vom Festland getrennt fast wie ein Fußball vor der italienischen Stiefelspitze. Die Griechen kolonisierten es ab dem 8. Jh. v. Chr. und hinterließen großartige Tempelanlagen etwa bei **Agrigent** und in **Selinunt**. Außerdem gründeten sie hier **Syrakus**, das einst die mächtigste Stadt der *Magna Graecia* war. Das schönste Erbe der Römer, die im 3. Jh. v. Chr. auf der Insel Fuß fassten, ist die **Villa Romana del Casale** mit prächtigen Mosaiken. Unter arabischer Herrschaft ab dem 9. Jh. erlebte das Eiland erneut eine Blüte. Die Emire bauten **Palermo** großzügig zur sizilianischen Hauptstadt aus und brachten Zitrusfrüchte, Mandeln, Maulbeer- und Johannisbrotbäume mit. Bedeutendste Hinterlassenschaft aus normannischer Zeit ist der mosaikgeschmückte Dom von **Monreale**. Unter spanischer Herrschaft entstanden die schmucken Barockstädte **Noto**, **Ragusa** und **Catania**, das am majestätischen und noch aktiven Vulkan **Ätna** liegt.

101 Palermo

Siziliens quicklebendige Hauptstadt.

Palermo (675 000 Einw.) liegt wunderschön in der von den Bergen *Monte Pellegrino* (609 m) und *Monte Catalfano* (374 m) gerahmten **Conca d'Oro** (Goldene Muschel). Grandiose Monumente, eine lebhafte Kulturszene und gastfreundliche Menschen machen einen Aufenthalt hier zu einem unvergesslichen Erlebnis. Seit Ende des 20. Jh. wurden die Restaurierungsarbeiten im Zentrum forciert, sodass die Stadt nunmehr ihre arabisch-normannische Pracht und den spanisch-barocken Prunk entfaltet. Und wer seine Wertsachen zu Hause (im Hotel) lässt, kann sich unbeschwert auf das liebenswerte Getümmel der sizilianischen Hauptstadt einlassen.

Geschichte Palermo geht auf eine Handelsniederlassung der **Phönizier** im 8. Jh. v. Chr. zurück, welche die Griechen vom

Conca d'Oro, Goldene Muschel, ist der Beiname der grandiosen Bucht von Palermo ▷

5. bis 3. Jh. v. Chr. immer nur für kurze Zeit einnehmen konnten. Während des *Ersten Punischen Krieges* (264–241 v. Chr.) war der Hafen am Tyrrhenischen Meer ein wichtiger Stützpunkt der Karthager im Kampf gegen die **Römer**, bis diese ihn dann 254 v. Chr. eroberten. Ab 831 erlebte Palermo als Residenz der arabischen **Emire von Sizilien**, die dem Sultan von Tunis unterstanden, einen wirtschaftlichen und kulturellen Aufschwung. Die Muslime kultivierten Orangen- und Zitronenbäume und bauten die Stadt, die damals etwa 100 000 Einwohner zählte, prächtig aus. 1072 eroberten die **Normannen** das blühende Handelszentrum. Roger I. übernahm das Verwaltungssystem seiner Vorgänger und tolerierte die arabischen Muslime ebenso wie die griechisch-orthodoxen Christen. Sein Sohn Roger II. (1101–1154) proklamierte 1130 das **Königreich Sizilien** und wertete seine Hauptstadt Palermo durch den Bau herrlicher Kirchen und Paläste auf. Die strenge normannische Architektur mischte sich dabei mit arabischen und byzantinischen Stilelementen, bediente sich fantasievoller Ornamente und goldglänzender Mosaike. Die **Staufer** unter Heinrich VI. beendeten 1194 die Normannenherrschaft. 1198 wurde Heinrichs vierjähriger Sohn Friedrich II. in Palermo zum König gekrönt. Dieser begründete u.a. später die *Sizilianische Dichterschule*. Mit dem Tod Friedrich II. ging die Stauferherrschaft auf Sizilien zu Ende. 1266 übernahm *Karl von Anjou* die Macht, doch schon 1282 entledigten sich die Palermitaner durch einen blutigen Aufstand, die *Sizilianische Vesper*, der Franzosen. Ihnen folgte die lange spanische Herrschaft der **Aragonier** und **Bourbonen**, die Palermo zwar zahlreiche schöne Barockbauten bescherrte, aber ansonsten durch Armut, Unterdrückung und Aufstände gekennzeichnet war. Im Mai 1860 landete **Garibaldi** in Marsala und nahm Palermo noch im selben Monat ein. 1861 folgte dann der Anschluss Siziliens an das Königreich Italien. Seit 1946 ist es autonome Region der Republik Italien.

Besichtigung Palermo ist trotz seiner Größe recht übersichtlich und verfügt über ein gutes Busnetz, dessen wichtigster Knotenpunkt der Hauptbahnhof ist. Im Westen der Altstadt ragt der Normannenpalast auf, von dem der **Corso Vittorio Emanuele** zum Hafen führt. Diese alte, in West-Ost-Richtung verlaufende

Zentrum der Macht: Der prunkvolle Palazzo dei Normanni ist sizilianischer Regierungssitz ▷

Hauptverkehrsader und die im 16. Jh. von Süden nach Norden angelegte **Via Maqueda**, kreuzen sich am Platz **Quattro Canti**. Nördlich der Altstadt erstreckt sich das im Schachbrettmuster errichtete Viertel des 19. Jh. Hier ist die palmenbestandene weite **Piazza Ruggero Settimo** der beliebteste Treffpunkt der Palermitaner, die beim Einkaufsbummel auch gerne durch die sich anschließende elegante Geschäftsstraße **Viale della Libertà** schlendern.

Vom Normannenpalast zur Kathedrale

Der mächtige **Palazzo dei Normanni** (Eingang: Piazza Indipendenza, Tel. 09 16 26 28 33, www.ars.sicilia.it, Mo–Sa 8.30–17, So/Fei 8.30–12.30 Uhr) erhebt sich an der Stelle, an der sich einst die Phöniziersiedlung *Ziz* (Blume), später dann römische Festungswerke und seit dem 9. Jh. *Al Kasr*, das prunkvolle Schloss der Emire, befanden. Die Normannen erweiterten den Bau zum Königspalast *Palazzo Reale*, den Friedrich II. während seiner Regentschaft zum Treffpunkt von Künstlern und Gelehrten machte. Dann verfiel die Anlage, bis sich die spanischen Vizekönige 1555 ihrer annahmen und sie umbauten. Heute ist der Palazzo dei Normanni der Sitz der sizilianischen Regierung.

Vom Außenbau blieb aus der Normannenzeit nur die gewaltige, in hellen Quadern gemauerte und mit Blendbogen verzierte **Torre Pisana** (12. Jh.) an der Nordostecke erhalten. Die majestätische Ostfassade und die Südfront errichteten die Spanier im 16.–18. Jh.

Vom Eingang gelangt man zunächst in den **Innenhof** (um 1600), den leichte Rundbogenarkaden säumen. Im ersten Stock befindet sich die **Cappella Palatina** (Mo–Sa 8.30–17, So/Fei 8.30–9.45 und 11.45–12.30 Uhr), die sich Roger II. 1132–40 als Hofkapelle errichten ließ. Mit der Dekoration beauftragte er

TOP TIPP

Goldglänzende Prachtentfaltung arabisch-normannischer Kunst – Cappella Palatina.

byzantinische und arabische Künstler. Die Basilika gilt als Paradebeispiel des arabisch-byzantinisch-normannischen Stils. Überwältigend im dreischiffigen *Inneren* sind die *Mosaike* (12. Jh.) aus farbigem und blattgoldverziertem Glas. In der Kuppel thront Christus als Weltenherrscher umgeben von Engeln, dazu gesellen sich Evangelisten und Propheten. Im Chor werden Momente aus dem Leben Jesu, im Mittelschiff Episoden aus dem Alten Testament und in den Seitenschiffen Szenen aus den Viten des hl. Petrus und des hl.Paulus erzählt. Besondere Aufmerksamkeit verdienen auch die ungewöhnliche, mit arabischen Ornamenten verzierte Stalaktitenholzdecke sowie der aufwendig gestaltete Marmorintarsienboden.

Von den **Appartamenti Reali** (Tel. 09 16 26 28 33), den königlichen Gemächern im zweiten Obergeschoss, ist die *Sala di Ruggero* sehenswert. Hier kann man opulente, goldgrundige Mosaike mit Jagd- und Tierszenen bewundern.

Ein kurzer Abstecher führt zum ehem. Kloster **San Giovanni degli Eremiti** (Via dei Benedettini, Mo–Sa 9–19, So/Fei 9–13 Uhr), dessen fünf weithin sichtbare, rot getünchte Kuppeln arabische Einflüsse bezeugen. Bereits im 6. Jh. befand sich hier ein Benediktinerkloster, das 842 in eine Moschee umgewandelt wurde. Roger II. ließ die Kirche 1132 in ihrer jetzigen Form errichten: mit Kuppeln über einem schmucklosen Baukubus. Der winzige, von Zwillingssäulen gestützte Kreuzgang (13. Jh.) lädt mitten im Grünen zum Verweilen ein.

Anschließend folgt man dem Corso Vittorio Emanuele bis zur Piazza Cattedrale, an der sich die raumgreifende **Cattedrale Maria Santissima Assunta** (Tel. 091 33 43 73, www.cattedrale.palermo.it, tgl. 7–19 Uhr) erhebt. Das 1170–85 unter Erzbischof Walter of the Mill errichtete sizilianisch-normannische Gotteshaus wurde bei späteren Umbauten stark verändert. Ihren ursprünglichen Charakter bis heute bewahrt hat die *Ostseite* mit den drei Apsiden, die durch verschränkte Blendbögen sowie Intarsien aus schwarzem Lava- und hellem Kalkstein gegliedert und von geschwungenen Zinnen bekrönt wird. An der der Piazza zugewandten *Südfront* setzt die gotisch-katalanische Vorhalle (1453) mit drei Spitzbögen und Dreiecksgiebel einen schönen Akzent. Den auffälligsten Eingriff in den ursprünglichen Bau stellt die große *Kuppel* (1781–1801) von Ferdinando Fuga dar. Im lichten dreischiffigen *Innenraum*, der im 18. Jh. klassizistisch umgestaltet wurde, stoßen die **Gräber** des normannischstaufischen Herrscherhauses auf das größte Interesse. In vier tiefroten Porphyrsarkophagen ruhen Roger II., seine Tochter Konstanze, ihr Ehemann Heinrich IV. und ihr Sohn Friedrich II. Dessen erste Frau Konstanze von Aragon wurde in einem Wandgrab beigesetzt. Ihre mit Perlen und Edelsteinen besetzte Krone wird in der Schatzkammer **Tesoro della Cattedrale** (Mo–Sa 9.30–13.30 und 14.30–17.30 Uhr) am rechten Querarm aufbewahrt.

Rund um die Quattro Canti

Die verkehrsumtoste *Piazza Vigliena*, an der sich der Corso Vittorio Emanuele und die Via Maqueda kreuzen, ist allgemein als **I Quattro Canti** bekannt. Der römische Architekt Giulio Lasso ließ die vier Straßenecken 1606–20 abschrägen und im Barockstil prachtvoll gestalten. Die Erdgeschosse mit ihren Brunnen sind mit Skulpturen der vier Jahreszeiten geschmückt. In den Nischen des ersten Geschosses erscheinen die spanischen Könige (Karl V., Philipp II., III. und IV.), in den Obergeschossen stehen die Schutzheiligen Palermos (Cristina, Ninfa, Oliva, Agata). In unmittelbarer Nachbarschaft liegt die erhöhte **Piazza Pretoria**, die von der *Fontana Pretoria* (16. Jh.), einem protzigen Marmorbrunnen, beherrscht wird. Am Platz steht auch der vornehme *Palazzo Senatorio* (1463), das jetzige Rathaus Palermos.

Im Südosten schließt sich die ruhige **Piazza Bellini** an, wo sich wie auf einem Podest die Kirchen La Martorana und San Cataldo aus der Normannenzeit präsentieren. **La Martorana** (Mo–Sa 8.30–13 und 15.30–17.30, So/Fei 8.30–13 Uhr), die ursprünglich *Santa Maria dell'Ammiraglio* hieß, entstand 1143 als Kreuzkuppelkirche und wurde bereits im 12. Jh. um Vorhalle, Atrium und Campanile erweitert. Im 16./17. Jh. bezog man die Vorhalle und das Atrium in den Kirchenraum mit ein, wodurch der Zentralbau eine Längsausrichtung erhielt. Aus dieser Zeit stammen außerdem die vorgeblendete Barockfassade sowie die Fresken im *Innenraum*. Blickfang sind hier die goldgrundigen *Mosaike* (12. Jh.), deren Kulminationspunkt die Darstellung des Christus Pantokrator in der Kuppel bildet. Besondere Beachtung verdienen die Szenen mit dem Kirchenstifter Georg von Antiochien und Roger II., der durch Christus gekrönt wird. Diesen Bildtypus kannte man bis dahin nur von byzantinischen Kaisern.

Drei rote Kuppeln betonen das erhöhte Mittelschiff der 1154–60 errichteten Kirche **San Cataldo** (Sommer Mo–Fr 9.30–13 und 15.30–18.30, Sa/So 9.30–13, Winter tgl. 9.30–13 Uhr). Arabisch muten auch die Spitzbogenfenster, Blendarkaden und das fein gearbeitete Gesims an, mit denen der ansonsten schlichte kubische Baukörper ausgeschmückt ist. Das dreischiffige Innere wird durch Säulen mit korinthischen Kapitellen und Rundbögen gegliedert und verfügt über einen schönen alten Intarsienfußboden.

Stets geschäftiges Treiben herrscht auf Palermos traditionsreichem Markt La Vucciria

Das manieristische Mammutwerk der Fontana Pretoria beherrscht die Piazza Pretoria

Das Hafenviertel La Kalsa

Über den Corso Vittorio Emanuele gelangt man ins Hafenviertel La Kalsa. Rechterhand liegt die *Piazza Marina*, in deren Mitte der *Giardino Garibaldi* mit riesigen Feigenbäumen beeindruckt. An der Ostseite des Platzes erhebt sich der strenge **Palazzo Chiaramonte** (1307–80), kurz *Lo Steri* genannt. Der Stadtpalast mit dem hohen, blockartigen Erdgeschoss, über dem sich elegant geschmückte Bi- und Triforienfenster öffnen, wurde stilprägend für den spätgotischen Palastbau auf Sizilien.

In der Via Alloro sollte man dem *Palazzo Abatellis* (15. Jh.) mit der **Galleria Regionale della Sicilia** (Via Alloro 4, Tel. 09 16 23 00 11, Di–Do 9–13 und 14.30–19, Fr–Mo 9–13 Uhr) einen Besuch abstatten. Die reiche Sammlung umfasst Kunstwerke des 13.–18. Jh., herausragend sind das Wandgemälde ›Triumph des Todes‹ (um 1400), Antonello da Messinas ›L'Annunziata‹ (Verkündigung, 1474) und Jan Gossaerts ›Triptychon von Malvagna‹ (1510).

Über die Via Butera erreicht man das **Museo Internazionale delle Marionette** (Tel. 091 32 80 60, www.museomarionettepalermo.it, Mo–Fr 9–13 und 15.30–18.30, Sa/So 9–13 Uhr) mit einer umfassenden Sammlung traditioneller sizilianischer Marionetten sowie wertvoller historischer Schatten-, Hand- und Stabpuppen aus Indonesien, Indien, China und Afrika, die in verschiedenen Bühnenbildern arrangiert sind. Wöchentliche Vorführungen ergänzen das Angebot.

Nördlich des Corso Vittorio Emanuele

Im Norden der Via Vittorio Emanuele erstreckt sich **La Vucciria**, Palermos traditionsreichster Markt. Hier werden neben Fisch, Fleisch, Käse, Gemüse und Obst auch Haushaltswaren, CDs und Kleidung verkauft. Am bunten Warenangebot ungezählter Marktstände vorbei schiebt man sich durch die engen Gassen bis zur Piazza San Domenico, deren Ostseite die **Chiesa San Domenico** einnimmt. Sie war die erste Dominikanerkirche (14. Jh.) Palermos. Der Neubau des 17. Jh. präsentiert sich heute als herrliche Barockkirche. An ihrer Rückseite steht das **Oratorio del Rosario di San Domenico** (Via Bambinai 2, Mo–Sa 9–13.30 Uhr). Das 1578 errichtete Andachtshaus der Rosenkranzbruderschaft dekorierte *Giacomo Serpotta* (1652–1732) um 1715 überschwenglich mit weiß-goldenem Stuck. Den Hauptaltar schmückt die sanftmütige ›Madonna del Rosario‹ (1628) von *Anthonis van Dyck*.

Auch das nahe **Oratorio del Rosario di Santa Zita** (Via Valverde 3, Mo–Sa 9–13 Uhr) birgt üppige spätbarocke Stuckaturen (um 1690) Serpottas, u.a. mit Motiven der Schlacht von Lepanto 1571.

Weiter nördlich auf der anderen Seite der Via Roma befindet sich das **Museo Archeologico Regionale** (Piazza Olivella 24, Tel. 0916116805, Di–Fr 8.30–13.15 und 15–18.15, Sa–Mo 8.30–13.15 Uhr), das seit 1866 in einem ehem. Kloster der *Bruderschaft des Filippo Neri* (16. Jh.) untergebracht ist. Das bedeutendste Museum der Stadt präsentiert Ausstellungsstücke von der Frühzeit bis zur römischen Epoche. Besondere Beachtung verdient der *Saal von Selinunt*, in dem Bauschmuck und Skulpturen von einem der bedeutendsten Tempelbezirke Siziliens [s. S. 343] ausgestellt sind, u.a. die feingliedrige Bronzestatue des ›Epheben von Selinunt‹ (um 470 v. Chr.), aber auch Metopen verschiedener Tempel mit Geschichten aus der Götterwelt. Weitere Glanzlichter der Sammlung sind der kraftstrotzende Bronzewidder (3. Jh. v. Chr.) aus Syrakus und das ›Orpheus-Mosaik‹ (3. Jh. n. Chr.) aus Palermo.

Nicht entgehen lassen sollte man sich das westlich gelegene **Teatro Massimo** (Piazza Verdi, www.teatromassimo.it, Tickets: Tel. 0916053580, Führungen: Tel. 0916090831, tgl. 10–14.30 Uhr), eines der größten Opernhäuser Europas. Der klassizistische Bau entstand 1875–97 nach Plänen von Giovanni Battista Basile. Noch heute bietet es einen stimmungsvollen Rahmen für erstklassige Opern-, Ballett- und Konzertabende.

Ein kurzer Spaziergang führt durch die Einkaufsstraße Via Ruggero Settimo bis zur **Politeama Garibaldi** (Piazza Ruggero Settimo). Das 1867–74 von Giuseppe Damiani Almeyda erbaute Theaterhaus mit dem auffälligen triumphbogenartigen Eingang und der Quadriga wird heute vor allem für Konzerte genutzt. Hier beginnt der vornehme, von Stadtpalästen und Geschäftshäusern gesäumte Boulevard *Viale della Libertà* mit allerlei Geschäften und netten Cafés.

TOP TIPP Monreale

Nur 8 km südwestlich von Palermo liegt Monreale (35000 Einw.). Die Kleinstadt verdankt ihre Entstehung dem Normannenkönig **Wilhelm II.** (1154–1189), der auf seinem Berg (Mons regalis = Königsberg) im 12. Jh. ein Erzbistum gründete und neben der Kathedrale ein Kloster und einen Palast errichten ließ. Damit unterstrich er seinen Anspruch als oberste weltliche und geistliche Instanz gegenüber dem Papst.

Die **Cattedrale Santa Maria Nuova** (Piazza Vittorio Emanuele, Tel. 0916404413, www.cattedraledimonreale.it, Juni–Sept. tgl. 9–19, sonst tgl. 8–12.30 und 15.30–18.30 Uhr) wurde 1174–82 in Konkurrenz zur

Der Kreuzgang von Monreale begeistert mit erzählfreudigen Kapitellen und viel Grün

Normannische Kirchenbaukunst in Vollendung: Cattedrale Santa Maria Nuova in Monreale

Kathedrale in Palermo errichtet und gehört zu den bedeutendsten Werken der normannischen Architektur auf Sizilien.

Die hoch aufragende **Choranlage** mit den drei Apsiden besticht durch wundervolle Intarsien aus dunklem Lava- und hellem Kalkstein sowie verschränkten spitzbogigen Blendarkaden. Die Opulenz der Ornamente zeugt von arabischen Einflüssen, während die von zwei gedrungenen Türmen flankierte **Fassade** – wobei der linke Turm unvollendet blieb – für die normannische Architektur typisch ist. Die dreibogige Vorhalle (1770) wurde später angefügt. Die *Bronzetür* (1186) am Hauptportal, die *Bonnano Pisano* mit 42 Szenen aus dem Alten und Neuen Testament verzierte, wird nur an hohen Feiertagen geöffnet. Ansonsten betritt man die Kathedrale durch das von *Barisano da Trani* geschaffene Bronzeportal (1179) an der **Nordseite**, die ebenfalls in späterer Zeit einen Portikus (1547–59) erhielt.

Das dreischiffige Innere mit den schlanken Säulen und hohen Rundbögen begeistert durch den goldglänzenden **Mosaikzyklus** (1179–82), der die Wände komplett überzieht – insgesamt eine Fläche von 6340 m². *Christus Pantokrator* in der Chorapsis beherrscht den gesamten Kirchenraum. Darunter ist die Muttergottes mit dem Jesuskind zwischen den Erzengeln zu erkennen. In den Nebenapsiden wird das Leben der Apostel Petrus und Paulus geschildert. Weitere Mosaike im Chor sowie im Querschiff stellen Episoden aus der Vita Jesu dar. Das Bildprogramm im Mittelschiff und an der Westwand reicht von der Schöpfungsgeschichte über die Vertreibung aus dem Paradies bis zu den biblischen Stammvätern Noah, Abraham, Isaak und Jakob. Die Mosaike in den Seitenschiffen illustrieren die Wunder Jesu.

Im Süden blickt die Kathedrale auf den gleichfalls begeisterungswürdigen **Kreuzgang** (Mo–Sa 9–18.30, So/Fei 9–13 Uhr), das einzige Überbleibsel des früheren Benediktinerklosters. Prächtige Spitzbogenarkaden rahmen den großen Innenhof. Die marmornen Doppelsäulen sind glatt, geschraubt oder geriffelt und mit farbigen Inkrustationen geschmückt. Wahre Meisterwerke sind die *Kapitelle*, sie zeigen antike und arabische Ornamente, schöne Pflanzen, groteske Fabelwesen und eindrucksvolle Szenen aus dem Alten und neuen Testament.

Praktische Hinweise

Information

AAPIT, Piazza Castelnuovo 35, Palermo, Tel. 09 16 05 83 51, Fax 091 58 63 38, www.palermotourism.com

Flughafen

Aeroporto di Palermo di Falcone Borsalino, Punta Raisi, ca. 30 km westlich von Palermo, Tel. 09 17 02 01 11, www.gesap.it. Zugverbindung *Trinacria Express* zum Hauptbahnhof (Süden) und Busse über die Piazza Castelnuovo (Norden) zum Hauptbahnhof.

Hafen

Porto, Calata Marinai d'Italia, Palermo. Fährverbindungen nach Cagliari, Genua, Livorno, Civitavecchia, Neapel, Salerno, z.B. mit *SNAV*, Tel. 09 16 01 42 11, www.snav.it, *Grimaldi Ferries*, www.grimaldi-ferries.com, *Tirrenia*, www.tirrenia.it.

Bahnhof

Stazione Centrale, Piazza Giulio Cesare, Palermo

Öffentliche Verkehrsmittel

AMAT, Via Roccazzo 77, Palermo, Tel. 091 35 01 11, www.amat.pa.it

Parkplätze

Parcheggio, Piazzale Ungheria und Stazione Centrale (Innenstadt) oder Stazione Notarbartolo (Norden)

Nachtleben

Tonnara Florio, Discesa Tonnara 4, Palermo, Tel. 09 16 37 56 11, www.tonnaraflorio.com. Tanzen und Trinken in einer ehem. Thunfischfabrik am Hafen von Arenella nördlich vom Zentrum.

Hotels

****Centrale Palace**, Corso Vittorio Emanuele 327, Palermo, Tel. 091 33 66 66, www.centralepalacehotel.it. Typisch sizilianischer Pomp des 18. Jh. sowie eine herrliche Dachterrasse machen das Hotel nahe den Quattro Canti zur Topadresse.

****Massimo Plaza**, Via Maqueda 437, Palermo, Tel. 091 32 56 57, www.massimoplazahotel.com. Charmantes Hotel direkt gegenüber vom Teatro Massimo.

***Posta**, Via Antonio Gagini 77, Palermo, Tel. 091 58 73 38, www.hotelpostapalermo.it. Freundlicher Familienbetrieb mit kuscheligen Zimmern.

Moderno, Via Roma 276, Palermo, Tel. 091 58 86 83, www.hotelmodernopa.com. Zentral gelegene, schlichte Unterkunft in der 3. und 4. Etage eines Palazzo.

Restaurants

Antica Focacceria San Francesco, Via Paternostro 58, Palermo, Tel. 091 32 02 64, www.anticafocacceriasanfrancesco.it. Klassiker des typischen palermitaner Imbisses: *U pani ca' meusa*, Milzbrötchen, oder *Arancine*, Reisbällchen (Di geschl.).

Stimmungsvoll und trendig: Unter mittelalterlichem Gewölbe speist man im Kursaal Kalhesa

Anlegestelle für Jachten und Ausgangspunkt für Schiffsausflüge: Palermos Hafenbucht

Gigi Mangia, Via Principe di Belmonte 104 d, Palermo, Tel. 091 58 76 51. Elegantes Restaurant mit exzellenten Weinen und hervorragend zubereiteten Fleisch- und Fischgerichten – ein Genuss: *Calamaro ripieno*, gefüllter Tintenfisch (So geschl.).

Il Mirto e la Rosa, Via Principe di Granatelli 30, Palermo, Tel. 091 32 43 53. Die engagierte Wirtin kreiert delikate Gerichte, auch für Vegetarier (So geschl.).

Kursaal Kalhesa, Foro Umberto I. 21, Palermo, Tel. 09 16 16 22 82, www.kursaalkalhesa.it. Authentische tunesische Küche, z.B. Couscous, und eine stimmungsvolle Bar in altem Gemäuer (So Abend und Mo geschl.).

Le Terrazze, Viale Regina Elena, Mondello, Tel. 091 45 01 71. Feines Essen in einzigartiger Lage auf der Seebrücke mit Blick auf das einstige Fischerdorf 12 km nördlich von Palermo und den 2 km langen Sandstrand (Mi geschl.).

Cafés

Antico Caffè Spinnato, Via Principe di Belmonte 107, Palermo, Tel. 091 32 92 20, www.spinnato.it. Eine Institution seit 1860. Besonders gut sind *Marzipan* und *Cannoli*.

Caffè Letterario, Vicolo della Neve all'Alloro 2, Palermo, Tel. 09 16 16 07 96, www.parcotomasi.it. Das dem Autor Giuseppe Tomasi di Lampedusa (›Der Leopard‹) gewidmete Café organisiert auch literarische Spaziergänge durch Palermo.

Stancampiano, Via E. Notarbartolo 51, Palermo, Tel. 09 16 25 40 99. So viele Eissorten gibt es nirgendwo sonst in Palermo – unbedingt aus dem *Brioche* schlecken (Mi geschl.).

Bühne frei für eine atemberaubende Landschaftsszenerie: das antike Theater von Segesta

102 Segesta

Das grandios gelegene Theater vermittelt eine Vorstellung vom Zauber der alten Elymer-Stadt.

Die Überreste des antiken Segesta am Monte Bárbaro (431 m) liegen auf dem Gebiet der heutigen Gemeinde Calatafimi-Segesta (7500 Einw.) inmitten einer kargen Hügellandschaft östlich von Trapani.

Geschichte Segesta war eine Gründung der **Elymer**, die nach antiker Überlieferung mit *Aeneas* aus Troja geflohen waren, nach heutigem Kenntnisstand aber vom italienischen Festland stammten und noch vor den Griechen insbesondere den Westen Siziliens kolonisierten. Segesta, als eine ihrer drei Hauptstädte, konkurrierte seit dem 6. Jh. v. Chr. mit dem weiter südlich gelegenen **Selinunt** [Nr. 104]. Verbündete für die ständigen Auseinandersetzungen fand man sowohl in Karthago als auch in Athen. Schließlich gelang es Segesta 409 v. Chr. mit Hilfe der **Karthager**, Selinunt zu zerstören. Im Ersten Punischen Krieg stellte sich die Stadt 263 v. Chr. auf Seiten der **Römer** gegen die alten Verbündeten und avancierte 260 v. Chr. zum römischen Hauptstützpunkt in Westsizilien mit einem eigenen Hafen im heutigen **Castellammare del Golfo**. Dessen wachsende Bedeutung besiegelte jedoch den Niedergang Segestas, das abgesehen vom dorischen Tempel und dem griechisch-römischen Theater noch kaum ausgegraben ist.

Besichtigung Der **Parco Archeologico** (Tel. 0924952356, April–Okt. tgl. 9–19, Nov.–März tgl. 9–17 Uhr) in Segesta wird beherrscht vom weithin sichtbaren dorischen *Tempel*, dessen Bau um 430 v. Chr. begonnen wurde. Nachdem die Flotte der verbündeten Athener 413 v. Chr. vor Syrakus vernichtend geschlagen worden war, wandte sich Segesta den Karthagern zu. Die Arbeiten am Tempel wurden nicht mehr weitergeführt, der Bau blieb unvollendet. Die 36 Säulen weisen keine Kanneluren auf und die Kapitelle sind nur grob ausgearbeitet. Spuren einer geweihten *Cella* fehlen ebenso wie die eines Daches. Aber der Tempel entging feindlicher Zerstörung und endete nicht wie viele andere antike Bauten als Steinbruch.

Vom Parkplatz unterhalb des Hügels, auf dem sich der Tempel erhebt, geht es zu Fuß oder per Shuttlebus zum etwa 1,5 km entfernten *Theater*, das im 3. Jh. v. Chr. am Nordhang des Monte Bárbaro angelegt wurde. Später erweiterten die Römer das Halbrund um einen Bühnenbau, von dem allerdings nur die Fundamente übrigblieben. So kann man heute von den erhaltenen 20 Sitzreihen die hervorragende Aussicht bis zum Golf von Castellammare genießen. Im Sommer dient das Theater beim *Segesta Festival* (Tel. 09 24 95 00 12, www.segestafestival.com) als stimmungsvolle Freilichtbühne.

103 Trapani

Moderne Hafenstadt mit barockem Zentrum.

Die bemerkenswerte Altstadt von Trapani (70 000 Einw.) ragt auf einer sichelförmigen Landzunge malerisch ins Meer. Am Horizont grüßen die *Isole Egadi*, die Ägadischen Inseln.

Geschichte Die Stadt an der Westküste Siziliens wurde in der Antike **Drepanon** (griech. Sichel) genannt. Unter den **Arabern** erlangte sie im 9. Jh. größere Bedeutung. Seitdem spielten der **Salzhandel** und die Verarbeitung von **Korallen** eine große Rolle. Im 15. Jh. bauten die Aragonier die **Salinen** im Süden von Trapani aus. Und noch heute wird in dieser Region Salz gewonnen.

Besichtigung Die Altstadt von Trapani beginnt westlich vom Bahnhof und dem gepflegten Stadtpark **Villa Margherita**. Die einstige Prachtstraße und heutige Fußgängerzone **Corso Vittorio Emanuele** am Nordufer säumen barocke Bauten und Kirchen wie der *Palazzo Riccio* (17. Jh.) und die *Cattedrale San Lorenzo* (17./18. Jh.). Am Westzipfel erhebt sich die markante achteckige **Torre di Ligny** (14. Jh.). Spaziert man am Südufer entlang, kann man das bunte Treiben im Hafen beobachten, zahlreiche Lokale bieten Logenplätze.

In der Neustadt steht das **Santuario dell'Annunziata** (Via Conte A. Pepoli 200, tgl. 7–12 und 16–19 Uhr). Vom ursprünglichen Bau der 1315–32 errichteten Wallfahrtskirche ist die Fassade mit dem reich verzierten Portal und der herrlichen Fensterrose erhalten. Die einschiffige, überkuppelte Saalkirche wurde im 18. Jh. umgebaut. Gläubige pilgern zur *Cappella della Madonna* (1498) im Chor hinter dem Hochaltar, denn die marmorne ›Madonna di Trapani‹ (um 1350) aus dem Umkreis Nino Pisanos soll Wunder bewirken.

Fotogenes Arrangement mit Nutzwert: Salzgärten an der Via del Sale von Trapani

Einst gehörte die Kirche zum benachbarten Karmeliterkloster (17. Jh.), das 1866 säkularisiert wurde und heute das **Museo Regionale Pepoli** (Tel. 09 23 55 32 69, Di–So 10–18 Uhr) beherbergt. Zu seiner Sammlung zählen erlesener Korallenschmuck und kostbare Gemälde, z.B. von Tizian, Veronese und Ribera.

La Via del Sale

Längs der flachen Küste im Süden von Trapani erstrecken sich riesige **Salzgärten**. Auf der 30 km langen Fahrt nach Marsala eröffnen sich fantastische Blicke: Feine Kristalle lassen das verdunstete Meerwasser in allen Regenbogenfarben schimmern. Weiße Salzhügelchen glänzen in der hellen Sonne, einige größere sind mit Tonziegeln abgedeckt, um die mühsam, weitgehend in Handarbeit gewonnene Pracht zu schützen. Zwischen den Trockenbecken ragen Mühlen mit roten Kappen auf.

In Nubia erklärt das kleine, interessante **Museo del Sale** (Tel. 09 23 86 71 42, www.trattoriadelsale.com, tgl. 9–18 Uhr) die Salzgewinnung. Mehr über die praktische Seite dieser Arbeit erfährt man nahe *Mozia* in der **Salina Ettore e Infersa** (Mulino, Tel. 09 23 96 69 36, www.salineettoreinfersa.com, tgl. 9 Uhr bis Sonnenuntergang, Mühle in Aktion: Sommer Mi–Sa 16–18 Uhr) mit funktionstüchtiger Mühle.

Auf der Landstraße SP 21 erreicht man **Marsala** (80 000 Einw.). Das urbane Leben spielt sich um die Piazza della Repubblica ab. Hier stehen der *Palazzo Pretorio* (18. Jh.) und der *Duomo San Tommaso*, der aus der Normannenzeit stammt und später barock umgestaltet wurde. Berühmt ist die Stadt für ihren **Dessertwein**, mit dem der Engländer *John Woodhouse* 1773 dem Portwein Konkurrenz machen wollte. Die Weinkellereien bieten Degustationen an. Bekannt sind *Florio* (Via Vincenzo Florio 1, Tel. 09 23 78 11 11, www.cantineflorio.it), und *Marco de Bartoli* (Contrada Fornaia Samperi 292, Tel. 09 23 96 20 93, www.marcodebartoli.com). In die italienische Geschichte ging Marsala 1860 ein, als *Giuseppe Garibaldi* mit 1000 Freiwilligen hier an Land ging, um Italien zu befreien.

i Praktische Hinweise

Information

APT, Piazza Saturno, Trapani,
Tel. 09 23 29 00 00, Fax 09 23 24 00 4,
www.apt.trapani.it

IAT, Via XI Maggio 100, Marsala,
Tel. 09 23 71 40 97

Garibaldi – ein Mann der Tat

Der in Nizza geborene **Giuseppe Garibaldi** (1807–1882) fuhr zur See, bevor er sich 1833 der Freiheitsbewegung Giuseppe Mazzinis für ein geeintes, demokratisches und republikanisches Italien anschloss. Nach einem missglückten Aufstand gegen die Monarchie 1834 musste Garibaldi nach *Südamerika* fliehen. Doch 1848 kehrte er zurück, um am Befreiungskampf gegen Österreich teilzunehmen. Seine erfolgreichen Feldzüge machten ihn schnell zum **Nationalhelden**. Die Revolution 1849 scheiterte jedoch und der Anführer der Truppen floh erneut ins Exil. Erst 1854 kam er zurück nach Italien, wo er sich auf der sardischen Insel Caprera niederließ. Von dort führte der charismatische, wagemutige *Leone di Caprera* (Löwe von Caprera) 1860 seine berühmte **Spedizione dei Mille**, den ›Zug der Tausend‹ nach Sizilien. Am 11. Mai 1860 landete Garibaldi mit 1000 freiwilligen Rothemden in Marsala, eroberte Sizilien, Süditalien und am 1. Oktober Neapel. Nachdem die Bourbonen gestürzt waren, übergab er die besetzten Gebiete an Vittorio Emanuele II. Die Basis für das **Königreich Italien** war geschaffen. 1882 starb der arthrosekranke **Held des Risorgimento** auf Caprera.

Kolossalen Eindruck macht der vermutlich der Göttin Hera geweihte Tempel E von Selinunt

Hafen

Porto, Piazza Garibaldi, Trapani, www.portotrapani.it. Fähren und Tragflügelboote zu den Isole Egadi, nach Pantelleria und Tunis.

Hotels

******Nuovo Albergo Russo**, Via Tintori 4, Trapani, Tel. 0923 22163, Fax 0923 26623. Gediegenes Hotel im Zentrum der hübschen Altstadt.

Tenuta Volpara, Contrada Volpara, Marsala, Tel. 0923 984588, Fax 0923 984667. Angenehme Unterkunft inmitten von Weinbergen, auch das empfehlenswerte Restaurant mit typisch sizilianischer Küche trägt zum Wohlbefinden bei.

Restaurant

Trattoria del Porto, Via Ammiraglio Staiti 45, Trapani, Tel. 0923 547822. Zu den lokalen Spezialitäten gehören Meeresfrüchte, unbedingt probieren: Couscous mit Fisch (Mo geschl.).

104 Selinunt

TOP TIPP *Beeindruckende Tempelruinen in der größten Ausgrabung Siziliens.*

Rund um den hübschen Fischer- und Badeort Marinella di Selinunte an der Südküste Siziliens stößt man auf die idyllisch gelegenen Reste der griechischen Stadt Selinunt (Selinunte).

Geschichte Um 650 v. Chr. gründeten **Griechen** aus dem nördlich von Syrakus gelegenen *Megara Hybleia* Selinunt. Unter ihnen erlebte die Siedlung eine 200 Jahre währende Blütezeit. Die Stadt, die im 6./5. Jh. v. Chr. etwa 100 000 Einwohner zählte, dehnte sich zunächst oberhalb der auf einem Steilhang an der Küste errichteten und befestigten Akropolis aus. Neben dem antiken Zentrum leistete sich die reiche Stadt weitere Heiligtümer – zwischen 530 und 450 v. Chr. entstand der Östliche Tempelbezirk. Hafen und Handel führten zu Wohlstand Rivalität mit dem auf karthagischem Hoheitsgebiet gelegenen **Segesta** [s. S. 338] führte zu zahlreichen Auseinandersetzungen. 409 v. Chr. wurde Selunt schließlich von den **Karthagern** erobert. Diese verließen und zerstörten die Stadt 250 v. Chr., damit sie nicht den Römern in die Hände fiel. Im 6. Jh. n. Chr. wurden die bis dahin noch erhalten gebliebenen Bauten Opfer eines Erdbebens. In den folgenden Jahrhunderten geriet Selinunt in völlige Vergessenheit und wurde erst im 16. Jh. wiederentdeckt. Die systematischen Ausgrabungsarbeiten begannen 1822 und dauern bis heute an.

Besichtigung Der Rundgang durch den weitläufigen **Parco Archeologico** (Tel. 092446251, Ticketschalter: Sommer tgl. 9–19, Winter tgl. 9–16 Uhr, der Park schließt 1 Stunde vor Sonnenuntergang) beginnt im Östlichen Tempelbezirk. Die nicht eindeutig bestimmten Gottheiten zuzuordnenden Tempel sind durch Buchstaben gekennzeichnet. Aus den Trümmern ragt der rekonstruierte – einst wohl Hera geweihte – **Tempel E** auf. Alle Säulen des 465–450 v. Chr. im klassischen Stil erbauten *Peripteros*, je 6 Säulen an den Schmal- und 15 Säulen an den Längsseiten, die einen Ring um die Cella bilden, wurden wiederaufgerichtet, dazu Teile des Gebälks. Die beeindruckenden *Metopen* mit Darstellungen aus der griechischen Mythologie, die einst den Fries schmückten, sind heute allerdings im Archäologischen Museum in Palermo [s.S. 336] zu bewundern. Dort befinden sich auch Fundstücke aus dem bereits 530 v. Chr. errichteten eleganten **Tempel F**, der vielleicht Athena geweiht war. Der Apollon zugeschriebene **Tempel G**, heute ein gewaltiger Trümmerhaufen, beeindruckt allein durch seine Ausmaße. Das unvollendet gebliebene Heiligtum, an dem zwischen 520 und 470 v. Chr. gebaut wurde, sollte 30 m hoch, 50 m breit und 110 m lang werden.

Die Strada dei Templi führt am versandeten Hafen vorbei zur Akropolis. Innerhalb der antiken Befestigungsanlagen, die teilweise noch aus dem 7./6. Jh. v. Chr. stammen, stehen die Reste von vier Heiligtümern. Das älteste von ihnen ist der auch Herakles-Tempel genannte **Tempel C** (um 550 v. Chr.). Die 1927 wiederaufgerichtete Säulenreihe weist die schwerfälligen Formen und Proportionen des archaischen Baustils auf.

Über den Fluss Modione westlich der Akropolis gelangt man schließlich zum **Heiligtum der Demeter Malophoros**, das im 6. Jh. v. Chr. zu Ehren der Erd- und Fruchtbarkeitsgöttin erbaut wurde.

105 Agrigent

TOP TIPP *Imposante Heiligtümer der Griechen im Tal der Tempel.*

Das heutige Agrigent (Agrigento, 60000 Einw.) liegt auf einem Hügelrücken mit weitem Blick über das ausgedehnte Valle dei Templi bis zum Meer. Dieses weltberühmte Tal der Tempel birgt die Ruinen der antiken Stadt Akragas.

Geschichte 582 v. Chr. wurde **Akragas** von griechischen Siedlern aus dem weiter östlich an der sizilianischen Südküste gelegenen *Gela* gegründet. Rund 100 Jahre später, unter dem Tyrannen **Theron** (488–472 v. Chr.), erreichte die Stadt mit dem Sieg über die Karthager in der *Schlacht von Himera* 480 v. Chr. den Höhepunkt ihrer Macht. Die Kriegsbeute, darunter auch zahlreiche Gefangene, ermöglichte den Bau neuer, prächtiger Tempel. Doch allzu lange konnten die Griechen ihren Triumph nicht genießen, denn aus der nächsten Auseinandersetzung 406 v. Chr. gingen die **Karthager** als Sieger hervor. Damit begann der Nieder-

Harmonie in Reinkultur: der klassische Tempio della Concordia im Valle dei Templi von Agrigent

gang Akragas'. Nach der Eroberung durch die Araber im 9. Jh. wurde die antike Stadt endgültig aufgegeben, die Siedlung verlagerte sich auf den Hügel über dem Tal und nannte sich fortan **Gergent**, seit 1927 Agrigent.

Besichtigung Im **Valle dei Templi** im Süden von Agrigent wartet eine Ausgrabungsstätte der Superlative mit hervorragend erhaltenen Tempeln auf Besucher. Wer sich die teuren Parkplätze im Tal sparen möchte und mit dem Zug anreist, gelangt vom Bahnhof mit einem der Linienbusse zu den archäologischen Stätten des **Parco Archeologico della Valle dei Templi** (Tel. 09 22 62 16 11, www.parcovalledeitempli.it, tgl. 8.30–19 Uhr).

Westlich der Via dei Templi sind die Grundmauern des **Tempio di Giove Olimpico** (Zeustempel) auszumachen, die einen guten Eindruck von seiner ursprünglichen Größe vermitteln. Mit einer Länge von 113 m, einer Breite von 56 m und einer Höhe von 30 m war er einst der größte dorische Tempel überhaupt. Nach der Schlacht von Himera 480 v. Chr. errichteten 25 000 karthagische Kriegsgefangene das Heiligtum. Der *Pseudoperipteros* war im Unterschied zu den üblichen Ringhallentempeln nicht von einzelnen Rundsäulen umgeben, sondern von einer geschlossenen Mauer, in die Halbsäulen eingefügt waren. Eine weitere Besonderheit stellten die **Telamonen** dar, fast 8 m große Kolossalstatuen mit seitwärts erhobenen Armen, die als zusätzliche Stützen des Gebälks zwischen den Halbsäulen angebracht waren. Das einzige erhaltene Original kann man im Archäologischen Museum (s.u.) bewundern, eine Kopie liegt am Eingang. 406 v. Chr., noch vor seiner Fertigstellung, zerstörten die Karthager den Tempel.

Hinter dem Zeustempel wurden Spuren der *Agora* und einiger kleinerer Heiligtümer entdeckt, darunter die Reste des **Tempio di Castore e Polluce** (Castor- und Pollux-Tempel), der den Dioskuren geweiht war. Ein Kranz von 6 x 13 Säulen rahmte die Cella des im 5. Jh. v. Chr. erbauten *Peripteros*. Die heute über Eck stehenden vier Säulen wurden 1837 wiederaufgerichtet. Am Gebälk ist noch Putz zu sehen, der die Bauten einst überzog.

Auf der anderen Straßenseite ragen die mächtigen Säulen des **Tempio di Eracle** (Heraklestempel) in den Himmel, der um 500 v. Chr. datiert und damit der älteste Tempel von Agrigent ist. Typisch für einen dorischen Bau archaischer Zeit sind seine Längsstreckung mit einem Kranz von 6 x 15 Säulen. Erhalten blieben der Sockel, Teile des Altars und die acht, 1923 wiederaufgerichteten Säulen, vier davon mit schönen Kapitellen.

Die monumentalen Statuen der Telamonen von Agrigent stützten einst Tempelgebälke

Unterhalb des Heraklestempels liegt die **Tomba di Terone** (Grab des Theron), die ins 1. Jh. n. Chr. datiert wird. Daher kann es sich auch nicht um die Grabstätte des namengebenden griechischen Herrschers aus dem 5. Jh. v. Chr. handeln.

Von einer Anhöhe beherrscht der formvollendete klassische **Tempio della Concordia** (Concordiatempel) das Gelände. Neben dem *Hephaistos-Tempel* in Athen und dem *Poseidon-Tempel* in Paestum zählt er zu den besterhaltenen griechischen Sakralbauten überhaupt. Der gute Zustand des 450–425 v. Chr. errichteten Tempels erklärt sich aus seiner späteren Umwandlung in eine christliche Basilika (6. Jh. n. Chr.). So stehen bis heute alle 34 kraftvollen dorischen Säulen aufrecht samt Kapitellen, auf denen das Gebälk und die Giebel ruhen.

Ein Stückchen weiter östlich erhebt sich der Mitte des 5. Jh. v. Chr. errichtete klassische **Tempio di Hera Lacinia** (Heratempel) mit seinen 25 erhaltenen Säulen.

Oberhalb der archäologischen Stätten präsentiert das **Museo Archeologico Regionale** (Contrada San Nicola 12, Tel. 09 22 40 15 65, Di–Sa 9–19, So/Mo 9–13 Uhr) interessante Fundstücke aus dem antiken Akragas, Statuen, u.a. den Telamon vom Zeustempel, Vasen und Münzen.

i Praktische Hinweise

Information

AAST, Piazza Aldo Moro, Agrigent, Tel. 09 22 20 04 54, Fax 09 22 20 03 91, www.comune.agrigento.it

Hotels

******Baglio della Luna**, Contrada Maddalusa, Valle dei Templi, Agrigent, Tel. 09 22 51 10 61, www.bagliodellaluna.com. Herrschaftlicher sizilianischer Landsitz des 13. Jh. mit eleganter Einrichtung und ausgezeichnetem Restaurant.

Corte dei Greci, Cortile Zeta 3, Agrigent, Tel. (mobil) 00 39 33 94 22 04 76, www.cortedeigreci.it. Stilvolles Bed & Breakfast in restaurierten Häusern um einen schönen Innenhof am höchsten Punkt der Altstadt.

Restaurant

Kokalos, Via Cavalieri Magazzeni 3, Valle dei Templi, Agrigent, Tel. 09 22 60 64 27, www.ristorante-kokalos.com. Das rustikale Lokal versteht sich besonders gut aufs Pizzabacken, bietet aber auch gute sizilianische Gerichte und Weine.

106 Enna

Der ›Nabel Siziliens‹ ist das geografische und landwirtschaftliche Zentrum der Insel.

Enna (28 000 Einw.) liegt weithin sichtbar auf dem *Monte San Giuliano* (968 m) mitten in Sizilien. Die hügelige Umgebung prägen Getreidefelder sowie vereinzelte Korkeichen und Tamarisken.

Geschichte ›Nabel Siziliens‹ nannte der griechische Dichter Kallimachos das antike **Henna**, das wegen seiner strategisch günstigen Lage in der Mitte Siziliens einst sehr gefragt war. 258 v. Chr. eroberten die Römer es von dem Karthagern. 135 v. Chr. nahm der Sklavenaufstand unter dem Syrer *Eunus* hier seinen Ausgang. Erst nach drei Jahren gelang es den Römern, die Kämpfe für sich zu entscheiden. 859 n. Chr. erhoben die Araber die Stadt als **Casr Jani** zum Sitz eines Emirs. 1087 zogen die Normannen ein und nannten sie **Castrogiovanni**. Im späten Mittelalter verlor die Stadt an Bedeutung. Erst nach 1926 ging es wieder aufwärts, diesmal mit dem neuen Namen **Enna**.

Besichtigung Über der Stadt thront das mächtige **Castello di Lombardia** (Piazza Mazzini, tgl. 9–17 Uhr), das Roger I. im 11. Jh. anlegen und Friedrich II. im 13. Jh. zu einer der größten Festungen Siziliens ausbauen ließ. Die Gebäude waren um drei jeweils stark befestigte Innenhöfe angeordnet. Von den ursprünglich 20 Wehrtürmen stehen heute noch sechs. Auf der 24 m hohen **Torre Pisana** kann man von einer Plattform an klaren Tagen bis zum Ätna sehen. Unterhalb des Kastells ragt der Felsen *Rocca di Cerere* empor, auf dem in der Antike ein Tempel für die in dieser Gegend besonders verehrte Fruchtbarkeitsgöttin *Demeter* stand.

Die Hauptstraße Ennas, die Via Roma, führt von der Festung direkt in die Stadtmitte zur zentralen Piazza Vittorio Emanuele. Hier erhebt sich der ehrwürdige **Duomo** (tgl. 9–13 und 16–19 Uhr), der Anfang des 14. Jh. entstand. Nach einem Brand 1446 wurde im 16./17. Jh. im Stil des Barock komplett wiederaufgebaut. Hinter der durch Pilaster gegliederten *Fassade* beeindruckt ein prächtig ausgestatteter *Innenraum*, der von schwarzen Alabaster-Säulen in drei Schiffe unterteilt wird. Die reich verzierten Sockel und Kapitelle sind u.a. Werke von *Gian Domenico Gagini*. Besondere Beachtung verdienen auch die feinen Schnitzarbeiten an der Kassettendecke aus Nussbaumholz und am Chorgestühl.

Im Südwesten der Stadt wacht die 26 m hohe, achteckige **Torre di Federico II.**, Mittelstück einer Befestigungsanlage des 13. Jh., über Enna. Auch von diesem Turm, der von einem hübschen Park umgeben ist, genießt man ein wunderbares Panorama.

TOP TIPP Villa Romana del Casale

35 km südlich von Enna gelangt man nach **Piazza Armerina** (20 000 Einw.), ein

Strategisch günstig auf einem Bergrücken im Zentrum Siziliens erhebt sich die Stadt Enna

Bergstädtchen aus dem 12. Jh. mit einigen eleganten Palästen und dem hoch aufragenden barocken *Duomo Santissima Assunta* (17. Jh.).

Weitere 5 km südwestlich steht eine der Hauptattraktionen Siziliens: die spätrömische **Villa Romana del Casale** (Tel. 09 35 68 00 36, www.villaromanadelcasale.it, Sommer Mo–Fr 10–20, Sa/So 9–20, Winter Di–Fr 10–14, Sa/So 9–15 Uhr). Der im 3./4. Jh. für einen unbekannten Auftraggeber errichtete Landsitz verschwand im 12. Jh. nach einem Erdrutsch unter einer Schlammlawine. Nach Funden von Mosaiksteinchen begannen Mitte des 20. Jh. die archäologischen Grabungen. Dabei kam eine Anlage zum Vorschein, die zu den schönsten und besterhaltenen römischen Villen überhaupt zählt. Seit 1997 gehört sie zum *UNESCO Weltkulturerbe*.

Um das Große Peristyl gruppieren sich etwa 50 private und repräsentative Räume, Wandelhallen, mehrere Atrien und Thermen. Außergewöhnlich sind die **Mosaike**, die sich über eine Fläche von 3500 m² erstrecken. Stil und Technik weisen auf nordafrikanische Künstler hin. Ornamente, Embleme, Tiere, Früchte und Pflanzen aller Art wechseln mit mythologischen und alltäglichen Szenen. Die Bilder beziehen sich zumeist auf die Nutzung der Räume und überzeugen durch ihren Einfalls- und Farbreichtum. In den **Thermen**, über die man heutzutage das Areal betritt, sind z. B. das Meer, Fische und der Gott Oceanus dargestellt.

Der antike Haupteingang lag weiter südlich und führte in ein Atrium. Von dort geleitete man Besucher durch eine Halle ins Große Peristyl. Im anschließenden **Ambulacrum**, einem Wandelgang, sind Mosaike mit Szenen einer Großwildjagd sowie Tierhatzen in der Arena zu bewundern. Die nördlichen Wohnräume sind nur fragmentarisch mit Mosaiken geschmückt, Hauptanziehungspunkt ist eine erotische Szene im **Schlafzimmer**. Besonders üppig fiel die Dekoration des **Tricliniums** (Speisesaal) mit den 12 Heldentaten des Herakles aus. Das berühmteste Mosaik der Villa ist die Darstellung von zehn Mädchen in bikiniähnlicher Bekleidung bei sportlicher Betätigung.

i Praktische Hinweise

Information

APT, Via Roma 411, Enna, Tel. 09 35 52 82 88, Fax 09 35 52 82 29, www.apt-enna.com

Hotel

*****Sicilia**, Piazza Napoleone Colajanni 7, Enna, Tel. 09 35 50 08 50, www.hotelsicilia enna.it. Hinter der modernen Fassade verbergen sich gemütliche Zimmer.

Anmutige Sinnlichkeit feiern die Mosaike im Triclinum der Villa Romana del Casale bei Enna

Mit seinem einzigartigen Ensemble barocker Architektur zählt Ragusa zum Weltkulturerbe

Restaurant

Centrale, Piazza VI Dicembre 9, Enna, Tel. 09 35 50 09 63, www.ristorantecentrale.net. Beliebtes Restaurant, das auf die regionale Küche spezialisiert ist, besonders gut sind die Lammgerichte.

107 Ragusa

Die Barockstadt im Val de Noto gehört zum UNESCO Weltkulturerbe.

Die Provinzhauptstadt Ragusa (70 000 Einw.) erstreckt sich über mehrere Hügel. Auf einer Kuppe im Osten liegt die beschauliche Altstadt **Ragusa Ibla**, die in der Antike von Griechen aus Syrakus kolonisiert wurde. Nach dem furchtbaren Erdbeben 1693, das zahlreiche Orte im Südosten Siziliens zerstörte, baute man Ragusa im Stil des **Barock** wieder auf. Damals entstand auch das geschäftige **Ragusa Superiore** auf einer Anhöhe im Westen. 2002 erklärte die UNESCO Ragusa und sieben weitere spätbarocke Städte im **Val di Noto** (www.valdinoto.com) zum Weltkulturerbe.

Im Herzen von Ragusa Ibla erhebt sich der 1738–75 erbaute, schlanke **Duomo San Giorgio** (Mai–Sept. Mi–Mo 10–13.30 und 16–18.30 Uhr), ein barockes Meisterwerk *Rosario Gagliardis* (1698–1762). Von der Piazza Duomo führt eine breite Freitreppe zum Hauptportal. Die hohe, dreigeschossige Fassade mit dem konvex hervortretenden Mittelteil wird durch korinthische Säulen gegliedert. Im Inneren verdienen die Fenster, die mit Szenen aus dem Leben des Stadtheiligen Georg bemalt sind, besondere Beachtung.

Von Rosario Gagliardi stammt auch die schmucke Barockkirche **San Giuseppe** (tgl. 9–12 und 16–18 Uhr) mit elliptischem Innenraum an der nahen Piazza Pola.

Ragusa Superiore hat einen eigenen Schutzheiligen, den hl. Johannes, dem die 1706–60 errichtete **Cattedrale San Giovanni** (Piazza Giovanni, www.cattedralesangiovanni.it, Di–So 8.30–12 und 16–19 Uhr) geweiht ist. Man erreicht die Kirche mit ihrer breiten Fassade und dem seitlichen Glockenturm über den erhöhten Kirchenvorplatz. Im dreischiffigen Inneren sind reich mit Stuck ausgestattete Kapellen (19. Jh.) zu bestaunen.

Praktische Hinweise

Information

AAPIT, Via Capitano Bocchieri 33, Ragusa Ibla, Tel. 09 32 22 15 11, Fax 09 32 62 34 76, www.ragusaturismo.it

Hotels

********Eremo della Giubiliana**, Contrada Giubiliana, 7,5 km südlich von Ragusa, Tel. 09 32 66 91 19, www.eremodellagiubili

An das Erdbeben von 1996 erinnert heute nichts mehr: Cattedrale Santi Nicola e Corrado

ana.it. Geschmackvoll restaurierte Klause in der ländlichen Idylle des Val di Noto.

******Locanda Don Serafino**, Via XI Febbraio 15, Ragusa Ibla, Tel. 09 32 22 00 65, www.locandadonserafino.it. Herzliche Atmosphäre in einem schmucken Hotel mitten in der barocken Altstadt.

Restaurant

U'Saracinu, Via del Convento 9, Ragusa Ibla, Tel. 09 32 24 69 76. Traditionsreiches Restaurant, das mit seiner landestypischen Küche begeistert (So geschl.).

108 Noto

Erdbeben bedrohen die Stadt des UNESCO Weltkulturerbes Val de Noto.

Nach dem großen Beben 1693 wurde Noto (23 000 Einw.) 15 km südöstlich der zerstörten Siedlung Noto Antica komplett neu errichtet. Der Architekt *Giovanni Battista Landolina* entwarf eine prächtige Barockstadt mit großzügigen Plätzen.

Alle wichtigen Sehenswürdigkeiten liegen zwischen den Hauptstraßen Via Cavour und Corso Vittorio Emanuele, der teilweise für den Verkehr gesperrt ist. Von der Piazza Municipio führt eine breite, lange Treppe zur **Cattedrale Santi Nicola e Corrado** (1693–1771) mit der wuchtigen Doppelturmfassade hinauf. Die Vierungskuppel stürzte nach einem Erdbeben 1996 ein. Dabei wurden sowohl das Haupt- als auch die beiden Seitenschiffe schwer beschädigt. 2007 wurde die sorgfältige Rekonstruktion der Kathedrale abgeschlossen, die nun wieder im alten Glanz erstrahlt.

Eine der prachtvollsten Barockkirchen der Stadt ist die an der Piazza XVI Maggio gelegene Kirche **San Domenico** (1703–27) von *Rosario Gagliardi*. Hinter der schwungvollen, konvexen Fassade mit Säulen und Nischen verbirgt sich allerdings ein relativ bescheiden ausgestatteter Innenraum.

i Praktische Hinweise

Information

AAPIT, Piazza XVI Maggio, Noto, Tel./Fax 09 31 83 67 44, www.comune.noto.sr.it

Hotel

*****Ferla**, Via Antonio Gramsci 5, Noto, Tel. 09 31 57 60 07, www.hotelferla.it. Angenehmes Haus mit komfortablen Zimmern.

Restaurant

Trattoria del Carmine, Via Ducezio 9, Noto, Tel. 09 31 83 87 05. Hervorragende sizilianische Küche im Zentrum (Mo geschl.).

109 Syrakus

In der antiken griechischen Metropole begann die Kolonisation Siziliens.

Syrakus (Siracusa, 123 000 Einw.) ist eine pulsierende Hafenstadt, deren moderne Wohn- und Gewerbegebiete weit ausufern. Im Stadtteil Neapoli stößt man auf erste Spuren der großen Vergangenheit des antiken Syrakus, das *Platon* für die ideale Stadt hielt. Und bei einem Bummel durch die zauberhafte Altstadt Ortigia (griech. Ortygia) begegnet man der reichen Geschichte auf Schritt und Tritt.

Geschichte Nach der Vertreibung der Sikuler, die bereits seit dem 10. Jh. v. Chr. auf Ortygia siedelten, wurde Syrakus 734 v. Chr. von griechischen Siedlern aus **Korinth** gegründet. Ihre Glanzzeit erlebte die Stadt, als sie zusammen mit dem verbündeten Agrigent in der **Schlacht von Himera** 480 v. Chr. den Sieg über die Karthager erringen konnte. In den folgenden Jahrhunderten entwickelte sich Syrakus zu einer der mächtigsten Städte im gesamten Mittelmeerraum mit 500 000 Einwohnern. Neben Platon besangen auch Aischylos und Pindar ihre Pracht. Weder die Karthager noch die Athener konnten Syrakus einnehmen, erst den **Römern** gelang dies 212 v. Chr. Fortan spielte die Stadt politisch keine Rolle mehr, denn unter Byzantinern, Arabern und Normannen entwickelte sich Palermo zur führenden Metropole Siziliens.

Besichtigung Der historische Kern der Stadt liegt auf der Insel **Ortigia**, die durch einen Damm mit dem Festland verbunden ist. Enge Gassen, eine prächtige Uferpromenade, barocke Kirchen und gotische Paläste machen ihren Charme aus. Die wichtigste archäologische Grabungsstätte befindet sich in **Neapoli**, der quicklebendigen Neustadt.

Ortigia

Gleich hinter der Brücke, welche die Neustadt mit der Altstadt verbindet, stehen an der Piazza Pancali die spärlichen Überreste des archaisch-dorischen **Tempio di Apollo** (6. Jh. v. Chr.), dem wohl ältesten Ringhallentempel Siziliens.

Auf dem Weg zum Hafen passiert man einen lebhaften Markt, auf dem neben Lebensmitteln auch Kleidung und Haushaltswaren angeboten werden. Vom kleinen Hafenbecken geht es dann am Ufer entlang über den Passeggio Aretusa zur **Fonte Aretusa**. Um diese Quelle rankt sich eine griechische Sage: Die Nymphe *Arethusa* stürzte sich einst ins Meer, um dem Liebeswerben des *Alphaios* zu entgehen. Daraufhin verwandelte die Göttin *Artemis* die Nymphe in eine Süßwasserquelle und Alphaios in einen Fluss, dessen Wasser sich schließlich mit denen der Quelle vemischten.

Die Südspitze Ortigias beherrscht das **Castello Maniace**, ein quadratischer Bau mit vier Ecktürmen, der zwar von dem byzantinischen Feldherrn Maniakes 1038

Fröhliches Treiben kennzeichnet den Passeggio Aretusa in der Altstadt von Syrakus

begonnen wurde, sein jetziges Aussehen aber im Wesentlichen den Erweiterungen unter Friedrich II. verdankt.

Auf dem Weg ins Zentrum gelangt man über die Via Castello Maniace und die Via Capodieci zur **Galleria Regionale di Palazzo Bellomo** (Tel. 0931 69 5111, wegen Restaurierung bis 2009 geschl.). Der hübsche Palast aus dem 13. Jh. birgt bedeutende Gemälde wie Antonello da Messinas ›Verkündigung‹ (1474) und Caravaggios ›Begräbnis der hl. Lucia‹ (1609).

Nördlich davon öffnet sich die elliptische Piazza Duomo, die von eleganten Barockpalästen und dem **Duomo Santa Maria delle Colonne** gerahmt wird. Der Dom entstand im 7. Jh. n. Chr. durch den Umbau eines Athenatempels (5. Jh. v. Chr.) in eine dreischiffige Basilika. Dabei integrierte man die dorischen Säulen der Ringhalle in die Außenwände der Kirche – schön zu sehen von der Via Minerva aus – und brach je acht Arkaden in die Cellawände. Nach den schweren Erdbebenschäden von 1693 betraute man den Architekten Andrea Palma mit der Restaurierung, der die Kirche mit einer geschwungenen, durch Säulen gegliederten und mit Statuen geschmückten Barockfassade (1728–74) verblendete.

Offensichtlich wird die griechische Vergangenheit auch im *Kircheninneren*, das von den antiken Säulen dominiert wird. Zudem stammt ein Steinblock des Altars vom Gebälk des Heiligtums, und eine griechische Vase wurde zur Zeit der Normannen in ein von Löwenfüßen getragenes Taufbecken umgearbeitet.

Neapoli

In der Neustadt befindet sich der **Parco Archeologico della Neapolis** (Eingänge: Via Rizzo und Via Paradiso, Tel. 0931 65 0 68, tgl. 9 Uhr bis 2 Std. vor Sonnenuntergang). Das besterhaltene Monument des archäologischen Parks ist das TOP TIPP **Teatro Greco** (5. Jh. v. Chr.), das mit einem Durchmesser von 138 m zu den größten Theatern der griechischen Welt gehörte. Der Zuschauerraum mit seinen 61, direkt in den Fels geschlagenen Sitzreihen bot Platz für 15 000 Zuschauer. 472 v. Chr. wurde hier Aischylos' Tragödie ›Die Perser‹ uraufgeführt. Die Römer bauten das Theater um, verringerten die Zahl der Sitzreihen und vergrößerten die Bühne. Doch für ihre Zirkusspiele mit Tierhatzen und Gladiatorenkämpfe war das Theater zu klein, sodass sie im 3. Jh. n. Chr. schließlich das südöstlich gelegene **Anfiteatro Romano** errichteten, das mit 140 x 119 m gewaltige Ausmaße besaß.

Das Material für die antiken Bauwerke stammte aus den nahen Steinbrüchen, der **Latomia del Paradiso**. Wo heute Orangen und Magnolien blühen, mussten früher Kriegsgefangene Steine klopfen. Der Tyrann *Dionysios I.* soll die hervorragende Akustik einer der Grotten im 5. Jh. v. Chr. genutzt haben, um Gefangene zu belauschen. 1586 bezeichnete sie der Maler Caravaggio daher als **Orecchio di Dionisio**, Ohr des Dionysios.

Außerdem umfasst das Gelände noch die **Ara di Ierone II**, den Altar *Hierons II.*, der im 3. Jh. v. Chr. zum Gedenken an die damals 200 Jahre zurückliegende Befreiung der Stadt vom Tyrannen Thrasybolos errichtet wurde. Auf dem fast 200 m langen und 23 m breiten Steinsockel, dessen Aufbauten nicht erhalten sind, opferte

Schauplatz von Tragödien: Teatro Greco im Parco Archeologico della Neapolis in Syrakus ▷

man damals Zeus zu Ehren einmal im Jahr 450 Stiere.

Der Viale Teocrito führt in östlicher Richtung zum sehenswerten **Museo Archeologico Regionale Paolo Orsi** (Tel. 09 31 46 40 22, Di–Sa 9–18, So 9–13 Uhr). Der im Park der Villa Landolina errichtete moderne Museumsbau präsentiert Exponate der Vor- und Frühgeschichte sowie der griechischen, römischen und christlichen Zeit aus Syrakus und anderen griechischen Kolonien Siziliens. Zu den Schätzen gehören die Statuen *Dea Madre* (6. Jh. v. Chr.), eine Göttin mit säugenden Zwillingen, und *Venus Anadyomene*, eine dem Meer entstiegene Schönheit, die römische Kopie eines hellenistischen Werks.

i Praktische Hinweise

Information

APT, Via San Sebastiano 43, Syrakus, Tel. 09 31 48 12 00, Fax 0931 67 8 03, www.apt-siracusa.it

Hotels

******Grand Hotel Ortigia**, Viale Mazzini 12, Syrakus, Tel. 09 31 46 46 00, www.grandhotelsr.it. Traditionsreiches Luxushotel in herrlicher Lage am Hafen.

*****Domus Mariae**, Via Vittorio Veneto 76, Syrakus, Tel. 093 12 48 58, www.sistemia.it/domusmariae. Klösterliche Ruhe und Gastfreundschaft in Ortigia.

*****Gran Bretagna**, Via Savoia 21, Syrakus, Tel. 093 16 87 65, www.hotelgranbretagna.it. Wunderbares Hotel in Ortigia, die Zimmer sind z.T. mit Fresken dekoriert. Mit gutem Restaurant.

Restaurants

La Foglia, Via Capodieci 49, Syrakus, Tel. 093 16 62 33. In diesem Restaurant wird nach traditionellen sizilianischen Rezepten gekocht.

Giardino di Epicuro, Largo della Gancia 5, Syrakus, Tel. 09 31 46 89 96. Das angenehme Lokal ist auf Fisch und Pizza spezialisiert (Mi geschl.).

110 Catania

Brodelnde Hafenstadt im Schatten des Ätna.

Catania (305 000 Einw.) ist nach Palermo die zweitgrößte Stadt Siziliens und nach der Region Ragusa das zweitwichtigste Wirtschaftszentrum der Insel. Die Ausbrüche des **Ätna** zerstörten die Stadt mehrfach, doch wurde sie immer wieder aufgebaut. Die ›Tochter des Ätna‹ gehört seit 2002 zum *UNESCO Weltkulturerbe* – zusammen mit den anderen spätbarocken Städten des **Val di Noto** Caltagirone, Noto, Modica, Militello, Palazzolo Acreide, Ragusa und Scicli. Die weitgehend restaurierte Altstadt lädt zum Bummeln ein. Erfrischung an heißen Tagen – Catania verzeichnet im Sommer regelmäßig Höchsttemperaturen um 40 °C – versprechen die zahlreichen Gelaterie und Cafés.

Geschichte 729 v. Chr. ließen sich Griechen aus *Naxos* in der Bucht am ionischen Meer nieder. Die Blütezeit des antiken **Katane** begann jedoch erst nach der Eroberung durch die **Römer** 263 v. Chr. Unter ihrer Herrschaft wurden Hafen und Stadt zur größten Ansiedlung Siziliens ausgebaut. Während ein *Vulkanausbruch* 121 v. Chr. alle griechischen Bauwerke zerstörte, existieren noch – wenngleich nur spärliche – architektonische Spuren der römischen Vergangenheit. Im Mittelalter versank Catania in Bedeutungslosigkeit. Ein erster Aufschwung erfolgte im 15. Jh., als die **Aragonier** vorübergehend an der sizilianischen Ostküste residierten. 1434 gründeten sie die *Universität* von Catania. Seit der Antike wurde die Stadt durch Vulkanausbrüche und Erdbeben siebenmal zerstört. Ihr heutiges barockes Antlitz mit breiten Straßen und großzügigen Plätzen verdankt die Altstadt dem Wiederaufbau nach den starken Verwüstungen durch den Ausbruch 1669 und das Beben 1693. Das einst als Mafiahochburg gefürchtete Catania hat sich seit den 1990er-Jahren zu einer hübschen Stadt gemausert. Der wirtschaftliche Aufschwung ging einher mit der Ansiedlung zahlreicher IT-Unternehmen.

Besichtigung Idealer Ausgangspunkt ist die *Piazza Duomo* im Herzen der barocken Altstadt. Hier treffen sich die Hauptverkehrsstraße Via Etnea, die nach Norden führt, und die Via Vittorio Emanuele II, die wichtigste Ost-West-Verbindung.

Piazza del Duomo

Die Mitte des Domplatzes schmückt die berühmte **Fontana dell'Elefante** (1736) – Catanias Wahrzeichen. Der für den Wiederaufbau der Stadt im 18. Jh. verantwortliche Architekt *Giovanni Battista Vaccarini* schuf den Brunnen mit dem vermutlich aus römischer Zeit stammenden Elefanten aus schwarzem Lavastein und dem ägyptischen Obelisken auf seinem Rücken nach dem Vorbild von Berninis Monument auf der Piazza Minerva in Rom.

An der östlichen Platzseite erhebt sich der barocke **Duomo Sant'Agata** (tgl. 9–12 und 16–19 Uhr). Vom normannischen Vorgängerbau (11. Jh.) stammen noch die Apsiden und das Querschiff, die geschickt in den Neubau des 18. Jh. integriert wurden. An der eleganten, 1768 vollendeten *Barockfassade* arbeitete Vaccarini 30 Jahre seines Lebens. Das dreischiffige *Innere* birgt in der rechten Apsis die Reliquien der hl. Agathe, der Schutzpatronin von Catania, sowie einige interessante Gräber wie das des Opernkomponisten *Vincenzo Bellini* (1801–1837) am zweiten Pfeiler auf der rechten Seite.

Gegenüber vom Dom steht die **Chiesa della Badia di Sant'Agata** (tgl. 8–11 Uhr), ein 1735–65 ebenfalls von Vaccarini errichteter Zentralbau mit imposanter Kuppel. Von hier gelangt man über die hinter dem Dom gelegene Via Museo Biscari zum wohl schönsten Palast der Stadt: Die Fassade des 1707–63 von Francesco Battaglia erbauten **Palazzo Biscari** (www.palazzobiscari.com) ist überaus reich mit Blattwerk, Putten und Voluten dekoriert.

Via Etnea

Die geschäftige **Via Etnea** bietet faszinierende Ausblicke auf den Ätna. Über die *Piazza della Università* mit dem alten Hauptgebäude der Universität und die *Piazza Stesicoro* mit ihren beliebten Cafés gelangt man zu den Resten des **Anfiteatro Romano** aus dem 2. Jh. n. Chr. Die einst 125 x 105 m große Arena war für etwa 15 000 Zuschauer konzipiert. Freigelegt wurde die nördliche Hälfte mit Korridoren, Gewölben und Freitreppen. Die verschiedenen Farben der Baumaterialien Lava, Marmor und Ziegel setzten dekorative Akzente. Ein Stückchen weiter kann man sich in den blumenreichen, 70 000 m^2 großen Gärten der **Villa Bellini** (tgl. 8–20 Uhr) eine Ruhepause gönnen.

Stararchitekt Bernini lieferte die Idee für die Fontana dell'Elefante am Domplatz von Catania

Im Westen der Altstadt

Von der Piazza Duomo gelangt man über die Via Vittorio Emanuele II zum **Teatro Romano** (Tel. 095715 0508, tgl. 9–13.30 und 15–17 Uhr) aus dem 1. Jh. n. Chr. Das Halbrund aus Lavastein und Marmor fasste einst 7000 Zuschauer. Direkt nebenan errichteten die Römer das kleine überdachte **Odeon** (tgl. 9–13.30 und 15–17 Uhr) für Musikaufführungen.

Anschließend kann man durch die Via Sant'Anna und Via Castello Ursino zum düsteren **Castello Ursino** (Tel. 095345830, Mo–Sa 9–13 und 15–19 Uhr) schlendern, das Stauferkaiser Friedrich II. 1239–50 über quadratischem Grundriss mit vier Ecktürmen errichten ließ. Im Gebäude ist das *Museo Civico* untergebracht, zu dessen Beständen die wertvolle archäologische *Sammlung Biscari* zählt.

TOP TIPP Ätna

Der Ätna (Etna, 3350 m) ist der aktivste Vulkan Europas. Ein Ausflug an den Rand des Gipfelkraters gehört sicher zu den Hauptattraktionen einer Sizilienreise. Dank der Vulkanologen, die den **Mongibello**, den ›Berg der Berge‹ ständig im Auge behalten, kann man sich dem grummelnden Riesen gefahrlos nähern. Der Vulkan weist Risse und Spalten auf und ist von zahlreichen Nebenkratern übersät, die bei früheren Ausbrüchen entstanden. Besonders heftige **Eruptionen** erschütterten die Gegend 475 v. Chr., 396 v. Chr., 36. v.Chr., 1329 und 1669. Immer wieder tritt Lava aus und wälzt sich die Hänge hinunter. 2002/03 wurde das Touristenzentrum *Etna Nord* bei Piano Provenzana samt Skiliften, Restaurants und Hotels von den Lavamassen geschluckt. Bei den letzten kleineren Ausbrüchen 2006 musste immerhin der Flughafen von Catania gesperrt werden.

Mit der Privatbahn **Ferrovia Circumetnea** oder im eigenen Auto kann man den Ätna auf einer etwa 110 km langen Strecke umrunden. Blühende Landschaften mit Orangen-, Zitrus-, Mandel- und Haselnussbäumen sowie Kastanienwäldern wechseln mit wüsten, kargen Zonen, in denen Asche und Lava alles Leben erstickt haben.

Dem Gipfel kann man sich sowohl von der Nordseite als auch von der Südflanke nähern. **Piano Provenzana** (1800 m) im Norden ist allerdings nur mit dem Auto zu erreichen und noch nicht ganz wiederaufgebaut. Der leichtere Zugang führt im Süden über *Nicolosi*, wo sich das Büro des **Parco Regionale dell'Etna** (Via del Convento 45, Nicolosi, Tel. 095821111, www.parcoetna.ct.it) befindet, zum **Rifugio Sapienza** (1910 m). Von hier gelangt man mit der Seilbahn **Funivia dell'Etna** (Piazza Vittorio Emanuele 45, Nicolosi, Tel. 095911158, www.funiviaetna.com) auf ei-

Durch eine unwirtliche Mondlandschaft führt der Weg hinauf zum Krater des Ätna

ne Höhe von 2500 m. Dann folgt ein langer Aufstieg oder eine weniger mühsame Jeeptour bis zur freigegebenen Kraterzone am **Torre del Filosofo** (2917 m). Von oben genießt man den Blick über die atemberaubende Vulkanlandschaft.

Praktische Hinweise

Information

APT, Via Cimarosa 10, Catania, Tel. 09 57 30 62 11, Fax 095 31 64 07, www.apt.catania.it

Flughafen

Aeroporto Fontanarossa, Catania, 7 km südwestl., Tel. 095 34 05 05, www.aeroporto.catania.it. Busverbindung *Alibus* (tgl. 5–24 Uhr) zwischen Flughafen, Zentrum und Hauptbahnhof.

Bahnhof

Ferrovia Circumetnea (FCE), Via Caronda 352, Catania, Tel. 095 54 12 50, www.circumetnea.it. Mit der Schmalspurbahn kann man den Ätna umrunden.

Stazione Centrale, Piazza Giovanni XXIII, Catania

Hotels

*****Moderno**, Via Alessi 9, Catania, Tel. 095 32 62 50 www.albergomoderno.it. Das in einem Altbau untergebrachte Hotel bietet Frühstück auf der Dachterrasse mit Blick über die Kuppeln der Barockstadt.

*****Savona**, Via Vittorio Emanuele 210, Catania, Tel. 095 32 69 82, www.hotelsavona.it. Das Hotel in einem zentral gelegenen Palazzo (18. Jh.) bietet komfortabel eingerichtete Zimmer und herzliche sizilianische Gastfreundschaft.

Restaurants

La Siciliana, Viale Marco Polo 52 a, Catania, Tel. 095 37 64 00, www.lasiciliana.it. Mit viel Fantasie zubereitete sizilianische Spezialitäten in einer Villa aus dem 18. Jh. Im Sommer speist man auf der schönen Gartenterrasse. Mit großer Weinauswahl (So Abend und Mo geschl.).

Osteria Antica Marina, Via Prado 29, Catania, Tel. 095348197. Die frischen Meeresfrüchte des beim Fischmarkt gelegenen Lokals sind ein Augen- und Gaumenschmaus (Mi geschl.).

Café

Caprice, Via Etnea 30, Catania. Pasticceria mit exzellenter Eis- und Kuchenauswahl.

111 Taormina

Die schönste Theaterkulisse der Welt.

Das malerisch auf einem Felsvorsprung des *Monte Tauro* an der ionischen Küste gelegene Taormina (10 000 Einw.) gehört zu den beliebtesten Reisezielen auf Sizilien. **Goethe**, der die Schönheiten des Ortes bereits 1787 pries, folgten im 19. Jh. vornehmlich Adlige und Künstler, die im milden südlichen Klima überwinterten. Heute kommen massenweise **Tagestouristen** in das Städtchen mit dem berühmten antiken Theater und der grandiosen Aussicht auf das blaue Meer und den phänomenalen Ätna. Daher sollte man es nicht unbedingt in der sommerlichen Hochsaison besuchen.

Geschichte Nach der Zerstörung der griechischen Kolonie Naxos (heute Giardini-Naxos) 403 v. Chr. durch Dionysios I., den Tyrannen von Syrakus, flohen die Überlebenden an den Monte Tauro, wo bereits eine Siedlung der **Sikuler** bestand. 392 v. Chr. jedoch besetzte Dionysios I. auch den nun **Tauromenion** genannten Ort. Eine erste Blüte setzte ein, als Andromachos die Stadt 345 v. Chr. eroberte. 215 v. Chr. begann die Herrschaft der Römer. In byzantinischer, arabischer, normannischer und spanischer Zeit war Taormina ein eher unbedeutendes Dorf. Erst als im 19. Jh. der **Tourismus** zu den antiken Hinterlassenschaften einsetzte, kam der Aufschwung.

TOP TIPP

Besichtigung Hauptanziehungspunkt von Taormina ist das **Teatro Greco** (Tel. 094 22 42 91, tgl. 9 Uhr bis 1 Std. vor Sonnenuntergang), das vor allem durch seine exponierte Lage vor der Kulisse des Ätna begeistert. Besonders schön ist das Panorama von den oberen in den Hang geschlagenen Sitz-

Charmantes Idyll: die Piazza IX Aprile ist Aussichtsterrasse und größter Platz Taorminas

Ein Panorama der Superlative eröffnet das Teatro Greco von Taormina ▷

reihen. Das Theater wurde von den Römern im 2. Jh. v. Chr. auf den Fundamenten eines hellenistischen Vorgängerbaus aus dem 3. Jh. v. Chr. errichtet und bot Platz für 5400 Zuschauer. In dieser Zeit entstand auch die *Bühnenwand*, die den herrlichen Blick auf die Landschaft für Jahrhunderte verstellte. Im 3. Jh. n. Chr. wurde das Theater dann abermals erweitert, um Platz für Tierhatzen und Gladiatorenkämpfe zu bieten. Alljährlich im Sommer bietet das Festival *Taormina Arte* (www.taormina-arte.com) die Möglichkeit, Konzerte, Opern und Theaterstücke vor dieser reizvollen Kulisse zu genießen.

Über die Via Teatro Greco gelangt man ins historische Zentrum der Stadt. Bevor man in die Fußgängerzone abbiegt, lohnt ein Blick in den malerischen Innenhof des im maurisch-normannischen Stil erbauten **Palazzo Corvaja** (15. Jh.) mit seinen eleganten Zwillingsfenstern.

Der autofreie **Corso Umberto** führt von der *Porta Messina* durch die *Porta di Mezzo* mit Uhrturm zur *Porta Catania*. Auf diesem Weg passiert man zunächst die **Piazza IX Aprile**, eine 200 m über dem Golf von Taormina gelegene Aussichtsterrasse mit einigen einladenden Cafés, und schließlich den mehrfach umgebauten zinnenbewehrten **Duomo San Nicolò** (13. Jh.). Die ansonsten eher einfach ausgestattete dreischiffige Basilika besitzt einen schönen Flügelaltar (1504) von *Antonello da Saliba*.

Südlich von der Piazza del Duomo schlängelt sich die Via Roma zum herrlichen Park **Giardini di Villa Comunale** (20. Jh.), den die Engländerin *Florence Trevelyan* (1852–1907) anlegte und mit ihren bizarren Skulpturen schmückte.

i Praktische Hinweise

Information

AAST, Palazzo Corvaja, Piazza Santa Caterina, Taormina, Tel. 09 42 23 24 3, Fax 09 42 24 94 1, www.gate2taormina.com

Hotels

*****__San Domenico Palace__, Piazza San Domenico 5, Taormina, Tel. 09 42 61 31 11, www.sandomenico.thi.it. Luxuriöse Oase in einem großzügig umgebauten Kloster aus dem 17. Jh., das über dem Golf von Taormina thront.

***__Villa Belvedere__, Via Bagnoli Croce 79, Taormina, Tel. 09 42 23 79 1, www.villabelvedere.it. Das Hotel in Zentrumsnähe bietet einen grandiosen Meerblick – auch von einigen Zimmern – und einen wunderbaren Garten mit Pool.

Restaurants

Porta Messina, Largo Giove Serapide 4, Taormina, Tel. 09 42 23 20 5. Hier gibt es eine riesige Auswahl an Pizza.

Maffei's, Via San Domenico di Guzman 1, Taormina, Tel. 09 42 24 05 5. Gemütliches Lokal mit exzellenten sizilianischen Gerichten und Weinen.

Café

Caffè Wunderbar, Piazza IX Aprile 7, Taormina, Tel. 09 42 62 53 02. Beliebtes Café in prominenter Lage, in dem schon Greta Garbo und Tennesee Williams zu Gast waren.

112 Cefalù

Die an der Nordküste Siziliens gelegene Stadt verdankt ihre Anziehungskraft der schönen Lage und dem Normannendom Rogers II.

Etwa 70 km östlich von Palermo liegt Cefalù (14 000 Einw.). Aus dem Häusermeer zu Füßen des mächtigen Kalksteinfelsens *Rocca di Cefalù* erhebt sich der nicht weniger imposante Dom. An der Küste locken goldgelbe Sandstrände zum Baden und am Horizont die Äolischen Inseln zu einem Bootsausflug. Kein Wunder, dass der Fischerort heute zu den meistbesuchten Zielen auf Sizilien gehört.

Geschichte Der bereits in vorgeschichtlicher Zeit besiedelte Kalksteinfelsen war namengebend für den im 4. Jh. v. Chr. gegründeten griechischen Ort *Kephaloidion* (Kephale – griech. Kopf). Die Römer eroberten die Stadt 254 v. Chr. und nannten sie fortan *Cephaloedium*. In byzantinischer Zeit ab 395 n. Chr. versank der Ort in Bedeutungslosigkeit, erst unter arabischer Herrschaft ab 858 setzte ein bescheidener Aufschwung ein. Seine größte Blüte erlebte Cefalù unter den Normannen im 11. und 12. Jh. In dieser Zeit, unter Roger II., entstand der berühmte Dom von Cefalù.

Besichtigung Die Altstadt von Cefalù ist verkehrsberuhigt, sodass man seinen Wagen am besten am Rande des historischen Stadtkerns abstellt, z. B. im Parkhaus an der Via Verga, und zu Fuß durch die angenehm schattigen Gassen streift. An der belebten Piazza Duomo mit ihren einladenden Cafés ragt der **Duomo San Salvatore** (tgl. 8–12 und 15.30–19 Uhr) auf. Die Legende besagt, dass Roger II. bei einem Sturm auf hoher See gelobte, dort

Erhabene Komposition: zwischen Meeresweite und Felsgiganten fügt sich Cefalù ▷

ein Gotteshaus zu errichten, wo er das rettende Ufer erreichen sollte – 1131 wurde der Grundstein für das Gebäude gelegt. Man erreicht den Dom mit seiner mächtigen *Doppelturmfassade* über eine breite Treppe und einen Vorplatz. Hinter dem dreibogigen Portikus aus dem 15. Jh. öffnet sich eine lichte, dreischiffige Basilika. Die monumentalen antiken Granitsäulen des Langhauses werden von hübschen römischen und byzantinischen Kapitellen geschmückt, der Chorbereich ist mit Goldgrundmosaiken byzantinischer Künstler prächtig ausgestattet. Beherrschend ist die Darstellung des *Christus Pantokrator* in der Apsis. Unterhalb und seitlich der Apsis sind Maria mit den Erzengeln Raphael, Michael, Gabriel und Uriel, die zwölf Apostel sowie Propheten und Heilige zu erkennen.

Gegenüber vom Dom gelangt man über die *Via Mandralisca* zum **Museo Mandralisca** (Tel. 0921421547, www.museomandralisca.it, April–Sept. tgl. 9–12.30 und 15.30–19, sonst bis 18 Uhr) mit einer bunten Sammlung von Gemälden, Vasen, Münzen und Muscheln, die ein Kunstliebhaber der Stadt überließ. Besonders wertvoll ist das ›Bildnis eines Unbekannten‹ (um 1465/70) von *Antonello da Messina* (1430–1479).

Den Segen erteilt der Christus Pantokrator im Duomo San Salvatore von Cefalù

Über die zentrale Einkaufsstraße *Corso Ruggero* gelangt man zur Residenz Rogers II., dem **Osterio Magno** (Corso Ruggero 75). Die Fassade weist filigrane gotische Zwillings- und Drillingsfenster aus dem 14. Jh. auf. Heute wird der Palazzo für Sonderausstellungen genutzt. Am südlichen Ende der Straße zweigt die Via dei Saraceni Richtung **Rocca di Cefalù** ab. Nach etwa 20 Minuten Aufstieg passiert man ein vorgriechisches Heiligtum aus dem 9. Jh. v. Chr., weitere 20 Minuten später erreicht man den 270 m hohen Gipfel mit den Überresten jener Burg, in der Karl von Anjou 1284 während der ›Sizilianischen Vesper‹ gefangen gehalten wurde. Grandios ist der weite Ausblick über die Stadt und die Küste – im Westen bis Palermo und im Osten bis zum Capo d'Orlando, an klaren Tagen sogar bis zu den Äolischen Inseln.

Parco delle Madonie

Eine Panoramastraße führt von Cefalù zur etwa 20 km entfernten, auf 800 m Höhe gelegenen Wallfahrtskirche **Santuario di Gibilmanna** (tgl. 9–13 und 15–18 Uhr). Von dort geht es weiter ins bergige Hinterland, wo das reizvolle Naturschutzgebiet Parco delle Madonie (www.parcodellemadonie.it) liegt. Inmitten grüner Natur sind idyllische Flussläufe, alte Gehöfte, Kirchen und Einsiedeleien zu entdecken. Außerdem erhebt sich hier der **Pizzo Carbonara** auf 1979 m. Damit ist er nach dem Ätna der zweithöchste Berg Siziliens.

Praktische Hinweise

Information

AAST, Corso Ruggero 77, Cefalù, Tel. 09 21 42 10 50, Fax 09 21 42 23 86, www.cefalu.it

Schiff

Von Cefalù werden Tagesausflüge zu den Äolischen Inseln Lipari, Vulcano (tgl.) und Alicudi, Filicudi (So) angeboten, Buchung: Via Porpora 11, Cefalú.

Hotel

*****Baia del Capitano**, Contrada Mazzaforno, Cefalù, 5 km westlich, Tel. 09 21 42 00 05, www.baiadelcapitano.it. Familiäres Hotel mit Swimmingpool und Garten im Schatten alter Olivenbäume nicht weit vom Strand.

Restaurant

La Botte, Via Veterani 6, Cefalù, Tel. 09 21 42 43 15. Das Restaurant in einer ruhigeren Seitenstraße unweit vom Dom serviert drinnen und draußen köstliche Nudelgerichte und fangfrischen Fisch (Mo geschl.).

Sardinien – traumschöne Küste, uriges Bergland und rätselhafte Nuraghen

Sardinien (Sardegna), die zweitgrößte Insel im Mittelmeer, besticht durch ihre Sandstrände, malerischen Badebuchten und das wildromantische Hinterland. Die stolze Hauptstadt **Cagliari** im Süden bietet neben urbanem Flair mit dem *Museo Archeologico* Einblicke in die rätselhafte *Nuraghenkultur* (2000–600 v. Chr.), die überall auf Sardinien mit kegelförmigen Rundtürmen präsent ist. An die Herrschaft der Phönizier, Karthager und Römer erinnern die Ruinen von Tharros bei **Oristano** an der Westküste. Während das katalanische Flair **Algheros**, das seine malerische Altstadt trutzig ins Meer schiebt, an die spanische Epoche erinnert. Mit Kirchen und Museen reich gesegnet ist **Sassari** im Nordwesten, während die zerklüftete **Costa Smeralda** im Nordosten mit Badebuchten und Sandstränden Ferienidylle pur verspricht. Strahlend weiße Luxusjachten kreuzen hier über das smaragdgrüne Wasser und tragen zum mondänen Chic der Hafenstadt **Porto Cervo** bei. Traumhaft sind auch die Grotten und Buchten weiter südlich am **Golfo di Orosei**.

113 Cagliari

Geschäftige Hauptstadt und kulturelles Zentrum Sardiniens.

Rund ein Viertel der sardischen Bevölkerung (480 000 Einw.) lebt im Großraum von Cagliari (160 000 Einw.) am gleichnamigen Golf im Süden der Insel. Die Inselkapitale ist zugleich Handelszentrum und Universitätsstadt. Sie bietet hochkarätige Museen, beste Einkaufsmöglichkeiten sowie charmante Cafés und Restaurants.

Geschichte Das von den *Phöniziern* 700 v. Chr. gegründete *Karali* war ab 520 v. Chr. eine blühende Karthagerstadt, bis sie 238 v. Chr. von den *Römern* erobert und als *Caralis* zur Hauptstadt der Provinz Sardinia wurde. Nach dem Niedergang des Römischen Reiches wurde die Insel in vier Judikate eingeteilt, eines davon mit Cagliari als Hauptstadt, und erlebte wech-

Ferienidyll vor Sardiniens schönster Küste: Cala di Volpe an der Costa Smeralda ▷

selvolle Zeiten. Erst im 12. Jh., als die *Pisaner* an die Macht kamen und Cagliari befestigten, kehrte wieder etwas Ruhe ein. 1324 wurde die Stadt von den *Spaniern* besetzt, deren Herrschaft mit Unterdrückung und Aufständen einherging. Nach dem Spanischen Erbfolgekrieg wurde die Insel 1714 zuerst Habsburg zugeschlagen, kam dann aber 1718 zum Königreich *Savoyen-Piemont,* das die Region weitgehend vernachlässigte. 1798/99 residierte der savoyische König vorübergehend in Cagliari – wegen Napoleons Eroberungszug auf dem italienischen Festland. In der Folge erlebte das Bauwesen Cagliaris einen gewissen Anschub. Doch erst *Carlo Felice* (1765–1831), Statthalter Sardiniens und späterer König von *Piemont-Sardinien*, modernisierte die Infrastruktur der Insel. 1861 wurde Sardinien Teil des nun vereinten Königreichs Italien. Seit 1948 hat sich Cagliari als *Regierungssitz* Sardiniens zu einer modernen Metropole entwickelt – mit Universität, Internationalem Flughafen und petrochemischer Industrie, die sich im Westen der Stadt ansiedelte.

Besichtigung Cagliari umfasst die auf einer Hügelkuppe gelegene und bis heute von Festungsmauern umgebene Oberstadt, die von den Einheimischen *Casteddu* genannt wird, und die Unterstadt mit dem belebten Hafenviertel am *Golfo di Cagliari.*

Casteddu

Am besten beginnt man den Rundgang durch die Oberstadt beim **Anfiteatro Romano** (Viale Sant'Ignazio da Laconi, Tel. 070 65 29 56, www.anfiteatroromano.it, April–Okt. Di–Sa 9.30–13.30, So 9.30–13.30 und 15.30–17.30, Nov.–März Di–Sa 9.30–13.30, So 10–13 Uhr) im Norden der Oberstadt. Das Amphitheater wurde im 2. Jh. n. Chr. direkt aus dem Kalkfelsen gehauen, fasste etwa 10 000 Zuschauer und ist das bedeutendste römische Bauwerk auf Sardinien. Heute werden im Sommer in dieser malerischen Kulisse Konzerte, Musicals usw. aufgeführt.

Von hier ist es nur ein Katzensprung zum hinreißenden **Orto Botanico** (Viale Sant'Ignazio da Laconi 11, April–Okt. tgl. 8–13.30 und 15–19, sonst 8–13.30 Uhr), der sich südlich an das Anfiteatro anschließt. Im Botanischen Garten wandelt man inmitten der von Blütenduft erfüllten mediterranen und sattgrünen tropischen Vegetation. In dieser ruhigen Oase sind auch Überreste römischer Zisternen und einer Höhle zu sehen.

Danach geht es auf dem Viale Buon Cammino und über die kleine Piazza

Ein imposantes Altstadtensemble und ein reger Hafen verleihen Cagliari viel Flair ▷

dell'Arsenale zur **Citadella dei Musei**. Im modernisierten früheren Zeughaus sind heute gleich vier Museen untergebracht. Keinesfalls versäumen sollte man das **Museo Archeologico Nazionale** (Tel. 070655911, Di–So 9–20 Uhr), da es die gesammelten Grabungsfunde Sardiniens von der pränuraghischen Epoche bis zur späten Römerzeit ausführlich dokumentiert. Zu den Schmuckstücken der Sammlung gehören die *Bronzetti*, feingliedrige Bronzestatuetten der Nuragher. Das Hauptaugenmerk der **Pinacoteca Nazionale** (Tel. 070674054, Di–So 9–20 Uhr) liegt auf der sardischen Kunst des 15./16. Jh. Insbesondere zeugen kostbare Altarretabel von der hohen Qualität der gotisch-katalanischen Kunst. Neben dem *Museo d'Arte Siamese*, das südostasiatische Kunst zeigt, ist in der Citadella noch das *Museo delle Cere Anatomiche* beheimatet, das detailgetreue anatomische Wachsmodelle des 19. Jh. bewahrt.

Von der Piazza dell'Arsenale gelangt man auch zur stimmungsvollen Piazza dell'Indipendenza mit der wuchtigen **Torre di San Pancrazio** (Tel. 0704960 60, Di–So 9–12.30 und 16.30–19.30 Uhr), einem der beiden erhaltenen pisanischen Festungstürme von 1304/05. Im Inneren führt eine Holztreppe hinauf zum befestigten Flachdach, von dem man die phänomenale Aussicht über Stadt und Meer genießen kann.

In südlicher Richtung geht es anschließend zur Piazza Palazzo, an der sich die **Cattedrale Santa Maria di Castello** (Tel. 070663837, tgl. 8–12.30 und 16–19 Uhr) erhebt. Die im 13. Jh. erbaute Kirche wurde im 17. Jh. umfassend barockisiert. Nur

Geschenk aus Guglielmos Meisterhand: Lesepult in der Cattedrale Santa Maria di Castello

der kantige *Glockenturm* stammt noch aus dem 13. Jh. Die helle, durch Blendarkaden gegliederte *Fassade* aus Kalkstein und Marmor wurde 1933–38 nach Originalzeichungen im romanisch-gotischen Stil rekonstruiert. Das *Innere* mit seinen barocken Stuck- und Marmordekorationen zeugt vom Geschmack jener Zeit. Sehenswert sind das *Grabmal* (1680) für Martin II. von Aragon im linken Seitenschiff und die in den Fels gebaute, mit Hunderten von Rosetten verzierte *Krypta* (17. Jh.) unter dem Chor. Zu den wertvollsten Stücken des Inventars zählen die beiden das Hauptportal flankierenden Lesepulte, die man 1670 aus einer *Marmorkanzel* (1162) des Meisters Guglielmo konstruierte. Diese war von ihrem angestammten Platz im Pisaner Dom 1312 als Geschenk nach Cagliari gekommen.

Die Via Duomo führt ans Südende der Oberstadt zur gewaltigen **Bastione San Remy**, die 1720 von den Piemontesern angelegt wurde. Von einer Terrasse, die einen weiten Blick über die Unterstadt und den Hafen bietet, führt eine breite Treppenanlage hinunter zum palmenbestandenen Viale Regina Elena.

Alternativ gelangt man über die Via Università in die Unterstadt. Auf diesem Weg kommt man am zweiten erhaltenen Wachturm der Pisaner vorbei, der 35 m hohen **Torre dell'Elefante** (Tel. 070 49 60 60, Di–So 9–12.30 und 16.30–19.30 Uhr). Der 1305–07 aus hellem Kalkstein erbaute *Elefantenturm* verdankt seinen Namen der kleinen Skulptur eines Dickhäuters an der Südwand.

Quartiere Marina

Unterhalb der Torre dell'Elefante erstreckt sich die geschäftige **Piazza Yenne**. Neben dem Standbild des Piemonteserkönigs *Carlo Felice* (1765–1831) markiert eine Prophyrsäule den Beginn der von ihm initiierten und nach ihm benannten Nationalstraße SS 131, die nach Porto Tórres im Norden Sardiniens führt. Die beliebte Flaniermeile und Einkaufsstraße **Via Giuseppe Manno** verläuft von hier ostwärts bis zur Piazza Martiri und markiert die Nordgrenze des Hafenviertels Marina. In den engen Häuserschluchten des Quartiere Marina findet man zahlreiche kleine Läden und gemütliche Restaurants.

Der stets belebte **Largo Carlo Felice** verbindet die Piazza Yenne mit der Piazza Matteotti. Stolz und strahlendweiß erhebt sich am Ende des Largo als Eckgebäude der **Palazzo del Municipio** (Sa 16–20, So 9–13 Uhr, nur mit Führung). Das Rathaus wurde 1899–1907 in neogotisch-katalanischem Stil errichtet. Im *Inneren* verdient vor allem das ›Retablo dei Consiglieri‹ (1527–37) des sardischen Meisters *Pietro Cavaro* Aufmerksamkeit. Die Mitteltafel des Triptychons zeigt die Madonna mit Kind, auf den Seitentafeln erscheinen die schwarz-rot gewandeten Ratsherren (*Consiglieri*), die Stifter des Altars.

Am Hafen entlang bummelt man unter den schattigen Arkaden der von Prachtbauten gesäumten Via Roma. Über die Via Concezione gelangt man schließlich zum hochinteressanten **Museo del Tesoro ed Area Archeologica di Sant'Eulalia** (Vico del Collegio 2, Tel. 070 66 37 24, Di–So 10–13 und 17–20 Uhr). Die Sammlung ist in der Sakristei der gotisch-katalanischen Kirche *Sant'Eulalia* (14. Jh.) ansässig und zeigt liturgisches Gerät des 16.–19. Jh. Unter der Kirche wurde 1990 ein *Brunnen* aus römischer Zeit entdeckt. Inzwischen ist ein antiker Straßenzug mit beeindruckendem Säulengang freigelegt und zu besichtigen.

Praktische Hinweise

Information

EPT, Piazza Deffenu 9, Cagliari, Tel. 070 60 42 41, Fax 070 66 32 07

IAT, Piazza Matteotti 9, Cagliari, Tel. 070 66 92 55, Fax 070 66 49 23, www.provincia.cagliari.it

Flughafen

Aeroporto Internazionale Cagliari-Elmas, Cagliari, Tel. 070 21 12 11, www.aeroportodicagliari.com. Etwa 6 km südwestlich der Stadt, Busverbindung ins Zentrum.

Hafen

Stazione Marittima, Via Calafati, Cagliari, Tel. 070 60 51 71. Passagier- und Fährschiffe nach Sizilien, Neapel, Civitavecchia, Genua und Livorno. Buchungen bei den örtlichen Reisebüros oder den Schiffsagenturen (z.B. *Tirrenia*, Tel. 070 66 60 65, www.tirrenia.it).

Bahnhof

Stazione FS, Piazza Matteotti, Cagliari, Tel. 070 49 13 04, www.trenitalia.com

Behagliches Abendambiente: Piazza Yenne im Quartiere Marina von Cagliari

Freundlicher Empfang: Cagliaris Antico Caffè ist stets eine Einladung zum Verweilen

Bus

CTM, Viale Trieste 159, Cagliari, Tel. 07 02 09 11, www.ctmcagliari.it. Die städtischen Busse fahren auch zu den stadtnahen Stränden, z. B. Poetto.

ARST, Piazza Matteotti 6, Cagliari, Tel. 07 04 09 83 24, www.arst.sardegna.it. Die Busse dieser Gesellschaft fahren nahezu jeden Ort der Insel an.

Nachtleben

Man trifft sich in den Bars an der **Piazza Yenne**, um später ins Viertel zwischen Largo Carlo Felice, Corso Vittorio Emanuele II und Viale Trieste auszuschwärmen. Im Sommer sind die **Strandklubs** von Poetto angesagt.

Hotels

****T Hotel**, Via dei Giudicati, Cagliari, Tel. 07 04 74 00, www.thotel.it. Avantgardistischer Hotelturm mit lichtdurchfluteten Zimmern hoch über der Stadt. Zuvorkommender Service und reichhaltiges, schmackhaftes Frühstücksbüffet.

***Calamosca**, Viale Calamosca 50, Cagliari, Tel. 070 37 16 28, www.hotelcalamosca.it. Südöstlich der Stadt direkt am Meer gelegenes Hotel mit schönen Sonnenterrassen. Eigener Kies- und Sandstrand. Mit Busanschluss Richtung Zentrum.

***Quattro Mori**, Via Giovanni Maria Angioy 27, Cagliari, Tel. 070 66 85 35, www.hotel4mori.it. Einfaches, doch angenehmes Haus mit gemütlichen Zimmern nahe der Piazza Matteotti.

Restaurants

Antica Hostaria, Via Cavour 60, Cagliari, Tel. 070 66 58 70. Italienische und speziell sardische Gaumenfreuden verspricht dieses gemütliche Lokal im Hafenviertel (So geschl.).

Dal Corsaro, Viale Regina Margherita 28, Cagliari, Tel. 070 66 43 18. Schickes Restaurant mit sardisch-cagliaritanischer Küche. Besonders fein schmecken Fisch und Meeresfrüchte (So geschl.).

Flora, Via Sassari 45, Cagliari, Tel. 070 66 47 35. Lokale Kost und gute Weine zeichnen dieses nette Restaurant mit kleinem Innenhof aus (So geschl.).

Cafés

Antico Caffè, Piazza Costituzione 10/11, Cagliari, Tel. 070 65 82 06. Elegantes Café mit Marmortischen unterhalb der Bastione San Remy.

Isola del Gelato, Piazza Yenne 35, Cagliari, Tel. 070 65 98 24. Insel der Glückseligkeit für Eisliebhaber: Fast 300 Sorten stehen zur Auswahl.

114 Su Nuraxi

TOP TIPP *Aufschlussreicher Ausflug in die nuraghische Frühzeit Sardiniens.*

Auf der Fahrt von Cagliari nach Oristano an der Westküste bietet sich ein Abstecher in die sanft gewellte Hügellandschaft der *Marmilla* an. Hier erlangte das kleine Dorf **Barumini** (1300 Einw.) an der SS 197 durch eine etwa 1 km westlich gelegene Nuraghensiedlung große Berühmtheit. **Su Nuraxi** (Tel. 0709368128, tgl. 9 Uhr bis 1 Std. vor Sonnenuntergang) – die größte Siedlung dieser Art auf Sardinien – zählt seit 1998 zum *UNESCO Weltkulturerbe*. Auf dem knapp 1000 m^2 großen Areal wurden 1951–56 Grundmauern einer Burganlage und zahlreicher Gebäude freigelegt, die aus unterschiedlichen Bauphasen stammen.

Zunächst entstand auf einer kleinen Anhöhe um 1460 v. Chr. ein runder, sich nach oben verjüngender **Festungsturm** aus mächtigen Basaltblöcken, der ursprünglich wohl ca. 19 m hoch war. Den Turm und den bei Belagerungen überlebenswichtigen Brunnen schützte man 1400–1200 v. Chr. durch eine kleeblattförmige, turmbewehrte **Bastion**. Später erweiterten die Nuragher ihre Befestigung durch einen Mauerring mit sieben Rundtürmen. Im Schutze der Festung ließen sich ab 1000 v. Chr. zahlreiche Bauern nieder. Jeweils mehrere runde, fensterlose Steinhäuser gruppierten sich um einen Innenhof. Als 650 v. Chr. *Karthager* die nuraghische Siedlung einnahmen, gab es schon mehr als 200 solcher Anlagen.

Heute vermitteln die noch bis zu 15 m hoch aufragenden Mauerreste ein anschauliches Bild von der Siedlung und dem nuraghischen Alltag, z. B. sind bis heute Schießscharten, Backöfen und Mühlsteine zu erkennen.

115 Oristano

In der fruchtbaren Umgebung schlägt das landwirtschaftliche Herz der Insel.

Oristano (32 000 Einw.) liegt an der Westküste Sardiniens zwischen den fruchtbaren Ebenen von *Campidano* im Süden und *Tirso* im Norden. Schon zu Zeiten der Phönizier und Römer wurde hier Getreide und Wein angebaut. Heute stammen fast alle Zitronen und Orangen der Insel aus dieser Gegend, der Zuckerrübenanbau deckt sogar den ganzen Zuckerbedarf Sardiniens. Die sympathische Provinzhauptstadt entpuppt sich als reges Handelszentrum mit hübschem historischen Zentrum und guten Einkaufsmöglichkeiten.

Geschichte Oristano wurde 1070 unter dem Namen *Aristanis* von Siedlern aus dem nahen Tharros gegründet und unter dem Richter *Onroccus d'Arborea* avancierte es zur Hauptstadt des *Judikats Arborea*. Das Richteramt blieb jahrhundertelang in der Familie. Oristanos Blütezeit

Auf den Spuren von Sardiniens Frühgeschichte wandeln Besucher in Su Nuraxi

Die Halbinsel Sinis bei Oristano bezaubert mit punischen Monumenten und traumhafter Küste

im späten 14. Jh. ist mit der Richterin *Eleonora d'Arborea* (1340–1404) verbunden, die von hier halb Sardinien kontrollierte und sich gegen die Aragonier behauptete. Das von ihr 1392 verfasste Gesetzeswerk ›*Carta de Logu*‹, das u.a. die Folter verbot, behielt bis 1827 Gültigkeit. Doch schon bald nach Eleonoras Tod übernahmen die Aragonier die Herrschaft. In der Ära der Piemonteser im 18. Jh. war Oristano völlig verarmt. Erst als das sumpfige Gebiet im Süden der Bucht von Oristano 1946–49 trockengelegt wurden, erlebte die Stadt einen neuen Aufschwung. Insbesondere der in den 1980er-Jahren 5 km südwestlich angelegte *Industriehafen* trug zu ihrer wirtschaftlichen Blüte bei.

Besichtigung Oristano erweist sich als übersichtlich angelegte Stadt. Von der *Piazza Roma* mit der markanten **Torre Mariano II**, die als Teil der Stadtbefestigung 1291 errichtet wurde, gelangt man in die arkadengesäumte Fußgängerzone *Corso Umberto I*. Die bevorzugte Einkaufsstraße Oristanos führt direkt zur zentralen **Piazza Eleonora d'Arborea**, auf der das weiße Denkmal **Monumento di Eleonora d'Arborea** (19. Jh.) an die sardische Nationalheldin erinnert. Das Rathaus ist in einem sanierten Palazzo an der Nordseite des Platzes untergebracht. Dieser enstand im 17. Jh. als Teil einer Klosteranlage. Über die Via Sant'Antonio erreicht man die 1838 klassizistisch erneuerte Kirche **San Francesco** (Mo–Sa 8–12 und 17–19, So 8–12 Uhr). Das *Innere* des schmucklosen Baus bewahrt ein ausdrucksstarkes spätgotisches *Nikodemus-Kruzifix* (14. Jh). Die Kirche bildet zusammen mit einem Priesterseminar, dem Bischofspalast und dem weiter südlich aufragenden **Duomo Santa Maria** (Piazza del Duomo, Mo–Sa 7–12 und 16–19, So 8–13 Uhr) das sakrale Zentrum von Oristano. Die ursprünglich im 14. Jh. erbaute Kathedrale wurde im 18./19. Jh. umgestaltet. Der achteckiger *Campanile* trägt seitdem eine hübsche Zwiebelhaube. Im gleichfalls barockisierten *Inneren* befindet sich in der 1. Kapelle rechts eine anmutige Holzfigur der ›Maria Annunziata‹ (14. Jh.), die dem toskanischen Künstler *Nino Pisano* zugeschrieben wird. In der Kapelle rechts vom Chor

Tempelsäulen und Mauerreste erinnern in Tharros an die phönizische Vergangenheit

ist noch das gotische Kreuzrippengewölbe erhalten.

Über die Via Vittorio Emanuele II geht es zur Piazza Martini und weiter zur *Piazza Corrias*. Hier, in einem klassizistischen Palazzo, ist heute das interessante **Antiquarium Arborense** (Tel. 0783791262, tgl. 9–14 und 15–20 Uhr) ansässig. Das modern ausgestattete und didaktisch hervorragend konzipierte Museum präsentiert eine umfangreiche archäologische Sammlung mit Funden aus Oristano und Tharros, die von der pränuraghischen Zeit bis ins frühe Mittelalter reichen. Auch einige qualitätvolle Altarretabel des 15./16. Jh. aus den örtlichen Kirchen sind hier ausgestellt.

Auf einem Hügel 3 km südlich vom Zentrum thront die schöne sardisch-romanische **Basilica di Santa Giusta** (um 1140). Die dreiteilige Sandsteinfassade schmückt ein Triforienfenster. Einige der Säulen, die den Innenraum der Kirche in drei Schiffe unterteilen, sind antik und stammen ebenfalls aus Tharros.

Oristanos beliebter Hausstrand, die **Marina di Torre Grande** befindet sich ca. 6 km westlich des Zentrums. Der schöne Sandsaum lädt zum Baden und Faulenzen ein, die Restaurants am Strandboulevard verheißen kulinarische Genüsse.

Tharros

Westlich von Oristano liegt die imposante Ruinenstätte von Tharros. Im 8. Jh. gründeten die *Phönizier* an der Südspitze der etwa 20 km langen **Halbinsel Sinis** eine Handelsniederlassung. In *punischer Zeit* (6./5. Jh. v. Chr.) war sie zur blühenden Hafenstadt avanciert. 215 v. Chr. schließlich eroberten die *Römer* das Handelszentrum und gestalteten es um. Das regelmäßige Netz basaltgepflasterter Straßen geht auf diese Epoche zurück. Schon in der späten Kaiserzeit begann jedoch der Niedergang der Stadt. Im 11. Jh. musste sie aufgrund häufiger Sarazenenüberfälle ganz aufgegeben werden. Fortan diente Tharros als Steinbruch.

Zu den Ausgrabungen der **Zona Archeologica** (Tel. 0783370019, tgl. 9 Uhr bis 1 Std. vor Sonnenuntergang) gehören das auf einem Hügel gelegene *Tophet* (8./7. Jh. v. Chr.), eine Opferstätte der Phönizier, die heute zum Teil versunkenen Hafenanlagen des *Porto Vecchio* und die Reste eines *Tempels* (4. Jh. v. Chr.) mit zwei wiederaufgerichteten Säulen. An der Hauptachse der Stadtanlage, dem *Cardo Maximus*, sind Wasserleitungen und Kanalisation noch gut zu erkennen. Außerhalb des umzäunten Areals sind Reste der phönizischen *Nekropole* und Teile der punischen *Befestigung* aus riesigen Sandsteinblöcken erhalten. In unmittelbarer Umgebung steht auch die älteste Kirche Sardiniens, die kleine Kuppelkirche **San Giovanni di Sinis** aus dem 5. Jh. Nach der Besichtigung von Tharros laden die herrlichen Sandstrände der Halbinsel Sinis zum Badevergnügen ein, darunter die nahe *Spiaggia di San Giovanni di Sinis*.

Praktische Hinweise

Information

EPT, Via Eleonora d'Arborea 19, Oristano, Tel. 078 33 68 31, Fax 078 36 83 21 06, www.comune.oristano.it

Hotels

****Albergo Duomo**, Via Vittorio Emanuele 34, Oristano, Tel. 07 83 77 80 61, www.hotelduomo.net. Nette Unterkunft mit hellen Zimmern in zentraler Lage.

***Villa delle Rose**, Piazza Italia 5, Oristano, Tel. 07 83 31 01 01, www.vdror.net. Bezauberndes Hotel mit gemütlichen Zimmern.

Restaurants

La Forchetta d'Oro, Via Giovanni XXIII 34, Oristano, Tel. 07 83 30 27 31. Das einfache Lokal hat sich auf bodenständige sardische Küche spezialisiert (So geschl.).

Maestrale, Lungomare Eleonora d'Arborea 6, Marina di Torre Grande, Oristano, Tel. 078 32 21 21. An der schönen, trubeligen Strandpromenade in Marina di Torre Grande schmecken die frischen Fischgerichte besonders gut.

Mächtige Bastionen und die Cattedrale di Santa Maria grüßen am Hafen von Alghero

116 Alghero

Die auch ›Barcelonetta‹ genannte Stadt bezaubert mit rassigem katalanischen Flair.

Alghero (40 000 Einw.) an der Norwestküste Sardiniens besitzt eine von mächtigen Befestigungsmauern umgebene Altstadt, die trutzig auf einer kleinen Landzunge ins Meer ragt. Eine heiter-gelassene Atmosphäre liegt über den malerischen Gassen, die katalanisch und italienisch ausgeschildert sind. Einige ältere Bewohner sprechen sogar noch katalanischen Dialekt. Nicht zuletzt die Baudenkmäler künden von den Jahrhunderten, welche Alghero unter spanischem Einfluss verbrachte.

Geschichte 1102 befestigte die genuesische Familie *Doria* das von ihnen eroberte Piratennest Alghero. Doch 1353 fiel der Ort als einer der letzten den *Aragoniern* in die Hände, die nach und nach ganz Sardinien erobert hatten. Sie vertrieben hier alle Einheimischen und ersetzten sie durch *Katalanen*. Die von den Eroberern weiter verstärkte Hafenfestung an Sardiniens Nordwestküste blieb fortan Katalonien über vier Jahrhunderte eng verbunden.

Geschäftiges Treiben erfüllt die Altstadtgassen Algheros auch am Abend

Nach dem Ersten Weltkrieg entdeckten Engländer und Schweizer die hübsche mittelalterliche Stadt sowie die nahen Strände – und damit Sardinien – für den internationalen **Tourismus**. Bis heute ist die Urlaubsindustire neben Handel und Fischerei einer der wichtigsten Wirtschaftszweige Algheros.

Besichtigung Die meisten Gassen im historischen Zentrum sind für den Autoverkehr gesperrt, sodass man hier entspannt umherschlendern kann. Parkmöglichkeiten gibt es an der Via Garibaldi beim Hafen. Der erste Besichtigungspunkt ragt gleich am Ende dieser Straße auf: die **Bastione della Maddalena** mit ihrem mächtigen Rundturm an der belebten Piazza della Maddalena. Weiter westlich, bei der Porta a Mare, führt eine Treppe auf die **Bastioni Magellano**, von denen man eine schöne Aussicht auf die Bucht und den von Ausflugsdampfern, Motor- und Fischerbooten bevölkerten Hafen genießen kann. Auch Cafés laden auf den Befestigungsanlagen zum Verweilen ein.

Durch das wuchtige Stadttor, die **Porta a Mare** aus dem 14. Jh., gelangt man auf die Via Giuseppe Manno, die sich im Westen zur kleinen *Piazza Duomo* weitet. Die **Cattedrale di Santa Maria** (ab etwa 1530) verdankt ihr heutiges klassizistisches Erscheinungsbild mit der von markanten Säulen dominierten *Fassade* den Umbauphasen, welche mit der Weihe 1730 vermutlich zum Abschluss kamen. Im ursprünglichen gotisch-katalanischen Stil erhalten blieb der achteckige *Glockenturm* mit seiner buntgekachelten Spitze – eines der Wahrzeichen Algheros. Auch das reich verzierte *Portal* an der Chorpasis stammt noch aus dieser Zeit. Im *Inneren* der Kirche zählt der Chor mit seinen sternförmig angelegten Kapellen zu den ältesten Partien des Baus. Der marmorne Hochaltar wiederum ist deutlich jüngeren Datums.

Das **Museo Diocesano** (Do–Di 10–13 Uhr, Mai–Sept. auch 18–21 Uhr) ist gleich nebenan im einstigen *Oratorio Nostra Signora del Rosario* untergebracht und stellt die gesammelten Schätze aus den Kirchen und Klöstern Algheros aus.

Von der Via Giuseppe Manno führt die Via Carlo Alberto südwärts zur gotischen Kirche **San Francesco** (14./15. Jh.) mit ihrem attraktiven achteckigen *Campanile*. Hinter der schlichten *Fassade* verbirgt sich ein schöner dreischiffiger *Innenraum*, dessen verschiedene Stilelemente den Übergang von der Gotik zur Renaissance markieren. An die Sakristei grenzt der malerische romanische *Kreuzgang* des ehemaligen Franziskanerklosters, das inzwischen ein Hotel beherbergt.

Die Via Carlo Alberto quert etwas weiter südlich die Piazza Ginnasio, an der sich die Barockkirche **San Michele** aus dem 17. Jh. mit der auffälligen buntgekachelten *Kuppel* (19. Jh.) erhebt. Im Inneren sind zwei prächtige *Stuckaltäre* von 1678 sehenswert, ferner ein geschnitztes und vergoldetes *Chorgestühl* aus derselben Epoche.

Schließlich erreicht man die Piazza Sulis am Südrand der Altstadt. Hier beginnt die Uferpromenade *Lungomare Dante*. Von der Piazza sind es auch nur ein paar Schritte zum privaten, leider renovierungsbedürftigen **Mare Nostrum Aquarium** (Via XX Settembre 1, Tel. 079 97 83 33, www.aquariumalghero.it, Sommer tgl. 10–13 und 15–20, Winter Sa 15–20, So 10–13 und 15–20 Uhr), das über die vielgestaltige Unterwasserwelt Sardiniens informiert.

Grotta di Nettuno

Entweder per Schiff von Algheros Hafen oder per Auto erreicht man das meerumspülte **Capo Caccia** 27 km nordwestlich der Stadt. In die bis zu 168 m hoch aufragenden Kalkfelsen des Kaps hat sich die zauberhafte **Grotta di Nettuno** (Neptunsgrotte, Tel. 079 94 65 40, April–Sept. tgl. 9–19, Okt.–März tgl. 9–13 Uhr, bei starkem Wellengang nicht zugänglich!) eingegraben. Die ersten 600 m der Tropfsteinhöhle sind zugänglich und effektvoll ausgeleuchtet. Bizarre, die Fantasie beflügelnde Tropfsteingebilde hängen von Decken und Wänden. Steuert man die Grotte nicht auf dem Seeweg an, so muss man vom Parkplatz am Kap erst einmal 654 steile, aber breite Treppenstufen zum Eingang hinuntersteigen. Auf dem Weg bieten sich immer wieder spektakuläre Blicke über die **Riviera del Corallo**, die Korallenküste von Alghero. Übrigens ist der Bestand der heimischen roten Edelkoralle (Coralium rubrum) durch Überfischung gefährdet. Die Juweliere der Stadt, die den leuchtend roten Korallenschmuck anbieten, greifen deshalb auf importierte Ware zurück.

i Praktische Hinweise

Information

AAST, Piazza Porta Terra 9, Alghero, Tel. 079 97 90 54, Fax 079 97 48 81, www.comune.alghero.ss.it

Flughafen

Aeroporto Alghero-Fertilia, Alghero, 10 km nördlich, Tel. 079 93 52 82, www.aeroportodialghero.it. Busverbindungen nach Alghero und Sassari (35 km).

Hotels

*******Villa Las Tronas**, Lungomare Valencia 1, Alghero, Tel. 079 98 18 18, www.hotelvillalastronas.it. Das exklusive Hotel in einer Villa des 19. Jh. thront majestätisch auf einem Felsvorsprung über dem Meer und dem hauseigenen Strand. Anfang des 20. Jh. verlebte hier schon die italienische Königsfamilie angenehme Urlaubstage.

*****Florida**, Via Lido 15, Alghero, Tel. 079 95 05 00, www.hotelfloridaalghero.it.

Wie ein Felsendom präsentiert sich die effektvoll ausgeleuchtete Grotta die Nettuno

Venezianische Inspirationen offenbart die Piazza Italia mit Palazzo Giordano in Sassari

Am Strand gelegenes, besonders familienfreundliches Hotel mit schöner Poollandschaft.

*****San Francesco**, Via Machin 2, Alghero, Tel. 079 98 03 30, www.sanfrancescohotel.com. Das charmante einfache Hotel ist im einstigen Franziskanerkloster mitten in der Altstadt untergebracht.

Restaurants

Al Tuguri, Via Maiorca 113, Alghero, Tel. 079 97 67 72, www.altuguri.it. Restaurant der Spitzenklasse, das seine Gäste auf drei Stockwerken eines schmalen Altbaus verwöhnt. Mit exzellenter Weinkarte (So geschl.).

Rafael, Via Lido 20, Alghero, Tel. 079 95 03 85. Das nette Strandlokal tischt vorzügliche Meeresfrüchte und Fischgerichte auf.

Cafés

Angelo Costantino, Piazza Civica 30, Alghero, Tel. 079 97 61 54. Jugendstilcafé in den Räumen einer früheren Apotheke im schmucken gotischen Palazzo d'Albis (im Winter Mi geschl.).

Latino, Bastione Magellano 10, Alghero, Tel. 079 97 65 41. Der beste Platz für einen Aperitif, denn man hat das bunte Treiben auf der Bastion voll im Blick.

117 Sassari

Noble Palazzi, ehrwürdige Kirchen und ein erstklassiges Museum.

Sassari (120 000 Einw.) – nach Cagliari die zweitgrößte Stadt Sardiniens – ist eine quirlige Provinzkapitale und wie Cagliari *Universitätsstadt*. Sie liegt auf einem gut 200 m hohen Kalkplateau im Nordwesten Sardiniens. Die Altstadt mit ihren verwinkelten Straßen und Gassen wird flankiert von der ab dem 19. Jh. um die elegante Piazza Italia angelegten Neustadt mit ihren breiten schnurgeraden Boulevards. Im Sommer leert sich die Stadt an Wochenenden merklich, denn am liebsten verbringen die Einwohner Sassaris ihre Freizeit an einem der nahen Strände oder auf dem Land.

Geschichte Die Stadt geht auf eine wohl seit dem 7./8. Jh. bestehende Siedlung zurück, die erste urkundliche Erwähnung als *Tathari* stammt aber aus dem 12. Jh. Die freiheitsliebenden Bürger erklärten schon früh ihre Unabhängigkeit vom *Judikat Tórres*, dem sie bislang unterstellt waren, und unterstrichen ihre Entschlossenheit 1294 durch die Ermordung des zuständigen Richters. Im selben Jahr führten sie mit den ›*Statuti Sassaresi*‹ eine eigene Verfassung ein. Doch auch sie konnten der fast 400-jährige Herrschaft der *Aragonier* nicht entkommen. In Folge avancierte Sassari als Handelszentrum und Bischofssitz – in stetigem Wettstreit mit Cagliari – zur bedeutendsten Stadt Sardiniens. 1617 wurde die Universität gegründet. Doch dann rafften mehrere *Pestepidemien* fast die Hälfte der Bevölkerung hinweg, ein schwerer Rückschlag für die Stadtentwicklung. Unter den *Savoyern* erlebte Sassari im 19. Jh. einen erneuten Aufschwung durch den Export landwirtschaftlicher Produkten, vor allem nach Frankreich. Heute ist neben dem Vertrieb von Agrarprodukten auch der Dienstleistungssektor ein wichtiges wirtschaftliches Standbein. Zu den berühmten Söhnen der Stadt zählen mit *Antonio Segni* (1891–1972) und *Francesco Cossiga* (*1928) immerhin zwei frühere italienische Staatspräsidenten. Auch der langjährige Führer der Kommunistischen Partei Italiens *Enrico Berlinguer* (1922–1984) stammt aus Sassari.

Besichtigung Ein guter Ausgangspunkt für den Stadtrundgang liegt im Südosten der Neustadt. Die qualitätvolle Sammlung des **Museo Archeologico Nazionale Giovanni Antonio Sanna** (Via Roma 64, Tel. 079 27 22 03, www.museosannasassari.it, Di–So 9–20 Uhr) führt durch die Geschichte der Insel von der Frühgeschichte bis zur Antike. Anhand von Modellen werden z.B. die *Domus de Janas* (Feenhäuser), Felsgräber aus der Jungsteinzeit, und die *Tombe dei Giganti* (Riesengräber) auch der Nuraghen-Epoche dokumentiert. Desweiteren gibt es etruskische und römische Vasen, Grabstelen und Skulpturen zu sehen. Eine kleine Pinakothek präsentiert Werke sardischer Künstler des 14.–20. Jh.

Die Via Roma führt schnurstracks zur weitläufigen **Piazza Italia**, die von prachtvollen Palazzi des 19. Jh. gerahmt wird und in deren Mitte sich *Giuseppe Sartorios* bombastisches Marmordenkmal *Monumento a Vittorio Emanuele II* (1899) erhebt. Stimmungsvolle Arkadengänge führen zur **Piazza Castello**, die 1877 anstelle des aragonesischen Kastells angelegt wurde und heute das von Banken geprägte Finanzzentrum der Stadt bildet. Von hier durchzieht der autofreie **Corso Vittorio Emanuele II** die gesamte Altstadt. Elegante Bürgerhäuser mit kunstvoll verzierten schmiedeeisernen Türgittern aus dem 19. Jh. und vornehme gotisch-katalanische Palazzi mit hübschen Spitzbogenfenstern aus dem 15. Jh. säumen die Flaniermeile.

Biegt man links in die Via Santa Caterina, erreicht man nach wenigen Schritten die einstige Jesuitenkirche **Santa Caterina** (1579–1609). Der dreischiffige Sakralbau aus hellem Sandstein wird von einer oktogonalen Kuppel mit zierlicher Laterne bekrönt. Die Via Santa Caterina führt zur *Piazza del Comune* mit dem dreistöckigen **Palazzo Ducale** (1775–1805), der vom Piemonteser Architekten *Carlo Vali-*

Blickfang im weiten Tal des Riu Morroni bei Sassari: Abteikirche Santissima Trinità Saccárgia

Makellose Schönheit stellt die smaragdgrüne Costa Smeralda zur Schau ▷

no entworfen wurde und heute als Rathaus genutzt wird. Gleich nebenan sieht man die Chorapsis des Domes. Enge Gassen führen seitlich vorbei zur *Piazza Duomo* und zur Front des **Duomo San Nicola** (tgl. 9–12 und 16–19 Uhr). Die *Fassade* (17. Jh.) wurde üppig im spanisch-barocken Stil mit Putten, Girlanden, Medaillons und Statuen wie der des Kirchenpatrons *Nikolaus von Bari* dekoriert. Durch eine Vorhalle mit Sterngewölbe betritt man das eher nüchterne einschiffige Langhaus mit hohem gotischen Kreuzrippengewölbe und zum Teil barockisierten Seitenkapellen. Der *Hochaltar* (1690) birgt das Gnadenbild der ›Madonna del Bosco‹ (14. Jh.), ein Werk der Sieneser Schule. Der ganz von der Romanik geprägte *Glockenturm* des Doms stammt aus dem 13. Jh., nur die Turmhaube ist jüngeren Datums.

Weiter westlich ragt die Kirche **Santa Maria di Betlem** empor, die ab 1106 noch vor den Mauern der Stadt errichtet wurde. Mit Übernahme durch den Franziskanerorden im 13. Jh. entwickelte sich das Gotteshaus zum religiösen Mittelpunkt von Sassari. Hinter der gotischen Fassade öffnet sich das einschiffige *Innere*, welches fast vollständig barockisiert wurde. In den Seitenkapellen werden sechs der insgesamt neun *Candelieri* der mittelalterlichen Zünfte aufbewahrt. Diese reich dekorierten hölzernen Kerzenleuchter werden alljährlich bei der *Festa dei Candelieri* am 14. August in einer feierlichen Prozession durch die Altstadt getragen.

Am Südrand des historischen Zentrums erstreckt sich der weitläufige **Giardino Pubblico** mit schönem alten Baumbestand. Das Hauptgebäude der **Universität**, einst als Jesuitenkolleg (1559–66) mit hübschem Kreuzgang errichtet, blickt von Norden auf die Grünanlage.

Santissima Trinità di Saccárgia

Einen Ausflug lohnt die früher zu einem Kamaldulenserkloster gehörige Kirche Santissima Trinità di Saccárgia (tgl. 9–18 Uhr). Heute liegt sie einsam im Tal des *Riu Murroni* etwa 14 km von Sassari in Richtung Ardara. Umgeben von Klosterruinen erhebt sich der wunderschöne, schwarzweiß gebänderte Sakralbau (1180–1200) im pisanischen Stil, flankiert von einem gewaltigen *Campanile*. Faszinierend sind auch die aufwendig verzierten Kapitelle der dreibogigen Vorhalle und die romanischen Fresken (12. Jh.) im Chor.

i Praktische Hinweise

Information

IAT, Via Roma 62, Sassari, Tel./Fax 079 23 17 77, www.comune.sassari.it

Hotels

******Grazia Deledda**, Via Dante 47, Sassari, Tel. 079 27 12 35, www.hotelgraziadeledda.it. Angenehmes, elegantes Hotel südöstlich der Altstadt.

*****Leonardo da Vinci**, Via Roma 79, Sassari, Tel. 079 28 07 44, www.leonardodavincihotel.it. Komfortables Hotel im Zenturm mit moderner Einrichtung.

Restaurants

Gesuino, Via Torres 17 g, Sassari, Tel. 079 27 33 92. Familiäre Trattoria mit sardischen Spezialitäten (So geschl.).

Il Senato, Via Alghero 36, Sassari, Tel. 079 27 77 88. Das Menü umfasst bodenständige sardische Speisen (So geschl.).

Liberty, Piazza Nazario Sauro 3, Sassari, Tel. 079 23 63 61. Beliebtes Restaurant der gehobenen Preisklasse in Jugendstil-Ambiente mit hervorragenden Fischgerichten (So geschl.).

118 Costa Smeralda

TOP TIPP *Die traumhafte Smaragdküste ist das Ferienidyll der Reichen und Schönen.*

Im Nordosten Sardiniens zwischen **Porto Cervo** im Norden und dem **Golfo di Cugnana** im Süden erstreckt sich die rund 20 km lange zerklüftete Costa Smeralda, die *Smaragdküste*. Bizarre Granitfelsen, macchiabewachsene Hügel, verwunschene Buchten mit klarem, grün schimmernden Wasser und lange feinsandige Strände vereinen sich zu einem Landschaftstableau von seltenem Liebreiz.

Bis zu Beginn der 1960er-Jahre war die Gegend nicht einmal durch eine Straße erschlossen, es gab weder Strom noch eine Wasserleitung. Doch 1961 ankerte *Karim Aga Khan IV.* (*1936) eines Tages mit seiner Luxusjacht vor der unberührten Küste und war begeistert. Bald erwarb der reiche, geschäftstüchtige Prinz, Oberhaupt der Ismailiten, zusammen mit anderen Investoren 236 km^2 des felsigen Küstenabschnitts. Unter Mitwirkung namhafter Architekten entstand ein perfekt erschlossenes Urlaubsparadies mit **Porto Cervo** als Zentrum. *Jacques Couëlle* entwarf das exklusive Hotel **Cala di Volpe** sowie einige Privatvillen. Die Inselregierung kümmerte sich um die Infrastruktur. Schon wenig später avancierte die Costa Smeralda zum Treffpunkt des internationalen **Jet Set**. Bis heute sind es vornehmlich vermögende Gäste, die hier unbeschwerte Ferientage genießen.

Porto Cervo

Der mondäne Ferienort mit der hochmodernen **Marina**, in der immer ein paar Luxusjachten zu bestaunen sind, überzeugt durch das harmonische, generalstabsmäßig durchgestylte Ortsbild. Der

Mondäne Eleganz und natürliche Schönheit im Einklang: Porto Cervo an der Costa Smeralda

Mailänder Architekt *Luigi Vietti* kreierte diesen *neosardischen Stil* mit seinen weichen Formen, geschwungenen Konturen und zarten Pastellfarben. Die reizenden Häuser schmiegen sich in die sanft ansteigende Bucht und um die wie eine Aussichtsterrasse oberhalb des Jachthafens angelegte **Piazza**. Mit ihren Restaurants, Cafés und Bars bildet sie das lebendige Zentrum des Ortes. Schmale Treppengassen verbinden die Wohnhäuser und Ladenzeilen miteinander. Bemerkenswert ist die zwischen Marina und Piazza aufragende Kirche **Santa Maria di Stella** (1962) mit ihren weißen Fronten und roten Ziegeldächern. Wie aus Knetmasse geformt erscheinen der sich nach oben verjüngende Glockenturm und die geschwungene Fassade mit der kleinen Vorhalle. Zum kostbaren *Interieur* gehören Bänke aus Wacholderholz, zwei Weihwasserbecken aus polynesischen Riesenmuscheln, eine kleine neapolitanische Orgel (16. Jh.) und das Altarbild der ›Mater Dolorosa‹ von *El Greco* (1541–1614).

7 km südlich von Porto Cervo liegt die Halbinsel **Capriccioli**. Sie lockt mit märchenhaften Buchten und kleinen natürlichen Meerwasserbecken, welche sich in die felsige Küste eingegraben haben. Die frei zugänglichen Badeplätze sind auch bei sardischen Familien sehr beliebt, und im Sommer verkehrt von den Ferienorten der Umgebung ein Linienbus hierher.

Olbia

Nur wenige Kilometer südlich der Costa Smeralda liegt Olbia (50 000 Einw.) an den flachen Ufern des gleichnamigen Golfs. Durch die Erschließung der Costa Smeralda in den 1960er-Jahren erlebte die Stadt als neues **Tor zu Sardinien** einen enormen Aufschwung. Die Einwohnerzahl stieg von 15 000 innerhalb kürzester Zeit auf das Doppelte. Mit seinem Fährhafen und dem Internationalen Flughafen ist der Ort heute einer der Verkehrsknotenpunkte Sardiniens.

Das historische Zentrum der seit der Antike besiedelten Hafenstadt ist verkehrsberuhigt, und der **Corso Umberto I** lädt zu einem vergnüglichen Schaufensterbummel ein. Stadtauswärts geht die Hauptstraße in den Corso Vittorio Veneto über. Vorbei an stillen Gassen ist bald die romanische **Basilica San Simplicio** (tgl. 7.30–13 und 15.30–18 Uhr) aus dem 11./12. Jh. erreicht. Ihre strenge Fassade aus groben Granitquadern wird durch Blendbögen akzentuiert, den Giebel über dem Portal ziert ein Drillingsfenster. Der dreischiffige *Innenraum* wirkt allein durch seine gedehnten Dimensionen und die rauen Wandflächen. Angenehme dekorative Akkorde setzten die Säulen und Pfeiler mit ihren wunderbar reliefierten Kapitellen.

i Praktische Hinweise

Information

AAST, Via Nanni 17–19, Olbia, Tel. 078 92 14 53, Fax 078 92 22 21, www.comune.olbia.ss.it

Flughafen

Aeroporto Olbia Costa Smeralda, Olbia, 4 km südöstlich, Tel. 07 89 56 34 44, www.geasar.com. Busverbindungen ins Zentrum von Olbia sowie zu vielen anderen Orten der Insel.

Häfen

Palau Stazione Marittima, Palau, nordwestlich von Porto Cervo, Tel. 07 89 70 94 19. Fähren zur Isola della Maddalena an Sardiniens Nordküste (z. B. Saremar, Enermar).

Stazione Marittima Isola Bianca, Olbia, Tel. 078 92 46 96, www.sinergestolbia.it. Fähren nach Genua, Livorno, La Spezia, Civitavecchia (u.a. GNV, Moby Lines, Tirrenia).

Hotels

*****S **Cala di Volpe**, Località Cala di Volpe, Porto Cervo, Tel. 07 89 97 61 11, www.starwoodhotels.com. Lange feine Sandstrände rahmen den wie ein Fischerdorf angelegten Luxushotelkomplex etwa 10 km südlich von Porto Cervo. Für Jachten gibt es hauseigene Liegeplätze.

****Balocco**, Via Liscia di Vacca, Porto Cervo, Tel. 078 99 15 55, www.hotelbalocco.it. Schlichte Eleganz, sonnendurchflutete Zimmer und ein fantastischer Meerblick machen den Aufenthalt im zentrumsnah gelegenen Hotel zum wahren Vergnügen.

***Residenza Capriccioli**, Località Capriccioli, Porto Cervo, Tel. 078 99 60 16, www.residenzacapriccioli.it. Stilvoll eingerichtete Ferienapartments mit großem Pool und herrlichem Garten. Zur nächsten Badebucht ist es auch nicht weit.

Restaurants

Dante, Località Sottovento, Porto Cervo, Tel. 078 99 24 31. Restaurant und Pizzeria mit wohlmundenden Speisen.

Gallura, Corso Umberto I. 145, Olbia, Tel. 078 92 46 48. Das ausgezeichnete Restaurant bereitet Gaumenfreuden auf höchstem Niveau. Besonders empfehlenswert sind Fisch und Meeresfrüchte (Mo geschl.)

Panino Giusto, Via della Marina Nuova, Porto Cervo, Tel. 078 99 12 59. Hier kann man mit Blick auf den Hafen zu jeder Tageszeit leckere Kleinigkeiten genießen (Nov.–März geschl.).

Fantastische Granitgestalten formten Wind und Wetter an der Costa Smeralda

119 Barbàgia

Urwüchsiges Bergland zwischen Nuoro und Arbatax.

Südlich der Provinzhauptstadt Nuoro erstreckt sich die Barbàgia, das wildromantische Binnenland Sardiniens, das die Römer ›Land der Barbaren‹ tauften. Tatsächlich galten die Bergbewohner lange Zeit als verschlossen, rebellisch und nicht immer gesetzestreu. Heute ist ihre Heimat vor allem als Naturidylle und Wanderparadies bekannt. Die Barbàgia umfasst zwei Gebirgsmassive: Die Granitfelsen der zentralen **Monti del Gennargentu** ragen mit der *Punta La Marmora* 1834 m hoch auf, der **Supramonte** erreicht mit der *Punta Corrasi* 1463 m Höhe und fällt an der Ostküste steil zum wildromantischen Golfo di Orosei ab.

Nuoro

Als Tor zur Barbàgia öffnet Nuoro (35 000 Einw.) am Fuße des 955 m hohen **Monte Ortobene** den Zugang ins raue Hirtenland Sardiniens. Die Provinzhauptstadt bewahrt nur noch im historischen Kern mit den verwinkelten Gassen etwas von ihrem herben sardischen Charme. An den umliegenden Hängen beherrschen Neubauviertel das Stadtbild.

Nuoro entwickelte sich aus einem Handelsposten, der seit dem 12. Jh. belegt ist, zum Bischhofssitz (1779) und erhielt 1836 Stadtrecht. Vor allem als Geburtsort der Schriftstellerin **Grazia Deledda** (1871–1936) ging Nuoro in die Annalen ein. Deledda schrieb 38 Romane und zahlreiche Novellen mit Schauplatz Sardinien, die sie bekannt, aber anfänglich bei den Sarden wegen ihrer unverblümtem Schilderung der Schattenseiten sardischen Lebens wenig beliebt machten. Der 1913 erschienene Roman ›Schilf im Wind‹ war Deleddas erster Bestseller und mit der Verleihung des *Literaturnobelpreises* 1926 stiegen auch Ruhm und Anerkennung im Heimatland. Ihr Elternhaus etwas nordöstlich vom Zentrum illustriert heute als **Museo Deleddiano** (Via Grazia Deledda 42, 0784258088, Sommer tgl. 9–20, sonst 9–13 und 15–19 Uhr) Lebensgeschichte und Werk von Grazia Deledda, die in dem 1937 posthum erschienen Band ›Cosima, die Jugend einer Dichterin‹ Nuoro ein letztes literarisches Denkmal setzte.

Von hier geht es gen Süden über die Piazza Asproni, vorbei an der klassizistischen *Cattedrale Santa Maria della Neve* (19. Jh.) und über die Viale Sant'Onofrio zum interessanten **Museo delle Costumi** (Via Mereu 56, Tel. 0784257035, Mitte Juni–Sept. tgl. 9–20, Okt.–Mitte Juni 9–13 und 15–19 Uhr). In rekonstruierten Häusern aus verschiedenen Regionen der Insel zeigt die reiche volkskundliche Sammlung kostbar bestickte sardische Trachten, traditionelle Karnevalskostüme, Waffen und Schmuck, geschnitzte Truhen und alte Musikinstrumente.

Doch nicht nur im Museum, sondern auch in der Gegenwart kann man etwas über das von Traditionen geprägte Leben der Sarden erfahren: So ziehen beim Ende August stattfindenden Erlöserfest, der **Sagra del Redentore**, die Einwohner Nuoros in einer äußerst farbenprächtigen Prozession von der Stadt auf den Monte Ortobene, zur Spitze des *Cuccuru Nieddu* (995 m), den eine 7 m hohe bronzene Christusfigur krönt.

Parco Nazionale del Golfo di Orosei e Gennargentu

Seit 1998 sind 75 000 ha der Barbàgia als Nationalpark mit Namen Parco Nazionale del Golfo di Orosei e Gennargentu (www.parcogennargentu.it) geschützt. Das Gebiet ist ein ideales Terrrain für Trekkingfans und Mountainbiker. Zwischen Kastanienbäumen, Nusssträuchern, Wacholderbüschen, Stein- und Korkeichen blühen Krokusse, Orchideen und Pfingstrosen. Zur Tierwelt gehören Falken, sardische Rebhühner und Mufflons sowie Schaf- und Ziegenherden, die Hirten in der dichten Macchia weiden lassen. Mittendrin liegen mittelalterliche Bergdörfer, wie das einst als Banditennest berüchtigte **Orgosolo** (4 500 Einw.) 21 km südlich von Nuoro. Seit Jahren zieht der Ort dank seiner berühmten *Murales* zahlreiche Besucher an. Die etwa 400 farbenfrohen Wandmalereien sind zumeist kritisch-ironische Bildkommentare der Bevölkerung zu politischen und sozialen Themen. Stilistisch folgen viele Werke der kubistisch akzentuierten Formenwelt Picassos.

Golfo di Orosei

Nach einer Wanderung durch den Nationalpark bietet sich ein Abstecher zum nahen Golfo di Orosei mit seinen Grotten und Badebuchten an, von denen einige nur per Boot zu erreichen sind. Das hiesige kleine Fischerdorf **Cala Gonone** ist heute ein beliebter Urlaubsort. Vom Hafen starten Ausflugsboote zur weitverzeigten Tropfsteinhöhle *Grotta del Bue*

Am Golfo di Orosei werden Ferienträume wahr: Sandstrand an der Cala Luna

Marino und zur traumhaften *Cala Luna* mit ihrem langen Sandstrand im Schutze bauchig ausgehöhlter Klippen.

i Praktische Hinweise

Information

EPT, Piazza Italia 19, Nuoro, Tel. 07 84 23 86 00, Fax 078 43 34 32, www.enteturismo.nuoro.it

Hotels

******Su Gologone**, Località Su Gologone, 18 km südöstlich von Nuoro, Oliena, Tel. 07 84 28 75 12, www.sugologone.it. Traumhaftes Hotel im Grünen mit Bergblick, Pool und Spitzenrestaurant.

*****L'Oasi**, Via G. Lorca 13, Cala Gonone, Tel. 078 49 31 11, www.loasihotel.it. Das Hotel mit freundlich-familiärer Atmosphäre in schöner Lage hoch über dem Meer. verfügt über Zimmer und Apartments, hinzu kommen ein Restaurant und eine Panoramaterrasse.

*****Sandalia**, Via Einaudi 14, Nuoro, Tel./Fax 078 43 83 53. Einfaches Hotel am Stadtrand.

Restaurants

Ciusa, Viale Ciusa 55, Nuoro, Tel. 07 84 25 70 52. Das Lokal wird vor allem für Pizza, Pasta und Risotto hoch gelobt (Di geschl.).

Sa'e Jana, Via E. Lussu, Orgosolo, Tel. 07 84 40 24 37. Angenehmer Familienbetrieb mit einem verlockenden Angebot deftiger sardischer Speisen. Auch einfache Zimmer sind vorhanden.

Italien aktuell A bis Z

Vor Reiseantritt

ADAC Info-Service:
Tel. 018 05/10 11 12, Fax 018 05/30 29 28 (0,14 €/Min.)

ADAC im Internet:
www.adac.de
www.adac.de/reisefuehrer

Umfassendes **Informations- und Kartenmaterial** können ADAC Mitglieder kostenlos bei den ADAC Geschäftsstellen oder unter Tel. 018 05/10 11 12 (0,14 €/ Min.) anfordern.

Außerdem gibt der ADAC Verlag zahlreiche **ADAC Reiseführer** [s. S. 402] zu Regionen und Städten Italiens heraus, die in Buchhandel, Internet und ADAC Geschäftsstellen erhältlich sind: Emilia Romagna, Florenz, Gardasee, Golf von Neapel, Italienische Adria, Italienische Riviera, Piemont/Lombardei/Valle d'Aosta, Rom, Sardinien, Sizilien, Südtirol, Toskana, Umbrien, Venedig sowie Venetien und Friaul. Hinzu kommen die *ADAC Reisemagazine* Italienische Seen, Rom und Toskana.

Italien im Internet:
www.enit.de
www.enit.ch
www.enit.at

Informationen erteilt das **Italienische Fremdenverkehrsamt ENIT**:

Deutschland
Friedrichstr. 187, 10117 Berlin,
Tel. 030/247 83 98, Fax 030/247 83 99,
enit-berlin@t-online.de

Neue Mainzer Str. 26, 60311 Frankfurt/ Main, Tel. 069/23 74 34, Fax 069/23 28 94,
enit.ffm@t-online.de

Prinzregentenstr. 22, 80538 München,
Tel. 089/53 13 17, Fax 089/53 45 72,
enit-muenchen@t-online.de

Österreich
Kärntner Ring 4, 1010 Wien,
Tel. 01/505 16 39, Fax 01/505 02 48,
delegation.wien@enit.at

Schweiz
Uraniastr. 32, 8001 Zürich,
Tel. 043/466 40 40, Fax 043/466 40 41,
info@enit.ch

Allgemeine Informationen

Reisedokumente

Erforderlich ist ein **Reisepass** oder **Personalausweis**, für Kinder unter 16 Jahren ein Kinderausweis oder ein Eintrag im Elternpass.

Kfz-Papiere

Führerschein und Zulassungsbescheinigung Teil 1 (vormals Fahrzeugschein) sind mitzuführen. Die Mitnahme der Internationalen Grünen Versicherungskarte wird empfohlen.

Krankenversicherung

Heutzutage ist die Europäische Krankenversicherungskarte in die übliche Versicherungskarte integriert. Sie wird in ganz EU-Europa anerkannt und garantiert die medizinische Versorgung. Sicherheitshalber empfiehlt sich jedoch der Abschluss einer zusätzlichen Reisekranken- und Rückholversicherung.

Lebenslust auf Italienisch: sportlich aktiv sein in den Dolomiten, kulinarisch genießen von früh bis spät, zauberhaft logieren und dem Charme venezianischer Klänge erliegen

Hund und Katze

Für Hunde und Katzen ist bei Reisen innerhalb der EU ein gültiger, vom Tierarzt ausgestellter EU Heimtierausweis vorgeschrieben, ebenso Kennzeichnung durch Mikrochip oder Tätowierung. Bis zum Jahr 2011 gelten Übergangsregelungen.

Zollbestimmungen

Reisebedarf für den persönlichen Gebrauch obliegt **innerhalb der EU** keinen Beschränkungen und darf abgabenfrei eingeführt werden. Richtmengen für den Privatreisenden: 800 Zigaretten, 400 Zigarillos, 200 Zigarren, 1 kg Tabak, 10 l Spirituosen, 20 l Zwischenerzeugnisse, 90 l Wein (davon maximal 60 l Schaumwein), 110 l Bier.

Bei Reisen von und durch **Drittländer** (Schweiz) dürfen zollfrei mitgeführt werden: 1 Stange Zigaretten, 1 l Spirituosen über 22 % oder 2 l Spirituosen unter 22 %, 50 ml Parfüm, 250 ml Eau de Toilette, 500 g Kaffee und 100 g Tee.

Geld

Die gängigen *Kreditkarten* werden in Banken, fast allen Hotels und Geschäften akzeptiert. An allen *EC-/Maestro-Geldautomaten* kann man rund um die Uhr Geld abheben.

Tourismusämter im Land

Detaillierte Auskünfte über den Zielort erteilen die örtlichen Tourismusämter und Tourismusinformationen (vgl. *Praktische Hinweise* im Haupttext), die in der Regel Mo–Sa 9–12.30 und 15–19.30 Uhr geöffnet haben.

Notrufnummern

Notruf: Tel. 112
(EU-weit, auch mobil: Polizei, Unfallrettung, Feuerwehr)

ACI-Pannenhilfe (Soccorso stradale): Tel. 80 31 16. Man beachte die gelben Notrufsäulen auf Autobahnen (ca. alle 2 km).

ADAC-Notrufstation Mailand:
Tel. 02 66 15 91 (rund um die Uhr)

ADAC-Notrufzentrale München:
Tel. 00 49/89/22 22 22 (rund um die Uhr)

ADAC-Ambulanzdienst München:
Tel. 00 49/89/76 76 76 (rund um die Uhr)

Österreichischer Automobil Motorrad und Touring Club
ÖAMTC Schutzbrief-Nothilfe:
Tel. 00/43(0)1 25 12 00 00

Touring Club Schweiz
TCS Zentrale Hilfsstelle:
Tel. 00/41(0)224 17 22 20

Bei Unfällen mit Sachschäden ist es dringend erforderlich, Versicherung und Versicherungsnummer des Unfallgegners zu notieren. Bei Personenschaden muss die Polizei verständigt werden. Bei Autodiebstählen wende man sich an die nächste Polizeidienststelle (Auskünfte über die Notrufnummern des ACI, Tel. 80 31 16).

Diplomatische Vertretungen

Botschaft der Bundesrepublik Deutschland, Via San Martino della Battaglia 4, 00185 Roma, Tel. 06 49 21 31, Fax 06 49 21 33 20, www.rom.diplo.de

Österreichische Botschaft, Via Pergolesi 3, 00198 Roma, Tel. 068 44 01 41, Fax 068 54 32 86, www.austria.it

Schweizer Botschaft, Via Barnaba Oriani 61, 00197 Roma,
Tel. 06 80 95 71, Fax 068 08 85 10,
www.eda.admin.ch/roma

Besondere Verkehrsbestimmungen

Tempolimits (in km/h): Für Pkw, Motorräder und Wohnmobile bis 3,5 t gilt innerorts 50, außerorts 90, auf Schnellstraßen 110 (bei Regen 90) und auf Autobahnen 130 (bei Regen 110). Für Wohnmobile über 3,5 t gilt außerorts und auf Schnellstraßen 80, auf Autobahnen 100; Pkw mit Anhänger dürfen außerorts und auf Schnellstraßen max. 70, auf Autobahnen 80 fahren.

Die *Promillegrenze* liegt bei 0,5.

Motorrad- und Mopedfahrer müssen immer mit *Abblendlicht* fahren, Autofahrer nur außerorts. Das *Nationalitätenkennzeichen* bzw. EU-Kennzeichen am Fahrzeug sind Pflicht. Jede Person, die bei einer Panne oder einem Unfall auf offener Straße den Wagen verlässt, muss eine reflektierende *Warnweste* tragen. Diese muss griffbereit im Auto mitgeführt werden.

Jede Ladung, die nach hinten überragt (Surfbretter, Boote, Fahrradständer) muss mit einer 50 x 50 cm großen rot-weiß-roten reflektierenden *Warntafel* (ggf. mit Rückstrahlern) versehen sein. Keine Ladung darf über die Vorderkante des Fahrzeugs hinausragen.

Öffentliche *Parkplätze* sind durch weiße oder blaue Markierungen gekennzeichnet. Die ›blauen‹ Parkplätze sind gebührenpflichtig.

Strom

Die Netzspannung beträgt 125 oder 220 V. Deutsche Stecker passen nicht in alle Steckdosen. Es empfiehlt sich die Mitnahme eines Zwischensteckers, der z. B. in den ADAC-Geschäftsstellen erhältlich ist.

Anreise

Auto

Die wichtigsten **Routen** aus Deutschland führen durch Österreich (Brennerautobahn, Felbertauerntunnel, Plöckenpass) und durch die Schweiz (Splügenpass,

St.-Gotthard-Tunnel, Simplonpass) nach Italien.

Die Autobahnen in Österreich und der Schweiz sind **mautpflichtig**. Vignetten sind bei den ADAC Geschäftsstellen, an grenznahen Rastplätzen und Tankstellen erhältlich. Die Autobahngebühren in Italien richten sich nach zurückgelegter Strecke und Fahrzeugklasse. Bezahlt wird bei der Autobahnabfahrt in Euro oder per Kreditkarte. Besitzer der *Viacard* (beim ADAC, in Italien an den Autobahnstationen) werden an vielen Mautstellen auf eigenen Fahrspuren bargeldlos schneller abgefertigt.

Autobahn-Tankstellen sind durchgehend geöffnet, die übrigen Tankstellen meist Mo–Fr 7–12.30 und 15.30–19.30 Uhr, am Wochenende im Schichtdienst. Auf Hauptstrecken gibt es *SB-Tanksäulen*, die Geldscheine zu 5 €, 10 € und 20 € sowie Kreditkarten annehmen.

Bahn und Autoreisezug

Es gibt zahlreiche Zugverbindungen von deutschen, österreichischen und schweizer Großstädten nach Italien. Die **Hauptstrecken** verlaufen von Deutschland über die Schweiz nach Mailand, Bologna über Florenz, Rom nach Neapel oder über Rimini, Ancona nach Pescara und über Österreich nach Bozen, Verona, Florenz, Rom nach Neapel. Auch Turin, Genua, Venedig, Triest sind gut an den internationalen Schienenverkehr angebunden.

Autoreisezüge verkehren regelmäßig ab Berlin, Düsseldorf, Frankfurt, Hamburg, Hildesheim oder München nach Bozen, Verona und Alessandria.

Fahrplanauskunft:

Deutschland

Deutsche Bahn, Tel. 118 61 (persönliche Auskunft, gebührenpflichtig), Tel. 08 00/150 70 90 (sprachgesteuert, kostenlos), www.bahn.de

Deutsche Bahn Autozug, Tel. 018 05/24 12 24 (0,14 €/Min.), www.dbautozug.de

Citynightline, Tel. 018 05/14 15 14 (0,14 €/Min.), www.citynightline.de

Österreich

Österreichische Bundesbahn, Tel. 05 17 17, www.oebb.at

Schweiz

Schweizerische Bundesbahnen, Tel. 09 00 30 03 00, www.sbb.ch

Bus

Fernbusverbindungen bestehen von Großstädten wie Berlin, Bremen, Hamburg, Hannover, Köln, Leipzig, München, Stuttgart z. B. nach Verona, Bologna, Mailand, Florenz, Rom, Neapel bis nach Bari und Palermo. Info:

Deutsche Touring, Am Römerhof 17, 60486 Frankfurt/Main, Tel. 069/790 35 01, www.touring.de

Flugzeug

Die beiden wichtigsten Flughäfen **Rom Fiumicino** (www.adr.it) und **Mailand Malpensa** (www.sea-aeroportimilano.it) sind mit Linienflügen von Berlin, Hamburg, Hannover, Düsseldorf, Frankfurt, München, Wien und Zürich mit *Alitalia* (www.alitalia.com), *Lufthansa* (www.lufthansa.de) *Austrian Airlines* (www.aua.com) und *Swiss* (www.swiss.com) zu erreichen. Die meisten Linien fliegen auch Mailand Linate, Rom Ciampino, Venedig, Turin, Pisa und Neapel an. Außerdem gibt es Flugverbindungen nach Bergamo, Treviso, Genua, Florenz, Bologna, Ancona, Bari, Catania, Palermo, Cagliari und Olbia. Informationen: *Air Berlin* (www.airberlin.com), *Easyjet* (www.easyjet.de), *Germanwings*, (www.germanwings.com), *Ryanair* (www.ryanair.com), *Tuifly* (www.tuifly.com).

Bank, Post, Telefon

Bank

Banken sind in der Regel Mo–Fr 8.30–13.30 Uhr geöffnet, manche eine zusätzliche Stunde am Nachmittag.

Post

In fast jedem Ort gibt es ein Postamt. Die Öffnungszeiten sind in der Regel Mo–Fr 8.30–14, Sa 8.30–13 Uhr. Briefmarken (Francobolli) gibt es auch in Tabakläden (Tabacchi).

Telefon

Internationale Vorwahlen:

Italien 00 39
Deutschland 00 49
Österreich 00 43
Schweiz 00 41

In Italien ist die Ortsnetzkennzahl fester Bestandteil der Telefonnummern und muss **immer** (inkl. der 0) mitgewählt werden. Dagegen fällt bei Handy-Nummern die 0 weg.

In den Telefonzellen verwendet man Telefonkarten (*Scheda telefonica*, perforierte Ecke abreißen), die zu 1 €, 2,50 €, 5 € und 7,50 € in Tabakläden, Kiosken und Bars erhältlich sind.

Die Benutzung handelsüblicher **Mobiltelefone** ist in ganz Italien möglich. Man sollt sich jedoch vor Reiseantritt über das günstigste Netz vor Ort informieren und das eigene Mobiltelefon entsprechend programmieren.

Einkaufen

Die Geschäftszeiten sind in der Regel Mo–Sa 9–12.30 und 15.30–19.30 Uhr geöffnet. Viele halten einen halben Ruhetag in der Woche ein. Geschäfte in den Tourismuszentren und große Supermärkte haben oft durchgehend oder abends länger geöffnet.

Souvenirs

Italien bietet viel Landestypisches von traditionellem Kunsthandwerk und stilvoller Mode bis hin zu kulinarischen Köstlichkeiten. Beliebte Souvenirs sind **Keramikwaren** aus Faenza und Friaul sowie **Lederwaren** etwa aus der Toskana. Bekannt für ihre **Schnitzkunst** sind vor allem die Alpentäler in Südtirol, Trentino und Valle d'Aosta. Venedig ist berühmt für das edle, bunte **Muranoglas** und Ravenna für seine **Mosaiken**. In Volterra wird traditionell **Alabaster**, in Carrara **Marmor** verarbeitet. Arezzo gilt als Zentrum der **Gold- und Silberschmiede**. **Schmiedeeisernes** gibt es in Umbrien, den Abruzzen und Sardinien. Die traditionellen **Pappmachéfiguren** für Krippen usw. sind typisch für Neapel, aber auch für Lecce. Dort findet man zudem kunstvoll aus **Sandstein** gearbeitete Skulpturen.

Modehauptstadt Italiens ist Mailand, wo man erlesene Designerware erstehen kann. Edle Textilien und Stoffe findet man auch andernorts in der Lombardei. Modisch up to date sind aber auch Metropoeln wie Florenz und Rom. Als beliebte Souvernirs gelten die feinen **Spitzen** und **Stickereien** von der venezianischen Laguneninsel Burano oder aus dem sizilianischen Toarmina. Den passenden Duft zum neuen Kleid erhält man in Kalabrien. Hier wächst **Bergamotte**, eine Zitruspflanze, die zu Kosmetika, Seifen und Badezusätzen verarbeitet wird.

Gute **Weine** werden in ganz Italien kredenzt, als beste Weinregionen gelten die Toskana, Piemont und Sardinien. Ausgezeichnete **Olivenöle** erhält man in Ligurien, Umbrien und Apulien. Seinen **Kaffee** bringt man am besten aus Venetien mit. Versüßen kann man sich den Kaffeegenuss dann mit **Baci** (Küsschen), den nussigen Schokoladenkugeln aus Perugia in Umbrien.

Essen und Trinken

Restaurants sind in der Regel 12–15 und 19–23 Uhr geöffnet. Die Preise auf der Speisekarte enthalten meist den Servicezuschlag von 10–15 %, hinzu kommt ein Betrag für *Pane e coperto* (Brot und Gedeck). Darüber hinaus ist ein Trinkgeld von 10% des Rechnungsbetrages üblich.

Übrigens: Das Rauchen ist in allen Lokalen, Bars, Restaurants und Diskotheken verboten, die nicht über seperate, besonders belüftete Räumlichkeiten verfügen. Die Missachtung des **Rauchverbots** kann mit Geldstrafen bis zu 275 € geahndet werden.

Zum **Frühstück** (*Colazione*) trinken die Italiener schnell einen Caffè (Espresso) oder Cappuccino, dazu gibt es meist ein süßes, gefülltes *Cornetto*. Auf gutes Essen wird trotz Berufstätigkeit und großstädtischer Hektik viel Wert gelegt. Aber wäh-

Verspielte Grazie besitzen Souvenirs aus durchscheinendem Alabaster aus Volterra

rend früher das **Mittagessen** (*Pranzo*) die wichtigste Mahlzeit am Tag war, ziehen viele Menschen heutzutage ein ausgiebiges **Abendessen** (*Cena*) vor. Die volle Speisenfolge von *Antipasti* (Vorspeisen), *Primo Piatto* (erster Gang: Nudeln, Reis oder Suppen), *Secondo Piatto* (zweiter Gang: Fleisch, Fisch) und *Dolci* (Dessert, oft Obst) ist vielerorts inzwischen Sonn- und Feiertagen vorbehalten. Nach dem Essen trinken Italiener gern Caffè oder *Digestivo* (Magenbitter).

Die italienische Küche ist weltweit für ihre hohe Qualität bekannt. Aber von Region zu Region wechseln die typischen Gerichte und die charakteristischen Zutaten. Die Rezepte sind so vielfältig wie die Geografie und das Klima des Landes – sowie die Weinanbaugebiete.

Südtirol und Trentino

Die alpenländische Küche dieser Region setzt auf **Schlutzkrapfen**, gefüllte Teigtaschen, den Gnocchi ähnliche **Spinat-**, **Pilz-** oder **Kasnocken** und **Speckknödel**. Österreichischen Einfluss verraten die zum Nachtisch angebotenen Mehlspeisen und **Strudel**. Zur traditionellen zünftigen *Marende* (Zwischenmahlzeit) am späten Nachmittag gehören Speck, Kaminwurzen, (Schüttel-) Brot und Wein. Frische Maroni und Walnüsse auf den Märkten zeigen an, dass der neue Wein probiert werden kann. Bekannt sind die roten **Vernatsch-Weine** wie der Trentiner Kalterer See oder der rote **Lagrein**. Auch das Bier namens ›Forst‹ aus dem gleichnamigen Ort bei Meran ist sehr beliebt. Unter den alkoholfreien Getränken seien die leckeren **Fruchtsäfte** empfohlen, Äpfel z.B. zählen immerhin zu den Exportschlagern Südtirols. Und hat man zuviel des Guten gegessen, hilft sicher einer der wunderbaren **Obstbrände**.

Venetien

Die typische Küche Venetiens wird durch das Meer und die fruchtbare Poebene geprägt. Venezianische Spezilitäten sind **Risi e Bisi** (Reis und Erbsen), sowie **Risotto nero** (Reis mit Tintenfischtinte), außerdem **Polenta Baccalà** (Maisgrieß mit Stockfisch). Die Strandseen hinter der Küste sind ideal für die Zucht von Aalen, die als **Anguilla in Umido** z.B. in Tomate geschmort serviert werden. Dazu mundet der erfrischende weiße **Soave**. Und in Bassano del Grappa ist die Auswahl an dem klaren Tresterschnaps **Grappa** besonders groß.

Essig Royal – Aceto Balsamico aus Modena mundet einfach göttlich

Friaul-Julisch Venetien

Wie im nahen Venetien finden man auch in dieser Region Mais und viel Gemüse, außerdem *Schweinefleisch*. Daraus wird nicht nur der berühmte Schinken **Prosciutto di San Daniele**, sondern auch der geräucherte speckähnliche **Sauris** oder der im Ofen gebackene Schinken aus Triest produziert. Interessante Weiß- und Rotweine werden z.B. im Gebiet **Friuli Grave** gekeltert.

Lombardei

In der Lombardei kocht man wie im Valle d'Aostal und im Piemont eher mit Butter als mit Olivenöl. Das nahe Reisanbaugebiet in der Poebene begründet die Vorliebe für *Risotto*, z.B. den safrangelben **Risotto alla Milanese**. Dazu schmeckt sanft geschmortes *Kalbsfleisch* etwa **Ossobuco**. Ein weiterer Klassiker ist das **Cotoletta alla Milanese**, das die Österreicher als Wiener Schnitzel adaptierten – behaupten die Mailänder. Die Oberitalienischen Seen liefern zudem vorzügliche **Forellen** und **Renken**. Die **Franciacorta** gehört zu den Zentren der *Schaumweinproduktion*.

Valle d'Aosta

In der traditionell deftigen Küche des Valle d'Aosta spielt die Almwirtschaft eine große Rolle. So bildet der sattgelbe Fontina-Käse die Basis für das sämige **Käsefondue** *Fonduta* mit weißen Trüf-

Auftakt für jede Schlemmerei: Antipasti mit den Spezialitäten der Region

feln. Besonders beliebt ist bei den Valdostanern **Gamsfleisch**.

Piemont

Die Küche des Piemont gehört zu den vielfältigsten des Landes. Im größten europäischen Reisanbaugebiet kocht man natürlich **Risotto** in allen möglichen Varianten. Typisch ist auch in Rotwein gegarter *Rinderbraten*, wie **Brasato al Barolo**. Sehr begehrt sind natürlich die seltenen weißen **Trüffel** aus Alba, die Pasta, Fleisch und Salate verfeinern. Turin ist die Heimat des **Wermuts,** doch genauso wie den Aperitif schätzt man hier **Kaffee** und **Schokolade**. In den Langhe und dem Monferrato gedeihen die besten Weine. Berühmt sind die vollmundigen Rotweine **Barolo, Barbaresco, Barbera** oder **Dolcetto** sowie der prickelnde **Asti Spumante.**

Ligurien

Wer eine Kleinigkeit unterwegs essen möchte, der sollte unbedingt die **Farinata**, Kichererbsenfladen vom Blech, probieren. Der bekannteste Beitrag Liguriens zur italienischen Küche ist jedoch **Pesto,** eine Würzsauce aus ungekochtem zerstampften Basilikum, Pinienkernen, Parmesankäse, Knoblauch und Olivenöl. Die hiesigen **Oliven** sind klein und pikant. An der Küste kommen natürlich *Fisch* und *Meeresfrüchte* wie **Moscardini alla Genovese** (geschmorter Tintenfisch) frisch auf den Tisch. Ansonsten genießt man Stockfsch (getrockneten Kabeljau) z.B. als Eintopf **Stoccafisso**. Im Bergland gibt es reichlich **Funghi Porcini** (Steinpilze) und vorzügliches Kaninchen – **Coniglio alla Ligure** wird mit frischen Kräutern, Oliven und Weißwein zubereitet. Nennenswerte Weißweine sind **Cinque Terre** und **Vermentino**.

Emilia Romagna

Die Emilia Romagna ist ein wahres Schlaraffenland für Gourmets. Hier liebt man hausgemachte **Pasta**, Lasagne, Tortellini. Füllungen und Saucen enthalten außer Fleisch oder Schinken meist auch den berühmten **Parmesankäse.** Die Führungsrolle der Region bei der Schweinefleischverarbeitung unterstreichen Spezialitäten wie **Parmaschinken** (Parma), **Coppa** (Piacenza) und **Mortadella** (Bologna). In der Emilia gibt es aber auch *Cavallo*, das in Italien geschätzte Pferdefleisch. Modena ist für seinen **Aceto Balsamico**, den edlen, in Holzfässern gereiften Essig berühmt. Der charakteristische Wein ist der leicht moussierende **Lambrusco**, für den jedes Dorf seine Keltertradition hat.

Toskana

Die Küche der Toskana gilt als schnörkellos und fein. Man setzt auf frische Zutaten und das hervorragende **Olivenöl**. An der Küste gibt es viel Fisch, u.a. in der Suppe **Cacciucco**. Die Rinder der Maremma liefern zarte T-Bone Steaks, die man als **Bistecca Fiorentina** bestellen kann. Nicht jedermanns Geschmack, aber eine Kostprobe wert, sind **Trippa** (Kutteln), die es an Florentiner Imbissständen im Brötchen zu kaufen gibt. Süße Spezialitäten sind der **Panforte**, ein üppiges Früchtebrot mit Mandeln aus Siena, sowie die Mandelkekse **Cantucci** aus Florenz, die in den süßen Dessertwein **Vin Santo** getunkt werden. Die Toskana wetteifert mit dem Piemont um die besten Weine. Weltweit berühmt ist der elegante rote **Chianti**, kaum weniger populär der kräftige **Vino Nobile di Montepulciano**. Zu den Spitzenweinen gehört der aromatische **Brunello di Montalcino**.

Umbrien

Die Italiener sind begeisterte Jäger und in einer wald- und wildreichen Region wie Umbrien landen u.a. Wildschwein, Taube und Fasan im Kochtopf. Besonders zu empfehlen ist **Fagiano Tartufato**, Fasan mit schwarzen Trüffeln, für die die Region bekannt ist. Diese passen auch zu Tagliatelle, die man sonst gerne mit **Sugo di Lepre** (Hasenragout) oder **Funghi Porcini** (Steinpilze) serviert. Weitere Spezialitäten sind **Porchetta** (Spanferkel) und der luftgetrocknete Schinken aus Norcia. Beliebt sind zudem Hülsenfrüchte aller Art, vor allem Bohnen. Bei den Weinen überzeugt der weiße **Orvieto**.

Marken

Zu den Nudelspezilitäten der Marken gehören die **Cappelletti** (gefüllte Teighütchen). Ansonsten bestimmt die Lage an der Adria den Speiseplan, u.a. sollte man die köstliche Fischsuppe **Brodetto** probieren. Hauptwein ist der weiße **Verdicchio dei Castelli di Jesi**.

Abruzzen und Molise

Die vom Hirtenleben geprägte bodenständige Küche im Landesinnern setzt auf *Lammfleisch*. Da gibt es **Castratello**, die nach Wildkräutern duftende Hammelkeule in den Abruzzen, oder **Pezzata**, das gefüllte und in Wein zubereitete Lamm aus Molise. Zu den Delikatessen gehört aber auch würziger **Schafskäse** aus Atri oder Rivisondoli. Die erfolgreichsten Weine sind der rote **Montepulciano d'Abruzzo** und der weiße **Trebbiano d'Abruzzo**.

Latium

In Latium gibt die Hauptstadt Rom den kulinarischen Ton an, hier haben sich besonders viele traditionelle Rezepte bewahrt. Statt Olivenöl kommen häufig *Schweineschmalz* und *Speck* zum Einsatz, auch *Eier* werden gern verwendet. Zu den bekannten Nudelspezialitäten zählen **Spaghetti alla Carbonara** (mit Ei, Speck), **Bucatini all'Amatriciana** (Speck, Chili). In Latium sind die Artischocken besonders fleischig, typisch sind z.B. **Carciofi fritti alla Romana**, die in Eierteig ausgebacken werden. Als Hauptgericht empfiehlt sich **Saltimbocca alla Romana** (Kalbsschnitzel mit Schinken und Salbei). Äußerst beliebt sind auch hier *Innereien* ob Nieren (*Rognone*), Leber (*Fegato*), Lunge (*Polmoncino*) oder Herz (*Cuore*). Entweder trinkt man sich vorher Mut an oder man spült mit einem feinen Tropfen **Frascati** nach. Latium liefert überwiegend trockene leichte Weißweine.

Kampanien

Aus Neapel stammt das erfolgreichste italienische Gericht, die **Pizza**. Die ursprüngliche *Pizza Napoletana* ist mit Tomaten und Sardellen, die besonders beliebte *Pizza Margherita* mit aromatischer Tomatensauce und sahnigem Mozzarella belegt. Auch die Vorspeise **Caprese** verdankt den fruchtigen Tomaten und dem Büffelmozzarella aus Kampanien ihren weltweiten Erfolg. Eine andere Spezialität der Region ist der **Limoncello**, ein eiskalt zu trinkender Zitronenlikör.

Apulien

Besonders beliebt sind in Apulien Meeresfrüchte z.B. als Vorspeise **Frutti di Mare crudi** (rohe Muscheln, Scampi, Tintenfische und Fische) oder **Frutti di Mare fritti** (ausgebacken) sowie Gemüsegerichte. Ein Genuss sind die traditionell mit **Cime di Rapa** (junge Rapssprossen) zubereiteten **Orecchiette**, öhrchenförmige Nudeln. Unterschiedliche Sorten **Olivenöl**, besonders aus der Gegend um Ostuni, verfeinern die einfachen Speisen. Dazu hat man eine sehr gute Auswahl an sonnenverwöhnten Rotweinen, z.B. **Salice Salentino** von der Halbinsel Salento. Im Itriatal sollte man den fruchtigen Weißwein aus **Locorotondo** probieren.

Basilikata

Typisch für diese Region ist **Fave con Cicorielle campestri** (Bohnenpüree mit wildem Chicoree), das als Vorspeise gegessen wird. Als ersten Gang bieten sich **Ferricelli ai Peperoni cruschi** (Nudeln mit krossen, getrockneten Paprika) an. Das beliebte Hauptgericht **Grigliata mista** (Schwein, Lamm, Innereien) ist kulinarisch wenig aufregend, eher schon die saftige **Braciolette** (Pferdefleischroulade).

Kalabrien

Die kalabresische Küche beherrschen neben Tomaten und **Peperoncini** Auberginen und wildwachsende rote Zwiebeln. Letztere werden z.B. in Essig eingelegt als Vorspeise gegessen. *Ziegen* und *Schafe* liefern Milch für Käse und werden auch gern gegessen. Das Schwemmland, das Flüsse und Bäche aus den Bergen bis zur Küste getragen haben, bildet den fruchtbaren Boden für üppige **Zitrusgärten**, speziell bei Cirella und Diamant. Nach Orangenblüten duftet der süße Weißwein **Greco di Bianco**. Vor allem gibt es erlesene Rotweine, z.B. den berühmten samtigen **Cirò**.

Sizilien

Die Kochkünste der Sizilianer konzentrieren sich auf Fisch und Meeresfrüchte. Dazu kommen oft Rosinen und wilder Fenchel wie bei dem typischen Nudelgericht **Pasta con il Pangrattato** (mit Sardellen). **Cuscusu** (Couscous), mit Fisch gemischt und mit Zimt, Nelken, Muskat gewürzt, zeigt arabische Einflüsse. Zu den Delikatessen gehören **Spada** (Schwertfisch) oder **Tonno** (Thunfisch), die scheibenweise gegrillt oder mit Orangensaft, Lorbeer und Rosinen mariniert werden. Als Imbiss zwischendurch eignen sich die mit Erbsen und Fleisch gefüllten **Arancini di Riso** (fritierte Reisbällchen). Abrunden zur vollen Mahlzeit kann man das ganze mit einem leckeren **Cannoli**, den mit Ricotta, Zimt und Orangeat gefüllten Waffelröllchen. Sehr gehaltvoll ist auch die an Feiertagen angebotene **Cassata**, eine Ricottatorte mit kandierten Früchten. Leichte Abkühlung im Sommer versprechen die **Granita di Limone** oder **Granita di Caffè**, eine Art Sorbet mit Zucker und Zitrone bzw. Kaffee. Berühmt ist der sizilianische Dessertwein **Marsala**, zu den bekannten Weinen der Insel gehören **Regaleali** sowie der rote und weiße **Corvo**.

Sardinien

Auch die Sarden schätzen Meeresfrüchte und Fleisch vom Grill. Keine andere Region bietet so viele Brotsorten, z. B. das hauchdünne knusprige **Pane carasau** der Hirten, das mit Rosmarin und Olivenöl zur wahren Delikatesse wird, oder das sättigende **Pane frattau** mit Brühe, Tomaten, Zwiebeln Käse und Spiegelei. **Pecorino**, der berühmte sardische Schafskäse, ist in allen Reifegraden eine Köstlichkeit – von der Vorspeise bis zum Nachtisch, z. B. mit etwas **Miele amaro**, dem herben Honig. Von großartiger Qualität sind auch die Weine der Insel: vom leichten weißen **Vermentino di Sardegna** bis zum schweren roten **Cannonau di Sardegna**.

Feste und Feiern

Feiertage

Gesetzliche Feiertage in Italien sind 1.Jan. (Neujahr), 6. Jan. (Dreikönig), Ostermontag, 25. April (Tag der Befreiung) 1.Mai (Tag der Arbeit), 2. Juni (Tag der Republik), 15. Aug. (Mariä Himmelfahrt), 1. Nov. (Allerheiligen), 8. Dezember (Mariä Empfängnis), 25./26. Dez. (Weihnachten). Viele kirchliche Feste, die auf einen Werktag fallen, sind aus wirtschaftlichen Gründen auf den darauf folgenden Sonntag verlegt worden, so z.B. Fronleichnam und Christi Himmelfahrt. Viele Ortschaften feiern außerdem ihren Schutzpatron.

Feste

In Italien gibt es immer Gründe zum Feiern, jedes Dorf hat seine Volks- und Vereinsfeste. Dazu kommen speziell im Sommer Musik- und Theaterfestivals. Infos erhält man bei den Tourismusämtern vor Ort (siehe *Praktische Hinweise*).

Januar

Rom u.a. (5./6. Jan.): *La Befana*. In der Nacht vor dem 6. Jan. kommt in Italien die Hexe Befana und steckt den Kindern Süßigkeiten in die Socken.

Februar

Agrigent (1.–2. Woche): *Sagra del Mandorlo in Fiore*. Mandelblütenfest mit Trachtenumzügen, Folkloremusik und Theateraufführungen (www.mandorloinfiore.net).

Februar/März

Venedig (10 Tage vor Aschermittwoch): *Carnevale di Venezia*. Spektakuläres Karnevalstreiben rund um den Markusplatz (www.carnevale.venezia.it).

Ivrea (Faschingssonntag–Dienstag): *Battaglia delle Arance*. Die Narren liefern sich eine Orangenschlacht. Beim Karneval von Ivrea werfen sich mehrere Mannschaften Tonnen von Apfelsinen um die Ohren (www.carnevalediivrea.it).

Siegesgewiss sprengt der Reiter der Contrada Torre (li.) beim Sieneser Palio in die Zielgerade

März/April

Tarent, Chiuti, Trapani etc. (Karwoche): *Settimana Santa*. Eindrucksvolle Prozessionen und Passionsspiele.

Rom (Ostern): *Pasqua*. Fußwaschung am Gründonnerstag in San Giovanni in Laterano. Die Via-Crucis-Prozession am Karfreitag endet mit der Papstmesse im Kolosseum. Bei der Ostermesse am Sonntag in der Peterskirche erteilt der Papst den Segen ›Urbi et Orbi‹, ›der Stadt und dem Erdkreis‹ (www.vatican.va).

Florenz (Ostersonntag): *Scoppio del Carro*. Bei der Mittagsmesse im Dom zündet der Erzbischof ein Feuerwerk, das zuvor mit einem girlandengeschmückten Ochsenkarren von der Porta a Prato zum Domplatz gezogen wurde.

Sulmona (Ostersonntag): *Fiesta della Madonna che scappa in piazza*. Religiöses Historienspiel, der auferstandene Christus trifft Maria.

April

San Marino (1. April): *Investitura dei Capitani Reggenti della Repubblica*. Farbenfrohe Amtseinführung der halbjährlich gewählten Regenten des Zwergstaates.

Venedig (25. April): *Festa di San Marco*. Der Stadtpatron wird mit Messe, Volksfest und der *Regata dei Traghetti* gefeiert.

Mai

Assisi (Do nach 1. Mai): *Calendimaggio di Assisi*. Heiligenspiel zur Jugend des hl. Franziskus. Als Zugabe gibt es einen Sängerwettstreit (www.calendimaggiodi assisi.it).

Cagliari (1. So): *Festa di Sant'Efisio*. Prozession zu Ehren des sardischen Schutzpatrons.

Neapel (1. So): *Festa di San Gennaro*. Warten auf das Blutwunder des hl. Januarius im Dom.

Bari (7.–9. Mai): *Festa di San Nicola*. Historische Prozession mit der prachtvollen Statue des hl. Nikolaus zu Land und Wasser.

Gubbio (15. Mai): *Corsa dei Ceri*. Drei gewichtige, 6 m hohe Holztürme mit je einer Figur der drei Stadtheiligen werden in aberwitzigem Tempo und unter enormem Kraftaufwand auf den Schultern zur 300 m höher gelegenen Kirche Sant'Ubaldo hinaufgeschleppt.

Sassari (3. Wochenende): *Cavalcata Sarda*. Buntes Reitfest mit traditionellen Trachten in Erinnerung an den Sieg über die Sarazenen im Jahr 1000 (www.caval catasarda.it).

Gubbio (letzter So): *Palio della Balestra*. Armbrustschützen wetteifern auf der Piazza Grande.

Buntes Narrentreiben beim Carnevale von Venedig – Maskenträgerversammlung auf einem Bootssteg an der Piazzetta

Juni

Wolkenstein (Anfang Juni): *Oswald-von-Wolkenstein-Ritt.* Reittunier auf Haflingern (www.ovw-ritt.com).

Pisa (1. So): *Gioco del Ponte.* Zwei Mannschaften in Renaissancekostümen kämpfen auf dem Ponte di Mezza und versuchen, einen sieben Tonnen schweren Wagen auf die andere Seite der Brücke zu schieben.

Florenz (24. Juni): *Calcio Storico.* Mittelalterliches Fußballspiel auf der Piazza di Santa Croce. Vier Mannschaften kämpfen mit ganzem Körpereinsatz um den Ball.

Genzano, Spello, Noto (So nach Fronleichnam): *Infiorata.* Bei diesem Blumenfest schmücken farbenfrohe Blütenteppichen die Straßen (www.infiorata.it, www.infioratespello.it, www.infioratadinoto.it).

Juli

Siena (2. Juli): *Palio di Siena.* Wildes Pferderennen um die Piazza del Campo, eines der härtesten der Welt.

Venedig (3. Wochenende): *Festa del Redentore.* Schiffsprozession, Feuerwerk und Pontonbrücke zur Kirche ›Il Redentore‹ auf der Giudecca.

August

Ascoli Piceno (1. So): *Giostra Quintana.* Ritterturnier mit Kostümparade des 15. Jh.

Sassari (14. Aug.): *Discesa dei Candelieri.* Das Kerzenfest, das an das Ende der Pest erinnert, wird seit dem 16. Jh. gefeiert.

Siena (16. Aug.): *Palio di Siena.* s. Juli

Nuoro (27.–30. Aug.): *Festa del Redentore.* Farbenprächtiges Volksfest des Erlösers.

September

Rom (Anfang Sept.): *Sagra dell'Uva.* Trauben satt, der Ernte sei Dank.

Venedig (1. So): *Regata Storica.* Prunkvolle Gondelregatta auf dem Canale Grande.

Noli (2. So): *Regata dei Rioni.* Historischer Ruderwettkampf der Stadtteile.

Loreto (7./8. Sept.): *Festa della Natività della Beata Vergine Maria.* Froher Anlass für die Pilgerreise nach Loreto.

Neapel (19. Sept.): *Festa di San Gennaro.* s. Mai.

Asti (3. So): *Corsa del Palio.* Traditionelles Rennen auf ungesattelten Pferden mit rasanter Vorführung der Fahnenschwinger (www.palio.asti.it).

Oktober

San Marino (1. Okt.): *Investitura dei Capitani Reggenti della Repubblica.* s. April

Alba: (Ende Sept.–Mitte Nov.) *Fiera del Tartufo.* Über einen Monat lang dreht sich alles um die edlen Trüffel, dann folgt das witzige Eselsrennen *Palio degli Asini* (www.fieradeltartufo.org).

Triest (2. So): *Barcolana.* Spannende Segelregatta mit Volksfestcharakter (www.barcolana.it).

Valle d'Aosta (3. So): *Batailles des Reines*. Kampf der Kühe, für das leibliche Wohl aller ist gesorgt.

November

Venedig (21.): *Festa della Madonna della Salute*. Feuchtfröhliche Prozession zur Kirche Santa Maria della Salute.

Dezember

Südtirol usw. (Advent–6.Jan.): *Mercatini di Natale*. Stimmungsvolle Weihnachtsmärkte.

Umbrien (Advent): *Presepi viventi*. In vielen Bergstädten werden faszinierende ›lebende Krippen‹ ausgestellt.

Mailand (5.–8. Dez.): *Festa di Sant'Ambrogio*. Markt um die Kirche des Stadtpatrons, dessen Fest am 7. Dez. gefeiert wird, mit lombardischen Spezialitäten, Süßigkeiten und Kunsthandwerk.

Klima und Reisezeit

Obgleich Italien Inbegriff mediterraner Sonnenfreuden ist, verfügt es über einige markante Klimazonen. In den Alpen, aber auch im Apennin herrscht ein eher raues Bergklima mit langen kühlen Wintern und kurzen Sommern. Die Poebene wird charakterisiert von feuchten Wintern und heißen Sommern. Am Meer genießt man milde Winter und heiße, trockene Sommer. Je weiter man nach Süden kommt – von Nord nach Süd sind es immerhin 1300 km – um so heißer wird es. In Sizilien macht sich schon das nordafrikanische Klima bemerkbar. Manchmal fegt auch der heiße Wüstenwind Scirocco über die Insel, er bringt Sand mit und lässt die Temperaturen auf bis zu 40°C klettern.

Reisezeit ist das ganze Jahr über, am schönsten ist es im Frühling, wenn das Grün noch frisch ist und es überall blüht. Zwischen April und Juni ist es sonnig, aber noch nicht so heiß. Auch der Herbst eignet sich hervorragend z.B. für Städtetouren. Im August (*Ferragosto*) sind die Ferienorte überlaufen, da dann auch viele Italiener Urlaub machen, während in den Städten viele Geschäfte und Restaurants geschlossen bleiben. Die günstigste Reisezeit richtet sich nach dem jeweiligen Reiseziel. Die Orte in den Alpen haben im Winter Hauptsaison, viele Hotels und Restaurants in den Strandbädern hingegen nur zur Sommersaison geöffnet. In den höheren Lagen der Alpen kann es sogar im Juni schneien, während auf Sizilien und Sardinien das Thermometer selbst im Winter kaum unter 10°C fällt. Rom oder Florenz sind im Sommer unerträglich heiß, an der Küste jedoch weht oft eine angenehme Brise. In der Regel kann man etwa ab Mai bis September bei angenehmen Wassertemperaturen im Meer baden.

Klimadaten Venedig

Monat	Luft (°C) min./max.	Sonnenstd./Tag	Regentage
Januar	3/7	3	7
Februar	3/8	4	7
März	6/12	5	7
April	10/17	6	8
Mai	14/21	8	8
Juni	18/25	8	9
Juli	20/28	10	7
August	19/27	9	7
September	17/24	7	7
Oktober	13/18	6	8
November	8/13	3	9
Dezember	5/9	3	9

Klimadaten Rom

Monat	Luft (°C) min./max.	Sonnenstd./Tag	Regentage
Januar	3/11	4	8
Februar	5/13	5	9
März	7/16	6	8
April	10/19	7	8
Mai	13/23	9	7
Juni	17/28	10	4
Juli	20/31	11	2
August	20/31	10	2
September	17/27	8	5
Oktober	13/21	7	8
November	9/16	4	10
Dezember	5/12	3	10

Klimadaten Palermo

Monat	Luft (°C) min./max.	Sonnenstd./Tag	Regentage
Januar	5/14	4	12
Februar	6/15	5	11
März	4/17	6	8
April	9/20	7	7
Mai	12/23	9	4
Juni	16/27	10	3
Juli	18/30	11	1
August	19/31	10	1
September	17/28	8	5
Oktober	14/24	6	9
November	10/20	5	11
Dezember	7/16	4	12

Kultur live

Dezember/Januar

Orvieto (Ende Dez./Anfang Jan.): *Umbria Jazz Winter*. Absoluter Höhepunkt ist die Silvesterfeier (www.umbriajazz.com).

Mai/Juni

Syrakus (Mitte Mai–Mitte Juni): *Ciclo di Spettacoli Classici*. Ideale Kulisse für klassische Dramen ist das Amphitheater (www.indafondazione.org).

Juni

Venedig (Mitte Juni–Mitte Nov.): *La Biennale*. Alle zwei Jahre – das nächste Mal 2009 – findet in den Giardini das Kunstfestival statt (www.labiennale.org).

Juli

Spoleto: *Festival dei Due Mondi*. Theater, Musik und Tanz mit Gästen aus aller Welt (www.spoletofestival.it).

Perugia: *Umbria Jazz*. Berühmte Jazzmusiker spielen auf (www.umbriajazz.com).

Ravallo (Juli–Mitte Sept.): *International Weeks of Chamber Music – Conca dei Marini*. Ohrenfreuden im Convento Santa Rosa (www.ravelloarts.org).

August

Verona: *Arena di Verona*. Beliebte Opernfestspiele in der Arena (www.arena.it).

Ferrara: *Ferrara Buskers Festival*. Internationales Treffen der Staßenmusikanten und -künstler (www.ferrarabuskers.com).

Pesaro: *Rossini Opera Festival*. Die Stadt in den Marken ehrt ihren berühmten Sohn (www.rossinioperafestival.it).

August/September

Venedig (Ende Aug.–Anfang Sept.): *Mostra Internazionale d'Arte Cinematografica*. Zu den Internationalen Filmfestspielen wird am Lido der rote Teppich für die Kinostars ausgerollt (www.labiennale.org).

Museen und Kirchen

Museen

Im allgemeinen sind Museen montags geschlossen und haben Di–So 9–17 Uhr geöffnet. Die Ticketschalter schließen meist 30–90 Min. früher. Angaben zu den wechselnden Öffnungszeiten finden sich im Haupttext. Kinder unter 18 Jahren und Rentner über 65 Jahre genießen in einigen Sammlungen freien Eintritt, Auszubildene und Studenten bis 25 Jahre eine Ermäßigung von 50 Prozent.

Kirchen

Kirchen sind oft zwischen 12 und 16 Uhr geschlossen. Kleine Kirchen in abgelegenen Orten sind häufig nur zu Gottesdiensten geöffnet. Gerne hilft der *Custode*, gegen ein kleines Trinkgeld weiter.

Sport

Rad fahren

Mountainbiker finden z.B. im Trentino reizvolle Strecken vor, zur Auswahl stehen ca. 7000 km Forststraßen und die steilen Dolomitenpässe. Zum gemütlichen **Radwandern** seien die ausgewiesenen Wege der Emilia Romagna, z.B. durch das tier- und pflanzenreiche Podelta empfohlen. Doch auch die sanften Hügel der Toskana und des Piemont sind für Radtouren bestens geeignet. Infos:

Federazione Ciclistica Italiana, Stadio Olimpico, Curva Nord, 00196 Roma, Tel. 06 36 85 78 13, Fax 06 36 85 79 58, www.federciclismo.it

Reiten

Reitschulen und **Reiterhöfe** bieten Kurse und Ausritte vor allem im Norden und der Mitte Italiens an, z.B. kann man Südtirol auf dem Rücken genügsamer Haflinger erkunden. Schöne Angebote gibt es auch in der Toskana oder Umbrien. Infos:

Federazione Italiana Turismo Equestre e TREC, Piazza Antonio Mancini 4, 00196 Roma, Tel. 06 32 65 02 30, Fax 06 32 65 02 31, www.fitetrec-ante.it

Wandern und Bergsteigen

Versierte **Alpin- und Kletterschulen**, die auch erfahrene **Bergführer** vermitteln, gibt es vor allem in den Alpenregionen, z. B. in den Dolomiten oder im Valdostaner Nationalpark Gran Paradiso. Viele Orte verfügen über spezielle **Nordic-Walking-Angebote**. Ferner kann man die herrlichen Nationalparks der Abruzzen, des Cilento in Kampanien, der Sila in Kalabrien und auf dem sizilianischen Ätna beim **Wandern** in Ruhe erkunden. Infos:

Club Alpino Italiano (CAI), Via Petrella 19, 20124 Milano, Tel. 022 05 72 31, Fax 022 05 72 32 01, www.cai.it

Ehrfürchtiges Innehalten: Mountainbiker vor dem Campo Imperatore in den Abruzzen

Wassersport

Die italienischen Küsten sind das reinste Paradies für Wassersportler. Und selbst die fünf Regionen im Inland locken mit schönen Seen. Zahlreiche Segel-, Surf- und Tauchschulen bieten Kurse an, vielerorts kann man sich Boote und Ausrüstung leihen. Infos erhält man bei den Tourismusämtern vor Ort (siehe *Praktische Hinweise*).

Zu den bevorzugen Revieren der **Segler** zählen der toskanische Archipel mit der Insel Elba, Europas größter Meeresnationalpark, die Gewässer um Sizilien und Sardinien sowie die obere Adria. Ruhiger geht es in den apulischen und kalabresischen Marinas zu. Rat und Hilfe bietet die **ADAC Sportschifffahrt**, Tel. 089/76760, www.adac.de/sportschifffahrt. Infos:

Federazione Italiana Vela, Corte Lambruschini, Piazza Borgo Pila 40 Torre A, 16129 Genova, Tel. 010 54 45 41, Fax 010 59 28 64, www.federvela.it

Der Gardasee ist bei Seglern und Surfern gleichermaßen beliebt. Eine frische Brise erfreut die **Windsurfer** auch an den Küsten Siziliens, Sardiniens und Apuliens.

Für **Taucher** sind die Grotten an der apulischen Ostküste ein faszinierendes Revier. Andere beliebte Tauchgründe liegen am Capo Rizutto in Kalabrien, an der Amalfiküste in Kampanien, um den Monte Argentario in der Toskana sowie vor Sizilien und Sardinien.

Auf den Flüssen im Landesinnern kann man wilde **Kanu**- und **Kajakfahrten** unternehmen, z. B. in den Abruzzen oder in Kalabrien. Infos:

Federazione Italiana Canoa e Kayak, Viale Tiziano 70, 00196 Roma, Tel. 06 36 85 81 36, Fax 06 36 85 81 71, www.federcanoa.it

Wintersport

Norditalien bietet vielfältige Möglichkeiten, um **Alpinski** und **Snowboard** zu fahren. *Dolomiti-Superski* ist mit fast 500 Aufstiegshilfen, einer Liftkapazität von 500 000 Personen in der Stunde und über 1200 km Pisten das größte Skikarussell der Welt. Der Skipass gilt für 12 verschiedene Gebiete, u.a. Cortina d'Ampezzo, Canazei und St. Ulrich. Weitere beliebte Wintersportgebiete liegen an der Grenze zu Frankreich: Courmayeur im Valle d'Aosta und das Susatal in Piemont. Auch **Langläufer** finden hier etliche Kilometer gespurter Loipen. Infos erhält man bei den Tourismusämtern vor Ort (siehe *Praktische Hinweise*).

Statistik

Lage: Italien liegt auf einer stiefelförmigen Halbinsel im Mittelmeer. Die Küstenlinie am adriatischen, ionischen, tyrrhenischen und ligurischen Meer ist rund 7500 km lang. Im Norden bilden die Alpen

Idyllisches Badevergnügen bieten kleine Felsbuchten an der Costa Smeralda in Sardinien

die Grenze zu Frankreich, der Schweiz, Österreich und Slowenien. Der Höhenzug des Apennin durchzieht Italien der Länge nach von Nord (Ligurien) nach Süd (Kalabrien).

Regierungsform: Parlamentarische Demokratie

Fläche: 301 336 km^2

Einwohner: 59,1 Mio.

Hauptstadt: Rom (2,7 Mio. Einw.)

Verwaltung: Italien ist in 20 Regionen (Regioni) mit jeweils eigener Regierung und Selbstverwaltungsrechten gegliedert – Piemont, Ligurien, Lombardei, Venetien, Emilia Romagna, Toskana, Marken, Umbrien, Latium, Abruzzen, Molise, Kampanien, Apulien, Basilikata und Kalabrien. Fünf – Trentino-Südtirol, Friaul-Julisch Venetien, Valle d'Aosta, Sizilien und Sardinien – genießen einen Autonomiestatus mit erweiterter Selbstverwaltung. Die Regionen sind in insgesamt 108 Provinzen (Province) unterteilt.

Wirtschaft: Das *Dienstleistungsgewerbe*, vor allem der Tourismus, spielt wirtschaftlich bei weitem die größte Rolle. Heutzutage zählte das Land rund 40 Mio. Besucher aus aller Welt, darunter waren knapp 9 Mio. Deutsche. Im Dienstleistungssektor arbeiten 63 % der Beschäftigten.

In der *Industrie* sind 32 % beschäftigt. Zu den wichtigsten Industriezweigen zählen Maschinenbau, Kraftfahrzeuge, (Petro-)Chemie, Textilien und Bekleidung. Lebensmittel spielen eine große Rolle im Export. Viehzucht, Wein- und Obstanbau sind die wichtigsten landwirtschaftlichen Einnahmequellen, nur gut 1 % der Nutzfläche ist Ackerland. Italien ist mit ca. 52 Mio. Hektolitern der zweitgrößte Weinproduzent der Welt. In der *Landwirtschaft* sind etwa 5 % der Beschäftigten tätig.

Typisch für Italien ist das starke Nord-Süd-Gefälle. Während der Norden mit den Wirtschaftsmetropolen Mailand, Turin und Genua stark industrialisiert ist sowie über einen gut ausgebauten Dienstleistungssektor verfügt und in Mittelitalien der Textilsektor, besonders aber der Tourismus für eine florierende Wirtschaft sorgen, gehört der noch immer stark landwirtschaftlich geprägte Süden bis auf einige wichtige Industriezentren zu den strukturschwächsten Regionen der EU.

Unterkunft

Agriturismo

Die italienische Variante von *Urlaub auf dem Bauernhof* erfreut sich großer Beliebtheit. Die Unterkünfte befinden sich in alten Dörfern, auf Landgütern oder sogar in herrschaftlichen Villen. Infos:

Agriturist, Piazza Martiri 5, 40121 Bologna, Tel. 051 25 18 66, www.agriturist.it

Turismo Verde, Via Bigari 5/2, 40100 Bologna, Tel. 0516314311, www.turismoverde.it

Bed & Breakfast

Bed-&-Breakfast-Unterkünfte sind vor allem in den Städten eine gute Alternative zu den Hotels, die begrenzte Bettenanzahl sorgt für eine persönliche Atmosphäre. Infos:

Bed & Breakfast Italia, Corso Vittorio Emanuele II 282, 00186 Roma, Tel. 066 87 86 18, www.bbitalia.it

Camping

Eine Beschreibung geprüfter Campingplätze bieten der *ADAC Camping Caravaning Führer Südeuropa* (auch als CD-ROM) und der *ADAC Urlaubsführer Europa*, die jährlich neu erscheinen (www.adac.de/campingfuehrer).

Ferienhäuser und Ferienwohnungen

Das Angebot an Häusern und Wohnungen ist groß. Sie sind komplett eingerichtet, Bettwäsche und Handtücher müssen aber oft mitgebracht werden.

Hotel

Die Gastbetriebe in Italien sind in fünf Kategorien unterteilt, die mit 1–5 Sternen gekennzeichnet sind. 3- oder 4-Sterne-Häuser, deren Standard zwischen zwei Kategorien liegen, tragen mitunter den Zusatz ›S‹ (Super). Hotels in den Badeorten sind oft nur während der Sommermonate geöffnet und während der italienischen Schulferien (Mitte Juni–Mitte Sept.) häufig ausgebucht.

Jugendherbergen

Associazione Italiana Alberghi per la Gioventù (AIG), Via Cavour 44, 00184 Roma, Tel. 064 87 11 52, Fax 064 88 04 92, www.ostellionline.org

Deutsches Jugendherbergswerk, Bismarckstr. 8, 32756 Detmold, Tel. 052 31/740 10, Fax 05231/74 01 49, www.djh.de

Verkehrsmittel im Land

Bahn

Fast alle italienischen Städte sind mit dem Zug zu erreichen. Auskünfte erteilt die *Italienische Staatsbahn*:

Forrovie dello Strato, Piazza della Croce Rossa 1, 00161 Roma, Tel. 064 41 01, www.ferroviedellostato.it.

Bus

Italien hat ein engmaschiges Netz von Linienbussen, das auch fast jedes Dorf einbezieht. Diverse Unternehmen bieten Stadt- und Überlandverbindungen an. Einzelfahrscheine sind an Bahnhöfen, Busstationen und in den Büros der Busgesellschaften erhältlich. In einigen Dörfern und kleineren Städten kann man Tickets auch in Tabacchi, Bars oder direkt beim Fahrer kaufen. Infos und Fahrpläne gibt es bei den Tourismusämtern vor Ort (siehe *Praktische Hinweise*).

Mietwagen

Mietwagen gibt es in den Städten und größeren Orten. Für ADAC Mitglieder bietet die **ADAC Autovermietung GmbH** günstige Bedingungen. Buchungen über die ADAC Geschäftsstellen oder unter Tel. 018 05/31 81 81 (0,14 €/Min.).

Von der Toga zum Bademantel – Körperkult im Hotel President Terme in Abano Termo

Sprachführer

Italienisch für die Reise

Das Wichtigste in Kürze

Ja/Nein	*Si/No*
Bitte/Danke	*Per favore/Grazie*
In Ordnung./Einverstanden.	*Va bene./D'accordo.*
Entschuldigung!	*Scusi!*
Wie bitte?	*Come dice?*
Ich verstehe Sie nicht.	*Non La capisco.*
Ich spreche nur wenig Italienisch.	*Parlo solo un po' d'italiano.*
Können Sie mir bitte helfen?	*Mi può aiutare, per favore?*
Das gefällt mir (nicht).	*(Non) Mi piace.*
Ich möchte ...	*Vorrei ...*
Haben Sie ...?	*Ha ...?*
Wie viel kostet ...?/	*Quanto costa ...?*
Kann ich mit Kreditkarte bezahlen?	*Posso pagare con la carta di credito?*
Wie viel Uhr ist es?	*Che ore sono?/Che ora è?*
Guten Morgen!/Guten Tag!	*Buon giorno!*
Guten Abend!	*Buona sera!*
Gute Nacht!	*Buona notte!*
Hallo!/Grüß dich!	*Ciao!*
Wie ist Ihr Name, bitte?	*Come si chiama, per favore?*
Mein Name ist ...	*Mi chiamo ...*
Ich bin Deutsche(r)	*Sono tedesco(-a)*
Ich komme aus Deutschland.	*Sono della Germania.*
Wie geht es Ihnen?	*Come sta?*
Auf Wiedersehen!	*Arrivederci!*
Tschüs!	*Ciao!*
Bis bald!	*A presto!*
Bis morgen!	*A domani!*
gestern/heute/morgen	*ieri/oggi/domani*
am Vormittag/am Nachmittag	*la mattina/al pomeriggio*
am Abend/in der Nacht	*la sera/la notte*
um 1 Uhr/um 2 Uhr ...	*all'una/alle due ...*
um Viertel vor (nach) ...	*alle ... meno un quarto (e un quarto)*
um ... Uhr 30	*alle ... e trenta*
Minute(n)/Stunde(n)	*minuto(-i)/ora (-e)*
Tag(e)/Woche(n)	*giorno(-i)/settimana(-e)*
Monat(e)/Jahr(e)	*mese(-i)/anno(-i)*

Zahlen

0	*zero*	19	*diciannove*
1	*uno*	20	*venti*
2	*due*	21	*ventuno*
3	*tre*	22	*ventidue*
4	*quattro*	30	*trenta*
5	*cinque*	40	*quaranta*
6	*sei*	50	*cinquanta*
7	*sette*	60	*sessanta*
8	*otto*	70	*settanta*
9	*nove*	80	*ottanta*
10	*dieci*	90	*novanta*
11	*undici*	100	*cento*
12	*dodici*	200	*duecento*
13	*tredici*	1000	*mille*
14	*quattordici*	2000	*duemila*
15	*quindici*	10 000	*diecimila*
16	*sedici*	1 000 000	*un milione*
17	*diciassette*	1/2	*mezzo*
18	*diciotto*	1/4	*un quarto*

Wochentage

Montag	*lunedì*
Dienstag	*martedì*
Mittwoch	*mercoledì*
Donnerstag	*giovedì*
Freitag	*venerdì*
Samstag	*sabato*
Sonntag	*domenica*

Monate

Januar	*gennaio*
Februar	*febbraio*
März	*marzo*
April	*aprile*
Mai	*maggio*
Juni	*giugno*
Juli	*luglio*
August	*agosto*
September	*settembre*
Oktober	*ottobre*
November	*novembre*
Dezember	*dicembre*

Maße

Kilometer	*chilometro(-i)*
Meter	*metro(-i)*
Zentimeter	*centimetro(-i)*
Kilogramm	*chilo(-i)*
Pfund	*mezzo chilo*
100 Gramm	*etto(-i)*
Liter	*litro(-i)*

Unterwegs

Nord/Süd/West/Ost	*nord/sud/ovest/est*
oben/unten	*sopra/sotto*
geöffnet/geschlossen	*aperto/chiuso*
geradeaus/links/ rechts/zurück	*diritto/sinistra/ destra/indietro*
nah/weit	*vicino/lontano*
Wie weit ist …?	*A che distanza si trova…?*
Wo sind die Toiletten?	*Dove sono le toilette?*
Wo ist die (der) nächste …	*Dove si trova nelle vicinanze …*
Telefonzelle/	*una cabina telefonica/*
Bank/	*una banca/*
Geldautomat/	*un bancomat/*
Post/	*la posta/*
Polizei?	*la polizia?*
Bitte, wo ist …	*Scusi, dov'è …*
der Hauptbahnhof/	*la stazione centrale/*
der Busbahnhof/	*la stazione autolinee/*
der Flughafen?	*l'aeroporto?*
Wo finde ich …	*Dove si trova …*
eine Bäckerei/	*un panificio/*
Fotoartikel/	*gli articoli fotografici*
ein Kaufhaus/	*un grande magazzino/*
ein Lebensmittel-geschäft/	*un negozio di alimentari/*
den Markt?	*il mercato?*
Ist das der Weg/ die Straße nach …?	*È questa la strada per ….?*
Ich möchte mit …	*Vorrei andare …*
dem Zug/	*col treno/*
dem Schiff/	*colla nave/*
der Fähre/	*col traghetto/*
dem Flugzeug	*col aereo*
nach … fahren.	*a …*
Gilt dieser Preis für Hin- und Rückfahrt?	*È la tariffa di andata e ritorno?*
Wie lange gilt das Ticket?	*Fino a quando è valido il biglietto?*
Wo ist das Fremden-verkehrsamt/	*Dov'è l'Ufficio per il turismo/*
ein Reisebüro?	*un'agenzia viaggi?*
Ich suche eine Hotelunterkunft.	*Cerco un albergo.*
Wo kann ich mein Gepäck lassen?	*Dove posso deposi-tare i miei bagagli?*
Ich habe meinen Koffer verloren.	*Ho perso la mia valigia.*
Ich möchte eine Anzeige erstatten.	*Vorrei fare una denuncia.*
Man hat mir …	*Mi hanno rubato …*
Geld/die Tasche/	*i soldi/la borsa/*
die Papiere/	*i documenti/*
die Schlüssel/	*le chiavi/*
den Fotoapparat/	*la macchina foto-grafica/*
den Koffer/	*la valigia/*
das Fahrrad gestohlen.	*la bicicletta.*

Freizeit

Ich möchte ein-…	*Vorrei noleggiare …*
Fahrrad/	*una bicicletta/*
Motorrad/	*un moto/*
Surfbrett/	*una tavola da surf/*
Mountainbike/	*un mountain bike/*
Boot/	*una barca/*
Pferd mieten.	*un cavallo.*
Gibt es in der Nähe ein(en) …	*Dove si trova nelle vicinanze …*
Freizeitpark/	*un parco di divertimento/*
Freibad/	*una piscina pubblica/*
Golfplatz/	*un campo di golf/*
Strand?	*una spiaggia?*
Wann hat … geöffnet?	*Quando è aperto (aperta) …?*

Bank, Post, Telefon

Brauchen Sie meinen Ausweis?	*Vuole vedere i miei documenti?*
Wo soll ich unterschreiben?	*Dove debbo firmare?*
Ich möchte eine Telefon-verbindung nach …	*Vorrei un colle-gamento telefonico con …*
Wie lautet die Vorwahl für …?	*Qual è il prefisso per …?*
Wo gibt es …	*Dove trovo …*
Telefonkarten/	*le schede telefoniche/*
Briefmarken?	*i francobolli?*

Tankstelle

Wo ist die nächste Tankstelle?	*Dov'è la stazione di servizio più vicina?*

Hinweise zur Aussprache

c,-cc	vor ›e‹ und ›i‹ wie ›tsch‹, Bsp.: **cia**o; sonst wie ›k‹, Bsp.: **co**me
ch,-cch	wie ›k‹, Bsp.: **che**, **chi**lo
g,-gg	vor ›e‹ und ›i‹ wie ›dsch‹, Bsp.: **ge**nte; sonst wie ›g‹, Bsp.: **go**la
gli	wie ›Lilie‹, Bsp.: fi**gli**o
gn	wie ›Cognac‹, Bsp.: ba**gn**o
sc	vor ›e‹ und ›i‹ wie ›sch‹, Bsp.: **sci**opero; sonst wie ›sk‹, Bsp.: **sc**ala
sch	wie ›sk‹, Bsp.: I**sch**ia
sci	vor ›a,o,u‹ wie ›sch‹, Bsp.: la**sci**are
z	wie ›ds‹, Bsp.: **z**uppa

Ich möchte ... Liter ... Benzin/Super/Diesel.	*Vorrei ... litri ... di benzina/super/diesel.*
Volltanken, bitte.	*Faccia il pieno, per favore.*
Bitte prüfen Sie ...	*Verifichi per favore ...*
den Reifendruck/	*la pressione delle ruote/*
den Ölstand/	*il livello dell'olio/*
den Wasserstand/	*il livello dell'acqua/*
das Wasser für die Scheibenwischanlage/	*l'acqua per il tergicristallo/*
die Batterie.	*la batteria.*
Würden Sie bitte ...	*Per favore, mi può ...*
den Ölwechsel vornehmen/	*cambiare l'olio/*
den Radwechsel vornehmen/	*cambiare la ruota/*
die Sicherung austauschen/	*sostituire il fusibile/*
die Zündkerzen erneuern/	*sostituire le candele/*
die Zündung nachstellen.	*regolare l'accensione.*

Panne

Ich habe eine Panne.	*Ho un guasto.*
Der Motor startet nicht.	*La macchina non parte.*
Ich habe die Schlüssel im Wagen gelassen.	*Ho le chiavi in macchina.*
Ich habe kein Benzin/Diesel.	*Non ho più benzina/diesel.*
Gibt es hier in der Nähe eine Werkstatt?	*C'è un'officina qui vicino?*
Können Sie mein Auto abschleppen?	*Può effettuare il traino?*
Können Sie mir einen Abschleppwagen schicken?	*Mi potrebbe mandare un carro attrezzi?*
Können Sie den Wagen reparieren?	*Può riparare la mia macchina?*
Bis wann?	*Quando sarà pronta?*

Mietwagen

Ich möchte ein Auto mieten.	*Vorrei noleggiare una macchina.*
Was kostet die Miete ...	*Quanto costa il noleggio ...*
pro Tag/	*al giorno/*
pro Woche/	*alla settimana/*
mit unbegrenzter km-Zahl/	*senza limite chilometraggio/*
mit Kasko-versicherung/	*con assicurazione ›kasko‹/*
mit Kaution?	*con cauzione?*
Wo kann ich den Wagen zurückgeben?	*Dove posso restituire la macchina?*

Unfall

Hilfe!	*Aiuto!*
Achtung!/Vorsicht!	*Attenzione!*
Rufen Sie bitte schnell ...	*Per favore, chiami subito ...*
einen Krankenwagen/	*un'ambulanza/*
die Polizei/	*la polizia/*
die Feuerwehr.	*i vigili del fuoco.*
Es war (nicht) meine Schuld.	*(Non) È stata colpa mia.*
Geben Sie mir bitte Ihren Namen und Ihre Adresse.	*Mi dia il suo nome ed indirizzo, per favore.*
Ich brauche die Angaben zu Ihrer Autoversicherung.	*Mi dia i particolari della sua assicurazione auto.*

Krankheit

Können Sie mir einen guten Deutsch sprechenden Arzt/Zahnarzt empfehlen?	*Mi può consigliare un bravo medico/dentista che parla il tedesco?*
Wann hat er Sprechstunde?	*Qual è l'orario delle visite?*
Wo ist die nächste Apotheke?	*Dove si trova la farmacia più vicina?*
Ich brauche ein Mittel gegen ...	*Vorrei qualcosa contro ...*
Durchfall/	*la diarrea/*
Halsschmerzen/	*mal di gola/*
Fieber/	*la febbre/*
Insektenstiche/	*le punture d'insetti/*
Kopfschmerzen	*mal di testa*
Verstopfung/	*la costipazione/*
Zahnschmerzen	*mal di denti.*

Hotel

Können Sie mir bitte ein Hotel/eine Pension empfehlen?	*Potrebbe consigliarmi un albergo/una pensione, per favore?*
Ich habe bei Ihnen ein Zimmer reserviert.	*Ho prenotato una camera.*
Haben Sie ein Einzel-/Doppelzimmer ...	*Ha una camera singola/doppia ...*
mit Dusche/	*con doccia/*
mit Bad/WC/	*con bagno/toilette/*
für eine Nacht/	*per una notte/*
für eine Woche/	*per una settimana/*
mit Blick aufs Meer?	*con vista sul mare?*
Was kostet das Zimmer ...	*Quanto costa una camera ...*
mit Frühstück/	*con prima colazione/*

mit Halbpension/	*con mezza pensione/*
mit Vollpension?	*con pensione completa?*
Wie lange gibt es Frühstück?	*Fino a che ora viene servita la colazione?*
Ich möchte um … Uhr geweckt werden.	*Vorrei essere svegliato alle ore …*
Ich reise heute Abend/ morgen früh ab.	*Vorrei partire questa sera/ domani mattina.*
Haben Sie ein Fax/ einen Hotelsafe?	*Ha un fax/una cassetta di sicurezza?*
Kann ich mit Kreditkarte zahlen?	*Posso pagare con la carta di credito?*

Restaurant

Ich suche ein gutes/günstiges Restaurant.	*Cerco un buon ristorante/ un ristorante non troppo caro.*
Die Speisekarte/ Getränkekarte, bitte.	*Vorrei la carta/ la lista delle bevande, per favore.*
Welches Gericht können Sie besonders empfehlen?	*Quale piatto mi può consigliare?*
Ich möchte das Tagesgericht/ das Menü (zu …).	*Vorrei il piatto del giorno/ il menù (da …).*
Ich möchte nur eine Kleinigkeit essen.	*Vorrei uno spuntino.*
Haben Sie … vegetarische Gerichte/ offenen Wein/ alkoholfreie Getränke?	*Ha dei … piatti vegetariani/ vini della casa/ analcolici?*
Kann ich bitte … ein Messer/ eine Gabel/ einen Löffel haben?	*Vorrei avere … un coltello/ una forchetta/ un cucchiaio.*
Die Rechnung/ Bezahlen bitte!	*Vorrei il conto, per favore!*

Essen und Trinken

Abendessen	*cena*
Apfel	*mela*
Artischoken	*carciofi*
Auberginen	*melanzane*
Bier	*birra*
Brot/Brötchen	*pane/panino*
Butter	*burro*
Ei (Eier)	*uovo (uova)*
Ente	*anitra*
Erdbeeren	*fragole*
Espresso (mit Milch)	*caffè (macchiato)*
Essig	*aceto*
Feigen	*fichi*
Fisch	*pesce*
Flasche	*bottiglia*
Fleisch	*carne*
Fruchtsaft	*succo di frutta*
Frühstück	*prima colazione*
gegrillt	*ai ferri/alla griglia*
Gemüse	*verdura*
Glas	*bicchiere*
Huhn	*pollo*
Kalbfleisch	*vitello*
Kalbshaxenscheibe	*ossobuco*
Kaninchen	*coniglio*
Kartoffeln	*patate*
Käse	*formaggio*
Knoblauch	*aglio*
Kotlett	*costoletta*
Krabben	*gamberetti*
Lamm	*agnello*
Languste	*aragosta*
Maisschnitte	*polenta*
Meeresfrüchte	*frutti di mare*
Miesmuscheln	*cozze*
Milch mit einem Schuss Espresso	*latte macchiato*
Milchkaffee	*caffellatte*
Mineralwasser (mit/ ohne Kohlensäure)	*acqua minerale (con/senza gas)*
Mittagessen	*pranzo*
Nachspeise	*dolce*
Obst	*frutta*
Öl	*olio*
Orange	*arancia*
Parmesankäse	*parmigiano*
Pfeffer	*pepe*
Pfirsich	*pesca*
Pilze	*funghi*
Reisbällchen, gefüllt	*arancine*
Rindfleisch	*carne di manzo*
Salat	*insalata*
Salz	*sale*
Schafskäse	*ricotta*
Schaumwein	*spumante*
Schinken	*prosciutto*
Schweinefleisch	*maiale*
Spinat	*spinaci*
Steak	*bistecca*
Suppe	*minestra/zuppa*
Tee	*té*
Thunfisch	*tonno*
Tintenfische	*polpetti*
Tomaten	*pomodori*
Venusmuscheln	*vongole*
Vorspeisen	*antipasti*
Wein, Weiß-/ Rot-/ Rosé-Wein	*vino bianco/ rosso/ rosato*
Weintrauben	*uva*
Zucker	*zucchero*
Zwiebeln	*cipolle*

ADAC Reiseführer – die besten, die wir je gemacht haben.

144 bzw. 192 Seiten, je Band 6,50 € (D), 6,70 € (A), 12,– sFr.

Ägypten
Algarve
Allgäu
Amsterdam
Andalusien
Australien
Bali & Lombok
Baltikum
Barcelona
Berlin
Bodensee
Brandenburg
Brasilien
Bretagne
Budapest
Bulg. Schwarzmeerküste
Burgund
City Guide Deutschland
City Guide Germany
Costa Brava & Costa Daurada
Côte d'Azur
Dänemark
Dominikanische Republik
Dresden
Dubai, Vereinigte Arabische Emirate, Oman
Elsass
Emilia Romagna
Florenz
Florida
Franz. Atlantikküste
Fuerteventura
Gardasee
Golf von Neapel
Gran Canaria
Hamburg
Harz
Hongkong & Macau
Ibiza & Formentera
Irland
Israel
Istrien & Kvarner Golf
Italienische Adria
Italienische Riviera
Jamaika
Kalifornien
Kanada – Der Osten
Kanada – Der Westen
Karibik
Kenia
Korfu & Ionische Inseln
Kreta
Kuba
Kroatische Küste – Dalmatien
Kykladen
Lanzarote
Leipzig
London
Madeira
Mallorca
Malta
Marokko
Mauritius & Rodrigues
Mecklenburg-Vorpommern
Mexiko
München
Neuengland
Neuseeland
New York
Niederlande
Norwegen
Oberbayern
Österreich
Paris
Peloponnes
Piemont, Lombardei, Valle d'Aosta
Polen
Portugal
Prag
Provence
Rhodos
Rom
Rügen, Hiddensee, Stralsund
Salzburg
Sardinien
Schleswig-Holstein
Schottland
Schwarzwald
Schweden
Schweiz
Sizilien
Spanien
St. Petersburg
Südafrika
Südengland
Südtirol
Sylt
Teneriffa
Tessin
Thailand
Toskana
Türkei – Südküste
Türkei – Westküste
Tunesien
Umbrien
Ungarn
USA – Südstaaten
USA – Südwest
Usedom
Venedig
Venetien & Friaul
Wien
Zypern

Weitere Titel in Vorbereitung.

ADAC Reiseführer Jubiläumsbände – Maxi-Umfang! Mini-Preis!

368 bzw. 450 Seiten, je Band 9,95 € (D), 10,25 € (A), 17,50 sFr.

Deutschland
Freizeitparadies Alpen
Italien

ADAC Reiseführer plus – Top-Reiseführer mit perfekten Urlaubskarten.

144 bzw. 192 Seiten, je Band 8,95 € (D), 9,20 € (A), 16,80 sFr.

Ägypten
Allgäu
Amsterdam
Andalusien
Australien 8/2008
Baltikum
Barcelona
Berlin
Berlin (engl.)
Bodensee
Brandenburg
Budapest
Côte d'Azur
Dänemark
Deutschland – Die schönsten Autotouren
Dresden
Dubai 8/2008
Elsass 8/2008
Französische Atlantikküste
Fuerteventura
Gardasee
Gran Canaria
Golf von Neapel
Hamburg
Harz
Irland
Istrien & Kvarner Golf
Italienische Adria
Italienische Riviera
Kanada – Der Westen
Kanada – Der Osten
Kenia
Korfu/Ionische Inseln
Kreta
Kuba
Kroatische Küste – Dalmatien
Leipzig
London
Madeira
Mallorca
Malta
Mecklenburg-Vorpommern
München
New York
Norwegen
Oberbayern
Österreich
Paris
Polen
Portugal
Prag
Rhodos
Rom
Rügen, Hiddensee, Stralsund
Salzburg
Sardinien
Schleswig-Holstein
Schwarzwald
Schweden
Schweiz
Sizilien
St. Petersburg
Südtirol
Südengland
Sylt
Teneriffa
Thailand 8/2008
Toskana
Tunesien
Türkei – Südküste
Türkei – Westküste
Usedom
Venedig
Wien
Zypern

Weitere Titel in Vorbereitung.

ADAC Reiseführer Audio – umfassende Information und einzigartiges Hörerlebnis.

144 bzw. 192 Seiten, mit TourSet auf CD, 9,95 € (D), 10,25 € (A), 17,50 sFr.

Barcelona 8/2008
Berlin
Dresden
Hamburg
London 8/2008
München
New York 8/2008
Paris 8/2008
Rom
Wien

Weitere Titel in Vorbereitung.

Register

Impressum

Redaktions- und Projektleitung:
Dr. Dagmar Walden
Lektorat: Cornelia Hübler, Christian Noß, Elisabeth Schnurrer, Irene Unterriker, Kirsten Winkler
Bildredaktion: Astrid Rohmfeld
Karten: Computerkartographie Carrle, München
Gestaltung, Layout und Herstellung: Martina Baur
Druck, Bindung: Stürtz GmbH, Würzburg
Printed in Germany

Ansprechpartner für den Anzeigenverkauf:
Kommunalverlag GmbH & Co KG,
MediaCenterMünchen,
Tel. 089/92 80 96 44

ISBN 978-3-89905-636-5

Gedruckt auf chlorfrei gebleichtem Papier

1. Auflage 2008

Bildnachweis

Umschlag-Vorderseite: Piazza del Campo in Siena. Foto: mauritius images, Mittenwald (Pigneter)

Titelseite
Oben: Venedig
Piazzetta mit Palazzo Ducale und Campanile (Wh. von S. 52/53)
Mitte: Blick auf Orvieto (Wh. von S. 206/207)
Unten: Detail aus Ambrogio Lorenzettis ›Maestà‹ (Wh. von S. 205)

akg-images, Berlin: 13 links (Bildarchiv Steffens), 13 unten (Erich Lessing), 15 (N.N.), 43, 48 (Cameraphoto), 68 (Eid), 91 (Pietro Baguzzi), 198 (N.N.), 205 (Erich Lessing), 216 (Diller), 294 (N.N.), 312 (Electa), 342 (Rodemann), 348 (Werner Formann), 360 (Hervé Champollion), 375 (Bildarchiv Steffens)

Bildagentur-online, Burgkunstadt: 107, 114, 239, 277 oben

Bilderberg, Hamburg: 65 (Peter Mathis), 97 (Berthold Steinhilber), 191 (Hans Madej), 284 (Horacek)

dpa-Picture-Alliance, Frankfurt am Main: 16 (akg-images), 17 (ANSA), 70 (Eid), 72 (Okapia), 79 (akg-images), 81 (ANSA), 82, 84/85 (Huber), 118 (Marco Piovanaotto), 130 oben (Eid), 164 (Huber/Olimpio), 209 (Electa Leemage), 213 (Huber), 240 (akg/Andrea Jemolo), 277 unten (Uwe Gerig), 285 (Huber/Simeone), 311 (Erich Lessing), 350, 391 (ANSA)

Franz Marc Frei, München: 237, 280, 288, 293, 303, 382 Mitte

Hartmut Friedrichsmeier, Hamburg: 25 unten, 28, 143, 161, 171, 224 (Wilkin Spitta), 252/253, 256 (P. Amann), 259 (Spitta), 298, 304, 317, 318/319 (Amann)

Rainer Hackenberg, Köln: 162

Bildagentur Huber, Garmisch-Partenkirchen: 2 (Giovanni), 6 (Daniele Fiore), 6/7 (Gräfenhain), 7 oben (Kaos), 11 Mitte (Ripani Massimo), 20/21 (G. Simeone), 25 oben (Bernhart), 27 (Johanna Huber), 30/31 (Simeone), 40 (J. Huber), 45 (Dutton Colin), 46 (Fantuz Olimpio), 49 (S. Scattolin), 52/53 (Gräfenhain), 55 (J. Huber), 58 (Simeone), 59, 61 (Gräfenhain), 63 (Olimpio), 88/89 (Gräfenhain), 92/93 (J. Huber), 98/99, 100 (Da Ros Luca), 106 (J. Huber), 112/113, 120/121, 133 (Massimo), 144/145 (Da Ros Luca), 146 (Gusso Luca), 147 (Massimo), 148 (Simeone), 150 (Colin), 155 (Simeone), 156 (Scattolin), 159 (J. Huber), 170, 179 (Simeone), 192 (Colin), 194 (F. Mader), 197 (Olimpio), 206/207, 210/211, 214/215 (Simeone), 222 (Massimo), 224/225 (J. Huber), 230/231 (Wh. von S. 6), 236 (Nagy Zoltan), 243 (Hallberg), 261 (J. Huber), 265 (Massimo), 270 (J. Huber), 274 (Simeone), 280 (Gräfenhain), 282/283 (Wh. von S. 6/7), 295 (Bernhart), 297 (Massimo), 306/307 (J. Huber), 309 (Kaos), 320/321 (Simeone), 324

(A. Giampiccolo), 325 (Simeone), 329 (Giovanni), 337, 338, 339 (Simeone), 340 (J. Huber), 346 (A. Saffo), 351 (Bernhart), 352/353 (Massimo), 355 (Simeone), 358/359 (Gräfenhain), 360/361 (Simeone), 362/363 (Massimo), 371 (J. Huber), 376/377 (Massimo), 378 (Simeone), 381 (Massimo), 382 unten rechts (Joe Murador)

Ifa Bilderteam, Ottobrunn: 95 unten (Stadler), 140 (Alastor Photo), 167 (Jose Fuste Raga), 262/263 (Panstock), 280/281 (Jon Arnold Images)

Roland Irek, Seelze: 279, 373

Gerold Jung, Ottobrunn: 8 Mitte

János Kalmár, Wien: 168

Helga Lade, Frankfurt am Main: 94, 345

Laif, Köln: 7 unten (Raffaele Celentano), 8 oben (Fulvio Zanettini), 9 Mitte (Hemispheres), 10 oben (Gonzales), 10 unten (Harscher), 11 unten (Sabine Bungert), 26 (Krinitz), 29 (Heuer), 30 (Krinitz), 32/33 (Linkel), 36, 37 (Standl), 41 (Ralf Kreuels), 47 oben (Max Galli), 47 unten, 48 oben (Hedda Eid), 60 (REA), 62, 68/69 (Eid), 73 (Celentano), 75 (Eid), 80 (Contrasto), 83 (Hemispheres/Philippe Renault), 84 (Galli), 96 (Bungert), 116 (Hemis), 117 (Nikos Kokkas), 119 (IML), 122 (Eid), 123 (Redux/The New York Times), 124 (Krinitz), 125 oben (Heuer), 125 unten (Back), 134/135 (Standl), 138, 149 (Kirchgessner), 152 (Zinn), 158, 165 (Eid), 182/183 (Galli), 188 (Harscher), 202, 203, 218/219, 235 (Celentano), 244 (Galli), 245 (Gonzalez), 247 (Zanettini), 268, 269 (Jonkmanns), 271 (Linkel), 273 (Celentano), 275 (Hemispheres), 278, 287, 289 (Celentano), 290/291, 292 (Martin Sasse), 300 (Galli), 301, 302, 313, 314/315, 316/317 (Sasse), 323, 326, 328 (Celentano), 332, 334 (Galli), 343 (Harscher), 347 (Hemis), 357 (Hemispheres), 364/365 (Celentano), 368 (Hauser), 372 (Amme), 379 (Hemis), 382 oben links (Lengler), 382 oben rechts (Hemis), 382 unten links (Hub)

Look, München: 23 (Joachim Chraszcza), 64 (Wiesmeier), 78/79, 89 (age fotostock), 126/127 (Rainer Martini), 150/151 (FSG), 153 (Atlantide), 190 (Martini), 366, 367 (Jan Greune)

mauritius images, Mittenwald: 4 (age), 8/9 (Hänel), 13 oben (CuboImages), 22 oben (Rudolf Pigneter), 22 unten, 34/35 (imagebroker.net), 42 (age), 56 (Colin Sinclair), 66, 86 oben (CuboImages), 86 unten (age fotostock/Walter Zerla), 101 (age), 104 (CuboImages), 109 (age fotostock/Louis Bertrand), 111 (2) (CuboImages), 113 (imagebroker.net), 154 (age fotostock/Walter Zerla), 169 (Pigneter), 208 (Rene Mattes), 217 (imagebroker.net), 221 (CuboImages), 228/229 (age fotostock/Targa), 234 (age fotostock/Sylvain Grandadam), 241 (age), 242 (imagebroker.net), 249 (Super Stock), 250/251 (Roberto Matassa), 254 (CuboImages), 255 oben (age fotostock/Stefano Cellai), 255 unten (Haag+Kropp), 258, 260 (CuboImages), 266 (age fotostock/Grandadam), 267 (Pixland), 276 (Atlantide), 299 (World Pictures), 304/305 (CuboImages), 308 (Walter Bibikow), 326/327 (CuboImages), 330/331 (Westend 61), 332/333 (JIRI), 341 (Tommaso di Girolamo), 356, 364, 369, 370 (CuboImages), 374 (Author's Image), 392 (Bruno Morandi), 395 (imagebroker)

Jürgen Richter, München: 173, 199

Sacro Convento, Assisi: 214

Schapowalow Bildagentur, Hamburg: 8 unten, 18/19, 44, 160, 238, 264 (Atlantide), 330/331 (Robert Harding), 336 (Atlantide)

Süddeutscher Verlag (DIZ), München: 12

Superbild, Taufkirchen: 74 (JTB) 76/77, 102 (Gräfenhain), 137 (Bernd Ducke), 163 (Günter Gräfenhain), 193 (Incolor), 232/233 (Sayama), 335, 349 (N.N.)

Ullstein Bild, Berlin: 122 (imagebroker.net), 321 (Roger Viollet)

Visum, Hamburg: 115 (Alfred Büllesbach), 157 (Sintesi)

Hanna Wagner, Wörth: 11 oben, 103, 105, 128, 129, 130 unten, 131, 139, 141, 174, 175, 180, 184, 186, 187, 188/189, 220, 223, 226/227, 248, 387, 388

White Star, Hamburg: 38/39 (imagebroker.net/Günter Lenz), 50, 95 oben (imagebroker/Siepmann), 200/201 (Friedrichsmeier), 286/287 (imagebroker/Jörg Reuther), 396 (image broker/Konrad Wothe)

Thomas Peter Widmann, Regensburg: 172, 177, 181, 204, 386

Wolfsoniana, Genua: 132

Ernst Wrba, Wiesbaden: 67, 71, 185, 195